Simon Winder

DIE HABSBURG-SAGA

Kreuz und quer durch die Geschichte der Donaumonarchie

Aus dem Englischen von
Klaus Binder, Bernd Leineweber
und Nele Quegwer

Pantheon

Die englische Originalausgabe erschien 2013 unter dem Titel «Danubia – A Personal History of Habsburg Europe» bei Picador, London.

Die vorliegende Übersetzung ist erstmals 2014 unter dem Titel «Kaisers Rumpelkammer» erschienen.

Das Titelblatt zeigt ein Detail aus der bilderreichen wundervollen Holzschnittfolge *Der Triumphzug Kaiser Maximilians I.* Dieses Blatt hat Hans Burgkmair der Ältere 1515 geschaffen. (BPK, Berlin)

FSC www.fsc.org MIX Papier | Fördert gute Waldnutzung FSC® C083411

Penguin Random House Verlagsgruppe FSC® N001967

2. Auflage

Umschlaggestaltung: Büro Jorge Schmidt, München
Umschlagabbildungen: © Attila Jandi / Dreamstime (Doppeladler); © Lestertairpolling / Dreamstime (Krone); © Shutterstock / S. Tatiana (Naturhistorisches Museum Wien); © Christie's Images / Bridgeman Images (Maria Theresia)
Druck und Bindung: CPI books GmbH
Printed in the EU
ISBN 978-3-570-55472-2

www.pantheon-verlag.de

Für Martha Frances

Wie viel davon ist in den freien Ländern des Westens bekannt? Die Informationen sind in den Tageszeitungen zu finden. Wir sind über alles informiert. Wir wissen nichts.

Saul Bellow, *Nach Jerusalem und zurück*

Der dicke Einjährigfreiwillige wälzte sich auf die andere Seite und fuhr fort: «Das steht fest, dass das alles einmal explodieren muss und nicht ewig dauern kann. Versuchen Sie es, in ein Schwein Rum zu pumpen, es wird Ihnen zum Schluss doch explodieren.»

Jaroslav Hašek, *Die Abenteuer des braven Soldaten Schwejk*

Kaiser von Österreich
Apostolischer König von Ungarn
König von Böhmen, Dalmatien, Kroatien, Slawonien, Galizien, Lodomerien, Illyrien
König von Jerusalem etc.
Erzherzog von Österreich
Großherzog von Toskana und Krakau
Herzog von Lothringen, Salzburg, Steier, Kärnten, Krain und der Bukowina
Großfürst von Siebenbürgen
Markgraf von Mähren
Herzog von Ober- und Niederschlesien, Modena, Parma, Piacenza, Guastalla, Auschwitz, Zator, Teschen, Friaul, Ragusa, Zara
Gefürsteter Graf von Habsburg, Tirol, Kyburg, Görz, Gradisca
Fürst von Trient und Brixen
Markgraf von Ober- und Niederlausitz und in Istrien
Graf von Hohenems, Feldkirch, Bregenz, Sonnenberg etc.
Herr von Triest, von Cattaro und auf der Windischen Mark
Großwojwode der Wojwodschaft Serbien etc. etc.

Die Titel Franz Josephs I. nach 1867, von denen einige eher kühne Behauptungen sind als Hinweise auf tatsächliche Besitzverhältnisse

Inhalt

Einleitung

I

II

III

IV

V

VI

VII

VIII

IX

X

XI

XII

XIII

XIV

XV

Einleitung

Ortsnamen

Das Haus Habsburg

Die Habsburg-Saga ist eine Geschichte der riesigen Territorien auf dem europäischen Kontinent, die die Habsburger nach und nach unter ihre Herrschaft brachten. Sie beginnt im ausgehenden Mittelalter und schließt am Ende des Ersten Weltkriegs, nach dem das Reich zerfiel und die Habsburger aus Österreich flohen.

Mit List und Tücke, mit Glück und viel Geschick konnten sich die Habsburger ungewöhnlich lange halten. In gewissem Grad verdanken sich alle großen Reiche dem Zufall, aber für das ihre gilt das in besonderem Maß, denn den Habsburgern fielen ganze Königreiche, Herzogtümer, Marken und Grafschaften zuhauf in den Schoß, weil anderswo Nachkommen ausblieben, Landesherren dem Wahnsinn verfielen oder auf dem Schlachtfeld starben. Sie herrschten über Gebiete zwischen Nordsee und Adria, zwischen den Karpaten und Peru. Ihre vielen Herrschaftssitze waren über ganz Europa verstreut, ihr Kernland aber lag an der Donau, dem großen Fluss, der durch das heutige Ober- und Niederösterreich und ihre einstige Residenzstadt Wien fließt, durch Bratislava, das Pressburg hieß, als sie dort zu Regenten des Königlichen Ungarns gekrönt wurden, und weiter durch Budapest, das später zu einer ihrer großen Hauptstädte wurde.

Über vier Jahrhunderte lang nahm die europäische Geschichte

kaum eine Wendung, an der die Dynastie nicht beteiligt war. Habsburger, deren Namen heute kaum noch jemand kennt, haben mit ihren Händeln, Launen und Hintergedanken Einfluss darauf genommen, welche Sprachen Millionen heutiger Europäer sprechen, welche Religionen sie praktizieren, wie ihre Städte aussehen und wo die Grenzen ihrer Länder verlaufen – eine durchaus verwirrende Angelegenheit. Ein ums andere Mal haben sie Mitteleuropa gegen immer neue Angriffswellen der Osmanen verteidigt. Entschlossen sind sie dem Protestantismus entgegengetreten. Und im 19. Jahrhundert, als ganz Europa in nationalistische Raserei verfiel, wurden sie – wenn auch nicht ganz freiwillig – zu Verfechtern der Toleranz. Durch Eheschließungen oder militärische Allianzen haben sie mit so ziemlich jedem Teil Europas, der ihnen noch nicht gehörte, Beziehungen geknüpft. Aus der Perspektive der meisten europäischen Staaten wechselte die Familie der Habsburger so häufig Kostüm und Farben, dass sie in allen Rollen auftreten konnte, als felsenfeste Verbündete ebenso wie als der Leibhaftige selbst. Tatsächlich war der Einfluss der Habsburger so vielfältig und komplex, dass er sich einer moralischen Beurteilung nahezu entzieht, nichts Menschliches war ihnen fremd.

In der ersten Hälfte des 16. Jahrhunderts – als sich die Erbschaften aberwitzig häuften und die Wappenzeichner kaum nachkamen – beherrschte die Familie fast ganz Europa. Eine «chinesische» Zukunft schien sich abzuzeichnen: der Kontinent als ein einziger und einheitlicher Staat. Dazu kam es nicht, denn unter einer Flut unzähliger Faktoren konnte Karl V. seine Vormachtstellung nicht mehr behaupten; nun rächte sich, dass sein Reich aus so vielen Zufällen entstanden war, denn nun wurde er von widersprüchlichen Interessen und Forderungen nahezu überschwemmt. Im Jahr 1555 sah sich Karl, ganz gegen seinen Willen, gezwungen, sein riesiges Erbe aufzuteilen: Die eine Hälfte ging an seinen Sohn Philipp in dessen neuer Hauptstadt Madrid, die andere an seinen Bruder Ferdinand in Wien. Von diesem Umbruch an verfolge ich die Geschichte von Ferdinands Nachkommen, allerdings machten sich die Verwandten in Madrid dann und wann störend bemerkbar, bis sie nach 1700 mit den Wirren des Spanischen Erbfolgekriegs von der Bildfläche verschwanden.

Als ich *Germany, oh Germany*, mein letztes Buch, schrieb, suchten mich manchmal Angstträume heim, weil ich wusste, dass es auf Taschenspielerei beruhte. Abgesehen von einigen schwelgerischen Exkursen beschränkte ich meinen geographischen Fokus auf die Grenzen der heutigen Bundesrepublik Deutschland. Das war nötig, damit eine zusammenhängende Erzählung entstehen konnte, historisch gesehen aber war es lächerlich. Was da entstanden war, sprach dem, was eigentlich mein Hauptanliegen war, auf beschämende Weise Hohn: Wollte ich doch zeigen, dass «Deutschland» eine sehr junge Schöpfung ist, gewaltsam herausgetrennt aus einem Durcheinander kleiner und mittelgroßer Feudalstaaten, die große Teile Europas eingenommen hatten. Hunderte Hoheiten und Hoheitsgebiete, in unablässigem Streit miteinander, existierten innerhalb des schützenden Rahmens des Heiligen Römischen Reichs mit seinen Kaisern, die ein Jahrtausend lang herrschten, allerdings mit mäßigem Erfolg. In den letzten dreihundertfünfzig Jahren, in denen dieses Reich bestand, wurde fast immer das Oberhaupt des Hauses Habsburg zum Kaiser gewählt. Den Habsburgern fiel diese Rolle zu, weil sie über immense Territorien geboten, immerhin gehörten ihnen, zu verschiedenen Zeiten, Teile von neunzehn Ländern des heutigen Europa.* Nur ein Habsburger also verfügte über

* In alphabetischer Reihenfolge: Belgien, Deutschland, Frankreich, Italien, Kroatien, Liechtenstein, Luxemburg, Niederlande, Österreich, Polen, Rumänien, Serbien, Slowakei, Slowenien, Spanien, Schweiz, Tschechische Republik, Ungarn, Ukraine, für kurze Zeit auch das ganze spanische Reich in Übersee. Die Familie kam durch Philipp, den Sohn Karls V., in den Besitz Portugals und seiner Kolonien sowie, für einen noch längeren Zeitraum, Spaniens und seines Reichs.

finanzielle und militärische Ressourcen, die groß genug waren, seinen Anspruch auf die Kaiserwürde durchsetzen zu können. Das bedeutete aber auch, dass er sich oft verzettelte, hatte er sich nicht nur um große zusammenhängende Territorien innerhalb des Heiligen Römischen Reichs zu kümmern wie das heutige Österreich und die Tschechische Republik, sondern auch um damit ganz unverbundene Gebiete wie Kroatien oder Mexiko. Diese Verzettelung war, so kann man sagen, die Hauptantriebskraft für die politische Geschichte Europas.

Die Geschichte der Habsburger, der dauerhaftesten und mächtigsten Dynastie, die die Welt in *Germany, oh Germany* von Stammsitzen aus beherrschte, die sich ziemlich weit außerhalb der heutigen deutschen Staatsgrenzen befanden, ist so komplex, dass ich mich in meinem früheren Buch mit gelegentlichen Hinweisen begnügen musste. Der Einfluss Habsburgs war quer durch Europa überwältigend, doch die «großen Ereignisse» in der Geschichte des Kontinents wurden ebenso oft durch Unfähigkeit oder offenkundige Erschöpfung des Herrscherhauses hervorgerufen wie durch dessen tatsächliche Initiative. Erstaunlich viele Kaiser waren ratlos oder fehl am Platz, ihre Rivalen, die sie am liebsten mit Haut und Haaren verschlungen hätten, zahllos, und doch landeten diese auf der Müllhalde der Geschichte, während die Habsburger einfach weitertrotteten. Mit unverdientem Glück, durch kurze Ausbrüche von Stärke und infolge von Ereignissen, zu denen sie selbst am wenigsten beitrugen, hielten sie durch – bis zu ihrer Niederlage gegen Napoleon. Rasch und geistesgegenwärtig änderten sie den Titel ihres Kaisertums, der sich nun auf das bezog, was heute das «Habsburgerreich» genannt werden kann, auf das Stammland der Familie also, das, nach Russland, immerhin den zweitgrößten europäischen Staat bildete. So hielten sie ein weiteres – schon ziemlich ramponiertes – Jahrhundert durch bis zum endgültigen Untergang der Habsburgerreichs als eine der im Ersten Weltkrieg besiegten Mittelmächte. Die Nachbeben des in mancher Hinsicht zufälligen

Endes dieses zufälligen Reichs sind bis heute spürbar. Auf einige werde ich zu sprechen kommen, faktisch aber endet die Geschichte 1918, als die verschiedenen Teile des Reichs eigene Wege einschlugen.

Dies Buch ist weniger heiter als *Germany, oh Germany*. Besucht man beispielsweise Städte im Rheinland, so ist klar, dass sie trotz der physischen wie moralischen Zerstörungen, die sie im 20. Jahrhundert erlitten, große historische urbane Räume geblieben sind, in denen weiterhin Deutsche leben. Sie können ihre Mitschuld an den Schrecken der Jahre 1933 bis 1945 durchaus anerkennen und zugleich eine Linie ziehen zwischen sich und großen Teilen der früheren Geschichte. In ihrer Mehrheit sind die Deutschen auch den Folgen der sowjetischen Besatzung entgangen, wodurch die Zeitspanne der Traumatisierung für sie erheblich kürzer war. Die Erinnerung an den Wohlstand und die Stabilität im Sommer 1914 war für viele Westdeutsche noch lebendig, als sie Ende der 1940er Jahre wieder ein normales Leben aufnehmen konnten. Eine solche Atempause gab es für die Menschen in großen Teilen des einstigen Habsburgerreichs nicht, immer wieder im Laufe des Jahrhunderts mussten sie Massaker, Vertreibungen, Invasionen, Terror und nahezu babylonische Manöver der Staatenbildung und -umbildung über sich ergehen lassen.

Die Nachkommen der Menschen, die in diesen verbrannten Zonen überlebt haben, hatten in den 1990er Jahren kaum noch Verbindungen zum Habsburgerreich, gleichwohl waren sie von dessen architektonischen Relikten umgeben. Nur mit Mühe konnte 2011 das Vorhaben verhindert werden, die Reste der Goldenen Rosen-Synagoge in Lwiw (Lemberg) abzureißen, um für ein Hotel Platz zu schaffen – das wohl drastischste Beispiel für die Teilnahmslosigkeit, die in vielen Regionen des ehemaligen Reichs im Umgang mit der Vergangenheit herrscht. Vom Westen Tschechiens bis jenseits der Karpaten finden sich Städte, deren gesamte Bevölkerung dort erst nach 1945 angesiedelt worden ist. Welche Bedeutung sollte es für Rumänen haben, verlassene deutsche Dörfer als Teil ihres kulturellen Erbes anzusehen, welche Bedeutung für Ukrainer, ehemals polnische Sakralbauten zu erhalten? Was Besuchern malerisch erscheinen mag, kann ein Einheimischer abscheulich finden oder – ein erheblicher Fortschritt – gleichgültig behandeln. Diese Spannungen und Brüche sind in diesem Buch spürbar.

Die Frage, ob es sich leichten Herzens durch Orte spazieren lässt, die solche Schicksale erlitten haben, stellt sich unausweichlich. In den vier Jahren jedoch, in denen ich immer wieder durch Gebiete des alten Habsburgerreichs gereist bin, blieb mir meine Aufgabe stets bewusst: meinen Lesern aus dem angelsächsischen Raum zu zeigen, dass diese vielen kleineren und größeren Städte, die ihnen auch lange nach Ende des Kalten Kriegs noch immer Terra incognita sind, im Herzen Europas und, im Guten wie im Bösen, im Zentrum der geschichtlichen Erfahrungen des Kontinents liegen und ebendarum noch immer interessant sind. Wenn wir etwas von ihrer Geschichte vor 1918 verstehen, können wir auch etwas von dem zurückgewinnen, was die späteren totalitären Regimes für immer auslöschen wollten: das plurale, anarchische, das vielsprachige Europa, über das einst, in einer verwirrenden Mischung aus Unfähigkeit, Bösartigkeit und gelegentlicher Güte, das Haus Habsburg wachte.

Im Oktober 2008, im Rahmen der UEFA Champions League, traten die Mannschaften des FC Chelsea und des CFR Cluj gegeneinander an. Schlachtenbummler aus Chelsea, die zu dem Spiel nach Transsilvanien flogen, fanden es lustig, sich mit Umhängen und Plastikreißzähnen auszurüsten, und so verkleidet verließen sie das Flugzeug. Torkelnd und die Arme schwingend brüllten sie in einem Phantasieakzent: «Ach, die Kiinder derr Nacht – ich heere sie rrufen!» und so weiter. Am nächsten Tag, in einem Interview mit einem britischen Radiosender, war ein denkbar erboster DJ aus Cluj zu hören, der sich mit überschlagender Stimme in perfektem

Englisch, gleichwohl – Fair Play – mit leicht komischem Akzent, über die Demütigung, die Beleidigung seines Volkes empörte: Dracula sei nichts weiter als die Erfindung «irgendeines irischen Romanschreibers» und Vampirismus völlig unbekannt in Transsilvanien.

Recht hatte er, und das Interview ging mir seitdem nicht mehr aus dem Sinn: Musste ich nicht fürchten, selbst wie ein Chelsea-Fan mit Plastikgebiss und Cape aus dem Flugzeug zu stolpern? Gerade in den ehemals habsburgischen Ländern wurden um die Deutung von Geschichte viele Schlachten geschlagen. Ihr Studium wurde befeuert von Anfeindungen und Phantasien über ethnische, religiöse und Klassenprivilegien. Ich musste ein Narr sein, mich in diese hochaufgeladene Arena zu begeben. Wie leicht ist es doch, den Nationalismus anderer zu verachten und den eigenen nicht zu bemerken. Die Beschäftigung mit Sprachen, Archäologie, Ethnographie, Siegelkunde, Numismatik, Kartographie und so weiter, der man sich im Habsburgerreich obsessiv hingab, ist ein toxisches Erbe; und in meinen etwas düsteren Momenten beschleicht mich das Gefühl, dass die Verbreitung dieser Themen und der Gebrauch, der von ihnen gemacht wurde, eine Katastrophe für Mitteleuropa waren; im Grunde waren jene Gelehrten sowie die Geistlichen, die sie unterstützten, die größten Schufte. Verglichen mit ihnen waren Politiker und Militärs bloße Puppen; selbst Hitler war nur ein abscheuliches Nebenprodukt von verschiedenen giftigen nationalistischen und wissenschaftlichen Lehren aus Wien.

Das Interesse war groß, wie besessen durchsiebte jede Sprachgruppe ihre Historie und suchte nach Geschichten über ihre Vorfahren: nicht nur zur schwärmerischen Unterhaltung, sondern um diese Geschichten zu Narrativen, zu ihren Waffen zu machen, mit denen sich die Vorherrschaft der eigenen Gruppe über alle anderen untermauern ließ. Was setzten die Ungarn nicht alles daran, um ihre grandiose Herkunft aus den Weiten der asiatischen Steppe zu belegen und 1896 den tausendsten Jahrestag ihrer Ankunft in Europa zu feiern! Gleichzeitig versuchten rumänische Wissenschaftler durch Ausgrabungen zu beweisen, dass sie die wahren Eigentümer des Territoriums waren, Nachkommen nämlich von Soldaten und Siedlern des römischen Heeres – den Namen ihres Landes erfanden sie, um diesem Argument Nachdruck zu verleihen. Was eine harmlose, spleenige Liebhaberei hätte sein können, wurde zur treibenden Kraft hinter furchtbaren Ereignissen; am harmlosesten noch war die Parole der Rumänen, die in den letzten Jahren des Habsburgerreichs auf antiungarischen Kundgebungen zu hören war: «Ungarn zurück nach Asien!» Worauf solche Rhetorik zielte, ist offensichtlich: Nach dieser Logik ließen sich all die Gruppen ausdeuten, die – wie Juden, Sinti und Roma – keine «Heimat» hatten. Und kaum war das Habsburgerreich nach 1918 in Kleinstaaten zerfallen, blühte der Nationalismus und schuf eine hochgefährliche Situation für all jene, die innerhalb der künstlich gezogenen Grenzen nunmehr zu «Fremden» geworden waren.

Teile dieses Buchs beschäftigen sich mit den erschütternden Folgen dieser Nationalismen, was jedoch nicht heißen soll, dass ich irgendeinen nostalgischen Wunsch nach Rückkehr in die Zeit des Habsburgerreiches hege. Das wäre sinnlos. Diesen widerwärtigen Zug der Moderne gilt es zu akzeptieren, ohne von der Rückkehr in eine aristokratische Welt ohne Zeitungen, ohne allgemeine Schulbildung zu träumen. Schließlich gediehen viele dieser grauenhaften Vorstellungen innerhalb des Habsburgerreichs, das somit sein Teil dazu beigetragen hat, gleichwohl entwickelten sich ebendort auch Strömungen und Ideen gegen dumpfe Nationalismen: vom Zionismus über den Anarchismus bis hin zur Entdeckung des Unbewussten.

Damit hängt eine weitere Absicht zusammen, der ich beim Schreiben dieses Buches gefolgt bin: die Auswirkungen der extremen, zügellosen Gewalt darzustellen, die in früheren Epochen das Leben in Mitteleuropa beherrschte, bis zur nahezu vollständigen Entvölkerung ganzer Landstriche führte und nicht unbeteiligt war an den Schrecken des 20. Jahrhunderts. Solche Grausamkeit war Westeuropäern in ihren Heimatländern in der Regel fremd, obgleich sie auf anderen Kontinenten bedenkenlos nicht weniger grausam verfuhren. Eine Betrachtung Europas als Schauplatz von Sklaverei, Bestrafungsfeldzügen, gewaltsamer Vertreibung und Neuansiedlung, Piraterie und öffentlicher Verstümmelung sowie Hinrichtung im Namen des Glaubens bringt allerhand zum Vorschein. Ich hoffe, ich habe darüber mit so viel Verständnis geschrieben, dass ich niemanden beleidige, aber doch klarmache, wie zentral solche Schicksale für Europas Geschichte sind: Sie haben ihre Wurzeln nicht in irgendeiner fremdartigen «östlichen» Barbarei.

Im Sommer 1463 wurde der bosnische König Stjepan Tomašević von der Armee des osmanischen Herrschers Mehmet II. in der Festung Ključ belagert. Der König ergab sich, als ihm freies Geleit zugesichert wurde. Doch kaum waren er und sein Gefolge in Mehmets Gewalt, wurden sie getötet und die überlebenden bosnischen Adligen zu Galeerensklaven gemacht. Die Osmanen waren der Ansicht, die herrschende Klasse Bosniens habe ihre Funktion verloren und müsse liquidiert werden – Bosniens neuer Status als ein kleines Eyalet, als Provinz des Osmanischen Reichs, sollte dauerhaft sein und endgültig. Das freie Geleit war einem König zugesichert worden, aber der war nun einfacher Untertan, und mit dem konnte man machen, was man wollte. Für mehr als fünfhundert Jahre hat Bosnien, ein respektables mittelalterliches Königreich, damals seine Unabhängigkeit verloren. Ein anderes berühmtes Beispiel bietet Polen. Als Habsburger, Preußen und Russen Ende des 18. Jahrhunderts nach einer Reihe von Verhandlungen mit atemberaubender Kälte beschlossen, das Königreich Polen unter sich aufzuteilen, sollte auch dies für immer sein und der Name Polens hinter den von Bürokraten erfundenen Bezeichnungen «Westpreußen», «Westrussland» sowie «Galizien und Lodomerien» verschwinden. Polens neue Herren kooperierten, um alle, die eine Gefahr für die neue Ordnung darstellten, zu fassen, zu töten oder einzukerkern.

Diese latente Unsicherheit und Bedrohung, dass eine ganze Elite einfach ausgelöscht werden konnte, ist in der mitteleuropäischen Geschichte ein immer wiederkehrendes Thema. Westeuropäer oder Angelsachsen haben solche Erfahrungen kaum gemacht. Frankreich zum Beispiel hat, fast solange es existiert, keine erfolgreiche Invasion erleben müssen und wurde fast immer von Franzosen regiert. Die politischen Entscheidungen angelsächsischer Länder sind durchweg aus Positionen einer bemerkenswerten Sicherheit getroffen worden. Die habsburgischen Länder dagegen waren stets und an nahezu jeder Grenze verwundbar, Dutzende von leicht zu bewältigenden und günstig gelegenen Invasionsrouten führten dorthin. Da konnten Verbündete zu Feinden werden, verschlafene Grenzgebiete über Nacht zu Krisenherden. Die Hauptaufgabe der Habsburger war daher militärischer Natur: Von seinen Ursprüngen bis zu seinem Zusammenbruch war ihr Reich eine Maschinerie, die robusten Nachbarn widerstehen und aufsässige Untertanen kontrollieren musste. Schlug das habsburgische Heer keine Schlacht, bereitete es sich auf einen Krieg vor. Vornehmlich in der Zeit vor 1914 ging die Mär, das Reich der Habsburger sei rückständig und ineffektiv, habe man dort nichts als Mehlspeisen und Walzer im Sinn. Eine Fehleinschätzung: Die Dynastie war immer auf engstirnige Weise rücksichtslos und brutal, wenn es galt, sich gegen Eindringlinge zu behaupten. Der so leutselig wirkende, bärtige alte Kaiser Franz Joseph war besessen von der Idee des Reichs als eines riesigen militärischen Organismus: Sein Leben war eine Folge von Paraden, Manövern, Ordensverleihungen und Streitigkeiten über die gewaltigen Geldmittel, die seine Armee verschlang. All das wäre seinen Vorgängern zwei- und auch vierhundert Jahre zuvor bekannt vorgekommen. Immer in der Geschichte der Habsburger tauchten neue Unwägbarkeiten auf, unablässig waren sie damit beschäftigt, die militärische Bereitschaft, Stimmungsschwankungen und diplomatische Neuorientierungen ihrer Nachbarn zu beobachten. Gab es doch genügend Beispiele dafür, dass Herrscher verwandter Staaten unüberlegt gehandelt hatten und darum von der Bildfläche verschwunden waren. Immer wieder zeigten sich die Habsburger als wahre Meister der Kunst, Rückschläge anderer zum eigenen Vorteil auszunutzen, bis sie schließlich selbst Entscheidungen trafen, die 1918 zu ihrem Verschwinden und zur Aufteilung des Reichs führten.

Wir dürfen nicht vergessen, wie schwach die politische Herrschaft in großen Teilen Europas war, bis allgemeine Schulbildung, Telegraphen und Eisenbahnen das Band zwischen Regionen und Ländern enger knüpften. Die Habsburger liebten es, Landkarten, Stammbäume und Wappen zu studieren und mit ausladenden Gesten auf diese symbolischen Stenogramme ihrer Eigentümerschaft zu verweisen, aber man sollte nicht glauben, dass solche Gesten viel Substanz hatten. Niemand, von einigen Gemeinden in Bergregionen oder Waldgebieten abgesehen, wurde ganz sich selbst überlassen, gleichwohl: Wien war weit weg und das Gefühl, dem Hof dort in irgendeiner Weise verpflichtet zu sein, eher vage. Es gab unzählige Privilegien, verliehen an Regionen, an lokale Grundherren, Adel oder Kirche, die allen modernen Träumen von staatlicher Einheit und Effizienz hohnsprachen. Viele Geschichtswerke zeigen die Tendenz, das Geschehen aus dem Blickwinkel der Herrschenden darzustellen. Besonders deutlich wird dies im Begriff «Rebellion», einem Wort, dem das Scheitern schon immanent ist, insofern als – laut Definition – eine gelungene Rebellion einen Wechsel der Dynastie zur Folge hat. Es ist nicht schwer, Geschichte so zu erzählen, dass eine Rebellion als Ärgernis, als Vergeudung dringend benötigter Ressourcen oder als verzweifelter Ausdruck von Rückständigkeit erscheint. Das aber hieße, einen Mann, der in Wien eine Krone trägt, viel zu ernst zu nehmen, und ich hoffe, zeigen zu können, wie viele vollkommen vernünftige Gründe es gegen die Herrschaft der Habsburger gab. Früher oder später – und vor allem in Ungarn – vollzog nahezu jeder eine Wendung in die «Illoyalität», und das sagt einiges. Joseph II. hat seine Ziele im Russisch-Österreichischen Türkenkrieg auch darum nicht erreicht, weil die ungarischen Adligen dem Heer keine Lebensmittel lieferten, denn sie hassten den Kaiser und hielten ihn für einen lästigen Widerling. Als seine riesige Armee scheiterte und er in ohnmächtiger Wut tobte, ist es, aus weltgeschichtlicher Perspektive betrachtet, kaum möglich, nicht doch etwas Mitleid mit ihm zu haben, aber überall in Europa gab und gibt es alle möglichen Menschen, die sich weigern zu tun, was von ihnen verlangt wird, und es sollte ihnen doch ein bisschen mehr Anerkennung zuteilwerden.

Eine beliebte Figur in vielen Anekdoten und Romanen ist der kleine ungarische Adlige, der nur für den Wein und die Jagd lebt und sich weigert, an ihn gerichtete Briefe oder Telegramme zu öffnen; sie seien, so lässt er wissen, nichts als unverschämte Eingriffe in das Leben eines Edelmannes. Mit solchen Figuren in allen Varianten hatten die Habsburger ständig zu tun: mit Verteidigern feudaler Rechte, sturen Gemeinden, exzentrischen religiösen Gruppierungen, aufsässigen Zunftgenossen. Selbst hohe Adlige konnten sich für die hochriskanten Vorteile verräterischer Beziehungen zu den Osmanen entschließen. Generationen von Wiener Beamten rauften sich an ihren Kirschholzschreibtischen die Haare: Warum tun diese Leute nicht einfach das, was man ihnen sagt? Doch Beamte, Minister, Hofräte, Militärs, sie alle waren benebelt von viel zu vielen Landkarten, Tabellen und Haushaltsprognosen. Das Neue an diesem Buch könnte sein, dass es versucht, in Wien nicht die Schaltstelle politischer, religiöser, sozialer oder strategischer Vernunft zu sehen. Ein steirischer Bauer, ein Leibeigener in Siebenbürgen oder ein Pirat an der Adria sahen Wien auf ganz andere Weise, und ihre Sicht war nicht unbedingt falsch.

*

Dieses Buch ist so konzipiert, dass es ganz unabhängig von *Germany, oh Germany* gelesen werden kann. Natürlich beschäftigen sich beide zum Teil mit demselben Territorium, sodass es zu Überschneidungen kommt, dem begegne ich durch veränderte Blickwinkel und Beispiele; einige grundlegende Erläuterungen, wie sich Europa unter dem Einfluss des Heiligen Römischen Reichs und seiner Kaiser entwickelte, werde ich wiederholen müssen.

Drei Dinge möchte ich ausdrücklich sagen. Dieses Buch ist keine Geschichte einer Dynastie. Meine Leser müssen sich nicht mit endlosen Eheverträgen befassen, auch nicht mit fadem Klatsch über das, was ein Erzherzog zu einem anderen Erzherzog sagte, oder darüber, wie irgendwer mit seiner Schwägerin zurechtkam. Das Buch behandelt einige interessante, folgenreiche Dinge, die bestimmte Herrscher unternahmen, und dabei spielen dann auch Eheverträge eine Rolle – in denen es verwirrend oft um Personen geht, die entweder Maria oder Karl hießen –, aber ich bemühe mich, die Art von Gerüchten und Gezirpe, von royalem Klatsch und Tratsch zu vermeiden, unter denen viele Darstellungen der Habsburger leiden. Ich habe das ewige «Küss die Hand», die Schönheitsflecken, das Hackenschlagen, die diskreten Blicke auf schmeichelnde Verehrer («Oh, so stürmisch, Herr Graf») einfach weggelassen und hoffe, meine Leser werden es mir danken.

Dies ist auch kein Buch, das versucht, bestimmte ethnische Gruppen durch einen Haufen imaginierter Eigenschaften zu definieren. Leser werden keine Sätze finden, die mit der Feststellung beginnen: «Wie dieses feurige, doch edle Gewürz, das sie so liebevoll pflegen und das auf der ganzen Welt unter dem Namen ‹Paprika› bekannt ist, so sind die Ungarn …» Von keinem Volk wird es heißen, dass es sein letztes Hemd herschenken würde, keines wird als naturgegeben melancholisch oder musikalisch auftreten, weder sind Sprachgruppen einander unversöhnlich feind noch immer schon freund, absolut niemand wird sich opfern, weil seinem Volk der Fatalismus angeboren ist. Solchen Unfug konnte man jahrhundertelang hören – Erzherzog Franz Ferdinand hatte sogar, als Gedächtnisstütze, eine Liste mit nationalen Attributen auf seinem Schreibtisch liegen.

Mit alldem sollte endlich Schluss sein. Das Leben in Europa könnte schlagartig besser werden, würden wir Eigenschaften wie «stets zum Lachen aufgelegt», «mürrisch» oder «wie geschaffen für die Liebe» nur Individuen zuschreiben statt ganzen Völkern und solche albernen ethnischen Behauptungen vermeiden, denen zufolge es ganze Städte voller musikalisch Begabter gibt oder abgelegene Täler voller Menschen, die zu Wutausbrüchen neigen. Während meiner Arbeit an *Germany, oh Germany* hat mich dergleichen allzu oft aufgeregt. Für viele britische und amerikanische Freunde, mit denen ich über mein Thema sprach, stand unumstößlich fest, dass Deutsche humorlos seien, während ich gerade einen Bierkeller besucht hatte, in dem die meisten Gäste so lachten, dass sie rotviolett anliefen und es sie schier zerriss – was natürlich auch nicht heißt, dass alle Deutschen Sinn für Humor hätten.

Und schließlich will dieses Buch kein erschöpfender Führer durch Mitteleuropa sein. Die Idee, es zu schreiben, kam mir bei einem Besuch im Kaiserlichen Hofmobiliendepot, einem mit allem möglichen Plunder vollgestopften Museum in Wien – ein Durcheinander aus spindeldürren alten Stühlen, Hutständern, Tafelschmuck und seltsamen Gemälden, die aus den Palästen der Habsburger stammen und nach 1918 verwaisten, als es keine Verwendung mehr für sie gab. Dem ist dieses Buch, im Guten wie im Schlechten, ein bisschen ähnlich – auch es eine Art Kaisers Rumpelkammer, ein Sammelsurium von Dingen, die ich ausgegraben, ans Licht gebracht habe und persönlich faszinierend finde – aber es kann gut sein, dass manche Leser mir darin nicht folgen mögen oder können, dass sie sich bei bestimmten Abschnitten langweilen oder ärgern, vielleicht sogar bei ganzen Kapiteln.

Ich habe mich auf Stoffe konzentriert, die mich selbst interessieren, und einen einigermaßen klaren erzählerischen Leitfaden verfolgt, doch unvermeidlich gibt es auch eine Menge Themen, die ich kaum berühre. So wird man, zum Beispiel, zur Musik einiges finden, doch lässt der Text eher meine Vorliebe für Joseph Haydn und Hugo Wolf erkennen als meine nur ferne, wenig sachkundige Bewunderung für Ludwig van Beethoven oder Anton Bruckner. Das könnte manche Leser verärgern, und ich bitte um Vergebung. Aber warum sollte ich bestimmte Dinge pflichtschuldig behandeln oder aufblasen und dafür den knappen Raum vergeben, sodass interessanteres Material wegfallen müsste? Ebenso sind manche Kaiser einfach reizvoller als andere, und mir war es lieber, die Zeit auf eine Handvoll der Spannenderen unter ihnen zu verwenden, als auch alle Langweiler auftreten zu lassen.

Ich bin noch ganz benommen von meinem Glück, dieses Buch schreiben zu können. Den größten Teil meines Erwachsenenlebens waren die Kulturen Mitteleuropas meine Obsession, aber eine legitime Entschuldigung zu haben, überall umherzureisen, von Böhmen bis in die Ukraine, so lange Zeit über so viele Gegenstände lesen, nachdenken, reden und schreiben zu dürfen, das war schon ein unschätzbares Privileg. Ich hoffe sehr, dass es mir gelungen ist, zu vermitteln, was ich empfand, wenn ich wieder einmal im wunderbar restaurierten Selbstbedienungsrestaurant des Budapester Ostbahnhofs saß, an einem McChickwich kaute und mich fragte, welches Abenteuer mir wohl als Nächstes bevorstehen würde.

Ortsnamen

Immer schon hatte, wer Städten Namen geben konnte, eine wichtige Waffe in der Hand, um seine Herrschaft über ein Gebiet zu etablieren. Welchen Namen man einer Stadt gibt, kann einen bestimmten ethnischen Hintergrund, einen aggressiven oder nostalgischen politischen Standpunkt zum Ausdruck bringen. Ein passendes aktuelles Beispiel ist die transsilvanische Stadt Cluj-Napoca. Cluj ist die rumänische Bezeichnung. Cluj-Napoca ist eine Schöpfung der

1970er Jahre, denn Napoca hieß die römische Stadt, die es an dieser Stelle mal gegeben hatte. Klausenburg war der deutsche Name, Klazin der jiddische, Kolozsvár der ungarische. Immer ging es um dieselbe Stadt, alle Namen haben verwandte Wurzeln, alle aber haben auch ein sehr unterschiedliches politisches Gewicht. Ein Ungar würde sagen, von Kolozsvár zu sprechen, heiße einfach nur, dass man den ungarischen Namen verwendet – einem Rumänen dagegen erschiene dies als eine irredentistische Provokation, als Ablehnung der rumänischen Verwaltung der Stadt und als sentimentaler Wunsch nach Rückkehr zur guten alten Zeit, als Cluj eine größere ungarische Stadt war. Der Rumäne mag Gründe haben für seine Empörung, dass er damit recht hat, steht nicht fest. Ähnlich verhält es sich mit der alten Stadt Pozsony, in der die ungarischen Könige gekrönt wurden, Pressburg auf Deutsch. 1919 nutzten Tschechen und Slowaken die Gelegenheit und erfanden für Pozsony den Namen Bratislava, und der war weder deutsch noch ungarisch. Für die Tschechen wiederum muss äußerst unbefriedigend sein, dass sie ihren Staat Tschechische Republik nennen müssen, weil die naheliegende Alternative Böhmen und Mähren durch den Gebrauch, den die Nationalsozialisten während des «Protektorats» von diesen Namen gemacht haben, besudelt wurde.

Aus solchen Minenfeldern gibt es keinen Ausweg: Was heute Lwiw ist, kann Lemberg, Lemberik, Lwów oder Lvov sein, das heutige Ivano-Frankivsk kann Stanislau, Stanisławów, Stanislavov sein – jede dieser Varianten ist auf diese oder jene Weise schmerzlich für die jeweils ausgegrenzte Gruppe. Deshalb werde ich die aktuellen offiziellen Namen benutzen und möchte dies neutral verstanden wissen, ohne Gefühle der Zu- oder Abneigung anzudeuten.*

* Die Übersetzung folgt in der Regel dieser Maxime, in manchen Fällen allerdings, dem deutschen Sprachgebrauch oder dem historischen Kontext folgend, erlauben wir uns Ausnahmen oder setzen deutsche Namen in Klammern dazu (Anmerkung der Übersetzer).

Man wird in diesem Buch auf viel unbekannte historische Geographie stoßen. Einheiten wie Kärnten oder die Oberlausitz bestanden jahrhundertelang, und man muss sich im Klaren darüber sein, dass sie eine erstaunlich belastbare Stärke, eigene Traditionen, Wappen, Adelsfamilien und Dienstpflichten gegenüber ihren Herrschern hatten. Ein anderes berühmtes Beispiel ist das Königreich Galizien und Lodomerien, das die Polen und viele andere als koloniales Unglück, als gänzlich illegitim betrachteten, das gleichwohl hundertfünfzig Jahre existierte – länger als das vereinte Deutschland. Zur Kenntnis zu nehmen, dass Galizien keine dem Untergang geweihte, sonderbare Eintagsfliege, sondern für seine Bewohner eine viele Generationen andauernde Realität war, bedeutet ein Umdenken, das eine wichtige Vorbedingung für das Verständnis der europäischen Geschichte darstellt.

Viele ältere politische Gebilde erscheinen uns heute als klein, doch bis zum 19. Jahrhundert bestand Mitteleuropa überwiegend aus solchen Einheiten. Bis zur Vereinigung Deutschlands und Italiens schien ein Land wie die Schweiz groß. Hätten Europäer um 1900 einen Blick auf die kartographische Darstellung des Kontinents im Jahr 2000 werfen können, sie hätten gestaunt; nicht nur darüber, dass ehemals unabhängige Staaten wie Polen und Irland, die sich damals vermeintlich unwiderruflich unter dem Stiefel von Großmächten befanden, wiedererstehen konnten, sondern auch über so phantastische Neuschöpfungen wie die Slowakei und Mazedonien. Beide waren um 1900 schlicht bedeutungslos, die Slowakei nichts weiter als eine Bergregion im nördlichen Ungarn, Mazedonien versteckt in einer Falte des Osmanischen Reichs. Ebenso erstaunlich wäre ihnen erschienen, dass treue Kronländer wie die Grafschaft Görz oder das Herzogtum Teschen, die seit dem Mittelalter existiert hatten, verschwanden und heute, unter den neuen Grenzen, fast unauffindbar sind. Nicht jedem wird dies gefallen, aber dieses Buch will seine Leser ermuntern, Europa als ein Gebiet zu betrachten, in dem es mancherlei und merkwürdige Grenzen gibt, mannigfaltige Entwicklungen möglich sind und dessen Geographie und Besitzverhältnisse immer wieder zum Zugriff einluden. Die Karten ab Seite 674 sollen eine Hilfe sein. Eine wirklich verwirrende Vorstellung davon, wie Mitteleuropa im 20. Jahrhundert hätte neugeordnet werden können, geben die Seiten 680/681.

Das Haus Habsburg

Um die Leser nicht mit einem Stammbaum abzuschrecken, den man für eine Zeichnung des menschlichen Körpers mit seinen Venen und Arterien halten könnte, angefertigt von einem ahnungslosen Wahnsinnigen, hielt ich es für besser, mich für den Anfang auf einen Überblick über die Familienoberhäupter zu beschränken, damit die Reihenfolge ihrer Regentschaft deutlich wird. Das alles erscheint ziemlich geradlinig und natürlich, denn all die Heimtücke, die rücksichtslosen Unterteilungen, den Hass, die vorgetäuschte Pietät und das generelle Versagen lässt die Liste natürlich nicht erkennen, das bleibt dem Text überlassen.

Um die Leser nicht über Gebühr zu strapazieren, habe ich alle Titel vereinfacht; ein Vorgehen, das womöglich für Irritation sorgen wird, aber ich werde mich, soweit möglich, für jede auftretende Person an einen einzigen Titel halten. Einen Eindruck der andernfalls drohenden Verwirrung gibt folgendes Beispiel: der reizlose Philipp der Schöne war Philipp I. von Kastilien, Philipp II. von Luxemburg, Philipp III. von Brabant, Philipp IV. von Burgund, Philipp V. von Namur, Philip VI. von Artois sowie der I., II., III. und so weiter für andere Territorien. Die Leser also können dankbar sein, wenn ich von Philipp dem Schönen spreche, und sich kurz vor Augen führen, welch ein Grauen an Pedanterie ihnen erspart bleibt. Gerade in kritischen Situationen mögen solche Auslassungen Bedeutsames betreffen, wenn nämlich einige Wiener Kaiser als Könige von Ungarn und Könige von Böhmen verschiedene Zahlen hatten – so war Rudolf II. in Ungarn Rudolf I. und Karl VI. war Karl III. oder III. Károly – doch ich halte mich an die Kaisernamen, entweder an den des Kaisers des Heiligen Römischen Reiches (bis 1806) oder an den des Kaisers von Österreich (von 1804 bis 1918).

Bis 1806 ist mit «dem Reich» das Heilige Römische Reich gemeint, als dessen Kaiser fast immer das Oberhaupt des Hauses Habsburg gewählt wurde. Persönlich und weitgehend unabhängig von dieser Funktion war er Regent der Habsburger Länder oder Habsburger Erblande. Doch auch diese Länder bildeten niemals ein zusammenhängendes Ganzes und standen zudem häufig noch unter der Herrschaft verschiedener Aristokraten und kirchlicher Körperschaften, manchmal waren es auch ziemlich kleine Territorien im «Besitz» der Familie. Herrschen oder regieren hieß insofern, sich durch ein Dickicht von Sonderrechten, Vergünstigungen, Exemtionen und verknöcherten feudalen Privilegien hindurchzulavieren. Bedeutende Teile der Habsburger Erblande lagen innerhalb des Heiligen Römischen Reichs, andere wiederum nicht, beispielsweise Ungarn. Darum waren «Kaiserliche Truppen» durch das Votum des Heiligen Römischen Reichs sanktionierte Streitkräfte und nicht identisch mit den eigenen Armeen der Habsburger. Leser, die unter fünfzig sind, werden Begriffe wie «Empire» [Reich] oder «imperial» sofort mit dem hoch organisierten Bösen à la *Star Wars* assoziieren. Vielleicht ist das wiederauflebende Interesse an der Geschichte des Heiligen Römischen Reichs tatsächlich auf diese unbewusste Assoziation zurückzuführen. Allerdings sollten wir bedenken, dass dieses irdische «Reich» hinsichtlich seiner Effizienz, Motivation und Boshaftigkeit einige Stufen unter seinem Rivalen im Weltraum stand; vielleicht aber könnten die beiden Imperien Noten darüber austauschen, wie ärgerlich anfällig sie für nutzlose Niederlagen zu sein scheinen.

Nachfolger **Friedrichs III.** (1452–1493)* wurde, nachdem sie sich die Regentschaft eine Zeitlang geteilt hatten, sein Sohn **Maximilian I.** (1493–1519). Auf ihn folgte sein Enkel **Karl V.** (1519–1558). Er teilte sein unregierbar gewordenes Erbe: Der spanische Zweig der Familie unter seinem Sohn Philipp II. ging eigene Wege, während die östlichen Länder an Karls Bruder **Ferdinand I.** (1558–1564) fielen. Dessen Nachfolger wurde der Sohn **Maximilian II.** (1564–1576), auf den wiederum dessen Sohn **Rudolf II.** (1576–1612) folgte. Nach einem Staatsstreich trat Rudolfs Bruder **Matthias** (1612–1619) für die Regentschaft an. Sowohl Rudolf als auch Matthias blieben kinderlos, daher wurde ihr Vetter **Ferdinand II.** (1619–1637) zum Familienoberhaupt, auf ihn folgten, zumeist in direkter Generationenfolge, die jeweils ältesten lebenden Söhne: **Ferdinand III.** (1637–1657), **Leopold I.** (1657–1705) und **Joseph I.** (1705–1711). Nach dessen unerwartet frühem Tod kam sein Bruder **Karl VI.** (1711–1740) auf den Thron. Weil er keine überlebenden männlichen Nachkommen hatte, musste seine Tochter **Maria Theresia** (Herrscherin über die Habsburger Länder 1740–1780), konfrontiert mit aller erdenklichen Treulosigkeit, unter Blutvergießen um das Erbe ihrer Titel kämpfen, während ihr Mann **Franz I.** (1745–1765) nach einem peinlichen Interim zum Kaiser gewählt wurde. Damit war die Dynastie als Haus Habsburg-Lothringen neu gegründet. Mit **Joseph II.** (1765–1790) trat wieder ein Sohn die dynastische Nachfolge an, ihm folgten sein Bruder **Leopold II.** (1790–1792) und dessen Sohn **Franz II.** (1792–1806). Dieser musste die Kaiserkrone des Heiligen Römischen Reichs niederlegen und machte sich zum Kaiser von Österreich, konnte mit der Zählung neu beginnen und nannte sich **Franz** (1804–1835). Mit **Ferdinand** (1835–1848) folgte wiederum der Sohn, der jedoch 1848 durch einen

* Jahreszahlen in Klammern beziehen sich hier auf die jeweilige Regentschaft; im Folgenden, wenn nicht anders vermerkt, auf die Lebensdaten der genannten Person (Anmerkung der Übersetzer).

Staatsstreich abgesetzt wurde. Dies brachte seinen Neffen **Franz Joseph** (1848–1916) an die Macht. Nach den vielschichtigen und bekannten dynastischen Rückschlägen folgte auf ihn sein Großneffe **Karl** (1916–1918). Obwohl Ungarn bis 1944 eine Monarchie blieb, die ihre Regentschaft im Namen der Habsburger beanspruchte, ist es nicht falsch zu sagen, dass die Dynastie mit Karls Abdankung 1918 von der Bühne der Geschichte abtrat.

I

Gräber, Bäume und ein Sumpf

Völkerwanderungen

Die Habichtsburg

«Sieh dich um!»

Kultstätten

Gewählte Cäsaren

LAVREA SERTA GERIT SACRO IOVIS ALES IN ORE
MAXMILIANEIS IAM CELEBRATA SCOLIS
AQVILA
DIVVS
IMPERIALIS
DIVINA FABRICA
MAXIMI
H VANA INVETA
SACRO
IMPERIO
LAVREA
LAVREA
FIAT LVX
STEL·FIX
OR·PLANE
MARE·TER
EVR
ASIA
AFR
ADAM
TRI
POS
FONS MVSARVM
NOVEM
MVSAE
ERRADO
PHILO
DISCITVR
SOPHIA
SEX OPERA DIERVM
SEPTE LIBERALES
IVDICIVM PARIDIS
SEPTEM MECHANICE
VESTIARIA
AGRICVLTVRA
ARCHITECTVRA
MILICIA VENA
MERCATVRA
COQVINARIA
METALLARIA
MERCVR
DISCORDIA
BVRGKMAIR HANC AQVILAM DEPINXERAT ARTE IOHAES
ET CELTIS PVLHRAM TEXVIT HISTORIAM
ILLE NOVEM MVSIS SEPTENAS IVNXERAT ARTES
QVAS STVDIO PARILI DOCTA VIENA COLIT

Gräber, Bäume und ein Sumpf

Als Ausgangspunkt einer Geschichte des vom Haus Habsburg geprägten Europa eignet sich die Stadt Pécs im südlichen Ungarn ebenso gut wie jeder andere Ort. Allerdings ist kaum vorstellbar, dass sie jemals etwas anderes war als eine freundliche Provinzstadt – die unglückliche Zielscheibe größerer internationaler Ereignisse, aber kein Ort, um irgendetwas in Gang zu setzen. Weiter nach Süden wird die Landschaft staubig und trist und ist nur dünn besiedelt, daher mutet die Stadt an wie eine Oase oder ein Grenzposten. Es macht den Eindruck, als seien die Cappuccinos hier ziemlich hart erkämpft. Die wenigen über die Stadt verstreuten großen Gebäude mussten nach den diversen Katastrophen immer wieder notdürftig zusammengeflickt werden; zum Charme des zentralen Platzes etwa trägt die raue Masse einer ehemaligen Moschee bei, an der endlos und wenig überzeugend herumgeschustert wurde, um eine Kirche daraus zu machen, nachdem 1686 die osmanischen Machthaber die rauchenden Trümmer der Stadt aufgegeben hatten.

Ein ungewöhnliches Relikt gibt es allerdings: frühchristliche Grabbauten aus der Zeit, als Pécs ein Weinanbaugebiet namens Sopianiae und Hauptstadt der römischen Provinz Pannonia Valeria war. Das berühmteste dieser Gräber, erst gegen Ende des 18. Jahr-

Linke Seite:
Auch dies ist ein Burgkmair – ein eindrucksvoller, 1507 entstandener Holzschnitt des Kaiseradlers. Voller Allegorien und Anspielungen zeigt er Maximilian über einer Art Vogeltränke thronend, in der die neun Musen baden.

hunderts entdeckt, enthält eine Reihe von Fresken mit biblischen Szenen. Sie sind mit dem Farbsinn und dem Einfühlungsvermögen eines mäßig begabten neunjährigen Kindes gemalt, nur wegen ihres Alters und ihrer traurigen Fleckigkeit wirken sie nicht trivial. Adam und Eva sind zu sehen, Noah und seine Arche, die Heiligen Petrus und Paulus. Vierzehnhundert Jahre haben die Fresken unter der Erde verbracht, wohl nur darum haben sie überlebt; hier und da ist Farbe abgebröckelt.

Angelegt wurde die Nekropole im 4. Jahrhundert, und Sopianiae muss damals, an der unruhigen Grenze des Römischen Reichs gelegen, ein ziemlich unsicherer Ort gewesen sein. Jedenfalls war die Stadt keine wirkliche Festung, und wenn eines der Kastelle an der Donau überrannt worden war, dann werden dem verängstigten Kurier, der die Nachricht nach Sopianiae brachte, die gefürchteten Reiterhorden bereits auf den Fersen gewesen sein. Die Menschen, die hier lebten, waren germanische Untertanen Roms, latinisiert und christlich, das Territorium gehörte damals seit rund vierhundert Jahren zum Römischen Reich. Weinanbaugebiet klingt irgendwie fröhlich, und tatsächlich gab es Bäder, ein Aquädukt, eine Basilika, was eben eine römische Stadt so hatte, und vielleicht ging es dort so munter zu wie im Dorf von Asterix.

Noch etwas an der Nekropole von Pécs ist bemerkenswert, aber das ist kein Fresko, kein ausgefallenes Dekor, sondern der Umstand, dass etwas fehlt. Ein Grabbau, wohl zutreffend auf die Zeit um 400 datiert, war für den Verputz vorbereitet worden, doch der Putz wurde niemals aufgetragen. Jemand hatte viel Geld ausgegeben, um das Totenhaus für einen reichen Verwandten errichten zu lassen, ließ es dann aber unvollendet. Wir können nur spekulieren, aber wie es aussieht, blieb der Bau in diesem Zustand, weil Sopianiae im Jahr seiner Errichtung aus den Annalen verschwindet. Auftraggeber und Bauleute waren entweder geflohen oder wurden von hunnischen Reitern wenn nicht getötet, dann zumindest versklavt. Bis die Stadt wieder in einem Dokument auftaucht, vergeht etwa ein halbes Jahrtausend; buchstäblich kein einziger Ziegelstein lässt sich auf die Zeit nach 400 datieren. Jahrhundertelang haben Regenfälle Schlamm und Erde auf den Gräbern abgelagert.

Die Vernichtung dieses Teils des römischen Europa bildet den Hintergrund für alles Folgende. Was sehr viel später die südliche Zone des Habsburgerreichs werden sollte, war jahrhundertelang eine Welt ohne Schrift, ohne Städte, ohne Christentum, nur lokale Handelsbeziehungen gab es. Einige Menschen werden immer in den Ruinen der Städte gelebt haben, denn die Mauern boten Unterschlupf und etwas Sicherheit, aber die Wassersysteme und Märkte, die ihnen eine Existenz ermöglicht hatten, verfielen. Und wenn es niemanden mehr gab, der ein schadhaftes Aquädukt reparieren konnte, dann füllten sich eines Tages die Zisternen nicht mehr. Hier und da wird irgendein Stammesfürst das, was von einem größeren Gebäude geblieben war, zur Kulisse eines halb ausgebauten Palastes gemacht haben, da aber niemand wusste, wie man Steine behaut, konnte nichts Neues gebaut werden, zumindest nicht aus Stein. Für Jahrhunderte gab es nur von Palisaden und Wassergräben geschützte Orte – das war die Welt, in welche die legendären Vorfahren der modernen mitteleuropäischen Völker von Osten her einwanderten, wahrscheinlich in nicht besonders wohlriechenden kriegerischen Karawanen.

Einige Hinweise auf das Schicksal der Gebiete, aus denen die Römer abzogen, lassen sich auch in Bautzen im südöstlichen Sachsen entdecken. Es liegt auf einem Felsen über einer düsteren Schlucht, dort, wo das Oberlausitzer Bergland in flaches Heidegebiet übergeht. Auch die Stadt wirkt düster, als saugte die Schlucht jede Farbe auf: Selbst ein so bunt schillernder Vogel wie ein Eichelhäher scheint einfarbig, sobald er in die Schlucht hineinfliegt. Diese hat sich die Spree gegraben, die hier freilich noch einen weiten Weg nach Berlin vor sich hat, wo sie eine prominentere Rolle spielt. Selbst auf einer Landkarte sieht Bautzen nicht besonders glücklich aus – mit gewundenen Gebirgsstraßen und Pässen im Süden, über die Heere an die Stadt herangeführt werden konnten, die mal nach Westen, mal nach Osten zogen. In dieser umkämpften Gegend kann Bautzen wohl zu Recht für sich in Anspruch nehmen, am häufigsten, ob gezielt oder zufällig, niedergebrannt worden zu sein.

Interessant ist Bautzen in vielerlei Hinsicht. Es liegt in einer Region, die einst vom habsburgischen Kaiser regiert wurde – es blieb ein einnehmendes Bildnis von Rudolf II. erhalten, das einen Wachtturm schmückt –, bis sie 1635, während des Dreißigjährigen Kriegs, der Herrscher von Sachsen als Dankeschön erhielt. Seit dieser Zeit befindet sich die Oberlausitz, die teils deutsches, teils slawisches Territorium war und eine sprachlich unübersichtliche Ecke Mitteleuropas, innerhalb deutscher Grenzen. Deshalb blieben die meisten ihrer Einwohner von den massiven ethnischen Säuberungen verschont, die 1945 die Nachbarländer Tschechoslowakei und Polen einsprachig machten, und das alte, in der Region verbreitete Muster von Deutsch sprechenden Städtern und Slawisch sprechenden Landbewohnern findet man in der Oberlausitz noch immer, nämlich bei der kleinen Gruppe der Sorben. Daher heißt Bautzen auch Budyšin und die Spree Sprjewja.

Was die Stadt so einmalig macht, sind ihre Ursprünge – und das, was sie uns über die Ursprünge ganz Mitteleuropas zu erkennen gibt. Das ist ein Eisen, das heißer nicht sein könnte. Denn jede Nationalität in Mitteleuropa definiert sich selbst dadurch, dass sie *echter** ist als alle anderen: dass sie den alleinigen Anspruch auf den Besitz eines Territoriums hat, weil sie ein überlegenes kriegerisches Talent oder eine mächtigere Kultur besitzt oder, in diesem Zusammenhang wohl am wichtigsten, weil sie in diesem oder jenem Tal vor allen anderen angekommen ist. Heute ließe sich das erste Auftreten einer jeden Sprachgruppe in Europa mit der Radiocarbonmethode datieren, doch wäre das, objektiv betrachtet, nur für eine Handvoll schrulliger Altertumsforscher interessant. Gleichwohl

* Im Original deutsch.

wurden solche Datierungen, gerade durch die Mühen jener verstaubten Gestalten, zum Anliegen von jedermann – und zu einem Anliegen, das den gewaltsamen Tod zahlloser Menschen herbeigeführt hat. Die Jagd nach nationalen Ursprüngen wurde im 19. Jahrhundert zur Obsession, als nämlich ein gelehrter und aggressiver Sprachennationalismus Mitteleuropa zu beherrschen begann. Auf immer mehr Stadtplätzen tauchten Standbilder heroischer, zotteliger Vorfahren auf, Rathäuser wurden mit beklemmenden Wandmalereien ausstaffiert, auf denen ebenjene Vorfahren zu sehen waren, wie sie entweder bedrohlich von einem erklommenen Hügel auf das gelobte Land hinunterblicken, mit Fahne oder Schwert einer Stadtgründungszeremonie beiwohnen oder alle umbringen, die schon vor ihnen da waren. Schulen hallten wider vom Singsang der Kinder, die Heldensagen deklamierten. Diese Epoche war eine Blütezeit der europäischen Kultur und eine Katastrophe zugleich, als sich das 20. Jahrhundert daranmachte, diese frühmittelalterlichen Phantasien mit modernen Waffen zu verwirklichen.

Das Gebiet um Bautzen ist so außergewöhnlich, weil es zeigt, um was es ging im dunklen Zeitalter der Völkerwanderungen, in dem alle diese Nationalitäten ihre Wurzeln finden könnten. Archäologische Untersuchungen in der Lausitz zeigen, dass hier von etwa 400 v. Chr. bis 200 n. Chr. germanische Stämme lebten, sicher und außer Reichweite des Römischen Reichs, danach aber, für etwa sechs Jahrhunderte, anscheinend überhaupt niemand. Es könnte natürlich sein, dass es Menschen gab, die so einfach lebten, dass sie weder Gräber noch Schwerter, Keramik, Fundamente von Befestigungsanlagen oder dergleichen zurückließen – aber plausibel scheint das nicht. Aus welchen Gründen auch immer, es hat dort nur wenige oder gar keine Menschen gegeben. Die dichten Wälder, die sich von jeher über Europa zogen, deckten auch verlassene Siedlungsplätze wieder zu, und es streiften nur noch Wölfe, Wisente und Auerochsen durch den malerischen Nebel. Die Situation in der Lausitz ist außergewöhnlich, aber wie es aussieht, ist die

Bevölkerung großer Teile des europäischen Binnenlands wohl untergegangen. Barbarische Reiterhorden, Hunnen und andere, die römische Städte wie Pécs auslöschten, scheinen auch die Menschen getötet oder vertrieben zu haben, die in den kleinen Siedlungen nördlich der alten Römergrenze lebten.

Heute sind Bäume in weiten Teilen Mitteleuropas nicht mehr als ein gefälliges Zubehör menschlicher Ansiedlungen, nur in Böhmen und in der Slowakei gibt es noch ausgedehnte dichte Waldgebiete. Früher dagegen bedeckten die Bäume, von kahlen Höhen abgesehen, gewöhnlich fast alles. Wurden sie nicht mehr gefällt und zurückgedrängt, eroberten sie gerodetes Land rasch zurück. Eine kleine, durch eine Missernte oder ein Massaker vernichtete Siedlung verschwand einfach, ihre Äcker und Behausungen wurden von Millionen Wurzeln durchwuchert. Bis weit ins Mittelalter hinein blieb das Roden, das Freihalten des Bodens von Bewuchs, eine notwendige Aufgabe, Grundherren boten Bauern einen günstigeren Pachtzins an, wenn sie Rodehacken gebrauchten, mit denen die Baumwurzeln ausgerissen werden konnten. Sobald das Land schließlich gepflügt werden konnte, erhöhten sie die Pacht. Selbst solche bekanntermaßen trostlosen und menschenleeren Gebiete wie die ungarische Große Ebene waren einst völlig überwuchert von Bäumen.

Die germanischen Stämme, die auf einem breiten Streifen lebten, der sich von der Nordsee bis zum Balkan zog, haben anscheinend aufgegeben, dezimiert zogen sie sich vielleicht in andere Regionen zurück, womöglich auf die Britischen Inseln: wegen der ständigen Angriffe asiatischer Nomaden und weil auch sie den Zusammenbruch des Römischen Reichs zu spüren bekamen, in dessen Folge im 5. Jahrhundert ein ganzes Wirtschaftsnetz in die Brüche ging. Der größte Schrecken ereilte die Menschen Mitte des 6. Jahrhunderts mit der Pest. Wir haben Zeugnisse ihrer verheerenden Auswirkungen auf die großen Städte im östlichen Mittelmeerraum, aber sie wird sich von dort aus weiterverbreitet haben, entlang der Handelsstraßen bis weit in Gebiete hinein, in denen es keine Schriftkultur gab und die Opfer ihren eigenen Untergang nicht dokumentieren konnten. In dieser Hinsicht besteht eine Parallele zu Nordamerika, wo viele Stammesgruppen an europäischen Krankheiten starben, Jahre bevor sie in direkten Kontakt mit Europäern kamen. Ich erinnere mich an eine kleine traurige Ausstellung in einem westkanadischen Museum, in der Mokassins und Perlen der einst dort siedelnden Athabasken zu sehen waren, die alle gestorben zu sein schienen, unbemerkt und weit verstreut in entlegenen Tälern. So ähnlich könnte man sich das auch im Innern Europas vorstellen, als die Pest den spärlichen Handelswegen durch den Balkan folgte, Siedlungen entvölkerte und schließlich die unaufhaltsam wuchernden Bäume alle Spuren auslöschten. Dass kleine Gruppen von Slawen, Magyaren, Walachen und anderen so leicht in Mitteleuropa eindringen konnten, hängt mit der schieren Leere dieser Räume zusammen.

Beeindruckende Reste dieses ungezähmten Europa finden sich noch im Gemencer Wald in Südungarn. Als die Donau im 19. Jahrhundert auf langen Etappen begradigt, schiffbar und berechenbar gemacht wurde, blieben in der Gegend von Gemenc die Altwasserarme bestehen. Das Land war nicht urbar zu machen und wurde zum erzherzoglichen Jagdgebiet. Als ich an einem heißen Sommertag dorthin kam, wirkte alles ganz friedlich. Auf einer Orientierungstafel am Waldrand waren farbige Wanderwege verzeichnet; die Karte war illustriert mit Zeichnungen, die die Fauna des Waldes zeigten, darunter majestätische Adler und ein wie ein Zirkuspudel auf den Hinterbeinen tanzendes Wildschwein. Diese übersichtliche schematische Darstellung verschwand jedoch unter Dutzenden zappelnder summender Käfer, die bezaubernd ultramarin und kupfern schimmernd über die Beschriftung jagten. Das Sonnenlicht, in dem die Käfer leuchteten, ließ das Ganze noch bedrohlicher erscheinen. Aber das war nichts im Vergleich zu dem, was mich im Wald erwartete. Nach wenigen Schritten schon waren die auf der Karte sauber markierten Pfade im Nirgendwo verschwunden, war die von Menschen gemachte Ordnung einer außer Rand und Band geratenen Natur gewichen, einem modrig riechenden Gewucher vegetabilen Lebens, ein vielstimmiges Heulen, Quieken und Grunzen lag in der Luft, im stickigen Halbdunkel unter den alten Bäumen. Nach wenigen Minuten stand ich an einem riesigen, verwilderten Teich, dessen Wasserfläche stumpf war, weil Millionen von Samen darauf schwammen, Frösche hockten träge auf treibendem Holz. Der nächste Teich überschwemmte den Pfad, und nach nur wenigen hundert Metern musste ich umkehren. Das war ein wilder, sommergrüner Dschungel, wie ich ihn in Brasilien erwartet hätte, aber nicht in Ungarn. Mit einem Mal wurde mir klar, warum Jahrhunderte der Bemühungen um Entwässerungssysteme und Wehre, des Einsatzes von Hacken, Rodeisen und grasendem Vieh sowie unaufhörlicher, ermüdender Kontrollgänge nötig und viel bedeutsamer gewesen waren, um unsere Gesellschaften zu schaffen, als flüchtige politische Ereignisse. Schließlich lief ich am Waldrand entlang, mehrere Kilometer weit auf einem aus Erde aufgeschütteten Deich – eine beeindruckende Antwort auf das aus den Altwasserarmen periodisch aufsteigende Hochwasser – und wurde belohnt mit Adlern, einer messingfarbenen Hirschkuh von beachtlicher Größe, einem Fuchsskelett und einem Hirten mit Rindern und Hütehund – nur einem Wildschwein bin ich nicht begegnet. Doch dass sich diese prächtigen Tiere nicht zeigten, konnte der außergewöhnlichen Natur des Gemencer Waldes, ihrer Schönheit keinen Abbruch tun. Hier ließ sich erahnen, wie die meisten Flusstäler in einer Zeit mit nur wenigen Menschen ausgesehen haben. Wie das Tal des Ganges, heute eine braun verbrannte, baumlose Ebene, einmal eine von Tigern bevölkerte Wildnis aus überfluteten, unpassierbaren Wäldern war, so war auch das europäische Tiefland für Menschen bedrohlich und nicht zu nutzen. Die meisten europäischen Großtiere entwickelten sich für dieses Habitat und verschwanden mit ihm. Aber es war diese sumpfige, von undurchdringlichen Wäldern verschlossene, sich selbst überlassene Welt, in die ab dem 8. Jahrhundert n. Chr. kleine Gruppen von Kriegern mit ihren Familien eindrangen.

Im Westböhmischen Museum von Plzeň (Pilsen) ist ein fast hysterisch anmutender Fries zu betrachten, auf dem die alten Tschechen dargestellt sind, wie sie in einem Wald ankommen, ihre Feinde foltern und töten, sie an Bäume fesseln und erwürgen. Im Jahr 1900 in der bekannten Manier des frühen Jugendstils geschaffen, folgte der Bildhauer Vojtech Saff der ethnographischen Vermutung, dass überraschend viele weibliche Stammesangehörige unter zwanzig waren und nackt. Das Relief ist von merkwürdig unbekümmertem Sadismus und zeugt von der nationalistischen Manie des Zeitalters, indem es die Tschechen auffordert, nicht länger untätig herumzusitzen, Zeitung zu lesen und Kräuterschnäpse zu kippen, sondern den Tugenden ihrer strammen Vorfahren nachzueifern. Natürlich wissen wir überhaupt nichts darüber, wie diese alten Tschechen waren, und was ihre Wildheit anbetrifft, muss Saff noch nicht einmal falschliegen: Dennoch, die Gelegenheiten, bei denen Frauen mit eindrucksvollen Brüsten abgeschnittene Köpfe an den Haaren herumschwenkten, werden wohl eher selten gewesen sein.

Rumänische Nationalisten übertrumpften geschickt alle anderen Volksgruppen, indem sie behaupteten, von den Römern abzustammen, den Bewohnern der alten Provinz Dacia (Dakien). Das machte allen slawischen Gruppen und auch den Ungarn einen Strich durch die Rechnung, die sich auf einen Ankunftszeitraum zwischen 660 und 900 n. Chr. geeinigt hatten. Eine Eigenheit vieler rumänischer Städte sind die Kopien der römischen Plastik von Romulus und Remus, die von ihrer Wolfsmutter gesäugt werden – ein absonderliches Geschenk, das Mussolini den Rumänen Anfang der 1920er Jahre machte, um, wenig feinsinnig, anzudeuten, dass sein eigenes neues Reich einen ethnisch beglaubigten Verbündeten hatte, ein weiteres Kind Roms. Derartiges wird in diesem Buch noch öfter auftauchen, doch jedem Leser dürfte schon jetzt aufgegangen sein, für welch eigenartige und befremdliche Zwecke Geschichte in dieser Region eingesetzt wurde.

Dabei unterschieden sich die Rumänen gar nicht so sehr von den anderen Volksgruppen, denn tatsächlich sind sie aus stärker latinisierten Gebieten südlich der Donau gekommen, vermutlich aus dem heutigen Serbien oder Kroatien, womit sich die Frage erledigt hat, warum ein so raues und marginales Gebiet des alten Römerreichs wie Dacia sich trotz des sonst so drastischen Wandels ein römisches Flair bewahrt haben sollte: Das hat es gar nicht. Dieses unwillkommene Resultat sollte all die rivalisierenden nationalistischen Historiker dazu bringen, in spaßigem Erschrecken die Hände hochzuwerfen, «Schluss jetzt!» zu rufen und einen ethnisch neutralen Schnaps miteinander zu trinken: «Wenn die Rumänen ein mystisches Kernland haben, das, wie sich herausgestellt hat, in Wirklichkeit einem anderen Land gehört, dann können wir auch einfach alle nach Hause gehen.»

Wer sich zu sehr für solche Themen interessiert, begibt sich auf dem schnellstmöglichen Weg ins Delirium. Die extreme Mobilität all dieser Stämme ist verwirrend genug, und dass über Jahrhunderte hinweg schriftliche Zeugnisse fehlen, macht die Sache nicht besser. Insgesamt lässt sich wohl festhalten, dass die Germanen sich nach Westen zurückzogen und Slawen von irgendwo im heutigen Ostpolen nachdrängten, wohl auch vermischt mit weiteren Nomadenstämmen aus den asiatischen Steppen wie Awaren und Magyaren, die nach den Hunnen kamen. Immerhin könnten die Eliten der ursprünglichen Kroaten und Serben auch eine iranische Sprache gesprochen haben, womit ein Punkt erreicht sein dürfte, an dem jeder halbwegs vernünftige Mensch die Sache seinlässt.

Die Bevölkerungsbewegungen haben Spuren hinterlassen: Bruchstücke von Keramiken, Überreste von Pfahlbauten und gelegentliche, womöglich leichtfertig verfasste Kommentare von wenig informierten Mönchen, die Jahrhunderte später und ganz woanders lebten. Rekonstruiert man die Wanderungsbewegungen anhand dieser Zeugnisse mit Pfeilen auf Landkarten, ergibt sich ein erstaunlicher Spaghettisalat. Das Endergebnis dieser Migrationen lässt sich heute deutlich erkennen. Die Vorfahren der Tschechen siedelten in einer geschützten Gegend, in der die sichelförmigen Gebirgszüge Böhmerwald und Erzgebirge sie vor germanischen und fränkischen Raubzügen bewahrten. Ihre slawischen Verwandten im Norden und im Süden, die Sachsen und die Kärntner, wurden von einfallenden Germanen vernichtet oder zu deutsch sprechenden Christen gemacht, die nichts als die Namen Sachsen und Kärnten behielten. Noch weiter im Osten und Süden verbreiteten sich – in der Regel unter awarischer Oberherrschaft – die frühen Mährer, Slowaken, Russen, Ukrainer, Bulgaren, Polen, Ruthenen, Kroaten und Serben, die selbst zahlreiche weitere Untergruppen hatten, die längst ausgelöscht sind.

Über die Awaren, ziemlich bewegliche asiatische Nomaden von einer Art, die allen sattsam bekannt war, die sich in Mitteleuropa niederlassen und einem ehrlichen Broterwerb nachgehen wollten, wissen wir so gut wie gar nichts. Ihre Sternstunde hatten sie, als sie vor Konstantinopel standen, doch im Jahr 626 scheiterte die Belagerung, und die Byzantiner trieben sie ins Pannonische Becken zwischen den Karpaten und den Balkangebirgen, das zu ihrem Siedlungsgebiet wurde. Am Khaganat der Awaren zeigt sich in vielerlei Hinsicht, was das finstere Mittelalter so verwirrend macht: Wir wissen kaum etwas, haben nur knappe Hinweise aus Chroniken und wenige erhaltene Ziergegenstände, über deren Kontext nichts bekannt ist; gleichwohl hatten sie zweihundert Jahre lang die Oberherrschaft und lenkten die slawische Besiedelung in Mitteleuropa; ihr Einflussbereich erstreckte sich bis an die Ostsee und zur Wolga. Eine awarische Gesandtschaft kam 790 an den Hof Karls des Großen in Worms, um über die Grenze zwischen Frankenreich und Khaganat zu verhandeln, doch war das nur eine Waffenruhe. Schließlich aber siegten die Franken über die Awaren. Bekannt wurde die verheerende Schlacht wegen des riesigen Awarenschatzes, der nach Aachen gebracht und von Karl an seine Getreuen verteilt wurde. Damit gelangte eine ungeheure Menge Gold in den Westen, der mit derlei Reichtümern bislang nicht gesegnet war. Ein letztes Mal werden die Awaren in einer Chronik von 822 erwähnt, dann verschwinden sie aus den Aufzeichnungen. Ich wüsste zu gerne, wie diese awarischen Gesandten, die mit Karl dem Großen verhandelten, aussahen – aber wir wissen nicht einmal, wie Awaren sich kleideten oder wie sie sprachen: Dieses Volk hätte geradeso gut vom Mars sein können. Irgendwann verschwand es und ging in den slawischen Volksgruppen auf.

Im 9. Jahrhundert hatte sich Mitteleuropa in seinen Grundelementen etabliert. Das flüchtige Gebilde Großmähren oder Großmährisches Reich war eine slawische Konföderation, die zwar von großer Bedeutung war, über die wir aber enttäuschend wenig wissen, noch nicht einmal, welche Völker ihr tatsächlich angehörten. Einigermaßen sicher ist nur, dass das heutige Mähren und die Slowakei und wahrscheinlich ein Kreis von Ländern um diesen Kern dazugehörten. Tschechische und slowakische Nationalisten haben endlos darüber gestritten. Doch auch wenn dieses Reich nur einige Jahrzehnte bestand, so war es kulturell sehr bedeutsam: zum einen als Ursprung der schönen und fremdartigen glagolitischen Schrift, in der Simon etwa so aussehen würde:

Ⱄⰻⰿⱁⱀ

(das M ist in seiner Vergänglichkeit besonders hübsch in seiner Fülle); zum anderen als Ursprung der ersten slawischen Schrift, was den unermüdlichen byzantinischen Missionaren Kyrill und Method zu verdanken ist, die das Mährerreich vom Einfluss Roms befreien wollten, indem sie mit der Schrift eine eigene slawische Liturgie entwickelten – eine Entscheidung, die sich in einer weiteren, bis heute wirksamen Grenze niederschlug, nämlich der zwischen dem römischen und dem orthodoxen Christentum.

So gut wie jeder Versuch, sich anzusiedeln und einen dauerhaften dynastischen Staat und sogar ein gewisses wirtschaftliches Wachstum zuwege zu bringen, wurde durch die Mobilität der eurasischen Scharen vereitelt. Noch war die Bevölkerung Europas keineswegs zahlreich, und was einer Stadt am nächsten kam, war meist nicht viel mehr als ein großes bewaffnetes Lager oder eine Ansammlung von Gebäuden um eine Burg; selbst diejenigen, die sich niedergelassen hatten, blieben bereit, über große Entfernungen weiterzuziehen und erhebliche Risiken auf sich zu nehmen. Zwei Gefahren verhinderten das Zusammenwachsen Mitteleuropas, die eine drohte von Westen, die andere aus dem Osten.

Völkerwanderungen

Passau, an der heute deutsch-österreichischen Grenze gelegen, ist von so malerischer Schönheit und geophysikalischer Besonderheit, dass es fast eine Schande ist, in seinen Straßen Lädchen an Lädchen zu finden, die billige Devotionalien, Nippes und Vogelpfeiferl feilbieten – die Passauer sollten aus etwas heroischerem Holz geschnitzt sein. Ihren Ruhm verdankt die Stadt ihrer Lage auf einer Landzunge, an deren kegelförmiger Spitze sich zwei gewaltige Flüsse vereinigen, die Donau und der Inn, die Donau aus einer sumpfigen Wiese im Schwarzwald kommend, der Inn aus den Alpen; und noch ein dritter Fluss, die nicht ganz so eindrucksvolle Ilz, fließt von Norden her der Donau entgegen – sie also machen Passau zur «Dreiflüssestadt». Die Bedeutung der Ilz liegt darin, dass sie von der Wasserscheide am Rande des Böhmerwalds im Norden kommt, gerade so wie der Inn von den Schweizer Alpen, während die Donau geradewegs in west-östlicher Richtung nördlich der Alpen verläuft. Dass diese drei Wasserläufe ineinanderfließen, zeigt, dass just bei Passau ein Durchbruch in den Gebirgen ist, und durch diese Lücke drängte das deutschsprechende Europa in die slawischen Länder des Ostens.

Bayern, dessen östlichster Punkt heute Passau ist, war eines dieser merkwürdigen Halbkönigreiche, das durch seine ganze Geschichte hindurch oft nahe daran war, ein wirklich unabhängiger Staat zu werden, immer wieder jedoch wurde es bezwungen oder sein Streben unterlaufen. Es besitzt einige der geographischen Vorzüge, die auch England oder Frankreich haben, nämlich schwer zu überwindende Grenzen. Englands Küsten, Frankreichs Küsten und Gebirge haben ihren Herrschern militärisch stets große Vorteile verschafft, und es war kein Zufall, dass beide Länder so resistent waren gegen Invasionen. Für die meisten mitteleuropäischen Staaten dagegen trifft dies nicht zu, wollten sie sich zur Wehr setzen, mussten sie sich im Kreis drehen, bis ihnen schwindelig wurde wie einem rotierenden Hund, der seinen Napf verteidigt. Bayern hatte eine gewisse Geschlossenheit, die es dem Riegel der Alpen im Süden und der wuchtigen Bergkette im Osten verdankt, dem schon genannten Böhmerwald, der auf dieser Seite natürlich Bayerischer Wald heißt. Aus dem frühen Mittelalter ging Bayern als ein gut funktionierendes, germanisches Gebiet von natürlichem Reichtum hervor, dessen Herren die Agilolfinger waren. Im 8. Jahrhundert erstreckte es sich weit über Passau hinaus nach Osten, deutschsprechende Siedler drangen vor bis Tirol und ins Salzburger Land.

Wie so oft in Bayerns Geschichte zogen Reichtum und Sicherheit des Landes Neid auf sich. Auf den ersten Blick doch recht weit entfernt, am Niederrhein, hatte Karl der Große, ein fränkischer Stammesfürst, durch einen bloßen Akt der Einbildungskraft eine direkte Verbindung zwischen seinen Ambitionen und dem Römischen Reich hergestellt, dessen westlicher Teil drei Jahrhunderte zuvor untergegangen war. Sein Ehrgeiz, die Pracht und die verfeinerten Sitten an seinem Hof, der Reichtum und die Bildung, für die er sorgte, sowie seine militärischen Erfolge zeigten, dass das Ende des dunklen Zeitalters gekommen war; sie wiesen Europa eine neue Richtung. Anstelle dieses auseinandergefallenen Puzzles von kleinen Stammesfürstentümern und zweifelhaften asiatischen Oberlehnsherren sollte Europa als ein neues Römisches Reich wiederauferstehen und Karl der Große sein Kaiser werden. Bayern und Franken hatten verschiedentlich im Krieg miteinander gelegen, aber von 785 an, in einem staunenswerten Jahrzehnt, gelang Karl im Norden die Unterwerfung der Sachsen, im Süden stieß er Tassilo, den altgedienten Herrscher von Bayern, vom Thron, und er vernichtete das awarische Khaganat.

Die Auslöschung der Agilolfinger in Bayern und die Einverleibung der ganzen Region ins Reich Karls des Großen sorgten für eine neue Dynamik in Richtung Osten. Massakrierend, germanisierend und christianisierend zogen die Franken ostwärts, trieben die Slawen zurück und schufen neue Marken und Herzogtümer, sodass Mitte des 9. Jahrhunderts etwas entstanden war, was der modernen Sprachenkarte nicht unähnlich ist; auch das heutige Österreich war damals großenteils in germanisch-fränkischen Händen. Aber bevor der neue Sprachenteppich wirklich lag, kam es noch einmal zu einem völlig überraschenden Einbruch.

Die Magyaren waren nicht die letzten Neuankömmlinge in einer schon überlaufenen und bunt gemischten Nachbarschaft, aber sie gehörten sicher zu den eindrucksvollsten. Aus ihrer Heimat im chasarischen Khaganat vertrieben, zogen sie nach Westen, bis sie mit ihren innovativen Reitkünsten und Waffen und einer Sprache, die mit keiner bekannten verwandt war, nach Europa hineinstürmten. Sie stifteten Unruhe, schlugen die gegen sie aufgebotenen bayerischen und ostfränkischen Heere und drangen plündernd und brandschatzend tief nach Frankreich und Italien ein, bis sie schließlich im Jahr 955 von Kaiser Otto in der Schlacht auf dem Lechfeld geschlagen wurden und ihr Vormarsch beendet war.

Die letzten Raubzüge der Magyaren hatten etwas Nostalgisches – als hätten die erprobten Krieger dem Ruf nicht widerstehen können und sich noch mal zum alten Haufen zusammentrommeln lassen. Nachdem sie von Otto I. vertrieben worden waren, gaben sie ihre Raubzüge in Westeuropa auf, schufen sich aber kontinuierlich ein immer größeres Territorium, wobei sie Verstärkung erhielten durch Neuankömmlinge aus Zentralasien, unter denen sich viele ihrer früheren Feinde befanden, darunter auch die mit dem lustigen Namen Petschenegen.

Wie zumeist bei solchen nomadischen Gruppen lassen sich die genauen Umstände ihres Auftauchens nicht rekonstruieren. Wir haben automatisch das Bild langer Wagenkolonnen vor Augen, in denen alte weise Männer, dicke Frauen, lispelnde Töchter und kleine Söhne, die sich auf ihren Ponys mit Holzschwertern im Kriegshandwerk üben, gen Westen ziehen. Das aber passt nicht zu den magyarischen Raubzügen, bei denen stets nur von Männern die Rede war und die atmosphärisch wohl eher an Rugbyspiele hätten denken lassen. Wir werden zum Beispiel nie wissen, wie viele Menschen ihren Überfällen entkommen konnten: Wurden diejenigen, die nicht schnell genug weg waren, getötet oder nur versklavt? Massakrierten die Magyaren die Slawen und Awaren, auf die sie trafen, nahmen sie deren Familien mit? Identitäten ändern sich schnell. Gegen Ende des 19. Jahrhunderts wurden viele Deutsche, Juden, Slowaken und andere zu Ungarn, wechselten innerhalb von zwei Generationen Sprache und Religion – mit der gleichen Leichtigkeit wanderten viele andere aus diesen Gruppen aus und wurden zu Amerikanern. Natürlich konnte sich eine Gemeinschaft, die ortsgebundener war als die Eindringlinge und gänzlich illiterat, in verschiedenen Kombinationen schnell vermischen, besonders wenn sie mit Gewalt gezwungen wurde. Die Chancen, heute ein «reines» Exemplar irgendeiner mittelalterlichen «Rasse» zu sein, gehen gegen null, ganz abgesehen davon, wie unsinnig eine solche Kategorie ist.

Die Niederlage der Magyaren auf dem Lechfeld erwies sich als entscheidend für die Gestalt, die Europa nun annahm. Die zurückweichenden Reitertruppen versuchten noch einen Angriff auf die böhmischen Slawen, wurden wieder geschlagen, zogen sich entlang der Donau noch weiter zurück und blieben dort hängen. Deutsche und Magyaren fanden östlich von Wien eine Demarkationslinie, und die beiden Gruppierungen rasteten ein wie ein Sitzgurt, trennten die nördlichen Slawen, die Böhmen, Mährer und Polen, von den südlichen, den Slowenen, Kroaten und Serben, und erfanden das spätere Österreich und Ungarn. Dann – ein Geniestreich – trat Großfürst Géza um 972 zum Christentum über. Das war ein rein politisch motivierter Akt, die Magyaren aber meinten es ernst und ließen sich in großen Gruppen taufen: So entgingen sie den bei den Franken üblichen Christianisierungskampagnen. Auch Gézas Votum für Rom und nicht für Konstantinopel war eine dieser kleinen Entscheidungen mit großen Folgen: Ungarn blieb dadurch mit dem Westen verbunden, und seine Kultur nahm eine ganz andere Form an, bekam ein ganz anderes Flair als die seiner östlichen und südlichen Nachbarn.

Die letzte Gruppe in diesem Prozess, in dem sich Mitteleuropa bildete, waren die Bajuwaren, die weiterhin in das Gebiet südlich von Böhmen strömten, entweder über Passau oder durch Tirol. Die Besiedlung dieses Gebiets zeigte ein amerikanisches Muster – eine sich ständig verschiebende Grenze, gewaltsame Rückschläge, enorme Reichtümer für diejenigen, die mit Härte vorgingen und Glück hatten. Kaiser Otto I. übertrug Markgraf Luitpold die Herrschaft über das durch den Sieg über die Magyaren wieder offene Land, und eine Reihe weiterer «Marken» wurde geschaffen, um das Land zu verteidigen und zu organisieren. Fast zweihundert Jahre lang übernahmen die Babenberger und andere bayerische Vasallen – zwei Hierarchiestufen unter dem Kaiser – diese Aufgaben. Erst 1156 wurden die Babenberger zu Herzögen erhoben und standen damit direkt unter dem Kaiser.

Das Wort «Austria» ist ein latinisierter Begriff für «östliches Land» oder «Österreich». Natürlich wissen wir auch in diesem Fall nicht genau, auf welche Weise die Bevölkerung der Region überwiegend bayerisch wurde. Manches war überraschend für die Siedler – zum Beispiel fanden sie im Salzburger Raum römische Christen vor, die vermutlich etwas Reedukation nötig hatten. Nach dem, was wir wissen, hat der Siedlerstrom innerhalb von einigen Jahrhunderten die ursprüngliche Bevölkerung absorbiert, und so entstand östlich von Wien ein deutsch-ungarisch und im Süden ein deutsch-slowenisch gemischtes Grenzgebiet. Die Region war politisch ein klassischer deutscher Flickenteppich, erst nach etlichen Jahren fielen separate Territorien wie Kärnten und die Steiermark an die Babenberger. Salzburg und Passau blieben selbständige kirchliche Territorien, die großen Benediktiner- und später Zisterzienserklöster, die entlang der Donau gegründet wurden, erhielten alle erdenklichen Privilegien.

Die Vorstellung, wie wenige Menschen dort gelebt haben werden, ist erschreckend: Weite Teile Mitteleuropas konnten kaum mehr als die einzelnen Dorfgemeinschaften ernähren. Von nun an jedoch wuchs die Bevölkerung im Alpenvorland, große Reiterzüge aus schwerbewaffneten Abenteurern, Psychopathen, Klerikern, Handwerkern und Bauern zogen über die Pässe. Riesige Gebiete blieben nahezu unbewohnt – Wälder von unvorstellbarer Größe trennten Böhmen und Österreich voneinander, wilde Berg- und Felsformationen machten den Verkehr zu einer übermenschlichen Anstrengung. Maßgeblich angetrieben wurde die Umgestaltung dieser Landschaften durch die Klöster; unter unvorstellbaren Mühen gewannen die Mönche mit Generationen von Bauern Ackerland. Wirkliche Städte entstanden – Ansiedlungen, die mehr waren als befestigte Wohnstätten – und machten sich bemerkbar. Die bedeutendste unter ihnen war Wien, das am letzten Punkt der Donau liegt, an dem die Ostalpen noch ein wenig Schutz bieten: 1221 erlangte es die Hoheit über den Flusshandel zwischen Deutschen und Ungarn und wurde sehr reich.

Die Habichtsburg

Lange Zeit vom Glück begünstigt, stolperte die Dynastie der Babenberger schließlich doch: 1246 kam Herzog Friedrich II. im Kampf gegen die Ungarn ums Leben, kurz darauf, 1250, starb unglücklicherweise Kaiser Friedrich Barbarossa. Damit begannen für viele Gegenden Mitteleuropas schlimme Zeiten voller Elend und Gewalt. Um den drohenden Zusammenbruch der österreichischen Länder aufzuhalten, wandten sich einige Adlige an Ottokar II., den König von Böhmen, um ihn zur Übernahme der Macht zu bewegen. Schließlich wurde 1273 Rudolf von Habsburg, ein dynamischer süddeutscher Regent, zum Kaiser gewählt. Wie oft zuvor hatten sich die Kurfürsten auf einen schwachen Kandidaten geeinigt: Graf Rudolf von Habsburg hatte keine große Hausmacht und war schon Mitte fünfzig, daher war kaum zu erwarten, dass er viel Unheil anrichten würde. Doch das war eine kapitale Fehlkalkulation für alle Beteiligten – außer für Rudolf selbst.

Kaiser Rudolf I. ist in Speyer gestorben und im dortigen Kaiserdom beigesetzt. Ich hatte das Glück, an einem späten Winterabend in der Stadt anzukommen und noch in den Dom hineinschlüpfen zu können, kurz bevor er geschlossen wurde. Der mächtige, strenge, bedrohliche Bau ist atemberaubend, die schiere Masse an Stein schon ein vollkommenes Symbol kaiserlicher Macht. Wer in England oder Frankreich aufgewachsen und an die Gotik gewöhnt ist, wird angesichts dieses romanischen Gigantismus leicht unruhig, besonders wenn dunkle Ecken und schaurige Echos von schlurfenden Füßen das Ganze leicht expressionistisch wirken lassen. In einem Moment schien mir der Raum von einem haarsträubenden, außerirdischen Geräusch erfüllt – doch war dies nichts als das Geklimper Hunderter kleiner Aluminiumbecher von heruntergebrannten Opferlichten, die in einen Abfallbeutel fielen. Der Höhepunkt jedenfalls ist Rudolfs steinernes Abbild auf seinem Grabmal.

Er sieht genau so aus, wie man es von einem Kaiser erwartet – ein ernstes und ruhiges Gesicht mit Adlernase, den Reichsapfel und das Zepter in den Händen, einen kaiserlichen Adler auf der Brust und einen Löwen zu seinen Füßen. Irgendwann ist die Grabplatte aufrecht gegen die Wand gestellt worden, er liegt also nicht mehr horizontal, was ihn umgänglicher wirken lässt.

In vieler Hinsicht war Rudolf I. ein kleiner deutscher Fürst wie andere auch. Er hatte Territorien erworben oder geerbt, die im Elsass, in Schwaben und der heutigen nördlichen Schweiz verstreut waren, darunter die Habichtsburg im heutigen Aargau, die der Dynastie wahrscheinlich ihren Namen gab und aus der die Schweizer die Familie 1415 hinauswarfen. Aber er wurde ein erfolgreicher Kaiser. Mit einem Heer zog er nach Österreich, um den Böhmenkönig Ottokar zu vertreiben. Nach allerhand Hin und Her verbündete sich Rudolf mit den Ungarn und stellte sich dem Kampf mit den Böhmen. Ottokar starb 1278 in der Schlacht auf dem Marchfeld.

Im Jahr 1282 entschloss sich Rudolf, das Erbfolgeproblem der Babenberger dadurch zu lösen, dass er sich den größten Teil ihrer Territorien aneignete: Das Land blieb für die nächsten sechshundert Jahre im Besitz der Familie. Damit begann der Aufstieg der Habsburger zur Macht, aber vieles von dem, was in ihrer Geschichte zu Höhepunkten hätte führen können, wurde verpfuscht oder endete in einer Sackgasse – Morde, Tod auf dem Schlachtfeld, Erbteilungen. Die Habsburger nahmen ihre alten süddeutschen Besitzungen bald weniger wichtig als ihre neuen österreichischen. 1363 holten sie sich Tirol und 1382 Triest, wo die Familie einen ersten Blick aufs Meer warf. Bevor sie sich 1452 wieder den Kaisertitel sicherten, waren die Habsburger gewiss ein interessanter Haufen, aber nicht außergewöhnlich, denn die Besitzungen ihrer Rivalen, der Luxemburger, hatten ganz andere geographische Dimensionen, zudem genossen sie höheres Ansehen. Es war Kaiser Karl IV., ein Luxemburger, der als König von Böhmen im Wesentlichen dazu beigetragen hat, dass Prag zu der außergewöhnlichen Stadt werden konnte, die wir kennen – der Luxemburger hatte einen visionären Weitblick, der an den Habsburgern noch nicht zu erkennen war.

Wie bedeutsam die Rolle des Kaisers war, hing von der Persönlichkeit des Amtsinhabers ab und vom Glück, das ihm im Laufe der Ereignisse beschieden war. Die kaiserliche Regentschaft Karls IV. war erst unangefochten, nachdem Ludwig der Bayer, sein erbitterter Rivale, auf einer Bärenjagd an einem Schlaganfall gestorben war, was die Lage entscheidend zu Karls Gunsten veränderte. Dabei war der Job, wie häufig zuvor, auch im 15. Jahrhundert eine undankbare Aufgabe. Dennoch kam dem Amt eine Schlüsselrolle dabei zu, diese brodelnde Masse aus kleinen Territorien, die von Flandern bis Wien große Teile Europas bedeckte, zusammenzuhalten. Der ursprünglichen Vision Karls des Großen von einem neuen Römischen Reich sprach dieses Konglomerat allerdings Hohn. Jahrhundertelange interne Machtkämpfe, familiäre Streitereien, Naturkatastrophen, Bestechung und allerlei spezielle Bedürfnisse hatten sein altes Reich zu einem inkohärenten Gebilde gemacht. Mächtige, reichsunmittelbare Städte waren entstanden, es gab ausgedehnte klösterliche Besitzungen, einzelne Ritterschaften samt zugehörigem Land und vereinzelt mal große geschlossene Gebiete wie Bayern oder Sachsen, aber selbst diese waren zerrissen und mehrfach unterteilt. Der Kaiser hielt das System zusammen, aber es waren eben Hunderte von Einzelterritorien, die ihm zu berichten hatten, und angesichts der personellen Ressourcen konnte die kaiserliche Verwaltungsstruktur nur bescheiden sein. Nach seiner Wahl zum Kaiser nutzte Karl IV. seine Macht und erließ 1356 die Goldene Bulle, mit der alle künftigen Regelungen festgelegt wurden. Vor allem schrieb sie fest, welche sieben Männer in Zukunft den Kaiser wählen sollten, und verfügte, ebenso wichtig, dass deren Territorien weder geteilt noch übertragen oder veräußert werden durften. Damit erhielt jeder der sieben Kurfürsten eine eigene solide Hausmacht, und es wurde verhindert, dass ein Thronanwärter oder rivalisierender Kurfürst die Wahl platzen lassen konnte, wie es im Durcheinander um Karls Wahl geschehen war. Die sieben Kurfürsten waren die Erzbischöfe von Köln, Mainz und Trier, der Markgraf von Brandenburg, der Herzog von Sachsen, der Pfalzgraf bei Rhein und der König von Böhmen. Sie versammelten sich in Frankfurt am Main, um über die Wahl des «römischen Königs» abzustimmen, denn es galt die Auffassung, dass nur der Papst einen Kaiser krönen konnte. Und ebendavon verabschiedeten sich die Habsburger: Sie ließen in der Regel den Erben des Habsburgerchefs zum König wählen, womit dieser nach dem Tod des Kaisers automatisch dessen Thron bestieg.

Das Kaisertum war ohne Frage bedeutsam, aber es war weit entfernt von der klassischen Rolle, die Lesern aus Büchern über das antike Rom vertraut ist. Man setzte alles daran, das Amt mit dem Ruhm Karls des Großen in Verbindung zu bringen, sein Thron in Aachen war weiter in Gebrauch – wundersamerweise steht er dort noch heute: ein schlichtes, aber ehrwürdiges Objekt –, und so viele Fahnen und Trompeten wie möglich wurden aufgeboten. Doch keiner der anderen Granden des Reichs, die diesen prächtigen Zeremonien beiwohnten, hatte das Gefühl, dem Kaiser schmerzlich unterlegen zu sein, keiner wurde von Angst ergriffen, wenn er in Ungnade fiel.

«Sieh dich um!»

In der langen Regierungszeit Kaiser Friedrichs III. (1452–93) trat das Haus Habsburg vollends in Erscheinung, und zwar aus dem eher zufälligen Grund, dass sich die Ansprüche an die Porträtmalerei im 15. Jahrhundert so erhöht hatten, dass wir eine ziemlich klare Vorstellung davon haben, wie Friedrich aussah. Es gibt ein sehr fremdartiges und schönes Porträt seines Vorgängers Sigismund von Luxemburg – dem letzten Kaiser aus diesem Haus –, das ihn mit einem großen Pelzhut und dem verhärteten, aber leeren Gesichtsausdruck eines Mannes zeigt, der zu lange mit Pilzen experimentiert hat oder mit einer Rockband unterwegs gewesen ist. Ich will nicht sagen, dass er einfältig wirkt: Sein Gesicht ist vielmehr absolut rätselhaft – man sucht vergeblich nach Hinweisen, was der Maler im Sinn hatte, als er ihm einen so merkwürdigen Ausdruck gab. Der Pelzhut und die Gesichtsfarbe eines Menschen, der sich viel an der frischen Luft aufhält, lassen ihn aussehen wie ein, nun ja, Kanadier. Friedrichs unmittelbarer Vorgänger Albrecht II. lebte nur kurz – er starb im Krieg gegen die Osmanen –, und man kennt ihn nur von einem Porträt, das ein Grundschüler gemalt haben könnte, obwohl die Kleidung schön wiedergegeben ist. Anders bei Friedrichs Porträts, in denen technisches Können und Patronage zusammenwirken und Bilder hervorbringen, die deutlich zu verstehen geben, was er selbst mitteilen wollte – vielleicht das Entscheidende bei jedem Porträt: Autorität, Gelassenheit, die Aura kaiserlicher Macht.

Friedrichs Regierungszeit – eigentlich das ganze 15. Jahrhundert – ist extrem anfällig für zwei problematische Betrachtungsweisen der Historiker: für den «Pilgerreisen-Effekt» und für das «Christmas-Pantomimen-Syndrom». Im ersten Fall wird der Monarch als eine Figur betrachtet, die in ihrer Lebenszeit ein bestimmtes Ziel erreichen muss – dazu gehört immer die Etablierung eines einheitlichen Staatswesens, das so weit wie möglich denen gleichen soll, die im 19. Jahrhundert entstanden sind. Also beurteilen die Historiker einen Herrscher danach, wie wenig er von diesem Weg abgewichen ist, ob er sich nicht hat in Versuchung führen oder entmutigen lassen wie der Christ in John Bunyans Erbauungsbuch *Eines Christen Reise nach der seeligen Ewigkeit* (1698). Im Fall von England zeigt sich dies in schmerzlicher Klarheit in den endlosen Versuchen, Heinrich VI. als König von Frankreich zu inthronisieren – jeder weiß, dass das albern war und die Engländer besser nach Hause gegangen wären; wir stöhnen auf, wenn Jeanne d'Arc ins Spiel kommt, und fangen uns ein wenig, wenn sie in Rauch aufgeht. Aber wir wissen genau, der König in London wird niemals tatsächlicher König in Paris sein, und erschaudern, wenn 1431 in Notre-Dame der zehnjährige Heinrich gekrönt wird, weil wir wissen, dass er mit einem sinnlosen Blutbad, in völligem Abirren von seinem hoheitlichen usw. Schicksal Jahrzehnte vergeuden wird.

Der Pilgerreisen-Effekt ist besonders wirkungsvoll, wenn es um Friedrich III. geht, weil wir wissen, dass er der eigentliche Begründer einer Dynastie ist, die Mitteleuropa und andere Gebiete vier Jahrhunderte lang regieren wird – er jedoch scheint das oft nicht zu wissen (woher auch?). Anstatt sich aufzumachen in die himmlische Stadt – das heißt nach Wien –, um eine vernünftige und zentralisierte Verwaltung zu schaffen, das Herzstück eines großen Reiches, dümpelt er hilflos mal hierhin, mal dorthin und ist über lange Perioden praktisch untätig, während um ihn herum das Chaos tobt. Er gründet hier ein Kloster, setzt dort eine Burg instand, greift sonst wo halbherzig ein, und bei der geringsten Gelegenheit scheint er vom wahren Weg abzuweichen. Seine Feinde und Freunde wurden schier verrückt an seiner schillernden Natur, seiner Lethargie und Unfähigkeit, mehr als nur ein paar Dinge gleichzeitig zu tun. Geradezu rekordverdächtig ist, dass er, der römisch-deutsche Kaiser, sich siebenundzwanzig Jahre lang auf deutschem Boden nicht einmal blicken ließ: Bündnisse wurden geschlossen und zerfielen wieder, Städte versanken in Anarchie, neue Techniken wurden erfunden, Burgen flogen in die Luft, aber nichts davon schien ihn sonderlich zu beeindrucken, war er doch gerade damit beschäftigt, ein neues Denkmal zu entwerfen oder Musik zu hören.

Es ist nicht ohne Reiz zu sehen, dass Historiker die Wut geerbt haben, die viele von Friedrichs Zeitgenossen verspürten. Man wird heiser von all den ärgerlichen Zwischenrufen: «Was machst du in Linz? Hast du überhaupt zur Kenntnis genommen, was in Nürnberg los ist? Warum kannst du diesen Leuten nicht helfen?», und so weiter. Er ist definitiv der ärgerlichste Kaiser des Heiligen Römischen Reichs bis zu Karl VI. Aber gegen den Pilgerreisen-Effekt muss man sich wehren. Das Ziel einer Dynastie wird nie erreicht – jede Generation hat sehr enge und unmittelbare Ziele, und diese können durch überwältigende Unglücksschläge oder glückliche Fügungen, die sich nicht beeinflussen lassen, entweder vereitelt oder gefördert werden. Kein Wunder, dass Menschen damals so viel Zeit in der Kirche verbrachten: Der Ausgang eines Jahres beruhte, ob günstig oder ungünstig, eindeutig auf unermesslichen, unvorhersehbaren Ereignissen, die allein in Gottes Macht standen. Die großen Rivalen der Habsburger, die Luxemburger, hatten sehr erfolgreiche Kaiser hervorgebracht, und mit Karl IV. den Idealtyp eines Gründers. Aber wie sich zeigte, hatte die Dynastie mit ihren ausgedehnten Besitzungen in Mittel- und Westeuropa – darunter das Land, das durch eine verrückte Folge von Ereignissen noch heute ihren Namen trägt – Pech und starb einfach aus. Das Ende der Familie kam mit Ladislaus Postumus, dessen Vater der Habsburger Albrecht II. und dessen Mutter die einzige Tochter des Kaisers Sigismund war, des letzten männlichen Nachkommen des Hauses Luxemburg. Ladislaus' merkwürdiger Beiname war dem Umstand geschuldet, dass er nach seines Vaters Tod auf die Welt kam. Der kleine Junge mit den aparten goldenen Locken wurde von seinem plump-hilfsbereiten Cousin zweiten Grades aufmerksam umsorgt, nämlich vom zukünftigen Friedrich III., damals noch ein habsburgischer Herzog. Ladislaus entdeckte, dass Friedrichs Gastfreundschaft darauf hinauslief, ihn mit niemandem sprechen, ihn nichts tun zu lassen. Obwohl ihm die Flucht gelang, blieb er bis zu seinem zufälligen Tod im Alter von siebzehn Jahren ein Pfand in den Händen verschiedener Fraktionen.

Die andere Historikerfalle, das Christmas-Pantomimen-Syndrom, ist schlichter. Wir alle wissen, dass Mitteleuropa bald von den Osmanen verwüstet wurde, und es gibt eine Art der Geschichtsschreibung, die einer Christmas-Pantomime gleicht. Dort wie in der Geschichtsschreibung schreien alle: «Sieh dich um!», wenn das Monster/der Kobold/die Hexe plötzlich hinter dem Helden auftaucht und, sobald sich dieser, durch den Zuruf gewarnt, umdreht, schon wieder verschwunden ist. Vielleicht hätte es dem kleinen Ladislaus genützt, hätte ihm jemand etwas Ähnliches zugerufen. Und Friedrich, der sich nur auf seine belanglosen Rangeleien mit der Schweizer Eidgenossenschaft konzentriert, möchte man anschreien: «Kümmere dich um die Verteidigung deiner Ostgrenze! Stell dich an die Spitze einer ernstzunehmenden christlichen Koalition, die nur einen Zweck hat!», oder so ähnlich. Diese Verzweiflung ist fast eine Konstante in der Mitteleuropa gewidmeten Geschichtsschreibung, und man muss sich bei jeder Wendung vor ihr hüten. Da macht der französische König mit den Osmanen gemeinsame Sache, um den Habsburgern eins auszuwischen, und schaut man in moderne historische Darstellungen, wird man kaum eine finden, die sich eines ungläubigen Kopfschüttelns enthält. Kommt es zu einer längeren Kampfpause in den Türkenkriegen, dann wissen wir, diese hat ihren Grund allein darin, dass die Osmanen den Schauplatz gewechselt haben, nach Anatolien oder Persien gezogen sind, um ihre Gegner dort zu vernichten, aber dass sie wiederkommen werden, sobald diese Probleme vom Tisch sind, und ihre verhängnisvolle Aufmerksamkeit wieder dem Westen zuwenden. Damals aber hatten die Habsburger oder ihre uneinigen Halbverbündeten keinerlei Möglichkeiten, mehr als nur fragmentarische Berichte zu erhalten. Nachrichten über ein neues großes osmanisches Heer erreichten sie immer erst, kurz bevor es sich in Marsch gesetzt hatte. Als es so weit war, wurden die Habsburger zu den großen Verteidigern Europas gegen die Osmanen; Friedrich III. jedoch hatte offensichtlich kein Interesse an deren bedenklichen Heldentaten vor Belgrad, das sie 1456 belagerten, auch nicht an ihrem Versuch, in Italien einzufallen. Er ging weiter seiner Wege und kümmerte sich nicht darum. Wir wissen, dass die siebzigjährige Atempause, eine

Folge der gescheiterten Belagerung Belgrads, eben nur eine solche war und sich bald Schlimmeres zusammenbrauen würde. Damals aber konnte niemand wissen, wie lange diese Atempause dauern würde oder ob sie – ebenfalls möglich – vielleicht gar keine Pause, sondern das Ende der Bedrohung war.

Kultstätten

Wiener Neustadt ist heute eine recht mitgenommene Industriestadt südlich von Wien. Im Zweiten Weltkrieg wurde sie übel zugerichtet, ihr Wiederaufbau lässt diese Erschöpfung und Verzweiflung immer noch spüren. Eine ungewöhnlich sorgfältige Rekonstruktion erfuhr die Militärakademie, die Maria Theresia gegründet hatte und die um Burg und Kapelle Friedrichs III. herum errichtet worden war. Wiener Neustadt war eine der Residenzen Friedrichs, als er von Chance zu Krise und von Krise zu Chance wanderte; dort wurde sein Sohn, der künftige Kaiser Maximilian I., geboren und beigesetzt. Dessen einfache Grabstätte ist in der Sankt Georgskapelle im Zentrum der Akademie zu besichtigen – in einer Kapelle, die im Übrigen von einem riesigen, hässlichen Reliquiar beherrscht wird, einem Quader auf kurzen dicken Beinen und mit kleinen Glasfenstern, hinter denen Schädel von Heiligen zu erkennen sind, was mehr an Borneo denken lässt als an Niederösterreich.

Die Militärakademie ist noch in Betrieb, ein Besuch dort ein entsprechend eigenartiger Vorgang. Es gibt nicht den üblichen Ticketschalter-Drehkreuz-Postkartenshop-Café-Parcours, sondern Besucher müssen am Südtor klingeln. Ich stand dort, wartete auf den Summer, bis ich, nach einer langen Pause, den Tritt von Marschstiefeln hörte. Ein Kadett mit einem quer über den Rücken geworfenen Gewehr öffnete die Tür, um mich auf meinem Rundgang zu eskortieren. Ich musste mit ihm nur den schummrigen Korridor hinuntergehen, und schon schwirrte mir der Kopf vor lauter Bildern und Gedanken zu dieser Parallelwelt von Ordnung, handfestem Können und Professionalität, der Uniformen, der technischen Ausbildung und der Hierarchien. Wir kamen an einer Gruppe von Kadetten vorbei, die im Dienst waren und alle besonnene Befähigung, Fitness und Stolz ausstrahlten: Sie waren von einem anderen Planeten als jenem, auf dem kraftloses Gekicher an der Tagesordnung ist und mit dessen Atmosphäre ich vertrauter bin.

Als wir flott weitermarschierten – das heißt, er marschierte, ich lief hinterher –, hinaus in den sonnendurchfluteten Innenhof der Akademie, sah ich, weshalb man hierherkommt: die große Wappenwand Friedrichs III., die, auch wenn sie an vielen Stellen sichtbar restauriert wurde, immer noch ungewöhnlich persönlich und wahrscheinlich genauso wirkt wie damals, als sie enthüllt wurde. An ihrer Basis befindet sich eine Statue Friedrichs III., dann folgen rechts und links die hohen Kapellenfenster hinauf siebenundachtzig Wappen, von denen manche nicht mehr als Flecken auf der Landkarte repräsentieren, andere dagegen umfangreiche Gebiete. Kein Betrachter wird an der erdrückenden Überlegenheit von Friedrichs Besitzungen gezweifelt haben. Und doch hat die Wappenwand den Charakter einer persönlichen Liebhaberei. Wir wissen nicht, ob er das wirklich getan hat, aber wir können uns den Kaiser leicht vorstellen, wie er im Hof saß und seinen Blick über alle die Orte und Gebiete schweifen ließ, die sein Eigen waren.

Als mein Geleitschutz mit mir hinausmarschierte, warf er einem anderen Kadetten beiläufig einen großen, mittelalterlich wirkenden Schlüsselbund zu, der ungefähr so schwer gewesen sein muss wie ein Stück aus einer Rüstung. Der Kamerad fing ihn, ohne aufzusehen, mit einer Hand auf. Ich empfand einen Anflug von Panik angesichts dieser robusten Tüchtigkeit, die mich hier umgab, und wartete ungeduldig, wieder in die Welt zwangloser Untauglichkeit entlassen zu werden.

Die andere große frühhabsburgische Kultstätte ist das Städtchen Klosterneuburg, gleich nördlich von Wien. Jahrhundertelang war die jährliche Wallfahrt des Familienoberhaupts dorthin ein feststehendes Datum. Sie galt der alten, vom Babenberger Markgrafen Leopold III. gegründeten Augustinerabtei, genauer den feierlichen Fürbitten, welche die Habsburger für die Seelen ihrer Babenberger Vorgänger lesen ließen. Es war dieser Gebäudekomplex, der den Habsburgern ihre Legitimität verlieh: eine erloschene frühere Dynastie, ein hässlicher Bürgerkrieg und ein imperialer Landraub erfuhren hier die billigenden Weihen der Kirche.

Wie eine Legende erzählt, trug der Wind den Schleier von Leopolds frisch angetrauter Braut davon, und der tieffromme Markgraf schwor, eine Abtei zu bauen, wenn der Schleier gefunden würde. Jahre später, auf der Jagd, war er selbst derjenige, der den Schleier an einem Holunderbusch entdeckte, und der Bau begann. Die Geschichte wird auf unzähligen Schnitzereien und Miniaturen dargestellt, wobei die Künstler vor dem Problem standen, einem Stück Stoff auf einem Busch die angemessene Würde zu verleihen. Die meisten haben das Problem dadurch gelöst, dass sie über dem Strauch die Jungfrau Maria und eine Engelsschar strahlend in den Himmel entschweben ließen.

Die Abtei muss einmal sehr schön gewesen sein, heute jedoch ist von ihr kaum mehr zu sehen als ein erbärmliches Gerippe. Der Innenraum wurde von Handwerkern im 18. Jahrhundert fürchterlich aufgemotzt, sie erstickten ihn in Stuck und Malereien von akrobatischen Heiligen, bevor sie ihm noch Barocktürme verpassten. Diesen Frevel glichen Architekten aus, die dem Bau im 19. Jahrhundert wenigstens von außen wieder ein halbwegs mittelalterliches Aussehen gaben und die Barocktürme durch gotische ersetzten, die freilich eher an die Welt eines Sir Walter Scott erinnern. Eine letzte Katastrophe ereignete sich im späten 19. Jahrhundert, als die Lücken, welche die barocken Vandalen im Innern gelassen hatten, mit Fresken zugemalt wurden. Abscheulich süßlich zeigen sie Szenen aus dem Leben Jesu, der aussieht wie eine schmächtige Khalil-Gibran-Figur.

In einem kleinen Museum, das in dem unvollendeten Palast untergebracht ist, der an die Abtei anschließt, ist allerdings ein tatsächliches Kunstwerk zu bewundern, das den ganzen Kitsch beiseitefegt: ein großes Tafelbild, das die Chorherren 1485 aus Anlass der Heiligsprechung des Klosterstifters Leopold III. in Auftrag gaben. In der Anordnung eines Familienstammbaums zeigen farbenfroh leuchtende Medaillons alle Babenberger Herrscher. Friedrich III., mit nimmermüdem Interesse an Genealogie und in seinem Streben nach Legitimität, war besessen von Leopold; in Friedrichs Regierungszeit fällt auch der Entwurf einer standardisierten Darstellung des neuen Heiligen, mit Oversize-Bart, gigantischer Krone und entrücktem Blick, der wohl seine Heiligkeit andeuten soll. Schon auf dem großen Tafelbild sieht er aus wie ein Prototyp des Weihnachtsmanns. Seine Frau Agnes ist auf einer der Seitentafeln abgebildet. Stets als gleichermaßen fromm und begehrenswert dargestellt, offenbart sie die übliche Verlegenheit der Künstler im Umgang mit Königinnen. Noch deutlicher wird dies im gleichzeitig entstandenen Grabmal der Eleanore von Portugal, der Gattin Friedrichs III., das hinter dem Hauptaltar im Stift Neukloster in Wiener Neustadt versteckt ist und zu dem ein betörendes Standbild der Königin gehört, das sie als Augenweide und nichts weniger denn als Heilige zugleich erscheinen lässt.

Die Babenberger waren deutsche Raubritter, die für den bayerischen Herzog unterwegs waren, als sich christliche Truppen ihren Weg nach Osten erkämpften und die Magyaren zurückdrängten. Es gibt nur wenige Dokumente, die mehr als Grundzüge ihrer Geschichte erkennen lassen, wenn aber von den Taten dieses Geschlechts die Rede ist, steht alles im Licht farbenprächtiger Ritterromantik. Auch dafür liefert das Gemälde der Chorherren die Urbilder – da sieht man die Babenberger beten, sich zum Kreuzzug rüsten, als Opfer eines Verrats, in einer malerisch dargestellten

Schlacht: eine große Vergangenheit in brillanter bildlicher Überlieferung, eine dynastische Sequenz von Ereignissen, die sich durch die Jahrhunderte ziehen. Da wird die Ostmark, deren Markgrafen sie waren, umgewandelt in ein Herzogtum unter Heinrich II. Jasomirgott, der Wien zu seiner Hauptstadt machte. Ein Babenberger, der in Italien starb, ließ seinen Leichnam auskochen, seine Gebeine in einen Korb legen und nach Österreich zurückbringen, auch das eine sorgfältig wiedergegebene Szene. Leopold, der, aus welchen Gründen auch immer, der Starke genannt wurde, ist ebenfalls zu sehen. Er ist der einzige Babenberger, der in England berühmt wurde, nämlich als Entführer von Richard Löwenherz, den er hasste, weil dieser ihn während des Dritten Kreuzzugs beleidigt hatte. Richard entschloss sich erstaunlicherweise, nach dem Kreuzzug auf dem Landweg nach England zurückzukehren, in Verkleidung versteht sich. Dazu musste er österreichisches Gebiet durchqueren und wurde prompt von Leopold festgesetzt, der ein gewaltiges Lösegeld forderte: mindestens zwanzig Tonnen Silber. Es gibt kaum eine alte Burgmauer in Österreich, von der es nicht heißt, dass sie mit diesem Geld gebaut worden sei. Dauerhaftere Bedeutsamkeit sicherte sich Leopold, indem er der Familie mittels Erbschaft die Steiermark verschaffte, die damals größer war als das heutige Bundesland, weil weite Teile Sloweniens dazugehörten. Er soll auch, aber damit betreten wir den Boden der Legende, Urheber der Babenberger Fahne gewesen sein, angeblich inspiriert durch seinen weißen Kreuzfahrermantel voller Blutspritzer, was ein schön gestreiftes Muster ergab. Diese Fahne wurde von den Habsburgern, deren Farben Schwarz und Gelb waren, wenig benutzt, tauchte aber 1918 als Flagge der neuen Republik Österreich wieder auf – ein Stück tiefgründiger Kontinuität, die selbst etwas so Banales wie eine Fahne bemerkenswert erscheinen lässt.

Man muss nur genügend Generationen abwarten, um zu sehen, dass eine jede Dynastie irgendwann das Unglück ereilt, hier nun kommen wir, nach vielen Abenteuern, zum wirren Friedrich dem

Streitbaren, der 1246 im Krieg gegen die Ungarn stirbt – ohne Erben. Damit war das Ende der Babenberger gekommen, und die Habsburger konnten ihren Aufstieg zu Ruhm und Größe beginnen.

Es ist nicht schwer zu verstehen, warum die Habsburger von Klosterneuburg so besessen waren. Hing ihre Legitimität doch an der kühnen Behauptung, sie seien die wahren Erben der Babenberger. Also ersannen sie ausgetüftelte Zeremonien, die jeden dazu brachten, den Blick zu senken, wenn er auch nur zu denken gewagt hatte, sie seien nichts weiter als schwäbische Schwindler und Abenteurer. Die Grundlage ihres Aufstiegs, das vergaßen die Habsburger nie, war dieses österreichische Kerngebiet und Klosterneuburg der Ort, auf den sie Anspruch erheben mussten. Das Gemälde der Chorherren, über Jahrhunderte sorgfältig gepflegt, mag die Anmutung eines gigantischen Comics haben, aber es offenbart nicht weniger als die Traumwelt, in der sich Friedrich III. und seine Nachfolger verloren. Das ist aber auch das Bedrückende: Sowohl Friedrich als auch sein Sohn Maximilian I. waren wie gebannt vom mittelalterlichen Rittertum, und die Abenteuer, die auf dem Bilderbogen zu sehen sind, fanden einen großen Nachhall bei ihnen, diese magische Welt von heiligmäßigen Taten und ritterlichem Wagemut in sommerlichen Landschaften, weit, weit weg von ihren Schulden, der deprimierenden neuen Waffentechnik und all den politischen Verwicklungen.

Gewählte Cäsaren

Ich muss noch etwas vorausschicken, das unverzichtbar ist für das Verständnis dieses Buches: eine Beschreibung des Heiligen Römischen Reichs. Tut mir leid, aber ich sehe wirklich keinen Weg, um dieses Thema herumzukommen, und es ist ein nützlicher Test. Ich könnte einen großen Teil meines Lebens der Beschäftigung mit dem Reich widmen, falls Sie, wie viele Leute, die Angelegenheit langweilig finden, ist dieser Abschnitt vielleicht trotzdem erhellend, ob Sie nun lieber etwas anderes lesen würden oder nicht.

Das Heilige Römische Reich umfasste ein riesiges Gebiet in Europa und war viele Jahrhunderte Motor der kontinentalen Geschichte. Für jemanden, der in einer britischen, französischen oder amerikanischen Umgebung groß wurde, ist das Ganze eine Zumutung – eine Wildnis absurd winziger Länder, abgelegener Täler, die von Mönchen bewirtschaftet wurden, und eines ritualisierten Obskurantismus, ein Szenario, das im 19. Jahrhundert deutschen Autoren, die maßgeblich an der Rekonstruktion ihrer Geschichte beteiligt waren, die Schamesröte ins Gesicht trieb. Schon in der Zeit, als das Reich von Napoleon abgewickelt wurde, verwünschten es viele, allerdings konnten sie auch nicht wissen, wie instabil und brutal die Nachfolgestaaten sein würden. Das lange währende Vorurteil gegen das Reich erscheint merkwürdig. Allein seine Langlebigkeit und die Rolle, die es – im Guten wie im Bösen – von Karl dem Großen bis zu Napoleon spielte, als Schwungrad der politischen und kulturellen Existenz Europas, lassen es ungerechtfertigt erscheinen, sich über seine leicht angestaubten und sklerotischen Züge lustig zu machen.

Die fernen Ursprünge des Reichs liegen, wie schon erwähnt, in der höchst erfolgreichen Herrschaft Karls des Großen, eines fränkischen Kriegsherrn von grenzenlosem Ehrgeiz, der sich seinen Weg quer durch Europa bahnte und sein Reich als Reinkarnation des lange untergegangenen Weströmischen Reichs betrachtete. Wie immer wenn solche Gestalten auftreten, erscheinen Scharen von Gelehrten auf der Bildfläche und liefern bereitwilligst den ganzen Sermon und all die Chroniken, die so überraschenden Ansprüchen den nötigen Rückhalt verschaffen. Wir können nur ahnen, wie die Landschaft aussah, durch die Karl der Große und seine bärtigen Gefolgsleute ritten – eine Landschaft mit winzigen Siedlungen, aber auch riesigen, verwüsteten Relikten römischer Bauten. Besonders eindrucksvoll war Trier, Kaiser Konstantins westliche Hauptstadt. Der römische Palast, die Konstantinbasilika, Kaiserthermen und Porta Nigra müssen auf Karls Zeitgenossen eine ähnliche Wirkung gehabt haben wie die Reste der untergegangenen menschlichen Zivilisation auf den Reisenden, den H. G. Wells in *Die Zeitmaschine* ins Jahr 802 701 schickt.

Das Christentum stellte eine schriftliche, rechtliche und geistige Verbindung zum Römischen Reich her, aber die von Karl dem Großen und seinen Nachfolgern eroberten Länder lagen in vielen Fällen außerhalb des alten Reichs, und dass er dieses Gebilde zum Nachfolgestaat Roms machen wollte, blieb doch eher ein Willensakt, als dass es zu einer tatsächlichen Wiederbelebung gekommen wäre. Diese imaginären römischen Ursprünge waren in den tausend Jahren, die das neue Reich bestand, stets ein wesentliches Element. Sie setzten den Kaiser in eine wichtige Beziehung zum Papst, mit dem er ehrenwerte Briefe austauschen konnte über diese oder jene schamlose Inanspruchnahme von Autorität, die aus alten Verbindungen zu Rom hergeleitet wurde. Manche Kaiser kehrten eine nahezu mystische Verbundenheit mit Italien hervor, die sicher auch eine Folge der Verlegenheit über ein Neu-Rom war, das seine Basis in den nebligen Gefilden des Nordens hatte und nicht in der Region Europas, welche man gemeinhin mit «römisch» verbindet. Dass die Italiener wenig Neigung verspürten, sich dieser Vision anzuschließen, den Kaiser vielmehr als raffgierigen und etwas eigenartigen Besucher aus dem Norden betrachteten, war eine von mehreren Ursachen für eine immer wieder bedrohliche Dynamik am Südrand des Reichs.

Nach dem Tod Karls des Großen litt das Heilige Römische Reich, wie alle europäischen Staaten, an der nahezu konstanten Tendenz, in kleinere Einheiten zu zerfallen. Vielen Historikern fällt es schwer, mit dieser Spannung umzugehen, denn sie rührt an eine Grundfrage in Hinblick auf politische Ereignisse: Ist die Bedrohung einer

Zentralmacht gut oder schlecht? Die konventionelle britische Geschichtsschreibung über Frankreich, beispielsweise, beschreibt den hyperzentralisierten Staat Ludwigs XIV. als ein Gebilde von der blanken Amoralität einer mongolischen Horde. Umgekehrt jedoch geraten vergleichbare Darstellungen von Großbritanniens eigener, militärisch betriebener Zentralisierung und ihrer Rücksichtslosigkeit auf mysteriöse Weise zu grandiosen Geschichten von Mut und Anständigkeit.

Im Grunde war die Einsicht vorhanden, dass das Reich viel zu groß und zu vielgestaltig war, um von einer einzigen Person direkt regiert zu werden. Seine Ursprünge lagen in den Eroberungen Karls des Großen und seiner Nachfolger, die von ihrer Basis im Westen nach Osten, Nordosten und Südosten vorstießen. Es umfasste den größten Teil des deutsch sprechenden Europa, dazu die Niederlande, ein Gebiet, das heute Nord-, Ost- und Südostfrankreich ist, weiterhin Böhmen, Mähren und die Lausitz sowie ein Stück Norditalien. Der Kaiser belehnte seine Gefolgsleute mit größeren oder kleineren Territorien, die sie in seinem Namen und zu ihrem eigenen Nutzen verteidigten und konsolidierten. Höher gestellte, tendenziell aufsässige Adlige strebten vielleicht nach größerer Freiheit von der kaiserlichen Macht, aber keiner kam auf die Idee, sich wirklich unabhängig zu machen. So mächtig Staaten wie Sachsen oder Bayern geworden sein mochten, ihren Regenten blieb doch stets bewusst, dass ihr Status und ihre Sicherheit eng mit der Struktur des Reiches verbunden waren. Zu der Zeit, in der das Haus Habsburg sich den Kaisertitel dauerhaft sicherte, besaß dieses weltliche und religiöse Amt ein einzigartiges Prestige, das durch immer wiederkehrende Ereignisse an geschichtsträchtigen Orten gestützt wurde: die Wahl in Frankfurt und die Reichstage in Aachen, Worms, Nürnberg und Augsburg, Städten, die von der Historie großer Vorgänger erfüllt waren.

Nach vielen Erschütterungen, Rückschlägen und völligen Zusammenbrüchen hatte das Reich im 15. Jahrhundert zu einer Struktur gefunden, die bis zu seiner Auflösung im Jahr 1806 Bestand hatte. Für eine signifikant hohe Anzahl geschichtlicher «Ereignisse» in ganz Europa lagen die Ursachen in seinen Randgebieten, und noch in den Auseinandersetzungen und Kriegen nach 1806 stellte das Reich eine Triebkraft dar wie nichts anderes. Zu viele Historiker fühlten sich unwohl bei dem Gedanken, sich auf die Seite des Kaisers zu stellen, wenn dessen große Pläne durch lokale Borniertheiten vereitelt wurden, denn vielleicht wäre ebendies zu begrüßen als ein Segen für die Kultur Europas und den europäischen Diskurs. Beispielsweise ist auffällig, dass sich der Westen des Reichs, weil er so schwach organisiert war, Frankreich gegenüber nur defensiv verhalten konnte und keine Möglichkeit hatte, seinerseits anzugreifen. Das Prümer Urbar, eine karolingische Stiftung in der Eifel, hatte zu seiner Verteidigung allein ein spirituelles Kraftfeld: In der Sankt-Salvator-Basilika des Klosters wird die Reliquie der Sandalen Christi aufbewahrt; in und um Essen wiederum hatten jahrhundertelang notorisch eigensinnige, ziemlich ungefällige adlige Stiftsdamen das Sagen.

Das Reichsgebiet sah aus wie ein äußerst verwirrendes Puzzle. Es gab relativ große Territorien wie zum Beispiel Württemberg, das zwar eindrucksvoll wirkte, tatsächlich aber durchsetzt war von lokalen Gerichtsbarkeiten und Privilegien, die dazu führten, dass die Herzöge, verarmt und verbittert, sich auch noch zum Gespött machen lassen mussten. Ein anderes großes Territorium war Sachsen; allerdings hatte es unter dem Fluch der Erbteilungen zu leiden, mit der Auswirkung, dass eine Hälfte in winzige, aber wundervolle Teilstaaten zersplitterte. Dann waren da noch die Länder der Markgrafen von Brandenburg im Nordosten, die in personaler Verbindung mit Territorien in Polen standen, welche außerhalb des Reichsgebiets lagen – mit entsprechenden Folgen, als sie zu Preußen vereinigt wurden.

Die größeren Blöcke fallen ins Auge, weil sie eine wirkliche Zukunft hatten, für das Reich charakteristisch jedoch waren solche

Merkwürdigkeiten wie die Pfalz, reiche Landschaften, in der südlichen Mitte des heutigen Deutschland verstreut, deren Regenten in wichtigen Momenten der Reichsgeschichte intervenierten. Sie hinterließen in Heidelberg, was als Inbegriff einer romantischen Landschaft gilt, aber als überzeugende und stabile politische Einheit ist die Pfalz heute kaum vorstellbar – gleichwohl ist Heidelberg nicht zuletzt deshalb so malerisch, weil sein Schloss eine Ruine ist. Die Pfalz ist ein interessantes Beispiel dafür, was das Reich so verwirrend macht: Seine einzelnen Einheiten waren in der Regel Gebilde aus ererbten, gekauften und geklauten Territorien, die nicht einmal miteinander verbunden sein mussten.

Eine wichtige Kategorie der Grundherrschaft bildeten die Besitzungen von Klöstern und kirchlichen Einrichtungen, Land, das oft dem Kaiser gehört hatte und das er der Kirche aus bestimmten Absichten oder für bestimmte Zwecke überlassen hatte. So wurde dem bezaubernden kleinen Staat Quedlinburg, der von Nonnen aus guter Familie regiert wurde, genügend Land verliehen, um seine Abtei unterhalten zu können, die wiederum dafür zu sorgen hatte, dass täglich gebetet wurde: für den dort beigesetzten König Heinrich I., genannt der Vogler, einen Schlächter aus dem frühen 10. Jahrhundert, der die heidnischen Sachsen mit Gewalt zum Christentum bekehrt hatte. Bisweilen ebenso klein, aber viel bedeutsamer waren die freien Reichsstädte, Gebiete, deren Mittelpunkt im Allgemeinen eine Handelsstadt war, die bestimmte Privilegien hatten und nicht von einem Herrn, sondern einem Rat aus einflussreichen Kaufleuten regiert wurden. Manche dieser Städte waren von konstanter Bedeutung und standen in enger Verbindung zum Kaiser, wie zum Beispiel Frankfurt am Main und Nürnberg, andere waren eher behäbige Provinzstädte, oder sie hatten mit den Angelegenheiten des Reichs weniger zu tun, dafür aber ausgedehnte Verbindungen nach außen wie die Hansestädte im Norden, namentlich Hamburg und Lübeck. Eine jede Stadt hatte ihre Domäne, Lüneburg zum Beispiel seine Salzbergwerke, Hall in Tirol seine Münzstätte. Von geringster

Bedeutung waren die ganz kleinen Territorien: etwa die Besitzungen Hunderter Reichsritter, viele davon in Schwaben, die häufig nur aus einer baufälligen Burg und ein paar Weinbergen bestanden und, wenn sie Glück hatten, an irgendeinem bedauernswerten Fluss lagen, sodass der Ritter von jedem passierenden Handelsschiffchen für nichts und wieder nichts Zoll erheben konnte.

Diese Vielzahl politischer Einheiten – im späten 15. Jahrhundert waren es einige hundert – wurde von der Autorität des Kaisers zusammengehalten. Wie man sich vorstellen kann, waren die ganz kleinen Staaten fieberhaft um Loyalität bemüht, denn sie brauchten kaiserliche Unterstützung, um überleben zu können – sie legten sich kunstvolle Wappen zu, die ihre Burgmauern schmückten und ihre Treue unter Beweis stellen, gelegentlich auch Räuber abschrecken sollten; sie boten für ihren obersten Kriegsherrn Häuflein von Soldaten auf, leisteten mit bombastischen Kostümen ihren Beitrag zum kaiserlichen Gefolge und stellten häufig das Personal für kirchliche Ämter. Doch auch die größeren Länder glaubten an den Kaiser, und natürlich führte ein solches System zu zahllosen Auseinandersetzungen über Erbschaften, Rechte und Privilegien, über finanzielle und militärische Dienstbarkeiten. Der Kaiser hatte viel Zeit darauf aufzuwenden, diese Streitigkeiten beizulegen. Die endlosen Reisen zu Anhörungen und Schiedsgerichten, die naturgemäß eine Vielzahl ärgerlicher oder befremdeter Verlierer zurückließen, waren Legitimationsgrund für seine Existenz; seine Fähigkeit, Recht und Gerechtigkeit herzustellen, hatte ebenso große Bedeutung für seine Reputation wie Erfolg oder Misserfolg im Krieg. Das Chaos während der langen Regierungszeit Friedrichs III. war großenteils darauf zurückzuführen, dass er die Lust an all dem verloren hatte – und dass die Habsburger vom 15. Jahrhundert an so erfolgreich waren, lag an der erstaunlichen und beständigen Gewissenhaftigkeit, die sie über Generationen an den Tag legten. (Eine unschöne Ausnahme war Rudolf II., in dessen Räumen sich die ungeöffneten Sendschreiben und Briefe stapelten.) Fortwährend hatten es die Kaiser mit einem Strom verdrießlicher, kriegslüsterner und häufig wenig gebildeter Adliger zu tun, die mit gefälschten «alten» Dokumenten herumfuchtelten – was den Habsburgern nicht fremd war – und auf der Anwendung dieses oder jenes Rechts bestanden. Darauf werde ich in diesem Buch nicht weiter eingehen, aber wir sollten es als Hintergrundgeräusch aller Epochen in Erinnerung behalten – eine stets überforderte, aber angesehene kaiserliche Bürokratie, die Land- und Erbstreitigkeiten begutachtete, welche sich über Generationen hinziehen konnten, und eine unüberbotene Darstellung in den großen, staubiger Büroarbeit gewidmeten Szenen in Leoš Janáčeks und Karel Čapeks Oper *Die Sache Makropulos* (1926) fand. Für die endlosen kaiserlichen Rechtsprozesse ließ sich Janáček ein wunderbares Leitmotiv einfallen.

Der Kaiser musste seinen Status physisch demonstrieren, musste also durch seine riesigen Territorien reisen. Jede Stadt hatte ihm gegenüber komplizierte Verpflichtungen, die später in häufig sehr kunstvoll gestalteten «Kaisersälen» zum Ausdruck kamen; mancherorts sind sie noch erhalten: großzügige Versammlungsräume, die mit so schmeichelnden wie vergnüglichen Wandmalereien ausstaffiert waren, den Ruhm des Kaisers und dessen enge Verbundenheit mit den Vorfahren des Gastgebers preisend. Dazu kam eine Flucht von Schlafzimmern, die bisweilen nur alle hundert Jahre mal benutzt wurden.

Jeder Kaiser hatte seine Basis, die ihm sehr wichtig sein konnte, selbst wenn er sich häufig andernorts befand. Das besondere Erscheinungsbild Prags etwa stammt großenteils von Karl IV., der es, als König von Böhmen, sowohl zu seiner königlichen als auch zur kaiserlichen Hauptstadt machte. Sein Sohn Sigismund war in seiner langen, merkwürdig inkohärenten Regierungszeit unentwegt in ganz Europa unterwegs – und wenn er eine Basis hatte, dann war dies Buda oder Visegrád; was allerdings auf persönlichen, nicht auf institutionellen Entscheidungen beruhte. Überall im Südosten des

Habsburgerreichs finden sich Bauten, die unvollendet blieben, weil die frühen Habsburger ihre Meinung oder ihren Geschmack änderten oder in Geldnöte gerieten. Davon zeugt etwa das leere Grab Maximilians I. in Innsbruck, sein Leib wurde in Wiener Neustadt, eine Kupferurne mit seinen Eingeweiden in Wien beigesetzt. Nur indem sie ständig unterwegs waren, konnten die Kaiser ihre juristischen, militärischen, höfischen und fiskalischen Angelegenheiten am Laufen halten – so wie sich ein Mischer ständig drehen muss, damit der Beton nicht abbindet. Eine längere Phase der Unachtsamkeit, und schon konnte das Ganze stocken und sogar – um im Bild zu bleiben – den Mischer selbst ruinieren.

Das Herzstück des Reichs, das dessen Funktionen aufrechterhielt, war die – für unsere Ohren – merkwürdige Tatsache, dass der Kaiser gewählt wurde. Die Goldene Bulle hatte festgesetzt, dass sich nach dem Tod des amtierenden Kaisers die sieben Kurfürsten – entweder persönlich oder durch einen Stellvertreter – in Frankfurt am Main versammeln und in einer besonderen Kapelle des Kaiserdoms St. Bartholomäus den neuen römischen König wählen mussten. Nach der Wahl fand auf dem Römerberg mitten in der Stadt ein riesiges Fest statt, mit Freudenfeuern und den üblichen ganzen Ochsen, die am Spieß gebraten wurden. Die Wahl durch die Kurfürsten war klug eingerichtet, denn sie mussten sich auf einen Kandidaten einigen, und selbst wenn eine Familie zwei oder gar drei Kurfürsten bestach, ihre Residenzen lagen im Reich so weit verstreut und ihre moralischen Einstellungen waren so grundverschieden, dass man nicht ohne weiteres alle unter einen Hut bringen konnte. Kuhhandel und Schmiergeld konnten atemberaubende Dimensionen annehmen – auch wenn das meiste natürlich nie aufgezeichnet wurde –, doch schließlich trafen die Kurfürsten ihre Wahl, und die war von überraschend großer Legitimität, zum einen dank des Gewichts historischer Präzedenzfälle, zum anderen, weil sie aus einer Vielzahl von reichen, fähigen und erwachsenen Kandidaten wählen konnten. So blieben dem Reich die Albträume der reinen Erbfolge erspart, wie sie beispielsweise Frankreich und England erlebten, wo es immer wieder dazu kam, dass Kinder oder Schwachsinnige den Thron bestiegen.

Auch alte Aspiranten hatten es bei dieser Wahl nicht leicht, wenngleich sie sich gerne nach vorne drängelten. Die Ansprüche an den künftigen Herrscher waren hoch, kaum ein Kandidat konnte sie erfüllen. Das lag auch an dem Umstand, dass die Kaiser, die im Hochmittelalter noch in Besitz großer Ländereien gewesen waren, diese im Zuge ihres Amtes bis zum 15. Jahrhundert größtenteils als Schenkungen oder Lehen weggegeben hatten. Daher musste ein Kaiser über finanzielle Ressourcen verfügen, um die Würde seines Amtes zu wahren, vor allem aber, um ein Heer aufstellen zu können. Im Grunde verfügten nur zwei oder drei Familien über die Voraussetzungen, die Bewerbungsprozedur zu bestehen. Im 14. und 15. Jahrhundert waren die Luxemburger die geeignetsten Kandidaten, denn sie konnten auch auf ihre beträchtlichen Einkünfte als Könige von Böhmen zurückgreifen, Sigismund zudem auf die des Königs von Ungarn und Kroatien. Versuche, den Anspruch auf die Kaiserwürde innerhalb einer Familie erblich zu machen, schienen nicht aussichtslos, als Sigismund seinem Vater Karl IV. auf den Thron folgte, doch er selbst hinterließ keinen männlichen Erben, die Luxemburger Linie erlosch, und es galt, sich anderweitig umzusehen. So kam die Familie der Habsburger zum Zug, und 1440 wurde Herzog Friedrich von Innerösterreich zum römisch-deutschen König gewählt, 1452 dann, nach einer Reihe lokaler Querelen, zum Kaiser des Heiligen Römischen Reichs gekrönt. Ohne es zu beabsichtigen, hatten die sieben 1440 versammelten Kurfürsten eine Familie ins Amt gehievt, die es von nun an mit einer kurzen Unterbrechung dreihundertsechsundsechzig Jahre lang innehatte.

II

Der Erbe Hektors

Der große Hexenmeister

Gnome zu Pferde

Johannas Kinder

Mit dem Geld der Fugger

Die Katastrophe

Der Erbe Hektors

Ende des 15. Jahrhunderts durchläuft Europa einen Wandel – die Wirtschaft kommt auf Touren, die Bevölkerung wächst, die Technik macht Fortschritte, neue Formen des künstlerischen und intellektuellen Lebens erblühen. Frühere Ereignisse, die uns undurchsichtig vorkommen und fremd, müssen zu dieser Zeit noch lebendig und allenfalls eigentümlich erschienen sein, von nun an jedoch wird alles verifizierbar und unstrittig, denn eine Erfindung von größter Bedeutung war gemacht worden: das Drucken mit beweglichen Lettern. Monarchen wie Heinrich VI. von England oder Ludwig XI. von Frankreich stehen uns fern und werden, sosehr wir uns auch bemühen, nie Teil unserer geistigen Landschaft, weil sie so wenig hinterlassen haben – eine Handvoll steifer Porträts, ein paar Briefe und unzuverlässige Chroniken. Nur zu gern würden wir uns mit ihren ereignisreichen, aber auch quälenden Regentschaften beschäftigen, allein es fehlen die Quellen.

Die Regierungszeit Maximilians I., Kaiser seit 1493, fällt genau in diese Übergangsepoche. Sein Vater, Friedrich III., ist eine undurchsichtige, rätselhafte Gestalt: Wir wissen, wie er aussah, was schon ein Fortschritt ist, aber die Historiker müssen sich immer noch mit wenigen Geschichten begnügen, sie sind unzuverlässig und so parteiisch, dass es schwerfällt herauszufinden, wie unfähig

Linke Seite:
Maximilian im vollen Ornat eines Magiers, mit dem Orden vom Goldenen Vlies um den Hals – ein Stich aus dem 17. Jahrhundert nach Lucas van Leydens Original von 1515.

oder klug er tatsächlich war. Maximilian dagegen mit seiner Höckernase, seinem Pelzmantel, der Kette mit dem Orden vom Goldenen Vlies und schulterlangem Haar (eine dieser Männermoden, über die mit erstauntem Schweigen hinweggegangen wird) ist allgemein bekannt. Er blickt uns von Münzen, Statuen und Gemälden entgegen, aber auch von Holzschnitten – einer älteren, nun aber verfeinerten Technik –, die in hohen Auflagen in Europa zirkulierten. Maximilian war wie besessen von neuen Techniken, von Riefelharnischen, auch «Maximiliansharnische» genannt, und Kanonen – sein Arsenal kann man heute in Innsbruck bewundern –, ganz besonders aber vom Buchdruck. Die berühmte «gotische» Schrift, in Deutschland Fraktur genannt, wurde für ihn entworfen. Mit dieser Typographie entstand eine eigene und für Nichtdeutsche befremdliche Buchkultur, die erhalten blieb, bis Hitler 1941 ihre weitere Verwendung unterband. In einem ungewöhnlichen Ausbruch von Feinfühligkeit befand er sie als zu schwer lesbar und darum für eine effektive Kommunikation in seinem neuen Weltreich ungeeignet.

Maximilian nutzte das neue Medium, um für seine Taten, für sich selbst und für seine Familie reichlich Propaganda zu betreiben. Aber alles, was er anfing, gab er irgendwann wieder auf, suchte nach Neuem, änderte seine Meinung und verlor das Interesse, sodass es nach seinem Tod zahllose unvollendete Projekte gab – er machte Pläne und ließ Materialien zu allem Möglichen auftreiben, von Magie über Rittertum und Genealogie bis zur Politik. Nationalistische deutsche Historiker mochten ihn nicht, weil er Deutschland nicht vereinigte, herumdilettierte und dermaßen entscheidungsunfähig war, dass eine Geschichtsschreibung, die auf Zusammenhänge, auf Aufstieg und Fortschritt aus war, nicht auf ihre Kosten kam – aber ebendiese Schwächen sind es, die ihn heute so reizvoll erscheinen lassen. Wir müssen uns nicht mehr darüber aufregen, dass er kein mächtiges und unabhängiges deutsches Heer aufstellte oder die Franzosen nicht niedermachte.

Maximilian war ein ungewöhnlicher Habsburger, überzeugend als Mann der Tat wie des Geistes. Ihm war klar, dass er, als er das Amt des Heiligen Römischen Kaisers annahm, einen Präzedenzfall schuf – was, wenn diese Rolle dem Haus Habsburg auf Dauer zufiele? Mit enormem Aufwand warb er für diese Idee – großenteils mit Hilfe von Druckerzeugnissen –, und unterstützt von großen Künstlern aus allen Bereichen schuf er ein Bild von sich, das für immer Bestand haben sollte. Die Habsburger verfügten über so ausgedehnte Territorien wie kein anderes deutsches Herrscherhaus; doch es gab manch eines, das auf eine bessere Abstammung pochte oder im Reich selbst fester verwurzelt war. Legitime Klagen, die ihre Gegner über sie führten – und die so lange wiederholt wurden, bis sie schließlich darauf eingingen –, lauteten, dass die Habsburger sich mit ihren Interessen an den Rändern des Reichs verzettelten, in den Niederlanden, in Norditalien und im Osten, Reichsvermögen für nur der Familie dienliche Zwecke verschwendeten und ihnen deutsche Interessen nicht wirklich am Herzen lägen. Tatsächlich aber waren es gerade die Randständigkeit und der Reichtum der Habsburger gewesen, derentwegen sich viele deutsche Fürsten für sie entschieden hatten – war ihr Besitz doch groß genug, dass sie anderen nicht zur Last fielen, und alles in allem zu sehr damit beschäftigt, die Osmanen zu bekämpfen, als dass sie allzu sehr in den deutschen Ländern mitmischen wollten.

Es gab viele Posten an Maximilians Hof, die mir gefallen hätten. Das Leben im Freien, dauernd unterwegs, sagt mir allerdings weniger zu, einen guten Landsknecht hätte ich gewiss nicht abgegeben, auch wenn ihre großen zweihändigen Schwerter, die wallenden Bärte und geschlitzten Puffärmel aus Seide durchaus ihren Reiz haben könnten. Tatsächlich war dies die letzte Epoche, in der für den Kriegsdienst schiere Kraft ausschlaggebend war, aber auch das ist nicht meine Sache. Da gefällt mir die Vorstellung, einer der Humanisten, der Hofmusiker oder der Hofmaler zu sein, schon besser; wahrscheinlich aber hätte es nur zum zwar sicheren, aber nicht sonderlich hoch angesehenen Posten des Supervisors der kaiserlichen Darmtätigkeit gereicht.

«Kammerherr des Stuhls» zu sein wäre gleichwohl traumhaft gewesen im Vergleich zum schrecklichen Amt eines Hofgenealogen. Wenn es jemals eine Rolle gab, die vorgetäuschte Gelehrsamkeit und geistige Trägheit verlangte, dann diese. Zunächst verwandten diese Herren enorm viel Mühe auf das absurde Unterfangen, Maximilians Abstammung von Noahs Familie zu beweisen. Ahnentafeln waren aus dem naheliegenden Grund von Bedeutung, dass man aus der Abstammung Rechte und Privilegien ableiten konnte, die in historisch weit zurückliegenden Epochen ihren Ursprung hatten. Natürlich waren Genealogien strittig und angreifbar – kamen sie den Höflingen und emsigen Ahnenforschern anderswo zu Ohren, dann konnte das höhnisches Gelächter auslösen, zum Beispiel am Hof der Wittelsbacher in Bayern, die ebenfalls auf eine Zeit verweisen konnten, in der sie einen Kaiser gestellt hatten. Wie ernst eine Genealogie genommen wurde, hing natürlich vor allem davon ab, wie potenzielle Rivalen den Auftraggeber und die Verfasser beurteilten, gleichwohl musste sie aber auch ein in sich plausibles Dokument sein.

Die Ahnentafel Kaiser Karls IV. behauptete, dass sich seine Familie nicht nur von Noah, sondern auch von Saturn herleitete; im strengeren Klima des späten 15. Jahrhunderts allerdings zog diese Art unterhaltsamer Unsinn nicht mehr. Nach einigem Nachdenken gelangte Maximilian schließlich zu der Ansicht, dass er nicht von Noah abstamme, sondern vom trojanischen Helden Hektor. Dennoch werden die Hofhumanisten nicht die Augen verdreht und losgeprustet, sondern sich mit einem Lächeln über ihres Kaisers Scharfsinn und einer tiefen Verbeugung in ihre Bibliothek zurückgezogen haben, um noch mal von vorn anzufangen.

Eine bedeutsame Figur bei Hofe war derjenige, der bekannt war für die Genauigkeit, die er bei der Herstellung solcher Stammbäume walten ließ. Eingedenk dessen, dass diese vor allem geschickt gemacht sein mussten, bezog sich die Bewunderung wohl in erster Linie auf eine diesbezügliche Genauigkeit, auf die Konsequenz der Erfindung. Hektor war insofern ein guter Einfall, als es eine Reihe völlig unkanonischer (frei erfundener) Geschichten über seine Söhne gab. Mit einer leichten Verbeugung vor der *Aeneis*, dem Gründungsmythos Roms, liefen sie darauf hinaus, dass ein Bruder des Aeneas, ein gewisser Francio, hastig weiter nach Norden gezogen war, sich mit seinen Nachkommen am Main niedergelassen und die Stadt der Franken gegründet hatte, Frankfurt am Main. Solche Geschichten waren nützlich, weil sich mit ihnen der Versuch unternehmen ließ, dem Reich ein ähnliches Prestige zu verschaffen wie Italien und Frankfurt, als Stadt der Kaiserwahl, eine ans Sakrale reichende Bedeutung, wie Rom sie für sich beanspruchen konnte. Der Stammbaum verlief dann auf allerhand zweifelhaften Umwegen bis zum hochangesehenen echten Frankenkönig Chlodwig, nahm einen Abzweig über Chlodwigs jüngere Kinder – um von vornherein jedwede Irritation und die herausfordernde Behauptung zu vermeiden, die Habsburger erhöben den Anspruch, Frankenkönige gewesen zu sein – und landete schließlich auf einigermaßen sicherem Boden, nämlich bei Maximilians unmittelbaren und tatsächlichen schwäbischen Vorfahren. Wahrscheinlich erröteten sie leicht bei ihrem Vortrag, doch die Humanisten hatten eine direkte Verbindung zwischen Troja und Innsbruck hergestellt.

Es mag merkwürdig erscheinen, so viel Zeit auf die Beschreibung eines derart sinnlosen Projekts zu verwenden, aber Genealogie stand im Zentrum der königlichen Macht. Sie hatte bereits für das andere große Machwerk der Habsburger eine wichtige Rolle gespielt, für das «Privilegium Maius», ein Bündel von Dokumenten aus dem 14. Jahrhundert, von denen einige die Unterschriften von keinen Geringeren als Julius Cäsar und Nero trugen. Diese Dokumente begründeten die Unantastbarkeit der österreichischen Länder und kreierten den besonderen Titel des Erzherzogs für habsburgische Landesherren, um sie auf dieselbe Stufe zu stellen wie die Kurfürsten des Heiligen Römischen Reichs. Über diese offenkundige Fälschung wurde viel gelacht, auch Karl IV. ignorierte sie weitgehend, aber als Friedrich III. zum Kaiser gewählt worden war, konnte er sie zu seinem Vorteil nutzen. Bestätigte ihm das «Privilegium Maius» doch, dass ihm seine Erblande durch die männliche Linie unabdingbar zukamen und er zudem das Recht hatte, die besondere, eigens erfundene Krone eines Erzherzogs zu tragen, den «Erzherzogshut», der heute in der Kaiserlichen Schatzkammer der Hofburg verwahrt wird. Da der Kaiser von jetzt an ein Habsburger war, bekam das lächerliche Dokument nochmals Gewicht, und jede Diskussion über seine Echtheit galt als Verrat. Mit ihrer Abstammung von Hektor und Chlodwig und der Zustimmung der römischen Kaiser waren die Habsburger nun arriviert.

Der große Hexenmeister

Manchen Habsburger Herrschern könnte man ihre Feindseligkeit gegenüber den Künsten zum Vorwurf machen, die Weigerung, ihre einzigartige Stellung zur Förderung außerordentlicher Dinge zu nutzen – was das angeht, war Franz Joseph bekanntlich besonders deprimierend –, aber es gab auch Ausnahmen: Karl V. und Tizian; Rudolf II. und die an seinem Hof tätigen Schwarzkünstler, Astrologen und Alchemisten, alle irgendwo auf der Schwelle zu den neuen Wissenschaften; Ferdinand III. und Rubens. Aber niemand kann es mit Maximilian aufnehmen – seine Zusammenarbeit mit Albrecht Dürer, Hans Burgkmair, Albrecht Altdorfer und einer Schar weniger bekannter Künstler sowie seine Förderung der außerordentlichen Kompositionen Heinrich Isaacs und Ludwig Senfls machten ihn zu einem der größten Mäzene. Wahllos oder nur Begleiterscheinungen irgendwelcher Lobpreisungen waren diese

Beziehungen keineswegs, sondern durchaus persönlich, wobei sie sich allerdings als ähnlich unstet erweisen konnten wie Maximilians politischer Zickzackkurs. Hervorragende Künstler verwendeten viel Zeit darauf, illustrierte Bücher, Statuen, Gemälde, Kupferstiche und Holzschnitte zu entwerfen und zu realisieren, die für Maximilians halb vollendete Projekte gedacht waren. Wenn sie jedoch überhaupt jemand zu Gesicht bekam, dann nur, weil Maximilians Enkel Ferdinand I. sich ihnen hingebungsvoll widmete: Jahre später, als alle Beteiligten längst gestorben waren. Fast alles, was Maximilian tat, wurde ausgebremst von seiner Rastlosigkeit und seinen regelmäßigen, ungewollten Erfahrungen mit leeren Kassen.

Einen Weg, die politischen Schlüsselereignisse im Leben Maximilians zu verstehen, liefern seine eigenen künstlerischen Visionen, die ihre Darstellung in unterschiedlichen Werken fanden: so etwa im *Weißkunig*, einem Heldenroman und Fürstenspiegel, in dem Maximilian seine und seines Vaters Geschichte in verschlüsselter Form erzählt; ebenso in Altdorfers höchst seltsamen, wundervollen Zeichnungen, auf denen das Baby Maximilian den Hof in Erstaunen versetzt: Aufrecht steht es in der Wanne, in der es zum ersten Mal gebadet wird. Nirgends jedoch werden sie lebendiger als in der *Ehrenpforte*, einem überdimensionierten, fast vier Meter hohen und drei Meter breiten Schaublatt, dessen 192 Druckstöcke von Dürer und seiner Werkstatt in Holz geschnitten wurden. Wie ein riesiges Puzzle ließen sich die Drucke an der Wand zu einer wimmelnden Menge von Allegorien, Geschichtsdarstellungen und dekorativen Elementen zusammensetzen. Sehr praktikabel war diese Idee nicht, selbst wenn es Maximilian gefallen haben wird, dass sich das Monumentalwerk in Mappen hätte zusammenpacken und mitführen lassen, wenn er mit seinem Hof weitergezogen wäre. Doch wie hätte man das eigenartige Artefakt betrachten sollen? Zu groß, um es im Ganzen zu erfassen, und zu klein im Detail. Dieser in Holz geschnittene Triumphbogen wirkt, als hätte sich Maximilian von den Fortschritten in dieser Technik animieren und sich etwas Besonderes einfallen lassen, mit dessen Ausführung er dann umgehend Dürers Werkstatt in Nürnberg beauftragte. Niemand, so scheint es, hatte gewagt, den Kaiser auf die Schwachstellen des Unternehmens aufmerksam zu machen. Jedenfalls wurde ungeheuer viel Arbeit hineingesteckt, und die einzelnen Tafeln mit Ereignissen aus Maximilians Leben sind fabelhaft. Geradeheraus erklären sie, warum seine Regentschaft für den Aufstieg der Habsburger so bedeutsam war, und ersparen allerlei ermüdende Erklärungen.

Eine Bildergruppe der *Ehrenpforte* ist der Geschichte des großen Coups gewidmet, der Maximilian und seinem Vaters gelang, als sie das Herzogtum Burgund für die Familie gewannen. Das späte 15. Jahrhundert ist unter anderem deshalb bemerkenswert, weil es der einzige Zeitraum war, in dem die Schweizer eine entscheidende Rolle im europäischen Leben spielten. Die Widerspenstigkeit der Kantone im Verein mit ihrem militärischen Geschick ermöglichte ihnen, sich eine Nische aus dem Reichsgebiet herauszuschneiden und sich nach und nach unabhängig zu machen. Ihre neuen Territorien hatten sich die Schweizer teilweise von den Habsburgern angeeignet, und eine Methode früherer Kaiser, diese kleinzuhalten, bestand darin, die Schweizer gewähren zu lassen. Die waren in einer misslichen Lage, als die Habsburger den Kaiser stellten und auf Rache sannen. Inzwischen hatten die Eidgenossen das Gesicht der europäischen Landkarte verändert, denn in der Schlacht von Nancy im Jahr 1477 war es ihnen gelungen, Karl den Kühnen vernichtend zu schlagen, den, wie sich herausstellte, letzten der so erfolgreichen Herzöge von Burgund aus dem Haus Valois, das über einen breiten Streifen Land von der Schweiz bis nach Holland herrschte. Die Burgunder hatten einen Staat geschaffen, der, hätte er sich stabilisiert, zu einer ständigen Barriere zwischen Frankreich und den deutschen Territorien geworden wäre. Burgund mit seiner großen merkantilen, militärischen und künstlerischen Tradition war ein reiches, betriebsames, zusammenhängendes Gebiet.

Karl der Kühne war gegen Ende seines Lebens zu einem Berserker geworden. Er phantasierte von einem großen Königreich Lothringen, was ihn dazu trieb, endlos und mit großer Brutalität Krieg zu führen gegen diverse Koalitionen nicht sonderlich beeindruckter Nachbarn, die sich solcherart Vorhaben für ihre Territorien widersetzten. Insofern wurde sein Ableben begrüßt, aber es löste eine Krise aus, und es weckte Begehrlichkeiten: Ein großes und verlockendes Gebiet ohne männlichen Erben stand zur Verfügung. Obwohl Karl dreimal verheiratet gewesen war, hatte er nur ein Kind, Maria von Burgund, die nun als Maria die Reiche bekannt wurde – nach einer ermüdenden burgundischen Namenstradition («der Gute», «der Furchtlose», «der Kühne»), die nun glücklicherweise bald zu Ende gehen sollte. Die neunzehnjährige Maria wurde plötzlich zu einer Figur von überwältigender Bedeutung. Frankreichs König Ludwig XI. schien, ganz gegen seine Gewohnheit, kopflos zu werden, denn anstatt für seinen Sohn um ihre Hand anzuhalten, fiel er in ihr Gebiet ein. Dieser ungalante Patzer trieb Maria in die Arme Maximilians, des jugendlichen Sohns Kaiser Friedrichs III.

Die Heirat kam einer Neuordnung Europas gleich. Sie verschaffte den Habsburgern ein Gebiet, das sich nun von der Donau bis zur Nordsee erstreckte, und eine Macht, an die kein anderer Herrscher heranzureichen vermochte, außer dem osmanischen Sultan und vielleicht dem französischen König. Sie zeigt freilich auch, wie misslich die dynastische Geschichte sein kann – Burgund war eine politisch sinnvolle Einheit, wurde nun jedoch Teil eines weit größeren, ausufernden Gewirrs von Ländern, was für alle Betroffenen zahllose Probleme mit sich brachte. Maria starb kaum fünf Jahre nach ihrer Heirat bei einem Reitunfall, aber ihre Entscheidungen wie die ihres Sohnes Philipp des Schönen (des letzten Trägers dieser Beinamen) würden das Ansehen der Habsburger einmal auf völlig unvorhersehbare Weise heben.

Aus diesem Grund und ungeachtet ihres frühen Todes, ließ Maximilian den Bilderbogen seines Lebens mit ihrer Verlobung beginnen: Die Brautleute wirken flott. Das ist die Grundlage seines Glücks, er tritt das Erbe der burgundischen Herzöge an, auch das mystische, insbesondere mit dem Orden vom Goldenen Vlies, und das musikalisch-künstlerische, was den bis dahin auf diesem Gebiet ziemlich rückständigen österreichischen Hof verwandelte. Sowohl Philipp der Schöne als auch dessen Sohn Karl von Gent, der zukünftige Karl V., wuchsen in den Niederlanden auf, auch das veränderte den Stil der Habsburger von Grund auf – vielen Deutschen machten sie sich damit verdächtig. Mochte ihr transnationales Format maßgeblich zu ihrer Anziehungskraft und ihrem Erfolg beitragen – das galt nicht für die Deutschen.

Eine große Gruppe der sechzehn biographischen Darstellungen beschäftigt sich nun mit der Kehrseite dieser Traumhochzeit – mit den langen, von 1477 bis 1489 immer wieder aufflackernden Kriegen, die das neue Erbe stabilisieren sollten: Rivalen galt es zurückzudrängen, aufsässige Städter zu zähmen. Jedes Bild zeigt eine andere blutige Gelegenheit, Heldentum zu beweisen – Kämpfe in Utrecht, Geldern, Brügge, Lüttich und eine etwas angestrengte Momentaufnahme von Maximilian, der mit seinem vorübergehenden, zweifelhaften Verbündeten Heinrich VIII. von England posiert: nach der Sporenschlacht von 1513. Dann ist zu sehen, wie er in Aachen zum römischen König gekrönt und damit formell offenkundiger Erbe der väterlichen Kaiserkrone wird: ein ganz wundervoller Holzschnitt aus Dürers Werkstatt mit dem jungen, schön gekleideten und von glücklichen Kurfürsten umgebenen König. Und man sieht, wie er zurückmarschiert nach Österreich, um die Kernlande wiederzuholen, an denen sich peinlicherweise die Ungarn vergriffen hatten, während er in den Niederlanden abgelenkt war. Auch ein Bild seiner schlimmsten Demütigung gibt es – des Schweizer Kriegs von 1499, in dem sich der traditionelle Hass zwischen den Schweizern und den Habsburgern in Reinform zeigte und in dem die Schweizer ihre Unabhängigkeit gewannen – ein Begriff, der in Europa so verwirrend neu war, dass sie erst 1648 von den anderen Mächten anerkannt wurde. Weitere Darstellungen zeigen Maximilians Krönung durch den Papst in Trient (nicht in Rom, weil ihn die Venezianer, eine beschämende Geste, nicht durch ihr Territorium ziehen lassen wollten), Maximilian im Kampf zur Verteidigung Bayerns im Namen des Heiligen Römischen Reichs (ein seltenes Beispiel für seine Tätigkeit als Kaiser statt als Oberhaupt des eigenen Clans) und in Italien im Kampf gegen die Franzosen.

Am bedeutsamsten freilich sind zwei weitere Hochzeitsbilder, die beide von Dürer selbst stammen und mit zahlreichen Details und viel Heraldik den Ausnahmecharakter der Ereignisse hervorheben. Auf dem ersten ist Maximilian zu sehen, der vom Gewicht der Kaiserkrone, der Kette mit dem Orden vom Goldenen Vlies und der prächtigen Robe fast erdrückt wird, aber verständlicherweise zufrieden zuschaut, als sein Sohn Philipp der Schöne Johanna heiratet, die Tochter Isabellas von Kastilien und Ferdinands von Aragon. Das zweite zeigt den Wiener Fürstentag von 1515 und die Doppelhochzeit zweier Enkel Maximilians, von Ferdinand und Maria, die mit den beiden Kindern des Königs Vladislav von Ungarn und Böhmen getraut werden. Durch eine unvorhersehbare Reihe von Katastrophen und günstigen Gelegenheiten sollten diese beiden Hochzeiten großen Einfluss auf die Zukunft Europas haben.

Maximilians «Medienpolitik», sein Geschick, ein glänzendes Bild von sich zu entwerfen, entfaltete ihre größte Wirkung mit Dürers Porträt des Kaisers – Dürer hatte ihn skizziert, während er dem Reichstag von Augsburg vorsaß – und mit dem entsprechenden Holzschnitt, der nach Maximilians plötzlichem Tod veröffentlicht wurde. Mit diesem Bild ging er in die Geschichte ein: als charismatischer und charmanter Hexenmeister; zudem verschaffte ihm das Porträt einen ungerechten Vorteil gegenüber seinen Nachfolgern, die den Fehler machten, stümpernde Malergesellen mit ihrer Verewigung zu beauftragen. Er war vom Tod besessen und ließ seinen Sarg mitführen, wenn er unterwegs war, und noch als Todkranker kümmerte er sich um Feinheiten seines staunenswerten Kenotaphs, auf dessen Entwurf er viel Regierungszeit verwandt hatte.

Fast möchte man meinen, er sei dann am glücklichsten gewesen, wenn er Grabdenkmale entwarf – der kolossale, kitschige Marmorquader für seinen Vater, der in Wien Aufstellung fand, wurde erst kurz vor seinem eigenen Tod vollendet.

Doch nicht zuletzt dieses beständige Gefühl von Düsternis, das Maximilian umgibt, macht ihn so interessant. Seine Hofmusik klingt manchmal wie aufpoliert, weihevoll und zugleich nach *capo dei capi* [dem Boss aller Bosse], sodass sie später entweder zu schrill oder zu pompös wirkt. In der Lage zu sein, seine Musiker spielen zu lassen, was man hören möchte, dabei entspannt in den Bildern zu blättern, die Dürer von einem angefertigt hat, und ab und an aus einem juwelenbesetzten Pokal einen exklusiven Schluck zu nehmen – das mag eine Phantasie sein, die vielleicht nicht nach jedermanns Geschmack ist, aber in meiner Ecke im Londoner Südwesten gewiss eine geistige und emotionale Heimat findet.

Gnome zu Pferde

Oberhalb der Straße, die sich aus der Alpenstadt Bozen bergauf schlängelt, thront auf einem Felsen eine wahrhaft vollkommene kleine Burg. Bozen gehörte bis 1918 zu Tirol und war stets deutschsprachig. Für seine Unterstützung der Triple Entente im Ersten Weltkrieg wurde Italien Südtirol als Beutegut zugesprochen, und es hielt trotz endloser Appelle Österreichs und mancher von Einheimischen verübten Terroraktionen an dem Gebiet fest. Es ist erst etwa zehn Jahre her, dass Italien in einer der wenigen Regionen Europas, wo Deutschsprachige diejenigen waren, die bedroht und diskriminiert wurden, Zweisprachigkeit einführte. Dies hatte seltsame Auswirkungen auf die Burg. Auf Italienisch heißt sie Castel Roncolo, dabei denkt man an einen hübschen Innenhof mit gepflegten Rasenflächen, junge Mädchen in hauchdünnen Gewändern, die zu den Klängen von Schellentrommeln und Lauten anmutig tanzen, und an schmächtige Jünglinge in bunten Strumpfhosen, die ihnen zuschauen. Auf Deutsch heißt die Burg Schloss Runkelstein, ein Name, der eher die Vorstellung eines alten rotnasigen Schlossherrn aufkommen lässt, eines Haudegens mit Holzbein, der durch dunkle Gänge hinkt und einen Diener mit seiner Krücke zu Tode prügelt. Die beiden Namen überall nebeneinander zu sehen, ist recht verwirrend, als würde man schielen.

Schloss Runkelstein ist berühmt als eine Stätte der Romantiker des 19. Jahrhunderts. Ihrem Kult zollte Franz Joseph Tribut, indem er wieder aufbauen ließ, was unglücklicherweise während der Bauarbeiten zur Erweiterung der Alpenstraße von der Felsspitze stürzte. Berühmt ist die Burg zudem wegen der Rolle, die sie im 15. Jahrhundert in den Kämpfen zwischen ortsansässigen Adligen und den Habsburgern spielte. Die romantische Liebe zu diesem Bauwerk, der sich auch Bayernkönig Ludwig II. nicht entziehen konnte, war einesteils der urwüchsigen Felsformation geschuldet, auf deren Spitze es sich befindet, zum anderen den im Inneren erhaltenen Fresken aus dem frühen 15. Jahrhundert. Von den beiden Brüdern, denen Runkelstein ursprünglich gehörte, in Auftrag gegeben, führten die Wandmalereien im 16., 17. und 18. Jahrhundert ein Schattendasein, niemand wollte sie sehen, bis sie in der neomittelalterlichen Welt im Geiste Sir Walter Scotts für Entzücken sorgten.

Maximilian freilich schätzte diese Fresken und schickte einen Künstler, der sie restaurieren sollte. Seine Wappenschilde – Burgund, Österreich, Tirol – sind noch heute über einem Kamin zu sehen. Auch was Maximilian an diesen Fresken mochte, lässt sich mit Sicherheit sagen: In lebendigen Szenen zeigen sie ein mittelalterliches Europa, von dem seine eigene Landsknechts- und Schießpulverwelt schon weit entfernt war. In ihrer anrührenden Unvollkommenheit können sie keinen Augenblick beanspruchen, hohe

Kunst zu sein. Ihre Thematik ist durch und durch weltlich: Turniere, Jagden, Sterne und Sonnen, Paraden, Männer und Frauen, die sich amüsieren. Außerdem ist eine hinreißend einfältige Folge von Ereignissen aus der Tristansage zu sehen, der Held, wie er Morold und den Drachen tötet, die Reise nach Cornwall – oder vielmehr Cornovaglia – und so weiter. Ferner ist da noch die Geschichte vom tapferen Ritter Garel, dessen Abenteuer bei dem peinlichen Straßenbauunglück größtenteils zusammen mit der Wand, auf die sie gemalt worden waren, abgerutscht sind. Am eigenartigsten aber ist eine höchst mysteriöse Sequenz von gemalten Dreiergruppen im Schlosshof – drei Helden der Antike (Hektor, Alexander und Cäsar), drei Helden des Alten Testaments (Joschua, David, Judas Makkabäus), drei mittelalterlichen Helden (Artus, Karl der Große, Gottfried von Bouillon), Helden vom Hof des Königs Artus, großen Liebenden, Helden aus dem Nibelungenlied und als Abschluss ein närrischer Reigen aus drei Riesen, drei Riesinnen und drei Gnomen zu Pferd, Figuren, deren Bedeutung wohl nie entschlüsselt werden wird. Sie alle sind mit mäßigem Geschick gemalt und lange verblasst, aber dass sie überhaupt erhalten blieben, gibt uns die Möglichkeit, in eine alte und sonderbare Bildwelt einzutauchen, deren Ästhetik auf geheimnisvollen Zahlenmustern, Attributen, Tugenden und Moralvorstellungen beruht.

Wie ihre Zeitgenossen sahen sich auch die Habsburger in einer direkten Nachfolge zu diesen Figuren – der Helden, nicht der Gnome. Ich habe schon erwähnt, dass Maximilian vor dem großen Problem stand, seine Abstammung nachzuweisen, sowohl physisch als auch spirituell. Das Schloss verkörpert den Kult um die Vorfahren, um höfisches Gebaren und ritterlichen Heldenmut, Ideale, an die die Habsburger seltenst heranzureichen vermochten, aber die sie als Anspruch oder Vorwurf stets umtrieben. Die widerwärtige Plackerei der Italienischen Kriege mag die alltägliche Wirklichkeit gewesen sein, daneben aber gab es immer Gelegenheiten für Turniere und hochherrschaftlichen Habitus.

In einem heute kaum vorstellbaren Maß sah sich jeder Habsburger Herrscher in der Reihe seiner Vorgänger und Nachfolger: Mochten die Vorfahren diese Welt verlassen haben – sie richteten über ihn, und nach seinem Tod würde er sie wiedersehen. Die prächtigen Ahnentafeln, Stammbäume und Wappensequenzen schufen eine Aura absoluter Macht und Sicherheit, die ein erfolgreicher Kaiser mit Hilfe von Prozessionen, Festen, Turnieren und vor allem durch ständige Gottesdienstbesuche zelebrieren und stärken konnte. Überall in den Habsburger Ländern gab es kunstvolle Schreine für bedeutsame Vorfahren, so etwa das Grab von Maximilians Großvater Ernst dem Eisernen in der Zisterzienserabtei von Rein in der Steiermark, wo die Mönche dafür entlohnt wurden, dass sie bis in alle Ewigkeit für die Seele des Herrschers beteten. Prestige ließ sich auch mit den Grabstätten nicht habsburgischer Kaiser gewinnen, wie zum Beispiel mit der Ottos I. in Magdeburg. Dieses «in alle Ewigkeit» ist für uns schwer nachvollziehbar, aber landauf, landab gab es Kantoreien, die diesen Dienst außerordentlich lange verrichteten – die Nonnen, die für Kaiser Heinrich I. in Quedlinburg beteten, taten dies fast neunhundert Jahre lang, bis sie aufgefordert wurden, ihre Sachen zu packen. Diese Helden der Vergangenheit waren wie ein gigantisches Prestigereservoir, das der amtierende Herrscher anzapfen konnte. Die kontinuierliche Anwesenheit der Vorfahren wurde herausgefiltert aus unzähligen Standbildern, Gemälden, Gedichten und Bühnenstücken, die Pflege ihrer Grabstätten war eine zentrale Aufgabe der Familie. Dahinter stand der Gedanke – den die Untertanen in der Regel akzeptierten, außer in Fällen drastischer Unfähigkeit –, dass der jeweils amtierende Kaiser nur die gegenwärtige Verkörperung eines mächtigen Stroms von Größe war, der sich zurückverfolgen ließ bis zum Alten Testament, der *Aeneis*, zu Karl dem Großen, den Ottonen und den Saliern, zum Babenberger und zum Habsburger Erbe. In einer Reihe von Zeremonien in wichtigen großen Städten wie Aachen, Frankfurt, Nürnberg, Augsburg oder Regensburg wurde diese Kontinuität durch Feierlichkeiten bekräftigt, häufig in Anwesenheit der Kurfürsten – zumindest derjenigen, die gerade nicht mit dem Kaiser zerstritten waren – und einiger Familienangehöriger, die als Mütter, Ehefrauen, Kriegsherren oder Kleriker besonderes Ansehen genossen. Auch wenn sie heute längst vergessen sein mögen, damals waren sie bedeutend und mächtig.

Sein größtes Prestigeobjekt hinterließ Maximilian in der Hofkirche zu Innsbruck. Wegen der Unentschlossenheit und der Geldnöte seines Schöpfers wurde das Monument jedoch nicht zu dem, was es hätte sein sollen. Es war geplant als sein Grabmal und als die Summe habsburgischer Majestät, aber es ist leer, denn Maximilian war zum Schluss ein gebrochener Mann, starb am anderen Ende Österreichs und wurde in Wiener Neustadt beigesetzt. Die Statuen standen viele Jahre lang verloren herum, bis sich Maximilians Enkel Ferdinand I. der Fertigstellung des Mausoleums annahm und eine Kirche für seine Unterbringung errichten ließ. Das Ergebnis ist sonderbar, denn das Grabmal und seine Figuren entsprechen dem düsteren Charakter der nördlichen Renaissance, während die Kirche italienisch und ganz im Stil der Gegenreformation ist. Ich fühlte mich an ein Video erinnert, das im Banqueting House in Whitehall immer wieder gezeigt wurde und von der Hinrichtung Karls I. vor ebendiesem Gebäude im Jahr 1649 erzählte. Unterlegt war es mit Musik, die Purcell 1694 für die Beerdigung von Karls Großnichte Maria II. komponiert hatte. Ähnlich sensibel kam in einer Dokumentation über den Ersten Weltkrieg der Soundtrack von «Rock Around the Clock» daher.

Das Umfeld in Innsbruck mutet also reichlich unpassend an – aber das fällt kaum ins Gewicht, weil das Monument selbst erstaunlich genug ist. Maximilian hat endlos an dem Entwurf herumgefeilt, was sicher zu seinen erfreulicheren Beschäftigungen als Kaiser zählte. Einige der riesigen Bronzestatuen seiner Vorfahren wurden noch zu Maximilians Lebzeiten gegossen, der übrige Teil im Wesentlichen als Entwurf genehmigt. Die Standbilder lassen in vieler Hinsicht eine burgundische Ästhetik erkennen, die seine Nachfolger – sie bevorzugten es ein bisschen weniger verrückt – nicht aufnahmen. In der Geschichte der Bildhauerei stellen sie eine merkwürdige Sackgasse dar. Vielleicht aber reichte es, einmal so weit zu gehen. Maximilian war der zweite Habsburger Kaiser in Folge, und so wollte er mit Blick auf seine Ahnentafel ein Zeichen setzen, sie sollte auch Jahrhunderte in die Zukunft wirken, seine Nachfolger legitimieren und damit sicherstellen, dass auch sie Habsburger sein würden. Die Ahnen stehen um das leere Grab wie riesige, etwas gruselige, deaktivierte Roboter – besonders die phantastische Figur von Ferdinand I., dem letzten burgundischen König von Portugal. Von ihm hatte sich kein Porträt erhalten, daher wurde er mit heruntergelassenem Visier in einer beeindruckenden Rüstung dargestellt, über und über von einem herrlichen Bronzedekor bedeckt.

Die Standbilder sind eine bunte Mischung: Einige sind mehr oder weniger durchschnittlich, andere, entworfen von Dürer, die vielleicht größten Werke deutscher Bildhauerei, Figuren voller bezwingendem Charisma wie König Artus, Herzog Albrecht und König Theoderich. Rudolf I., aus dem 13. Jahrhundert und erster Habsburgerkaiser, wirkt etwas würdelos, denn Besucher konnten es über Jahrhunderte nicht lassen, über die sich auffällig wölbende Schamkapsel zu streichen, sodass ein deutlicher Kontrast zwischen der schwärzlich angelaufenen Rüstung und dem leuchtenden Bronzeton seines Gemächts besteht. Verschiedene Favoriten bieten sich an – Ernst der Eiserne, seine Frau, die Piastenprinzessin Cimburgis, die so stark gewesen sein soll, dass sie Nägel aus der Wand ziehen und Hufeisen aufbiegen konnte; Philipp der Schöne, Maximilians Sohn, der vor seinem frühen Tod für sein Standbild gezeichnet worden war; eher auf Vermutungen beruhende Statuen von Chlodwig, Ferdinand von Aragon, Johanna der Wahnsinnigen – sie alle sollten Habsburgs universalistischen Ansprüchen

Rückendeckung geben. Für Maximilians Nachfolger, seinen Enkel Karl V., würde sich dieses Bemühen auszahlen; er konnte sich auf all diese Vorfahren stützen.

Einige Statuen waren so beschaffen, dass sie Kerzen in den Händen halten konnten, wenn spezielle Anlässe es erforderten. In gewisser Weise passt es, dass Maximilian, der durch eine superbe kniende Figur oben auf dem Kenotaph dargestellt ist, eben nicht an diesem Ort beerdigt ist, denn so haben diese Bronzeahnen – die ihrerseits von einer Versammlung kleiner Büsten römischer Kaiser überwacht werden, die augenzwinkernd das Ihre denken über Maximilians Stammbaum – etwas Universelleres zu bezeugen als nur einen ihrer Nachkommen. Je länger ich sie betrachte, desto haarsträubender erscheinen sie mir, Wächter, die – Rudolf I. ausgenommen – fast unberührt blieben von fünf Jahrhunderten Krieg, von Chaos und nicht zuletzt vom Ende der Dynastie, zu deren Schutz sie hier standen.

Johannas Kinder

Die Generation, die um 1490 geboren worden war und um 1530 noch lebte, wird ihre Welt kaum noch verstanden haben, denn sie durchlief beispiellose, höchst seltsame Veränderungen, die sie in ihren Grundfesten erschütterten. Angesichts der schieren Komplexität ihrer Situation wirkten die Monarchen der Zeit oft wie gelähmt, kühne Initiativen führten zu nichts, Untätigkeit wurde belohnt, unsichere Mischungen aus beidem genauso. Dabei war Europa auch vorher keineswegs statisch, aber es gab viel mehr Sicherheiten. Der Hundertjährige Krieg zwischen England und Frankreich hatte sich, schmerzlich genug, totgelaufen, die Leute in Aquitanien, in der Normandie oder der Picardie hoben kaum noch den Blick, wenn wieder ein Haufen schlammbespritzter Kerle in Plattenpanzern herangesprengt kam. Der reine Starrsinn der englischen Versuche, die Macht in Frankreich zu übernehmen, drückte, auch wenn es hier und da Pausen gab, einer Regentschaft nach der anderen einen festen Stempel auf.

In einer heiklen Mischung aus Glück und Rücksichtslosigkeit gingen die Habsburger am Ende als die großen Nutznießer aus diesem Prozess hervor. Karl V. war der Meinung, seine lange Regierung sei gescheitert, und er hinterließ tatsächlich Probleme jeder Art. Er gab auf und zog sich in ein Kloster in der Estremadura zurück, um zu beten, den Ausblick zu bewundern und wehmütig einen Globus zu drehen, seine Familie aber herrschte über ein Reich von einer Größe, wie Europa noch nie eines gesehen hatte.

Ein guter Einstieg, um eine Erklärung für diese der Familie so dienliche Entwicklung zu finden, ist Maximilians gebannter Blick auf das, was sich in Spanien tat. Ferdinand und Isabella, mit deren Heirat sich die Throne von Kastilien und Aragon vereint und deren Streitkräfte im Jahr zuvor den letzten muslimischen Staat in Spanien beseitigt hatten, standen 1493 in Barcelona auf Palaststufen, die noch immer unverändert sind – vielleicht einer der Orte auf der Welt, an denen zu stehen wirklich aufregend und verwirrend ist. Dort empfingen sie Christoph Kolumbus, um ihm zu gratulieren; der wiederum präsentierte ihnen eine Auswahl karibischer Exotika und unglücklicher «Indianer» aus Hispaniola. Als in den folgenden Jahrzehnten klarwurde, dass nichts in dieser Welt blieb, wie die Menschen es bis dahin gekannt hatten, dass ihr gesamter Erfahrungsschatz erschüttert wurde durch diese Flut aus Sklaverei, Zucker, Gold, Silber, Völkermord, Dschungeln, Piratenschiffen, Brüllaffen, Paranüssen und Tukanen, wirkte das alte Europa plötzlich ein wenig altmodisch, der Kontinent, auf dem sich englische und französische Ritter die Köpfe einschlugen, um in den Besitz eines im Nieselregen aufgeweichten Weilers im Pas de Calais zu gelangen. Das befristete Nullsummenspiel Europas war spätestens in den 1520er Jahren ausgespielt, als von da an aztekisches Gold und Silber in unkontrollierbaren Mengen nach Europa gelangte.

Maximilian hatte seinen einzigen Sohn, Philipp den Schönen, mit Johanna, der Tochter Ferdinands und Isabellas, verheiratet, die Ehe war ein Schritt in seinen Bestrebungen, Frankreich zu umklammern. Aber sie war nie als dynastisches Schachmatt gedacht gewesen – Philipp wurde Herzog von Burgund und in die Position gebracht, um zu gegebener Zeit Maximilian als Herrscher der Habsburger Länder und, mit Glück und entsprechendem Management, als Kaiser des Heiligen Römischen Reichs abzulösen. Aber eine schnelle Folge überraschender Todesfälle zwischen 1497 und 1500 brachte für Philipp umwälzende Veränderungen mit sich. Kastilien und Aragon waren noch immer getrennte Königreiche, und nach Isabellas Tod im Kindbett und dem kurz darauf folgenden Tod des Jungen, den sie zur Welt gebracht hatte, wurde Johanna unbestreitbar Erbin von Kastilien, nach Gesetzen, die im Unterschied zu denen, die bei den Habsburgern galten, Frauen nicht aus der Erbfolge ausschlossen. Ferdinand, in seinem Königreich Aragon, verfolgte das Geschehen voller Entsetzen; wusste er doch, dass durch diese düsteren Ereignisse ein Habsburger nun nicht nur Kastilien bekommen würde, sondern auch Aragon, sollte er selbst keinen Sohn zeugen. Ferdinand hatte es nicht leicht in seinen letzten Lebensjahren. Und man denke an die blutjunge Germaine de Foix, die in aller Eile als neue Ehefrau nach Barcelona geschafft wurde und zehn Jahre in den Armen des schwer atmenden alten Dynasten verbringen musste, während dieser versuchte, einen Sohn zu zeugen, der die Habsburger aus Aragon heraushalten würde. Für ein paar Stunden im Mai 1509 gab es diesen Sohn, Juan, und die Weltgeschichte wäre vielleicht anders verlaufen, hätte Juan überlebt. Spanien wäre dauerhaft in ein östliches, mediterranes Königreich mit Barcelona als Regierungssitz und in ein westliches, atlantisches Königreich mit den Zentren Toledo und Granada geteilt worden. Aber der Säugling starb, und 1516 auch ein verzweifelter Ferdinand.

Eine Genugtuung könnte ihm geblieben sein, denn inzwischen war auch Philipp der Schöne gestorben, anscheinend an Typhus, obwohl sich hartnäckige Gerüchte hielten, Ferdinand habe ihn vergiften lassen. Philipp war von vielen bewundert worden als Lichtgestalt des burgundischen Rittertums, aber soweit wir wissen, war mit ihm nicht viel verloren, weder in Hinblick auf sein individuelles noch auf sein politisches Handeln. Ab ihrem zweiundzwanzigsten Lebensjahr litt Johanna schubweise an schweren psychischen Störungen, die zudem erblich gewesen sein könnten, denn sie traten später auch bei ihren Nachkommen auf, mit schlimmen Folgen. Aber ob sie ihren Aufgaben als Regentin tatsächlich nicht gewachsen war, ist schwer zu beurteilen, da Philipp, Ferdinand und schließlich ihre Kinder, auch aus eigenen Interessen, versuchten, sie kaltzustellen. Als Johanna die Wahnsinnige geisterte sie durch die erste Hälfte des 16. Jahrhunderts, sie weigerte sich, den Sarg ihres Mannes herauszugeben, betete manisch und wurde schließlich, auf Geheiß ihres Vaters Ferdinand, für Jahrzehnte in ein Kloster gesperrt – die dynastisch wichtigste Figur Europas und schwermütiges Nichts zugleich.

Sechs Kinder sind aus der Ehe Philipps und Johannas hervorgegangen. Ihre vier Töchter wurden an zwei Könige von Portugal, an die Könige von Frankreich, Dänemark sowie von Ungarn und Böhmen verheiratet. Die Zweitjüngste, Maria, führte ein abwechslungsreiches Leben voller Überraschungen. Nach frühen Abenteuern in Ungarn wurde sie, als Vertraute ihres Bruders Karl, die Statthalterin Spaniens in den Niederlanden, die unter ihrer Regentschaft eine wirtschaftliche und kulturelle Blüte erlebten. Zu den eigentlichen Stars aber wurden Johannas Söhne Karl und Ferdinand.

Im alten Palast des Fürstbischofs von Trient, Schloss Buonconsiglio, das so verschachtelt ist, als hätte Escher es gezeichnet, gibt es neben allerlei anderen Wundern den Audienzsaal mit großartigen Deckenfresken von Dosso Dossi (um 1485–1542) zu besichtigen. Die offiziellen Porträts Karls V. haben mich in ihrer steifen Größe nie so recht begeistert, selbst die berühmten von Tizian nicht, die Glanzstücke sein mögen, auf denen Karl unter seinen ganzen Kostümen aber wirkt, als sei er in eine Falle gegangen. Hier jedoch fand ich, zu meiner großen Überraschung, Porträts, die der umtriebige Fürstbischof Bernhard von Cles in Auftrag gegeben hatte, ein diplomatisch geschickter, hartgesottener Typ vom Schlag des englischen Lordkanzlers Kardinal Wolsey, der zum Beten nicht viel Zeit gehabt haben wird. Eines zeigt ihn selbst, das andere den jungen Karl und seinen Bruder Ferdinand. Die beiden Habsburger tragen wundervolle Rüstungen und sind erstaunlich ungezwungen dargestellt: Sie haben ihre Helme abgenommen, sitzen auf einer Bank, und Karl spricht gerade. Als Charakterporträts erscheinen sie absolut überzeugend – Karl mit seinem vorspringenden Unterkiefer, schweifendem Blick und eifriger Ernsthaftigkeit; Ferdinand mit der gedrungenen Gestalt eines Kriegers, bullig wie ein Rugbyspieler oder wie ein Feldherr, der sich gern Gehör verschafft. Die Brüder wuchsen getrennt auf, Karl in Burgund und Ferdinand in Spanien, aber ihre nicht immer spannungsfreie Partnerschaft hatte weltgeschichtliche Folgen, und – wie immer man jene bewertet – es ist außerordentlich bewegend, diese auf dem Fresko festgehaltene Momentaufnahme der beiden Anfang Zwanzigjährigen zu betrachten, noch unbelastet vom unerbittlichen Gewicht der Verantwortung.

Wegen Johannas Krankheit übernahm ihr zutiefst verbitterter Vater Ferdinand in der Zeit zwischen Philipps und seinem eigenen Tod die Regentschaft. Nach seiner Beisetzung kam es zu größten Komplikationen, insofern als die königliche Macht Johanna nun allein zufiel. So geschah es, dass ihr Sohn Karl aus Burgund kam, sich nicht nur zum Regenten, sondern, gewissermaßen im Handstreich, zum König machte und trotz weit verbreiteter Skepsis und Feindseligkeit der Bevölkerung Spanien endgültig vereinte. Ihm gehörten nun das am westlichen Mittelmeer und in Italien verstreute aragonesische Gebiet und natürlich ein Streifen amerikanischer Küste nach dem anderen, denn jedes zurückkehrende Schiff hatte einen neuen Abschnitt «entdeckt». In seiner nicht sehr eindrucksvollen Autobiographie, die er großenteils im Juni 1550 an fünf müßigen Tagen diktierte, während er mit Gefolge auf einem Schiff von Köln nach Mainz reiste, erwähnt Karl Amerika merkwürdigerweise überhaupt nicht, obwohl Europas Wirtschaft zu dieser Zeit vom mexikanischen und peruanischen Gold und Silber bereits völlig verwandelt war – vermutlich hielt er es für geschmacklos, sich über wirtschaftliche Dinge auszulassen.

Nachdem er dreieinhalb Jahre lang Spanien und sein Reich, dazu natürlich sein Burgunder Erbe an Frankreichs Ostgrenze und die ganzen Niederlande, regiert hatte, starb sein Großvater Maximilian, und der gerade neunzehnjährige Karl musste die Bürde auf sich nehmen. Das hieß zunächst, das Erbe aller traditionell habsburgischen Länder in und um Österreich anzutreten und dann mittels Bestechungsgeldern, die einem Tränen in die Augen treiben, Kaiser des Heiligen Römischen Reichs zu werden. Diese zufällige Folge der Ereignisse verlieh einem gut ausgebildeten, gedankenvollen und fleißigen jungen Mann eine beispiellose Macht. Keiner der Beteiligten hatte das gewollt – ein bescheideneres Erbe wäre zu mehreren Zeitpunkten möglich gewesen. Franz I., der neue König von Frankreich und kaum älter als Karl, konnte dem nur mit dumpfem Groll zusehen. England unter dem ebenfalls sehr jungen Heinrich VIII. erschien fast bedeutungslos, was später nicht anders wurde, auch wenn Heinrich sich aufblähte wie ein Ochsenfrosch. So also, durch eine Kette von Zufällen, fand sich nahezu ganz Europa unter der Herrschaft eleganter junger Angeber, und der letzte Hauch des Gotischen, der ihre Vorgänger noch umweht hatte, war plötzlich wie weggeblasen. Doch damit nicht genug, auf Karls jüngeren Bruder Ferdinand wartete noch ein Überraschungsbonus.

Mit dem Geld der Fugger

Manchen mag dies Geständnis sonderbar erscheinen, aber ich habe das Mittelmeer nie so recht gemocht und bin nur selten dort gewesen: für meinen Geschmack einfach zu viel Freiluftvergnügen und Körperkultur. Schon wenn ich an die brennende Sonne nur denke und daran, welche Geschicklichkeit nötig ist, um die kleinen Boote zu steuern, reicht es mir. Dennoch habe ich mich kürzlich, wenngleich widerstrebend, bereit erklärt, doch einmal den Familienurlaub dort zu verbringen, und sofort stellte sich das Gefühl ein, in eine Falle getappt zu sein – so wie jener junge Vikar aus einem Roman, der allein im Hotelzimmer sitzt und durch eine edle Ausgabe von Robert Browning blättert, während sich seine schöne Frau mit den Kerlen aus den Hafenkneipen herumtreibt und deren Deltamuskeln befühlt. Der Roman endet in einem bacchantischen Delirium, und keiner hört die gellenden Hilferufe des Vikars, der – in einem hoffnungslosen und unbeachteten Versuch, seiner Frau seine Schwimmkünste zu demonstrieren – von einer Strömung aufs Meer hinausgezogen wird, die, wie der Autor andeutet, von einem antiken Gott heraufbeschworen wurde, um ihm diesen dünnbeinigen Schwächling aus den Augen zu schaffen. Ich beeile mich hinzuzufügen, dass meine Stimmung vom ungesunden Einfluss britischer Mittelmeerromane rührte und nicht von einer unheilbaren Vorliebe meiner Frau für Muskelprotze.

Nein, eine wirklich feindselige Einstellung zum Süden habe ich nicht, auch mit Stolz oder Aggression hat das keineswegs zu tun, ich möchte nur ein grundlegendes Unbehagen festhalten. Meistens, besonders in Italien, fühle ich mich reizbar und lahm, und in Hinblick auf alle künstlerischen Bereiche fühle ich mich weiter nördlich wesentlich glücklicher. Das heißt nicht, dass ich Idiosynkrasien gegen die Renaissance hegte, doch unter bleiernem Himmel gefällt sie mir einfach besser. Dieses Zurückzucken beeinträchtigt sogar meine ansonsten hemmungslose Bewunderung für Henry James. Hätte ihn nur irgendwer davon abgehalten, seine sagenhaften Heldinnen nach Italien zu schicken statt nach Prag oder Budapest! Mag das Licht dort weniger intensiv und golden sein, sie wären dennoch aufs angenehmste überrascht gewesen, wie reizvoll diese Städte sind, und wahrscheinlich auch nicht krank geworden.

Das Engagement der Habsburger in Italien – das viel substanzieller und dauerhafter war als meines – wurde immer als ungeschickt und peinlich betrachtet. Zur Zeit Karls V. besaßen sie bereits seit über einem Jahrhundert den kleinen Adriahafen Triest, allerdings war dieser vollständig eingeschlossen von venezianischem Gebiet, der Terraferma im Westen und von Istrien und Dalmatien im Osten. Da die Adria von den Venezianern beherrscht wurde, waren die Habsburger hier machtlos, und wirklichen Wert bekam Triest erst im 18. Jahrhundert: als Begleiterscheinung von Venedigs Niedergang. Dann gab es da noch das kleine Gebiet von Görz oder Gorizia nördlich von Triest, dessen Herrscher den Habsburgern zunächst eine kleine Portion von ihrem Land konzedierten, sodass eine Verbindung nach Tirol und der Steiermark hergestellt werden konnte. Im Testament des letzten halb magyarischen Grafen, der ohne Erben blieb, wurde Maximilian im Jahr 1500 auch das übrige Gebiet überlassen, das er umgehend besetzte, sehr zum Ärger der Venezianer. Dieses ganze Gebiet ist noch heute eine Art sprachliche Schlammlawine, besonders wenn man die Krain im Osten hinzunimmt, die jetzt den Kern Sloweniens bildet, zu der irgendwann auch die Windische Mark gehörte, eine politische Bezeichnung, die untergegangen ist, aber so hübsch klingt, dass man ihr Verschwinden ebenso bedauern möchte wie das des alten Balkanfürstentums Hum. Jedenfalls standen Italienisch, Slowenisch, Deutsch, Friaulisch, Ladinisch und Kroatisch stets in einem labilen Konkurrenzverhältnis zueinander, und während der längsten Zeit der Habsburger Geschichte war dieses Gebiet wegen der mächtigen Venezianer gewissermaßen eingeklemmt, ein territorialer Appendix, mit dem man aber leben konnte, lieferte er doch Arbeitskräfte, einige Einkünfte und wies etliche sehr schöne Städtchen auf.

Was die Alpen angeht, so blockierten die Venezianer das östliche Ende von Italien, die Franzosen den Westen – abgesehen von der Grafschaft Burgund –, und den größten Teil des Rests hielten, aufsässig und stur antihabsburgisch, die unabhängigen Schweizer. Nachdem sie Maximilian 1499 geschlagen hatten, lebten sie rechtlich in einem eigenartigen Schwebezustand, und die umliegenden Staaten taten im Grunde so, als seien sie nicht da. Kurz, es gab nur einen Weg, auf dem die Habsburger nach Italien gelangen konnten – als Kaiser des Heiligen Römischen Reichs über den Brenner durch die kaiserlichen Territorien von Brixen, wo überwiegend Deutsch gesprochen wurde, hinunter zum vornehmlich italienischsprachigen Trient. Ein kleines venezianisches Gebiet, das durchquert werden musste, gab es noch, aber das war kein Hindernis: Lag das Reich mit Venedig im Krieg, marschierte man einfach durch.

Das Interesse der Habsburger an Italien brachte also stets Probleme. Seine mächtigen, wenn auch eher fiktiven Ursprünge lagen in der Verbindung zwischen Kaisertum und Papsttum, dazu kam das nagende Gefühl, dass eine Wiederbelebung des Römischen Reichs, die Italien nicht mit einbegriff, ein bisschen merkwürdig war. Es ergab sich, dass Friedrich III. der letzte Kaiser (1453–1495) war, der in Rom vom Papst gekrönt wurde. Maximilian vereinbarte mit dem Papst, dass er ohne Zeremoniell als Kaiser des Heiligen Römischen Reichs betrachtet werden sollte, und Karl V. ließ sich in Bologna krönen, in ziemlich frostiger Atmosphäre, hatten seine Truppen doch kurz zuvor Rom geplündert. Danach waren die Beziehungen zum Papst mal distanzierter, mal enger, doch niemand versuchte mehr, das «Heilig» im Namen des Reiches von einem besonderen Segen abhängig zu machen.

Die Italienischen Kriege, die nach traditioneller Auffassung das Ende der Renaissance markieren und in Italien eine über Generationen währende Periode hilflosen Elends einleiteten, sind ein klassisches Beispiel dafür, wie Habsburgs Interessen durcheinandergingen. Maximilian, der als Ehemann von Bianca Maria Sforza, der Tochter des Herzogs von Mailand, durchaus persönliche Beziehungen dorthin hatte, machte diese auch als Oberhaupt der Habsburger zu seiner Sache, andererseits war da auch die – weitere drei Jahrhunderte nicht verwirklichte – Hoffnung, Venedig unterwerfen zu können.

Das Gefühl, dass irgendwie alles auseinanderflog, beginnt vielleicht 1489, mit dem unschönen Vorschlag, den Papst Innozenz VIII. dem jungen französischen König Karl VIII. unterbreitet hat: Der König könne, so versicherte der Papst, mit einem herzlichen Empfang rechnen, wenn er versuche, Neapel zu besetzen. Das setzte eine verheerende Folge von Ereignissen in Gang, die das wirtschaftlich vielleicht dynamischste Gebiet Europas ruinierten, ohne dass dies zu etwas anderem führte als zu jahrhundertelangen chaotischen und sinnlosen Interventionen in Angelegenheiten anderer Länder. Dass manche Päpste kein Ohr hatten für Machtpolitik, machte das Ganze nicht besser; aber 1527, zur Zeit des Sacco di Roma, der Plünderung Roms, hatte der Vatikan die Fähigkeit, Fäden zu ziehen, schon länger verloren. Nicht die Verfahren, mit denen die Päpste das Geld für den Bau der Peterskirche eintrieben, waren der Hauptgrund der Reformation, sondern der Eindruck, das Oberhaupt der universalen Kirche sei inzwischen nicht viel mehr als ein bankrotter und exzentrischer Krämer der Macht.

Als ein geschützstarrendes französisches Heer auf der Halbinsel eintraf, war dies, als würde ein unbekanntes Raubtier auf einer biogeographisch isolierten Insel ausgesetzt – ihre Bewohner hatten eine Reihe von Stadtstaaten geschaffen, die sehr komplex, schön und kriegerisch waren, militärisch jedoch nach Codes und Werten handelten, mit denen sie gegen diese Horde nicht antreten konnten. Geschichtliche Ereignisse können als völlig sinnlos erscheinen, und in dieser Periode findet man dafür kaum bessere Beispiele als die Italienischen Kriege. Mit einer Strategie, die kurzsichtiger nicht hätte sein können, walzten die Franzosen durch die Staaten in Nord- und Mittelitalien bis hinunter in den Süden der Halbinsel: Niemand hatte daran gedacht, dass sie damit in der Falle saßen, eingeschlossen von all den Rachedurstigen, deren Territorien sie gerade verwüstet hatten.

Die vielen verschiedenen Akteure gingen in Italien immer wieder neue, sehr labile Bündnisse ein. Der Papst rief, um die Franzosen zu vertreiben, die Heilige Liga ins Leben, an der sich auch Maximilian beteiligte – das erste von vielen Bündnissen, die zum festen Bestandteil europäischer Staatspolitik wurden, ob die Staaten nun gegeneinander kämpften oder gegen die Osmanen. Die Liga erfüllte ihren Zweck, der bankrotte Karl VIII. musste sich nach Frankreich zurückziehen, wo er beim Tennisspiel mit dem Kopf aufschlug und starb, aber er hatte eine französische Einflusssphäre in Italien geschaffen, womit das ohnehin schon gespannte Verhältnis zu den Habsburgern noch mehr strapaziert wurde und mit kleinen Unterbrechungen bis zum Ende der Napoleonischen Kriege anhielt. Die verheerenden Rivalitäten gingen weiter, manche Interventionen verliefen erfolgreich und hatten dann automatisch neue Koalitionen zur Folge, in welche die jeweiligen Sieger aufgenommen wurden. Bei all dem spielte Maximilian eine nicht gerade glänzende Rolle, den Tiefpunkt erreichte er mit seinem Versuch, die venezianische Stadt Padua einzunehmen – in einem kurzlebigen Bündnis mit Frankreich. Seine Armee schleppte sich aus dem Trient in Richtung Padua, viele Soldaten desertierten, weil ihr Sold ausblieb, und so wurde er von einer zusammengewürfelten Truppe venezianischer Soldaten geschlagen, die von einer früheren Schlacht übrig geblieben waren. Maximilians Rückzug war ein ebenso wenig erbauliches Spektakel, aber auch nur eine Episode in diesem sinnlosen Gewühl, das Historiker sich die Haare raufen lässt vor lauter Frust angesichts der Ereignisse. Um die desertierten Soldaten zu ersetzen, wurden Schweizer Söldner angeheuert; die fanden die Situation aber auch nicht nach ihrem Geschmack und verschwanden wieder; Könige investierten ihre ganze Reputation in hysterische, ritterliche Bruderschwüre, zogen jedoch ab, sobald ihr Ruhm an Glanz zu verlieren drohte.

Weiteres Unglück brachte 1521 eine neue Generation von Akteuren nach Italien: Franz I. von Frankreich und Karl V. Man kann sagen, dass Franz den Habsburger Karl hasste. Mit Hilfe einer skandalösen, von den Fuggern in Augsburg finanzierten Bestechungsorgie war es dem gelungen, Kaiser des Heiligen Römischen Reiches zu werden, obwohl Franz alles daran gesetzt hatte, seinerseits Maximilians Nachfolger zu werden. Wir werden nie wissen, was im Kreis der Kurfürsten debattiert wurde – Maximilian war sicher von einnehmendem Wesen und ein großer und phantasievoller Mäzen gewesen, aber seine Herrschaft kein wirklicher Gewinn für das Reich, gleichwohl war seine Regentschaft nicht ganz so chaotisch verlaufen wie die seines Vaters. Gewiss war die Rede davon gewesen, dass es die Habsburger versucht hatten und gescheitert waren, aber in einem Reich, in dem vor allem Deutsch gesprochen wurde, einen französischen Kaiser schmackhaft zu machen, war selbst damals kaum vorstellbar, und wenn Karl jung und unerfahren war, so galt das Gleiche für Franz. Möglicherweise hätte es die gewaltigen Bestechungsgelder gar nicht gebraucht, auch wenn Gestalten wie der Fürsterzbischof von Köln sie sicher mit strahlendem Lächeln angenommen haben – in der Tat wäre aber nun die letzte Gelegenheit gewesen, dem Haus Habsburg das Amt zu entreißen, eine solche Chance sollte sich bis Mitte des 18. Jahrhunderts nicht mehr ergeben.

Die Rivalität zwischen Frankreich und den Habsburgern entlud sich 1525 in der epochalen Schlacht von Pavia in Italien besonders spektakulär. Zu diesem Zeitpunkt kam Karls außerordentlicher Status als Erbe Spaniens sowie der Habsburger Erblande und des Reichs ins Spiel, und beide Seiten hatten riesige Truppenverbände aufgeboten. Viele tausend Männer in einem wilden Durcheinander verschiedenster Uniformen und Waffen – und mit nicht weniger unterschiedlichem Kampfeswillen – rückten gegeneinander vor und wichen wieder zurück; in einem verheerenden Treffen wurde die französische Armee von den kaiserlich-spanischen Truppen völlig aufgerieben, und Franz musste seine Gefangennahme hinnehmen – eine Demütigung, wie sie einem König nur selten widerfuhr.

Das war der erste Höhepunkt in Karls Karriere, ein Ereignis, das Medien wie Tapisserien und Ölgemälde, deren historische Genauigkeit generell eher fragwürdig ist, unsterblich machten und dessen Ausgang sie mehr oder weniger aktuell in ganz Europa verkündeten. Nun aber wurde es dem Papst allmählich mulmig, hatte er doch einen Geist gerufen, über den er nun die Kontrolle verlor. Also zauberte er eine neue, gegen Karl gerichtete Allianz herbei, die Liga von Cognac, die auf dem Papier tadellos aussah – Frankreich, Venedig, Florenz und andere, die sich mit einem Zynismus verbündeten, der wohl den abgebrühtesten Söldner hätte schamrot werden lassen –, die dann aber schnell wieder zerbrach, als Karls Soldaten, die nicht entlohnt worden waren, in Rom Amok liefen und Tausende Soldaten und Bürger töteten. Damit war das Verhältnis zwischen Papst und Reich auf einem Tiefpunkt angelangt und die römische Renaissance beendet.

Viele Regionen Italiens waren schwer zerstört worden und hatten ihren Reichtum verloren. In mancher Hinsicht hat sich das Land bis ins 20. Jahrhundert davon nicht erholt, und abgesehen von Neapel und dem Nordwesten wurde es, zwischen wechselnden Mächten zerrissen, zum Inbegriff für Rückständigkeit und Versagen. Dieses Desaster war in verschiedener Hinsicht ein Kollateralschaden der Rivalität zwischen Frankreich und dem Heiligen Römischen Reich, was den aufgerüttelten italienischen Nationalisten des 19. Jahrhunderts ebenso entgangen ist wie ihren Gesinnungsgenossen im Norden die Folgen des Scheiterns und der Demütigung der Deutschen im Dreißigjährigen Krieg. Aus heutiger Perspektive erscheinen uns die Ereignisse in Italien noch nicht einmal bedeutend oder riskant. Karl V. hatte – wie so oft – seine Energien an der falschen Stelle konzentriert, denn es gab nur zwei Gegner, die wirklich zählten: Martin Luther und Suleiman den Prächtigen.

Die Katastrophe

In dieser Zeit kam es nur selten zu offenen Feldschlachten, wenn eine Partei fürchtete zu verlieren. Überfälle und Hinterhalte waren eine Sache, aber eine Schlacht fand nur statt, wenn beide Feldherren zuversichtlich waren. Wie schnell sich freilich eine Seite verrechnen konnte, ist erschütternd. Da verbrachte man Jahre mit Turnieren, Appellen und Paraden, nahm Darlehen auf für Waffenkäufe, bildete die nächste Generation im Kriegshandwerk aus, debattierte an gedeckten Tafeln über Formationen, Befehlshaber, den Wert der schweren im Vergleich zur leichten Artillerie, und dann – eine einzige mitreißende Rede, und schon ließ man es drauf ankommen. Eine große Schlacht war ein ungewöhnliches Ereignis, Herrscher mochten die Last der an sie gerichteten geschichtlichen Erwartungen empfunden haben, und alle waren hin und her gerissen zwischen dem Wissen um die akute Gefahr und der Verlockung großer Heldentaten.

Die sumpfige Ebene südlich von Mohács in Südungarn ist ein treffliches Beispiel dafür, dass es generell Zeitvergeudung ist, Schlachtfelder zu besuchen. Die paar Denkmäler dort, allesamt aus dem 20. Jahrhundert, sind nichtssagend, und was außer solchen Tafeln und Standbildern könnte man erwarten, was dort oder auf anderen Schlachtfeldern finden? Es müsste schon ein ganz besonderer Kopf sein, der sich das verheerende Aufeinandertreffen von 25 000 ungarischen und 55 000 osmanischen Soldaten am Nachmittag des 29. August 1526 vorstellen könnte, ihre Bewegungen durch Felder und Wälder, vor allem weil wir nur wenig genaue Informationen über alle Aspekte dieser Schlacht haben; wir kennen nur ihren katastrophalen Ausgang. Viele ungarische Adlige wurden im Kampf getötet, die Überlebenden zum größten Teil gefangen genommen und hingerichtet. König Ludwig II. flüchtete und wurde entweder getötet oder ertrank, ein Gegenstand zahlreicher ungarischer Gemälde, auf denen eine rührend nutzlose Figur zu sehen ist, wie sie in glänzender Rüstung und mit Straußenfedern geschmückt von einem reißenden Fluss weggespült wird. Im nahe gelegenen verschlafenen Städtchen Mohács steht eine wunderbare moderne Skulptur dieses unglücklichen Königs mit von Leid gezeichnetem, zerknittertem Gesicht, der Körper eine kunstvoll verzierte Rüstung – merkwürdig ist nur, dass Ludwig erschöpft und grauhaarig dargestellt wird und nicht als der, der er wirklich war, nämlich ein neurotischer, unsicherer Einfaltspinsel von zwanzig Jahren. Die Osmanen hatten es auch früher schon bei unterlegenen Gegnern so gehalten – ihr Ziel nach einer siegreichen Schlacht war nicht, einen Vertrag zu verhandeln oder Lösegeld zu fordern, sondern die bestehende Herrschaftsordnung von Grund auf zu beseitigen und neu anzufangen.

Diese Katastrophe machte dem alten ungarischen Königreich ein Ende, und die Wut und der Schmerz, die Debatten über die Schlacht immer wieder aufgerührt haben, entspringen nicht zuletzt dem Gefühl, dass sie hätte vermieden werden können. Heute betrachten wir das Ereignis als eine verheerende Niederlage für die Christenheit, die große Teile des Balkans für Jahrhunderte unter türkischer Herrschaft begrub, für Zeitgenossen jedoch kann es nicht einen Moment lang so ausgesehen haben. Der Aufmarsch in Mohács ist ein gelungenes Beispiel dafür, wie sinnlos es ist, «Europa» als Bezeichnung für eine Einheit zu verwenden, wenn alle Fürstenhöfe überkreuz miteinander liegen. Auf einen Sieg hätte man nur hoffen können, wenn die Europäer auch gemeinsam gehandelt hätten, aber dazu kam es nie. Während der langen Zeiten der Not und der Bedrängnis gab es immer wieder Kampfpausen, die aber waren in der Regel bedingt durch Aufstände in anderen Teilen des Osmanischen Reichs. Wenn die Truppen des Sultans nach Ägypten oder Persien abzogen, scheint sich in Europa Erleichterung breitgemacht zu haben. Einmal in die Hände geklatscht, und die Hofmusiker fanden sich wieder ein auf ihrem kleinen Balkon und spielten auf, schon wurde für ein technisch noch anspruchsvolleres königliches Porträt Modell gesessen – gleichwohl sieht Ludwig auf allen wie ein Trottel aus –, und für wenigstens eine Generation war klar, dass die Osmanen weitergezogen waren. Eine glänzende Aktion Stefans des Großen von Moldau, des wichtigen Verbündeten im Osten, hatte sie aufgehalten und eine Atempause verschafft, aber Stefan war von Polen und Ungarn ebenso sehr bedroht wie von den Osmanen. Am Ende kam er zu der Erkenntnis, dass er seinen Nachkommen eigentlich nur einen Rat geben konnte, nämlich mit den viel verlässlicheren Osmanen ein Abkommen zu treffen, und ein solches kam 1512 tatsächlich zustande. Das Fürstentum Moldau wurde ein osmanischer Vasallenstaat, und der christliche Westen winkte dem ehemals freundlich gesinnten Bollwerk zum Abschied hinterher, aus schierer Dummheit. In diesen Jahren war das Knirschen osmanischer Truppen, wie sie sich ihren Weg durch die Landkarte Europas pflügten, unablässig zu hören – sie vertrieben Venedig von seinen Ägäischen Inseln, Montenegro ergab sich 1499 und nach einer heldenhaften Belagerung 1522 auch Rhodos … Aber die Reaktionen darauf waren konfus und ohnmächtig, ein Bewusstsein der Dringlichkeit nicht zu erkennen: Was in Italien und anderswo vor sich ging, schien verlockender.

Ungarn zerfleischte sich nach allen Regeln der Kunst, Hass tobte zwischen Königshaus und Teilen des Adels, zwischen Adeligen und Bauern. So viele Zeichen des Verfalls gab es, dass sie sich gar nicht alle aufzählen lassen. Und wie gewöhnlich in Zeiten großer Belastung traten konkurrierende Gruppen mit Ideen für eine nationale Erneuerung in Erscheinung, die sich kaum miteinander vereinbaren ließen. Eine Idee war das «Tripartitum» (Das Gewohnheitsrecht des erneuerten Ungarischen Königreichs in drei Teilen, 1514), ein unseliges Dokument, das die ungarische Nation umstandslos mit dem ungarischen Adel gleichsetzte. Das war ein Nebenprodukt der Abneigung zwischen König und Adel, eigentlich ging es darum, das wahrhaft Ungarische gegen ihre, oft tatsächlich dubiosen, ausländischen Könige auszuspielen. Langfristig hatte das Dokument allerdings zur Folge, dass viele ärmere Ungarn sowie – weniger überraschend – die Masse der nicht ungarischen Bauern verprellt wurden. Da Ungarn vor dem Zusammenbruch stand, klammerten sich die verbliebenen traumatisierten Adelsfamilien blind an dieses Gesetzesbuch. Es wurde zum giftigen Mantra für den wahren Weg und verdrehte der herrschenden Klasse den Kopf, bis sie im 20. Jahrhundert vernichtet wurde. Dieses Gefühl der Angst und des Misstrauens, das Ungarn unterminierte, zeigte sich auf erschütternde Weise in den Ereignissen, die der Erzbischof von Esztergom 1514 mit seinem scheinbar vernünftigen Plan auslöste, einen Kreuzzug gegen die Osmanen zu starten. Das Ganze lief prompt aus dem Ruder, denn unter der Führung des charismatischen Szekler Reiterhauptmanns György Dózsa versammelten sich über 40 000 Bauern und kleine Adlige, die nun bewaffnet wurden. Der höhere Adel machte hingegen keine Anstalten, sich dem Kreuzzug anzuschließen, was die Kreuzfahrer so empörte, dass sie das eigene Land verwüsteten und auf ihrem Weg jeden wirklichen oder eingebildeten Gegner massakrierten, bis sie von professionellen Truppen aus dem Osten Ungarns vernichtend geschlagen wurden. Was daraufhin geschah, ist schwer zu glauben: Der gefangene Dózsa musste sich vor einer großen Menge nackt auf einen rot glühenden «Thron» setzen und sich zum Spott mit einer rot glühenden Krone zum König krönen lassen. Seine wichtigsten überlebenden Leutnants wurden gezwungen, geröstete Streifen seines Fleischs zu essen, bevor sie hingerichtet wurden. Das war eine Gesellschaft, die sich buchstäblich selbst auffraß, dazu brauchte sie die angeblich teuflischen und unzivilisierten Türken gar nicht.

1521 dann fiel Belgrad: ein Hohn auf die Regentschaft des jungen Ludwig. Die Zitadelle, die eine frühere Generation so heroisch gehalten hatte, wurde – nicht zuletzt wegen Gezänks und Verrats unter den Befehlshabern der Verteidigung – für fast dreihundert Jahre eine osmanische Schanze, die gesamte christliche Bevölkerung nach Konstantinopel in die Sklaverei verschleppt. Die Verwüstungen durchs Dózsas Kriegszug, Angst und Abneigung gegenüber dem Hof sowie der Mangel an Ressourcen hatten Ungarn eine Verteidigung unmöglich gemacht. Der Hof tat das Seine, indem er jede erdenkliche Hilfe abwies, osmanische Offerten zu einem Waffenstillstand mit Hohn zurückwies und auch Bündnisangeboten der Polen und Venedigs eine krasse Absage erteilte. Obendrein beschuldigte er noch die Fugger, sie hätten Gewinne aus ihren Bergwerken in Ungarn unterschlagen, und stieß damit die vielleicht mächtigste Familie Europas und mit ihr gleich noch das Heilige Römische Reich vor den Kopf.

Mit all dem brüstete sich Ludwig auch noch, war aber zu unerfahren und hatte wohl nicht genügend Charisma, um wirkliche Loyalität zu erringen. Er war König nicht nur von Ungarn, sondern auch von Kroatien und den böhmischen Ländern – neben Böhmen gehörten Mähren, Schlesien und die Lausitz dazu. Die Fehden und das ganze Durcheinander hatten zur Folge, dass er, der einer der mächtigsten Männer Europas hätte sein können, tatsächlich nur ein kurzlebiges Pfand seiner beiden großen Nachbarn war: Erzherzog Ferdinand, der Bruder von Karl V., und Suleiman der Prächtige. Beider lange Regentschaften hatten viel Einfluss auf die Zukunft Mitteleuropas und brachten dauerhafte politische Einheiten und Strukturen hervor. Ferdinand war in Vertretung seines Bruders im Osten tätig, denn Karl war häufig von Kriegen in anderen Reichsteilen derart in Anspruch genommen, dass Ferdinand mit seinen zwar kompakten, aber relativ kleinen Territorien in Österreich und Tirol allein mit den Katastrophen fertig werden musste, die von Osten her wie Flutwellen über Europa hereinzubrechen drohten. Karl und Suleiman herrschten über ungleich größere, prächtigere und weltgeschichtlich bedeutendere Gebiete, aber es war an Ferdinand, die Habsburger Monarchie in der Form zu schaffen, in der sie bis 1918 fortbestand; und zuletzt wurde er auch Kaiser.

Maximilians glänzend arrangierter Familienvertrag von 1515 beinhaltete, dass Ludwigs Königreiche, falls dieser ohne Erben blieb, unter die Herrschaft Habsburgs fallen sollten. Der Hof in Buda stand ohnehin schon unter habsburgischem Einfluss, denn Ludwigs Frau Maria war Ferdinands Schwester, Ferdinand wiederum war mit Ludwigs Schwester Anna verheiratet. Einer der Hauptgründe für die Zerwürfnisse innerhalb des ungarischen Adels war gleichwohl dessen stolze antihabsburgische Tradition, die sich ganz unverhohlen gezeigt hatte, als ihr König Matthias Corvinus gar nicht lange zuvor, 1485 nämlich, seine Armee in Wien hatte einmarschieren lassen – einer von Friedrichs III. vielen weniger guten Augenblicken.

Ferdinand spielt in der ungarischen Dämonologie sowohl die Rolle des Retters als auch die des Aasfressers, der sich vom nationalen Unglück nährt. Nach Mohács überschlugen sich die Ereignisse, denn die dort entstandene Bresche war von fundamentaler Bedeutung, eröffnete sie den osmanischen Herrschern doch ein Aufmarschgebiet – ihr Vordringen nach Westen und Nordwesten schien nicht mehr zu stoppen. 1527 belagerten Suleimans Truppen Wien, zogen sich zurück und kamen 1529 wieder, um ihr Werk zu vollenden. Dieser Feldzug nun löste eine ganze Reihe von Akten der Selbstaufopferung aus, die alles war, was die Ungarn noch aufbieten konnten, um das Unglück abzuwenden – es geht um die Belagerung von Kőszeg.

Fährt man heute durch dieses verschlafene Hobbingen, das im Hügelland versteckt an der Grenze zwischen dem österreichischen Burgenland und dem äußersten Westen Ungarns liegt, kann man sich kaum vorstellen, dass dieses abgelegenste aller abgelegenen Nester 1529 derart schicksalhafte Bedeutung bekam. Es wirkt noch verschlafener durch den Umstand, dass die umgebenden Wälder durch die Grenze, die der Kalte Krieg hier gezogen hat, üppig gedeihen konnten und sehr dicht geworden sind; die Bäume umschließen die Gegend wie die Dornenhecke Dornröschens Schloss. Zugleich verläuft hier auch eine bedeutende Sprachgrenze, die zu Anfang des 20. Jahrhunderts heftig umkämpft war – insofern ist es vielleicht doch nicht ganz zufällig, dass Kőszeg zu einem so entscheidenden Ort werden konnte. Ausgerechnet hier jedenfalls stoppte ein riesiges osmanisches Heer seinen Marsch auf Wien, um noch eben die kleine Festung des Ortes aus dem Weg zu schaffen. Deren ungarisch-kroatische Besatzung, etwa siebenhundert Soldaten, verfügte nicht mal über Geschütze, und doch gelang es ihr, wiederholten Sturmangriffen der Osmanen standzuhalten. Diesen blieb nie genug Zeit für ihre Kriegszüge – es dauerte einfach zu lange, um von Konstantinopel nach, beispielsweise, Kőszeg zu kommen und von dort auch wieder zurück, bevor die Schlechtwetterperiode begann, deshalb erwies sich die Verzögerung dort als fatal. Die Umstände der Belagerung sind unbekannt, und geht man heute um die kleine, wiederaufgebaute Festung herum, erscheint es ausgeschlossen, dass sie wirklich schwer einzunehmen gewesen sein soll. Dass sie nicht vorankamen, beschämte die osmanischen Heerführer derart, dass sie die Größe der Garnison übertrieben und behaupteten, die Festung liege auf einem steilen Hügel, sodass sie schwer anzugreifen sei. Tatsächlich liegt sie auf einem flachen Stück Land, dort, wo sich heute auch der Parkplatz befindet. Der Tod so vieler Verteidiger setzte einen Maßstab für immer härtere Belagerungen, am eindrucksvollsten in Eger (1552) und Szigetvár (1566). Letzteres wurde so leidenschaftlich, verwegen und ausdauernd verteidigt, dass Suleiman an einem Schlaganfall starb, vermutlich aus Wut angesichts einer weiteren Saison, die ergebnislos verlaufen war, weil die Ungarn sich weigerten, vernünftig zu sein.

Anstatt zu kapitulieren, stürmten die letzten Überlebenden unter ihrem großartigen ungarisch-kroatischen Kommandeur Zrínyi hinaus in den Tod, wobei sie so viele Feinde mitnahmen, wie sie konnten; ein Ereignis, das in unzähligen Gedichten, Romanen und Geschichtswerken sowie durch das vielleicht prachtvollste all der großen Historiengemälde, die im Ungarischen Nationalmuseum zu bewundern sind, unsterblich gemacht wurde – auf Johann Peter Kraffts brillant koloriertem «Ausfall Zrínyis aus der Festung Szigetvár» (1825) sprengt die Lichtgestalt in einem Gewand von leuchtendem Rot und Orange auf einem Schimmel in die dunkle teuflische Masse ineinander verknäulter Menschen- und Pferdeleiber.

Jeder heroische Widerstand hatte Dutzende heute vergessener Tragödien zur Folge, denn die osmanischen Truppen marodierten hernach durch ganz Ungarn. Gleichwohl waren sie in ihren eroberten Territorien eingekesselt durch die Adria im Südwesten und eine dichter werdende Kette von Habsburger Festungen und Hindernissen, die das Gebiet jenseits von Buda, das die Osmanen 1541 eingenommen hatten, und die Reichsgrenze schützten. Von all diesen Katastrophen profitierte vielleicht nur einer, nämlich Ferdinand, der in Ludwigs Fußstapfen getreten und über Nacht von einem den bayerischen Herzögen gleichgestellten Fürsten zum fraglos bedeutendsten Herrscher Mitteleuropas aufgestiegen war. Die Königreiche, die er jetzt regierte, waren alle Wahlmonarchien, aber es war in diesen Notzeiten gewiss nicht schwer, die Wahlversammlungen zu überzeugen.

Nach vielen Rückschlägen, allerhand Verrat und Verschwörung wurde Ungarn im Vertrag von Edirne im Jahr 1547 formell in drei Teile geteilt. Der umfangreichste Teil, der die Pannonische Ebene, die Länder entlang der ungarischen Donau und Kroatien, umfasste, wurde dem Osmanischen Reich eingegliedert. Im Zentrum eines untergeordneten, gleichwohl starken ungarischen Herrschaftsgebiets wurde Transsilvanien zum Vasallenstaat, vergleichbar mit dem Fürstentum Moldau oder dem schlau lavierenden dalmatinischen

Umschlaghafen Ragusa/Dubrovnik. Viele ungarische Adlige sahen Transsilvanien in eindeutiger Kontinuität zu Ludwigs Königreichen, als deren Überrest, der nun auf den Status einer von Habsburg abhängigen Kolonie reduziert wurde. Was übrig blieb, die ungarische Krönungsstadt Pozsony, das spätere Bratislava oder Pressburg, und die Gebiete in etwa der heutigen Slowakei und Westungarns, wurde zu einem neuen Element in der Habsburger Monarchie: dem Königlichen Ungarn. Die Bewohner dieses Rumpfgebiets werden sich in etwa so gefühlt haben wie Engländer, die, plötzlich in die Grenzen von Kent und Sussex eingesperrt, von einem Franzosen regiert werden. Der Vergleich hinkt natürlich, denn die ungarischen Rumpfgebiete wurden der Kern für die Wiedereroberung Ungarns, welche die Amtszeit vieler Herrscher in Anspruch nahm. Für seine Regentschaft über dieses Gebiet, anfangs noch in Karls Namen, erklärte sich Ferdinand bereit, den Osmanen einen jährlichen Tribut von 30 000 Goldflorins zu zahlen. Das war die Sache wert. Ferdinand konnte die Osmanen nicht schlagen, aber so konnte er sie hinhalten und währenddessen die Verteidigungslinie aufbauen, die die neuen, entsetzlich verstümmelten Grenzen Ungarns markierte; Grenzen, die sich bis weit in die Zukunft auf das Leben in Mitteleuropa auswirkten – bis zum Zerfall Jugoslawiens in den 1990er Jahren und vielleicht darüber hinaus.

Man kann Ferdinand durchaus als den Chefideologen der Habsburgerherrschaft betrachten. Karl hatte ihn, in einer seiner vielen klugen Improvisationen, zu seinem Stellvertreter in den alten östlichen Habsburger Ländern gemacht – zunächst aus ganz pragmatischen Gründen: Ferdinand musste Herr eines bestimmten Gebietes werden, nur so verfügte er über den entsprechenden Status, um in die königliche Familie von Ungarn-Böhmen einzuheiraten, was der Großvater Maximilian arrangiert hatte, als Ferdinand und dessen künftige Frau Anna noch Kinder waren. Mit seiner Reform der Hofverwaltung legte Ferdinand den Grundstein der späteren Donaumonarchie, insbesondere organisierte er die Verteidigung seiner beträchtlich angewachsenen Herrschaftsgebiete gegen die Osmanen neu. Der Verbindung mit Anna entsprangen fünfzehn Kinder, von denen zwei im Kindesalter starben. Zehn Töchter wurden an Höfe in ganz Europa verheiratet, was der sich bildenden Dynastie notwendige Verbindungen sicherte. Karls Stellung als eine Art Über-Oberhaupt der Habsburger sollte nicht mehr lange währen, denn Ferdinands Dienstalter, seine Angriffslust und seine zunehmende Bedeutung machten absehbar, dass Karl sein Reich würde teilen müssen: Sein einziger Sohn übernähme dann die spanischen und burgundischen Territorien, Ferdinand die traditionellen Erblande und seine beiden neuen Königreiche. Aber auch dazu brauchte es – wie so oft in der Habsburger Geschichte – eine gute Portion Glück, stets konnte es auch anders kommen als geplant, das hatte nicht zuletzt der totale Zusammenbruch der östlichen Gebiete unter dem Ansturm der Osmanen gezeigt.

Karl machte schließlich das Zugeständnis, dass Ferdinand nicht nur die östlichen Länder Habsburgs erben sollte, sondern auch den Kaisertitel. Dieser Schritt erfolgte auf Drängen Ferdinands, doch lag ihm wohl auch die Einsicht zugrunde, dass die Verbindungen zwischen dem überwiegend deutschsprachigen Reich und Wien eher einleuchteten als die Beziehung zu Spanien. Ferdinand hatte Gefallen daran, seine Interessen auch durch allerlei Hokuspokus zu umrahmen, ein kurioses Beispiel dafür ist die Verkündung der «unveräußerlichen Familienerbstücke». Sie befinden sich heute in der Kaiserlichen Schatzkammer der Wiener Hofburg, passenderweise im Schweizerhof, dem unter Ferdinand umgebauten Trakt, dessen prachtvolles Tor noch heute seinen Namen und seine Titel verkündet. Die beiden «unveräußerlichen Familienerbstücke» waren ein riesiger Narwalzahn und eine kunstvolle Schale aus Achat. «Unveräußerlich» sollten sie sein, weil viele Familienmitglieder nur wenige pfändbare Dinge besaßen. Die beiden Gegenstände bekamen also einen besonderen Status und wurden tatsächlich durch alle Generationen hindurch vor dem Zugriff einzelner Angehöriger bewahrt. Der Zahn hatte den Rang eines magischen Objekts: Was ein belustigter Inuit als alltäglich und wenig bemerkenswert wahrgenommen hätte, wurde fern seiner Herkunft und aufgrund von Unkenntnis als Horn eines Einhorns angesehen, das seinem Besitzer Macht und Tatkraft verleihen sollte. Interessanter ist die Achatschale: Man hielt sie für den Heiligen Gral, nicht zuletzt wegen der Buchstaben XRISTO, die unter bestimmten Lichtverhältnissen – und offenbar auch nur bei besonderen Menschen – im Innern des durchsichtigen Steins aufschienen. Tatsächlich stammt sie aus dem 4. Jahrhundert, aus der Regierungszeit Kaiser Konstantins I., und gelangte wohl als Beutestück der skandalösen Plünderung Konstantinopels während des Vierten Kreuzzugs nach Europa. Sowohl Walzahn als auch Schale sind Beispiele dafür, dass die Macht der Habsburger immer etwas eigenartig Hieratisches, Gespenstisches umwehte. So gesehen war Ferdinand der rechte Nachfolger seines Großvaters Maximilian.

Die Schatzkammer ist voll von derartigen kultischen Objekten. Dass sie heute jeder, der eine Eintrittskarte erwirbt, hinter Glas betrachten kann, nimmt ihnen natürlich ihre Aura. Früher wurden sie nur Auserwählten zu ganz besonderen Gelegenheiten gezeigt, zusammen mit Stücken, die später hinzukamen, etwa dem riesengroßen, in einen ziemlich kitschigen grünen Pokal eingelassenen Smaragd aus Südamerika. Der physische Besitz solcher Gegenstände verlieh eine Macht, die heute kein Äquivalent hat. Sie stand in Zusammenhang mit der Vorstellung, dass der Kaiser ein direkteres Verhältnis zu Gott habe als andere, dass er mehr als ein Mensch sei. Diese Vorstellung für sich zu nutzen, verstanden die Habsburger besser als alle anderen, mit Ferdinand begannen sie ihre Bedeutung als Könige und Herzöge zahlreicher Gebiete wirkungsvoll mit der eigenen kultischen Macht der kaiserlichen Insignien zu verknüpfen.

Solange das Reich bestand, wurde der Krönungsornat in Nürnberg aufbewahrt, heute befindet er sich in der Wiener Schatzkammer, von den Habsburgern während der Napoleonischen Kriege dorthin «in Sicherheit» gebracht. Diese Objekte, deren sakrale Macht noch gesteigert wurde, indem sie die meiste Zeit verborgen waren, stehen im Zentrum der habsburgischen Legende, und noch in der kühlen Neutralität eines modernen Museums flößen sie Ehrfurcht ein: so etwa die goldene Schwertscheide, angefertigt in Italien in den 1080er Jahren für die Krönung von Kaiser Heinrich IV. und geschmückt mit Bildern seiner Vorgänger bis hinab zu Karl dem Großen; oder jenes Paar roter, mit Juwelen besetzter Samthandschuhe, die 1220 für Kaiser Friedrich II. genäht wurden. Mein Lieblingsstück aber ist der bildschöne, mit stilisierten goldenen Kamelen, einer Palme und arabischen Schriftzeichen verzierte Kaisermantel, geschaffen in den 1130er Jahren von muslimischen Künstlern auf Sizilien für König Roger II. Dieses Wunderwerk gilt heute als einer der bedeutendsten Belege für Siziliens multikulturelle Vergangenheit, die der polnische Komponist Karol Szymanowski 1926 in seiner ekstatischen Oper *König Roger* unsterblich machte. Zu Zeiten der Habsburger aber glaubte man – darin den historischen und zoologischen Fehlschlüssen zum Heiligen Gral und Einhörnern nicht unähnlich –, der Mantel sei eine Trophäe, die Karl der Große aus einer siegreichen Schlacht gegen die Mauren mitgebracht habe. Deshalb zeigt Dürer den Frankenkaiser auf seinem wundervollen imaginären Porträt in ebendiesem Mantel. Doch ist anzunehmen, dass er in der Zeit Friedrichs II., dessen Mutter die Tochter Rogers II. gewesen war, mit der Kaiserkrönung verbunden wurde. Es gehört zum etwas brüchigen und verworrenen Charakter dieser angeblich aus unvordenklichen Zeiten stammenden und allerhöchsten Zeremonien, dass selbst eine so grundlegende Information irgendwann verlorengeht.

Die Vorstellung, dass ich auf zeremonielle und kultische Themen rund um diese Dynastie nicht mehr eingehen muss, erleichtert mich. Uns mögen die Habsburger Herrscher – von denen manche ziemlich mittelmäßig oder bloß pflichtbewusst waren – so spezialisiert und hilflos erscheinen wie Koalabären und die von ihnen beanspruchte Größe und Stellung in Europa als Schwindel. Stets wurden sie gehasst, stets waren sie Ziel von Intrigen, ihr mächtiges Kraftfeld haben sie dennoch kaum jemals verloren. Sobald sie sich unter Karl V. und Ferdinand I. erfolgreich etabliert hatten, blieben sie einzigartig. Ihre Aura schufen sie ganz handfest durch allerlei praktische Maßnahmen wie Bestechungen, Drohungen, Soldaten, Geschenke oder Eheschließungen, aber auch durch jenen respekteinflößenden magischen Zirkel, den jede Generation durch Manipulation besonderer Gegenstände, Ereignisse und Zeremonien bekräftigte. Ihr Genie zeigt sich darin, wie sie die großen Familiensymbole – die Wappenwände in Innsbruck und Wiener Neustadt, die Grabmale, den Babenberger Stammbaum in Klosterneuburg, die «unveräußerlichen Familienerbstücke» – mit den Symbolen des Kaisertums verschränkten. Ferdinand stand fast sein ganzes Leben im Schatten seines älteren Bruders, und nur acht Jahre lang trug er die Kaiserkrone, aber die Habsburger Erbfolge in den Kernländern blieb bis 1918 unerschüttert bestehen, und es war Ferdinand, der dafür gesorgt hatte, dass dieses groteske, sich immer weiter entfaltende Schauspiel von Wien aus geleitet und gespielt wurde, dem Brennpunkt des Widerstands gegen die Osmanen. Er mag Herkunft oder Zweck der Symbole, mit denen er sich umgab, missverstanden und dem seltsamen Aussehen eines Meeressäugerzahns zu viel Bedeutung beigemessen haben, aber seine Macht war real genug und ist immun gegen das Feixen ach so realistischer Zeitgenossen des 21. Jahrhunderts.

III

«Mille regretz»

«Die merkwürdigste Sache, die je passiert ist»

Der Heldenharnisch

Europa unter Belagerung

Das Piratennest

Ein wirklicher Bärengraben

Schwere Reiterrüstungen aus dem Zeughaus in Graz
(akg-images/Erich Lessing).

«Mille regretz»

Leider ist kaum bekannt, wie sehr Karl V. die Jahrzehnte seiner Regentschaft genossen hat. Er scheint seine kaiserliche Maske nie abgelegt zu haben, und diese Haltung, in der Öffentlichkeit keine Gefühlsregungen zu zeigen, wurde zum Vorbild für seine Nachkommen. Sein Hof wanderte von einem Ort zum anderen, und er, der in den Niederlanden aufgewachsen war und sich häufig mit Soldaten, Beratern und Musikern aus Flandern umgab, wurde am Ende doch so etwas wie ein adoptierter Spanier; mit wahrer Wollust pflegte er den prächtigen, strengen höfischen Stil, der die Herrschaft der Habsburger kennzeichnete, seit Karls Sohn Philipp II. Madrid zur Hauptstadt des vereinigten Spaniens gemacht hatte. Und sieht man sich in der europäischen Geschichte um, dann lässt sich, was seinen Zugriff auf den Kontinent angeht, Karl tatsächlich nur mit Napoleon und Hitler vergleichen – allerdings hat er diese Rolle offenbar nie genossen. Sie ist ihm durch die törichten Machenschaften seines Großvaters zugefallen, nicht durch Eroberungen, darum waren seine Bemühungen, sie zu verteidigen, eher von einer Art müdem Pflichtbewusstsein bestimmt als von Größenwahn. Maximilian hatte von vielen Konstellationen geträumt – eine Zeitlang sogar darüber nachgedacht, ob er nicht auch Papst werden könnte –, doch war ihm die sympathische Unfähigkeit zu eigen gewesen, etwas wirklich durchzuziehen, nur seine an Gesellschaftsspiele erinnernden Heiratsallianzen machen da eine Ausnahme. Karl erbte große, weit verstreute Territorien von Maximilian, aber unternahm keinerlei ernsthafte Anstrengungen, sie zu vereinen. Er hastete von einem Ort zum anderen, wechselte Hüte,

Kronen, Halsketten und Roben, studierte fieberhaft Satzungen und Wahlsprüche und ließ sich unterrichten über Familienverhältnisse und Kavaliersdelikte einiger Dutzend kratzbürstiger Adelshäuser und städtischer Oligarchien in verschiedenen Teilen Europas. Bei jeder Runde musste er sich mit rebellischen Städtern, osmanischen Piraten, lästigen Protestanten, betrügerischen Duodezfürsten und problematischen Familienmitgliedern herumschlagen.

Karls häufige Krankheiten, sein Unvermögen, in Gesellschaft zu essen – wegen seines riesigen Unterkiefers –, und seine sehr kenntnisreiche Begeisterung für schwermütige Musik lassen darauf schließen, dass er sich lange nach einer privateren Existenz gesehnt haben muss, vielleicht als Abt eines kultivierten, zurückgezogen lebenden Ordens – ein Wunsch, den er sich nach seiner Abdankung erfüllen konnte. Sein Lieblingsstück war wohl «Mille regretz» von Josquin de Prez. Schon zu seinen Lebzeiten wurde es als «Lied des Kaisers» bezeichnet, und vielleicht spricht es tatsächlich sein Lebensgefühl aus: «So groß ist mein Leid und mein schmerzlich Weh / Dass man sehen wird, wie bald meine Tage enden». Karl lebte stets im Schatten der Geisteskrankheit seiner Mutter – aber schon ein flüchtiger Blick in seinen Posteingang hätte ihm zeigen können, dass sich darin genug Gründe fanden, Fehler zu machen, zu schweigen und zu zögern. Auch «Belle qui tiens ma vie» von Thoinot Arbeau liebte er, eine zwar fröhlichere, doch ebenfalls schmerzlich-sehnsüchtige Weise, die – und hier werden mir womöglich viele kenntnisreichere Leser sofort widersprechen – eine der ältesten, bis heute bekannten europäischen Melodien sein muss.

Wir werden nie wissen, ob er während seiner Begegnung mit Martin Luther auf dem Reichstag zu Worms im Jahr 1521, einer der schwersten Krisen seiner Regierungszeit, mehr an die Gefahren der Häresie dachte oder doch an die unvorstellbar großen Schiffsladungen mit mexikanischem Gold, die für ihn in Brüssel eingetroffen waren. Jahraus, jahrein – und in Worms war er erst einundzwanzig Jahre alt – musste er sich hartnäckig und entschlossen zeigen, und so entstanden diese beeindruckende, fein gemeißelte Fassade und eine Form des Königtums, die seine Nachfolger zum Vorbild nahmen, gleichgültig, ob sich hinter dieser Fassade ein Karl verwandtes intellektuelles Ferment verbarg oder bloße Leere. In aberwitzigem Tempo, in jede denkbare Richtung entwickelten sich Karls Unternehmungen, 1535 fiel er in Tunis ein, ein Feldzug, den er mit Tonnen von Gold bezahlte, die dem Inkareich abgepresst worden waren. Er hatte die Führung, als Europa seine Reichweite, sein Wissen schwindelerregend vergrößerte – ein Prozess, in dessen Verlauf schuldlos geknechtete kastilische Bauern und flämische Bürokraten in die Neue Welt verschifft wurden und dort mit Verhaltensweisen, Nahrungsmitteln und Umständen in Berührung kamen, die ihnen völlig fremd waren. Unter Karl wurden das Vizekönigtum Neuspanien und das Vizekönigtum Peru errichtet – ihre Flaggen zeigten das Burgunderkreuz. Demgegenüber waren die übrigen Angelegenheiten des alten Europa geradezu ein Witz; England unter Heinrich VIII. etwa passte in einen kleinen Teil Mittelamerikas. Franz I. von Frankreich wurde stets für sein Bündnis mit den Osmanen verurteilt, mit dem er die Christenheit verraten habe, aber was hätte er denn tun sollen angesichts dieses überheblichen, unschlagbaren Champions einer Familie, die nicht aufzuhalten war? Und dabei wussten seine Zeitgenossen noch nicht mal alles. In Regensburg, wo Karl an einer Versammlung des Reichstags teilnahm, schlief er mit der Tochter eines Bürgers der Stadt. Das Resultat war ein unehelicher Sohn, der spätere Don Juan d'Austria, der die Flotte kommandierte, welche in der Seeschlacht von Lepanto, lange nach Karls Tod, die osmanische Kriegsflotte vernichtete. Noch mit seinen Fehltritten beeinflusste Karl den Gang der Weltgeschichte.

Aber er hat wohl auch recht schnell begriffen, dass diese paneuropäische Begeisterung keine Zukunft hatte, und versucht, so viel wie möglich loszuwerden und zu delegieren. Wie bei anderen Gelegenheiten sorgten die Mechanismen, die in Europas politischer Struktur unter der Oberfläche verborgen lagen, dafür, dass sich die Feinde einer Universalmonarchie vermehrten wie Antikörper. Die Geschichte des Protestantismus lässt sich nicht losgelöst von Karls Prominenz und Macht betrachten. Als er in Worms Luther persönlich gegenüberstand und seine große Rede hielt, handelte er ebenso als treuer Sohn der Kirche wie als ein Mann, der über Mittel verfügte, jeden Dissens zu ersticken: «Denn es ist gewiss, dass ein einzelner Ordensbruder irrt mit seiner Meinung, die gegen die ganze Christenheit ist sowohl während der vergangenen tausend und mehr Jahre als auch in der Gegenwart; dieser Meinung nach wäre die ganze Christenheit immer im Irrtum gewesen und würde es noch heute sein.»

Womit hätte man ihm besser Widerstand leisten können als dadurch, dass man sich der protestantischen Bewegung anschloss? Karls Entschluss, Luther in Worms deutlich in die Schranken zu weisen, bewahrte zwar den Papst vor einem möglichen Armageddon, schuf aber auch eine Situation, in der religiöser Dissens zugleich Dissens mit der habsburgischen Herrschaft bedeutete. Durch unzählige andere Fronten abgelenkt, machte Karl erst fünfundzwanzig Jahre später ernst, im kurzen Schmalkaldischen Krieg (1546/47) stellte er sich der protestantischen Bedrohung militärisch entgegen, aber da war es viel zu spät. Trotz seines Sieges tummelten sich antikatholische Kräfte überall in Europa. Selbst das berühmte Porträt, das Karl bei Tizian in Auftrag gab, um seinen Triumph in der Schlacht bei Mühlberg zu feiern – der Kaiser in glänzender Rüstung mit Federbusch auf einem kraftstrotzenden Rappen, wie man in der abendländischen Kunst wohl keinen großartigeren finden wird –, ist eine Studie des Scheiterns. Karls kleiner Kopf mit dem grauen Bart wirkt nicht überzeugend, sondern als hätte er ihn, wie bei diesen bemalten Fotowänden am Strand, durch ein Loch gesteckt, ohne zu wissen, wie er abgebildet wird: ob als Vorkämpfer für die katholische Sache oder in einem komischen rot gestreiften Badeanzug. Zu allem Unglück ist er in Wirklichkeit zu krank gewesen, um während der Schlacht sein Pferd auch nur zu besteigen, er musste in einer Sänfte getragen werden – wohl jeder damals wird gewusst haben, dass Tizians unvergleichliche Vision (1548) eine gekaufte freundliche Lüge war.

«Die merkwürdigste Sache, die je passiert ist»

Das bloße Tempo der Reformation erscheint heute nicht weniger beängstigend als damals. Im Jahr 1517 schlug der unbekannte Martin Luther seine Thesen an die Tür der Schlosskirche der sächsischen Universitätsstadt Wittenberg, in den 1520er Jahren kam es im weit südlich gelegenen Slowenien zu massenhaften Konversionen, in den 1530er Jahren hatte die «Infektion» schon eine Entfernung von 1200 Kilometern von ihrem Ursprung zurückgelegt: Im Südosten Siebenbürgens verbreitete der beeindruckende Gelehrte Johannes Honterus (1498–1549) das Evangelium mit Hilfe seiner eigenen Druckerei. Dieser religiöse Aufruhr war im Grunde eine Folge des Zusammenbruchs der alten Autoritäten. Die theologischen Einzelheiten der neuen Religion wurden im Verlauf des nachfolgenden Jahrhunderts mit Schärfe und Bitterkeit ausdiskutiert, der Anstoß aber kam plötzlich, und Mitteleuropa erlebte einen Wandel, der dem Umbruch von 1918 oder dem Ende des Kalten Kriegs im Jahr 1989 nicht unähnlich war: Immer mehr Menschen spürten, wie unhaltbar der Status quo geworden war. Von heute auf morgen, aus vielerlei Beweggründen, sahen die Leute im Papst nichts als einen fetten teuflischen Wüstling; er wurde zu jener auf unzähligen Holzschnitten dargestellten Figur, die, in kostbare Gewänder gehüllt und mit Juwelen bedeckt, zur Hölle gejagt wird.

Als die Strukturen des Gehorsams in sich zusammenbrachen, konnten manche weltliche Herrscher ihr Glück kaum fassen, denn wie es aussah, hatten sie nun Zugriff auf die unter Roms Schutz stehenden Besitztümer und Schätze. Überall in Europa bedienten sich Machthaber, am rücksichtslosesten bekanntlich in England. Das war weit mehr als eine Glaubenskrise – noch kurz vor den Ereignissen in Wittenberg war viel Geld in den Neu- und Umbau und die Ausstattung von Kirchen investiert worden. Und nicht zuletzt hatte auch der Wunsch des Papstes, Geld für einen Neubau der Peterskirche aufzutreiben, die Glaubenskrise ausgelöst. Bis kurz vor der Reformation waren Hunderte beeindruckender Altarbilder entstanden, die heute Mitteleuropas Kunstgalerien füllen. Der Glaube jedoch nahm eine neue Richtung, immer neue Abspaltungen gingen aus den erbittert geführten Debatten hervor, zu denen schließlich auch ein geistig erneuerter, aggressiver Katholizismus gehörte.

Eine wirkliche Chance, dass die Reformation auch im Machtbereich der Habsburger Akzeptanz finden würde, bestand nie – zu sehr war die Spitze dieser Macht eingebunden in Roms Sanktionsgewalt, niemals hätte Karl V. diese Loyalitäten und Bindungen aufkündigen können. Für viele mächtige Aristokraten jedoch sah die Sache anders aus, eine Mischung aus persönlicher Hingabe und Gier konnte zum unwiderstehlichen Impuls werden, sich neu zu orientieren. Es schien, alles bewege sich in eine neue Zukunft, vergleichbar vielleicht mit der Zeit der kommunistischen Revolutionen von 1917 bis 1919. Beide Parteien, Protestanten wie Katholiken, verkündeten eine universale Wahrheit, und der Erfolg der Protestanten entmutigte und demoralisierte die Katholiken.

Dann aber kam der Schock, dass die neue und universale Wahrheit des Protestantismus in Ländern wie Spanien und Italien ignoriert, in England auf bestürzende Weise aufgenommen und zum Schluss verächtlich zurückgewiesen wurde, von den Habsburgern ebenso wie von den Königen Frankreichs; ein Schock, von dem sich der Protestantismus nie erholte. Als nun weit und breit kein neues Jerusalem in Sicht kam, verwickelte sich das protestantische Lager in Konflikte und Widersprüche, sodass sich ein enormer geistiger und spiritueller Raum öffnete – das Reformkonzil von Trient war ein Ausdruck dessen (1545–1563) – und die katholische Kirche zum Gegenschlag ausholen konnte.

Karl und Ferdinand rührten nun viele Ängste auf. Territorial zerstückelten Besitz hatte es immer gegeben, aber Maximilian I. hatte mit seinen Winkelzügen ein Familiennetzwerk geschaffen, das nicht nur außerordentlich mächtig war, sondern sich auch vielen Zufällen verdankte, mit Folgen, die er nicht hatte absehen können. Königliche Familien waren es gewohnt, Europa zu durchqueren und allerlei Verbindungen zu stiften, um daraus Ansprüche und Möglichkeiten abzuleiten. Die Eltern von König Ludwig II. von Ungarn waren in Polen und Frankreich geboren, und in der Person Karls V. vereinigten sich die merkwürdigsten Züge gewissermaßen paneuropäischer Herkunft. Noch aber schienen die Habsburger auf dem Weg, wirklich zu Erben des Römischen Reichs zu werden, und verwiesen die anderen Monarchien in die Rolle der Untertänigkeit oder schluckten sie, wie die ungarische und die böhmische, gleich ganz.

Zwischen Karls ererbter politischer Größe und der Last seines persönlichen Erbes klaffte eine gewaltige Lücke. Anscheinend war es seine Urgroßmutter, die masowische Piastenprinzessin Cimburgis, der die Familie die schreckliche Habsburger Unterlippe zu verdanken hatte, die Karl und vielen seiner Nachkommen so zusetzte. Die Männer konnten versuchen, sie unter extravaganten Bärten zu verbergen, aber zahllose Porträts zeigen Frauen, die aussehen, als hätte man ihnen einen scheußlichen rosafarbenen Schuh an die untere Gesichtshälfte geklebt. Außerdem litt anscheinend auch Karl an der Melancholie, die so verheerende Auswirkungen sowohl auf der mütterlichen als auch auf der großväterlichen Seite seiner Familie gezeigt hatte und die in Karls Nachkommenschaft wieder auftauchte, ein besonders bekannter Fall war sein Großneffe (und Enkel!) Rudolf II.

Europas Landkarte wies nun viele protestantische Flecken auf, und diese Spaltung der Christenheit veränderte das Verhältnis der Menschen zur habsburgischen Hegemonie. Aber das war nicht nur eine Frage von zwei religiösen Parteien. Nach Karls Sieg über die lutherischen Fürsten, auf dem Reichstag von 1555, wurde der Augsburger Reichs- und Religionsfrieden geschlossen, der den lutherischen Reichsständen die freie Religionsausübung zugestand; auf jedem Territorium würde fortan der Glaube des jeweiligen Herrschers praktiziert. Das aber hatte schon insofern einen Haken, als eben nach der Confessio Augustana nur die lutherischen Stände eingeschlossen wurden, die strenggläubigen Kalvinisten nicht zu existieren schienen. Diese Missachtung sorgte für tiefen Groll und veränderte auch Länder wie Schottland und Siebenbürgen. Katholische Gebiete waren von den Unschärfen des Religionsfriedens ebenso betroffen.

Bereits 1525, nach einem langen Gespräch mit Luther, in dem es um das Seelenheil gegangen war, hatte der Großmeister des Deutschen Ritterordens, Hohenzollernprinz Albrecht von Preußen, urplötzlich erklärt, Gott habe ihm gesagt, er solle Lutheraner werden und die baltischen Gebiete, die zu regieren er gewählt sei, zum erblichen Privatbesitz seiner Familie machen; ein Coup, der einem die Sprache verschlägt. Diese Unverfrorenheit eines dreisten Individuums, einfach herzugehen und sich eine große katholische Kreuzfahrerbastion in die Tasche zu stecken, brachte Könige und Fürsten in ganz Europa auf neue Gedanken. Heinrich VIII. zum Beispiel erkannte, dass er mit einem solchen Streich seine alte Ehefrau loswerden, eine entzückende neue Frau ergattern und gleich noch das Eigentum der Klöster und Orden seines Königreichs kassieren konnte: Es war also durchaus lohnend, über einen Bruch mit dem Papst nachzudenken.

Mit dem Augsburger Religionsfrieden wurde ein Handel durchgesetzt, von dem viele einzelne amtierende Herrscher profitierten, aber wie weit konnten die Protestanten gehen, ohne gewaltsame Reaktionen der Katholiken zu provozieren? Beide Nachfolger Karls und Ferdinands, Maximilian II. und Rudolf II., folgten in religiösen Fragen, wie damals üblich, dem Grundsatz «Leben und leben lassen», und in dieser Hinsicht war der Augsburger Religionsfrieden ein Erfolg, doch mit dieser Regelung waren Religion, Erbfragen und Herrscherperson auf eine Weise miteinander verwoben worden, die sich, unter entsprechenden Umständen, als verheerend erweisen konnte. Karl betrachtete den Religionsfrieden als Misserfolg – auch wenn er wohl nichts hätte tun können, um die Ausbreitung des Protestantismus aufzuhalten, und 1555 war es definitiv zu spät. Seine persönlichen Leiden, seine Erschöpfung und sein vorzeitiges Altern beeindruckten seine Gegner wenig, sie sahen nur die Macht des Hauses Habsburg. Selbst Verbündete unter den deutschen Fürsten, die auf katholischer Seite zu stehen schienen, wandten sich gegen den Kaiser. Dazu ging noch ein letzter, seltsamer Schachzug in Ehe- und Erbangelegenheiten schief. Auslöser war ein überraschendes Ereignis: Unerwartet, mit erst fünfzehn Jahren, starb Eduard VI. von England, und seine viel ältere Schwester, die tief katholische Maria I., kam auf den Thron. Karl fädelte eine Heirat zwischen seinem Sohn Philipp und Maria ein. Die Rolle, die Philipp in England spielen sollte, wurde sorgfältig eingegrenzt, aber er war König von England, und sein Konterfei erschien zusammen mit dem Marias auf Münzen – was wütende englische Nationalisten, Verträge hin oder her, unerträglich fanden. Die ganze Sache war offen, gleichwohl hoffte Karl, dass ein Sohn von Philipp und Maria irgendwann England, und Burgund erben würde und so ein ansehnlicher, wenn auch merkwürdiger neuer Staat entstünde – auch England wäre dann habsburgische Provinz geworden. Doch dieses erregende Was-wäre-wenn führte zu nichts: Maria war wohl zu alt, um ihr erstes Kind zu bekommen, eine vermutete Schwangerschaft erwies sich als Scheinschwangerschaft; ein anderer Ausgang freilich hätte die erstaunlichsten Folgen haben können. Doch Maria starb, nachdem sie den Thron erst fünf Jahre innegehabt hatte, und nahm ein möglicherweise habsburgisches England mit ins Grab.

Nach dem Religionsfrieden sah sich Karl nur noch von Katastrophen umgeben, und krank und gebrochen entschied er sich, sein Amt zur Verfügung zu stellen: ein beispielloser Schritt, selbst der Papst sprach von der «merkwürdigsten Sache, die je passiert ist». Wenn ein Thron erblich war, dann gehörten Verfall und Tod eines Herrschers eben dazu, und es war schon sehr sonderbar, dass einer den Kram vorzeitig hinschmiss. In vielen Schilderungen erscheint Karl, wie er in Brüssel, von schluchzenden Adligen umgeben, seinen großen Akt des Verzichts vollbringt, als edel und beeindruckend. Genauso gut aber ließe sich diese Handlung nur als ein Ausdruck der in seiner Familie verbreiteten Überheblichkeit interpretieren – Karl, der stets an seine Vorgänger und Nachfolger dachte, wird sich gewiss als Glied in der großen Kette der Habsburger gesehen haben. Im Amt zu sterben, umgeben von den üblichen Heuchlern und ungeduldigem Geraune, das hätte jeder fertiggebracht, wie viel eindrucksvoller war es da, Ämter und Würden persönlich zu übergeben. Elf befriedigende Monate nahm dieser Prozess in Anspruch, in einer Folge eindrucksvoller Erklärungen übergab er seinem Sohn Philipp im Oktober 1555 Burgund, im darauffolgenden Jahr Spanien – natürlich einschließlich der beiden Amerika –, im April 1556 die Franche-Comté, die mit dem Herzogtum Burgund nicht zu verwechselnde, separate Grafschaft Burgund, und im September wurde das Amt des Heiligen Römischen Kaisers an seinen Bruder Ferdinand übertragen, der schon die habsburgischen Erblande besaß und König von Böhmen und König von Ungarn war.

Wie bei vielen anderen Erbteilungen der Habsburger blieb auch hier die Möglichkeit offen, dass sich die beiden Zweige der Familie eines Tages wieder vereinten. Niemand wusste jedoch, welcher von beiden als der führende zu gelten hätte: Der Heilige Römische Kaiser stand über allen, aber was sich in Spanien tat, war nicht zu übersehen. Vollständig vereint hatte es endlich einen eigenen residierenden König und konnte sich, um das Maß voll zu machen, 1581 noch Portugal und dessen amerikanische und asiatische Territorien einverleiben. Beide Linien der Familie verhielten sich, als läge die Führung bei ihnen, und das trug wesentlich dazu bei, dass sie auch getrennt blieben. Der zweifellos reichste und mächtigste Mann Europas war Philipp II. in Madrid. Die spanische Kultur hatte einen entscheidenden Einfluss – die reiche, schwermütige Düsternis seines Hofes war bis ins 18. Jahrhundert hinein maßgebend auch für die Atmosphäre in Wien, Wien dagegen zählte wenig in Madrid. Maximilian II. lebte viele Jahre am spanischen Hof, bevor er Kaiser wurde, auch sein Sohn und Nachfolger Rudolf II. wuchs dort auf. Die österreichischen Länder galten als etwas rückständig – ein ödes Grenzgebiet, in dem häufig gekämpft wurde, keinesfalls zu vergleichen mit der Größe des spanischen Weltreichs.

Der entscheidende Augenblick kam, als Ferdinand nach einer nur kurzen Regierungszeit starb. Karl wollte Philipp zu seinem Nachfolger machen, doch Ferdinand hatte auf der Fortsetzung seiner direkten Linie bestanden. Ohnehin ist schwer vorstellbar, dass die Kurfürsten einen Spanier als Kaiser akzeptiert hätten, schon gar keinen so mächtigen und tief katholischen. Es könnte nun gut sein, dass Ferdinands Schritt, seinen Sohn, den späteren Maximilian II., zum Nachfolger zu bestimmen, notwendig gewesen war, damit Habsburg das Amt überhaupt behalten konnte. Das hatte eine gewisse Entfremdung zwischen den beiden Zweigen der Familie zur Folge, was sie aber, eine gruselige Vorstellung, nicht daran hinderte, immer wieder untereinander zu heiraten. Ihre Arroganz ging einfach so weit, dass keine andere Familie gut genug schien. Also heiratete Maximilian II. seine Cousine ersten Grades, Maria, die Schwester Philipps II., und später heiratete Philipp II. Maximilians Tochter Anna, das heißt eine Nichte! Glücklicherweise folgten dann einige unverheiratete Kaiser oder solche, die aus der Reihe tanzten. Doch in den 1630er Jahren heirateten beide Familienzweige wieder untereinander, mit katastrophalen genetischen Folgen, Problemen bei der Geburt und der unausweichlichen Habsburger Unterlippe.

Mit großem Bedauern muss ich jetzt die Szene wechseln, weg von der weihrauchgeschwängerten Majestät des spanischen Hofs – dessen Weg ganz woandershin führte, in Geschichten, in denen Silberminen, Schokolade und Zitteraale eine Rolle spielten –, und mich den eingeschneiten, befestigten binnenländischen Territorien zuwenden, die Ferdinands Nachkommen bis ins 20. Jahrhundert regierten.

Der Heldenharnisch

Eines der bedauerlichsten Ereignisse des Jahres 1665 ist der Untergang eines Schiffes, das auf der Donau nach Wien unterwegs war und die gesamte Musikbibliothek des Habsburger Hofs in Innsbruck mit sich in die Tiefe riss. Dass sich Tausende unersetzlicher Musikhandschriften im trüben Wasser auflösten, war der letzte Akt in der Geschichte der Tiroler Habsburger. Die genauen Ursachen dieses Unglücks sind unbekannt, Innsbruck aber, das wissen wir, war als Zentrum des musikalischen Schaffens nicht weniger bedeutsam als Salzburg oder Wien. Generationen glänzender Musiker und Komponisten waren aus Italien an den Hof in Tirol gekommen, unter ihnen auch Giovanni Antonio Pandolfi Mealli, dessen Namen wir nur deshalb kennen, weil er zwei Sonatensammlungen für Violine veröffentlichte, die großen Einfluss auf Henri Purcell und Johann Sebastian Bach hatten (sogar eine seiner schönsten Melodien hat Purcell von ihm gestohlen). Und wir wissen, dass er die erste seiner Sammlungen (Opus 3) der Tiroler Landesfürstin Anna von Medici, die zweite (Opus 4) dem regierenden Erzherzog Ferdinand Karl widmete, beide sind in Innsbruck entstanden und wurden 1660 gedruckt. Vielleicht ist Pandolfi identisch mit einem schon etwas älteren und produktiven Komponisten vieler großer

Messen und einer beispiellosen Folge von Werken für alle wichtigen Instrumente, der im Alleingang auch die Oper des 17. Jahrhunderts sehr viel interessanter hätte machen können, als sie dann wurde. Er könnte aber genauso gut ein launisches, ungebärdiges Wunderkind gewesen sein, das eine Handvoll Sonaten schuf, bis seine entnervten Erzieher es kurzerhand an einen Mann verkauften, der zuverlässige Galeerenruderer suchte. Wir werden es nie wissen – alles, was jenes Schiff geladen hatte, ist untergegangen.

Pandolfis Sonaten aber lassen eine magische, hochkultivierte Welt aufleben. Sie sind für berühmte italienische Hofmusiker geschrieben: für Geiger, Kastraten und den großen Kapellmeister Antonio Cesti. Dieser komponierte auch: Cestis Opern sollten Kaiser Leopold I. im folgenden Jahrzehnt begeistern. Wie so häufig in der Musik, lassen auch Pandolfis Sonaten wenig über Umfeld und Beteiligte erkennen – wir wissen buchstäblich nichts über den Komponisten, nicht, was er mit seinen wunderbaren Sonaten im Sinn hatte, nichts über seine Beziehungen zu den Personen, für die er sie schrieb.

Sein Gönner, Erzherzog Ferdinand Karl, war ein in jeder Hinsicht äußerst unangenehmer Absolutist, der noch in dem umwerfenden Aufzug, in dem ihn der Kammermaler Frans Luycx um 1664 verewigte, der Nachwelt spottet – er steckt in einer Masse von extravagantem scharlachrotem Stoff mit Brokatbesatz und voluminös drapierten Schleifen sowie den vielleicht schönsten Stiefeln der europäischen Geschichte. Er starb jung (1662), und drei Jahre später folgte der gleichfalls frühe Tod seines jüngeren Bruders Sigismund Franz, sodass die Tiroler Linie der Habsburger Dynastie endete. Sigismund Franz war, als sein Bruder starb, Bischof von Trient. Er gab eilends alle kirchlichen Ämter auf, zog nach Innsbruck, verheiratete sich und wollte einen Sohn zeugen. Doch so viel Zeit blieb ihm nicht: Nur zwölf Tage nach der Hochzeit starb auch er. Damit wurde Innsbruck – nach einer langen kulturellen Blütezeit, die mindestens von Maximilians I. großartigem Grabmal mit dem stattlichen Aufgebot an Standbildern bis zu Ferdinands Komponisten reichte – zu einer provinziellen Außenstelle Wiens und kulturell zu einem Nest; daraus resultierte auch die unglückliche Entscheidung, das Musikarchiv zu verlagern.

Der Innsbrucker Hof war das Zentrum der habsburgischen Territorien in den Alpen südlich Bayerns, von dem aus Tirol und das entzückende Häppchen Vorderösterreich regiert wurden. Große Teile der Habsburger Erblande hingen oberflächlich zusammen – ein Nebeneinander richtiger Königreiche und direkt regierter Herzogtümer –, und darin unterschieden sie sich beträchtlich vom übrigen Heiligen Römischen Reich. Aber als jemand, der sich viel zu lange in politisch so absurden Gebilden wie Schaumburg-Lippe oder Hohenlohe-Weikersheim herumgetrieben hat, entlockt es mir jedes Mal einen Juchzer, wenn ich an das freundliche, eigenartige Vorderösterreich denke. Auf einer Landkarte wirkt Tirol recht kompakt und im Ganzen einleuchtend, politisch-pragmatisch betrachtet war es jedoch eine aberwitzige Masse von Partikularismen, Parzellen nicht größer als Alpentäler, die zudem, jahreszeitlich bedingt, manchmal voneinander abgeschnitten und deren Einwohner sehr selbstbewusste Leute waren, mit ganz eigenen Ideen über Fremde. Es ist symptomatisch für Tirol, dass der berühmte Ötzi aus der Kupferzeit seinen mumifizierten Leichnam gerade dort aus dem Eis ausgraben ließ – denn zum einen war er, mit seinen Fellen und seiner Tasche voller Heilkräuter, sehr auf sich selbst gestellt, zum anderen steckte ein Pfeil in seinem Rücken.

Würde man eine Landkarte von Tirol nach pragmatischen Gesichtspunkten kolorieren, dann wäre es kein kompakter Block, sondern bestünde aus einer Reihe kleiner Stränge und Kleckse, umringt von wilden Bergen, an denen nur Eisenbahningenieure des 19. Jahrhunderts Gefallen finden konnten, die in den Genuss teurer Aufträge kamen. Dieser Flickenteppich setzte sich im übrigen Vorderösterreich fort, des Weiteren in verstreuten kleinen Gebieten zwischen Augsburg und Straßburg, um die Donau herum und am Bodensee, die weder harmonierten noch ein Ganzes ergaben. All diese Territorien hatten sich die frühen Habsburger nach dem süddeutschen «Big Bang» angeeignet, der Zerstückelung Schwabens, nachdem die Dynastie der Hohenstaufen im Jahr 1268 erloschen war. Selbst die detailliertesten historischen Landkarten schaffen es nicht, die Menge der «Waldstädte», Stützpunkte, religiösen Gründungen und uninteressanten Dörfer wiederzugeben, die das Bild Vorderösterreichs bestimmten. Die Region war dünn besiedelt, und das bedeutete, dass sie nicht viel zählte. Aber hier lag die ursprüngliche Heimat der Habsburger – auch wenn die Schweizer sich das ein oder andere Stück angeeignet hatten –, darum musste sie verteidigt werden, mochte sie noch so unhandlich sein. Es waren ja gerade solche kleinen, zufällig erworbenen Gebiete wie der Sundgau, eine sehr alte Besitzung im Südelsass, durch welche die Habsburger zu einer westeuropäischen Macht geworden waren; hier liegt der Grundstein der Feindseligkeit zwischen Habsburgern und Franzosen. Insofern ist es vielleicht der Hauptzweck dieses Buches, Leser gegen solche Topoi wie «der strategische Wert des Sundgaus» zu immunisieren, auch wenn sie natürlich ihren eigenen Reiz haben.

Um Vorderösterreich auf immer zu vereinnahmen, wurden den spanischen Habsburgern diverse kleine Territorien überlassen: Das sollte sie dazu bringen, keine Ansprüche auf Gebiete der Wiener Linie zu erheben, und in Richtung Niederlande würden sie freie Bahn haben. Das hatte Folgen: 1648, am Ende des Dreißigjährigen Kriegs, nachdem kaiserliche, schwedische und französische Truppen den Sundgau verwüstet hatten, wurde das nahezu entvölkerte Territorium an die Franzosen verkauft – damit finanzierte Erzherzog Ferdinand Karl seine Vorliebe für italienische Musik. Sehr viel später dann sprach Napoleon den größten Teil des Sundgaus und weitere kleine Gebiete dem Herzog von Baden beziehungsweise dem König von Württemberg zu. Und weil die Österreicher während des Wiener Kongresses erkannten, dass sie das Wohlwollen dieser Herrscher brauchten, sahen sie davon ab, die Rückgabe Vorderösterreichs zu verlangen. Nur eine Ausnahme gab es, ein kleines Territorium am östlichen Ufer des Bodensees: Vorarlberg mit seiner Hauptstadt Bregenz verblieb den Habsburgern als Erweiterung Tirols nach Westen. Welthistorisch war diese Region nicht weiter interessant, außer dass sich ein undankbarer und eigensinniger Zipfel am Ende des Ersten Weltkriegs von Österreich trennte und der Schweizer Eidgenossenschaft beitrat. Ich verspreche es: Auf diese versprengten Gebiete Vorderösterreichs werde ich nicht mehr zurückkommen.

Diese merkwürdigen kleinen Ländchen und die Probleme, die dieser Streubesitz seinen Herren machte, schmälern natürlich nicht die Bedeutung Innsbrucks. Es hatte, eingeklemmt in einer unwegsamen Bergwelt, zentrale Bedeutung für die große Handelsroute von Bayern nach Italien, denn die Stadt beherrschte den Zugang zum Brenner und war damit eines dieser Nadelöhre, an denen die europäische Kultur am veränderlichsten und kreativsten war – der deutschsprechende Ferdinand Karl war dem Beispiel seines Vaters gefolgt und hatte eine Medici geheiratet, die deutsch-italienische Anmutung Innsbrucks erfüllt die daraus entstehenden Erwartungen. Ich bin dem auf meine bescheidene Weise nachgegangen. Einige Tage hatte ich in der sonnigen Welt von Gorizia (Görz) und dem Trentino bei Risotto und köstlichen Tomatensalaten verbracht, bin dann nach Innsbruck hinübergefahren und habe, um meiner Überquerung einer so aufregenden kulturellen Wasserscheide ein Zeichen zu setzen, ein Tiroler Bauernomelette bestellt, eine mächtige und fettige Angelegenheit – hätte der Bauer, der, rotfleckig im Gesicht, kerzengerade in seiner Traktorkabine sitzend vorbeifuhr, den Fehler begangen, sich das zu Mittag einzuverleiben, er wäre tot umgefallen.

Irgendwo in diesem Buch muss es einen Abschnitt über die Tiroler Habsburger geben, und das geschieht besser hier und nicht später, denn wenn Innsbruck etwas von unserem knappen Platz beanspruchen kann, dann nur mit der Regentschaft des großen Erzherzogs Ferdinand II. von Tirol, die von 1564 bis zum seinem Tod im Jahr 1595 dauerte. Die eigenständige Tiroler Linie kam und ging und wurde immer mal wieder der direkten Kontrolle Wiens unterstellt. Ferdinand hatte die sehr schöne Bürgerliche Philippine Welser geheiratet, eine Ehe, die natürlich sehr diskret behandelt und nur genehmigt wurde, weil die Söhne keinerlei Erbansprüche hatten. Da aus seiner späten zweiten Ehe nur Töchter hervorgingen, war nach seinem Ableben auch schon wieder Schluss mit der kurzen Unabhängigkeit Tirols. Ferdinand hatte das Amt nach einer abenteuerlichen Jugend angetreten, sein Vater, Kaiser Ferdinand I. – es gibt so verwirrend viele Ferdinands –, setzte ihn als Statthalter in Prag ein und übertrug ihm 1556 die Führung des Feldzugs gegen die Osmanen. In seinem Testament vermachte er ihm die Herrschaft über Tirol und die Vorlande, jenen bereits erwähnten territorialen Flickenteppich am Bodensee, im Schwarzwald und im Elsass; sein älterer Bruder Maximilian, der in Wien regierte, wurde Kaiser Maximilian II. Der kunstsinnige Ferdinand wollte in Innsbruck etwas Bemerkenswertes schaffen, und es ist eine Schande, dass in der Stadt heute kulturell so wenig geschieht, sich vielmehr alles ums Skifahren dreht, denn Ferdinands Wohnsitz, Schloss Ambras oberhalb Innsbrucks – mit seiner unstandesgemäßen Ehefrau wollte er nicht im Stadtschloss leben! –, ist ein wahres Wunder, einer der wenigen Orte, an denen es möglich ist, sich tatsächlich in die Gedanken eines Renaissancemäzens hineinzuversetzen und unter ihrem Eindruck umherzuwandeln.

Weil Ferdinand keinen Nachfolger hatte, wurde seine Kunst- und Wunderkammer zerstreut; sein Neffe, Kaiser Rudolf II., nahm sich einige der kostbarsten Rüstungen und Kuriositäten für die eigene Sammlung, die zuerst nach Prag und dann, unter Rudolfs Nachfolgern, nach Wien kam. Wasser, Brände und Insekten vernichteten weitere Teile, dazu kam noch das gesunkene Schiff voller musikalischer Schätze, und manches landete schließlich in Stockholm: als Beute marodierender schwedischer Soldaten im Dreißigjährigen Krieg. Doch was in Schloss Ambras verblieb, ist noch immer eine ansehnliche Menge, Höfe und Hallen verströmen bis heute Ferdinand'schen Geist.

Die Sammlungen enthalten das früheste Bild von Dracula und eine lange Reihe Habsburger Familienporträts, auf denen sich der monströse Unterkiefer durch Generationen hindurch verfolgen lässt. Viele eigenartige Stücke ganz unterschiedlicher Herkunft geben einen annähernden Eindruck von Ferdinands Kuriositätenkabinett, etwa die beiden vollkommenen Memento mori – ein aus Birnbaumholz geschnitztes Skelett eines Bogenschützen, das «Tödlein», das Ferdinands Ururgroßvater Maximilian I. bei Hans Leinberger in Auftrag gegeben hatte, und ein kleines geschnitztes und gerahmtes Skelett, dessen Kinn in einer spöttischen philosophischen Pose in seiner Hand ruht. Um es richtig zu sehen, muss man ganz dicht herantreten und nach oben schauen – und entdeckt so in einem Spiegel hinter der Figur das eigene Gesicht. Solche Objekte, die in der Bilderwelt des Heavy Metal wieder auftauchen, haben mir schon immer gefallen, bei meinem letzten Besuch auf Schloss Ambras jedoch habe ich bemerkt, dass ich mich allmählich einem Alter nähere, in dem man sich von Memento-mori-Darstellungen unangenehm angesprochen fühlt; ich spürte, dass ich sie nun mit einer gewissen Abwehr und Ungeduld betrachtete. Wie Hochzeitsfotos oder Bilder von der Abschlussfeier an der Universität sitzen sie über die Jahre geduldig und warten auf die Zeit, da sie ihre volle Wirkung entfalten.

Auf einem merkwürdig naiven Porträt des jungen Ferdinand wird ein gewichtiges Stück Familiengeschichte erzählt: Sein Vater hatte ihn nach Brüssel geschickt, wo er seinen Onkel Karl V. bitten sollte, nicht abzudanken. Die Mission war natürlich ein Fehlschlag gewesen, aber dieses Gemälde wert: Man sieht ein kleines Haus, durch dessen Fenster den kränklichen Karl und etwas entfernt davon Ferdinand mit Halskrause auf seiner großen Reise. Das ganze

Bild verlangt nach einer fetten Schlagzeile. Ich kann nicht anders, ich muss auch die außergewöhnlichen Porträts von Petrus Gonzalez und den seinen erwähnen, die von Teneriffa stammten und geschlagen waren mit einem dicken, dichten Haarkleid an allen möglichen und unmöglichen Körperstellen, einer Hypertrichose. Sie lebten als «Haarmenschen», als lebende Kuriositäten, an allerlei Höfen von Paris über Brüssel bis Parma, und auch bei Ferdinands Tante Margarethe verbrachten sie einige Zeit. Die Porträtierten wirken würdevoll, aber auch unheimlich in ihrer eleganten Hofkleidung, das Fremdartige ihrer genetischen Veranlagung ist in diesen Gemälden bewahrt – heute wird sie «Ambras-Syndrom» genannt.

Im Mittelpunkt von Ferdinands Sammlung standen Symbole des Heldentums – Tapferkeit im Kampf, ritterlicher Habitus und pompöse Großzügigkeit. Er gab große Summen aus, erbat sich Gefälligkeiten in ganz Europa, erbte ältere Sammlungen und empfing von anderen Herrschern die ungewöhnlichsten Geschenke – all das erlaubte ihm, seiner Leidenschaft nachzugehen. Die heute präsentierte Sammlung umfasst nur einen Bruchteil dessen, was sie einmal war, ist indes noch immer beeindruckend – so sind kunstvoll geschmiedete Rüstungen von den Helden der Zeit zu sehen: die vom Feuer geschwärzte Rüstung des Markgrafen von Mantua, der in der Schlacht von Fornovo den schrecklichen Karl VIII. aus Italien vertrieb; die Rüstung des Pfalzgrafen bei Rhein, des Befehlshabers des deutschen Reiterheers, das 1529 das belagerte Wien entsetzt hatte; die Rüstung von Ferdinands wichtigstem Adjutanten im türkischen Feldzug von 1556, die Rüstung des jungen und bezaubernden Erzherzogs Matthias, der Jahrzehnte später, während des Dreißigjährigen Kriegs, verdrießlich und in die Jahre gekommen, Kaiser wurde. Die Beleuchtung etwas gedimmt oder eine brennende Fackel wären ideal, aber selbst im hellen Museumslicht sind diese wunderbar ausgeführten, wie historische Exoskelette anmutenden Bewehrungen eindrucksvoll. Ferdinand sah darin Rüstungen eines Goldenen Zeitalters, um die sich allerlei Legenden rankten. Auch viele Turnierrüstungen und Waffen sind zu sehen, darunter osmanische, ebenso «türkische» Masken, die im ritterlichen Nahkampf getragen wurden, und die kolossale Rüstung des Bartlmä Bon, des Riesen, der Ferdinand zum großen Wiener Turnier von 1560 begleitete und allerhand Aufsehen erregte. Ferdinand träumte von großen Taten und Kameradschaft und war anscheinend mit einer Art kriegerischer Melancholie geschlagen, einem soldatischen Äquivalent zu der Weinerlichkeit, die manche Rugbyspieler im mittleren Alter befällt. Als Hintergrundrauschen ist diese Stimmung allgegenwärtig.

Es gibt ein großformatiges Bild der Admirale von Lepanto, jener Seeschlacht von 1571, in der die Streitkräfte der Heiligen Allianz die osmanische Kriegsflotte zerstörten und so die tödliche Umklammerung Europas durch die Osmanen beendeten – das größte Ereignis zu Ferdinands Lebzeiten. Auf dem Gemälde, im Hintergrund die brennenden und sinkenden osmanischen Galeeren, posieren sie, die Helden des christlichen Europa – Ferdinands unehelicher Onkel Don Juan, Marcantonio Colonna und Sebastiano Veniero, alle mit Gesichtern, als könnten sie ein stolzes Grinsen nur mit Mühe unterdrücken. Wie bei den Rüstungen lässt sich auch hier lebhaft vorstellen, dass Ferdinand keine Gelegenheit ausließ, zum x-ten Mal vor Besuchern die Einzelheiten von Schlacht und Sieg zu erörtern.

Vielleicht war Ferdinand ein schrecklicher Mensch, doch jedes Mal, wenn ich auf Schloss Ambras bin, kommt es mir vor, als sei er einer der Habsburger gewesen, die es lohnenswert machen, sich mit der Familie zu beschäftigen, und die für all die frommen Opportunisten entschädigen, die den Familienstammbaum übervölkern – eine Gestalt auf gleicher Höhe wie Maximilian I. Dass er bereit war, seine Nachkommen aus der Erbfolge ausschließen zu lassen, um eine Bürgerliche heiraten zu können, macht ihn durchaus sympathisch. Insofern passt es, dass er in einer der Hofkirche angeschlossenen Kapelle begraben ist. Sein Vater, Kaiser Ferdinand I., hatte die Hofkirche erbauen lassen, um Maximilians Kenotaph unterzubringen. Alexander Colyn, ein flämischer Bildhauer, schuf jene Reliefs von Schlachten und Hochzeiten, die Dürer Generationen zuvor entworfen hatte und mit denen die Seiten des Kenotaphs verkleidet sind, die sich aber auch auf den Grabmalen der ersten Frau Ferdinands und des Erzherzogs fortsetzen. Ein seltsamer, aber glücklicher Einfall war, Ferdinand in voller Rüstung auf einer aus der Kapellenwand vorspringenden Stufe vor einem Altar mit der Jungfrau Maria knien zu lassen. Dieses stilisierte Stück mystischer Renaissanceritterlichkeit mutet unmittelbar und ein wenig unheimlich an – als hätte uns Innsbruck in die Gedankenwelt einer fremden Vergangenheit entführt.

Europa unter Belagerung

Das Grenzgebiet zwischen den Ländern Habsburgs und dem Osmanischen Reich befand sich vom 15. bis zum ausgehenden 18. Jahrhundert in einer stets instabilen und bedrohlichen Lage. Diese lange mäandernde Linie von der Adria bis zu den Karpaten, die durch Angriffe der Osmanen immer wieder gewaltsam nach Westen verschoben wurde, beherrschte das Leben zahlloser Familien, die sich, aus nacktem Überlebenswillen, so organisierten, dass sie jederzeit kampfbereit waren. Der Kaiser mochte noch so sehr von Aufgaben in den Niederlanden, in Tunesien oder in den deutschen Territorien in Anspruch genommen sein, während seiner Abwesenheit bemühte sich ein ständiger Kriegsrat in Graz, dieses riesige Gebiet im Griff zu behalten, allzu oft vergeblich. Nach der Katastrophe von Mohács fielen die Osmanen immer wieder irgendwo ein, verwüsteten ganze Landstriche, gewannen diesen oder jenen hinzu, im Großen und Ganzen aber hielt diese Zone, die sogenannte Militärgrenze, stand.

Wie grausam das Leben dort war, ist in einer bemerkenswerten Wandmalerei auf der Fassade des Grazer Doms überliefert. Das Jahr 1480 hatte so viel Unglück gebracht, dass man es für angemessen hielt, den Maler Thomas von Villach zu engagieren, dessen Werk die Überlebenden daran erinnern sollte, dass sie in Gottes Schuld standen, da er über sie gewacht habe. (Wie auch den Pestsäulen ist solchen Erinnerungsmalen gleichwohl stets ein Vorwurf immanent, die zweifelnde Frage, wie wachsam Gott denn tatsächlich gewesen war.) Auch wenn das Gemälde ziemlich verwittert ist, noch immer lässt sich eine himmlische Heerschar erkennen, die über Graz schwebt, während die Pest, osmanische Plünderer und Missernten sich heimtückisch verbünden und große Teile der Bevölkerung dahinraffen. Pestopfer werden in ihre Särge gelegt; die Hungersnot hatten Heuschrecken verursacht, die groß wie Krähen auf dem Bild besonders furchterregend wirken (eine nachvollziehbare Modifikation des Malers, denn in wirklicher Größe dargestellt wären sie nicht zu erkennen). Dabei war 1480 noch nicht einmal ein ungewöhnliches Jahr gewesen, solche verheerenden Schicksalsschläge konnten in wenigen Wochen ein Viertel der gesamten Stadtbevölkerung töten – Naturkatastrophen, die es in vergleichbarer Größenordnung heute nicht mehr gibt.

Das dritte Element in diesem Grazer Martyrium ist ein Überfall der Osmanen. In einem Sklavenpferch sind kleine Figuren zu erkennen, denen das Schicksal droht, wie es Hunderttausende von Deutschen, Kroaten und Ungarn zu erleiden hatten, die in Reihen aneinandergefesselt auf osmanisches Territorium verschleppt wurden. Die Strafen für Niederlagen waren außergewöhnlich hoch in Mitteleuropa. Für in Italien kämpfende Soldaten zum Beispiel bestand die Strafe für eine verlorene Schlacht in der Regel darin, dass ihnen ein Platz im Heer des Siegers angeboten wurde; die Zivilbevölkerung auf der Verliererseite hatte, von wenigen Ausnahmen abgesehen, entweder gar nichts zu befürchten oder wurde zur Zahlung exorbitanter Steuern verurteilt. Wer jedoch in den Gebieten der Militärgrenze zu den Verlierern gehörte, wurde in die Sklaverei verschleppt. Der größte Teil der Grazer Befestigungsanlagen ist inzwischen geschleift worden, jahrhundertelang jedoch starrte die Stadt vor Mauern, Türmen, Wassergräben und Geschützbastionen, die immer weiter ausgebaut wurden. Graz und der Kriegsrat waren das Zentrum, von hier aus wurden Soldaten entsandt, Nachschub, Geld und Befehle an kleinere Festungen im Süden und Osten geschickt; die Sicherheit ihrer südlichen Flanke hing für die Habsburger an der erfolgreichen Verteidigung von Graz. Auch wenn es seine militärischen Anlagen verloren hat, das Stadtbild bleibt eindrucksvoll, und am massigen Felsen über der Altstadt, auf dem einst die Burg stand, lässt sich noch immer erkennen, dass Graz lange Zeit Festung war.

In den Familien, die damals in der Region lebten, wird man wohl häufig darüber gesprochen haben, dass es vielleicht besser wäre, in eine ruhigere Gegend zu ziehen, jedenfalls hatten die Grazer Behörden alle Hände voll zu tun, die Einwohnerzahl auf einem angemessenen Stand zu halten. Um Menschen nach Graz zu locken, wurden außerordentliche Privilegien versprochen, dazu Land, Geld und Ansehen, wenn sich die Neuankömmlinge zu erhöhter militärischer Bereitschaft verpflichteten. Als Serbien und Bosnien osmanisch geworden waren, zogen viele Flüchtlinge, manchmal in großen Gruppen, auf die habsburgische Seite: So waren, etwa in Slawonien, jene multikulturellen Gesellschaften entstanden, die 1992 so brutal entmischt wurden. Netze von Kundschaftern, Wächtern, Spionen, Kurieren und Wachtürmen bildeten die Nervenenden des Grenzgebiets, allerdings konnten Trupps osmanischer Plünderer ebenso schnell sein wie die Schreckensnachricht von ihrem Auftauchen, und innerhalb von Stunden waren ganze Gemeinden ausgelöscht. Um sich zu verteidigen, halfen nur dicke, gut bemannte Mauern und genügend Vorräte, damit den Angreifern so lange standgehalten werden konnte, bis Hilfe kam. Und der Albtraum nahm kein Ende: Über Jahrzehnte mussten die Bewohner der Grenzgebiete bereit sein, wachsam bleiben, jederzeit mit einem tödlichen Angriff rechnen, auch wenn es lange ruhig blieb. Tatenloses Warten lässt die Verteidigungsbereitschaft natürlich irgendwann schwinden, und die Osmanen wussten auch das zu nutzen.

Ein außergewöhnliches Relikt aus dieser Zeit ist das Landeszeughaus in Graz. In einer Flucht von Räumen sind Abertausende von Waffen zu betrachten, aufgehängt in endlosen Reihen. Die meisten Stücke sind völlig schmucklos, insofern etwas ganz anderes als die Glanzstücke aus aristokratischem Besitz, die in Museen überlebt haben. Eine mit hübsch ziselierten Silberplatten belegte Pistole mag ein schöner Anblick sein, die Waffen im Landeszeughaus aber dienten keinem anderen Zweck, als Menschen zu töten – in großen Mengen zusammengetragene, widerwärtig nützliche Speere, dazu «spanische Reiter», jene abscheulichen, mit Spießen und Pfählen gespickten Baumstämme, an denen sich Pferde die Bäuche aufreißen sollten, Regal um Regal stehen roboterhafte metallisch graue Brustharnische herum, Musketen ohne Ende. Die älteren und einfacheren Ausrüstungsgegenstände, deren scharfe Klingen und Spitzen für jeden erdenklichen Sadismus geeignet scheinen, wirken umso bestürzender, als sie auch nach vier und nach fünf Jahrhunderten nichts von der Möglichkeit verloren haben, schreckliche Dinge mit ihnen zu tun. Mir fällt kein Ort ein, der einen so bedrückenden Eindruck vom Alltagsgeschäft des Krieges gibt – von den furchtbaren Notsituationen, in denen diese Gegenstände zum Einsatz kamen.

Eine einfach hergestellte, für Milizen gerade ausreichende Grundausstattung war etwas ganz anderes als die kunstvollen Waffen und Rüstungen der Kommandeure und ihres Gefolges. Die Milizionäre kamen teils aus einheimischen Familien, teils waren es Abenteurer, die aus ganz Europa in den Osten kamen, weil sie hofften, im Kampf gegen die Osmanen zu Ruhm zu gelangen, oder weil sie ein Kreuzfahrergelübde abgelegt hatten. Irgendwann tauchte wohl ein jeder hier auf, der sich, aus welchen Gründen auch immer, dem Kriegshandwerk verschrieben hatte, und die Strukturen des Reichs ermutigten dazu. In der Hofjagd- und Rüstkammer des Wiener Kunsthistorischen Museums findet sich ein eindrucksvolles Porträt des Landsknechts Konrad von Boyneburg (auch von Bemelberg), das in den 1560er Jahren entstand, als er schon ziemlich alt war. Der Mann trägt eine herrlich verzierte Rüstung, und diese Rüstung hat das Museum direkt neben dem Bild aufgestellt – ein heroischer Einfall. Konrad trieb sich überall herum, zumeist kämpfte er in den Söldnerheeren Karls V. Auf den ersten Blick wirkt er wie ein tugendhafter christlicher Ritter, erst dann sieht man, stolz zu seinen Füßen ausgebreitet, die Kommandostäbe, die Auskunft geben, an welchen Feldzügen er teilgenommen hat: Sie tragen die Namen der Orte, an denen er gekämpft hat, in Süddeutschland, in Norditalien und – besonders abscheulich – in Rom, bei dessen Plünderung im Jahr 1527 seine Landsknechtsfähnlein eine wichtige Rolle gespielt haben, ein schändliches Ereignis, das für ihn anscheinend zur Zufriedenheit verlaufen ist. Konrad rühmte sich auch, in Ungarn gekämpft zu haben, im nördlichen Teil des Grenzgebiets, er war einer dieser hochmobilen, glänzend ausgerüsteten Freibeuter und Halunken, die in dieser Welt von Angriff und Gegenangriff entlang der ersten Verteidigungslinie der Christenheit von so großer Bedeutung waren.

Das Piratennest

Solche schillernden Gestalten wie Konrad formten eine Welt, die anders war als jene freundlichen Gegenden, weit weg von der Militärgrenze. Besonders berühmt unter denen, die die südliche Flanke hielten, in diesem undurchsichtigen Netzwerk der Inseln und Festungen Dalmatiens mit Namen wie Bag, Klis und Krk, waren christliche Freischärler, die Uskoken von Senj. Die Behörden in Graz hatten nur selten wirklich Kontrolle über Senj, manchmal mussten bedauernswerte Habsburger Gesandte dort nach dem Rechten sehen – entweder wurden sie ignoriert oder ermordet. Aus dem Inselgewirr mit seinen Durchfahrten und Buchten heraus überfielen die Uskoken mit kleinen wendigen Seglern osmanische Galeeren, gelegentlich auch Stützpunkte auf dem Festland. Sie bildeten eine merkwürdige, verschworene Gemeinschaft, in der glühender Katholizismus mit unverhohlener Piraterie einherging. Päpstliche Delegaten mussten sich hier mit delikaten Fragen herumschlagen: War es statthaft, eine Streitaxt mit in die Kirche zu nehmen? Durften Priester Schiffe und Waffen der Uskoken segnen, womöglich an Überfällen teilnehmen? Zudem gab es das heikle Problem des Kirchenzehnten, der mit Gütern bezahlt wurde, die oft nach der summarischen Hinrichtung einer glücklosen Schiffsbesatzung geraubt worden waren. Die protzige Gewohnheit der Uskoken, ihr Brot mit dem Blut ihrer Opfer zu würzen, war ein weiteres Thema.

Als teure Söhne der Kirche, die Gottes Werk taten, fielen die Uskoken auf jeden Fall unter eine Risikokategorie. Während des ganzen 16. Jahrhunderts haben verärgerte Abgesandte so viele Berichte über die Uskoken nach Rom geschickt, dass wir wirklich gute Quellen zu diesem abgelegenen Gebiet der Militärgrenze haben. Am überraschendsten ist, wie extrem durchlässig ethnische Zuschreibungen waren: Italiener und Bosnier, die es nach Senj verschlagen hatte, nahmen in Windeseile kroatische Namen an und lernten Kroatisch. Damit zeigt sich im Kleinen, wie die Merkmale, die spätere Nationalisten heilig hielten, in der Praxis einer schriftlosen Gesellschaft nahezu bedeutungslos waren – wie die Menschen sprachen, wie sie hießen und wo sie zur Kirche gingen, war bestimmt durch die Umgebung, in der sie sich befanden, und nicht von genetischen Codes. Dalmatien war jahrhundertelang berühmt für diese Flexibilität, im 20. Jahrhundert aber wurde so etwas für mindestens fünf verschiedene Nationalismen unannehmbar – mit tragischen Resultaten.

Christen nicht weniger als Türken griffen zu Maßnahmen, die so grausam waren wie die Schauerszenen des Grand Guignol. 1532 schickten die Uskoken aus Senj Taschen voller osmanischer Nasen an Karl V., gewiss ein Geschenk, das man lieber schickt als empfängt, aber fast das ganze Jahrhundert hindurch waren diese Taschen auch ein Ausweis dafür, wie nützlich die Uskoken waren. Wild und notorisch grausam, sollten sie einfach mal machen, dachte man sich in Graz und stritt später das Geschehene ab; da das versprochene Geld und auch der Nachschub häufig ausblieben oder irgendwo versickerten, war der Einfluss der Grazer Strategen in Senj ohnehin nicht sonderlich groß. Unglücklicherweise konnten die vollmundigen Verlautbarungen der Uskoken, sie legten den Handel der Ungläubigen im Namen Jesu Christi lahm, den Venezianern nur ein müdes Lächeln entlocken. Denn den Uskoken ging es wie trockenen Alkoholikern, die vor einem Regal mit farbenfrohen kleinen Schnapsflaschen stehen: Sie konnten auch dann nicht widerstehen, wenn venezianische christliche Schiffe ihre Routen kreuzten. Standen Habsburger und Venezianer gerade auf feindlichem Fuß miteinander, war das kein Problem. Graz gab ein paar halbherzige Entschuldigungen ab, zum Beispiel – was nicht mal gelogen war –, dass die Uskoken sich eben nicht kontrollieren ließen. Auch wenn Senj einfach ein Piratennest war, ergab sich allerdings ein anderes Problem, denn offizielle habsburgische Häfen im nördlichen Teil der Adria, Rijeka zum Beispiel, verdienten viel Geld mit Hehlerware der Uskoken, egal, woher diese kam. Eine komplett gestohlene Ladung Straußenfedern zum Beispiel verursachte großen Aufruhr, als sie von Senj – wo man mit Straußenfedern nicht viel anzufangen wusste – ihren Weg die Adria hinauf nach Istrien fand. Habsburger Kaufleute boten sie dort venezianischen Händlern an, die auf Straußenfedern spezialisiert waren – vermutlich waren sie die Leute, die sie ursprünglich bestellt hatten, oder gar die Eigentümer des Schiffes, dessen Besatzung von den Uskoken gemeuchelt worden war. Es ist leicht, sich vorzustellen, wie würdige, kostbar gekleidete venezianische Patrizier mit der geballten Faust auf die Perlmuttintarsien ihrer Tische schlagen. Nach einer ganzen Reihe weiterer Schandtaten mussten sich die Uskoken 1617 schließlich Venezianern und Habsburgern beugen. Die Zeiten herumlungernder Gestalten in Pluderhosen, von Streitäxten in der Kirche und sonderbar schmeckendem Brot waren vorbei. Die Uskoken-Clans von Senj wurden in andere Gegenden der Militärgrenze umgesiedelt und schließlich zu einer folkloristischen Erinnerung.

Erstaunlich ist, wie lange die gewaltsamen Auseinandersetzungen in diesem Gebiet andauerten. Den südlichsten Punkt der Militärgrenze hatten die Uskoken besetzt, doch auch in Teilen des heutigen Kroatiens und Westungarns kam es immer wieder zu äußerst heftigen Gewaltausbrüchen. Ganze Landstriche wurden verwüstet, dabei war das Leben dort, wo es vor der Katastrophe von Mohács gutes Ackerland, kleine Burgen, Mühlen und Klöster gegeben hatte, sowieso schon hart genug. Die Bewohner dieser Regionen standen vor schwer lösbaren Loyalitätsproblemen. In einem mächtigen Landstreifen in Ungarn herrschten einerseits große Ängste vor einer muslimischen Herrschaft, andererseits Zweifel an der Legitimität der Habsburger, Zweifel, die durch Rudolfs II. Inkompetenz kräftig genährt wurden. Die Menschen dort wurden buchstäblich wahnsinnig, weil jede Hoffnung auf ein normales Leben zusammengebrochen war. Kein Wunder, dass sich dort chiliastischer Irrsinn breitmachte: In den 1570er Jahren gingen, angesichts eines Schreckensregimes des «Schwarzen Mannes von Debrecen» und verzweifelter bewaffneter Banden, die Kroatien und Slawonien verwüsteten, selbst einfachste Regeln menschlichen Zusammenlebens verloren. Mit ebenso brachialer Gewalt und der Hilfe deutscher Söldner – die auch Senj verteidigt hatten – brachten die Habsburger die Region allmählich wieder unter Kontrolle. 1593, nach einigen «friedlichen» Jahrzehnten, was heißt, dass bewaffnete Überfälle von Tatarenbanden, die auf Sklavenjagd gingen, geduldet wurden, nicht aber Übergriffe offizieller Armeen, eröffneten Rudolf II. und seine Verbündeten den sogenannten Langen Krieg, eine zermürbende Mühsal, die Verbitterung und Enttäuschung, verbrannte Erde und tiefe Narben hinterließ; große Gebiete Ungarns und Kroatiens wurden entvölkert. Den nächsten Schrecken verbreitete ein Aufstand ungarischer Adliger gegen die Herrschaft der Habsburger, ausgelöst durch eine unnachgiebige, kurzsichtige Rekatholisierungspolitik im Königreich Ungarn und die fortbestehende Ansicht, dass die Habsburger einfach keine Legitimität besäßen: Die ungarische Krone hätten sie schlicht gestohlen. Damit begann eine neue Folge gewaltsamer Auseinandersetzungen, zu denen die als Heiducken bekannten ungarischen Freischärler das Ihre beitrugen. Ein Friedensvertrag brachte sie schließlich unter Kontrolle, und sie wurden zu wichtigen Mitgliedern der habsburgischen Streitkräfte an der Militärgrenze und anderswo; als «Heiducken» bezeichnete man irgendwann ganz allgemein großmäulige, malerisch gekleidete, halb unabhängige Freischärler nach Art der Uskoken.

Die Lage an der Grenze, so lässt sich zusammenfassen, war niemals wirklich stabil, bis die Osmanen Ende des 17. Jahrhunderts endgültig zurückgedrängt wurden. Graz verließ sich auf Milizen – die zunehmend nutzlos wurden –, auf adlige Gefolgsleute, Söldner, Kreuzzugstouristen aus ganz Europa, kleinere Staaten des Reichs, deren Herrscher die Gunst des Kaisers suchten oder einfach gern in den Krieg zogen, und auf ganz unterschiedlich organisierte Wehrbauern. Lange Perioden eines förmlichen Friedens zwischen den beiden Seiten verhinderten nicht, dass es immer wieder zu großangelegten Angriffen kam, und zu den Aufgaben der vielen in Kärnten und Slowenien verstreuten Klöster gehörte es, all die traumatisierten Flüchtlinge aufzunehmen, die dann Zuflucht suchten. Von ihren Hauptstützpunkten Sarajevo, Belgrad und Buda aus, die bis ins späte 17. Jahrhundert vor den Habsburgern einigermaßen sicher waren, schleusten die Osmanen zahllose Gefangene auf die Sklavenmärkte. Wie auf westindischen Sklavenauktionen mussten serbische oder deutsche Männer unter Peitschenhieben nackt über Belgrads Hauptplatz laufen, um potenziellen Käufern ihre Tauglichkeit zu demonstrieren.

Welche Folgen habsburgische Angriffe auf osmanisches Territorium hatten, wissen wir nicht so genau, denn dort befeuerten sie nicht die empörte Pamphletliteratur wie diesseits der Grenze, doch werden sich beide Seiten nichts geschenkt haben. Uskoken und Heiducken wurden, hemmungslos und roh, wie sie waren, auf die osmanischen Regionen Nordserbiens und Südungarns losgelassen. Eine Landschaft, die heute an endlose Getreide- und Sonnenblumenfelder und staubige kleine Dörfer denken lässt, war bald entvölkert, jede Lebensgrundlage zerstört. Malariasümpfe, wuchernde Wälder, Wolfsrudel: Bis zum Ende des 18. Jahrhunderts wurde dieses Gebiet zu einem Albtraum Europas, ganze Armeen verloren sich dort, krank, hungernd und demoralisiert.

Die vielleicht letzten Helden der Militärgrenze waren die Panduren mit ihren Tschakos, eine Stoßtruppe unter der charismatischen, wenngleich auch psychopathischen Führung von Franz Freiherr von der Trenck. In den 1730er Jahren stellte Trenck von seinen kroatischen Gütern aus eine Truppe von Freischärlern zusammen, vor allem Kroaten, die lange unter osmanischer Herrschaft gelebt hatten. Sie führte er in Kämpfe gegen alle, die sich auch nur andeutungsweise gegen die Autorität der Habsburger stellten, ob sie nun Osmanen waren oder Preußen. Die Panduren waren allerdings eher für ihre malerisch bunten Uniformen bekannt als für Heldentaten, und ihr Ruf speiste sich aus einer Uskoken- und Heiducken-Nostalgie: In einer immer langweiligeren, reglementierten Welt waren sie die letzten Freischärler. Bis heute begegnet man ihnen: Pfeife rauchend, mit verwegen schief sitzender Kopfbedeckung auf den Gemälden in Provinzmuseen, auf billigen Drucken dekorieren sie abgewirtschaftete Hotels in den alten habsburgischen Ländern.

Von der Trenck fiel in Ungnade und beendete sein kurzes gewalttätiges Wanderleben eingesperrt in der Festung Špilberk in Brno (Brünn). Doch war ihm ein langes eigenartiges Nachleben beschieden: als Hauptausstellungsstück in der wunderlichen Gruft des dortigen Kapuzinerklosters. Dort liegen reihenweise die mumifizierten Leichname von Mönchen, in Kutten gehüllt, die Köpfe auf Ziegelsteinen ruhend, mit Kruzifixen in der Hand; als sei man in einem Krankenhaus, das bei der Erfüllung seiner Aufgaben nicht sehr erfolgreich war. Bevor die Besucher zum mahnenden Memento der Mönche vordringen, passieren sie allerdings den reich verzierten offenen Sarg, in dem von der Trenck liegt. Er, der zu Lebzeiten den Teufel herausforderte, liegt nun hier als schwärzliche, geschrumpfte Mumie, nackt bis auf einen bescheidenen Fetzen Stoff um die Lenden, auf ein ausgefallen gefälteltes Laken gebettet, dessen Scheußlichkeit die der Leiche noch übertrifft. Auch das passt zu diesem Ort. Ansonsten findet man hier eine Auswahl mumifizierter Richter, Architekten und Generäle, darunter einen in seinen Reitstiefeln noch immer feschen Baron Filiberti. Erst 1872, lange nachdem sie für Neuzugänge geschlossen worden war, wurde von der Trencks Körper in die Gruft überführt, doch er war immer ein besonderes Schaustück. Ein wunderbares Foto aus der Zeit vor dem Ersten Weltkrieg zeigt Mönche, die feierlich den Glasdeckel von Trencks Sarg abnehmen, damit ein paar extrawichtige Besucher den Inhalt näher betrachten können, eine Option, die heute zum Glück nicht mehr zur Verfügung steht.

Wie im Zeitraffer führen uns von der Trencks Überreste in die letzten Tage der Militärgrenze – eines Gebiets, das drei Jahrhunderte lang Gewalt, Glücksfälle und Draufgängertum belohnte und heute Geschichte ist. Doch sollte diese Grenze besonders für Kroaten, Albaner und Serben zum Leitbild für die Anfänge ihrer Nationalismen werden, was natürlich nur mit einer hoch selektiven

Betrachtung funktionierte: Deutsches und Ungarisches wurden einfach ausgeblendet. Große Schnauzbärte, flatternde Hemden, ein unbekümmertes Leben: eine Romantik, die in wohltuendem Gegensatz zur späteren Geschichte der Regionen entlang der alten Militärgrenze stand – die Balladen über Ivo Senjanin, den Inbegriff eines Uskoken, und den Heiducken Mijat Tomić, den «Türkenhammer», brachten wenigstens etwas Leben in die Eintönigkeit bäuerlichen Daseins. Im postkommunistischen Mitteleuropa sind solche Gestalten noch einmal lebendig geworden; sowohl wissenschaftliche wie volkstümliche, gar totemistische Begeisterung für diese Kämpfer haben sich ausgebreitet. Auf Plätzen und in Stadtparks, in deren Nähe ehemals größere Gefechte zwischen Christen und Muslimen stattgefunden hatten, wurden diesen Männern Standbilder errichtet, oft mit einem starken Einschlag von Heavy Metal. Auch die Kapuzinergruft in Brno war voller Heavy-Metal-Fans, die sich die grässliche Sammlung anschauten – ein bezauberndes, wenn auch verrücktes Beispiel für die gewundenen Wege der Kulturgeschichte. Im Sommer 2010 verbrachte ich einige herrliche Tage in Cluj (Klausenburg) und war ganz benommen von meinem Glück, dass ich das Konzert von Iron Maiden verpasst hatte, die dort in der zentralen Arena während ihrer schädelsprengenden Welttournee «Final Frontier» aufgetreten waren. Und wenn dies selbst flüchtigstem Skeptizismus nicht standhalten kann, ich glaube, dass sich für die anhaltende Verehrung, die britischen Dinosauriern in Lederkleidung wie Iron Maiden in Mitteleuropa entgegengebracht wird, eine gute Erklärung finden lässt, nämlich im gemeinsamen Heiduckenerbe dieser Region. Doch sollte ich jetzt vielleicht weiterziehen.

Ein wirklicher Bärengraben

Manchmal wird mein endloses Herumreisen mit der Bahn auf eine Weise belohnt, die für all die Unannehmlichkeiten, die Gerüche, die Langeweile in Zügen entschädigt. So nahm ich einmal in České Budějovice einen Zug, der südwärts fuhr durch eine träge ländliche Region, immer wieder auf eingleisiger Strecke, und oft schien es, als würde die bald von den Bäumen zugewuchert. Bei einem Halt hatte ich den Eindruck, dass da weit und breit überhaupt keine Siedlung war – vielleicht hatte der winzige Zug einfach in Erinnerung an ein früheres Dorf angehalten, was nicht ausgeschlossen ist in einem so umstrittenen, neu besiedelten Teil Böhmens. Irgendwann erreichte der Zug einen kleinen hölzernen Bahnhof, und ich ging, mit meiner Tasche kämpfend, die mir den letzten Abschnitt einer langen Reise verdarb, weil sie nicht nur Zahnbürste und Kleidung enthielt, sondern auch eine unendlich schwere, illustrierte Geschichte der Škoda-Werke, die ich gerade mit großer und nicht unangebrachter Aufregung erstanden hatte, ohne freilich an die Folgen zu denken, die ihr Gewicht haben würde. Jedenfalls kam ich schließlich keuchend, nach Atem ringend und immer weniger interessiert an der tschechischen Industrialisierung zu einem kleinen Park und einem der großen Ausblicke Mitteleuropas – hinunter auf die dicht an dicht sich drängenden roten Dächer von Český Krumlov (Krumau), auf eine Schleife der lackschwarz glänzenden Moldau und die düstere Felsbank, die gekrönt ist von einem Burgkomplex unbeschreiblichen Zaubers.

Alles in allem sind Burgen oder Schlösser in der Imagination eindrucksvoller als im wirklichen Leben. Kafkas Schloss, das Dornröschenschloss, Gormenghast, sie alle sind viel weitläufiger, unheimlicher und verschaffen einen Genuss, wie es ein real existierendes Bauwerk einfach nicht vermag, sind doch die Mauern immer zu glatt, die Parkplätze stets zu groß. Český Krumlov macht da eine Ausnahme, und das liegt wohl daran, dass dieses Schloss, sobald man unten in der Stadt ist, so hoch aufragt und so organisch mit den gewaltigen Felsen über dem Fluss verbunden ist, dass es fraglos eine absolute, fast höhnische Macht gewinnt. Und es wird gekrönt von einem massigen, doch hübschen Wachturm, den Sgraffiti, Kolonnaden, rosafarbene und goldene Bögen verzaubern und der über die extrem hohen Festungsmauern noch hinausragt.

Und man findet dort einen richtigen Bärengraben. Voller Aufregung berichtete ich meiner Familie darüber und wurde postwendend um Klarstellung gebeten: Ob das ein Graben für oder gegen Bären sei? Ich verstand, woher die Verwirrung kam, dabei hätte ein kurzes Nachdenken zur Erkenntnis führen können, dass man Bären durch eine Tür mit einem einfachen Riegel, dem ihre Intelligenz nichts entgegenzusetzen hat, draußen halten kann. Dennoch: Was ein Bärengraben oder Bärenzwinger ist, versteht sich nicht von selbst. Früher wurde die Zugbrücke jeden Abend hochgezogen, dadurch wurden die Bären im Zwinger zur ersten Verteidigungslinie. Ganz sicher allerdings wird sie nicht gewesen sein, denn mit einem präparierten Honigbrot hätte man sie unschwer außer Gefecht setzen können. Leider sind die Bären nun in einer ganz gewöhnlichen Anlage mit solidem Felsen, Baumstumpf und kleinem Teich untergebracht, wo sie lustlos herumlaufen. Früher hätten sich die Bärengrabenbären einer barockeren Szenerie erfreuen dürfen. Es gibt ein phantastisches Bild aus dem 17. Jahrhundert vom kursächsischen Bärenzwinger: Dort durften Bären auf Bäumen mit hohen Plattformen herumklettern, und sie hatten auch einen schönen Brunnen. Vermutlich bestand immer eine gewisse Spannung zwischen den Bären als dekorativem Element und Kotklumpen, Räude sowie halb gefressenen Fleischbrocken, die schnell fortgeschafft werden mussten, um den malerischen Effekt nicht zu mindern.

Bärenzwinger sind heute aus verständlichen Gründen eher selten, es fehlt einfach die Nachfrage – einer wurde in Franz Ferdinands altem Schloss in Konopiště wiederhergestellt, aber dort gibt es nur einen Bären, dessen abschreckende Wirkung schon dadurch geschmälert wird, dass er in eine kleine Ecke eines Grabens gepfercht ist, der ansonsten einer schwachsinnigen Bogenschießbahn dient. Selbst der berühmte Bärengraben in Bern ist heute leer, nachdem der letzte, altersschwache Bär 2009 getötet wurde. Die Bären von Český Krumlov sind etwas Besonderes, weil sie auf das 16. Jahrhundert zurückgehen, als die Rožmberk mit den unermesslich reichen und gierigen Orsini einen Handel abschlossen, wonach sie gegen etwas Geld behaupten durften, mit diesem Geschlecht verwandt zu sein. Als Zeichen für diese absurde Vereinbarung ließen die Rožmberks Bären in ihren Wallgraben bringen, denn *orso* ist das italienische Wort für Bär. Vermutlich machte dann ein Rožmberk von der Mauer herunter eine beiläufige Handbewegung und wartete darauf, dass sein Gast fragte: «Warum um alles in der Welt haben Sie Bären in Ihrem Graben?» Dann nämlich konnte er erklären, was das eine mit dem anderen zu tun hatte. Darum tappen die Bären hier seit rund fünfhundert Jahren lustlos hin und her, haben die vor vierhundert Jahren ausgestorbenen Rožmberks somit um einiges überlebt. Ein Beispiel aus der Frühzeit der Markenkommunikation, das sich erstaunlich lange gehalten hat.

Die Rožmberks waren eine der bedeutendsten böhmischen Adelsfamilien und hatten es eigentlich nicht nötig, für eine Bestätigung der Orsini zu bezahlen. Ihr letztes Oberhaupt, Vilém von Rožmberk, stand in den Diensten von Ferdinand I., Maximilian II. und Rudolf II.: als Diplomat, Berater und ranghöchster zeremonieller Repräsentant in Böhmen. Als vielseitig gelehrter Mann, Sammler und besessener Alchemist richtete er in seinem Schloss in Třeboň ein Laboratorium auf der Höhe der Zeit ein. Auch die riesigen Karpfenteiche ließ er anlegen, die im südlichen Böhmen noch immer zu finden sind und die jährlich abgelassen werden, weil viele tschechische Familien an Weihnachten Fisch essen und nicht Truthahn; schon bei dem Gedanken daran kann einem schlecht werden.

Vilém war viermal verheiratet und hatte dennoch keine Kinder.

Die Räume seines Schlosses schmücken noch immer die reizenden, aber auch verzweifelten Darstellungen von Motiven aus dem Alten Testament, die Kinderlosigkeit und Kinderwunsch zum Thema haben. Sein jüngerer Bruder Petr Vok war schon alt, als er nach einem exzentrischen Leben die Nachfolge antrat. Er musste das Schloss an Rudolf II. verkaufen und nahm, bevor er 1611 starb, in einem letzten Akt höfischer Selbstaufopferung das ganze ihm verbliebene Geld, um eine Söldnerarmee zu entlohnen, die (wegen Rudolfs Streit mit seinen Brüdern) Prag besetzt hatte.

Ich will keinesfalls den Eindruck erwecken, für das tschechische Tourismusamt zu arbeiten, aber was Český Krumlov zu bieten hat, ist einfach überwältigend. Das hat sich nur leider immer noch nicht herumgesprochen, obwohl die Stadt seit 1989 so einfach zu besuchen ist. Das ganze Gebiet Südböhmens war dünn besiedelt und überwiegend deutschsprachig – Egon Schieles Mutter kam aus dieser Stadt, er lebte hier eine Zeitlang und malte einige seiner besten Bilder. Wie viele böhmische Schlösser wurde auch Český Krumlov von den Nationalsozialisten enteignet und benutzt, dann verfiel es. Die wüste Vertreibung der deutschsprachigen Bevölkerung im Jahr 1945 verstärkte noch das Gefühl, dass hier das Ende der Welt war. Im Kalten Krieg lag die Stadt am Eisernen Vorhang, das Gebiet südlich bis zur österreichischen Grenze war verlassen. Ein Teil von mir wäre durchaus glücklich, hier zu leben – doch darf man auf diese Gunstbezeugung nicht allzu viel geben, sie ist ein wenig promiskuitiv, denn ich könnte sie auf mindestens zwei Dutzend andere Habsburgerstädte ausdehnen.

IV

Das andere Europa
Bezoare und Nachtclub-Hostessen
Jagd mit Geparden
Die sieben Burgen

33.

Esti laus hodierni: triu ductas annuo cives gaudio superni celebrant perpetuo, regem trinum dum ter trini: chori laudant mutuo. vita melos cor supinum: trini cultus munere veneremur regem trinum: voce votis opere: quem lex iubet masculinu ter in anno colere. Singulari maiestati: decus et imperium: sacrosanctae trinitati: sit perenne gaudium, in qua simus nos beati: per te christe praemium

Das andere Europa

Die Realität der osmanischen Herrschaft über weite Teile Mittel- und Südosteuropas bleibt weiterhin Kern der Habsburger Erfahrungen, zugleich ein quälendes und verwirrendes Thema der gesamteuropäischen Geschichte. Wenn das 16. und das 17. Jahrhundert als Zeitalter der triumphalen Expansion Europas betrachtet werden, als die Zeit, in der die Vorsehung der Christenheit große Gebiete Nord- und Südamerikas beschert hat, warum erleiden dann die Europäer selbst in Europa etwas ganz Ähnliches? Sklavenjagden, Grenzkriege, Terror – das, was die spanischen Habsburger in Mexiko und Peru betrieben, wurde zur leidvollen Erfahrung der österreichischen Habsburger, die sich vierhundert Jahre lang mit einem Feind herumschlugen, der bis zum Ende des 17. Jahrhunderts unbesiegbar schien und erst kurz vor dem Ersten Weltkrieg aus Europa vertrieben wurde.

Linke Seite:
Saure Orange, Nacktschnecke und Rittersporn. In einem Geniestreich an kulturellem Vandalismus wurden Georg Bocskays makellose, für Maximilian II. geschaffene kalligraphische Blätter von Früchten, Blüten und kleinen Kreaturen, die Jordis Hoefnagel eine Generation später für Rudolf II. gemalt hat, besetzt. Hier haben wir ein besonders schönes Beispiel (zugleich einen der besten Titel, die diese Bilder erhielten), und ich kann nur nachdrücklich raten, sich auf der Getty-Website auch die anderen anzusehen – zum Beispiel das außergewöhnliche «Nachtbild», eine Art Lemur oder Faultier auf einem schwarzen Blatt (*Musterbuch 1561–1562*, Illumination 1591–1596. Wasserfarben, Gold, Silber und Tusche auf Pergament. 16,6 × 12,4 cm. J. Paul Getty Museum, Los Angeles, Ms. 20, fol. 33).

Nach der Verwüstung Ungarns und einer letzten Säuberung in Bosnien setzten die Osmanen in ihren neuen Territorien eine große Besiedlungs- und Wiederaufbauwelle in Gang. Sarajevo war Mitte des 15. Jahrhunderts gegründet worden, Belgrad, das die Habsburger 1521 verloren hatten, wurde 1522 als wichtiger osmanischer Stützpunkt – als Dar al-Harb oder Haus des Krieges – praktisch neu gegründet, denn die Stadt war verwüstet und die überlebende Bevölkerung in die Sklaverei nach Konstantinopel verschleppt worden. Nun war Europa zweigeteilt, durch die Militärgrenze effektiv gegeneinander abgeschottet. Rücksichtslos setzten beide Seiten Anordnungen durch, die den Handel über die Grenze hinweg unterbanden – mit der kleinen, aber kuriosen Ausnahme der Republik Ragusa (Dubrovnik), die von den Osmanen ähnlich behandelt wurde wie Hongkong vom kommunistischen China, nämlich als ein leicht kontrollierbares und abhängiges Fenster zum Westen.

Seit dem 19. Jahrhundert starren nationalistische Historiker auf dieses geschlossene System, um das Schicksal ihrer früheren Landsleute unter osmanischer Herrschaft zu ergründen. Noch in den 1990er Jahren, im grausamen bosnischen Krieg, hatten diese Themen eine düstere Bedeutung: Die bosnischen Muslime wurden beschuldigt, Kollaborateure der Osmanen zu sein und keine wirklichen Europäer. Nach nationalistischen Begriffen ging es immer noch um recht viel. Die allmähliche Befreiung dieser Gebiete durch habsburgische Truppen (häufig mit Verbündeten aus dem Reich oder in Allianz mit Polen) sollte die Bevölkerung aus der Gefangenschaft retten, und man erwartete, dass die Befreiten aufrecht und als die zurückkämen, die sie zuvor gewesen waren – tatsächlich aber unterschieden sich diese Menschen nicht nur beträchtlich von ihren Vorfahren aus der Zeit vor der Eroberung, sie hatten auch nur eine allenfalls blasse Ähnlichkeit mit dem, was sich die nationalistischen Historiker unter ihnen vorstellten.

Die erste osmanische Eroberung war außerordentlich grausam

verlaufen. Die letzten Gefechte ungarischer Garnisonen endeten mit vielen lokalen Armageddons. 1526, in der Schlacht von Mohács, wurden so viele Adlige getötet, dass schon darum, und nicht nur wegen der Inbesitznahme und Verwüstung des Landes, ein administratives Chaos herrschte: Ganze Städte verschwanden, und die Versorgung brach zusammen. Die Große Ungarische Ebene hat sich von dieser Periode nie richtig erholt – jahrzehntelange Kämpfe und Überfälle vertrieben fast die ganze Bevölkerung, kunstvolle Bewässerungssysteme wurden zerstört, und das Land versteppte. Die ermüdende Eintönigkeit des brettebenen Landes mag natürlichen Ursprungs sein, seine katastrophale Leere wurde im 16. Jahrhundert von Menschen gemacht. Es kamen Siedler, um einige der entvölkerten Gebiete zu füllen, aber die unablässigen Kämpfe, Unsicherheit und Pestepidemien machten es alles andere als verlockend, sich dort niederzulassen. Nicht dass sich diese Länder vor dem Ansturm der Osmanen jemals eines Goldenen Zeitalters erfreut hätten, aber eine extreme Unwirtlichkeit wurde in dieser Periode zum Normalzustand.

Die Osmanen hatten keine Probleme mit christlichen Untertanen, nur hier und da versuchten sie, Menschen zum Islam zu bekehren. Aus Gründen, die wohl nie völlig zu klären sein werden, kam es im späten 17. Jahrhundert dennoch zu zahlreichen Konversionen von Albanern und Bosniern. Nach den militärischen Rückschlägen der Habsburger zogen etwa 200 000 orthodoxe Serben nordwärts nach Ungarn und hinterließen leere Gebiete, in die Albaner einwanderten, womit sie das Kosovo-Problem schufen, das Europa nach dem Kalten Krieg verfolgte. Aber das waren nur zwei aus einer Vielzahl verwirrender Verschiebungen: Rumänen zogen nach Norden ins Gebiet des Fürstentums Siebenbürgen und in den nordwestlich gelegenen Banat; Bulgaren und Albaner wanderten nach Westen beziehungsweise Osten; auch Juden, Walachen und Roma waren unterwegs, mal trennten die Gruppen sich, mal verschmolzen sie mit anderen, aber alles in allem sind ihre Bewegungen nur spärlich dokumentiert. Versuche, hier Ordnung zu schaffen und post factum eine nationalistische Reinheit durchzusetzen, haben zunächst eine tendenziöse Geschichtsschreibung hervorgebracht und dann, in der Folge solcher Vorarbeiten, zu Massakern und Deportationen geführt. Diese undurchschaubaren, verwirrenden Wechsel sind am Fall von Buda vielleicht am deutlichsten zu sehen. Die Stadt war im 17. Jahrhundert keineswegs eine uneinnehmbare Bastion des Magyarentums, sondern eine vorwiegend serbischsprachige bosnisch-muslimische Stadt, in der auch einige jüdische und armenische Kaufleute lebten. Doch es gab auf dem Balkan nicht nur slawische Konvertiten, sondern auch viele muslimische Siedler, sogar aus dem fernen Turkmenistan; sie bildeten im Allgemeinen die Eliten. Diese Gruppen von den konvertierten Einheimischen zu unterscheiden, hat sich als unmöglich erwiesen – vor allem, weil die Ansiedlungen nie dauerhaft waren und ehrgeizige Muslime, die im ländlichen Ungarn aufwuchsen, möglicherweise in die großen osmanischen Zentren gingen, nach Edirne, Konstantinopel und Bursa. Auch der Militärdienst hatte Veränderungen zur Folge – 1723 etwa zogen rund fünftausend Bosnier in den Krieg gegen Persien und nur fünfhundert kamen zurück. Viele von ihnen ließen vermutlich auf dem Schlachtfeld ihr Leben, doch ist nicht auszuschließen, dass sich einige von ihnen einfach irgendwo anders im osmanischen Herrschaftsgebiet niederließen.

Während des Zusammenbruchs Jugoslawiens wurde immer wieder die abscheuliche Behauptung laut, dass der Balkan von «uraltem Hass» zerrissen sei, als sei Krieg dort ein gewissermaßen naturgegebener Dauerzustand, als habe es darum auch keinen Sinn, sich um solche irrationalen Banditen zu kümmern. Während der jahrhundertelangen Herrschaft der Osmanen zeigte sich natürlich keines dieser Muster, denn praktisch alle Gruppen waren machtlos und diskriminiert, alle wurden sie von den Muslimen gleichermaßen verachtet. Kernstück des osmanischen Herrschaftsgebiets war eine nach Westen führende Fernstraße, die Konstantinopel über

Edirne, Plovdiv, Sofia, Niš mit Belgrad und Buda verband. Als Gegenleistung für nicht gerade üppige Privilegien mussten Christen diese Straße, die nicht für den Handelsverkehr, sondern für schnelle Truppenbewegungen und die Übermittlung von Nachrichten gedacht war, sowie ihre Hauptabzweigungen instand halten. Die Christen im osmanischen Herrschaftsbereich unterlagen einem ausgeklügelten System der Rechtsunfähigkeit, wie es sonst nur für Bewohner der europäischen Kolonialreiche in Übersee bekannt war. Sie konnten Muslime nicht verklagen, vor Gericht nicht als Zeugen auftreten, durften nicht reiten oder schnell laufen, weder fischen noch jagen, mussten besondere Kleidung tragen, in eigenen Stadtvierteln wohnen und – die klassische Grundlage jeder Kolonialherrschaft – immer genügend «Respekt» vor Muslimen zeigen. Einigen christlichen Familien wurden erbliche Aufgaben übertragen, die das osmanische Europa ganz reizvoll erscheinen lassen, wie eine Art Vergnügungspark. Die Doğanci etwa züchteten Jagdfalken, die bulgarischen Voynuks Pferde für den Sultan, und die Derbenci bewachten Gebirgspässe und Brücken – für alle galten sorgfältig ausgearbeitete Kleidervorschriften, Steuerprivilegien und Ähnliches. Am bekanntesten waren den Westeuropäern die Martolos, die Wachmannschaften für die Grenzen zu den Habsburger Ländern stellten und mit dem Recht zu plündern entlohnt wurden; sie betrieben auch das byzantinische Lösegeldsystem, Geiseln wurden an ihre Familien auf der habsburgischen Seite verkauft oder landeten, wenn keine Einigung erzielt werden konnte, auf Sklavenmärkten.

Ein weiteres Element der osmanischen Grenzsicherung waren die Morlachen, auch schwarze Walachen genannt, um die sich die Nationalisten heftig streiten. Ursprünglich wohl ein Hirtenvolk, hatten sie die slawischen Invasionen des Frühmittelalters im Bergland überlebt und ihre vom Lateinischen geprägte Sprache beibehalten, was auf ihre direkte oder indirekte Verwandtschaft mit den weiter östlich lebenden Rumänen schließen lässt. Diese ziemlich einfache Erklärung konnte nicht verhindern, dass auf einer erwartungsgemäß wackligen Grundlage ethnographische Dispute über ihren wahren Ursprung entstanden; einer rumänischen Theorie zufolge soll ihre dunkle Haut auf ihre Abstammung von römischen Legionären aus Marokko zurückgehen, die sich in antiken Zeiten in Illyrien niedergelassen hätten. Die Walachen hatten anscheinend nie Grund, eine Schrift zu entwickeln, so nahmen sie bereitwillig die ethnische Zugehörigkeit an, die in der Stadt dominierte, in der sie sich ansiedelten, viele wurden so zu Serben – ein hervorragendes Beispiel dafür, wie wenig Religion und Sprache als Kennzeichen für uralte Identitäten taugen.

Auch der Fernhandel im osmanischen Europa lag zumeist in den Händen besonderer Gruppen, die mit Privilegien für bestimmte Gebiete oder Waren ausgestattet waren: Griechen, Serben, Juden, Armenier und Ragusaner fungierten als Mittelsmänner. Bei den Osmanen waren die Juden besonders beliebt, aus dem wenig erbaulichen Grund, dass sie keine auswärtigen Unterstützer hatten und deswegen ziemlich machtlos waren, wenn Forderungen gegen sie erhoben wurden. Die orthodoxen Christen durften ihre Religion ausüben, doch mussten ihre Kirchen kleiner sein und niedriger als Moscheen: Einen Turm zu bauen war ihnen verboten. Die meisten der führenden orthodoxen Geistlichen befanden sich unter der Knute der Osmanen in Konstantinopel, viel Raum war also nicht, um irgendwelchen Träumen von Unabhängigkeit nachzuhängen. 1691 jedoch gelang es den Serben, Kaiser Leopold I. zu überreden, ihnen ein Kirchenzentrum in Slawonien, in der hübschen Stadt Sremski Karlovci, zu überlassen, das ihnen, nach allerhand Wegen und Umwegen, einen Mittelpunkt verschaffte – mit bedeutsamen Folgen für zukünftige Entwicklungen. Man schätzt, dass während der osmanischen Herrschaft über den Balkan etwa 200 000 christliche Kinder ihren Eltern weggenommen und nach Konstantinopel verfrachtet wurden, um dort als Muslime erzogen zu werden und in Verwaltung und Armee zu arbeiten, was unter bestimmten Voraussetzungen ein großes, unter anderen aber kein wirklich glänzendes Privileg war.

Die osmanische Welt jenseits der Militärgrenze war Ende des 16. Jahrhunderts zu einer leistungsfähigen, gut verwalteten und zivilisierten Sphäre geworden. Moschee, Madrasa, Karawanserei, Kaffeehaus, öffentliches Bad, Spital, Brunnen und Markt gehörten zum Erscheinungsbild vieler kleiner Städte; oft wurden sie von *vakifs* unterhalten, den islamischen, von angesehenen Bürgern geleiteten karitativen Stiftungen. Spuren dieser Welt sind noch heute in manchen staubigen, ramponierten Gebäuden oder in Kirchen zu erkennen, die ehemals Moscheen waren. In Szigetvár, dem Schauplatz eines der großen opferreichen Aufeinandertreffen von Ungarn und Osmanen, blieben Reste muslimischer Gebäude erhalten – ein Haus, das zu einer Karawanserei gehört hatte, eine römisch-katholische Kirche mit versteckten Hinweisen darauf, dass sie früher eine Moschee gewesen war, eine weitere Kirche, deren Taufbecken einmal als Becken für rituelle Waschungen gedient hatte.

Diese Welt war keineswegs statisch, ihre große Zeit allerdings hat sie wohl im 17. Jahrhundert gehabt, danach erlebte sie ihren Niedergang. In Städten wie Belgrad und Skopje ging die Bevölkerung dramatisch zurück, was seine Ursache in der übermäßigen militärischen Belastung hatte sowie darin, dass es nicht gelang, die durch die Pest dezimierte muslimische Bevölkerung zu erneuern. Persiens Wiedererstarken hatte zur Folge, dass der Strom der Siedler versiegte, die aus dem Osten in die osmanisch beherrschten Gebiete zogen. Und ohnehin gab es attraktivere Gegenden als den nördlichen Balkan, um sich niederzulassen. Zuletzt, als die Habsburger in dieses Paralleleuropa einbrachen, zeigte sich, dass die Türken anders als der Westen es versäumt hatten, ein Umfeld zu schaffen, das dem freien Handel förderlich war. Die dekorativen langen gelben Gewänder und die hohen roten Mützen, die saubere Aufteilung der Städte nach Gewerben und Religionszugehörigkeit, all das funktionierte einfach nicht mehr. Als sich Ende des

17. Jahrhunderts, im Verlauf der gewaltigen Vernichtungsfeldzüge im Nordwesten, die osmanischen Armeen zurückzogen, zeigte sich, dass die Länder, die sie zu halten versuchten, nicht viel mehr zu bieten hatten als Trostlosigkeit und Malariasümpfe. Die muslimische Bevölkerung schwand allmählich, und in ehemals fast rein muslimischen Städten wie Banja Luka lebten um 1800 große christliche Mehrheiten.

Solange sie bestand, fehlte es dieser osmanischen Welt an nichts, zahllose Stiche zeigen die türkischen Städte als alternative, verlockende Realität – mit Minaretten, Beamten mit Turbanen, Kamelen auf den Straßen Belgrads, Sarajevos oder Pećs'. Letzteres ist sogar noch von Abkömmlingen der Feigenbäume umgeben, die Türken gepflanzt haben. Einige Veränderungen stammen aus späterer Zeit. In Budapest etwa sorgten zwei große Neuerungen Ende des 19., Anfang des 20. Jahrhunderts dafür, dass die Stadt ihren osmanisch-türkischen Charakter verlor: die Umstellung der Küche von Lamm- auf Rindfleisch – man musste sich nun durch die riesigen neuen ungarischen Rinderherden fressen – und die Verbreitung der Espressomaschine, die die türkische Art der Kaffeezubereitung verdrängte. Das einzige noch verbliebene bedeutsame Erbe sind vermutlich die Bäder.

Zu den quälenden Erfahrungen im Bosnienkrieg gehörte es, miterleben zu müssen, wie in einem Konflikt, der auch von mystisch korrumpierten Historikern angefacht wurde, das türkisch-osmanische Erbe vorsätzlich und mutwillig zerschlagen wurde: etwa mit der Zerstörung der Brücke von Mostar und dem Beschuss des Orientinstituts in Sarajevo. Darin zeigten sich Bestrebungen, das Vermächtnis von Muslimen zu leugnen: Sie sind alte Bürger Europas und sollten genau das nicht sein. Dabei greifen sie zurück auf eine große Kultur voller Raffinement und Schönheit, die weite Teile Südosteuropas viel länger prägte, als irgendeiner ihrer Nachfolgestaaten besteht.

Bezoare und Nachtclub-Hostessen

In einer versteckten Ecke des Wiener Naturkundemuseums steht ein kleines Glasgefäß, das einen in Spiritus eingelegten Basilisken enthält. Natürlich handelt es sich um einen Schwindel, geschaffen von irgendeinem Spezialisten, der in einem fernen Hafen einem Fischer einen Rochen abgekauft, diesen dann zerschnitten, gefaltet und so wieder zusammengenäht hat, dass Beine, Flügel und Hörner entstanden. Ihre vage Plausibilität gewinnt diese Kreatur durch die stark verfremdete Unterseite des Fischs, durch seine Atemlöcher, die aussehen wie ein Augenpaar, und das darunter sitzende eigenartig lächelnde Maul. Sie wirkt einfach hoffnungslos, und selbst einige hundert Kilometer landeinwärts, vielleicht durch ein trüberes Glas betrachtet, als irgendwie kurioses Objekt. Möglicherweise tauschten die Kaufleute, die mit Basilisken handelten – eine kleine, verschworene Gruppe von Einzelgängern, die sich wahrscheinlich noch nicht einmal zu einem alljährlichen Weihnachtsessen traf –, auf irgendeine Weise Informationen aus über besonders leichtgläubige Kunden oder Adepten der Alchemie, die auf der Suche waren nach etwas Besonderem für ihr Labor.

Tiefer im Binnenland als Wien und Prag kann eine Stadt in Europa kaum liegen, vielleicht ist es auch kein Wunder, dass der Hof Rudolfs II., erst in der einen und dann in der anderen Stadt, Ende des 16. Jahrhunderts der bedeutendste Ort für fremdartige und magische Objekte wurde. Manches an diesem Ruf ist unverdient, ein Produkt des 19. Jahrhunderts, das sehnsüchtig auf das letzte Mal zurückblickte, als eine Stadt eine derart große Aura hatte. Eine ihrer klassischen Vorzeigegeschichten, die von Rabbi Löws legendärem Lehmmonster, dem Golem, erhielt überhaupt erst um 1840 ihre uns bekannte literarische Gestalt; und der berühmte Rabbiner Judah Löw (um 1525–1609) hatte den größten Teil seiner langen glänzenden Karriere gar nicht in Prag verbracht. An vielen

Höfen in ganz Europa pflegte man ähnliche Obsessionen, aber irgendwie sind all diese Beschäftigungen mit Magie und Alchemie seit langem auf Rudolfs mystisches Prag projiziert worden.

Der Basilisk in der Flasche ist vielleicht das überzeugendste Beispiel dafür, wie schwierig es ist, dieses Zeitalter zu verstehen. Versucht man, sich einen Reim auf die wissenschaftlichen und okkulten Beschäftigungen des Hofs zu machen, landet man unweigerlich bei langen Literaturlisten. Da uns aber selbst einfachste Fragen und Themen der Alchemie verschlossen bleiben, können wir nur hoffen, sie zu verstehen, wenn wir Bücher aus dieser Tradition lesen, die zum Glauben führte, dass zum Beispiel zerriebene Edelsteine eine akzeptable Medizin seien. Aber sobald man der Literaturliste folgt, wird man sehen, dass diese intellektuellen Strömungen in sich so reich, so divers und widersprüchlich sind, dass sie keine Hilfe bieten: Man spürt vielmehr, wie man einfach nur immer tiefer in einen immer größeren Unsinn hineinschlingert. Was sollen wir mit den *Steganographica* des Trithemius anfangen, was mit Marsilio Ficinos Übersetzung der *Hermetica*, der *Tabula Smaragdina* des Hermes Trismegistos, den *Archidoxa* des Paracelsus oder der abscheulichen *Picatrix*, einem Kompendium persischer und arabischer Zaubersprüche, das lange Zeit als derart gefährlich galt, dass man es besser nicht nachdruckte? Wir wissen wenig darüber, wer diese Werke las und wie weit sie verbreitet waren, und müssen uns in einem Kontext, in dem die entscheidenden Debatten zumeist mündlich geführt wurden, an lobende oder tadelnde Stellungnahmen halten, die andere Schriften und Autoren festhielten. Und damit nicht genug, wir stoßen ja auch auf den völlig verwirrenden Umstand, dass zur selben Zeit ein geistiger Um- und Aufschwung stattfand, der sich schließlich zu einer plausibleren, der modernen Naturwissenschaft verdichtete. Wie denn wäre beides zu verbinden?

Es fehlt uns einfach das geistige Rüstzeug, um festzustellen, wann Zeitgenossen über Schriften wie das *Buch über das Geheimnis der Schöpfung* des Pseudo-Balinus zu spotten begannen. Vermutlich gab es immer Leute, die Basilisken für Unsinn hielten und aus zuverlässiger Quelle wussten, dass Einhornhörner tatsächlich von Narwalen stammen. Dürer zeichnete ein Walross, das holländische Fischer 1521 an Land gebracht hatten, und mittlerweile war Fischfang in der Arktis üblich, darum werden, wenn die Rede auf Einhörner kam, immer mehr skeptische Kommentare zu hören gewesen sein. Hörner und zurechtgebastelte Fische sind wenigstens solide Gegenstände, aber es verzweifelt, wer sich daranmacht, Aufstieg und Niedergang des Glaubens an irgendwelche Arkana näher darzustellen. Vollends problematisch wird es dadurch, dass wir heute in der Lage sind, ein plausibles Muster der Aktivitäten in ganz Prag erstellen zu können – so als würden wir die Stadt von oben, aus der Luft ansehen –, und auf diese Weise die verschiedenen Linien der alchemistischen Forschung simultan betrachten. Damals hingegen wurden die Spekulationen im jüdischen Ghetto, in den Observatorien der Jesuiten oder auf der Burg betrieben, also isoliert voneinander: Keiner wusste, was die anderen taten. Und selbst zwischen diesen getrennten Welten kam es zu Verleumdungen, Selbstinszenierungen und intellektuellen Ausrastern: Sogar berühmte Männer wie Tycho Brahe und Johannes Kepler gingen einander an die Kehle. Schade, aber wir kommen einfach nicht näher an das Chaos heran, das zu dieser Zeit in Prag herrschte, als die Straßen bevölkert waren mit Scharlatanen, Verrückten, Söldnern aus den Türkischen Kriegen, religiösen Fanatikern jeder erdenklichen Richtung, Schaustellern, die seltene Tiere vorführten, exotisch gekleideten Gesandtschaften, dann und wann traf man wohl auch auf einen seriösen Wissenschaftler.

Mittendrin in diesem Gewühl saß der recht eigensinnige Kaiser. Sein Vater, der liebenswürdige Krypto-Protestant Maximilian II., war in Prag beerdigt, und Rudolf entschloss sich schon bald nach Antritt seiner Regentschaft, den Hof dauerhaft von Wien nach Prag zu verlegen, denn einerseits war die Stadt sicherer vor Angriffen der Osmanen, zum anderen drängten ihn die böhmischen Adligen dazu, und schließlich konnte er hier tun, was ihm beliebte. Rudolf scheint ein in vieler Hinsicht nicht gerade anziehender Typ gewesen zu sein – er war geheimnistuerisch, launisch, schwankte zwischen Ausbrüchen kaiserlicher Aktivität und totaler Lethargie. Mit seiner englischen Zeitgenossin Elisabeth I. hatte er das Problem gemeinsam, keinen Nachfolger vorweisen zu können – er hat, seit früher Kindheit mit einer spanischen Cousine verlobt, nie geheiratet, dafür aber, wenig hilfreich, mehrere uneheliche Kinder in die Welt gesetzt, mit ihm also hätte das Ende der Habsburger heraufziehen können. Auch seine fünf Brüder hatten keine legitimen Nachfolger, also fand sich Rudolf in der unangenehmen Lage, umstellt zu sein von einer unfruchtbaren Generation streitlustiger Geschwister, die in beliebiger Folge sterben oder der nächste Kaiser werden konnten. Und seine Situation wurde immer prekärer, insofern Rudolf von etwa 1600 an keine wichtigen Entscheidungen mehr traf, mit dem für die Habsburger einmaligen Ergebnis, dass die Solidarität unter den Brüdern vollends zerfiel. Dazu aber kam es nur, weil Rudolf überhaupt nicht zum Kaiser taugte, monatelang zog er sich zurück, misstraute jedem, wollte niemanden sehen, war zu normalen Regierungsgeschäften einfach nicht fähig. Im Vergleich zum grimmigen katholischen Aktivismus seiner Nachfolger mag er heute liebenswürdig erscheinen, aber in einer Welt, die zerrissen war zwischen Christen und Muslimen, zwischen Katholiken und Protestanten, gab Rudolfs Haltung ein unglückliches Beispiel dafür ab, dass vernünftiges Verhalten und Gelassenheit alleine keine Toleranz schaffen, sondern mit der Zeit nur böses Blut.

Da er selbst nichts Schriftliches hinterlassen hat und auch diejenigen, die ihm nahestanden, enttäuschend wenig geschrieben haben, können wir nur unsere eigenen Vorlieben und Abneigungen auf Rudolfs Geisteswelt projizieren. In mancher Hinsicht scheint er der glücklichste Mensch auf Erden gewesen zu sein, einer, der mehr als irgendwer sonst das goldene Zeitalter der Forschung und den Enthusiasmus für sich zu nutzen verstand, die im ausgehenden 16. Jahrhundert einen Höhepunkt erreichten. Er war viel reicher und, was seine eigenen Angelegenheiten anging, entschiedener als Elisabeth I., bei weitem nicht so nüchtern und fromm wie Philipp II. von Spanien, und er lebte länger und angenehmer als die französischen Könige dieser wilden Zeit. Die Begeisterung für seine Sammlungen entsprang der geistigen Atmosphäre der Zeit, hatte aber auch ganz eigene Ursachen. Da er an Philipps Hof in Madrid aufgewachsen war, hatte er sicher das große Glück gehabt, so lange er wollte, Hieronymus Boschs *Garten der Lüste* zu bewundern, den Stolz von Philipps Sammlung, eine Art Vademecum für Rudolfs spätere Interessen. Und auf der Reise von Madrid nach Prag machte er in Innsbruck Station, bei seinem Onkel Ferdinand von Tirol. Er kam gewiss in den Genuss einer Privatführung durch dessen sensationelle Kunst- und Wunderkammer. Sobald er sich in der Prager Burg eingerichtet hatte, machte auch schon die Runde, dass er an wirklich allem Fremdartigen oder Kuriosen interessiert sei, und ganze Unternehmen erblühten, um ihn mit Dingen zu versorgen, die ihm gefallen könnten. Diese Jahrzehnte erlebten eine rastlose Verbreitung des umstürzend neuen Wissens über das ganz Kleine (dank der Erfindung des Mikroskops) und das ganz Große (dank der Erfindung des Teleskops). Das brachte es mit sich, dass man die Völker dieser Welt, Tiere und Pflanzen neu zu betrachten begann, gleichzeitig landeten Tomaten, Kartoffeln, Sonnenblumen und Mais in Europa und schickten sich an, den Kontinent zu erobern. Es war gleichermaßen beglückend, über die Beschaffenheit einer Supernova zu spekulieren (Tycho Brahe hatte diesen Begriff geprägt, nachdem 1604 in Prag plötzlich der bislang hellste Stern am Nachthimmel aufgetaucht und heftige Dispute ausgelöst hatte) wie über die Natur einer offenen Flamme.

Rudolfs Neugier scheint grenzenlos gewesen zu sein, irgendwann muss sie sich zur Manie entwickelt haben, Raum für Raum mit allem möglichen Zeug vollzustopfen. Er war gewiss der Mann, der bis zu seinem letzten Jahrzehnt begeistert in die Hände geklatscht hat über die Gelegenheiten, die sich ihm boten. Die große Bankiersfamilie der Fugger unterhielt in Antwerpen ein prosperierendes Lagerhaus voller Käfige für die exotischen Kreaturen, die geschäftstüchtige niederländische Kapitäne mitbrachten, und bald war die Prager Burg voller Exotika – Aras, Loris, Turteltauben und Kakadus, die in ihrer neuen öden Heimat fröstelten; auch eine Dronte, Paradiesvögel und einen Kasuar besaß Rudolf. Der Kasuar hatte endlose Abenteuer hinter sich, er war zunächst ein diplomatisches Geschenk gewesen, das ein unbekannter König oder Vasall aus dem fernsten Osten dem Herrscher von Java gemacht hatte, wurde dann einem niederländischen Kapitän vermacht. Dieser große, aggressive und ziemlich künstlich wirkende Vogel sorgte in Prag für eine Sensation, die sich Rudolf schließlich für seine Sammlung sicherte. Das Tier wurde in einem eigenen, speziell dekorierten Haus untergebracht. Einigermaßen traumatisiert überstanden auch zwei Strauße die Reise von Afrika nach Venedig, von dort über den Brennerpass nach Innsbruck und schließlich nach Prag. Kein Wunder, dass alle diese Geschöpfe nicht lange lebten.

Zu einem wenig erbaulichen, jahrzehntelangen und letztlich vergeblichen Streit kam es zwischen Rudolf II. und Philipp II. Zankapfel war ein indisches Nashorn, das in Lissabon eingetroffen war. Es wurde schließlich, zusammen mit einem Elefanten, auf eine ausgedehnte Tour geschickt, mit der Philipp seinen Untertanen Macht und Majestät der spanischen Habsburger demonstrieren wollte, einer der wenigen überlieferten Hinweise auf all die Prozessionen, Schauspiele und Inszenierungen, die, symbolisch aufgeladen, zum alltäglichen Geschäft königlicher Machtdemonstration gehört haben müssen. Als das Nashorn schließlich starb, wurde eine Vereinbarung getroffen, die Rudolf zumindest die Haut sichern sollte. Weil aber niemand wusste, wie die Haut eines Nashorns zu konservieren war, verfaulte sie, kaum überraschend, und zerfiel in Stücke. Alles, was in Prag eintraf, waren das Horn und ein paar Knochen.

Die Probleme von Rudolfs Regentschaft lassen sich daran ermessen, dass wir uns zwar sehr gerne vorstellen, wie er, schwarz gewandet und mit weißer Halskrause, in einem dämmrigen Raum saß und sich langsam einen Bezoar durch die Hände gleiten ließ, eine versteinerte Ablagerung aus einem Tiermagen, die ein Gegengift sein sollte, während wir uns von dem unduldsam aufbrausenden, pingeligen und gut organisierten Sammler, der er wohl auch war, ständig drängend, ständig neue Forderungen stellend, kein Bild machen können. Wie konnte jemand, der bis zur Erstarrung introvertiert gewesen zu sein scheint, zugleich ein so großer Organisator von Dingen und Menschen sein? Was trieb ihn an? Vielleicht hatte er im tiefsten Inneren einen untergründigen, verborgenen Sinn für Humor und schwelgte auf merkwürdig undurchschaubare Weise in seiner unbegrenzten Macht. Nur so ist zu erklären, warum er einen Löwen und einen Tiger hielt, die sich in der Prager Burg mehr oder weniger frei bewegten. Jahrelang waren diese bedrohlichen Geschöpfe sowohl eine beispiellose Repräsentation und Symbolisierung königlicher Macht als auch der Anlass, dass unzählige Küchenjungen, Kellermeister und Fackelträger in den düsteren Gängen der Burg mit schlotternden Knien ihrer Arbeit nachgingen und hastig Silbertabletts voller Gläser zu balancieren suchten. Tatsächlich finden sich in den erhaltenen Rechnungsbüchern Hinweise auf Schadensersatzzahlungen an Hinterbliebene oder an Leute, die durch Angriffe der Tiere verstümmelt worden waren.

Mit seiner Besessenheit von lebenden Objekten – die, kaum verendet, ausgestopft im Kuriositätenkabinett landeten – ging Rudolfs Manie für dekorative und kuriose Artefakte einher. Eine Kurzschrift für Rudolfs Regentschaft war stets die skurrile Malerei Giuseppe Arcimboldos (1526–1593): Von ihm stammt jenes Porträt von 1591, das Rudolf als Vertumnus zeigt, als Herbstgott, der aus Früchten und Gemüsen zusammengesetzt ist, mit einer Birne als Nase, zwei Zucchini und eine Rübe bilden Hals und Kehlkopf. Diesen Malerkauz aus Mailand hatte Rudolf von Maximilian II. geerbt, für den er einige seiner größten Werke geschaffen hatte.

Bis zum Beginn von Rudolfs Regentschaft jedoch war sein Manierismus schon etwas formelhaft erstarrt. Wirklich schade ist, dass wir Arcimboldos mit ziemlicher Sicherheit glänzenden Beiträge als Ausstatter für Feste und Banketts nicht wiederbeleben können – Maximilian war versessen auf kunstvoll arrangierte Vergnügungen, die klassische Themen zur Vorlage hatten. Vielleicht waren gerade diese vergänglichen Schöpfungen Arcimboldos größte Werke? Überhaupt ist es ärgerlich, dass nur solche Objekte wie leicht aufzurollende Gemälde auf Leinwand in unser Erbe eingegangen sind, die Generationen von Plünderern, die nach seinem Tod über Rudolfs Sammlungen herfielen, umstandslos mitgenommen haben, nicht aber die Dinge, die damals wahre Wunder und allumfassend gewesen sein müssen – wie eben diese Raumfluchten, mit überwältigender Malerei dekoriert und passend uniformierten Dienern bevölkert, oder die Verbindungskorridore, auf denen man einem Tiger begegnen konnte.

Nicht nur Arcimboldo, Dutzende weiterer eigenartiger Genies standen in Rudolfs Diensten; dazu Kalligraphen, Kupferstecher, Kostümschneider, Tierpfleger, Goldschmiede, Drucker. Er ließ den flämischen Maler Bartholomäus Spranger (1546–1611; auch er ein Erbstück seines Vaters) einige der unverhohlen pornographischen Bilder des späten 16. Jahrhunderts malen, heute beleben sie einen abgelegenen Korridor im Wiener Kunsthistorischen Museum. Natürlich haben diese Gemälde «klassische Themen» zur Vorlage, und auch seine berühmte Minerva ist dabei, deren aufreizende Haltung und Aufmachung – Haut, Stahl, Leder, aufgerichteter Speer, ein Fuß auf dem Nacken einer Männerfigur – heute selbst in sehr speziellen Nachtclubs Aufsehen erregen würde. In der Prager Burg befindet sich auch eine Christusdarstellung von Spranger: der Auferstehende in eine leichte Toga gewandet und in der Pose jener Nachtclub-Hostesse Minerva, sein Fuß auf einem Glassturz mit einem menschlichen Schädel darin, während ein rotwangiger Engel genüsslich an eine seiner Pobacken greift – um 1600 gemalt als «Epitaph für den Goldschmied Nikolaus Müller». Merkwürdige Dinge sind da vor sich gegangen.

Rudolf war offenbar von der Glyptik besessen, der Steinschneidekunst. Sie ist vielleicht der Inbegriff privater Kunstleidenschaft, denn in modernen Museen wirkt sie nicht, die winzigen Objekte muss man ins Licht halten und aus nächster Nähe betrachten können. Rudolf gab viel Geld aus für Juwelen – seine Agenten durchstreiften ganz Europa und noch fernere Gegenden, um einen Fluss von Diamanten und Perlen nach Prag umzuleiten, Saphire kamen sogar aus dem entlegenen Kaschmir. Auch die spektakuläre rudolfinische Hauskrone wirkt nicht, als sei sie zum Tragen geschaffen, sondern nur, um von ihrem Besitzer hervorgeholt zu werden. Sie stammt von Jan Vermeyen, der aus Antwerpen nach Prag geholt wurde, um dieses (verglichen mit den üblichen Kronen) bemerkenswert wenig protzige, äußerst schöne Objekt in Form einer Mitra zu schaffen. Auf goldenen Reliefflächen sind die wichtigsten Ereignisse in Rudolfs Leben dargestellt: die Krönung zum Kaiser des Heiligen Römischen Reichs in Regensburg, seine festlichen Einzüge in Pressburg (Bratislava) als König von Ungarn und in Prag als König von Böhmen. Die letzte Goldfläche zeigt ihn als Sieger über die Osmanen. Das war leider nicht wahr und die eigentliche Ursache für das Desaster seiner Regentschaft.

Unter seinen großen Vorfahren waren Männer, namentlich Maximilian I. und Karl V., die es verstanden hatten, entschieden militärische Taten, dynastische Familienpolitik und die Förderung der Künste miteinander zu verbinden. Rudolf glänzte nur auf letzterem Gebiet. Die Zeit, die er damit verbrachte, sich mit dem Magier und Scharlatan John Dee über dessen Zauberspiegel aus aztekischem Obsidian zu unterhalten, hätte er wohl besser klüger genutzt. Sein Wirken als Kaiser des Heiligen Römischen Reichs war ein nahezu völliger Reinfall. Seine Toleranz, die wahrscheinlich eher Gleichgültigkeit in religiösen Angelegenheiten war, hatte zur Folge, dass im Verlauf seiner Regentschaft die Katholiken ihre Position in

Böhmen verloren: Um 1600 waren rund neun Zehntel des Landes protestantisch. Nicht nur seine persönliche Inaktivität, auch dass er nicht heiratete, machte aus seinen letzten Regierungsjahren eine Periode ruinösen Stillstands, sodass die künftige religiöse Ausrichtung der Habsburger Länder von den Ansichten seines Nachfolgers abhing. Doch konnten deshalb in Prag viele verschiedene Glaubensrichtungen gedeihen. Weil es dort so tolerant zuging, war es als Zufluchtsort bei Schwarzkünstlern beliebt, die in den Nachbarländern einfach umgebracht wurden, wenn sie sich dorthin verirrten – so fand die Glückssträhne des außergewöhnlichen Schwindlers Marko Bragandino in München ihr Ende: Er wurde 1591 in einem mit Narrengold geschmückten Kostüm geköpft.

Rudolfs einzige große außenpolitische Initiative endete in einem Desaster. 1591 wurde es an der Grenze zum Osmanischen Reich noch einmal ziemlich unruhig, wichtige ungarische Festungen fielen: Komárom an der Donau und Győr, hundertzwanzig Kilometer vor Wien. Ein großer, gleichwohl unsinniger Angriff auf Sisak im Jahr 1593, den hauptsächlich kroatische Soldaten vorantrugen, endete mit einer Niederlage der Osmanen, es war das erste Anzeichen, dass der so unerschütterliche Feind vielleicht doch zu bezwingen war. Entschlossen, diese Demütigung wettzumachen, erklärte Sultan Murad III. Rudolf den Krieg: dieser zehrende, furchtbare Konflikt zog sich dreizehn Jahre hin. Die erste Koalition – die vom Papst und nicht vom Kaiser zusammengebracht wurde – vereinte Truppen aus ganz Europa und schloss Bündnisse mit einer Reihe östlicher Fürstentümer wie Moldau, Walachei und Siebenbürgen, die sich jetzt gegen ihre Schutzmacht wandten. Über diesen Krieg wurde bemerkenswert wenig geschrieben, obwohl er vielleicht der bedeutsamste war, der in Mitteleuropa geführt wurde; zudem war er für eine ganze Generation die Vorschule des Dreißigjährigen Kriegs und ein Hauptgrund dafür, dass sich die Region entvölkerte; eine Stadt nach der anderen und das jeweilige Umland leerten sich, weil es immer wieder zu Terrorattacken kam, die von beiden Seiten mit äußerster Grausamkeit geführt wurden. Diese Entvölkerung war so vollständig, dass sich die ethnische Landkarte völlig änderte, denn später wanderten andere Sprachgruppen in die Gebiete ein, die nach der Vernichtung ihrer Vorgänger unbesiedelt zurückgeblieben waren.

Dieser Lange Türkenkrieg (1593–1606) war eine entsetzliche endlose Anstrengung. In der einen großen Schlacht, 1596 bei Mezőkeresztes, der größten seit Mohács, waren die christlichen Streitkräfte dem Sieg schmerzlich nahe, dann aber verloren sie die Disziplin, begannen zu plündern und wurden schließlich vernichtet. Etwa 150 000 Soldaten waren wohl beteiligt, und beide Seiten erlitten enorme Verluste – das Truppenaufgebot der Osmanen allerdings war deutlich größer, und das war entscheidend. Wechselseitige Massaker, Belagerungen und grassierende Seuchen zehrten an den Kräften beider Seiten, dennoch nahmen die Kämpfe kein Ende. Rudolf war dem Namen nach der Verantwortliche, ließ sich aber nie an der Front blicken, diese schwere, wo nicht sinnlose Aufgabe übernahmen Mitglieder seiner Familie, namentlich sein Bruder Maximilian. Aus habsburgischer oder christlicher Perspektive war der Lange Türkenkrieg ein Desaster, und wie er geführt wurde, schändlich, aber auf der anderen Seite, das wurde nur noch nicht bemerkt, zeigte sich schon eine gewisse Hoffnungslosigkeit. Sicherlich waren die Osmanen von den Kämpfen ausgebrannt, ein Zeichen dafür war die fiebrige Hysterie, mit der die Nachricht von dem knappen Sieg bei Mezőkeresztes in Konstantinopel aufgenommen wurde, symptomatisch für ein Reich, das nicht mehr das selbstsichere Weltwunder war wie zu Suleimans Zeiten. Ein kostspieliges Heer nach dem anderen machte sich auf den langen Marsch von Konstantinopel zur ungarischen Grenze, ohne dort dann wirklich Entscheidendes auszurichten. Mit dem Frieden von Zsitvatorok, den Murads Nachfolger Ahmed und Rudolfs jüngerer Bruder Erzherzog Matthias 1606 unterzeichneten, wurde dieser elende Krieg beendet. Der Vertrag erkannte kleinere Grenzverschiebungen an, doch dem Osmanischen Reich blieben alle wichtigen Orte. Die verbitterten Unterzeichner der Habsburger Seite konnten nicht wissen, dass die osmanische Gefahr (von der Verzweiflungstat der Belagerung Wiens siebenundsiebzig Jahre später abgesehen) ihren Höhepunkt erreicht hatte.

Jagd mit Geparden

Das Jagdschloss im Wildpark Stern (Letohrádek Hvězda), heute in einem Vorort von Prag gelegen, hatte Rudolfs II. Onkel Ferdinand von Tirol bauen lassen, der Mann, der zum großen Sammler auf Schloss Ambras wurde. Noch in jugendlichem Alter war er von seinem Vater, Kaiser Ferdinand I., zum Statthalter von Böhmen ernannt worden und hatte einen Rückzugsort auf dem Land gesucht. Es blieb ein Blatt erhalten, auf dem er skizziert hat, wie das kleine Schloss aussehen sollte: mit dem Grundriss eines sechszackigen Sterns, wahrscheinlich nach dem Vorbild eines Bauwerks, das er in Rom gesehen hatte. Bald fünfhundert Jahre lang hat das Schloss all den Wechselfällen des Schicksals standgehalten, bis heute umgibt es ein Park, der Generationen von Invasoren über sich ergehen lassen musste – Schweden, Preußen, Franzosen, Deutsche und Sowjets. Manche Besatzer konnten nicht widerstehen, Anwesen und Park militärisch zu nutzen; auch Kaiser Joseph II. von Österreich ließ hier ein Schießpulverlager anlegen, später wurde es zum Pulvermagazin der Wehrmacht, die im Park auch ihre Lastwagen reparierte, und nach dem Krieg ließen Rotarmisten hier Rinder grasen. Im Dreißigjährigen Krieg rissen Söldner das Kupfer vom Dach, danach bekam das trutzige Schloss eine barocke Kuppel (inzwischen ist der alte Zustand wieder hergestellt), kurz: Es wurde zweckentfremdet und vernachlässigt. Seine beste Zeit hatte das

Anwesen in der zweiten Hälfte des 16. Jahrhunderts, als es zuerst von Ferdinand und seinem älteren Bruder, Kaiser Maximilian II., dann von Rudolf für die Jagd und sonstige Vergnügungen genutzt wurde. Letzterer machte den Park auch schon mal zum Schauplatz seltsamen Waidwerks, er ging nämlich dort mit Geparden auf die Jagd – eine ziemlich kindische Vorstellung von Exotik, die er und sein Gefolge da inszenierten. Wahrscheinlich war die Jagdgesellschaft einfach neugierig, welche Verwirrung die Begegnung zwischen einer verängstigten, frierenden afrikanischen Großkatze und einigen erschreckten böhmischen Huftieren stiften würde.

Das Geheimnisvolle und Sonderbare des Jagdschlosses ergibt sich aus dem sechszackigen Grundriss. So wie es da steht, nimmt man ihm ab, dass es sich jahrhundertelang gegen alle Wirren behauptet hat, und so lässt sich vielleicht auch die Form erklären, die man mit Google Earth aus der Vogelperspektive gut erkennen kann. Ursprünglich waren die Rabatten und Grünflächen um das Schloss herum ebenfalls sternförmig angelegt, was die Anlage auf damals konventionelle Weise sicherlich dekorativ wirken ließ. Heute jedoch steht es einfach am Ende einer langen Allee: Unverbunden mit seiner Umgebung, sieht es aus wie das Geschenk einer außerirdischen Zivilisation. Formale Bezüge zu irgendeiner Architekturperiode lassen sich nicht erkennen, deshalb bleibt das Gebäude Betrachtern fremd, es kommt nicht zu einer Interaktion, wie sie zwischen Bauwerk und Betrachter üblicherweise stattfindet. Fast wirkt es, als würde es Licht weder absorbieren noch reflektieren, die schräg zueinander stehenden Wandflächen richten Sonnenlicht und Schatten auf eine Weise aus, die mit der vertrauten physikalischen Erfahrung nichts zu tun hat. Es ist unheimlich, ein treffendes Sinnbild für die fremde Welt des 16. Jahrhunderts und wirkungsvoller als jedes Kuriositätenkabinett: eine mathematische Übung, die durch die Geschichte driftet.

Nachdem ich etwas über die Gepardenjagd gelesen hatte, wollte ich dieses Bauwerk unbedingt sehen. Diese Jagdszene ist typisch sowohl für Rudolfs seltsame Einfälle als auch für die geheimnisvolle Aura, die ihn umgibt. Ging er oft mit Geparden jagen? Oder war es eine einmalige Veranstaltung, nach der sein Interesse sofort wieder erlosch und er sich lieber Zeichnungen der böhmischen Wälder ansah, während die unglücklichen Geparden-Treiber mit ihren unruhigen und hungrigen Schützlingen allein zurechtkommen mussten? Wie lässt sich Rudolfs introvertiertes Wesen mit einer derart ausgefallenen Idee vereinbaren? Natürlich beschäftigte er sich im Verlauf seiner Regentschaft weniger mit Geparden als mit Edelsteinen und kleinen, makellosen Zeichnungen. Als sich die unerledigten Geschäfte häuften und das Reich ruckelnd und knirschend zum Stillstand kam, der Lange Türkenkrieg Jahr um Jahr weiterging wie das dumpfe Leitmotiv in einem Science-Fiction-Roman, wurde das tolle Treiben rund um Schloss Stern zu einer sehr fernen Erinnerung. Rudolf wurde wochenlang nicht gesehen, und die ganze Struktur des Reichs und der Habsburger Länder brach allmählich zusammen.

Dass sich die Habsburger so erstaunlich lange halten konnten, lag vor allem an der Fähigkeit des jeweiligen männlichen Oberhaupts, Erben zu zeugen und seinen Verstand beieinanderzuhalten. Gab es Nachfolger und eine einigermaßen leistungsfähige Verwaltung, stand das Geschick als Herrscher außer Zweifel, dann konnte es in einer Welt, in der sich alles um Erbschaft und Hierarchie drehte, auch trotz einiger spektakulärer Erschütterungen immer weitergehen, ohne dass, wie aus dem britischen oder dem spanischen Königreich bekannt, der Hauptstamm einfach erlosch. Man konnte die Habsburger aus vielerlei Gründen hassen, sie vielleicht auch nur langweilig finden, die Familie selbst bot ihren Feinden kaum Anlass, sie aus dynastischen Gründen oder mangelnden Fähigkeiten vom Thron zu holen – es kamen Kinder, das ermüdende Hofprotokoll lief einfach immer weiter. Zudem hielten die führenden Habsburger stets zusammen. Hinter jedem Herrscher standen Verwandte, deren Bedeutung wir heute in den meisten Fällen nur ahnen können – Witwen, Schwestern, Brüder, die, gleichgültig, welchen Ärger sie untereinander hatten, an der Familiensolidarität unverbrüchlich festhielten.

So beschwor Rudolfs psychischer Zusammenbruch eine schwere Krise herauf; eine Krise, an der diese Solidarität zerbrach. Erben waren keine in Sicht, und selbst die Alchemisten hatten nichts zu tun und drehten Däumchen, kurz, seine persönlichen Ängste und seine Melancholie wurden zur Bedrohung für ganz Mitteleuropa. Neun Nachkommen hatten Maximilian II. und Maria von Spanien in die Welt gesetzt, doch gegen Ende des Jahrhunderts war die unerreichte Phalanx von neun Habsburgern nicht mehr das, was sie einmal gewesen war. Maria – froh, in einem Land ohne Ketzer leben zu können – war nach Spanien zurückgegangen, zwei ihrer Kinder lebten im spanisch-habsburgischen Machtbereich (ein Sohn als Statthalter der Niederlande, eine Tochter als Nonne), vier waren gestorben, übrig geblieben allein Rudolf, Matthias und Maximilian. Letztere waren stets Männer der Tat gewesen, Matthias hatte im Langen Türkenkrieg gekämpft, Maximilian den Versuch unternommen, König von Polen zu werden, wenngleich vergeblich, und als Hochmeister des Deutschen Ordens gedient. Die Situation war vergiftet, zum einen mochte Rudolf die beiden nicht, zum anderen waren alle drei im etwa gleichen Alter und alle drei kinderlos. Selbst wenn Matthias das Erbe antreten würde, auch er war alt und ein Lückenbüßer: Warum also sollte man Energie verschwenden und sich den Kopf zerbrechen, wen man mit Geld, Roben und Schmuck dazu bringen könnte, Matthias nach Rudolfs Tod seine Königs- und Kaiserwürden zu verschaffen? In der zweiten Reihe allerdings, hinter den direkten Nachfolgern, standen diverse ambitionierte Anwärter bereit – Philipp III. von Spanien, besonders besorgniserregend, konnte als Sohn einer Tochter Maximilians II. auf das ganze Titel- und Ämterbündel ebenso Anspruch erheben wie Ferdinand, der Herrscher in Graz, auch sein Vater war ein Sprössling Maximilians gewesen.

Diese unsichere Situation wurde zu allem Überfluss auch noch durch religiöse Streitfragen vergiftet. Maximilian II. war, wie viele Höflinge in seinen Königreichen auch, diffusen protestantischen Versuchungen erlegen. Nach der kurzen Regierungszeit seines Vaters herrschte Rudolf über Länder, in denen so viele Familien protestantisch geworden waren, dass seine eher orthodox katholischen Neigungen nicht viel zählten. In manchen Regionen Böhmens, Österreichs und Ungarns bildeten Nichtkatholiken inzwischen klare Mehrheiten, ob alte Utraquisten, Lutheraner oder Kalvinisten. Es war also, das wusste Rudolf so gut wie Matthias, einfach zu gefährlich, am Augsburger Religionsfrieden zu rütteln, so zuwider ihnen der Protestantismus auch sein mochte. Die zweite Hälfte des 16. Jahrhunderts wurde zu einer angespannten, intellektuell jedoch respektablen Übung in unfreiwilliger Toleranz. In der Generation nach Rudolf war dies anders: Für Philipp III. und Ferdinand waren Protestanten einfach nur des Teufels. So wuchs in den Habsburger Ländern die Sorge über die Nachfolge, denn die beiden aussichtsreichsten Kandidaten ließen Protestanten vertreiben, töten und enterben.

Auf Bartholomäus Spranger ist Verlass, in jeder Situation malte er etwas Eigenartiges; auch 1606, als der Friede von Zsitvatorok den Langen Türkenkrieg beendet hatte, enttäuscht er uns nicht. Die letzte Phase dieses Krieges war ein erschütterndes Blutbad, aufständische Ungarn kämpften mit Unterstützung der Osmanen gegen Habsburger Truppen, und der ganze Konflikt nahm, bei Protestanten wie bei Katholiken, immer mehr den Charakter messianischer Kreuzzüge an. Den Frieden hatte Matthias geschlossen und dabei Rudolf umgangen; dieser nun beauftragte Spranger, eine Allegorie seines Unglücks zu schaffen. Auf einer großen Leinwand malte Spranger die vielleicht begehrenswerteste Victoria der Kunstgeschichte. Einen Fuß hat sie auf einen ausgestreckt vor ihr liegenden Osmanen gestellt, der entweder tot ist oder einfach nur benommen von ihrem Körper, den sie seinen Blicken zuwendet. Aber die geschmeidige Victoria steht unsicher, Halt gewinnt sie nur, weil ihr anderer Fuß auf einem Steinquader steht, zudem hockt der Reichsadler mit Zepter und Weltkugel traurig neben dem glücklichen Osmanen auf dem Boden und erhebt sich nicht, wie auf solchen Bildern üblich, triumphierend in die Lüfte. Ein so direktes und persönliches Werk steht in der Tradition ziemlich allein – kein Zweifel also, dass Spranger sehr genauen Instruktionen Rudolfs gefolgt ist. Statt der in Allegorien üblichen hohlen Schönfärberei macht dieses Gemälde eine klare Aussage: Das für Rudolfs Regentschaft so bestimmende, für ganz Mitteleuropa bedeutsame Ereignis endete mit Massakern, Kompromissen und Fehlschlägen, zudem wurde des Kaisers Autorität übergangen.

Die letzten Jahre von Rudolfs Regentschaft, er starb 1612, waren ein trauriges Diminuendo. Matthias' Zynismus erlaubte ihm, mit Protestanten zusammenzuarbeiten, wie es Rudolf unmöglich war. Matthias gewährte Religionsfreiheit in Siebenbürgen und im habsburgisch regierten Ungarn, und nach und nach drängte er den Bruder aus allen seinen Titeln. Das, was Matthias mit jedem Teil der habsburgischen Erblande aushandelte, sicherte ihm – als Gegenleistung für seine Unterstützung der Protestanten – alle Ämter und Titel. Wir würden darin natürlich etwas Positives sehen, aber die Wirklichkeit damals war fiebrig, grausam und chaotisch. 1611 war der Tiefpunkt erreicht.

Der besonders kriegerische und streitsüchtige Erzherzog Leopold, Bischof von Passau und jüngerer Bruder des Erzherzogs Ferdinand in Graz, kam Rudolf zu Hilfe. Auf einem Stich, der im Prager Stadtmuseum hängt, sehen wir katholische Passauer Söldner, wie sie auf der Prager Kleinseite Amok laufen: Dichter Rauch steigt aus den Häusern auf, Feuergefechte von Haus zu Haus, überall Leichen. Die Karlsbrücke jedoch bewährte sich: Die schweren Befestigungen an ihrem östlichen Ende verhinderten, dass die Passauer Soldateska auch in die Altstadt eindringen konnte. Schließlich, durch Geldzahlungen geschmiert, zog sie ab. Inzwischen wüteten

Protestanten in der Altstadt, die Franziskaner von Unserer Lieben Frau vom Schnee wurden in Stücke gehackt oder von Dächern aus niedergeschossen, auch das jüdische Viertel wurde angegriffen. Der Dreißigjährige Krieg begann erst sieben Jahre später, die Weichen aber waren hier bereits gestellt. Matthias, der um jeden Preis einen Erben haben wollte, heiratete endlich eine glücklose Cousine ersten Grades, obwohl er Ende 1611 schon Mitte fünfzig war. Rudolf starb wenige Wochen später und wurde neben seinen Eltern und Großeltern in der Grabstätte der Habsburger im Veitsdom beigesetzt. Wie sich zeigen sollte, war er der letzte Habsburger, der Prag zu seiner Hauptstadt gemacht hatte oder dort begraben wurde.

Es scheint beschämend, auf eine so traurige Weise zu enden. 1922 schrieb der tschechische Schriftsteller Karel Čapek seine Komödie *Die Sache Makropulos*, eine der phantasievollsten Meditationen über Rudolf II., die Janáček bald darauf zu einer eigenartigen, wundervollen Oper vertonte. Es geht um Dr. Makropulos, eine der seltsamen Figuren an Rudolfs Hof, der ein Elixier erfindet, das ewiges Leben verleiht. Als er Rudolf den Trank anbietet, fürchtet dieser, er könnte vergiftet sein, und befiehlt Makropulos, ihn an seiner Tochter auszuprobieren. Von diesem Experiment aber hat er rein gar nichts, wie Čapek mit einer für ihn typischen, einfallsreichen Wendung vorführt, denn auch wenn das Elixier kein Gift ist, ob es tatsächlich wirksam ist, wird sich erst lange, nachdem Rudolf eines natürlichen Todes gestorben ist, erweisen. Er ist dazu verurteilt, niemals zu erfahren, ob das Elixier hielt, was ihm versprochen wurde, oder ob es doch wieder nur ein Schwindel war, wie seine Alchemisten ihm schon so viele aufgetischt hatten. Stück und Oper spielen in Čapeks Tschechoslowakei: Sie beginnen damit, dass eine schöne Frau nach Prag kommt, die bemerkenswert viel über die Vergangenheit der Stadt zu wissen scheint …

Die sieben Burgen

Der Südosten Siebenbürgens, eine der verschlossensten, unzugänglichsten Landschaften der Welt, wirkt wie der physische Ausdruck eines psychischen Zusammenbruchs. Wo man hinschaut, Bastionen, Mauern, Wachtürme und zerfallende Tore – und sie sind nur ein Bruchteil dessen, was hier einmal stand, letzte malerische Erinnerungen an eine erstickend militarisierte Vergangenheit voller Misstrauen. Die Gegend ist schön, glücklich wirkt sie nicht.

Wo man im Reich lebte, war immer nach Sprache und Religion unterschieden. An der nördlichen Grenze der finsteren, zwischen zwei Bergen eingekeilten alten deutschen Handelsstadt Kronstadt (heute Braşov) blieb noch etwas von den alten Sicherungsanlagen erhalten, die dafür sorgten, dass keine Rumänen in die Stadt kamen. Der Rhythmus des Alltags war bestimmt von Passierscheinen und Privilegien, schwer bewaffnete Konvois mit Tuchwaren, Waffen oder Getreide bewegten sich von Stützpunkt zu Stützpunkt. Braşov war der letzte vor den Karpaten und den dahinter liegenden osmanischen Gebieten, von dort aus ließ sich – mit großem Risiko und in den Pausen zwischen Kriegen – durch den Verkauf von Waren aus dem Norden nach Konstantinopel ein Vermögen machen.

Das Fürstentum Siebenbürgen stand jahrhundertelang unter ungarischer Herrschaft, war manchmal auch kurz davor, zum unabhängigen Staat zu werden, fiel aber immer wieder, zur Erbitterung seiner Einwohner, in den Herrschaftsbereich von Wien oder Konstantinopel. Vom Mittelalter an bis zum Ende des 18. Jahrhunderts war die Gesellschaft dort geprägt von der permanenten Anstrengung, sich verteidigen zu müssen. Braşov liegt im südlichen Karpatenbogen, dort, wo Ostkarpaten und Transsilvanische Alpen zusammenstoßen und die Berge eine natürliche Festung bilden. Trotz aller zinnenbewehrten, hochgemauerten Verteidigungsanlagen konnten die Siebenbürger ein bedrohliches Problem nicht lösen:

Es war ökonomisch einfach unmöglich, Soldaten zu unterhalten, die entlang einer Linie von einigen hundert Kilometern auf den Verteidigungsanlagen manchmal jahrzehntelang auf den nächsten Angriff warteten. Der Angreifer konnte sich Zeit und Ort stets aussuchen, während die Verteidiger ohnmächtig am falschen Platz waren. Der größte Albtraum der Region waren die Tataren – die entweder auf eigene Rechnung Krieg führten oder als Verbündete des Osmanischen Reichs, später aus dem Krim-Khanat heraus. Jeden Augenblick konnten ganze Wolken dieser leicht bewaffneten Steppenreiter auftauchen, die an Beute interessiert waren: an Sklaven und Gütern, nicht an Landbesitz. Selbst wenn offiziell Friede herrschte zwischen Siebenbürgen und seinen östlichen Nachbarn, die Reiterhorden fühlten sich daran nicht gebunden.

Wie fast überall im Grenzgebiet wurde auch hier die Bevölkerung in unregelmäßigen Abständen restlos vernichtet oder verschleppt oder vertrieben. Erfolgreiche Überfälle der Tataren – erfolgreich aus Sicht der Tataren – endeten damit, dass alle, die nicht als Sklaven zu verkaufen waren, umgebracht wurden. Bis ins späte 18. Jahrhundert hinein konnten von den Habsburgern geförderte Ansiedlungsprojekte völlig scheitern, Wenden im Kriegsglück eine ganze Bevölkerung in die Katastrophe stürzen – zum Beispiel im Banat, dem Südwesten des heutigen Rumänien, das erst mit deutschen Bauern besiedelt und dann vollständig verwüstet wurde. Vom 12. Jahrhundert an war in solchen Regionen nur dann ein Wiederbeginn möglich, wenn einer neuen und hoffnungsvollen Gruppe außerordentliche Privilegien gewährt wurden. In der Regel stammten diese Neusiedler aus einer Gegend, die zu weit entfernt war, als dass sie klare Vorstellungen gehabt hätten, worauf sie sich einließen. Die «Sachsen» stammten nur zum Teil aus Sachsen, viele sind wohl aus dem viel weiter entfernten Flandern gekommen, als Gegenleistung für ihre Initiative erhielten sie Land zur Gründung eigener Städte: der Ursprung der «Sieben Burgen» – «Siebenbürgen» ist heute noch der deutsche Name für die Region, Transsilvanien die latinisierte Version des ungarischen Erdély: «jenseits der Wälder». Nicht alle dieser sieben Städte gediehen, zu den erfolgreichen gehörten die beiden berühmten Dreh- und Angelpunkte deutschen Lebens, Schässburg und Hermannstadt (heute Sighişoara und Sibiu), und die gemischt ungarische und deutsche Stadt Kolozsvár oder Klausenburg (heute Cluj-Napoca). Schässburgs unmittelbar militärischer Ursprung ist in seinem lateinischen Namen Castrum Sex (Lager sechs) zu erkennen. Die Siedler hatten deutsches Stadtrecht mitgebracht – in Schässburg und Klausenburg galt das süddeutsche Recht, in Hermannstadt das Stadtrecht von Iglau (Jihlava) in Böhmen –, das sich in eigenen Normen, Gesetzen und Verbindlichkeiten niederschlug und die Städte in ähnlicher Weise formte wie die neuen Ansiedlungen im amerikanischen Westen des 19. Jahrhunderts, freilich ohne den offenen, optimistischen Aspekt, der die Neuankömmlinge hätte durchatmen lassen können.

Nicht nur für Siebenbürgen wurden neue Siedler angeworben. Die wiederholte Entvölkerung ganzer Landstriche erforderte, dass auch die Könige von Böhmen, Polen und Ungarn sowie deren Habsburger Nachfolger besondere Privilegien einräumten, zum Beispiel eine weitgehend den Stadtbürgern überlassene Verwaltung. Im Gegenzug hatten diese gewisse Verteidigungsaufgaben zu übernehmen und jährliche Abgaben zu entrichten. Solche Regelungen hatten zur Folge, dass im Baltikum, in Polen und in den habsburgischen Ländern viele deutsche Städte entstanden und sich ganze Landschaften veränderten. Kuttenberg (Kutná Hora) in Böhmen zum Beispiel oder die Zipser-Städte in der heutigen Slowakei waren Bergbausiedlungen. Das Deutschtum erstreckte sich auch auf so unerwartete Orte wie Krakau (Kraków), das sich seit 1257 unter Magdeburger Stadtrecht entwickelte und erst im späteren Mittelalter seinen deutschen Charakter verlor.

Natürlich denkt man in diesem Zusammenhang unweigerlich an die Deutschen, die «Krakau» in den 1940er Jahren zur Hauptstadt des Generalgouvernements machten. Wenn von Mitteleuropa die Rede ist, ist es vielleicht am schwersten, intellektuelle Disziplin zu wahren, wenn es um Deutsche geht. Man muss sich in der Tat gewaltig anstrengen, um dabei nicht an späteren Nationalismus, sondern schlicht an Menschen zu denken, die «deutsch sprachen» und die von überall aus dem Heiligen Römischen Reich stammen konnten, aus Ypern wie aus Steyr, und die alle möglichen politischen, gesellschaftlichen und sprachlichen Vorstellungen aus sehr unterschiedlichen Regionen mitgebracht hatten. Erst in ihren neuen Städten wurden sie «Sachsen» und nahmen sich deshalb als deutsch wahr und nicht einfach als Bayern, Hamburger oder Holsteiner. In Siebenbürgen verloren die Sachsen erst Mitte des 19. Jahrhunderts das letzte ihrer Privilegien – ein erstaunlicher Verlauf einer klüngelhaften, ausschließenden und oligarchischen Lebensform, die uns heute rätselhaft und fremd vorkommt.

Diese eigenartige sächsische Atmosphäre ist heute am deutlichsten sichtbar in den einstigen Wehrdörfern. Die größeren Orte sind wundervoll, Sibiu und Braşov jedoch sind heute fraglos rumänische Städte, die große Anstrengungen zu ihrer Entwicklung und Modernisierung unternehmen. Immerhin sind selbst sie noch immer durchsetzt von sächsischen Spuren. Ganz anders die sächsischen Dörfer, die in ihrem extremen Konservativismus wirken, als seien sie 1650 eingepökelt worden. Manche ihrer Verteidigungsanlagen blieben noch mindestens ein Jahrhundert lang bestehen, nachdem die veränderte Waffentechnik sie hatte nutzlos werden lassen, nicht der kleinsten Horde hätten sie Widerstand bieten können; und sie existierten noch weitere dreihundert Jahre, in denen die Bedrohung faktisch verschwunden war. Diese Dörfer sind Orte der Melancholie. Ab 1990, nach sieben Jahrhunderten sächsischen Lebens, nach Jahren rumänischer Kollektivierung und Diskriminierung, sind die meisten der siebenbürgischen «Sachsen», die noch dort lebten, nach Deutschland gegangen. In den Dörfern stehen heute viele Häuser leer, manchmal werden sie von durchziehenden Roma bewohnt; obwohl sie aufwendig renoviert wurden, ist nicht absehbar, was mit ihnen werden soll. Dabei sind sie sehr schön und höchst fremdartig.

Ein berühmter Ort ist Deutsch-Weißkirch (Viscri) in der Nähe von Sighişoara. Übrigens zeigt gerade dieser letzte Satz, wie vertrackt das Problem der Namen in dieser Region ist: Viscri ist der korrekte moderne rumänische Name des Ortes, aber im Zusammenhang mit seiner deutschen Vergangenheit ist auch Deutsch-Weißkirch richtig – ebenso der ungarische Name Szászfehéregyháza.

Ein Gang durch das Dorf gibt einen überraschenden Eindruck davon, wie isoliert und bescheiden das Leben in einem großen Teil Mitteleuropas gewesen sein muss, weitab von einigen wenigen ordentlich unterhaltenen Straßen. Selbst heute ist Viscri nur von einer Seite, über eine einzige lange staubige Straße, zu erreichen. Zwei Reihen niedriger, klobiger Häuser stehen einander gegenüber, dazwischen ein Mittelstreifen, der in den meisten Orten vor langem in eine richtige Straße verwandelt wurde, auf vielen Fotografien von habsburgischen Dörfern aus dem späten 19. Jahrhundert aber noch zu sehen ist: als eine ungepflegte Gemeindewiese, auf der zwischen Obstbäumen Gänse, Hühner und Enten umherliefen, wie geschaffen, um auf einem Pferd hindurchzupreschen. Jedes Haus war eine kleine Fabrik, in Heimarbeit wurden hier Kleidung, Bettzeug und Lebensmittel produziert: eine unentrinnbare, durchgeplante Eintönigkeit, jede Woche des Jahres war vorgesehen für ganz bestimmte Pflichten und Aufgaben. Genaue Regeln legten fest, wer was wann zu tun hatte, fast jede Arbeit war von grundlegender Bedeutung für die Sicherheit, ja, für das Überleben des Dorfes, das im Winter monatelang von der Außenwelt abgeschnitten war. Spaziert man in Viscri umher, offenbaren sich deutlich die Strukturen eines Gemeinwesens, wie sie bis vor kurzem prägend waren für unsere Geschichte: rücksichtslos durchgesetzte Konformität, die zentrale Stellung der Kirche, Lesen und Schreiben als eine besondere Fertigkeit, die nur bei einer Handvoll Menschen als notwendig betrachtet wurde und für den Rest ohne Bedeutung war, und ganz allgemein die Verteilung von Aufgaben auf das ganze Dorf, meist an bestimmte Familien, von denen jede einzelne ihren Beitrag für die Gemeinschaft leistete. Auffallend auch, welch große Bedeutung die Frauen für viele Aufgaben hatten – eine Arbeitsteilung, in der Pökeln und Nähen nicht weniger wichtig waren als Mähen und Fallenstellen. Bei jedem Morgengrauen stand für jede und jeden fest, welche Aufgabe auf ihn oder sie wartete: Tiere füttern, Kleider ausbessern, Kirschen einmachen, sich ums Heu kümmern. Außer zu bestimmten Zeiten war die Arbeit nicht so intensiv, dass sie nicht auch recht gesellig sein konnte, aber es war zu tun, was getan werden musste, und dieser Ablauf wurde nur von großen Familien- oder religiösen Festen unterbrochen, die wiederum große Anforderungen an alle Dorfbewohner stellten. Trug jeder sein Teil bei, überlebte das Dorf, große Fehler aber konnte man sich nicht leisten. Das alles klingt schauderhaft, und es ist kein Wunder, dass die Sachsen, als sich im Verlauf des 20. Jahrhunderts ihre Lebensweise auf immer krassere Weise vom übrigen Europa unterschied, nach Stuttgart gingen, um ein besseres Leben zu führen.

Je länger ich mich in Viscri aufhielt, desto interessantere Dinge gingen mir durch den Kopf: dass in einem solchen Lebenszusammenhang das Misstrauen gegenüber Fremden wachsen musste; welche Bedeutung umherreisende Juden und Roma hatten als Bindeglieder, die das Land zusammenhielten; welch große Bedeutung dieser für Volksmärchen entscheidende Augenblick tatsächlich hatte, wenn nämlich der Kesselflicker mit seinem Karren ankam, helle, farbenfrohe Fabrikware anbot, die einen jungen Mann, eine junge Frau aus dem Dorf dazu bringen konnte, von einem Leben jenseits ihrer schlammigen Straße zu träumen. Diese Besucher brachten Scheren mit, Färbemittel, Salz, aber auch die Pest, ein einziger unseliger Durchreisender reichte schon, um binnen einer Woche fast das ganze Dorf umzubringen. Mehr als alles andere war es die grundsätzliche Unsicherheit, die diese Dörfer, das Leben in ihnen so abschreckend gemacht hat: Schlimmer als die Angst vor der Pest waren die Bilder gesetzloser Banden, gleich, ob magyarische Rebellen, marodierende kaiserliche Soldaten oder, am schlimmsten von allen, angreifende Tataren, die den Dörflern in den Köpfen spukten, wenn sie endlose, erbarmungslos kalte und beschwerliche Wintermonate damit verbrachten, Schemel zu schnitzen und Gänse zu pökeln.

Die Unsicherheit dieses Lebens kommt in den berühmten sächsischen Kirchenburgen und Wehrkirchen am deutlichsten zum Ausdruck. Diese Bauwerke können begeistern, geradezu süchtig machen, wochenlang könnte man von einem Dorf zum anderen wandern, Wachtürme, Fallgitter und Dachlandschaften vergleichen. Die Kirchen sind schlicht, funktional und fremdartige Kunstwerke zugleich. Manche von ihnen, wie die großartige Kirchenburg von Biertan (Birthälm) mit ihrer dreifachen Ringmauer, sind weit über den Anlass ihrer Gründung hinausgewachsen und zu grandiosen Bauwerken geworden – die meisten aber, so die von Viscri und Prejmer (Tartlau), haben ihre weiß getünchte, sehr reizvolle Schlichtheit behalten. Die Dramatik des sächsischen Lebens spiegelt die Sitzordnung. In Prejmer ist sie noch erhalten. Das ganze Dorf ging sonntags zum Gottesdienst, die Frauen mussten wegen ihrer kunstvollen Röcke auf langen Bänken ohne Rückenlehne in der Mitte sitzen, die Männer reihten sich um sie herum am Rand des Kirchenschiffs auf, damit sie, wenn die Alarmglocke läutete, rasch zu ihren Waffen greifen und an ihre Verteidigungsposten eilen konnten.

Ich kletterte bis in die Spitze des Kirchturms von Viscri hinauf («Anderswo in Europa könnten Sie so etwas niemals machen.» – «Ach, warum nicht?» – «Weil es unglaublich gefährlich ist.»): ein Durcheinander aus Brettern und Balken über dem klaffenden Abgrund, fragilen Leitern und fehlenden, aber vielleicht doch wichtigen Bauteilen. Es ist eigenartig, aber auch eindrucksvoll, in einem Raum zu stehen, der so dramatisch demonstriert, wie hier um Höhe und weiten Blick gerungen wurde – vor der Erfindung des Telegraphen lebensnotwendig in allen kriegerischen Auseinandersetzungen. Stets spielten Kirchtürme eine wichtige Rolle für Verteidigungszwecke, aber in Viscri, einem Ort wie aus einem Spielzeugkasten, lässt sie sich physisch erfahren. Der Blick auf die Umgebung zeigt das damals ausschlaggebende Kalkül: Wurde der Turm dreißig Zentimeter höher gebaut, gewann man damit über vierzig Meter zusätzliche Sichtweite über das Dorf hinaus. Wie weit der Wachposten auf dem Turm sehen konnte, wurde in Beziehung gesetzt zu der Geschwindigkeit, mit der ein Reitertrupp auf das Dorf zustürmte, woraus sich ergab, wie viel Zeit den Dorfleuten blieb, sich in der Kirchenburg in Sicherheit zu bringen. In unruhigen Zeiten wurden von größeren Orten wie Braşov aus alle Reitertrupps niedergeschossen, die sich unangekündigt oder ohne abzusitzen den Stadttoren näherten. Doch war dies ein Luxus, den sich nur große Orte mit einer Garnison leisten konnten; für mittellose Dörfer, deren Verteidiger einfache Bauern waren, die auf den Mauern ihre Runden drehten, kam das nicht in Frage. Sie konnten nicht daran denken, die Angreifer zurückzuwerfen, sie konnten sie nur lange genug hinhalten und hoffen, dass die Reiter irgendwann aufgaben. Sklavenjäger hatten ohnehin kein Interesse an Viscri selbst, und wurden sie aufgehalten, zogen sie einfach weiter, um einen weniger gut verteidigten Ort zu finden, den sie überfallen konnten. Ein richtiges Heer hätte sich nicht ablenken lassen oder damit aufgehalten, ein so kleines Hindernis zu belagern, nicht einmal so lange, wie es brauchte, die Geschütze in Stellung zu bringen. In einem gewissen Umfang also blufften die Verteidiger nur, doch aus ihrem Bluff wäre, wenn sie wirklich hätten Farbe bekennen müssen, Verteidigung bis zum letzten Mann geworden. Der Einsatz hätte höher nicht sein können, alle wussten, was auf dem Spiel stand. Bis zum definitiven Ende des Krieges zwischen Habsburg und den Osmanen in den 1790er Jahren galt im Fall einer Niederlage, dass Verwundete getötet und Überlebende in die Sklaverei verschleppt wurden; eine Art Krieg zu führen, die sich von der in Westeuropa grundlegend unterschied.

Dick gepanzert wie Schildkröten, so stehen diese Kirchenburgen noch immer in den Dörfern, auch wenn Teile der Verteidigungsanlagen abgebaut wurden: Die Dörfler waren extrem konservativ, doch wird selbst ihnen irgendwann eingeleuchtet haben, dass Gräben, Holzspieße zur Abwehr von Pferden und äußere Verteidigungswälle nicht mehr nötig waren. Der Zugang zur wunderbar restaurierten Bilderbuchkirche von Prejmer ist auch heute noch ein dreißig Meter langer, mit Fallgittern gesicherter Gang, der durch die massiven Mauern und Türme führt, die den umschlossenen Raum schützen. Diese Mauern sind mit Schießscharten für Armbrüste ausgestattet und hatten sicher auch umlaufende Wehrgänge. Die eigentliche Sensation von Prejmer aber ist das Innere der Umfassungsmauern: Auf mehreren Stockwerken übereinander sind die Notunterkünfte für jeden einzelnen Haushalt untergebracht – kleine Räume mit Nummern, die den Hausnummern im Dorf entsprachen. Andere Räume dienten der Versorgung während einer Belagerung und enthielten, vom Schinken bis zu Armbrustbolzen, alles, was man brauchte. Im Mittelpunkt der Burg befindet sich die außergewöhnlich schöne, ganz einfache Kirche, gebaut in der Form eines griechischen Kreuzes und mit einem Turm in nützlicher Höhe.

Der beklemmenden Tristesse dieser Dörfer kann man sich kaum entziehen: Sie zu besichtigen, ist kein ungetrübter Spaß. In ihrer Schlichtheit aber erscheinen die Mauern und Türme von Cincşor (Kleinschenk) oder Homorod (Hammeroden) – jedenfalls mir erwachsenem Mann – wie die Erfüllung eines elementaren Kindheitstraums, nämlich in einer lebensgroßen Spielzeugburg herumlaufen zu können – oder, zum Zwerg geschrumpft, in sie hineinzupassen.

V

Überraschende Landung einer fliegenden Hütte
«Sein göttlicher Name wird in die Sterne gemeißelt werden»
Tod in Eger
Beerdigungsrituale und Fuchsjagd mit Knüppeln
Die Teufelspuppe
Wie man den Turm zu Babel baut

FIDES
SPES
CHARITAS

Überraschende Landung einer fliegenden Hütte

Schließlich, im Jahr 1612, wurde der inzwischen betagte Matthias doch noch Kaiser: Er hatte seinen Bruder Rudolf überlebt und ihm zu guter Letzt auch die lange ersehnte Kaiserwürde abgerungen. Nun aber musste er erleben, wie sein hochfliegender Ehrgeiz auf phänomenal heillose Weise zurechtgestutzt wurde. Das Klima an seinem Hof muss noch schlechter gewesen sein als bei Rudolf in dessen letzten Jahren. Der zusehends altersschwache, kinderlose Matthias und sein noch mehr in die Jahre gekommener Ratgeber Kardinal Klesl wurden von einer Horde jüngerer Leute belagert, die um sie herumwirbelten, schwätzten, beteten, Verschwörungen anzettelten und gelegentlich nachschauten, ob die Alten noch lebten. Matthias hatte in einem verzweifelten Versuch, einen Erben zu hinterlassen, die unglückliche, viel jüngere Tiroler Habsburgerin Anna geheiratet, die jedoch kurz vor ihm kinderlos starb, was die letzten Wochen seiner Regentschaft möglicherweise zum Tiefpunkt in der Geschichte der Habsburger machte.

Der ungeduldige jüngere Hof um Erzherzog Ferdinand von der Steiermark war das deutliche Beispiel eines Generationswechsels. Mit jener Mischung aus Zynismus und Entgegenkommen, Eifer,

Linke Seite:
Die Rettung von Slavata und Martinez durch die Muttergottes, Votivmalerei, um 1620, Schloss Jindřichův Hradec, Tschechien. Maria und ihr Gefolge eilen herbei, um die aus dem Fenster stürzenden kaiserlichen Abgesandten aufzufangen. Ein Blick auf dieses Gemälde lässt erkennen, mit welch unerwarteten Mächten es die Protestanten nun zu tun bekamen.

Experimentierfreude und Mystizismus, die das Denken der Habsburger prägte, als Maximilian, Rudolf und Matthias regierten, war es nun vorbei. Der neue Ton war bestimmt vom Widerwillen gegen die Schwäche und Verwirrung, die Europa nach Ansicht des entschieden katholischen Ferdinand in einen Sumpf der Ketzerei getrieben hatten.

Schon als Regent Innerösterreichs hatte Ferdinand in den damals weitgehend protestantischen Regionen eine Politik der verbrannten Erde betrieben. Seine Helfershelfer, Mitglieder der von ihm eingesetzten Reformationskommissionen, hinterließen eine Landschaft zerstörter Kirchen und verbrannter Bücher, die Leichen von Protestanten wurden aus ihren Gräbern gerissen, auf den Straßen verstreut und an Zäune gehängt. Von seinem Grazer Hof aus zwang Erzherzog Ferdinand dem Land seine grimmige Orthodoxie auf, die in einem bemerkenswert abschreckenden Porträt noch heute spürbar ist. Das Gemälde in Schloss Eggenberg, dem Sitz eines seiner grausamsten Stellvertreter, zeigt den jungen Herrscher blassäugig, ausdruckslos, mit Schwert und Kruzifix in der Hand, wie er die Häresie unter seinen Füßen zermalmt, flankiert von Minerva und Vater Zeit (im christologischen Zusammenhang eher ungewöhnlich), die ihn anerkennend anblicken. Ferdinand, in Ruhm gebadet, hatte eben Format, schon bevor sich abzeichnete, dass er die Habsburger Erblande übernehmen und möglicherweise Kaiser werden würde. Die kleineren österreichischen Gebiete, die schon unter seiner Herrschaft standen – die Steiermark, die Krain, Kärnten –, waren inzwischen «gesäubert». Für die Protestanten, die in vielen Teilen Österreichs und Böhmens die deutliche Mehrheit stellten, war dieser leidenschaftliche, unnachgiebige Katholik, von Jesuiten erzogen, eine tödliche Gefahr.

Welchen Geistes dieser Ferdinand war, lässt sich daran ermessen, dass er eine Wallfahrt zur Kirche von Loreto unternahm. Das Heiligtum war an der Stelle errichtet worden, wo die Hütte, in der einst die Jungfrau Maria gelebt hatte, nach einer wundersamen Reise durch die Lüfte mit mehreren Zwischenstopps endgültig italienischen Boden erreicht hatte und den Muslimen, die ins Heilige Land eingedrungen waren, glücklich entkommen war. Wer diese Geschichte vom heiligen Haus nicht völlig absurd findet, bei dem kann, katholisch oder nicht, irgendetwas nicht ganz stimmen. Ferdinand jedoch glaubte inbrünstig daran. Er und seine gruselig fromme Gefolgschaft haben sich offenbar gegenseitig angespornt – sowohl seine Geschwister als auch seine ebenfalls wenig anziehende bayerische Verwandtschaft liebten demonstrative Exzesse persönlicher Spiritualität.

In vielerlei Hinsicht hatte sich Europa, schon bevor es zum Krieg kam, in eine Zeit der Härte und der Verbitterung manövriert, so als hätte sich eine Ära intellektueller und kultureller Begeisterung selbst verzehrt. Auch die protestantischen Ideen, die das Jahrhundert zuvor in ihren Bann geschlagen hatten, verhärteten sich zu griesgrämigen Orthodoxien. Die Annahme, dem Protestantismus gehöre die Zukunft, hatte sich als falsch erwiesen: Große Teile Europas waren weiterhin katholisch. Nicht zuletzt Auflösungserscheinungen des Katholizismus hatten dem Protestantismus zu ersten Erfolgen verholfen. Die Protestanten hatten ihre religiöse Vision für eine selbstevidente Wahrheit gehalten, sie werde, glaubten sie, alles Vorherige wegfegen, so als sei der Katholizismus nichts als eine mumifizierte Hülse, die sich einfach aufsprengen lasse. Da beide Seiten ihren Glauben – mit Blick auf das Wesen der Erlösung, auf die Pflichten des Menschen gegenüber Gott sowie auf Autorität und Gehorsam – für den einzigen, absolut wahren hielten, stand unvorstellbar viel auf dem Spiel. Anfang des 17. Jahrhunderts aber hatten die Protestanten ihr Pulver so gut wie verschossen, viele mächtige, kluge und motivierte Herrscher hatten sich von den protestantischen Behauptungen einfach nicht überzeugen lassen, vielmehr verachteten sie diese und ärgerten sich darüber.

In dieser erschöpften, statischen Welt war Ferdinand eine neue unverbrauchte Kraft, stark und ungeheuer selbstbewusst. Nachdem er sich zunächst den böhmischen Thron gesichert hatte, traf er eine geheime Vereinbarung mit den spanischen Habsburgern: Sie würden sich nicht dagegen sperren, wenn er nach Matthias' Tod Kaiser wurde, er wiederum überließ ihnen wichtige Teile des habsburgischen Gebiets im Westen, an der Bruchlinie zwischen Frankreich und den deutschen Territorien. Dadurch sollte die «Spanische Straße» wiederbelebt werden, die Nachschubroute, auf der Soldaten ungehindert von den spanischen Besitzungen in Italien in die rebellischen niederländischen Provinzen strömen konnten – alle Arrangements Ferdinands lassen sich in religionspolitischem Licht betrachten. Das Geheimabkommen sicherte ihm den Thron, fügte sich zudem in seine Erfolgsgeschichte antiprotestantischer Gemeinheiten, denn es würde spanische Kräfte freisetzen, die sich auf der gleichen Spur ihrer häretischen Rebellen entledigen könnten. Europas Schlagadern hätten dann wieder freien Durchfluss, und das protestantische Gift würde ausgeschieden. Das neue Regime musste nur warten, bis Matthias starb.

Die Protestanten waren nach den Jahren der Toleranz unter Rudolf zu Recht alarmiert – alle Zeichen deuteten auf einen koordinierten habsburgischen Angriff quer durch den Kontinent. Den böhmischen Protestanten, die Ferdinands Zerstörungswerk im südlichen Österreich vor Augen hatten, war klar, was ihnen blühte. Sobald er böhmischer König wäre, würde er auch auf spezifisch katholischen Rechten insistieren, und es gab keinen Grund anzunehmen, dass er als Kaiser nicht alles auf eine Karte setzen werde. So kam es, nach eklatanten Verletzungen verbriefter Religionsfreiheiten, im Sommer 1618 zum berühmten Prager Fenstersturz: Erboste protestantische Ständevertreter warfen die beiden königlichen Statthalter und einen Kanzleisekretär kurzerhand aus einem Fenster der Prager Burg. Sie überlebten schwer verletzt, doch nur, so hieß es in katholischen Kreisen, weil sie von Engeln, die ihnen zu Hilfe eilten, aufgefangen wurden; vielleicht aber hatten sie auch einfach nur Glück und landeten auf einem Misthaufen: so die von

Protestanten post festum bevorzugte Erklärung. Angespornt von den Niederländern, setzten die Böhmen Ferdinand als König ab: An seiner Stelle riefen sie den jungen Friedrich, den Kurfürsten von der Pfalz, zum neuen Herrscher eines unabhängigen, nicht mehr habsburgischen Böhmens aus.

Dieser Aufstand war verständlich, aber leider vergeblich. Die böhmischen Stände hatten den allgemeinen Verfall des Habsburger Regimes sehr wohl registriert, auch das Dahintreiben unter Rudolf und Matthias, sich darum allzu sicher gefühlt und ihre Möglichkeiten überschätzt. Sie stützten sich auf eine tief verwurzelte, nicht katholische Tradition, und mit den Utraquisten gab es in Böhmen so etwas wie eine nationale Kirche, deren reformatorische Wurzeln viel älter waren als Luthers Thesen: Lange schon feierten sie ihren Gottesdienst auf Tschechisch. Die meisten Böhmen waren nicht katholisch, in Glaubensdingen jedoch in alle Richtungen zersplittert. Und all diese protestantischen Gruppierungen zeigten wenig Bereitschaft, den jeweils anderen zu helfen. Viele waren empört über ihren neuen König, der sich, Kalvinist, der er war, potenzielle Anhänger gleich zu Feinden machte, besonders als seine Entourage damit begann, Bildwerke und Kultstätten als götzendienerisch zu zerstören, was die Mehrheit der Böhmen gegen ihn aufbrachte. Es hätte ihnen aber klar sein müssen, dass ein Bruch mit den Habsburgern, von denen sie ein Jahrhundert lang regiert worden waren, und mit dem Reich, dessen Verfassung sie völlig in Unordnung brachten, nicht ohne einen Titanenkampf zu erreichen war. Gleichwohl hatten sie kaum etwas unternommen, um sich genügend Verbündete zu sichern. Nach dem Besuch von noch mehr Messen als üblich und geheimen Gesprächen mit seinen jesuitischen Freunden entschloss sich Ferdinand, keineswegs überraschend, zu den Waffen zu greifen. Matthias starb im März 1619, im September wurde Ferdinand in Frankfurt zum Kaiser gekrönt, im November sein Rivale Friedrich in Prag zum Gegenkönig von Böhmen ausgerufen.

Die Position der böhmischen Rebellen war äußerst schwach –

selbst größere protestantische Staaten wie Sachsen waren empört über die Unrechtmäßigkeit ihres Handelns und unterstützten den Kaiser. Eine traurige Karikatur aus dieser Zeit zeigt den zweischwänzigen Löwen, das böhmische Wappentier, gefangen in einem Dornengestrüpp. Prächtig gekleidet und mit einem eleganten Hut eilt der neue König Friedrich herbei, um den Löwen zu befreien, ihm die Dornen herauszuziehen und ihn wieder aufzupäppeln. Diese protestantische Wunschphantasie mutet fast wie Sarkasmus an, brauchte der Löwe doch etwas mehr Protektion als die eines Dandys aus der Pfalz. Sogar England und Schottland, die Friedrichs Schwiegervater, der sehr eigenartige Jakob, in Personalunion regierte – darum als Jakob I. und VI. gezählt –, waren nervös und zeigten wenig Sympathien für Friedrichs leichtsinnigen Entschluss, dem Ruf nach Prag zu folgen. Die Niederländer hielten sich an den noch gültigen Waffenstillstand mit den Spaniern und waren nicht bereit zu größeren militärischen Hilfeleistungen. Im folgenden Jahr wurde in der Schlacht am Weißen Berg das schmerzlich unterlegene böhmische Heer vernichtet, und Böhmen verschwand unter der gleichen trostlos grausamen Herrschaft, die Ferdinand bereits der Steiermark aufgezwungen hatte.

Die vornehmlich tschechischsprechende Oberschicht wurde gezwungen zu konvertieren oder ins Exil zu gehen. Der Altstädter Ring in Prag wurde zum Schauplatz entsetzlicher Szenen, siebenundzwanzig führende Standesherren wurden hingerichtet, ihre letzten Worte und widerständigen Aufrufe gingen unter in den Wirbeln massenhaft aufgebotener Trommler. Deutschsprechende Parteigänger Ferdinands erhielten große Güter, und ziemlich bald war Tschechisch nur mehr die Sprache der ländlichen Bevölkerung und der Enteigneten. Aus dem Königreich wurde ein Vorbild an Konformität – von einer so erfolgreichen ideologischen Säuberung konnten spätere Herrscher nur träumen. Es gelang den deutschsprechenden katholischen Glücksrittern, die in Scharen nach Böhmen kamen, um sich all der Schlösser zu bemächtigen, nie voll und ganz, das Tschechische zu verdrängen, aber sie kamen dem sehr nahe. Natürlich gab es viele über Böhmen verstreute ältere deutsche Gemeinden, aber erst nach der Schlacht am Weißen Berg wurde Deutsch zur Sprache der Verwaltung und der Verordnungen – und das sollte so endgültig sein wie in Österreich oder Bayern. Ein großes mittelalterliches Königreich wurde zu Boden getreten und auf eine bloße Provinz reduziert – eine Quelle für Einkünfte und Lieferant von Soldaten. Prag verlor immer mehr an Bedeutung, wurde zu einem hinterwäldlerischen Ort, Rudolf II. mit seinen Gepardenjagden und nekromantischen Séancen zur fernen Erinnerung. Das katholische Programm befand sich im Aufwind, in der Hradschin-Vorstadt wurde – wie in Brno – eine Kopie des heiligen Hauses von Loreto zur Wallfahrtsstätte, die den Stadtteil hinter dem Aristokratenviertel der Burg bis heute beherrscht.

Ein weiteres Erinnerungsstück an diese Zeit ist im Prager Veitsdom zu besichtigen. Trotz der vielen Belagerungen, Besatzungen und nicht weniger zerstörerischen Wellen neotschechischen Eifers haben sich zwei massive, den Altar flankierende Holzreliefs erhalten, die zeigen, was man von Friedrichs kurzer Regentschaft hielt. Die eine der beiden Tafeln ist interessant, aber nicht aufsehenerregend; sie zeigt, wie die Kalvinisten aus Friedrichs Entourage Heiligenbilder im Dom zerstören. Das ist nichts gegen die andere: ein vom selben Holzschnitzer stammendes Panorama der Stadt, deren Kirchtürme, zu einer borstigen Masse verdichtet, finster und verächtlich auf eine winzige, fast unsichtbare Prozession von Menschen und Wagen auf der Karlsbrücke herabstarren – auf Friedrich, der sich mit seinem Gefolge, aufgeputzt und beutebeladen, aus dem Staub macht, ein Abschied auf Nimmerwiedersehen. Und Prag bleibt zurück als wieder reiner und gesunder Organismus, frei von den menschlichen Flöhen, ihrem erbärmlichen Versuch, die Wahre Kirche herauszufordern. Diese Schautafel ist furchterregend – so arrogant und vernichtend wie alles, was Diktatoren im

20. Jahrhundert zu bieten hatten, und ein vollendetes Beispiel für Siegerkunst.

Warum der Dreißigjährige Krieg zu einer solchen Katastrophe wurde, lässt sich schon an seinem Beginn ablesen. Sobald die Böhmen erledigt waren, sah eine Bande europäischer Herrscher von Spanien bis Siebenbürgen gute Gründe, in den Krieg zu ziehen, angetrieben von heiligen, schlau-listigen oder nur idiotischen Motiven, goldene, wenngleich trügerische Möglichkeiten und politische Prinzipien im Blick. In diesem Gemenge aus Ehrgeiz und Angst ist die Frage, ob man in Ferdinand II. wegen seiner böhmischen Politik eine Art Proto-Hitler sehen sollte, nicht zu beantworten. Manche deutsche Nationalisten vertraten später die Meinung, er habe tapfer für die Vereinigung der deutschen Länder gekämpft – ein Riese, der dann von Zwergen gefällt wurde und, natürlich, durch die Niedertracht der Franzosen. Katholiken hingegen sahen in ihm den Mann, der der Fäulnis Einhalt gebot, der Österreich und Böhmen wieder zu sauberen Ländern machte – ein Riese, niedergemacht von … usw. Protestanten schließlich hielten ihn für einen gefährlichen, bösartigen Zeloten, engstirnig und bar jeder Vernunft. Weil sich die moderne Zeit weder für ein Europa unter deutscher Vorherrschaft begeistern mag noch für eines, dem gewaltsam ein uniformer Katholizismus aufgezwungen wurde, gewinnt im Streit um Ferdinand am ehesten die protestantische Sichtweise Oberhand.

Was Ferdinand mit seinen Kriegszügen tatsächlich wollte, lässt sich bis heute nicht genau erkennen, er hatte einfach zu viele Gegner, die er bekämpfen musste. Eine Weile lang konnte er sich ihrer mit der Leichtigkeit eines Meisterschützen entledigen, der auf einem Rummelplatz auf Plastikenten schießt. Er hat das Elsass drangegeben (den Spaniern überlassen) sowie die beiden Teile der Lausitz (ein Dankeschön an die Sachsen, die sich an der Invasion in Böhmen beteiligt hatten) und sich damit die Habsburger Erblande gesichert; zugleich erfüllte er die Rolle des Kaisers wieder mit einem Leben, wie es seit der Zeit Karls V. nicht mehr vorstellbar gewesen war. Unter Rudolf II. war das Reich in Auflösung geraten, es hatte nur mehr als Rahmen gedient, um Truppen in den Krieg gegen die Osmanen zu schicken, Ferdinand jedoch agierte wieder in einem breiten paneuropäischen Kontext; er nutzte die Mittel der Habsburger, um seinem Willen Nachdruck zu verleihen, all jene zu unterwerfen, die sich seiner absolutistischen und katholischen Politik widersetzten. Seine anfänglichen Feinde waren geschlagen: ein protestantischer Versuch aus Dänemark, ihn zu stoppen, endete in einer völligen Katastrophe, und des Kaisers bedeutendster Kriegsherr, Generalissimus Albrecht von Wallenstein (1583–1634), stampfte Heere aus dem Boden, wie man sie in Europa seit den Zeiten des Römischen Reichs nicht mehr gesehen hatte. Während seine Jesuitenfreunde außer sich waren vor Begeisterung, Baumeister, Maler und Stuckateure landauf, landab katholische Neu- und Umbauten in Angriff nahmen, verlor der siegreiche Ferdinand – verständlich, aber fatal – jede Bodenhaftung. Unbesonnen verkündete er 1629 das Restitutionsedikt, einen kaiserlichen Reichsbefehl an die protestantischen Landesherren, alle enteigneten oder säkularisierten Kirchengüter zurückzugeben, um den alten Status quo des geistlichen Besitzstandes wiederherzustellen. Mit seinem wirklichkeitsfremden Plan machte er sich, von den Übereifrigen und Gleichgültigen einmal abgesehen, alle zu Feinden. Viele protestantische Herrscher hatten sich seit 1555 katholischer Gebiete bemächtigt, und große Städte wie Bremen oder Magdeburg standen auf dem Spiel: Sie sollten in Erzbistümer zurückverwandelt werden. Nicht nur die protestantischen Landesherren, auch Ferdinands Verbündete und jene, die bisher Neutralität gewahrt hatten, waren entsetzt über die Hybris des Kaisers – es gehörte nicht viel dazu, sich auszurechnen, dass dies nur ein erster Schritt war: Seine Vorstellung von Rechtgläubigkeit lief darauf hinaus, dass früher oder später auch das Stichjahr 1555 fallen und er sich alles Land im Reich zurückholen würde. Und so traf 1630, als Reaktion auf die Hilferufe protestantischer Fürsten, der schwedische König Gustav

Adolf mit seinem Heer in Norddeutschland ein, was der Geschichte Europas eine neue Wendung gab.

«Sein göttlicher Name wird in die Sterne gemeißelt werden»

Der Dreißigjährige Krieg ließ einige eigenartige Helden und Schurken hochkommen, meist nur kurz, aber sie bemächtigten sich der Imagination ihrer Zeitgenossen und sind als vage Echos der aufgeregten Flugblätter und Predigten aus dieser Zeit auf unsere Tage gekommen. Einer dieser Männer ist Bethlen Gábor, der kalvinistische Herrscher von Siebenbürgen, der einen Ehrenplatz in der britischen Geschichtsschreibung einnimmt, weil er wahrscheinlich als Einziger mit ungarisch korrekter Wortfolge (erst der Nachname, dann der Vorname) geschrieben ist, wenn auch eher aus Unwissenheit denn aus Aufmerksamkeit. Einmal ist Siebenbürgen ins britische Bewusstsein gedrungen, nämlich durch die heroischen Versuche des bis dahin halb autonomen Landesherrn, die Habsburger in einem frühen Stadium des Krieges zu vernichten. Dessen leuchtendes Beispiel setzten englische Puritaner der gleichgültigen Politik Jakobs I. entgegen. Bethlens Fürstentum war eines von zwei christlichen Überresten des alten Königreichs Ungarn, die ein Jahrhundert zuvor aus der Katastrophe der osmanischen Invasion hervorgegangen waren. Beide Teile hatten ein «DDR-Problem»: Sie wurden nämlich von der jeweils anderen, rivalisierenden Seite als illegitim betrachtet und des Verrats bezichtigt. Das Königliche Ungarn stand unter habsburgischer Herrschaft, Siebenbürgen dagegen war ein halb autonomer osmanischer Vasallenstaat. Das restliche Ungarn war einfach in osmanische Provinzen ohne besonderen Status zerlegt worden. Bethlen Gábors Ungarn betrachteten sich als die letzte, noch nicht ausgelöschte Bastion des Magyarentums, demgegenüber konnte das Königliche Ungarn nur ein schäbiges Anhängsel habsburgischer Ambitionen sein. Das sahen einige Adlige im Königlichen Ungarn nicht anders als die Siebenbürger; andere jedoch – eine genügend große Anzahl – waren erleichtert, dass sie unter Habsburgs Schutz standen, und betrachteten Siebenbürgen als halb orientalisiert, unloyal und in religiösen Dingen als Seiltänzer. Dass es diese beiden Staaten gab, bewahrte viele Ungarn vor dem katholischen Uniformismus der Habsburger – und als Siebenbürgen gegen Ende des 17. Jahrhunderts den Habsburgern endgültig in die Hände fiel, war es viel zu spät, sie der gleichen Behandlung zu unterziehen wie die Böhmen. Bethlen und seine Vorgänger hatten sich eine Unabhängigkeit von den Türken erstritten, die ausreichte, um sie zu Herrschern über einen zumindest halb autonomen ungarischen Staat zu machen, allerdings immer in dem Wissen, dass er von Konstantinopel ausradiert werden würde, sollten sie zu sehr aus der Reihe tanzen.

Siebenbürgen war bemerkenswert tolerant. Die Fürsten selbst favorisierten den Kalvinismus, unterstützten das kalvinistische Zentrum Debrecen und finanzierten gläubigen Studenten den Aufenthalt in befreundeten Staaten. Siebenbürgen war ein Mosaik aus Sprachen und Religionen, das machte Toleranz zu einer Notwendigkeit, alles andere hätte in einen Bürgerkrieg geführt. Diese Toleranz erstreckte sich nicht auf die orthodoxen Rumänen, die zumeist Leibeigene waren, aber sie definierte den siebenbürgischen Staat, der sich etwas darauf zugutehielt, dass er die von Ferdinand II. rücksichtslos erzwungene Homogenisierung nicht brauchte.

Religion und Politik waren in der Regel so eng miteinander verwoben, dass man kaum jemandem klare, eindeutige Motive zuschreiben konnte. Religion war damals so bedeutsam und der Wert persönlicher Erlösung so hoch, dass es unplausibel wäre, wollte man hinter religiösen Haltungen bloßen Zynismus sehen. Der Kalvinismus der siebenbürgischen Herrscher wurde, vielleicht gar nicht bewusst, zu einem entscheidenden Element im ungarischen

Widerstand gegen die Herrschaft der Habsburger. Ja, man könnte sogar sagen, es war dieser Schutz, den die Osmanen damals dem ungarischen Kalvinismus gewährten, der Ungarn als Idee am Leben erhielt und alle miteinander, anders als anpassungsbereite österreichische katholische Bauern, vor einem Schicksal wie in *Body Snatchers – Invasion der Körperfresser* bewahrte. Daran änderte sich auch nichts, als das unabhängige Fürstentum gegen Ende des 17. Jahrhunderts implodierte: Solange die Habsburger sich durch ihren Katholizismus definierten – was sie jetzt durchgängig taten –, blieb die religiöse Pluralität Siebenbürgens ein alternatives Modell und Kern des ungarischen Selbstverständnisses. Der antihabsburgische Rebell Imre Thököly war glücklich, zur Verteidigung der siebenbürgisch-ungarischen Unabhängigkeit Seite an Seite mit osmanischen Soldaten gegen die Habsburger kämpfen zu können, Franz II. Rákoczi – auch er Spross einer Familie, die stolz ihren Hass gegen die Habsburger pflegte – verbündete sich eine Generation später mit den Osmanen und den Franzosen. Beide Männer starben im osmanischen Exil, aber ihr Beispiel gab dem späteren Nationalismus reichlich Nahrung.

In Jahrhunderten voller Gewalt und Plünderungen wurde die Region so platt gewalzt, dass es wenige Spuren von Bethlen Gábor gibt – mit einer wundervollen Ausnahme. Siebenbürgen ist klar abgegrenzt durch die Gebirgszüge rundherum, aber im Westen und Nordwesten liegt eine Region, die damals Partium hieß und von den Fürsten Siebenbürgens regiert wurde – ein bogenförmiger Landstreifen mit den Städten Debrecen und Arad, der sich von Karpatenruthenien (heute in der Ukraine) bis hinunter zu den staubigen Landschaften Südwestrumäniens erstreckt. Einer von Bethlen Gábors wichtigsten Stützpunkten war Oradea. Es hat wie viele größere Städte eine Festung – ein monströses, aus Ziegelmauern errichtetes Fünfeck, das seinen Süden beherrscht. In der sengenden Sommersonne verbreitet die Festungsanlage eine reizvolle indische Atmosphäre, ihre verfallenden Mauern und Zinnen sprechen ebenso wirkungsvoll vom Scheitern menschlicher Eitelkeit am Tod wie beispielsweise die Mauern der Festung Tughlakabad bei Delhi, nur ohne Kobras. Wie immer an solchen Orten leisten Rabenvögel, hier sind es Dohlen, ihren atmosphärischen Beitrag, denn ohne deren trostlos schepperndes Tschak-tschak wäre der Zauber der Ruine weit weniger mächtig. In der Festung wurde der ursprüngliche Vertrag zwischen den Habsburgern und den Fürsten von Siebenbürgen geschlossen, durch den Ungarn aufgeteilt wurde; mehrfach wurde sie belagert, man sieht reparierte Stellen, Narben, die Angriffe von Osmanen und Rebellen hinterlassen haben. An einer Bastei ist eine kleine Gedenktafel erhalten, leicht beschädigt, aber noch zu entziffern: «[Bethlen] Gábor von Pannonien, Nachfahre des Herkules, ließ aus Liebe zu seinem Land diese Mauern gewaltiger Stärke errichten, die selbst das Schicksal der großen mythischen Kriege umkehren würden: Troja, den tarpejischen Felsen, Babylon. Der Himmel hallt wider von seinen Verdiensten, sein göttlicher Name wird in die Sterne gemeißelt werden.»

Natürlich ließe sich das abtun, als spleeniger Einfall, als verrückte Idee im Stil von Shelleys Gedicht «Ozymandias», aber ist es nicht viel besser, sich an diesen wundervollen, seit den 1620er Jahren wundersam erhaltenen Worten einfach zu erfreuen?

Bethlen hätte die Habsburger fast geschlagen, dreimal brachen seine Truppen in ihre Länder ein, kamen einmal sogar bis vor die Tore Wiens. An Siebenbürgens Rolle lässt sich erkennen, warum der Dreißigjährige Krieg so entsetzlich zerstörerisch, so unaufhaltsam war. Ähnlich wie der Erste Weltkrieg brachte auch er mehr oder weniger zufällig rivalisierende Kräfte gegeneinander in Stellung, deren Bündnisse einander auf verhängnisvolle Weise ergänzten. Die anfänglich absolut unklare Situation des Kaisers brachte, wie sich zeigte, seine Feinde auf phantastische Vorstellungen eigener, unbegrenzter Möglichkeiten. Als hoffnungsfrohe Räuber, darunter auch Bethlen, ins Reich einfielen, wurden diese zwar geschlagen, aber der Kaiser hatte nicht die Möglichkeiten, sie zu verfolgen und gänzlich zu vernichten. Bethlen konnte intervenieren, wann er wollte, nicht zuletzt, weil ein direkter Einfall der Habsburger in Siebenbürgen eine Reaktion seiner osmanischen Herren hätte provozieren können. Das hätte Ferdinands Pläne nicht gerade befördert – in der Tat ist es eine der Merkwürdigkeiten des Dreißigjährigen Krieges, dass die Osmanen, wie es der Zufall wollte, in dieser Zeit zu abgelenkt waren, um ihre wahrscheinlich nie größere Chance zu nutzen, die Habsburger zu erledigen.*

Irgendwann im Laufe des Krieges dachte fast jeder der europäischen Territorialherren, da müsse doch ein Schnäppchen drin sein, wenn man sich beteilige; allerdings hatten sie auch alle die verheerende Neigung, dies jeder für sich zu tun und abwechselnd, also wurden sie reihum geschlagen oder gerieten in eine Pattsituation. Dann aber, nach vielen Demütigungen, Annexionen und Rückschlägen, traten Gustav Adolf und seine Armee auf den Plan, und das veränderte das Kräftespiel zwischen den Gegnern Ferdinands von Grund auf. Einen gesamteuropäischen Sieg konnte Ferdinand II. nun nicht mehr erringen. Innerhalb weniger Monate fügten die Schweden den kaiserlichen Truppen so hohe Verluste zu, dass selbst Gustav Adolfs Tod auf dem Schlachtfeld bei Lützen im Jahr 1632 die Lage des Kaisers nicht ändern konnte – und die nun immer stärkere Beteiligung der Franzosen ging weit über Ferdinands Kräfte, auch sein Bündnis mit Spanien half da nichts. Dennoch hatten die Habsburger genügend Ressourcen, es kam also auch nicht zu der Niederlage, die Ferdinand außer Gefecht hätte setzen können. Es war die Komplexität dieses Krieges selbst, die diesen vorwärts trieb, und wenn einzelne Länder den Frieden

* Auch die Republik Venedig hielt sich zurück, überraschenderweise: einer der Fälle, in denen der Doge in der Nacht nicht bellte. [Eine Anspielung auf Arthur Conan Doyles Erzählung *Silver Blaze*: Sherlock Holmes löst den Fall, weil ihm auffällt, dass etwas zu Erwartendes nicht geschehen ist: der Hund = dog/doge hat nicht gebellt; Anmerkung der Übersetzer.]

suchten, traten andere schon wieder auf den Plan. Halb unabhängige Söldnerheere verwüsteten das Land, und die Schweden, zunächst die Helden des protestantischen Lagers, wurden zu einer gewalttätigen und erpresserischen Plage.

Tod in Eger

Waren Bethlen Gábor und Gustav Adolf zwei bleibende protestantische Helden, dann wird – abgesehen vom jesuitisch berauschten Ferdinand selbst – der größte Schurke wohl dessen «Generalissimus» Wallenstein gewesen sein. Dieser Wendehals, ein kleiner böhmischer Adliger, profitierte mächtig, wenn Ferdinand Ländereien von Aufständischen konfiszierte, denn er überließ sie ihm teilweise zum Dank, teilweise im Rahmen vertraglicher Vereinbarungen, die Wallenstein autorisierten, immer größere Söldnerheere auszuheben, bis diese schließlich auch Wiens Möglichkeiten überstiegen. Finanziert durch «Kontributionen» – das heißt durch Schutzgeld, mit dem sich eine Stadt von der Drohung, zerstört zu werden, freikaufen konnte –, zog diese Soldateska kreuz und quer durch Mitteleuropa, stark genug, um von antihabsburgischen Kräften nicht bezwungen zu werden, aber, selbst als sie außer Kontrolle geriet, nicht stark genug, um ihrerseits einen entscheidenden Schlag zu führen.

Weit westlich von Bethlens Oradea liegt die tschechische Stadt Cheb, früher Eger. Dieser sehr interessante, aber auch bedrückende Ort liegt genau auf der Frontlinie all dessen, was in der ersten Hälfte des 20. Jahrhunderts schiefging. Viele Jahre lang jedoch war er berühmt für ein großes Ereignis, an das im Stadtmuseum erinnert wird. Ich habe es besucht, wollte wirklich alles konzentriert, der Reihe nach besichtigen: Es ist mir nicht gelungen. Ich habe mit Raum eins begonnen, mit den durchaus anspruchsvollen

Sammlungen alter Vorratsgefäße der Obotriten, mit Vitrinen voller Armreifen und all solcher Dinge. Als ich mir jedoch ein Schwarzweißfoto mit Leuten anschaute, die einen Topf ausgruben, hielt ich es nicht mehr aus, zwei Stufen auf einmal nehmend, rannte ich die Treppe hoch, um zur eigentlichen Attraktion dieses Museums zu gelangen: zum Schlafzimmer, in dem Wallenstein ermordet wurde! Natürlich ist es vollständig rekonstruiert, und das mit beeindruckendem Stilempfinden – die Holzvertäfelung, das große Bett, eine Hellebarde (eine Waffe dieser Art hat vielleicht einer der Mörder benutzt), die an Drähten in der Mitte des Raums hängt, gegen ein ähnlich angebrachtes Nachtgewand gerichtet (das den Generalissimus darstellen soll).

So bedeutsam der Feldherr Wallenstein für Ferdinand war, sein Verhältnis zum Kaiser war gleichwohl distanziert, seine Sympathien für den Dienstherrn hielten sich in Grenzen. 1633 wuchsen in Wien sogar Befürchtungen, er könnte sich mit seinen ungeheuren Ressourcen, seinem Reichtum und seinen Truppen von Wiens Oberbefehl lossagen und selbst die Macht im Heiligen Römischen Reich übernehmen. Wallensteins Motive bleiben merkwürdig undurchsichtig, und wir wissen über diese bedeutende Gestalt enttäuschend wenig. Womöglich war er nur ein ziemlich uninteressanter Militär mit einer Menge Geld. Friedrich Schiller hat ihn in seiner großen Theatertrilogie von 1799 gerettet, den Feldherrn zu einer vielschichtigen, durchaus nicht fehlerfreien, von Astrologie besessenen Gestalt aufpoliert, die letztlich von ein paar mediokren Gestalten verraten wurde. Jedenfalls kamen Ferdinand und seine Berater in der allgemein düsteren Stimmung und Paranoia, die nach fünfzehn Jahren Krieg herrschten, zu der vielleicht nicht ganz falschen Überzeugung, Wallenstein plane, seine Herren zu verraten. Also heckten sie eine Verschwörung aus und ließen Wallenstein und seine Getreuen in Eger von schottischen und irischen Soldaten ermorden, eine Szene, die auf tausend wohlfeilen Holzschnitten hochdramatisch dargestellt wurde.

Dass es sich bei dem Raum im Museum nicht um den wirklichen Tatort handelt, tut seiner Besonderheit keinen Abbruch – zumal das Haus mit einem überraschenden und völlig unerwarteten Bonus aufwarten kann: einem ausgestopften Exemplar von Wallensteins Pferden. Ich bin ein Fan von Gustav Adolfs ausgestopftem Pferd in Ingolstadt (eine Trophäe der katholischen Einwohner, die es während der erfolglosen Belagerung der Stadt unter seinem Reiter weggeschossen hatten); und ich habe immer gedacht, es müsse das älteste ausgestopfte Tier der Welt sein. Aber wie es aussieht, ist ihm Wallensteins Pferd um eine Nasenlänge voraus. Leider ist es zu gut konserviert worden, das von Gustav Adolf dagegen weist überall charismatische Flicken auf, wahrscheinlich auch Weinflecken von Festen, bei denen es als Hauptattraktion ausgestellt wurde. Mich macht dieses Pferd Wallensteins ähnlich misstrauisch wie das berühmte Krokodil von Brno, ein Geschenk der Osmanen an Kaiser Matthias, das im Alten Rathaus hängt, bedauerlicherweise jedoch wie eine sorgfältige viktorianische Tierpräparation wirkt. Das ramponierte, besudelte Ingolstädter Pferd erscheint viel authentischer und ansprechender – obwohl schwer vorstellbar ist, welche Motive hinter der Fälschung eines Wallensteinpferdes (oder gar eines Krokodils für Matthias) stecken sollten.

Ferdinand II. starb 1637, die Nachfolge trat sein Sohn Ferdinand III. an. Der weitere elf Jahre andauernde Krieg war inzwischen ein vor allem zermürbendes, sinnloses, albtraumhaftes Chaos geworden: Marodierende Soldaten suchten nach einigermaßen intakten Gebieten, um sie zu plündern. Die letzten Phasen des Krieges sind vor allem deshalb bemerkenswert, weil sich Frankreich, das über Generationen im europäischen Kräftespiel eine eher vernachlässigbare Kraft war, nun, von Richelieu und Mazarin dirigiert, mit einer Stärke zurückmeldete, die ganz Europa in Erstaunen versetzte. So hatte ein Krieg, der auch geführt worden war, um eine zunächst unaufhaltsam scheinende katholisch-habsburgische Revanche zu bremsen, nach üblicher europäischer Art lediglich die Karriere eines neuen Schreckgespensts gefördert.

Als 1648 der Westfälische Friede unterzeichnet wurde, waren fast alle, die den Krieg vom Zaun gebrochen hatten, tot; nur der alte, gruselige katholische Zelot Maximilian von Bayern war noch am Leben und betete drei weitere Jahre finster vor sich hin. Niemand weiß genau, wie viele Menschen in diesem Krieg umkamen, eine realistische Schätzung nennt acht Millionen Tote – eine Zahl, die diesen Krieg in Relation zu den damaligen Bevölkerungszahlen nicht weniger entsetzlich erscheinen lässt als die Kriege des 20. Jahrhunderts. Manche Regionen waren so gründlich verwüstet, dass sie sich erst mit der über zweihundert Jahre später einsetzenden Industrialisierung wirklich erholten. Die Kämpfe hatten die religiösen Triebkräfte, die sie ausgelöst hatten, ausgebrannt. Ferdinand II. war wohl wirklich in dem Glauben gewesen (wie auch mancher seiner protestantischen Gegner), dass der Krieg etwas mit dem Weltende zu tun habe und insofern nicht weniger auf dem Spiel stehe als die Erlösung selbst. Eine Vorstellung, die rasch durch ganz andere Faktoren ausgehöhlt wurde, die von persönlichen Loyalitäten (Protestanten, die gleichwohl den Kaiser unterstützten) bis hin zu realpolitischen Kalkülen reichten (das katholische Frankreich, das die Protestanten unterstützte). Die Habsburger hatten bei Kriegsende die meisten ihrer unmittelbaren Herrschaftsgebiete gesäubert – Österreich und Böhmen, wo zuvor ein beträchtlicher Teil der Bevölkerung protestantisch gewesen war, konnten sich nun damit brüsten, dass es bei ihnen keine Protestanten gebe. Für das Heilige Römische Reich insgesamt aber war das Unterfangen ein Fehlschlag gewesen, und Europa blieb politisch und religiös in feindliche Lager gespalten; nur allseitige Erschöpfung verhinderte, dass nicht gleich wieder Krieg geführt wurde.

In den waldigen Hügeln oberhalb Prags finden sich einige hierher verpflanzte Pavillons der Prager Jubiläumsausstellung von 1891, am besten gefällt mir das Spiegelkabinett. Die Spiegel, mit hübschen Holzarbeiten gefasst, befinden sich noch an ihrem Platz, und der Saal hat die späthabsburgische Atmosphäre, das Flair vornehmer Belustigungen, die vielen Romanen und Filmen so teuer sind, nahezu vollkommen bewahrt. Ohne Gehrock und Monokel fühlt man sich fast deplatziert in dem Labyrinth aus Spiegeln, in dessen Innern sich ein riesiges Panoramabild befindet, eines dieser Objekte, die um die vorletzte Jahrhundertwende so beliebt waren. Eine dramatische Darstellung zeigt, wie Studenten und Jesuiten im Jahr 1648 die Karlsbrücke gegen barbarische schwedische Söldner verteidigen. Doch in ihrem geradezu rührenden Dilettantismus liegt eine gewisse Komik, und ich kann mir kaum vorstellen, dass dieses Werk zu seiner Zeit großen Eindruck machte, nicht einmal bei einem Publikum, das noch nie «Titanic» in 3-D gesehen hat.

Immerhin sorgen eine mickrige kleine Kanone und ein paar vor dem Bild verstreute Rüstungsteile für einen leichten Diorama-Effekt. Der Kampf um Prag, an den das Ganze erinnert, war eine der letzten Schlachten des Krieges: Die Schweden hatten die Prager Burg und umliegende Stadtteile im Handstreich genommen und geplündert (viele Beutestücke aus Rudolfs Zeit, darunter seine besten Arcimboldos, wurden nach Stockholm verschleppt) und versuchten nun, in die Altstadt einzudringen. Erbittert verteidigten Prager Bürger ihre Stadt, woran sich zeigt, wie sehr sich diese im Laufe des Krieges verändert hatte. Einst das Herz des protestantischen Widerstands mit tiefreichenden hussitischen Wurzeln, war es zu einer gefügigen katholischen Stadt voller Klöster geworden, mit erneut geweihten und wiederaufgebauten Kirchen sowie vielen neuen, deutschsprechenden Bewohnern. Waren die Schweden 1619 noch mit Tränen der Dankbarkeit empfangen worden, wurde ihnen nun zäher Widerstand geleistet. Es dauerte zwei Jahrhunderte, bis tschechische Nationalisten diese ältere, vom Dissens bestimmte Vergangenheit wiederentdeckten und eine ganze Ideologie darauf aufbauten. Aber fürs Erste waren große Teile Mitteleuropas konfessionell gesäubert, und die Habsburger saßen wieder fest im Sattel.

Beerdigungsrituale und Fuchsjagd mit Knüppeln

In den letzten Phasen des Dreißigjährigen Krieges fand die Dynastie ihren Sitz endgültig in Wien. Erschöpft von den schier endlosen Kämpfen und kurz vor dem Bankrott saß Ferdinand III. nun in der kargen Umgebung seines Wiener Hofs, einer Adresse für schlechte Nachrichten, und blieb schließlich da. Prag, in vieler Hinsicht die eindrucksvollere Stadt und mit genügend Platz für Amtsstuben und Kanzleien, die wie Bienenwaben am Burgberg klebten, war besudelt von Rudolfs Verrücktheit und natürlich als Nest der Häresie. Offenbar wurde niemals darüber diskutiert, ob der Hof nicht an einen kaiserlichen und weniger habsburgischen Ort umziehen müsse – deutsche Städte wie Regensburg, Nürnberg oder Frankfurt am Main hätten sich angeboten. Der Umzug von Prag nach Wien, das nochmals etwa dreihundertdreißig Kilometer weiter im Südosten liegt, führte dazu, dass die Länder der erzherzoglichen Familie einen deutlichen Vorrang genossen und die Habsburger sich entschieden nach Osten ausrichteten. Da Frankreich ihr Hauptfeind wurde und es für fast zweihundert Jahre blieb, bescherte ihnen dieser Umzug ein riesiges, für Verteidigungszwecke nützliches Glacis, das sich verschiedene Male durchaus bewährte, zugleich aber rückten sie nun auch bedenklich nahe an die Grenze zum Osmanischen Reich. Die Zeiten, in denen Friedrich III. oder Maximilian I. samt Hofstaat und fröhlichem Heuschreckenschwarm aus hungrigen Kesselpaukern, Armbrustschützen und anderen Leibwächtern umherzog, auf der Suche nach einer verzweifelten lokalen Größe, die Gastfreundschaft zu gewähren hatte, diese Zeiten waren lange vorbei. Eine Stadt, die Ferdinand I. und Maximilian II. allenfalls provisorisch oder im Notfall genutzt hatten, wurde nun zur ständigen Residenz.

Der Wechsel nach Wien war mit allerlei kultischen Überlegungen verbunden. Es war wohl eines der wenigen Male gewesen, dass Matthias etwas von bleibendem Wert getan hatte, als er die tief religiöse und viel jüngere Anna von Tirol heiratete (die Tochter des reizenden Ferdinand II. von Tirol). Sie starb jung und hatte in ihrem Testament Vorsorge für eine Kirche der Kapuziner getroffen. Dieser für seine Askese berühmte Orden war während Rudolfs II. Regentschaft zur Stärkung der Gegenreformation ins Reich geschickt worden, und sein Provinzial, der später heiliggesprochene Laurentius von Brindisi, hatte im Langen Türkenkrieg das Amt des Kaiserlichen Kaplans inne. Die Kapuzinerkirche wurde am Neuen Markt gebaut, und dort sollten sich die Mönche um ihr und ihres Mannes Grab kümmern. Wegen des Dreißigjährigen Krieges verzögerten sich die Bauarbeiten, wurden aber 1632 abgeschlossen. Undankbarerweise hatte sich Ferdinand II. in seinem geliebten Graz beisetzen lassen, aber ein weiterer Hinweis darauf, dass Wien sich als Hauptstadt durchsetzte, war die Beisetzung Ferdinands III. und fast aller seiner Nachfolger in der Kapuzinergruft.

In dieser Gruft wurden ihre Körper beigesetzt, ihre Herzen jedoch in der Augustinerkirche neben der Wiener Hofburg und ihre Eingeweide in Kupferurnen unter dem Stephansdom (mit kleinen Etiketten «Leopold I.», «Joseph I.» usw. – schade, dass man keinen der Behälter nehmen und schütteln kann, um zu hören, welchen Ton er von sich gibt). Mit solchen Gesten behaupteten die Habsburger Wien als ihren dynastischen Grund. Ein großer Teil des Stadtzentrums ist tatsächlich eine Aufeinanderfolge mystischer Räume für die Familie Habsburg: Stephansplatz, Graben, Am Hof, die Innenhöfe der Hofburg und alle Verbindungsstraßen waren jahrhundertelang einbezogen ins komplizierte Uhrwerk des Hofrituals.

Der öffentliche Kalender der Habsburger wurde im Laufe des 17. Jahrhunderts immer verrückter vollgepackt, in null Komma nichts wurden Baldachine, Weihrauch und Chorsänger aus der Versenkung geholt: alljährliche Prozessionen zur Feier eines Sieges über die Türken, eines Sieges über die Franzosen, einer glücklichen Rettung Leopolds I. vor einem Blitzschlag, zum Gedenken an das Ende der großen Pest von 1679. Im späteren 18. Jahrhundert schnitten Maria Theresia und dann Joseph II. viele solcher Zöpfe ab, aber noch bis zum Ersten Weltkrieg zog Franz Joseph eine Art Tierkreistabelle der Absurditäten zu Rate, um seine zeremoniellen Pflichten abzulesen.

Man kann davon ausgehen, dass es am Habsburger Hof nicht sonderlich lustig zuging. Am ärgerlichsten war, dass ihm im 17. Jahrhundert viel weniger Geld zur Verfügung stand als seinem französischen Rivalen, wo sich parfümierte Höflinge in hochmodernen Palästen ergingen, ihre behandschuhten Finger leicht aneinandertippten und in Bewunderung ausbrachen über die farbigen Brunnen, die erlesenen Getränke, die von Pfauen bevölkerten Anlagen und Spiegelsäle, die eigens für sie geschaffen worden waren. Doch konnte die erbarmungslose Inbrunst, mit der sich die Habsburger dem Beten widmeten, manche Epoche knapper Kassen überbrücken. Das sorgte natürlich für eine andere Ästhetik, und die Hofburg umwehte stets die Atmosphäre freudloser Funktionalität, die ihr noch heute zu eigen ist. Eine weitere auffällige Differenz zum französischen Hofleben war, dass es generell keine Mätressen gab – die strenge Moral des Hofs war oft echt, es gab auch viel weniger Klatsch oder Fraktionsbildungen als im dafür berüchtigten Versailles. Stattdessen hatten die Habsburger eine merkwürdige Vorliebe für Hofzwerge, eine Mode, welche sie wie so vieles andere aus Spanien importiert hatten. Diese Männer, die Namen trugen wie «Baron Klein», waren harmlose Vertraute, Spaßmacher und Faktoten, ihre Größe war Ausdruck ihrer Entfernung von der wirklichen Welt des Hochadels. In der Tat müssen die Zwerge zu den wenigen Höflingen gehört haben, die ein ruhiges Leben führen konnten, die meisten anderen waren eingespannt in eine Maschinerie, die regelte, wem man den Vortritt lassen, vor wem man den Hut ziehen, sich verbeugen, knicksen oder sonst eine förmliche Geste vollführen musste – fetischisierte Rituale, die auch aus Madrid übernommen worden waren.

Kaiser konnten Gefahr laufen, sich in dieser Maschinerie zu verfangen. Vom ordnungsbesessenen Standpunkt eines Kammerherrn aus agierte der Hof wie ein mit Brokat aufgeputztes Modell des Sonnensystems, die Abfolge religiöser Feste drehte sich gleichmäßig im Jahreslauf und überschnitt sich mit der täglichen Abfolge der Mahlzeiten, Gebete, Audienzen und Ratsversammlungen. Würde der Kaiser nur einfach dasitzen wie der Weihnachtsmann, wäre das verhängnisvoll, sein unvorhersehbares Gebaren (ein plötzliches Verlangen nach Musik, ein Akt spektakulärer und spontaner Großzügigkeit, der Entschluss, einen Ausritt in den Prater zu unternehmen) war wichtig, damit niemand vor Langeweile verrückt wurde und um zu des Kaisers unkontrollierbares Wesen zu demonstrieren. Als Joseph I. den Gegenwert eines Jahresbudgets für Lebensmittel und Bankette an der Hofburg für einen Diamanten ausgab, dachte er, seine Leute werde der Schlag treffen, aber es war von jeher üblich, dass der Kaiser mit seinem Handeln durchblicken ließ, wie wenig er von bürgerlicher Plackerei hielt. Diese Art finanzieller Unbekümmertheit war auch im Adel verbreitet, der in ähnlicher Weise süchtig war nach großen Gesten und demonstrativer Zurschaustellung.

Endlose Karten- und Würfelspiele füllten die Zeit der Höflinge und hielten alle bei Laune, denn so (wie auch durch Opernaufführungen) entstanden Pausen im Tag, in denen der Kaiser mit niemandem reden musste. Tagaus, tagein umgeben von merkwürdig gekleideten Gesandten, professionellen Schmeichlern und betrunkenen einstigen Kriegshelden, war der Kaiser permanent gezwungen, Gründe zu erfinden, sich nicht mit der endlosen Reihe von Bittstellern zu beschäftigen, nicht auf ihre Wünsche einzugehen, nichts zu versprechen. So konnte ein plötzlicher Entschluss, Krieg zu führen, allein dem Wunsch entspringen, der Eintönigkeit des höfischen Lebens zu entkommen – für den gesamten Hof eine Gelegenheit, einmal nicht wie ein Uhrwerk zu funktionieren. Wenn plötzlich alles ins Feld zog oder ein Notfall eintrat, dann leerten sich die Zimmerfluchten, und der Kaiser konnte testen, ob es ihm gelungen war, Zusammenhalt, Gefolgschaft und Vertrauen aufzubauen und zu entwickeln.

Wenn man nicht Piquet spielte oder Krieg führte, wurde viel Zeit mit Jagen verbracht. Besondere Begeisterung zeigten die Habsburger für abwegiges Waidwerk – am merkwürdigsten war vielleicht das Schauspiel, das sich einmal im Jahr auf Schloss Laxenburg bot. Dort nämlich wurden Falken auf Reiher angesetzt. Fliegende Reiher haben immer etwas von zerbrechlichen, in Federn gekleideten Balsaholzfliegern, und sie durch Kampfmaschinen wie Falken vom Himmel holen zu lassen, ist eine bestenfalls bescheidene Leistung. Schwer zu erfassen ist auch, was daran vergnüglich sein soll, wenn Treiber Dutzende von Rehen oder Hirschen in tiefe Gewässer scheuchen und die Jäger sie dort mit Armbrüsten erledigen oder Füchse in Decken zu wickeln und sie dann mit Knüppeln zu Tode zu prügeln. Das mochte Leopold I. besonders gern und ließ sich dabei von seinen zu jedem Spaß bereiten Zwergen helfen. Vermutlich sollten diese Jagdarten aristokratische Meisterschaft auch angesichts großer Lebewesen beweisen, zugleich aber den Kaiser nicht in Verlegenheit bringen. Der Reiher ist der größte einheimische Vogel, würde man aber mit dem Gewehr auf ihn schießen, fiele er wahrscheinlich in Fetzen vom Himmel, wäre also keine schöne Trophäe für die Kaiserjagd und keinesfalls meisterlich. Eine richtige, unkontrollierte Jagd auf Wild wäre viel zu gefährlich, könnte zudem nicht vor Zuschauern stattfinden, also muss das Wild zum Kaiser gebracht werden; Füchse wiederum sind zu wendig, als dass man sie auf ehrliche Weise töten könnte, also müssen sie betäubt und in eine Decke gerollt werden. In allem, was ein Kaiser tat, musste er Meisterschaft zeigen, auch um den Preis, dass er sich nicht meisterlich verhielt. Möglicherweise aber war gerade das die höchste Form der Meisterschaft: Wer bei Hof würde auch nur zu denken wagen, der Kaiser mache sich lächerlich, wenn er einen Fuchs in eine Decke wickelte? Wohl eher niemand. Je mehr wir über die Vergangenheit lesen, desto merkwürdiger kommt sie uns vor.

Die Teufelspuppe

In Südtirols Seitentälern verstreut liegen die Ländereien des alten kaiserlichen Bischofssitzes Brixen, heute Bressanone im deutschsprechenden Teil Italiens. Brixen bildete mit seinem südlichen Nachbarn Trient den «Spund», der den Brennerpass für den Kaiser sicherte. Wer Freude an dergleichen hat, für den ist das Diözesanmuseum in Brixens Hofburg eine prima Adresse, vollgestopft mit gequälten, wurmstichigen Schnitzwerken und Tafelbildern voller biblischer Leiden – der jahrhundertelange Ausstoß von Bildhauern und Malern der Region. Ein regelrechter Anschlag auf die Zeit der Besucher ist die merkwürdige, leicht manisch wirkende Sammlung von Krippenszenen, kleine, von winzigen Figuren wimmelnde Panoramen, welche die Bischöfe des 18. und frühen 19. Jahrhunderts in Auftrag gaben. Eine «Krippe» impliziert in der Regel das Jesuskind, und in der Tat findet man es in vielen Versionen. Aber die mit Holz, Wachs, Papier und Stoffen arbeitenden Künstler hatten diese Einfalt bald satt und griffen immer weiter aus in der biblischen Heilsgeschichte. Ein erstaunliches Ensemble zeigt Herodes mit dem Gesicht eines goldfarbenen Affen, irre lachend, während sein Wagen von Dämonen, auf deren Spießen die gemordeten Säuglinge aus Bethlehem stecken, in den Höllenschlund geschoben wird. Verblüffend ist auch die Szene, in der Jesus seinem Vater beim Zuschneiden von Balken hilft, assistiert von Engeln – eine Szene, die ich aus meiner Bibel nicht kenne. Noch apokrypher und meisterhaft ausgeführt die Flucht nach Ägypten, ein Ereignis, das normalerweise nicht aufregender erscheint als eine lange Autobahnfahrt mit der ganzen Familie, das hier jedoch auf spektakuläre Weise an Leben gewinnt: Dargestellt ist die Heilige Familie, die mit ihrem Esel über eine wackelige Brücke zieht, darunter eine Schlucht voller wilder Tiere, kleine Modelllöwen, Tiger und (komischerweise) Stachelschweine, die nur darauf warten, dass Esel und Familie abstürzen und zum gefundenen Fressen werden. Dieses Schicksal aber wird abgewendet von einem Geschwader Flammenschwerter schwingender Engel, die das Gebiet sichern – noch eine biblische Szene, an die ich mich absolut nicht erinnern kann.

Schmunzelnd über die wilden Landschaften eines volkstümlichen Katholizismus genehmigte ich mir noch einen weiteren Saal voller Heiliger und Märtyrer, und meine Stimmung schlug um: Ich stieß dort auf eine erschütternde, um 1495 entstandene Schnitzarbeit, eine kleine Darstellung des Kindmärtyrers und späteren Heiligen Simon von Trient. Die meisten dieser Teufelspuppen wurden längst entsorgt oder weggeschlossen, in den 1960er Jahren wollte selbst der Vatikan nichts mehr mit ihnen zu tun haben. In Brixen aber sah ich eine so brillante wie extreme Wiedergabe eines Bildes, das einst in ganz Europa die Runde gemacht hatte. Bald nachdem Maximilian I. den Thron bestiegen hatte, wurde in Trient, offenbar im Keller einer jüdischen Familie, die Leiche eines vermissten zweijährigen Knaben entdeckt. Und sofort ging die Geschichte um, die Juden hätten ihn umgebracht und sein Blut in den Teig für ihr Matzebrot gemischt. Die kleine Schnitzarbeit zeigt das Kind, das aus Dutzenden von Messerschnitten blutet und ein Schild hochhält, auf dem die Zangen, Bohrer und all das zu sehen sind, was die Juden benutzt haben sollen. Auf die Entdeckung folgte ein hysterischer Ausbruch von Gewalt, acht jüdische Männer wurden hingerichtet, ein neunter beging im Gefängnis Selbstmord – in Brixen sind drei von Simons angeblichen Mördern als kleine Figuren zu dessen Füßen zu sehen. Dann wurde die ganze jüdische Gemeinde verhaftet, und weitere fünfzehn Juden starben auf dem Scheiterhaufen.

Der Kult des Simon von Trient wurde schnell populär, überall entstanden ihm geweihte Altäre, Kirchen und Kapellen. Der Turm an der Alten Brücke in Frankfurt am Main war bis ins 19. Jahrhundert nicht nur mit einer abstoßenden Darstellung der «Judensau» geschmückt, sondern auch mit einem Bild von Simons Leiche und den Todeswerkzeugen. Der Märtyrerkult ließ sich nicht aufhalten, Dutzende von Wundern wurden Simons Fürsprache zugeschrieben, zugleich wurden antisemitische Phantasien populär, die immer wieder im ganzen Reich hochkochten.

Warum die Ritualmordlegende 1475 in Trient tatsächlich in Umlauf gebracht wurde, wird nie aufzudecken sein, aber der Vorfall ist ein bedeutendes Beispiel für die häufig bösartigen Verbindungen zwischen einem volkstümlichen Katholizismus und Antisemitismus, die auch die Geschichte der Habsburger beflecken (Verbindungen, die sich natürlich auch im Protestantismus finden). Es gibt in diesem Buch sicher nicht das eine richtige Kapitel, Leben und Stellung der Juden im Reich zu diskutieren, insofern können wir hier so gut wie anderswo darauf eingehen. Im 17. Jahrhundert lagen die Ereignisse von Trient lange zurück, aber sie blieben beständig gegenwärtig, eingefasst in eine Ikonographie der Gegenreformation, die einen manichäischen Gegensatz zwischen Christen und Juden schuf; doch konnte auch die Gegenreformation die seit langem bestehende, merkwürdig stabile Beziehung der beiden nicht völlig überdecken.

Unter dem unerträglichen Schatten der 1940er Jahre ist es äußerst schwierig, aber doch notwendig, sich aufs Neue eine Welt der Unterdrückung vorzustellen, die bisweilen gewaltsam war und dennoch nicht im Völkermord endete. Ferdinand II. hatte mit seinem Restitutionsedikt alle nicht katholischen Bekenntnisse und Glaubensformen im Reich unter Bann gestellt: Das Judentum aber hatte selbst er ausgenommen. Die jüdischen Gemeinden waren oft so alt wie jede andere Siedlergruppe in Mitteleuropa, manche sogar noch älter, und wegen ihrer zentralen Rolle für das Christentum blieb ihnen ein gewisser, allerdings widersprüchlicher Respekt erhalten. Juden, die dieselbe Religion praktizierten wie Jesus selbst, konnten nicht einfach als Ketzer betrachtet werden, und als Übeltäter fielen sie in eine ganz andere Kategorie als die Muslime. Ihre Stellung war gleichwohl nicht beneidenswert, denn Juden galten als «verstockt», und sie durften Geschäfte betreiben, die wie der Geldverleih Christen verboten waren, sodass ihre Präsenz immer wieder als inakzeptabel empfunden wurde; ständig lag die Drohung von Massakern oder Vertreibungen in der Luft.

Aus Sicht der Juden bildete ebendiese «Verstocktheit», das Festhalten an ihrem Glauben, den Kern ihrer Identität, seit Kaiser Titus den Tempel in Jerusalem zerstören und die Juden in die Diaspora treiben ließ. Der Exodus in alle Teile Europas verschaffte ihnen ein eigenes, sehr mächtiges Narrativ – die Erzählung eines endlosen, in jeder Generation erneuerten Akts der Selbsterhaltung in einer feindlichen, kalten und abweisenden Umwelt. Den Christen lieferten die Geschichten des Alten Testaments eine bilderreiche und spannende Folge von Dramen, die für Fresken, Gemälde und Stiche taugten. Sie glaubten, das Alte Testament sei voller Hinweise auf die Heilsgeschichte, die in einer ungeheuren Anstrengung sinnloser Gelehrsamkeit zu Vorwegnahmen des Neuen Testaments gemacht wurden. Für die Juden war derselbe Stoff, der von den Christen grotesk missbraucht und missverstanden wurde, eine unendlich reichhaltige Quelle der Beruhigung und der Herausforderung, eine konstante Mahnung, dass es gerade im Exil notwendig sei, in der Einhaltung der Gesetze beständig zu bleiben, wie es, um einen hohen Preis, auch die biblischen Vorfahren gehalten hatten. Dieses auf merkwürdige Weise geteilte Erbe, das sich Juden und Christen gegenseitig immer wieder streitig zu machen versuchten, ist natürlich einer der bestimmenden, einer der mächtigsten und schöpferischsten Stränge in der europäischen Geschichte. Doch von kurzen Perioden abgesehen (am offensichtlichsten im Prag Rudolfs II., selbst wenn auch dies in vielerlei Hinsicht triviale oder absurde Gründe hatte), gab es fast keinen christlich-jüdischen Dialog. Die Juden konnten auf eine lange Reihe verrufener und brutaler Stereotype aus der Hebräischen Bibel zurückgreifen, und sie konnten diese ohne weiteres als Prophezeiungen der reich gekleideten berittenen europäischen Fürsten begreifen, die sie mal bedrohten, mal unter ihren Schutz stellten. Theoretisch könnte man aus jüdischer Perspektive eine nuancierte Alternativgeschichte der Habsburger rekonstruieren, wobei allerdings das Grundproblem bestehen bliebe, dass die Ereignisse, die gemeinhin als «Geschichte» gelten, aus dieser Sicht irrelevant erschienen, als der «Abscheu des Landes», als bloßer Hintergrund von europäischer, für sie bedeutungsloser Unzivilisiertheit, gegen die sie ihr wirkliches Leben führen konnten.

Die Geschichte des Simon von Trient ist nur ein Vorfall, wenn auch ein besonders widerwärtiger, in einem jahrhundertelangen Streit innerhalb der Christenheit über die Frage, wie die Juden zu behandeln seien. Die Habsburger unterhielten eigens Gerichtshöfe, die sich um Fragen von finanz- oder verwaltungstechnischem Interesse kümmerten: um Bergwerke, Weinberge, Wälder, Flüsse, Soldaten und eben auch um Juden. Wie deutsche Bergarbeiterkolonien im nördlichen Ungarn dem Kaiser direkt unterstellt waren, so waren dies auch die Juden. Der Schutz des Kaisers war real, und das bedeutete, dass außer in Zeiten, in denen die zivile Ordnung gänzlich zusammenbrach, Juden nur selten offene Gewalt zu erleiden hatten. Doch war dieser Schutz alles andere als uneigennützig, oft mussten Juden erdrückende Steuerforderungen und Verarmung hinnehmen, wenn sie nicht gänzlich allein gelassen werden wollten. Für sich genommen sind die Einschränkungen, von denen Juden betroffen waren, kaum vorstellbar, im Kontext des damaligen Lebens aber nicht so extrem, wie sie uns erscheinen, denn jahrhundertelang lebten alle, Juden wie Christen, in einer Gesellschaft voller Zwänge und Pflichten und mit wenigen Privilegien. Als diese «feudalen» Fesseln jedoch fielen, als Grundherren und Zünfte ihre Macht verloren, wurde die Benachteiligung der Juden sogar noch krasser, und die Kaiser des 18. und 19. Jahrhunderts überlegten krampfhaft, wie sie mit ihnen rechtlich verfahren sollten.

Auffällig an den Streitereien über den angemessenen Platz der Juden in der Gesellschaft ist, dass diese selbst nie gefragt wurden.

Der Kaiser und seine Berater, in der Regel hohe katholische Würdenträger, waren getrieben von einer merkwürdigen Mischung aus Frömmigkeit und Zweckmäßigkeitsdenken, aber fast nie von Neugier. Die tatsächlichen Bedürfnisse der Juden hatten für ihre Entscheidungen keine Bedeutung. Es gab eine akademische Gemeinde, die Juden als eine Art lebende Fossilien betrachtete; sie sah in ihnen nicht nur minderwertige Erben alttestamentarischer Traditionen, sondern auch, durch die Kabbala, Vermittler altägyptischer Magie und, noch seltsamer, ahnungslose Nachfahren des «Landes von Ham», die Zugang hatten zu den Geheimnissen, die in der noch unentzifferten Welt der Hieroglyphen verborgen lagen. Diese recht sonderbaren esoterischen Studien beschäftigten nur wenige, immerhin jedoch bedeuteten sie, dass es eine aktive akademische Neugier gab, die in katholischen Universitätskreisen fast an Respekt grenzen konnte, die aber das Judentum wiederum zu einer Religion machte, die sich von allen anderen unterschied. Die andere, die mächtige Strömung im Christentum lief auf die Annahme hinaus, dass bestimmte Maßnahmen die endgültige Beseitigung dieser über das Reich verstreuten Anomalie bewirken könnten, irgendein bemerkenswerter Akt schließlich die Bekehrung veranlassen würde. In der eigenartigen, eifernden Welt Ferdinands II. wurden tatsächlich Versuche unternommen, die Juden zu zwingen, sich Predigten anzuhören, es gab große Gesten wie die Gründung eines privilegierten neuen Ghettos am Wien gegenüberliegenden Donauufer sowie finanzielle Angebote.

Derartige Aktionen bestätigten aber nur die schlimmsten Befürchtungen der Juden, und es entwickelte sich eine vielstimmige, parallel geführte Auseinandersetzung über die Frage, bis zu welchem Grad Kooperation mit den Christen noch mit der Thora vereinbar sei und ab wann jedes Nachgeben und Abweichen die Falle zuschnappen ließe und die Juden aufhörten, weiterhin Juden zu sein. Derlei Ängste fanden mannigfache Anlässe. Zum Beispiel waren Maßnahmen, mit denen die Habsburger die Juden nötigten,

Rechnungen auf Deutsch und nicht auf Jiddisch zu schreiben, wohl tatsächlich durch den Wunsch nach transparenterer Buchführung motiviert, doch zwang man die Juden damit auch, Deutsch zu lernen – was diese wiederum als direkten Weg in eine folgenschwere und schändliche Assimilation betrachten konnten. Jede Lockerung rechtlicher Benachteiligungen löste in den jüdischen Gemeinden sowohl kreative als auch unproduktive Kämpfe aus: Was waren richtige, was falsche Kompromisse mit den christlichen Autoritäten? Jede Befreiung durch die Habsburger wurde als großzügig betrachtet, aber auch als List – dies allerdings auf beiden Seiten. Steckte denn in solchen Zugeständnissen nicht genau der Schritt, der die Juden schließlich zur Bekehrung bringen würde? Manche Befreiungen erfolgten aus wirtschaftlichen Erwägungen, niemals aber aus aktiver Sorge um das Wohlergehen der jüdischen Untertanen. Mit dem territorialen Gewinn aus der ersten polnischen Teilung von 1772 verdreifachte sich die Zahl jüdischer Einwohner in den habsburgischen Ländern, gleichzeitig kam ein neues Zeitalter herauf, eines der Aufklärung und Säkularisierung, doch die hässliche kleine Figur des Simon von Trient ist auch aus diesem Zeitalter nie ganz verschwunden.

Wie man den Turm zu Babel baut

Am Ende des Dreißigjährigen Kriegs lag die Autorität des Papsttums in Trümmern. Die päpstliche Bulle gegen die Klauseln des Westfälischen Friedensvertrags, welche die religiöse Toleranz betrafen, wurde schlicht ignoriert, und der Papst galt vielen nur mehr als unfähiges Oberhaupt eines rückständigen italienischen Staates. Auch dass er immer noch gewählt wurde und die Wahl in der Regel auf einen Mann in ziemlich fortgeschrittenem Alter fiel, schuf Probleme. Im 17. Jahrhundert erschien das Papsttum – in hundert Jahren gab es zwölf Päpste gegenüber fünf Kaisern – fast wie eine Drehtür für Halbleichen. Zwar vermieden diese Männer das erbärmliche Schauspiel von Korruption, Dolchstichen und Gift, das unter ihren Vorgängern beliebt war, und manche der gewählten Päpste waren intelligente und nachdenkliche Männer, aber auch sie hatten zumeist nur wenig Einfluss auf die Ereignisse, und die Welt drehte und wendete sich auf eine Weise, der sie nicht folgen konnten.

Die in den anderthalb Jahrhunderten zwischen Westfälischem Frieden und Französischer Revolution zu beobachtende eindrucksvolle Strahlkraft und Aggressivität des Katholizismus soll damit nicht geleugnet werden, doch vollzog sich dessen Aufleben nicht unter der Führung der Päpste. Insofern diese eher untätig blieben, konnte die Epoche zur Hochzeit der Gesellschaft Jesu werden. Diese außergewöhnliche Organisation drückte dem ganzen Habsburgerreich ihren Stempel auf, die typischen Jesuitenkirchen mit ihren flachen Fronten und die klotzigen Kollegien gehören an vielen Orten bis heute zum Stadtbild. Ein Beispiel dafür liefert die mittelböhmische Stadt Kutná Hora (Kuttenberg), die im Dreißigjährigen Krieg sehr gelitten hatte: Als sie wieder hochgekommen war, standen in ihrem Zentrum die finsteren, mit Statuen heiliger Märtyrer geschmückten Bauwerke der Jesuiten, Bastionen des Katholizismus. Jedes dieser Kollegien war, wie es ein Jesuit vollendet zum Ausdruck brachte, «ein Trojanisches Pferd voller Soldaten des Himmels». Glänzend ausgebildete, selbstbewusste, in der Wahl ihrer Mittel nicht zimperliche Ordensbrüder beherrschten das Bildungswesen im katholischen Europa; sie waren Spezialisten für öffentliche Spektakel mit wehenden Fahnen, Aufmärschen und Exerzitien der Selbstprüfung, mit denen die Menschen zu Konformität und Gehorsam gebracht werden sollten.

Ihren Ursprung hatten die Jesuiten im ersten Schock der Reformation, sie schwärmten aus in alle Welt, missionierten, studierten und sorgten dafür, dass das Christentum als katholisches präsent war und nicht als protestantisches. Diese weltweite Mission setzte die Jesuiten aber auch unter einen massiven Druck, da die Welt, zu deren Erforschung sie so viel beitrugen, besonders in Indien und China, sie mit vielen unangenehmen Fragen konfrontierte, was den Ausschließlichkeitsanspruch des Christentums anging. Im Verlauf des 18. Jahrhunderts wurden diese Fragen zu einem generellen Problem der abendländischen Religionen, und gerade mit ihren Forschungen trugen die Jesuiten viel dazu bei, dass ihr Orden an Bedeutung verlor. Bis es jedoch dazu kam, waren sie die Herren im Haus und nirgends mehr als in den Habsburger Ländern.

Ihnen etwas abzugewinnen, fällt uns Heutigen schwer. Würden wir mit einigen dieser hochintelligenten Männer an einem Tisch sitzen und ihnen zuhören, erschiene uns wahrscheinlich fast alles, was sie sagten, unsinnig – das ist keine billige Stichelei gegen Religion überhaupt, sondern ich denke an das jesuitische Verständnis von Gesellschaft, Wissenschaft, Bildung: Das erschiene uns fragwürdig. Sie übernahmen nicht die geheimpolizeilichen Methoden der Inquisition, hielten im Gegenteil stets Abstand zu dieser finsteren Einrichtung und waren nach Gründung ihrer Gesellschaft selbst Ziele inquisitorischer Nachforschungen. Aber sie hegten eine tiefe Verachtung für andere Formen christlichen Glaubens und erst recht für andere Religionen; unerbittlich verfolgten sie jede Form intellektueller Abkehr – im Allgemeinen mit den Mitteln der Lehre und Ermahnung und nicht mit Folterbank oder Daumenschraube. Ihre Kirchen, oftmals die großartigsten Beispiele barocken Dekors, mögen uns mit Explosionen von Blattgold und Cherubim Schwindel und Kopfschmerz bereiten, aber diese exzessive Emotionalität der Jesuiten stand im Dienst ihrer Lehre, deren Verbreitung galten die Bilder beispielhafter Lebensläufe und Ereignisse, von denen die Decken und Seitenkapellen ihrer Kirchen nur so strotzten. Vor allem hatten sie die Jungfrau Maria, eine außerordentlich mächtige Figur, deren Kult die eher männlich-hölzern wirkenden Protestanten nicht wirklich etwas entgegenzusetzen hatten.

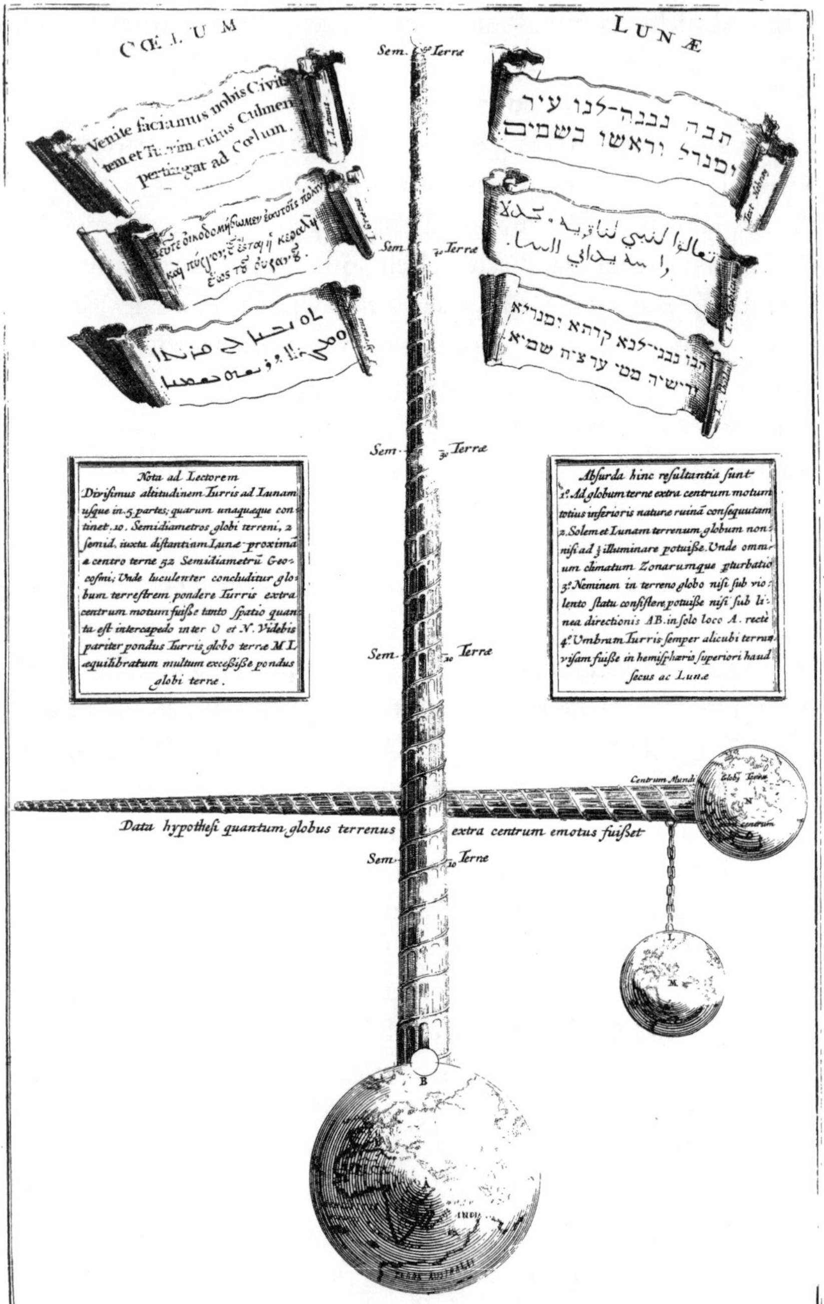

CŒLUM LUNÆ
Venite faciamus nobis Civi
pertingat ad Cœlum.
Sem. 50 Terræ
Sem. 40 Terræ
Sem. 30 Terræ
Sem. 20 Terræ
Sem. 10 Terræ
Nota ad Lectorem
Divisimus altitudinem Turris ad Lunam usque in .5. partes; quarum unaquæque continet .10. Semidiametros globi terreni, 2 semid. iuxta distantiam Lunæ proximā a centro terræ 52 Semidiametrū Geocosmi; Unde luculenter concluditur globum terrestrem pondere Turris extra centrum motum fuiße tanto spatio quanta est intercapedo inter O et N. Videbis pariter pondus Turris globo terræ M L æquilibratum multum exceßiße pondus globi terræ.
Absurda hinc resultantia sunt
1º. Ad globum terræ extra centrum motum totius inferioris naturæ ruinā consequutam
2. Solem et Lunam terrenum globum non nisi ad ⅓ illuminare potuiße. Unde omnium climatum Zonarumque perturbatio
3º. Neminem in terreno globo nisi sub violento statu consistere potuiße nisi sub linea directionis AB. in solo loco A. rectè
4º. Umbram Turris semper alicubi terrarum visam fuiße in hemisphæris superiori haud secus ac Lunæ
Centrum Mundi
Data hypothesi quantum globus terrenus extra centrum emotus fuisset
L
M
B
A

Die Seltsamkeiten des Jesuitentums, sein Abstand zu uns finden ihren Höhepunkt in der Karriere des großartigen Athanasius Kircher, eines Deutschen, der 1680 gestorben ist. Die längste Zeit seines Erwachsenenlebens hat er in Rom verbracht, unter der Protektion des Papstes, seine Veröffentlichungen wurden von den Kaisern Ferdinand III. und Leopold I. gefördert. Man könnte, und man käme dabei gewiss auf seine Kosten, einen Teil seines Lebens damit verbringen, sich in dieses Werk zu vertiefen. Kircher war ein Universalgelehrter mit riesigem Horizont, ein äußerst produktiver Autor, Besitzer eines Museums in Rom, und er schaffte es, bei fast jedem Gegenstand, dem er seine Aufmerksamkeit widmete, nach modernen wissenschaftlichen Begriffen danebenzuliegen. Mit Hilfe der vielen Stiche, die er zur Illustration seiner Werke in Auftrag gab, lässt er eine ganze Welt entstehen; eine Welt von eigenartiger Plausibilität und mit eigenem Wertsystem, die uns einen Einblick in die jesuitische Weltauffassung erlaubt. Zum Auftakt schrieb Kircher eine Reihe von Gedichten und Akklamationen für Ferdinand III., und zwar in siebenundvierzig Sprachen, darunter sogar ägyptische Hieroglyphen (Ferdinand figuriert darin als der «österreichische Osiris», als der «österreichische Momphta» usw.), die er auf einem in Kupfer gestochenen Obelisken ansprechend arrangierte, aber natürlich waren sie durchweg falsch. Er war besessen von Labyrinthen, Spiegeln, Vulkanen (als einer der ersten Menschen stieg er in den Krater des Vesuv hinunter), Magneten (das Frontispiz seines Buchs *Magnes sive de arte magnesia* zeigt die Wappen des Kaisers des Heiligen Römischen Reichs, die drei Kronen und drei Zepter haften magnetisiert aneinander und hängen von den Klauen des doppelköpfigen Adlers herab), besessen auch von allem, was mit

Linke Seite:
Demonstration, dass der Turm zu Babel nicht an den Himmel reichen kann, Illustration aus Athanasius Kirchers 1679 in Amsterdam erschienenem Werk *Turris Babel.*

Musik und mit Missbildungen in der Natur zu tun hatte. Das die damalige Welt umspannende Netzwerk der Jesuiten ermöglichte ihm, sich Bilder von ägyptischen und mexikanischen Tempeln, von Kuriositäten aus dem fernen China zu verschaffen.

Manche Darstellungen Kirchers geben uns aufregende Einblicke in seine wissenschaftliche Methode, wobei seine umwerfende Neugier jeden Versuch, diese «Wissenschaft» lächerlich zu machen, ins Leere laufen lässt. Er hat Hervorragendes geleistet, um die antike Welt anschaulich zu machen, mit ausgezeichneten Darstellungen des Kolosses von Rhodos zum Beispiel oder der hängenden Gärten der Semiramis. Im Mittelpunkt seiner Erkundungen jedoch stand eine fast manische Begeisterung für den wortwörtlichen Sinn der Bibel. In einer seiner großartigsten, zugleich verspieltesten Illustrationen zeigt er, wie das Innere der Arche so hätte aufgeteilt werden können, dass tatsächlich alle Lebewesen Platz gefunden hätten – allerdings hat er sich diese Aufgabe dadurch erleichtert, dass er viele Tierarten einfach wegließ: Sie seien nach der Sintflut durch Kreuzungen geschaffen worden – die Giraffe etwa durch Paarung von Leopard und Kamel, das Gürteltier durch die von Schildkröte und Igel und so weiter. In seiner schieren Verrücktheit und Schönheit, mit den zahllosen kleinen Tieren, den offenbar klug kalkulierten Vorratstöpfen und -fässern ist dieses Bild der Arche eines der Glanzstücke des 17. Jahrhunderts. Aber übertroffen wird es noch von seinem *Turris Babel* (1679), einem Werk, das den Turmbau zu Babel in allen Aspekten untersucht und uns immer wieder vor die Frage stellt, ob das alles ein Scherz sein soll oder ob es ein Dokument spektakulär vertaner Liebesmüh ist. Kircher hat eine entzückende Illustration des Turms vorgelegt, sich dann aber in abwegigen Überlegungen zu allerhand bautechnischen Einzelheiten eines solchen Kolossalbaus verloren, die weit über dessen flüchtige Darstellung in der Bibel hinausgehen. Der Baumeister sei Nimrod gewesen – eine Annahme, für die Kircher den Beweis allerdings schuldig bleibt –, der den Turm «bis in den Himmel» habe aufragen lassen wollen, was so viel bedeute wie «bis zur Sphäre des Mondes». Dem nun stellt Kircher Berechnungen entgegen, die beweisen, dass dies praktisch unmöglich ist: Die ganze Erde könne nicht genügend Material für die notwendigen Ziegelsteine liefern. Und selbst wenn es technisch möglich wäre, einen solchen Turm (siehe Seite 238) zu bauen, brauche man, wie Kircher sorgfältig errechnet, 374 731 250 000 000 Ziegelsteine, womit sich dann Transportprobleme stellten: Würde man sie mit Pferdekraft nach oben befördern, dann dauere dies, selbst wenn die Pferde galoppierten, achthundert Jahre. Und dann das Gewicht dieser knapp 400 Billionen Steine: Es hätte die Erde aus dem Mittelpunkt des Kosmos gehebelt!

Bevor wir uns vollends in solch wundervollen Gedankenspielen verlieren, sollten wir weitergehen. Im Verlauf des 18. Jahrhunderts wuchs der Druck ihrer Gegner, und die Jesuiten verloren an Boden. Der Einfluss so unterschiedlicher Denker wie Descartes oder Pascal ließ ihre Denkgebäude einstürzen, und so wie viele weltliche Herrscher im Papsttum nur mehr einen inakzeptablen rivalisierenden Herrschaftsanspruch sahen, so ließ der transnationale Charakter der Gesellschaft Jesu diese immer mehr als Anomalie erscheinen. Die Jesuiten erlebten einen katastrophalen Niedergang. 1759 wurden sie zunächst aus Portugal vertrieben, bis 1773 dann auch aus fast allen anderen europäischen Ländern: Der Papst hatte dem Orden die Zulassung entzogen. Nach seiner Wiederzulassung 1814 wuchs er erneut, nahm aber nie mehr die privilegierte Stellung ein. Im Reich der Habsburger hatten die Jesuiten als religiöser Stoßtrupp und als Vordenker eine so bedeutende Rolle gespielt, dass wir heute, wie im Hinblick auf viele andere Dinge in Mitteleuropa auch, auf eine Landschaft blicken, in der wesentliche Bestandteile fehlen.

VI

Genetische Schrecken

Kampf um die Herrschaft in Europa

Eine neue Grenze

Zeremonialprotokoll

Schlechte Nachrichten für Basilisken

Private Vergnügen

Genetische Schrecken

Im Dezember 1666 sollte im Inneren Hof der Wiener Hofburg aufgeboten werden, was der menschlichen Erfindungsgabe an Grandezza, Festlichkeit und Extravaganz erreichbar war, um die Hochzeit des jungen Kaisers Leopold I. und der spanischen Infantin Margarita Teresa gebührend zu begehen. Wir haben Kupferstiche von diesem Ereignis, auch einige Musikstücke sind erhalten. Das eindrucksvollste Spektakel war das von Antonio Bertalli und Johann Heinrich Schmelzer choreographierte und komponierte *Rossballett*, mit jeder Menge Trompeten instrumentiert, ein bombastisches Stück. Die Musik begleitete einige hundert Männer, die Festwagen mit den üblichen gramerfüllten Riesenskulpturen allegorischer Figuren zogen, auch die Attrappe eines Kriegsschiffs war dabei, dazu traten Massen von Reitern in kunstvollen Kostümen auf. Fackeln, Knallkörper, Kesselpauken – und im Finale sprengte der junge Kaiser höchstpersönlich zu Pferd voran, gefolgt von über hundert schmetternden, trommelnden Musikern, und huldigten seiner spanischen Braut.

Wir, die wir Jahrhunderte später von diesem Ereignis lesen, spüren nichts von den Ängsten und der Unruhe, die in diesen Tagen am Hof herrschten. Doch kennen wir in großen Zügen die historischen, politischen, persönlichen und geostrategischen Folgen, die diese Begegnung zwischen Leopold und Margarita Teresa hatte.

Linke Seite:
Infantin Margarita Teresa, Kaiserin, im Theaterkostüm, von Jan Thomas, um 1667, Schloss Ambras, Innsbruck.

Aber das war der sich abmühenden Menge von Granden, Musikern, Reitern und heiter geschmückten Pferden in der Hofburg natürlich absolut unbekannt.

Um diese Zeremonie zu verstehen, gäbe es verschiedene geeignete Ausgangspunkte – ich wähle ein Gemälde von Peter Paul Rubens, der den Auftrag erhalten hatte, die Begegnung der beiden Zweige des Hauses Habsburg zu malen. Kurz vor dem entscheidenden kaiserlichen Sieg bei Nördlingen im Jahr 1634 schütteln sich, umrahmt von Allegorien auf die beiden Häuser Habsburg, der Sohn Kaiser Ferdinands II. (damals König Ferdinand von Ungarn, später Kaiser Ferdinand III.) und der Sohn König Philipps III. (der Kardinalinfant Ferdinand) angelegentlich die Hände. Sie sollen mit ihren vereinten Streitkräften die protestantischen Feinde schlagen und ein katholisch vereintes Europa schaffen. Das Bild entstand 1634/35, gleichzeitig mit Diego Velázquez' noch majestätischerem Gemälde «Die Übergabe von Breda», das einen der größten Triumphe der spanischen Habsburger im Krieg gegen die protestantischen Niederlande feiert. Doch beide Gemälde lassen unbeabsichtigt einen Anflug von Vanitas erkennen, denn diese Höhepunkte der habsburgischen Erfolge im Dreißigjährigen Krieg zergingen zu Staub – die Träume Ferdinands II. von einem universalen katholischen Reich zerschlugen sich, und die Stadt Breda ging auf in einem unabhängigen niederländischen Staat. Noch war es nicht so weit, Rubens' Bild zeigt die Habsburger in guter Verfassung: als Herrscher über fast ganz Europa, zuversichtlich und glanzvoll. Gut dreißig Jahre später jedoch wurden beide Zweige von einer genetischen Katastrophe eingeholt: der Familie drohte die Auslöschung. Was 1666 im Inneren Hof der Hofburg in Szene gesetzt wurde, war vielleicht nicht mehr als ein letztes Aufatmen einer verheerend inzestuösen, glücklosen Familie.

Leopold war der letzte Überlebende einer Sterbewelle, die über die österreichischen Habsburger hereingebrochen war. Sein Vater, Ferdinand III., hatte dreimal geheiratet. Die ersten beiden Frauen starben bei Entbindungen, und drei Töchter und drei Söhne überlebten das Säuglingsalter nicht. Eine schlimme Folge von Ereignissen, doch 1654 lebten noch sieben mögliche männliche Erben, und einige von ihnen in durchaus guter Verfassung. Leopold jedoch, der für eine tadellose Karriere in der Kirche ausgebildet worden war, musste den plötzlichen Tod seines älteren Bruders Ferdinand (des Erben) miterleben, dann den seines Vaters Ferdinand (des Kaisers), den seines Onkels Leopold Wilhelm (des militärischen Befehlshabers und großen Förderers der Künste: auf ihn geht die Gründung des Wiener Kunsthistorischen Museums zurück) und zuletzt auch den seines jüngeren (vierzehnjährigen) Bruders Karl Joseph. Und damit nicht genug: Auch die Brüder Ferdinand Karl und Sigismund Franz starben, wie schon erwähnt, beide Mitte dreißig, beide ohne männliche Nachkommen, und in erschreckendem Tempo war damit der Tiroler Zweig der Familie ausgestorben. Auf lange Sicht hatten diese Unglücksfälle zur Folge, dass Leopold nun die Tiroler Gebiete übernahm, und bis 1918 waren sie voll in Wiens Herrschaft integriert; vorerst aber war damit die einzige andere Quelle für männlichen «Nachschub» versiegt.

Die familiäre Situation, aus der Margarita Teresa kam, Leopolds spanische Braut, war ähnlich dramatisch. Ihr Vater Philipp IV. hatte mit seiner ersten Frau sechs Töchter, von denen nur eine das Säuglingsalter überlebte, und einen Sohn, der als Jugendlicher an Pocken starb. Seine zweite Ehe schloss Philipp (und nun wird es sehr befremdlich) mit seiner Nichte Maria Anna, der Tochter Ferdinands III. Von ihren fünf Kindern überlebten, was moderne Biologen kaum überraschen kann, nur zwei: Margarita Teresa und ihr jüngerer Bruder, der stark behinderte Karl.

Bei jenem Fest in der Hofburg also durften die geladenen Gäste aus ganz Europa die letzte Chance der Habsburger miterleben: den Eheschluss zwischen den beiden einzigen noch zeugungsfähigen Mitgliedern der Familie. Margarita allerdings war (wie zuvor ihre Mutter) die Nichte des Bräutigams. Leopold war kein Bild von Mann, und auch sie war nicht viel schöner. Beide hatten die entstellte Physiognomie der Habsburger geerbt – der Unterkiefer des kleinwüchsigen Leopold stand so weit vor, dass es ihm in den Mund regnen konnte. Würden die beiden Eheleute einen Sohn haben, dann würde dieser als Erbe sowohl des Wiener als auch des Madrider Reichs (den Tod des kränklichen kleinen Karls vorausgesetzt) das riesige Imperium Karls V. vielleicht wiederherstellen. Käme es dazu aber nicht, dann würde die Familie Habsburg verschwinden und dieses Buch wäre – viel knackiger und kürzer – in ein paar Seiten bereits zu Ende. Wäre Leopold, als er auf seinem Pferd in die Feierlichkeiten hineinsprengte, mit fatalen Folgen gestürzt, der Lauf der europäischen Geschichte hätte eine ganz neue Richtung nehmen können.

Aber Leopold lebte, fast ein halbes Jahrhundert lang sahen die Leute sein eigenartig geformtes Profil auf unzähligen Münzen. Trotz seiner misslichen Angewohnheit, in wichtigen Augenblicken seiner Regentschaft die Flucht zu ergreifen, kann man ihn mit Fug und Recht den erfolgreichsten unter allen österreichischen Habsburgern nennen, sogar männliche Nachkommen hatte er vorzuweisen, allerdings nicht mit Margarita Teresa. Sie wurde aus anderen Gründen über die Maßen berühmt – weit bekannter als ihr Gatte –, denn sie war das kleine, fünfjährige Mädchen im Zentrum von Velázquez' «Las Meniñas» (1656), einem Bild, das zu damaliger Zeit nur kannte, wer einen bestimmten Raum in Madrids königlichem Palast betreten durfte; was uns angeht, können wir es wohl als eines der bedeutendsten Gemälde betrachten, die jemals geschaffen wurden: der – vermutlich ungewollt – von Schatten überlagerte Schwanengesang der spanischen Habsburger.

Als Leopolds Frau (den sie während ihrer ganzen Ehe zwar korrekt, aber doch eigenartigerweise «Onkel» nannte) musste Margarita Teresa das gleiche Übel erdulden wie ihre weiblichen Verwandten. Zu diesem Zeitpunkt der Familiengeschichte muss jede Niederkunft eher Schrecken verbreitet denn Hoffnung geweckt haben. Sie erlitt viele Fehlgeburten und gebar zwei Söhne, die bei der Geburt oder kurz danach starben, eine Tochter, die überlebte, und eine weitere Tochter, die mit einem Kaiserschnitt zur Welt gebracht wurde, nachdem Margarita Teresa, einundzwanzig Jahre alt, gestorben war, und auch dieses Kind starb bald darauf. Die Tochter Maria Antonia lebte immerhin so lange, dass sie den Kurfürsten von Bayern heiraten und zwei Söhne gebären konnte. Doch starben sie bereits bei der Geburt, bevor sie selbst, nun dreiundzwanzigjährig, bei der Geburt ihres dritten Sohns Joseph Ferdinand das Leben verlor. Dieser Junge, der einzige Urenkel Philipps IV., wäre König von Spanien geworden, doch wenn Europa darauf gehofft hatte, vereitelte er dies, indem er mit sechs Jahren starb.

Diese schreckliche Folge von Ereignissen war die Realität, die verborgen ist hinter den offiziellen Porträts, die selbstbewusste Männer mit Perücken, Rüstungen, Schwertern und Pferden zeigen; jenen Porträts, die Europas Geschichte in dieser Periode üblicherweise illustrieren. Parallel dazu ließe sich eine Geschichte der Umwege und Sackgassen, der Schmerzen und Demütigungen schreiben, die hinter dieser Fassade lagen: eine ziemlich unerträgliche Geschichte. Auch unter dem Gesichtspunkt der missachteten Königinmütter ließe sich eine Geschichte der Habsburger verfassen, ebenso eine der verängstigten Ehefrauen, der Töchter, die als transnationale Pfänder benutzt wurden, der Witwen und Töchter, die aus der Geschichte verschwanden, weil sie in Klöster oder wenig besuchte Palastflügel gesteckt wurden: über all diese Momente nagenden Ärgers, wenn das Kind, das geboren wurde, nur ein Mädchen war und sich die Granden, die als Zeugen der qualvollen Wehen um das Bett der Mutter versammelt waren, rasch aus dem Staub machten. Und es gibt noch eine Geschichte der erschütternden Reihe tot geborener oder rasch gestorbener Kinder. Selbst wenn die Kindersterblichkeit hoch war zu dieser Zeit, hier waren eindeutig andere Faktoren beteiligt, Folgen der Habsburger Inzucht, die diese Geschichte so viel schmerzlicher machten. Greifbar wird sie im Anblick der Kolumbarnischen in der Wiener Kaisergruft, die in den 1960er Jahren in einem Anfall kalter Ordnungsliebe geschaffen wurden, um die zwölf früh verstorbenen Söhne und Töchter Ferdinands III. und Leopolds I. an einem Ort zusammenzuführen.

Im Kunsthistorischen Museum Wien hängt ein wundervolles Porträt, das Jan Thomas van Ieperen 1667 von Margarita Teresa gemalt hat: Es zeigt sie kurz nach ihrer Hochzeit in einem Theaterkostüm in ländlicher Umgebung, mit einem Lächeln auf ihrem Habsburgergesicht, einer riesigen Krone mit weißen und orangeroten Federn und in einem Kleid von unvergleichlichem Zauber. Sie teilte die Begeisterung ihres Onkel-Gatten für Musik und Masken, und beide waren während ihrer kurzen Ehe wohl ein fröhliches Paar, doch die Kräfte, die sie niederdrückten – familiärer, geschlechtlicher, genetischer Art –, waren mehr, als ein Mensch aushalten kann.

Kampf um die Herrschaft in Europa

Zockelt man mit dem Bummelzug durch die flache öde Landschaft im südlichen Ungarn und im Norden Serbiens (durch das ehemalige ungarische Komitat Bács-Bodrog), entfaltet die Landschaft hypnotische Wirkung – Stunden vergehen, der Blick sucht und heftet sich an das wenige, das sich bietet, gelegentlich ein Haus, eine Baumgruppe, hin und wieder kleine Ortschaften; Störche und Bussarde beleben hier und da das Bild. Natürlich reist man, mit der üblichen Feigheit, im Sommer, dann nämlich hat es mehr Sinn, dort herumzufahren, als in den Wintermonaten, dann ist es hier, wie in Nebraska, nur auszuhalten, wenn man es von Kindesbeinen an gewöhnt ist. Die großen Felder, der bedrückend weite Himmel lassen diese Gegend wie so viele Regionen im ehemaligen Reich «abgelegen» erscheinen – aber da stellt sich die übliche Frage bei diesem Begriff, man wartet auf eine Ergänzung: «Abgelegen von was?» Gegen Ende des 17. Jahrhunderts gehörten diese Landschaften zu einer großen, dünn besiedelten Region, in der für kurze Zeit viel los war, als sich phantastisch gekleidete Soldaten zu Tausenden durch die Sümpfe kämpften und eine Spur kleiner zerstörter Siedlungen hinter sich ließen, da sie stets kurz davor waren zu verhungern. Bei den kolossalen bewaffneten Zusammenstößen (Harsány 1687, Slankamen 1691, Zenta 1697, Petrovaradin 1716) trafen vereinte Streitkräfte aufeinander, die weit größer waren als die Bevölkerung von Wien. Das waren Schlachten, bei denen Krankenstände und Nachschubketten ebenso über Sieg und Niederlage entschieden wie militärische Tapferkeit. Eine Generation lang war dies die aufregendste, furchterregendste und mythischste Gegend Europas. Hunderttausende von Soldaten starben hier, bis schließlich die ganze Zone wieder in tiefster Provinzialität versank.

Im 17. Jahrhundert herrschte an der Grenze zwischen den Habsburgern und den Osmanen lange relative Ruhe, relativ in dem Sinne, dass zwar Großangriffe stattfanden – mit einem Ausmaß an Gewalt, das wir kaum für möglich halten würden –, die aber nach den damaligen Maßstäben nicht ernst waren. Zwischen dem enttäuschenden Ende des Langen Türkenkriegs unter Rudolf und Matthias und dem erneuten Aufflammen der Kämpfe in den 1680er Jahren waren alle Beteiligten ziemlich engagiert (im Dreißigjährigen Krieg zum Beispiel), aber es ging damals kaum um direkte Feindseligkeiten zwischen Christen und Muslimen. 1663/64 kam es zu einem kurzen, kuriosen Krieg um Siebenbürgen, das seinen labilen Halbvasallenstatus gerade so halten konnte. Einschneidende Folgen hatte das nicht, beide Seiten plagten andere Sorgen, die den Kämpfen ein Ende machten. Gleichwohl war dies Ereignis aus Sicht der Habsburger bemerkenswert, denn es gelang ihnen, in der Schlacht bei St. Gotthard östlich von Graz eine eindringende osmanische Armee zurückzuschlagen – nach anderthalb Jahrhunderten Krieg das erste ernsthafte Anzeichen dafür, dass die türkische Kampfkraft sich vielleicht doch erschöpfte. Die Habsburger bauten auch ein wertvolles Bündnissystem auf, mobilisierten damit Truppen aus ganz Europa, sogar aus Frankreich: Im Reich und auch anderswo setzte sich der Gedanke durch, dass es ein gemeinsames Unternehmen sei, die Osmanen aufzuhalten. Das Ende des Krieges war gleichwohl demütigend, Leopold zahlte Tribut, und die Osmanen behielten Siebenbürgen – aber er war ein interessanter Präzedenzfall.

Nun standen die Habsburger vor einem Problem, das sie auch während des bevorstehenden Großen Türkenkriegs beschäftigte: Was konnten sie ausrichten in einem dünn bevölkerten Gebiet, das viermal so groß war wie ihre österreichischen Erblande? Nachdem einige offensichtlich spektakuläre Operationen vollbracht waren (die Besetzung einiger besonderer Festungen, darunter Belgrad und Buda), blieb eine gewisse Unschlüssigkeit, wie viel Krieg zu führen war, um sicherzustellen, dass die Osmanen Europa nicht länger bedrohten – eine Frage von existenzieller Bedeutung. Es sollte noch weitere zweihundert Jahre dauern, bis die Vorstellung, Konstantinopel besetzen zu können, überzeugend erschien. Einen großen Vorteil hatten die Habsburger Heere und später die Truppen der «Heiligen Liga»: Wenn es zum Krieg kam, waren ihre Nachschubketten vergleichsweise kurz – je weiter sie allerdings vorrückten, desto länger wurden auch sie, während die der Osmanen sich verkürzten. Jeder Vormarsch schuf ein neues Sicherheitsproblem, machte eine neue Linie von Festungen notwendig, die bemannt werden mussten. Wir sollten hier kurz hinzufügen, dass die Habsburger ihre Pläne nie ernsthaft auf Konstantinopel richteten, die Türken dagegen umso mehr auf Wien spekulierten.

Der nach der Schlacht bei St. Gotthard geschlossene Frieden von Eisenburg (1664) sollte zwanzig Jahre gehalten werden, doch fanden in dieser Zeit heftige Kämpfe in Polen statt, das unter seinem charismatischen Großhetman Johann Sobieski die angreifenden Osmanen ebenfalls abwehren konnte. Als Johann III. Sobieski 1674 zum König gewählt wurde, galt er in Europa als Held, dem es offenbar gelungen war, eine schreckliche Ära der Ausweidung Polens zu beenden. Er ließ sich seine Optionen durch den Kopf gehen und entwickelte ausgefeilte Pläne, um Siebenbürgen an Polen anzugliedern, dachte aber auch daran, sich mit den Osmanen gegen Habsburg zu verbünden. Zu jedermanns Glück entschloss er sich stattdessen, zum Retter der Christenheit zu werden.

Die riesige osmanische Invasionsarmee, die sich nach Berichten von Sobieskis Spionen im Sommer 1682 bei Konstantinopel versammelte, hätte erneut in Polen einfallen können – die Osmanen planten unter strengster Geheimhaltung, sogar die eigenen Befehlshaber tappten fast alle im Dunkeln. Sobieski und Leopold schlossen einen Vertrag, wonach jeder Truppen schicken sollte, um den anderen zu verteidigen, je nachdem, wohin sich das Türkenheer bewegte. Wie sich herausstellte, war die osmanische Führung besorgt über das heftige Geplänkel zwischen Habsburg und siebenbürgischen Truppen: Sie mussten ihren Vasallen schützen, andernfalls würde ihr Ansehen noch weiter schwinden. Daher marschierten die Truppen nach Belgrad und anschließend direkt hinein nach Österreich, indem sie die Festungen, die gedacht waren, sie aufzuhalten, einfach umgingen. Leichte Tatarenverbände verwüsteten Niederösterreich, töteten und brandschatzten in einem solchen Ausmaß, dass ganze Landstriche fast von Grund auf neu besiedelt werden mussten. Es gibt keine genauen Zahlen, aber grob geschätzt wurden hunderttausend Menschen getötet oder in die Sklaverei verschleppt. Unglücklicherweise waren die Alarmsysteme – Signalkanonen und Leuchtfeuerketten – nicht instand gehalten worden, und die einheimische Bevölkerung konnte nicht gewarnt werden: Doch wie hätte man ein System von Wachen für den Fall der Fälle über Generationen intakt halten sollen? Einen entmutigenden Augenblick lang konnte der kaiserliche Feldherr Karl V. von Lothringen, der mit seinem Heer ein Stück westlich von Bratislava stand, am Horizont eine große rote Staubwolke sehen, und tatsächlich: Es war das Heer der Osmanen, das dort mit vielleicht 150000 Mann heranrückte. Und hinter sich, zwischen dem kaiserlichen Heer und Wien, sah er den Rauch unzähliger Ortschaften, niedergebrannt von Tatarenhorden.

Kaiser Leopold erntete viel Spott, weil er sich Richtung Passau zurückzog, aber wovon er wirklich etwas verstand, waren die Musik und die Finanzierung gesungener Messen. Auf das Priesteramt vorbereitet, klein von Statur, hatte er nie beansprucht, viel von Kanonen zu verstehen. Er hatte nur zwei sehr kleine Söhne (aus einer dritten Ehe) und keine Brüder oder Onkel mehr; würde Wien fallen, dann wäre er von den Osmanen wie der König von Bosnien hingerichtet worden, wäre vielleicht auch, wie der König von Ungarn, im Kampf umgekommen, in jedem Fall aber wäre dies das Ende seiner Dynastie gewesen. Oberhalb der Passauer Innenstadt steht seit 1627 die Wallfahrtskirche Mariahilf, dort beteten der Kaiser und seine Frau während der Belagerung Wiens täglich um die Rettung aus der Gefahr.

Wien war zur Festung ausgebaut worden, man hatte kurz zuvor die Verteidigungswälle vervollständigt, die Vororte vor den Basteien und den Mauern niedergebrannt, um ein möglichst freies Schussfeld zu gewinnen, und die Garnison unter Feldzeugmeister Graf von Starhemberg wie auch die Bevölkerung waren wild entschlossen, die Stadt zu verteidigen; für den Fall, dass die Türken durchbrechen sollten, hatten sie auch Vorbereitungen getroffen für Kämpfe von Haus zu Haus. Karl von Lothringens Hauptsorge war, seine Truppen kampffähig zu halten, bis sie sich mit den aus Bayern und Polen anrückenden Entsatzheeren vereinigen konnten und alle Verbände zusammen stark genug waren, um einen Angriff auf die Belagerer zu wagen. Im Juli begann die Belagerung, im September, nach drei Monaten wachsender Verzweiflung, war es so weit: In einer Orgie militärischer Großtuerei, die in der europäischen Geschichte ihresgleichen sucht, kam eine Gruppe bedeutender königlicher und fürstlicher Egos auf dem im Norden der Stadt gelegenen Kahlenberg zum Kriegsrat zusammen: König Johann III. Sobieski, Herzog Karl V. von Lothringen, Kurfürst Johann Georg III. von Sachsen, Kurfürst Maximilian II. Emanuel von Bayern, Fürst Georg Friedrich von Waldeck, Markgraf Ludwig Wilhelm von Baden und (elegant umschrieben) «die Truppen von Leopold I.». Ein Denkmal erinnert an dieses Ereignis, errichtet zu dessen zweihundertstem Jahrestag. Diese außergewöhnliche multinationale Streitmacht von rund 74 000 Mann war ein Triumph der habsburgischen Diplomatie, Leopold hatte es verstanden, die Mechanismen des Heiligen Römischen Reichs klug zu nutzen. Nach einer Feldmesse begann der Generalangriff der christlichen Truppen, sie stürmten den Kahlenberg hinunter bis ins Feldlager der Osmanen, die sich allzu sehr auf die Eroberung Wiens konzentriert hatten. Was als der größte Kavallerieangriff der Weltgeschichte gilt, war eine der seltenen, wirklich entscheidenden Schlachten: Am Ende war das türkische Heer zerschlagen.

Zur Armee Karls von Lothringen war ein ungewöhnlich junger Offizier gestoßen: Eugen von Savoyen. Er sollte in der Zukunft nicht nur zu des Kaisers «Hammer» gegen alle seine Feinde werden, sondern fügte, rasch zum Oberbefehlshaber in Ungarn befördert, den Osmanen unbeschreiblichen Schaden zu. Zunächst war es denen trotz der Niederlage ihres Belagerungsheeres erstaunlicherweise doch gelungen, riesige Ersatztruppen zu mobilisieren, und in den folgenden Jahrzehnten erlebte Europa ein bis dahin wohl nicht gekanntes Niveau der Militarisierung. In einer Folge von Belagerungen und Schlachten, alle von erdrückender Grausamkeit, wurden die türkischen Entsatzarmeen eine nach der anderen vernichtet, und Mitteleuropa fiel in die Hände der Habsburger. Das ethnische Gleichgewicht der Region verschob sich dramatisch. Muslime, die dort viele Generationen lang gelebt hatten, flüchteten mit den sich zurückziehenden zersprengten Armeen, Massaker leerten ganze Städte, Moscheen wurden dem Erdboden gleichgemacht. Buda, zuvor jüdisch und muslimisch, wurde zu einer christlichen Stadt – unter Schrecken, von denen die Chroniken aber kaum etwas berichten. Als das osmanische Ungarn fiel, stimmte der magyarische Adel, von aufwallender Begeisterung ergriffen (und zu seinem späteren großen Bedauern), dafür, die ungarische Krone im Haus Habsburg erblich zu machen, was, zumindest theoretisch, der langen Unsicherheit in der Region ein Ende setzte. In der Schlacht von Zenta im Jahr 1697, einem von Eugens größten Renommierstücken, wurden rund 30 000 osmanische Soldaten getötet oder sie ertranken, und der Feldherr konnte sich nun den angenehmen Dingen des Lebens widmen, wie dem Bau von Schloss Belvedere in Wien zum Beispiel.

Am südlichen Rand der reizvollen serbischen Stadt Sremski Karlovci (Karlowitz) steht eine eigenartige kleine Kapelle, errichtet zur Erinnerung an den 1699 geschlossenen Frieden von Karlowitz. Sie ist als eine Nachahmung des osmanischen Feldlagerzelts gedacht, in dem Vertreter der Heiligen Liga und osmanische Unterhändler (mit britischen und niederländischen Vermittlern) Platz nahmen. Die Kirche ist ein Rundbau, und ihr Dach wirkt tatsächlich wie das eines Zeltes, das in Falten herabfällt. Sie hat vier Türen, wie das ursprüngliche Zelt, damit die vier Gruppen gleichzeitig eintreten konnten, ohne dass eine den Vortritt hatte. Drinnen befand sich (zum ersten Mal) ein runder Tisch: die Form wurde gewählt, damit keiner der Unterhändler die Chance bekam, dominant zu erscheinen – ein denkwürdiger Durchbruch in den diplomatischen Gepflogenheiten. Vor allem von Seiten der Osmanen waren das erstaunliche Zugeständnisse, denn sie waren es nicht gewohnt, ihre Feinde anders denn als ohnmächtige Bittsteller zu sehen; aus europäischer Perspektive bedeutete dies auch die Anerkennung des Osmanischen Reichs als einer legitimen europäischen Großmacht. Der Vertrag veränderte die Landkarte – nicht nur, dass den Habsburgern Ungarn und Slawonien zufielen, auch die Venezianer arrondierten ihre Einflusssphäre: um den Peloponnes und Dalmatien, Polen wiederum bekam Podolia wieder, eine Region, die es in einem früheren Krieg Sobieskis gegen die Osmanen verloren hatte. Für die Osmanen war der Vertrag verheerend, und wenn ihre Unterhändler überhaupt ein wenig Würde wahren konnten, dann dadurch, dass sie mit Erfolg darauf bestanden, die Unterzeichnung der Dokumente nach den Anweisungen ihres Hofastrologen auf den 26. Januar 1699 um 11 Uhr 45 zu legen.

Da die Stadt Sremski Karlovci inzwischen größer wurde, ist die kleine Kapelle heute von Neubauten umgeben und wirkt umso merkwürdiger, als ihr ohnehin etwas albernes Aussehen durch das gewöhnliche Umfeld noch verstärkt wird. Doch weiter nördlich, an einer großen Donauschleife, befindet sich ein weitaus repräsentativeres Monument für das Zeitalter.

Einer Landkarte aus dem frühen 18. Jahrhundert lässt sich entnehmen, wie schrecklich es gewesen sein muss, in dieser Region militärisch zu operieren. Keine Landmarke weit und breit, nördlich des Flusses nur gnadenlos flaches Marschland, kein Punkt, der sich als Verteidigungsstellung angeboten hätte. Eine Armee, die hier in die Falle gegangen war, konnte verhungern oder von der Malaria ausgezehrt werden, einer größeren Intervention eines Feindes hätte es gar nicht bedurft. Wie wild und unbeherrschbar die Donau damals war, lässt sich noch heute an der befremdlich abweisenden Landschaft erkennen, die man mit dem Bus von Sremski Karlovci aus passiert – ein unwegsames Terrain, in dem sich Wasser, Sumpf und dichtes Schilf abwechseln. Und das ist nur das wenige, was blieb, als im 19. Jahrhundert große Sumpfgebiete trockengelegt wurden und der Flusslauf kanalisiert war. Auf der alten Landkarte sind auch ein kleines, etwas höher gelegenes Gelände am Nordufer zu sehen, das als «Serbische Stadt» (Rätzen-Stadt) bezeichnet wird, und am Südufer noch kleinere Siedlungen mit Namen wie «Kroatendorf» und «Dorf der Schwaben» (das heißt, der Deutschen) – doch haben dort, wie leicht zu erkennen ist, nicht viel mehr als ein paar hundert Menschen gelebt. Eine wirklich einschüchternde

Landmarke ist dagegen Petrovaradin (Peterwardein), der klotzige, von einer Festung gekrönte Felsen, um den die Donau ihre Schleife zieht, bevor sie durch das dann flache Land Richtung Belgrad weiterfließt. Lange lag dieser Felsen ein gutes Stück im Innern des osmanischen Territoriums, nun wurde er zur Front, und die Habsburger bauten ihn in den folgenden achtzig Jahren zu einem außergewöhnlich großen Festungskomplex aus.

Als ich von Novi Sad (der reizvollen und sehr viel größeren Nachfolgerin der alten Rätzen-Stadt) über die Donaubrücke auf den Felsen zulief, wurde mir bewusst, wie gespannt ich auf diesen Augenblick gewartet habe, seit ich vor Jahren zum ersten Mal von dem Ort gehört hatte. Die Festung ist das beste Beispiel für all die überwältigenden Sehenswürdigkeiten – wie Stadtansichten oder besondere Gemälde –, die sich nicht adäquat reproduzieren lassen: Man muss sie mit eigenen Augen gesehen haben, nur so gewinnt man einen wirklichen Eindruck. Im ersten Moment schien Petrovaradin etwas enttäuschend, die Ziegelbollwerke wirkten wie Kuchenstücke im Stil von Claes Oldenburg. Doch dann bemerkte ich, dass die dünne farbige Linie ganz oben Menschen waren, die über die Festungsmauern schauten – dann mussten aber die kleinen, farbigen Blöcke, die sich am Fuß des Felsens entlangbewegten und das Sonnenlicht einfingen, Autos sein: Und plötzlich wirkte der Komplex recht verstörend (irgendwie aber auch erheiternd), jedenfalls geradezu nicht menschlich in seinen Ausmaßen.

Der Weg zur Festung führt durch einen staubigen, etwas verwahrlosten kleinen Ort, dann steigt man neben der Kirche einige Treppen hoch und gelangt in einem langen, steil in den Felsen geschlagenen Tunnel nach oben. Ich wunderte mich über die unglaublich vielen Kinder, die mit mir den Aufstieg machten – und als immer mehr kreischende Halbwüchsige den Tunnel zu verstopfen drohten, beeindruckte mich einen Augenblick lang die Vorstellung, dass sich so viele serbische Schulkinder für die Habsburger Verteidigungsarchitektur interessierten. Doch ich wurde umgehend eines anderen belehrt. Mein Besuch fiel zufällig mit dem Baby Exit Festival zusammen: der Jugendversion von Exit, einem Sommerrockfestival für Erwachsene, das einmal im Jahr auf der Festung stattfindet (wo vor einigen Jahren erfreulicherweise auch die schottische Indie-Rockband Franz Ferdinand spielte). Baby Exit* muss man erlebt haben, praktisch jedes Schulkind aus Nordserbien ist hier, schreiend und hüpfend, umgeben von riesigen Fesselballons in Käseform, die Sponsoren dort aufsteigen lassen. Wie ein reißender Strom ergießen sich die Kinder über die Festung, verbrauchen eimerweise Schminke, säckeweise Kazoos, Sticker, Stifte und lustige Hütchen. Ein Lieferwagen nach dem anderen mit Saftkartons, Popcorn und Würstchen schlich die schmale Straße hoch bis zur Festung, spuckte seine Ladung aus und fuhr zurück, um Nachschub zu holen. Ein einzelner verschreckter Esel wurde fast totgetrampelt. Ein Volkstanzwettbewerb, todernst genommen, bestimmte den Ablauf der Ereignisse, wozu blassgesichtige, knurrig kompetitive Eltern – wie ich sie aus meinem Viertel in Südwestlondon kenne, wo es allerdings mehr um Kinderfußball geht als um Polka – das Ihre beitrugen. Ein verhärmter Akkordeonspieler wischte sich die Stirn und wartete, bis jede der kleinen Gruppen von Hoffnungsträgern in Hauben und Blusen ein paar aufmunternde Worte abbekommen hatte. Ein wirklich zauberhaftes Festival, und mir tat es gut zu sehen, dass Petrovaradin endlich, nach so vielen Jahren, einen sinnvollen Zweck gefunden hatte.

Zur Vorbereitung auf einen osmanischen Angriff wuchs die Festung während des ganzen 18. Jahrhunderts, ein endloses und, wie sich herausstellen sollte, sinnloses Bauen, denn zum erwarteten Angriff kam es nie. In einem taktischen Meisterstück gelang es Prinz Eugen 1716, einem von Belgrad anrückenden osmanischen Heer von vielleicht 150 000 Mann den Weg zu verlegen: Beim Ver-

* Der etwas unglückliche Name des Festivals war stets englisch, ist also keine dümmliche Übersetzung.

such, in das habsburgische Feldlager vor Petrovaradin einzudringen, wurden die Gegner umzingelt und fast völlig aufgerieben. Diese osmanische Niederlage öffnete den Habsburgern den Weg zur Eroberung des Banat. Für Generationen von Militäringenieuren muss Petrovaradin eine Art Steckenpferd gewesen sein. Unter der Festung wurden kilometerlange Tunnel angelegt, durch Sperren und gewundene Durchgänge in Sektionen aufgeteilt. Die teuflische Raffinesse ging so weit, dass sogar die Kommandeure der einzelnen Abschnitte nicht wussten, wie man in den nächsten gelangte: Sie waren also, wenn sie gefangen genommen und gefoltert wurden, nicht in der Lage, den Osmanen zu verraten, wie diese weiter ins Innere der Festung vordringen konnten. Doch dieser ziemlich kranke militärische Einfallsreichtum führte zu nichts: Der Traum, dass die Festung Abertausende osmanischer Soldaten aufsaugen würde wie ein Schwamm das Wasser, die Visionen, ganze Armeen verschwinden lassen und bequem abschlachten zu können, waren gegenstandslos, als sich die Front weiter nach Osten verlagerte. Im Unabhängigkeitskrieg 1848/49 hielten ungarische Truppen die Festung. Sie hielten sich gut, trotzten allen Versuchen der Habsburger, sie auszuschalten, indem sie Novi Sad am gegenüberliegenden Ufer mit ihren schweren Geschützen allmählich in Schutt und Asche legten – was bei den Wiener Militärbehörden ein bitteres Lachen provoziert haben muss, wenn sie an all das viele Geld dachten, das sie in den Aufbau der Festung gesteckt hatten. Später diente sie als Gefängnis, zu Beginn des Ersten Weltkriegs war dort der junge Tito, damals noch der einfache Artillerieunteroffizier Josip Broz, kurz interniert.

Nach seiner Entlassung schloss sich Tito wieder dem habsburgischen Heer an und kämpfte an der Ostfront gegen die Russen, was uns zu dem offenkundigen Problem führt, vor dem die Habsburger bereits während der heroischen Jahre des Prinzen Eugen standen. Als dessen Truppen auf den Balkan stürmten, stellte sich den Habsburgern sofort die Frage, wie weit sie die Osmanen tatsächlich schwächen sollten. Während große Landstriche Mitteleuropas neu organisiert wurden, als Siebenbürgen von Wien regiert wurde und Tausende von Siedlern aus ganz Europa in Regionen kamen, deren Einwohner geflüchtet oder getötet worden waren, rückten die Russen vor. Waren sie denn nicht auch Orthodoxe wie die Serben, waren sie nicht ebenfalls Slawen, hatten sie darum nicht die besondere Mission, die Einheimischen vor den katholischen, deutsch-ungarischen Horden zu schützen, die jetzt deren Länder bedrohten? Unter Sobieskis Nachfolgern verlor Polen-Litauen seine Stärke, auch das Osmanische Reich wurde schwächer: Wie also konnte eine dieser neuen Lage angemessene Aufteilung zwischen den Häusern Habsburg und Romanow aussehen? Es war wie stets mit solchen militärischen Strategiespielen, kaum ist eine To-do-Liste abgearbeitet, da gibt es schon eine neue: All diese Anstrengungen, um mit den Türken fertig zu werden, und dann findet man sich plötzlich durch einen neuen Nachbarn bedroht? Während der beiden folgenden Jahrhunderte (an deren Ende die österreichisch-ungarische Armee von den Russen vernichtet wurde) sollte dies für die Habsburger zur wichtigsten Frage werden. Zum Glück muss sie all die fröhlichen Baby-Exit-Gäste nicht mehr kümmern.

Eine neue Grenze

Ziemlich kindisch und entschlusslos stand ich einen Augenblick lang auf dem Burgberg in Budapest, gleich weit entfernt von der Ungarischen Nationalgalerie und dem Museum für Militärgeschichte – zwei Einrichtungen, die jede auf ihre Weise so anregend sind, dass sie alles andere in den Schatten stellen. Es erging mir also wie Buridans Esel, der zwischen zwei gleichermaßen köstlichen Heuhaufen verhungerte: Ich stand erstarrt und unfähig, mich zu rühren. Eine im Museum für Militärgeschichte gerade eröffnete Wechselausstellung zum militärischen Verhältnis zwischen Osmanen und Ungarn versprach ein Dickicht, in dem man umherstreifen, rumstöbern und sich verlieren konnte. Am Ende jedoch gewann die Nationalgalerie – denn nicht eine Stunde länger wollte ich warten, das ausladendste, berauschendste aller triumphalen Bilder aus dem späten 19. Jahrhundert wiederzusehen: Gyula Benczúrs «Einnahme von Budapest» (1896).

Dieses verrückte Gemälde zeigt den Moment, in dem die Befehlshaber der Heiligen Liga – nach einer Belagerung von erschütternder Grausamkeit und Zerstörungswut – unter Führung Karls von Lothringen in die Trümmer der Burg von Buda einreiten. Von seinem prächtigen Schimmel herab blickt der Erzherzog auf den großen ehrenwerten osmanischen Kommandeur Abdul Pascha, der rücklings tot am Boden liegt, den Kopf auf die Leiche eines afrikanischen Bogenschützen gebettet, sodass sein schneeweißer Bart einen gefälligen Kontrast zur Haut des Schwarzafrikaners bildet. Ein Herold bläst die Trompete, im Gewühl der nachdrängenden, mit ihren Säbeln salutierenden Reiter und Soldaten hält ein Mönch den exotischen Gestalten, die in Gefangenschaft geführt werden, das Kruzifix entgegen. Nach hundertdreiundvierzig Jahren ist Buda wieder eine ungarische Stadt, und die osmanische Vergangenheit liegt tot am Boden.

Das Ende der osmanischen Herrschaft über Mitteleuropa warf höchst schwierige Fragen auf: Konnte diese Rückeroberung verlorener, in der Vergangenheit zweifellos «abendländischer» Regionen als Wiedereingliederung verstanden werden, oder waren diese Länder in der Zwischenzeit unrettbar «orientalisch» geworden? Das alte Habsburger Kerngebiet vom Bodensee im Westen bis zur Militärgrenze im Osten hatte eine Ausdehnung von knapp fünfhundert Kilometern. Durch die ehemals osmanischen Gebiete, die im Lauf einer Generation dazukamen, verdoppelte sich diese Reichweite, und das Habsburgerreich rückte nun bis auf zweihundertfünfzig Kilometer ans Schwarze Meer heran. Die Monarchie, die einst unverkennbar alpin, deutsch und italienisch beeinflusst war, bekam nun ein ganz anderes Gesicht. Am «orientalischsten» an den neuen Territorien war die Tatsache, dass sie religiös pluralistisch und insofern liberal waren; es lebten dort lutherische Sachsen, Juden, kalvinistische Ungarn und orthodoxe Serben und Rumänen. Noch vielfältiger wäre dieses Bild gewesen, wenn nicht so viele Muslime vor der Heiligen Liga geflohen wären und sich in Bosnien und Thrakien in Sicherheit gebracht hätten.

Der Triumph des Abendlandes löste eine erschütternde Welle katholischer Intoleranz gegenüber dem religiösen Patchwork in den neuen Territorien aus. Diese hatte sich bereits vor der Belagerung Wiens bemerkbar gemacht, als die Protestanten im Königlichen Ungarn zunehmend diskriminiert wurden, und kulminierte in einer Wahnsinnstat: Hunderte protestantischer Pastoren wurden als Galeerensklaven nach Neapel verkauft. Dieser ungewöhnliche Transfer von Talenten mag dafür gesorgt haben, dass für kurze Zeit ansprechende geistliche Gesänge über das Mittelmeer wehten, für das Ansehen der Habsburger war dieser Akt verheerend. Zudem wurde die unwillkommene Überlegung angestellt, ob die Habsburger überhaupt besondere Rechte auf die neuen Gebiete anmelden konnten, da doch ein gesamteuropäisches Bündnis die Osmanen vertrieben hatte. Der habsburgische Anspruch wurde durch eine Reihe heftiger Aufstände bestritten – drei Wellen von Kuruzzenaufständen zwischen 1672 und 1711 verwüsteten eine ohnehin schon schwer zerstörte Region noch weiter, mit besonders verheerenden Auswirkungen auf das zuvor vom Krieg unberührte Oberungarn (Slowakei). Es waren ernsthafte Rebellionen mit weitgesteckten Zielen, die auch von außen unterstützt wurden, in Polen, in Frankreich und im Osmanischen Reich sah man in den Kuruzzen eine Möglichkeit, Leopold I. zu schaden. Zwar verlieh diese Unterstützung den Aufständischen mehr Gewicht und Macht, doch sie schmälerte zugleich ihre Erfolgschancen. Denn die

Habsburger hätten nie zugelassen, dass sich die neuen Gebiete aus ihrem Machtbereich befreiten. Die Kuruzzen konnten den Habsburger Truppen kleine, örtlich begrenzte Schlappen verpassen, für einen wirklichen Erfolg hätten Franzosen oder Osmanen den Habsburgern eine vernichtende Niederlage beibringen müssen, nur dann wäre bei einem Friedensvertrag ein unabhängiger ungarischer Pufferstaat denkbar gewesen. Aber wie so oft, wenn es um Ungarn ging, machten die externen Mächte zuletzt keinen großen Wirbel um diese Frage, und eine erfolgversprechende Lage ergab sich für die Kuruzzen nie.

Zunächst (1672) war der Aufstand eine unkoordinierte Geste der Verzweiflung, getragen vor allem von Protestanten, nachdem die Habsburger damit begonnen hatten, sich in ihre bürgerschaftlichen und religiösen Belange einzumischen. Vor allem diejenigen, die lustig klingende Namen von Habsburger Militärs sammeln, werden sich an diese Ereignisse erinnern, in denen der General Paris von Spankau keine ruhmreiche Rolle spielte. Darauf folgte ein zweiter Aufstand (1672–87/88) unter Imre (oder Emmerich) Graf Thököly, der sich in verhängnisvoller Weise von osmanischer Unterstützung abhängig machte und so auch zu den Verlierern der gescheiterten Belagerung Wiens gehörte. Der dritte Aufstand (1703–11) unter der Führung von Ferenc II. Rákóczi schien dem Erfolg ziemlich nahe, die Rebellen konnten einen großen Teil Ungarns besetzen und waren auf dem Weg zu internationaler Anerkennung. Doch auch diesmal kam das klassische Ungarnproblem dazwischen: Die Rebellen konnten ihr Gebiet nur halten, weil und solange das Habsburger Heer anderweitig beschäftigt war. Der überwältigende englisch-habsburgische Sieg über die Franzosen in der Zweiten Schlacht bei Höchstädt (1704, im Spanischen Erbfolgekrieg) vernichtete Rákóczis Hauptverbündeten und versetzte die Habsburger Truppen in die Lage, zurück nach Osten zu eilen und die Aufständischen, trotz deren großer Überzahl, in der Schlacht von Trencsén (oder Trentschin, 1708) zu schlagen. Rákóczi verbrachte den Rest seines langen Lebens im Ausland – auch das ein geläufiger Topos bei den ungarischen Rebellen –, später als Führer einer ungarischen Exilkolonie unter türkischem Schutz in Tekirdağ am Marmarameer.

Alle Aufstände litten unter der verhängnisvollen Passivität großer Teile des ungarischen Adels. Wie ernst die Notlage auch war, die Stände weigerten sich stets zu tun, was sie tun sollten, und erhoben sich nie, wie es die Landsleute von ihnen erwarteten. Teils lag dem hinterwäldlerische Verschrobenheit zugrunde, eine Weigerung, sich auch nur um das nächste Tal zu kümmern, teils Furcht vor einem Volksaufstand, denn vielerorts hatten es ungarischsprechende Grundbesitzer mit möglicherweise unzuverlässigen slowakischen, rumänischen, serbischen oder ruthenischen Bauern zu tun, die ebenso gut die anrückenden Habsburger als Befreier aus ihrer Unterdrückung begrüßen konnten. Und dann war da noch die religionspolitische Unsicherheit: Traten die Kuruzzen wirklich für Religionsfreiheit ein oder bekämpften sie Katholiken? Müssten ungarische Katholiken in diesem Fall die Habsburger unterstützen?

Immerhin führten die Aufstände dazu, dass die Habsburger Ungarn stets als eigenen Staat betrachteten – in jeder anderen Hinsicht jedoch waren sie eine Katastrophe, ganze Landstriche blieben verwüstet zurück, mit niedergebrannten Gütern, Burgen und Städten, viele Familien wurden vertrieben, und eine Entvölkerung setzte ein, die nicht weniger folgenschwer war als die Entleerung der Landesteile, durch die der Türkenkrieg getobt war. Die Aufstände gaben auch einen ersten Eindruck von den ethnischen Spannungen, die die Befreiung von den Osmanen mit sich brachte. Denn viele Serben zogen es vor, zu den Habsburgern überzulaufen und sich nicht den Rebellen anzuschließen, womit sie vorführten, dass ein externer Herrscher solche Antagonismen durch wohlüberlegtes Verteilen von Gunstbezeugungen und Strafen in der Schwebe halten musste, wollte er erfolgreiche Aufstände verhindern. Dieses Spiel wurde in den kommenden zwei Jahrhunderten zu einem Hauptvergnügen habsburgischer Regenten und Statthalter. Vielen ungarischen Adligen, die die Säuberungen und die religiöse Diskriminierung nach den Kriegen überlebt hatten, wurde es beim Gedanken an nationale Unabhängigkeit zunehmend unwohl: Nun, nachdem die Osmanen abgezogen waren, gab es einfach zu viele Nicht-Ungarn, als dass sich ungarische Adlige ihrer Zukunft noch sicher sein konnten.

Die massenhaften Wanderungen, die mit den Aufständen einhergingen und die ethnische Landschaft drastisch veränderten, vergrößerten diese Unsicherheit noch. Wie schlimm die Lage in den neuen Gebieten zu Beginn des 18. Jahrhunderts war, ist Briefen zu entnehmen, die Lady Mary Wortley Montagu schrieb, als sie von Wien aus südostwärts zu ihrem Mann reiste, der als Diplomat in Konstantinopel tätig war. Die Region sei «größtenteils eine Wüste und unkultiviert, zerstört durch den langen Krieg zwischen dem Türken und dem Kaiser und den noch grausameren Bürgerkrieg, den Kaiser Leopold mit der barbarischen Verfolgung der protestantischen Religion entfesselt hat». Die kleinen Städte, durch die sie kam, waren zerstört, die Felder lagen brach, die Wälder waren voller Wölfe, und dort, wo zwanzig Jahre zuvor eine Schlacht getobt hatte, war das Feld noch immer übersät mit Skeletten von Menschen, Pferden und Kamelen.

Diese unwirtliche Umgebung wurde nun zum Ziel für europäische Migranten, die nicht weniger zahlreich waren als die Auswanderer, die sich zur selben Zeit über den Atlantik in Richtung der Dreizehn Kolonien aufmachten. Ungarn zogen nach Südosten und besiedelten große Teile des heutigen Ungarn neu, in den Gebieten nördlich und östlich von Buda ließen sich Slowaken nieder, während so viele Rumänen nach Westen gingen, nach Partium und in den Banat, dass sie nach dem Ersten Weltkrieg mit vagen Begründungen darauf drängen konnten, diese Territorien Rumänien zuzuschlagen. Ebenso bedeutend war die Massenwanderung von

Serben, sie zogen nach Norden, weil sie nicht länger unter osmanischer Herrschaft leben wollten, und ließen sich schließlich in Südungarn nieder, in der heute serbischen Vojvodina, der Gegend um die Festung Petrovaradin.

Alle großen Aufstände gegen die Habsburger sind tief ins nationale Bewusstsein der Ungarn eingebrannt, in vielen Orten finden sich Statuen von Thököly und Rákóczi, zahllose Gedichte, Romane und Gemälde befassen sich damit. Die meisten dieser Ereignisse jedoch, fast alle diese Belagerungen und Schlachten, hatten gar nicht im Gebiet des modernen Ungarn stattgefunden, sondern in der heutigen Slowakei, in Rumänien und in der Ukraine, in einer politischen Landschaft, die heute gar nicht mehr sichtbar ist. Als die osmanische Periode zu Ende ging, hegten ungarische Adlige die Hoffnung, ihr altes Königreich zurückzuerhalten, doch überraschenderweise hatte das Abkommen, das Kaiser Ferdinand I. 1526 nach dem Tod König Ludwigs II. in der Schlacht von Mohács geschlossen hatte, noch immer Bestand, selbst wenn die lange Teilautonomie Siebenbürgens – Rákóczi war dessen letzter Fürst gewesen – jetzt ein jähes Ende fand. Die unter der Herrschaft der Habsburger neu gezogenen Grenzen sollten den Ungarn eine eigene Sphäre sichern, doch zeigte sich, dass diese Grenzen ihre Grundlage in Wiens transnationalem Machtprojekt und nur wenig mit Buda zu tun hatten. Wie fadenscheinig die Phantasie war, dieses riesige neue Land sei tatsächlich «Ungarn», erwies sich 1918 mit aller Unerbittlichkeit, als der letzte Habsburger Kaiser abdankte.

Zeremonialprotokoll

In mancher Hinsicht erlebte die Habsburgerdynastie mit der außerordentlich langen Regentschaft Leopolds I. ihren Höhepunkt – die Ereignisse überschlugen sich, es kam zu aufregenden geopolitischen Veränderungen, es entstand großartige Musik. Leopold war einer der sehr wenigen seiner Familie, denen es gelang, das Yin und Yang ihrer Pflichten in etwa auszubalancieren: die Rolle des Kaisers mit der des Herrschers über die Habsburger Erblande und deren Zugewinne. Diese Unterscheidung zwischen Reich und Österreich wurde oft vergessen, nicht zuletzt von den Kaisern selbst. Leopolds Vorgänger Ferdinand II. und – in geringerem Maß – Ferdinand III. hatten versucht, kaiserliche Truppen einzusetzen, das heißt Soldaten, die sie im ganzen Reich mobilisieren konnten, um ein enges katholisches Ziel zu verfolgen, ein Vorhaben, das tatsächlich in einem gigantischen Bürgerkrieg innerhalb des Reichs endete. Die Versuche Ferdinands II., seine Untertanen zur Unterwerfung zu zwingen, zeigten, wie begrenzt die Macht des Kaisers war. Um sein Hauptziel zu erreichen, nämlich den Protestantismus zu vernichten, musste er all seine, dem Namen nach kaiserlichen Untertanen zwingen, seine Autorität so bedingungslos anzunehmen, wie dies bislang undenkbar gewesen war – und ebendies scheiterte. Selbst Karl V. fiel irgendwann nichts anderes mehr ein, als in den Niederlanden ganze Stadtteile in die Luft zu jagen, damit die Menschen taten, was er von ihnen wollte. Man mag es kleinkrämerisch und obskur finden, wie Fürsten und Reichsstände an ihren Klein- und Kleinststaaten festhielten, wie stur sie ihre unendlichen Rechtsstreitigkeiten verfolgten, aber nur wenn diese Formen erhalten blieben, ließ sich verhindern, dass kleine Staaten von größeren Nachbarn geschluckt wurden, nur so auch konnten sie sich den Kaiser vom Leibe halten, es sei denn, seine Macht wurde gebraucht. Das Reich mag nicht sonderlich effizient gewesen sein, aber das ist unsere Wahrnehmung und nicht die der damaligen Zeit.

Historiker und Ökonomen, die wenig Geduld mit dem Heiligen Römischen Reich aufbringen, sind der Ansicht, dass es auch zu größerer wirtschaftlicher Rationalität gekommen wäre, hätte man Neuerung X oder Reform Y ein- und durchgeführt, aber es ist fraglich, ob zu dieser Zeit überhaupt irgendwer daran interessiert war. Natürlich wollten alle Landesherren mehr Geld, aber ihr Umgang mit Budgets scheint ziemlich planlos gewesen zu sein, und spontane Einfälle, wie eine weitere große Barockkirche zu bauen oder einen Höfling mit einem neuen Landsitz zu befriedigen, standen den Ideen vom richtigen Verhalten eines Souveräns viel näher als öde Buchführung.

Leopolds I. Rollen als Kaiser und als Oberhaupt des Hauses Habsburg passten wie angegossen, und manchmal scheint er uns zu verschwinden im Wirbel des großen, kalten Kreislaufs seines Festkalenders und dessen zwanghaften Zeremonialprotokollen, wenn Kammerherren die Herden von Adligen, Botschaftern, hohen Militärs, Beichtvätern und den einfacheren Mitgliedern der königlichen Familie hüteten und lenkten, damit sie alle am richtigen Platz standen, saßen oder knieten und niemand beleidigt war. Jährlich waren rund sechzig prächtige religiöse Zeremonien zu begehen, Großereignisse wie Weihnachten, Ostern, Pfingsten und das Jahresfest des Ordens vom Goldenen Vlies, bei dem der Kaiser in der Öffentlichkeit essen musste. Er musste sich sehen lassen, musste ein paar huldvolle Worte wechseln mit den Adligen, die das erwarteten (es befeuerte sofort den Hofklatsch, wenn er angeblich oder tatsächlich jemanden nicht gebührend beachtet oder gekränkt hatte), musste Bittsteller anhören. Es wird ein sehr eigenartiges Leben gewesen sein, und womöglich waren plötzlich ausbrechendes Jagdfieber und selbst eine Kriegserklärung manchmal die letzten Versuche, den Stumpfsinn des Amtes und belangloser Causerien abzuschütteln. Die Bemerkung, dass Zeitvertreibe wie Kartenspiel,

Konzerte und Opernaufführungen hervorragende Gelegenheiten waren, nicht reden zu müssen, stammt von Margarita Teresa, und sie widmete diesen Beschäftigungen so viel Zeit wie möglich.

Die Langeweile der endlosen Verbeugungen und Kratzfüße, der rituellen Handküsse, der höfischen Kleiderordnung, der gezierten Komplimente wurde natürlich immer wieder durchbrochen, aber gefühlte Langeweile und die unaufhörlichen Messen waren der Hintergrund, vor dem der Kaiser seine Entscheidungen traf. Er kam mit dem Kronrat zusammen, mit seinen wichtigsten Generälen, seinem Beichtvater – einer bedeutenden, heute jedoch gänzlich rätselhaften Figur –, mit Familienangehörigen, und stets hatte er, wenn es um etwas Wichtiges ging, das letzte Wort. Er saß im Zentrum, in der Nabe dieses hochkomplexen, aber schwankenden Rades, während ganze Landstriche in Europa auf seine Entscheidungen warteten. Ich an seiner Stelle hätte mich für eine gekonnte Inaktivität entschieden, hätte mir viel Zeit genommen für Musik, Mätressen, prächtige Juwelen, für eine Privatbibliothek mit einem gemütlichen Sessel, für einen Kreis talentierter Maler, mit denen ich mich über das Bildprogramm neuer Deckengemälde unterhalten hätte, die meine Triumphe feiern würden. Eine solche Lebensart hätte gewiss auch Leopold gefallen, aber in seinen wichtigsten Entscheidungen war auch er nicht frei, die trafen andere für ihn: seine kriegerischen Nachbarn im Osten (die Osmanen) und im Westen (die Franzosen).

Diese doppelte Bedrohung, der sich Leopold gegenübersah, erlaubte es ihm, die Ressourcen des Reichs brillant zu nutzen, um Ludwig XIV. und den Osmanen den Weg zu verlegen. Er war einflussreiches Mitglied der großen Koalition, zu der England, Spanien und die Niederlande gefunden hatten und der es gelang, König Ludwig im Pfälzischen Erbfolgekrieg (1688–97) die Tour zu vermasseln. Leopold verstand es, das Element des Bruderbundes mit der Kriegführung zu verbinden, und konnte so die Osmanen in der Schlacht vor Wien sowie in diversen späteren Gefechten schlagen, den Bund nach Westen lenken, um Ludwig XIV. zu vernichten, und anschließend wieder nach Osten, um das Osmanische Reich weiter zu schwächen. Tatsächlich war das, wenn ich länger darüber nachdenke, einer der ganz wenigen Fälle, wo die Koppelung zwischen Heiligem Römischem Reich und dem Habsburgerreich quer durch Europa ziemlich gut klappte, allerdings eingebunden in eine viel größere Koalition. Leopold setzte seine Position als Kaiser wirkungsvoll ein, um Kuhhandel zu treiben, und er traf zwei für Europas Zukunft bedeutsame Entscheidungen. Die erste war, dem Kurfürsten Friedrich Wilhelm I. von Brandenburg als Gegenleistung für seine Waffenhilfe im Krieg gegen den französischen König die Genehmigung zu erteilen, sich seinerseits zum König zu erheben. Das war eine überraschende Veränderung – denn bislang durften sich im Reich nur die Habsburger König nennen (die Titel König von Böhmen und Deutscher König standen dem Kaiser zu, der Titel des Römisch-Deutschen Königs seinem Erben). Ansonsten gab es nur einen großen Haufen von Fürsten, Herzögen, Rittern, Burggrafen und was an Titeln und Rechten mehr war. Friedrich Wilhelm mag zunächst nur den eigenartigen Titel «König in Preußen» getragen haben (der zu «von» geändert wurde, nachdem das ganze polnische Preußen in seine Hände gefallen war), aber schon das verlieh der Familie der Hohenzollern, die Habsburgs Nemesis werden sollte, einzigartigen Status und Glanz. Von fast ebenso großer Tragweite war Leopolds Zustimmung, dem Lutheraner Ernst August von Braunschweig-Calenberg 1692 die Kurfürstenwürde im Reich zu verleihen: als Dank dafür, dass er und seine Söhne in den Türkischen Kriegen gekämpft hatten. Das war eine bedeutungsschwere Veränderung, die ihm manche Regenten im Reich übel nahmen. Sie erklärten sich auch erst nach Ernst Augusts Tod (1698) bereit, die verliehene Kur zu bestätigen.

Dessen Sohn und Nachfolger Georg I. Ludwig, Kurfürst von Braunschweig-Lüneburg, wurde 1714 als Georg König von England, und diese überraschende Wendung verlieh Großbritannien mehr

Gewicht im Reich, das sich allerdings in einem immer schnelleren Verfallsprozess befand. Sie trug auch zur Stärkung des etwas schimpflichen, gleichwohl bedeutsamen Verhältnisses zwischen London und Wien bei, auf das ich bald zurückkommen werde.

Schlechte Nachrichten für Basilisken

Putti haben eine eigenartige und dunkle Herkunft. Es gibt sie, seit Renaissancekünstler klassische Originale kopierten und die kleinen Engelgestalten dabei häufig mit Cupido vermischten, einer sexuell konnotierten, schicksalhaften und mit diesen kleinen geflügelten Purzeln kaum verwandten Figur. Sie sausen auf eine Art ernsthaft dreinblickend auf religiösen Malereien herum, werfen Blumen, fallen aus Wolken und verrichten in Hunderten von Deckengemälden, auf denen Herrscher und antike Götter in Erscheinung treten, andere leichte Pflichten. Sie können reizend wehmütig aussehen (wie auf Raffaels berühmter *Sixtinischen Madonna* in Dresden), in der Regel aber bringen sie Leichtigkeit, Liebreiz und Vielfalt auf Leinwände und Fresken, die ohne sie vielleicht etwas schwerfällig wirken würden. Sie sind in der Zeit Napoleons mehr oder weniger verschwunden, und das ist wahrscheinlich ein weiterer Vorwurf, den man ihm machen kann.

Ich dachte in einem leicht panischen Zustand über Putti nach, weil sie an der gewichtigen Mariensäule auf dem Wiener Platz Am Hof so merkwürdig auftreten. Die Säule hat Ferdinand III. gestiftet zum Dank für die Fürsprache der Jungfrau Maria, die Wien am Ende des Dreißigjährigen Kriegs vor dem Einfall der Schweden bewahrt habe. Das eigenartige Denkmal ist noch immer Ziel von Wallfahrten und Ort für besondere Messen. 2007, aus Anlass ihres dreihundertsechzigsten Jahrestages, hat Papst Benedikt XVI.

in ihrer Nähe gebetet und einer großen Menge zugerufen: «Wie viele Menschen haben während dieser Zeit vor dieser Säule gestanden und ihren Blick im Gebet zu Maria erhoben!» Eine bewegende Idee, und man kann sich die vielen Momente, in denen dies geschehen sein mag, nationale und persönliche, gut vorstellen. Die Mariensäule hat viel durchgemacht, gleichwohl noch die außerordentlichsten politischen Umwälzungen unversehrt überstanden, anders als ihr Pendant in Prag, das eine freudig erregte Menge umstürzte und in Stücke schlug, als die Tschechoslowakei 1918 ihre Unabhängigkeit erlangte.

Die Menge in Prag hatte gute Gründe, die Säule zu stürzen, aber der stärkste war die äußerst unangenehme Symbolik der Säule selbst. In Wien wirkt die Marienfigur auf der Spitze der Säule ganz harmlos, ihr Fuß steht jedoch auf einem sich windenden Drachen, den sie vermutlich gerade platt tritt, als sei er eine Quietscheente – der schöne goldene Feuerstrahl, den er ausspeit, könnte sein letzter sein. Mit den Putti an der Basis aber scheint etwas gründlich danebengegangen zu sein. Weit davon entfernt einen Heiligen im Himmel willkommen zu heißen oder Girlanden zu schlingen, scheinen sie eher einem Versuchslabor entwichen zu sein. Ihre Pausbacken und molligen Grübchenarme haben sie behalten, ansonsten wurden sie in Rüstungen im Murmillo-Stil gesteckt, schwingen Schwerter und schlagen auf abstoßende Kreaturen ein, die wie Basilisken aussehen. Man ahnt, dass der Papst mit seiner Bemerkung, Ferdinand III. habe die Säule aufstellen lassen, «um für die Befreiung Wiens in einer Zeit großer Gefahr Dank zu sagen», nicht nur die Schweden meinte, sondern die Infektion, die sie mitgebracht hatten – den Protestantismus.

Jeder Putto dieses Einsatzkommandos macht mit seinem kleinen Schwert dem Irrtum den Garaus und unterstützt Maria, die, ungewöhnlich aktiv, den Drachen der Häresie zertritt. So viele ausdrücklich antiprotestantische Objekte wurden vernichtet oder stillschweigend fortgeräumt, dass es merkwürdig berührt, dem

Antiprotestantismus hier zu begegnen. Noch eine andere, ebenso schlimme Säule hat sich in München erhalten. Schon der Einfall, den Protestantismus durch ein sich windendes monströses Geschöpf mit dem Kopf eines Hahns und zwei schuppigen Beinen darzustellen, ist nicht gerade schön, ebenso wenig eine Ideologie, die Putti einspannt, um ihre schmutzige Arbeit zu verrichten. Und dann ist da noch das trügerische Gefühl, es handle sich um ein Problem, das mit einem Schwerthieb zu erledigen sei – wären sie mit Errichtung der Säule zum Leben erweckt worden, hätten die herabsausenden Schwerter der Putti die protestantische Bedrohung in Sekundenschnelle beendet; in Wirklichkeit aber schlugen die Habsburger jahrhundertelang auf Häretiker ein, bevor sie es schließlich aufgaben. Die Prager Mariensäule stand in der Nähe des 1915 enthüllten, wunderschönen Denkmals für Jan Hus, eines der großen Symbole einer tschechischen nationalen Identität, die von Ferdinand II. ausgelöscht wurde. Als die Menge die Mariensäule stürzte, war ihre Aktion gegen Habsburg gerichtet, zugleich aber auch eine vergebliche Geste gegen das Ergebnis des Dreißigjährigen Krieges.

Es sieht so aus, als hätte es unter Ferdinand III. wie unter Leopold I. einen Rausch der Begeisterung für protzige, aber merkwürdig abstrakte Monumente gegeben. Das ehemalige Reichsgebiet ist noch immer von Pestsäulen übersät, und es ist nicht ohne Reiz, von Ort zu Ort zu reisen, um zu sehen, ob sie noch stehen, wie etwa das künstlerisch nicht sehr aufregende, dennoch anmutige Exemplar in Graz oder das in Olomouc (Olmütz), das sehr ungewöhnlich ist: Es wirkt wie der barocke Entwurf für eine Boden-Luft-Rakete. Der Status dieser Säulen ist immer etwas unklar. Alle wurden als Zeichen des Danks an die Heilige Dreifaltigkeit für die Beendigung einer lokalen Pest errichtet. Als sich Leopold I. 1679 schändlicherweise aus Wien absetzte, versprach er, eine Pestsäule errichten zu lassen, und diese überwältigende Fülle von Wolken und Heiligen beherrscht nun die Mitte des Wiener Grabens, wobei ihre Wirkung etwas gemindert wird durch Horden von Pantomimen und menschlichen Statuen, die um sie herum um die Gunst der Touristen buhlen. Angesichts der Tatsache, dass die Pest in Wien ohnehin ihrem Ende entgegenging, erscheint es etwas sarkastisch, so ein kunstvolles Objekt nur deshalb aufzustellen, weil sie aufhörte und diesmal nur ein Viertel der Bevölkerung ums Leben gekommen war. Es wäre gewiss eher angebracht gewesen, eine Säule zu errichten, weil eine Stadt wunderbarerweise verschont blieb – obwohl auch das vielleicht etwas unpassend gewesen wäre, wenn die Seuche umliegende Städte entvölkert hatte. Diese Säulen jedenfalls sind recht eigenartige Objekte und oft nur zufällig wegen ihrer Lage und der Dauerhaftigkeit ihres Materials erhalten geblieben, ihre ursprüngliche Funktion hatten sie längst verloren. In einem der Schlesischen Kriege wurde Olomouc von den Preußen belagert und die Pestsäule von Kanonenkugeln getroffen. Daraufhin schickten die entsetzten Einwohner eine Abordnung zu den Preußen mit der Bitte, woandershin zu schießen. Die Preußen waren einverstanden, was vermutlich viele unbeabsichtigte, sinnlose Todesopfer und zerstörte Häuser und Läden zur Folge hatte, während zuvor nicht mehr passiert war, als dass aus knorrigen, überexpressiven Heiligenfiguren und einem merkwürdigen Putto ein paar Brocken herausgeschlagen wurden.

Private Vergnügen

Eine Frage, die jeden umtreiben wird, der sich mit den Habsburgern beschäftigt, ist die nach dem Vergnügen. Macht es wirklich Spaß, unendlich viel Geld zu haben und niemanden, der einem sagt, was man tun soll? Im Allgemeinen gibt es da Mauern, über die wir nicht hinwegschauen können. Allein die sonderbare Situation, in der sich der Kaiser befand, der zugleich öffentliche und private Rollen zu spielen hatte, die sich fast vollständig überlagerten, übersteigt unser Vorstellungsvermögen. Er verbrachte den Tag größtenteils mit der Erfüllung symbolischer, sowohl weltlicher wie religiöser, Pflichten, wurde zugleich von Menschen umkreist, deren einzige Aufgabe es war, dafür zu sorgen, dass er die richtige Krone, den richtigen Orden, den richtigen schmuckvollen Umhang trug. Er war sich stets bewusst, wem Vorrang gebührte und dass ein einfacher, öffentlicher Wortwechsel mit jemandem als Zeichen einer Ehre betrachtet werden konnte, die dessen Leben zu verändern vermochte. Und schließlich war da noch die keineswegs beruhigende Aussicht, dass nur der Tod ihn aus dieser mit Juwelen besetzten Tretmühle befreien konnte, und selbst der musste noch symbolisch «gut» sein und auf Anhieb klappen, denn es gab nur einen Versuch: Die Familie musste um ihn versammelt, die Beichte rechtzeitig abgelegt sein, das Kruzifix musste gehalten werden. All das wird ziemlich düster gewesen sein, besonders wenn man noch einen Haufen verbitterter, geiziger Verwandter dazurechnet und die gute alte Habsburger Tradition, sich in unregelmäßigen Abständen grauenhafte militärische Nachrichten anhören zu müssen, die ein atemloser Bote überbracht hatte.

Dass einige Mitglieder des Hauses Habsburg dennoch hoch geschätzt wurden, hatte seinen Grund vielleicht vor allem darin, dass sie verlässliche Auftraggeber oder Beschaffer schöner Dinge waren. Die großen habsburgischen Sammler haben ein überwältigendes Erbe hinterlassen. Für uns ist es gewiss die reinste Quelle der Freude in Sachen Habsburger, damals aber müssen diese Dinge ihren Besitzern ein Vergnügen bereitet haben, von dem andere ausgeschlossen blieben. Kennerschaft beim Sammeln von kleinen feinen Artefakten – Münzen, Juwelen, Intaglios, Siegeln – beruht per definitionem darauf, dass man diese Dinge in die Hand nehmen, sie anfühlen und spüren kann. Einige ziemlich erfolglose Nachmittage lang betrachtete ich die Habsburger Münzen und Medaillen (über die sich, bekommt man sie nur so zu Gesicht, nicht wirklich viel sagen lässt), Dinge wie kleine Holztabletts, winzige mit Hand beschriftete Tafeln, feinste weiße Handschuhe, alles ganz entzückend. Natürlich hat ein solches Vergnügen einerseits snobistische, selbstverliebte Züge, andererseits aber besteht es in der ungestörten Betrachtung von Dingen, die dafür geschaffen wurden, dass man sie ins Licht dreht, langsam hin und her wendet, in der Hand wägt. Schon das fremdartige Gewicht einer kleinen goldenen Scheibe kann einen aus der Ruhe bringen (besonders jemanden, der bislang nur Schokoladentaler in den Händen hielt), es scheint, als seien die Schwerkraft und ihre Gesetze plötzlich nicht mehr gültig. Münzen sind auch deshalb überraschend, weil ab dem späten 15. Jahrhundert die Regel galt, das Bild des Herrschers möglichst realistisch wiederzugeben. Der Zweck einer Münze ist ihre Zirkulation: Daher geht mit ihr die Bekundung von Macht und Legitimität des Herrschers in seinem Gebiet von Hand zu Hand. So zeigt das treffende Profil des Kaisers, wie es denen vertraut ist, die sich vor ihm in Wien verbeugen und Kratzfüße machen, noch in den entlegensten Tälern Tirols seine Wirkung. Fein gearbeitete Goldmünzen und Medaillen, herausgegeben als Anerkennung oder zur Erinnerung an eine Inthronisation, einen kaiserlichen Sieg, eine Heirat, übermittelten diese Ereignisse in ihrer künstlerischen Darstellung an besondere Familien und hochstehende Personen, die sie in ihren Schlössern oder Palästen ihrerseits geschätzten Besuchern zeigten, womit diese Stücke zu einer erstaunlich direkten Stärkung der kaiserlichen Herrschaft beitrugen. Im richtigen Winkel ins Licht gehalten (natürlich nur mit speziellen Handschuhen!), erkennt man ohne Verluste durch den Zahn der Zeit noch winzige Einzelheiten des Haars, des Schmucks und der Halskrause, so etwa auf den eindrucksvollen Münzen, die Ende des 16. Jahrhunderts für Erzherzog Albert (den Sohn Maximilians II.) und seine Frau, die Infantin Isabella (die Tochter Philipps II.), während ihrer Herrschaft über die Spanischen Niederlande hergestellt wurden: Unbeschadet hat sich ihr hochmütiger Glanz darauf erhalten, während alle ihre Paläste, ihre Musik, ihre Werte und ihre politische Macht sich ganz und gar verbraucht haben. Und umgekehrt bewahrt das Metall einer abgegriffenen und verbeulten billigen Münze mit dem Konterfei Maximilians I. noch immer die Besonderheit seiner Haartracht, seiner Nase: mit durchaus lebendigem Charisma ein halbes Jahrtausend nach seinem Tod. Weil die Münzen realistisch sein mussten, begegnen wir nur auf ihnen der Hässlichkeit der Habsburger. Dies war der Fluch der von Rom ererbten Münztradition, die eine Profilansicht von Kopf und Schulter vorschrieb, also bilden die Münzen den erschreckend vorspringenden Kiefer ab, der auf den bekannteren Gemälden durch vorteilhafte Blickwinkel, Lichtführung, Bart und Schnauzer kaschiert wurde. Leopolds I. lange Regentschaft und seine militärischen Erfolge führten zu zahllosen Darstellungen des Kaisers im Caesaren-Stil, und auf all diesen Münzen, Medaillen und dekorativen Entwürfen hat die intendierte Würde unter dem unglückseligen Profil zu leiden.

Viele Habsburger haben mit Leidenschaft Münzen gesammelt, sie müssen ihnen ein starkes Gefühl der Verbundenheit mit ihren Vorfahren vermittelt haben, zugleich boten sie einen vergnüglichen Zeitvertreib. Einen müßigen Morgen lang in kleinen Schubladen voller Medaillen herumzustöbern, die von ihren Vorgängern in Auftrag gegeben und ihnen vererbt worden waren, wird nicht nur Ausdruck intimster Kennerschaft, sondern auch eine Lektion in Geschichte gewesen sein, betrachtet durch das Prisma der eigenen Regentschaft, ihrer Erfolge und Niederlagen. Wenn gerade alles mal wieder auf einen neuen Tiefpunkt zusteuerte, haben wohl alle Habsburger Trost darin gefunden, auf Präzedenzfälle zurückzugreifen, in denen alles noch schlechter gelaufen war, und die trotz allem gebieterisch wirkenden Profile von Rudolf II. und Matthias zu betrachten.

Es liegt in der Natur des Museums, den Impuls, der ursprünglich hinter der Erschaffung eines Artefakts stand, absterben und veröden zu lassen. Liegen viele Münzen dicht nebeneinander, wirken sie nicht anders als Fußballsticker von Panini, nur etwas massiver. Als Objekte zum Anfassen jedoch erzählt eine jede ihre besondere Geschichte – das überladene Goldungeheuer genauso wie das roh geschlagene Metallviereck ohne besondere Merkmale, das während der Belagerung Wiens als Notgeld benutzt wurde.

Münzen waren aus offensichtlichen Gründen eine verbreitete Form persönlicher kaiserlicher Sammelleidenschaft, doch waren die Kaiser von zahllosen schönen Dingen umgeben, von Drucken, Miniaturen, Tafelgeschirr und so weiter, die durchweg das Beste waren, was jeweils in Europa zu haben war, und zugleich dem neuesten Geschmack entsprachen. Auch das ist ein Gebiet, zu dem man nur schwer Zugang bekommt. Wir können nicht wissen, wie es war, wenn sich in Modefragen der Wind gedreht hatte und man bei Hof die Nerven verlor, weil bekannt wurde, dass ein anderer Hof mit einem gerade aus Florenz eingetroffenen kunstvollen neuen Tafelaufsatz aus Silber und Korallen bei Banketten eine Schau abzog, oder wenn das Gerücht die Runde machte, es gebe da einen neuen Porträtmaler, neben dessen Bildern alle anderen absolut mittelalterlich aussähen. Manche Kaiser haben solche Domänen an Höflinge oder Verwandte delegiert, die etwas davon verstanden, und sich selbst mit Beten, Jagen und Zeugen begnügt, aber der Schnittpunkt zwischen öffentlicher Zurschaustellung und privatem Geschmack war immer kurios. Rudolf II. jedenfalls liefert das extreme Beispiel eines Kaisers, der seine öffentliche Rolle für sein privates Vergnügen benutzte. Er war besessen von seiner Dronte, zugleich aber gab diese ihm auch die Möglichkeit, die Herrlichkeit seines Reichs unter Beweis zu stellen, hatte er doch eine Kreatur den ganzen Weg vom Indischen Ozean bis in seinen kalten Palast kommen lassen können (die verschrumpelten Überreste des Vogels werden heute im Strahov-Kloster in Prag aufbewahrt). Große Teile seiner Sammlungen hat er eindeutig für sich selbst, aus Habsucht (wenn nicht Verrücktheit) angeschafft. Das Anhäufen vieler tausend Objekte, die Raum um Raum füllten, musste irgendwann außer Kontrolle geraten und wurde wohl auch zum äußeren Anzeichen für einen Verstand, der ebenfalls außer Kontrolle geriet, aber bevor es dazu kam – und vielleicht sogar auch gegen Ende in besonderen, ruhigen Augenblicken –, hatte Rudolf bestimmt große Freude an seinen Besitztümern. Angesichts eines Kasuars oder eines Stücks versteinerten Holzes konnte der Kaiser vor Vergnügen in die Hände klatschen, und sie waren in die Öffentlichkeit hineinwirkende Zeichen seiner Macht, selbst wenn aus dem Kasuarkäfig nur jämmerliche Schreie zu hören waren.

Rudolfs weitgespannte Sammelleidenschaft machte ihn zu einem der ersten Europäer, die wirkliche Europäer waren, seine Interessen galten italienischen Edelsteinschleifern ebenso wie den niederländischen Malern ganz im Norden. In gewissem Sinne war sein Kopf das erste kontinentale Museum. Seine Besessenheit von Dürer – eigentlich galt sie einer schon erloschenen Tradition – brachte ihn dazu, nach endlosen Verhandlungen das außerordentliche «Rosenkranzfest» (1506), eine Auftragsarbeit für den Altar der Kirche der deutschen Kaufleute in Venedig, für eine gigantische Summe zu kaufen. Nach Rudolfs ausdrücklichen Anweisungen mussten vier starke Männer das Gemälde von Venedig über den Brenner nach Prag tragen, immer aufrecht und ohne es je auf Schnee abzusetzen. Wie gerne würde man wissen, worüber sich diese Männer auf ihrer eigenartigen Reise im Jahr 1606 unterhalten haben.

Rudolf muss eine lebhafte, persönliche Freude an dem Werk gehabt haben. Könnte es der Glanzpunkt seiner Herrschaft gewesen sein, dass er nun die Möglichkeit hatte, tagelang einfach davorzusitzen? In den folgenden Jahrhunderten erlitt dieses traumhafte Bild ein wechselvolles Schicksal. Gut aufgehoben ist es jetzt in der Prager Nationalgalerie zur Ruhe gekommen. Auf dem Gemälde, vor dem Rudolf so viel Zeit verbrachte, kniet noch immer Kaiser Maximilian I. vor der Jungfrau, die ihm eine Krone von Rosen aufs Haupt setzt, umgeben von einer Menge inzwischen namenloser deutscher Granden, Geistlichen und Ritter, während Dürer rechts im Hintergrund steht. (Auch auf diesem Bild sieht er aus wie Rick Wakeman – wie die Menschen Dürers eigenartige Haartracht und seinen Bart wohl Jahrhunderte vor dem Progressive Rock fanden?)

Nicht nur über Rudolfs Person, auch über diese intime Welt zu schreiben, ist schwierig, ohne Abschnitt für Abschnitt in dem zu schwelgen, was ihn erfreute, daher werde ich mich hüten, tiefer einzutauchen in die *Mira Calligraphiae Monumenta* – jenes Schriftmusterbuch, das der kaiserliche Sekretär und Kalligraph von Ferdinand I. 1561/62 geschrieben und zusammengestellt hatte und das Rudolf von Joris Hoefnagel illuminieren ließ. Die Vignetten zeigen winzige Kreaturen, Früchte und Blumen von solcher Lebendigkeit und Schönheit, dass die Wirklichkeit daneben fast grau aussehen muss. Über 1300 naturgetreue Darstellungen, hier das Muster einer Brombeere, dort eine Schnecke, eine Blüte oder ein Pfirsich, Schmetterling und Raupe, alle in einem Format gemalt, das sich nur demjenigen öffnet, der die kleinen Blätter im Quartformat in die Hand nehmen kann (also dem Kaiser) – ein ganz und gar privater, gewiss nicht zu überbietender Zeitvertreib. Es gehört vielleicht zu den großen Vorzügen des Internets, dass es erlaubt, eine Ahnung der intimen Freude zu gewinnen, die bis dahin diesem Einsiedler in seiner Prager Burg vorbehalten war, wenn er seinen dunklen schweren Blick über die Seiten wandern ließ.

Der andere große und geheimnisvolle Aspekt privaten Kunstvergnügens war gewiss die Musik. Es gab eine ganze Welt der öffentlichen Musik – Fanfaren, Märsche, Messen –, die mit den verschiedenen kaiserlichen und erzherzoglichen Ämtern verknüpft war und regelmäßig auf den neuesten Stand gebracht wurde, sodass ältere Werke in Schränken vermoderten. Seit den 1970er Jahren haben Musikwissenschaftler viele erhaltene Notenblätter ausgegraben, und die Musik ist wieder zu hören. Es ist eine Schande, dass die nahezu apostolische Sukzession musikalischer Größe so unverrückbar feststeht, denn es gibt so viele Wunder, die aus den einfachsten Gründen der Funktion und der Mode nicht länger zirkulierten und gespielt wurden. Es war ein für die Habsburger bedeutsames Ereignis, als der junge zukünftige Ferdinand II. in den 1590er Jahren an seinem Grazer Hof italienische Musiker und Sänger, viele aus Venedig, zu versammeln begann, die für die Gegenreformation mit Tönen bewerkstelligen sollten, was Architekten – nach seinen Plänen – mit weißem Stuck und Blattgold zu bewirken hatten. Er nahm sie mit nach Wien, als er 1619 Kaiser wurde, und es lässt sich keine denkbare Beziehung herstellen – nicht einmal die eines Paradoxons – zwischen seinem Schreckensregiment und der so großartigen Tonspur, die er hinterlassen hat.

Unter Ferdinand III., Leopold I. und Joseph I. wurde diese Tradition fortgesetzt. Männer wie Giovanni Friuli, Antonio Bertali und Massimiliano Neri – ein Favorit Ferdinands III., der ihn in den Adelsstand erhob – sollte eigentlich jeder kennen, so abwechslungsreich, gewaltig, ergreifend ist ihre Musik, so fähig waren sie: zu weit mehr als der peinlichen Aufgabe, Krönungsmusiken zu schreiben, in denen es nur dröhnt und schmettert und alles andere im ohrenbetäubenden Getöse untergeht. Ich erwähne sie hier, weil sie neben ihren Pflichten als Hofmusiker auch kleinere Musikstücke und Gelegenheitskompositionen für den engeren Kreis der Familie lieferten. Alle drei genannten Kaiser waren musikalisch offenbar sehr aufmerksam, und für Rudolfs Nachfolger wird dieses Musizieren im kleineren Kreis so etwas wie das akustische Pendant zum Erwerb eines Kasuars gewesen sein.

Diese Begeisterung war so groß, dass – in einem Schritt, der, sagen wir, die meisten Mitglieder der königlichen Familie Englands überfordert hätte – die Kaiser selbst zu Komponisten wurden, vielleicht eine ebenso intime Form einer tiefen inneren Freude wie das intensive Betrachten von Medaillen oder kalligraphischen Blättern. Noch überraschender ist, dass viele der Stücke, die sie schrieben, ausgesprochen gut sind, auch wenn es nicht leicht ist, sie objektiv anzuhören. Ferdinands III. Hymne *Jesu re-*

demptor ist ein schönes, gleitendes, elegantes Stück*, und Josephs I. *Regina coeli* würde, auch wenn der Name des Komponisten ungenannt bliebe, jeden Wettbewerb für fromme Marienkantaten gewinnen. Allerdings wissen wir nicht genau, wie viel dieser vorzüglichen Leistung auf das Konto von Hofmusikern wie Bertali geht, die sich anboten, beim Notensatz auszuhelfen. Und gewiss ist auch zu bedenken, dass die Musik des 17. Jahrhunderts nach so engen, dem Sudoku vergleichbaren Regeln komponiert wurde, dass wohl jeder sich daran wagen und zu recht hörbaren Ergebnissen gelangen konnte. Für Kaiser, die sich ihre Zeit ebenso gut damit vertreiben konnten, aus Straußeneierkelchen zu nippen oder Reiher zu jagen, ist es allerdings erstaunlich, dass sie ihre Mußestunden in der sich unendlich entfaltenden, nahezu alchemistischen Welt der Instrumente und Notationen verbracht haben mochten.

Der besessenste, zugleich begabteste unter den kaiserlichen Musikern war zweifellos Leopold I., und wenn man die Bilanz aus seiner Regentschaft ziehen möchte, dann ließe sich das Minus seiner Flucht vor der Belagerung Wiens mit dem Plus seiner geistlichen Musik und der *Sonata piena* für Bläser und Streicher ausgleichen. Er war wohl auch als Einziger in der Lage, ein Requiem für seine früh verstorbene erste Frau Margarita Teresa zu schreiben – ein passender Ausklang zum Gedächtnis an eine Frau, die in ihrem kurzen Leben den Anstoß zu manch bemerkenswertem Kunstwerk gegeben hat.

So hatte der Kaiser neben seinem öffentlichen auch ein privates, zumindest intimes Leben, das in mancher Hinsicht nachhaltige Wirkung zeigte. Natürlich sollten wir uns um den ermüdenden Fortgang des Langen Türkenkriegs kümmern, aber heute ruft der

* Selbst Ferdinands Tod sorgte, mit Blick auf die Musik, für eine gute Nachricht, denn er war der Anlass für Schmelzers unvergleichliches *Lamento sopra la morte Ferdinand III.*, eine Triosonate, mit der er die Atmosphäre eines geisterhaften, gerade verlassenen Ballsaals heraufbeschwor.

Name Rudolfs II. ein weit größeres Interesse an den Manien herauf, die eigentlich nur eine Begleiterscheinung seines Lebens sein sollten. Wir mögen keinen Überblick haben über die ständigen Kriege Leopolds I. gegen die Franzosen, dafür aber schätzen wir seine Rolle als Förderer des reichen musikalischen Lebens in Wien, die im Jahrhundert nach seinem Tod so erstaunliche Folgen hatte.

VII

Jesus vs. Neptun

Das erste Testament

Andachtsräume

Das zweite Testament

Zipser und Piasten

Jesus vs. Neptun

Die vermutlich größte Obsession Leopolds war die Musik des toskanischen Mönchs Antonio Cesti (1623–69), dessen Brillanz als Sänger, Instrumentalist und Komponist dazu führte, dass er, der ständig Reisende, in seinem kurzen Leben zwischen dem Heiligen und dem Profanen hin und her pendelte. Er arbeitete am Hof des unangenehmen Ferdinand Karl in Innsbruck, zog jedoch nach dessen Tod, den niemand beklagte, nach Wien und schuf in den 1660er Jahren für den jungen Leopold eine Reihe großer Opern, darunter sein bekanntestes Werk *Il Pomo d'Oro*, eine Oper für Margarita Teresa zu ihrem siebzehnten Geburtstag (ein besonderes Geschenk vom «Onkel»), zu dem Leopold selbst mehrere sehr schöne Arien beisteuerte. Diese Oper muss vor allem ein Spektakel gewesen sein, sie war szenisch so überladen, dass ihre Aufführung zwei Tage in Anspruch nahm, an denen es bestimmt nicht langweilig wurde: Feuer, Donnerschläge, fliegende Drachen, Schiffswracks, so gefährlich und groß, dass heutige Opernintendanten leider glauben, sie müssten uns davor schützen. Cestis eigentümlicher Status als Franziskaner, der Opern über die antiken Götter schrieb, ist ein gutes Beispiel für einen bedeutsamen, gleichwohl rätselhaften Aspekt des höfischen Lebens in Europa, der seit dem 15. Jahrhundert zu beobachten ist und in mancher Hinsicht erst im 19. Jahrhundert vollends verschwindet. Wie war es möglich, eine triumphierende,

Linke Seite:
Die Hofbibliothek in der Wiener Hofburg, heute als Prunksaal bekannt (akg-images/Bildarchiv Monheim).

militante und durchaus glaubwürdige Heilige Dreifaltigkeit mit allen diesen Palästen in Einklang zu bringen, in denen sich Gestalten wie Jupiter, Bacchus und Venus drängten? Die allegorische Figur, eine Sopranstimme, die den Prolog zu Cestis endloser Oper *Le disgrazie d'Amore* singt, löst dies Problem: Sie lässt wissen, dass der Glaube die falschen Götter des antiken Heidentums «unter seinen Füßen zertreten» hat. Sie macht die Bühne frei für eine endlose Folge von statischen Duetten zwischen Cupido, Venus, Vulcanus und ihren Freunden, die das damalige Publikum zu stillen Stoßgebeten veranlasst haben müssen, eine osmanische Invasion möge dem Abend ein Ende machen.

Überall in den habsburgischen Ländern sind die klassischen Götter und ihre Helfer fast ebenso sicher anzutreffen wie ihr moderner, eifersüchtiger und bekanntlich monotheistischer Ersatz, der biblische Gott. Sie räkeln sich in Brunnen, stützen Türen und Tore, schmücken Plafonds. Ich bin mit den schlichten und aufregenden Geschichten der griechischen und römischen Götter und Heroen aufgewachsen, und so hatte ich großes Vergnügen daran, zwischen dem Trentino und Siebenbürgen eine Stadt nach der anderen abzuklappern, um zu sehen, welche antiken Motive sich dort als Dekor wohl finden ließen. Die meisten dieser Städte haben einen zentralen Marktplatz, auf dem ein kleiner blasser Jesus in Todesqualen wie geblendet von seinem Kreuz herab auf einen riesigen Brunnen aus importiertem weißem Stein schaut, in dem sich ein bärtiger Neptun mit schweren Lenden räkelt, von nackten Wassernymphen umtollt (was wohl heißen soll, dass diverse habsburgische Flüsse dem Ozean ihren Gruß entbieten).

Eine Begründung für die Koexistenz beider Religionen lautet, dass die frühere nur Dekoration ist – sie hatte das sexuelle oder royale Panorama beizusteuern, das dem Neuen Testament fehlt. Der Geist des antiken Rom stand im Zentrum der Europa-Idee Karls des Großen; Europa sei, darauf beharrte er, Roms wahre Erbin; die alten Götter könne man als religiös neutral betrachten. Und im

Großen und Ganzen war es tatsächlich so: Niemand betete zu Jupiter und seinen Götterkumpanen. Die Kirche musste sich nicht bedroht fühlen, wenn die herrschenden Eliten, ob säkular oder kirchlich, derart tief in die antike Welt eintauchten; sie lasen und rezitierten Latein, zunächst natürlich kirchliche Texte, bald aber auch die Klassiker, so gründlich, dass die antiken Götter und Helden so lebendig waren wie der Gottesdienst selbst.

Ich war schon ganz verzweifelt, dass ich Claude Lorrain, meinen großen Malerhelden aus dem 17. Jahrhundert, in diesem Buch wohl nicht unterbringen würde, denn seine lange Karriere als Maler unvergleichlicher Landschaften mit klassischen, gelegentlich auch christlichen, Figuren verging, ohne dass sich ein Habsburger bei ihm gemeldet hätte. Zu meinem großen Glück jedoch stellte ich fest, dass es eine Reihe von Stichen gibt, welche die Feier und die üppigen Festlichkeiten wiedergeben, die aus Anlass der Wahl Ferdinands III. zum König der Römer Ende 1636 in Rom stattfanden. Also ist Lorrain hier doch ein Plätzchen sicher. Ferdinand wurde gerade rechtzeitig gekrönt, um ihm den Weg zur Kaiserwahl zu ebnen, denn nur wenige Wochen später starb sein Vater Ferdinand II. Und in diesem Interim veranstaltete der spanische Botschafter die außerordentlich aufwendigen Feste in Rom, wo Claude Lorrain lebte. (Die bedeutendsten Förderer seiner klassischen Szenen saßen im Vatikan.) Damals, nach der Vernichtung der protestantischen Armee bei Nördlingen durch den jungen Ferdinand und seinen spanischen Vetter Ferdinand* (Rubens hat die Szene unsterblich gemacht), erlebte die Freundschaft zwischen Österreich und Spanien ihren Höhepunkt: Für einen Augenblick sah es so aus, als sei nun das Ende des Krieges nahe. Da der Dreißigjährige Krieg im Namen des Katholizismus geführt wurde, war Rom genau der Ort, an dem Ferdinands Nachfolge gebührend ge-

* Zum Glück werden wir die verwirrende Epoche der multiplen Ferdinands bald hinter uns haben.

feiert werden konnte, und der spanische Botschafter war der Mann, sich darum zu kümmern. Er organisierte eine Reihe atemberaubender theatralischer Spektakel (von der Art, die dem Publikum eine Generation später mit Cestis Opern vertraut werden sollte) und beauftragte Claude Lorrain, diese Ereignisse – und damit die eigene Ingeniosität – in seinen nicht weniger meisterlichen Stichen festzuhalten. Deutlicher als mit diesen Aufbauten auf Roms großen Plätzen hätte man die Verbindung zwischen der antiken Welt und der Gegenwart nicht zum Ausdruck bringen können. In dem Viertel, das heute von der Spanischen Treppe beherrscht wird, wurde eine zwölf Meter hohe Neptunstatue mit Meeresungeheuern und einem Habsburger Adler errichtet, die sich aus einem künstlichen Meer mit künstlichen Fischen erhob. Daneben befand sich ein kleinerer, klobiger Burgturm mit dem Habsburger Doppeladler auf der Spitze und Allegorien der vier Kontinente an den Ecken der Basis. Sobald es dunkel geworden war, ging ein Wahnsinnsspektakel los, denn das Ganze flog in einem gewaltigen Feuerwerk in die Luft: Zuerst explodierte der Turm, ein darin verborgener, nun runder Turm kam zum Vorschein, auch dieser explodierte und enthüllte eine Statue, Ferdinand hoch zu Ross, die dann dank der (leider nicht ganz perfekten) *occulte macchine*, «der geheimen Maschine», über den Platz trudelte und im Palast des spanischen Botschafters landete. Diese Szene sollte glücklich wiederkehren in der unsterblichen Geisterzugfahrt auf dem Brighton Pier im Film *Horror Hotel*.

Lorrain hat diese Inszenierungen in einer Folge von Kupferstichen (*Les feux d'artifice*, 1637) festgehalten, die, ihrerseits wahre Wunderwerke, all die Prospekte, Embleme, Explosionen, das Zusammensinken und Enthüllen, kurz die Ereignisse in ihrer ganzen verstiegenen Erhabenheit recht gut wiedergeben. Jede europäische Dynastie hatte ein eigenes Interesse an der klassischen Bilderwelt, aber im römischen Krönungsfest ist die Verbindung sehr deutlich: Obwohl die Habsburger ihren Sitz seit vielen Jahren in Prag und Wien hatten, blieben sie dem ursprünglichen Schwindel Karls des

Großen treu: Auch sie prätendierten, ein Reich zu regieren, das seine Legitimität aus dem antiken Rom bezog; es gehörte, trotz des kleinen Schönheitsfehlers, dass sie Rom selbst eben nicht regierten, schlicht zu ihrer Arbeitsplatzbeschreibung, dass sie König der Römer und Kaiser des Heiligen Römischen Reichs waren. War sie erst von jedem aktuellen religiösen Wert frei gemacht, konnte die antike Bilderwelt nicht passender sein.

Klassische Themen ermöglichten auch, sich relativ unverfänglich erotisch-pornographischen Darstellungen zu nähern, so wie Rudolf II. mit seiner Gemäldesammlung zu den Amouren Jupiters, die eindeutig für den privaten Gebrauch bestimmt war. Gleichwohl scheint sonderbar, dass der größte Maler der Gegenreformation, der von diversen Habsburgern weidlich eingesetzte Peter Paul Rubens, schmerzerfüllte Heilige, die Gottvater im Himmel begrüßt, anscheinend mit ebenso leichter Hand auf die Leinwand brachte wie stramme nackte holländische Mädchen, die posieren, als seien sie die Drei Grazien. Andererseits verhüllt sein Erfolg, zu dem ihm die schiere Zügellosigkeit seiner Bilder verhalf, alles, was an der Ära Ferdinands II. und III. abstoßend war. Welche Sprengwirkung seine Werke entfalten, zeigt die Rubenssammlung im Wiener Kunsthistorischen Museum: Alles, was sonst in ihrer Nähe hängt, wirkt schwerfällig und farblos.

Die Kaiser liebten es, sich als Jupiter zu sehen. Ihr Symbol, der doppelköpfige Adler, überall im Heiligen Römischen Reich auf zahllosen Fahnen, Allegorien, Wänden, Plafonds abgebildet, konnte sowohl den römischen Adler (ein Abstammungsanspruch, den er mit dem russischen Adler teilte) als auch Jupiter in Gestalt eines Adlers darstellen. Den Habsburgern stand dieses Symbol zu, sofern sie Römische Kaiser waren, sie ließen es aber, als Napoleon (auch er ein Adler) das Heilige Römische Reich auflöste, dreist mitgehen und schafften es, unter diesem, nun persönlichen Symbol und Markenzeichen ihre Firma in Wien zu eröffnen. Dieser Adler schwebt über allem, auf Drucken von Schlachtfeldern, die Habsburger als

Sieger verließen, wie über den irrsinnigen Feuerwerksspektakeln in Rom. Der Adler war eines dieser ungreifbaren, dennoch mächtigen Zeichen der Legitimität, die, sobald eine Dynastie zusammengebrochen ist, weder mit dem Verstand noch mit dem Gefühl wieder aufzugreifen sind, da beider Macht so eng miteinander verflochten war. Mit dem feinsinnigen Gestus, dessen Karl V. durchaus fähig war, erledigte er während eines Aufenthalts in Genua seine offiziellen Geschäfte im Palazzo Andrea Doria unter den neu gemalten (und eindrucksvollen) Deckenfresken des Perino del Vaga. Sie zeigen Jupiter, wie er mit müheloser Autorität die rebellischen Titanen besiegt, die nackt und unterwürfig am unteren Rand des Bildes verteilt sind, während eine Phalanx hochmütiger Götter zuschaut. Karl hätte kein besseres Motiv finden können, um seine eigene Rolle und die Dummköpfe, die es wagten, sich mit ihm anzulegen, ins Bild zu bringen.

Immer wieder taucht Jupiter auf, überraschend häufig jedoch zog es der Kaiser vor, als Herkules gesehen zu werden. Ich sollte hier in Klammern hinzufügen, dass ich diesen Heroen immer mochte, die ihm auferlegten zwölf Arbeiten haben von Kindheit an in meiner Phantasie herumgespukt. Mein einziges Unbehagen – das hegte ich auch im Hinblick auf Theseus – bestand darin, dass er Griechenland auf ziemlich humorlose Weise von einigen recht erfreulichen Kreaturen und Gestalten befreite. Solche Helden mögen die Zivilisation in Griechenland gesichert haben, aber ihre Streifzüge durchs Land hatten ihren Preis: Prokrustes mit seinem Bett zeigte Sinn für Humor, und die Tötung der riesenhaften Krommyonischen Sau war ein echter Verlust. Ich, auf fast parodistische Weise typisches Kind der englischen Mittelklasse, besaß ein dickes Buch mit griechischen Sagen und steigerte mich derart in die Zwölf Arbeiten des Herkules hinein, dass sie für mich fast zu so etwas wie Kreuzwegstationen wurden – eine unvergängliche Folge wunderbar erzählter Geschichten. Fast ein ganzes Leben später noch sträubte sich etwas in mir, wenn ich auf einem Deckengemälde in irgendeinem Habsburgerpalast eine Aufgabe dargestellt sah, die nicht kanonisch war – erst als ich die letzte Forschungsrunde für dieses Buch unternahm, ging mir auf, dass es unterschiedliche Versionen dieser mythischen Erzählung gibt. Rückblickend ist klar: Kein Maler konnte den Plafond eines Saals, in dem getanzt wurde, Bankette stattfanden und zu Verlobungsfeiern Blumen gestreut wurden, mit einem Herkules schmücken, der Tonnen von Mist aus den Ställen des Königs Augias herausschafft. Der Maler hatte keine Wahl: Ein kleiner Haufen wäre kaum heroisch – Herkules würde wirken wie ein Bauer, der seinen Kompost aufsetzt –, ein Berg von dampfendem Braun wiederum, der so groß wäre, dass es sich lohnte, zu seiner Beseitigung einen Fluss umzuleiten, der also mindestens die halbe Decke einnehmen müsste, würde keinen sehr angenehmen Eindruck bei seinem Dienstherrn hinterlassen.

Im Gartenpalais Liechtenstein in einem Wiener Außenbezirk findet sich einer der größten Herkules-Plafonds, 1707 gemalt von Andrea Pozzo. Eine Ecke dieser Extravaganz ist den Arbeiten gewidmet, wobei so wundervolle Geschöpfe wie die Lernäische Hydra und der Nemeische Löwe auf das Format drolliger Stofftiere gebracht werden. Es ist schon eigenartig, wie viel diesen hohen Herren daran lag, dass man sie mit Herkules identifizierte: Denn – dieser Einwand liegt nahe – die ihm gestellten Aufgaben waren, gemessen an seinen übermenschlichen Kräften und im Unterschied zu denen des Jupiter, etwas einseitig und leicht, auch war das Ganze, um den Einwand auf die Spitze zu treiben, doch recht dick aufgetragen. Wenn Herkules durchs Land zieht, haben seine Gegner nicht die geringste Chance, und wenn er einem Löwen den Kopf abreißt oder den gruseligen Diomedes an seine menschenfressenden Pferde verfüttert, dann wirkt das, als sorge ein Polizist routiniert für Ruhe und Ordnung; er mag damit prahlen, zu etwas Erhabenem wird sein Tun dadurch nicht.

In meiner Begeisterung für die Zwölf Arbeiten des Herkules hatte ich jedoch nicht bedacht, dass er ja auch Jupiters Sohn war,

Gesetzgeber, Held, Verteidiger des Olymp, Rollen, die weit besser zur Weltsicht der Habsburger passten als die eines Kammerjägers. Adriaen de Vries' finstere Bronzebüste von Rudolf II. zeigt den Kaiser mit einem herkuleischen Löwenfell als Verteidiger der Christenheit gegen die Türken (die Wilden, Nichtzivilisierten), eine nicht ganz einleuchtende Pose für einen Mann, der vor allem dafür bekannt war, dass er sich mit seinen Muschelsammlungen beschäftigte oder mit Scharlatanen plauderte. In diesem Kontext betrachtet, werden die Zwölf Arbeiten in den Habsburgerländern zu einer Art bildhafter Kurzschrift, welche die ganze Bandbreite der Strafen und der Vorsorge demonstriert, die großen Herrschern zur Verfügung steht. Definitiv ist das die Botschaft, die vom Spanischen Saal Ferdinands II. von Tirol ausgeht. Dort, in Innsbruck, sind Bildnisse älterer Mitglieder des Hauses Habsburg, der gegenwärtigen Familie und der Kämpfe des Herkules miteinander verknüpft, wobei der Maler auf die Tötung des Antäus auswich, um nicht die Arbeit des Stallausmistens zeigen zu müssen. Im Grunde sagen die Bilder: Wir werden euch vernichten, euch die Köpfe abschneiden, euch aus der Höhle zerren oder an eure Pferde verfüttern, wenn ihr es wagt, uns zu trotzen.

Im Mittelpunkt des Habsburger Interesses an Herkules stand eine Arbeit, die zumeist vergessen wird – die geheimnisvolle Expedition durch Libyen an die fernen Gestade des westlichen Mittelmeers. Auf dem Weg tötete er den vielköpfigen Geryon und seine hässlichen Freunde (einen Hund und einen unansehnlichen Hirten), bevor er dessen Vieh raubt und die Herde in die Zivilisation zurückbringt. Das war der entfernteste Punkt, an den ihn sein arbeitsamer Weg brachte, und hier wurde die Geschichte mit den Säulen des Herkules durcheinandergebracht, die nach manchen Traditionen genau dort stehen, wo der Heros die beiden Mittelmeerküsten auseinanderschob, um die Straße von Gibraltar zu öffnen. Einer anderen Überlieferung zufolge errichtete Herkules zwei riesige Säulen, um das Ende des Mittelmeers zu bezeichnen. Das wiederum verwickelte ihn in die Erzählung über die Gründung von Cádiz durch die Phönizier und in eine eigenartige Verkettung von Assoziationen, mit der Folge, dass Karl V. Herkules zu seinem persönlichen Symbol wählte, was in einer Darstellung zweier Säulen zum Ausdruck gebracht wurde. Die Säulen an der Meerenge sollen die Inschrift «Non plus ultra» («Bis hierher und nicht weiter») getragen haben. Also machte Karl das Motto «Plus ultra» («Gehe weiter») zu seinem Wahlspruch, denn so konnte er sich rühmen, dass seine Untertanen die Meerenge durchfahren und die «Neue Welt» erobert hatten. Mit anderen Worten: Er hatte Herkules noch übertroffen, reklamierte nicht nur, Europas Gesetzgeber zu sein, sondern womöglich der des ganzen Erdenrunds. Karls «Plus ultra» bildete ein Element der heraldischen Reihe, die seine Gegner in Schrecken versetzte und die Botschaft, dass die Macht der Habsburger grenzenlos war, noch unterstrich.

Merkwürdigerweise blieb «Plus ultra» der nationale Wahlspruch Spaniens, der das königliche Wappen ziert, obwohl vor langer Zeit schon ein paar Anpassungen an veränderte Verhältnisse fällig gewesen wären. Besonders traurig wirken Weltkugel und Doppelsäule an der Decke im Eckzimmer von Klosterneuburg, dem unvollendet gebliebenen «österreichischen Escorial» Karls VI. vor Wien, der Bau des Palasts wurde nach seinem Tod im Jahr 1740 aufgegeben. In jungen Jahren hegte Karl noch die Hoffnung, König von Spanien zu werden, und hätte beinahe einen großen Teil des ehemaligen Reichs seines Namensvetters geerbt: Also reaktivierte er die Säulen des Herkules und machte sie zu seinem persönlichen Emblem. Zu der Zeit, als Klosterneuburg gebaut wurde, war dieser Traum längst von einer Flut militärischer und diplomatischer Demütigungen hinweggespült worden, und die Säulen konnten eigentlich nur unerträglich sarkastisch wirken. Hätte sich Karl allerdings entschlossen, ein großes Herkules-Deckenfresko malen zu lassen, dann, so fürchte ich, hätte sich der Haufen Braun geradezu unkontrollierbar getürmt.

Das erste Testament

In einem – zuletzt doch recht unerfreulichen – Gedankenexperiment habe ich mir kürzlich vorzustellen versucht, was wohl im Kopf Kaiser Karls VI. vor sich ging, wenn er morgens erwachte. Das mag ein Zeichen des Wahnsinns sein, der sich einschleicht, während ich versuche, dieses Buch unter Kontrolle zu halten, aber es lohnt sich dennoch, dem nachzugehen. Alle erblichen Herrscher haben ein Problem, das ihnen das Blut in den Adern gefrieren lässt: Unausweichlich, jeden Tag und jeden Augenblick sind sie sowohl politischer Hauptakteur als auch das symbolische Zentrum einer endlosen Folge von persönlichen, religiösen, dynastischen Ritualen, welche die politische Rolle zur Geltung bringen sollen. Dieses unerbittliche Uhrwerk steht erst still, wenn der Herrscher stirbt – und auch nur in dem Sinne, dass der Herrscher selbst das Handeln jener tausend und mehr Menschen nicht mehr würdigen kann, die weiterhin aktiv sind, zum Beispiel Trauergesänge anstimmen oder seinen Körper, sein Herz und seine Eingeweide an drei verschiedenen Orten in Wien bestatten. Von allen Kaisern muss Karl VI. am meisten unter grässlichem hypnopompischem Schaudern gelitten haben – taumelnd an der Schwelle des Bewusstseins, wenn ihm der Schlamassel vom Vortag wieder winkte und sich schmerzlich ahnen ließ, was der kommende Tag bringen würde. Verschaffte Schlaf dem Kaiser wirklich eine Ruhepause – waren seine Träume andere als unsere? Wir dürfen wohl annehmen, dass sich im Unbewussten eine eigene, der realen jedoch verwandte Welt höfischer Funktionen entfaltete – im Fall Karls VI. vielleicht eine Welt, in der er eine sehr beliebte Figur war, ein erfolgsverwöhnter Kriegsherr mit vielen männlichen Erben, ein geistreicher Mann mit wohlgefüllter Schatztruhe. Doch nun nähern sich die Diener und Höflinge dem riesigen Himmelbett aufs Neue, der Traum verfliegt, und der Tag beginnt.

Für potenzielle Biographen war Karl immer eine Art Pechvogel mit dem Orden vom Goldenen Vlies um den Hals: Alle haben die Finger von ihm gelassen, sich auf andere, weniger deprimierende Gestalten mit weniger komplizierten und zermürbenden Regentschaften gestürzt. Deshalb wissen wir relativ wenig über ihn, und im Vergleich zu seinem Vater Leopold und seiner Tochter Maria Theresia spielt er in den öffentlichen Imaginationen eine geringe Rolle. Dennoch, wenn man einige todlangweilige Einzelheiten auslässt, ist sein Leben, das er fast zur Gänze auf einer Streckbank von Fehlschlägen verbracht hat, bemerkenswert.

Karls Dasein war gefangen in den Sphären zweier gescheiterter Testamente, die beide für die Zukunft Europas von ungeheuer großer Bedeutung waren. Seine Unfähigkeit, sich weder in dem einen noch in dem anderen Dokument einen Platz zu sichern, wurde ihm zum Verhängnis. Das erste dieser beiden Testamente hatte König Karl II. aufgesetzt, der letzte spanische Habsburger. So erschreckend wie bedauernswert war er der letzte Überlebende genetischer Experimente, die Generationen von Habsburgern betrieben hatten, indem sie untereinander heirateten, sodass Karls II. Mutter auch seine Cousine war (wenn ich das richtig rekonstruiere) oder, wenn man seine Mutter als die Hauptlinie nimmt, sein Vater zugleich sein Onkel. Die heraufziehende Katastrophe der spanischen Königsfamilie hat Velázquez in einer Serie brillanter Momentaufnahmen eingefangen, sie zeigen, wie der einst schneidig und gebieterisch wirkende Philipp IV. immer älter und hagerer wird. Philipp musste mit dem Tod von neun Kindern aus zwei Ehen fertig werden, am Leben blieben zwei Töchter und der schwer behinderte kleine Karl. Die beiden Töchter heirateten Ludwig XIV. beziehungsweise Leopold I. Die erste, Maria Theresia, hatte zwei Nachkommen, die als Kinder starben, und, was entscheidend war, einen überlebenden Sohn – Louis de Bourbon. Die zweite, Margarita Teresa, heiratete, wie wir sahen, ihren Onkel Leopold. Diese Verbindung führte zu einer vorhersehbaren genetischen Katastrophe, sie starb im Alter von einundzwanzig Jahren, nachdem sie vier Kinder geboren hatte, von denen drei, darunter ihre beiden Söhne, schon tot waren, als sie starb. Aus Leopolds kurzer zweiter Ehe mit einer entfernteren Verwandten gingen zwei Kinder hervor, die ihre Geburt nicht überlebten, auch die Mutter starb, erst zweiundzwanzigjährig. Diese Unglücke überzeugten die Habsburger endlich, das nächste Mal «auswärtig» zu heiraten, und Leopold nahm eine fromme Prinzessin aus dem entlegenen Düsseldorf und einer bemerkenswert fruchtbaren Familie zur Frau. Sie lebte lang und stockte die Dynastie erfolgreich wieder auf.

Leopolds Bemühungen kamen für die spanischen Habsburger allerdings zu spät. Karl II., der kaum sprechen und keine feste Nahrung zu sich nehmen konnte, musste stets umhergetragen werden. Schon an den Versuch, mit einer seiner beiden unglücklichen Ehefrauen einen Nachkommen zu zeugen, war nicht zu denken. Das besiegelte das Ende der Linie. Karls Leistung bestand allein darin, am Leben zu bleiben. Was man sich, als es 1665 begann, als ein kurzes und trauriges Zwischenspiel vorstellte, wurde zur ermüdenden fünfunddreißigjährigen Regentschaft, bestimmt von Trübsinn, Hysterie, Verfall und verzweifelten Exorzismen, die von der Hoffnung auf Heilung des Königs getrieben waren. Karls einzig substanzielle Aktivität war die unregelmäßige Verkündung eines neuen Testaments. Diese Dokumente wurden von seinen schadenfrohen königlichen Nachbarn ignoriert; sie wussten, dass die Möglichkeit in Reichweite lag, die größte denkbare Menge Land an sich zu reißen. Verschwörer und Emissäre mit riesigen Perücken und Schnallen stolzierten durch Europa und heckten alle möglichen Pläne aus. Diese Pläne sind komplex, aber es lohnt sich, sie zu verfolgen, da keiner weniger wahrscheinlich war als das, was schließlich herauskam, und jeder dieser Pläne hätte zu einer für uns ganz anderen Welt führen können. Schon 1668 hatten der junge Ludwig XIV. und der ebenfalls junge Leopold I. erkannt, dass ein Krieg kosmischer Dimensionen drohte, wenn sie nicht zu einem Abkommen fänden. Die beiden Monarchen hatten die beiden überlebenden Schwestern Karls II. nur geheiratet, um ihre Hände im Spiel zu haben, und unter der Bedingung äußerster Geheimhaltung vereinbart, dass – nach Karls sicherlich baldigem Tod – Leopold Spanien, Amerika und Norditalien bekommen würde und Ludwig die Spanischen Niederlande, die Franche-Comté, Navarra, Süditalien und die spanischen Stützpunkte in Nordafrika. Der Plan ist interessant, insofern er zeigt, für wie unbedeutend man Amerika zu diesem Zeitpunkt noch hielt, interessant aber auch als irrwitzige Vision einer Zukunft, die nie eingetreten ist, in der Paris und Wien möglicherweise so mächtig gewesen wären, dass Großbritannien niemals den Aufschwung hätte nehmen können, den ihm die Lücken und Fehler der Sicherheitsvorkehrungen beider Reiche ermöglichten. Im Jahr 1670, als Leopold noch immer keinen männlichen Erben hatte, traf Ludwig ein weiteres Geheimabkommen, diesmal mit dem Kurfürsten von Bayern, der auf den lustigen Namen Ferdinand Maria hörte (ein in katholischen Ländern offenbar zweckmäßiger Jungenname). In Anbetracht des bevorstehenden Erlöschens beider Zweige des Hauses Habsburg eröffnete nun dieses Abkommen Ludwig von Frankreich die Möglichkeit, das gesamte spanische Imperium an sich zu reißen, wenn er dafür Ferdinand Maria von Bayern half, sich nach Leopolds Tod die Habsburger Erblande anzueignen und dazu auch Bayern zu behalten – womit der lange gehegte Traum der Habsburger, sich Bayern anzueignen, zum Albtraum verkehrt wurde. Dieses Szenario scheiterte allein daran, dass Leopold 1678 endlich einen Sohn und Erben bekam, Joseph.

Ludwig und Leopold wurden älter und älter, noch immer warteten sie auf Karls Tod, und in den 1690er Jahren kamen sie mit ihren Räten auf eine ganz andere Lösung: Der spanische Thron sollte durch einen sauberen und klugen Kompromiss an Joseph Ferdinand gehen, über Leopolds Tochter ein Enkel Philipps IV. Warum um Himmels willen das so war, müssen wir ungeklärt lassen, wenn wir uns nicht in ermüdende genealogische Tabellen vertiefen wollen; es ist sowieso bedeutungslos, denn Joseph Ferdinand starb unerwartet und sehr unglücklich. Das geschah 1699, fast zwei Jahre vor Karl II. – eine Zeitspanne, die groß genug war, dass Ludwig und Leopold, noch älter geworden, ermüdet und erschöpft, mit den Auseinandersetzungen beginnen konnten, die in den Spanischen Erbfolgekrieg mündeten, der brutalste und folgenreichste Konflikt, den Europa seit dem Dreißigjährigen Krieg erlebte. Fast wäre Leopolds Armee untergegangen; doch im Jahr 1704, im großen Triumph der verbündeten Engländer und Habsburger, wurden die alliierten französischen und bayerischen Armeen in der Zweiten Schlacht bei Höchstädt vernichtend geschlagen und die habsburgischen Erblande vor deren Einmarsch bewahrt.

Parallel zu den Ereignissen in Bayern kam man in Spanien dem ursprünglichen Zweck des Erbfolgekriegs auf grässliche Weise näher. Karl, Leopolds I. jüngerer Sohn, mit dem dieser Abschnitt begann, war der Habsburger Kandidat für die spanische Nachfolge, Gegenkandidat war Philipp von Anjou: Ludwig wollte nun seinen Enkel auf den spanischen Thron hieven. Er hatte in einer Stimmung verstörten Leichtsinns angenommen, zu gegebener Zeit werde Philipp alles erben und Herrscher einer neuen weltumspannenden französisch-spanischen Supermacht werden. Etwas bescheidener ließ Leopold seinen Wunsch verlauten, dass Karl nur die gegenwärtigen spanischen Besitzungen haben sollte (womit er sich die militärische Unterstützung der Briten, Niederländer und Portugiesen sicherte, die Ludwigs Ankündigung schwer aus dem Häuschen gebracht hatte). Aber Leopold log, es wurde nämlich (wieder einmal) ein geheimer Plan ausgeheckt: Sollten entweder Karl oder sein älterer Bruder Joseph ohne einen Sohn sterben, sollte der jeweils andere Zweig alles bekommen. Und damit würde eine österreichisch-spanische Supermacht entstehen, eine erneut aufgekochte Version des alten Imperiums Karls V.

Der achtzehnjährige Karl, schnell noch zu Karl III. gemacht, traf 1705 an der Spitze einer englisch-kaiserlich-portugiesischen Armee in Lissabon ein. Philipp von Anjou, von Frankreich unterstützt und in Philipp V. umbenannt, trat ihm entgegen. Daraus ergab sich eine Katastrophe für Spanien, da beide Seiten sich auf lokale Loyalitäten stützen konnten und so regionale Konflikte und einen Bürgerkrieg entfachten, die Spaniens Großmachtstellung endgültig vernichteten und die Beute immer kleiner werden ließen, je länger die Kämpfe andauerten. Großbritannien sackte freudig Gibraltar ein, ein Stück Opportunismus, das, wie sich zeigen sollte, Bestand hatte. Der Krieg in Spanien führte dazu, dass Frankreich und das Reich viel Geld verpulverten, letzthin auf Betreiben von Karls älterem Bruder Joseph I., der nach dem Tod Leopolds im Jahr 1705 den Kaiserthron erbte. Auf dem Höhepunkt des Krieges waren über 15 000 kaiserliche Soldaten in Spanien. Die Kämpfe, die in unterschiedlichen Formen und unter vielerlei Ausreden geführt wurden, verwüsteten große Teile Europas. In Barcelona wurde Karl durch seine Heirat mit der toughen Elisabeth Christine von Braunschweig-Wolfenbüttel aufgemöbelt, einer Protestantin, die zum Katholizismus übergetreten war. Zu dieser Ehe hatte sie ihr eindrucksvoller Großvater Herzog Anton Ulrich gedrängt, an den sich Leser von *Germany, oh Germany* erinnern werden: Der Herzog begeisterte sich für Gemälde nackter, unter merkwürdig orgasmischen Umständen sterbender Frauen.

Im Auf und Ab seines Kriegsglücks wurde Karl die erlesene Schmach zuteil, zweimal im Triumph in Madrid einzuziehen (zuerst 1706, dann wieder 1710), wobei er sich beim zweiten Mal vermutlich despektierliche und ironische Hochrufe der Menge anhören musste. Dann aber starb Kaiser Joseph I., nach nur sechsjähriger Regentschaft, völlig überraschend an Pocken – und Karl sprang auf ein Schiff, kehrte nach Hause zurück und erklärte sich anstelle seines Bruders, der keinen Sohn hatte, zum Kaiser. Elisabeth Christine ließ er in Barcelona zurück, wo sie Karls zusammenbrechendes Erbe regieren sollte – nur mehr die Katalanen und eine bunte Mischung antifranzösischer Anhänger stützten noch seinen

Anspruch, das übrige Spanien war dazu gebracht worden, sich hinter Philipp zu stellen. Endlich, 1714, wurde ein Abkommen über eine sinnvolle Aufteilung des spanischen Imperiums erreicht, die verhinderte, dass eine einzige Supermacht entstand: Philipp verzichtete auf die französische Thronfolge, Karl wiederum bekam die Spanischen Niederlande, Mailand, Neapel und einige kleinere Gebiete in Italien.

Nun aber, zum Kaiser geworden, weigerte sich Karl VI. störrisch, seinen Anspruch aufzugeben, als Karl III. auch Spanien zu regieren. Wien füllte sich mit spanischen Flüchtlingen, und Karl, in düsteres Schwarz und Rot gekleidet, betete auf spanische Manier ostentativ zu jeder Stunde des Tages. Das einzig Gute, das seinen auswärtigen Erfahrungen entsprang, war die Neugründung der Spanischen Reitschule in Wien in einem hübschen neuen Gebäude. Den Tagesablauf jedoch bestimmte sein Frömmigkeitswahn: Wie der französische Botschafter gereizt ausrechnete, hatte er in den acht Tagen zwischen Palmsonntag und Ostermontag über hundert Stunden mit dem Kaiser in der Kirche verbringen müssen. Vielleicht war es nur das Beten, das Karl in Gang hielt – ein übersichtlicher Raum, in dem bedeutende Chöre und sein sich aufblähender Hof zusammenkommen konnten, um seine Größe zu preisen und Gott zu seinem Schutz anzurufen. Im weiteren Verlauf seiner desaströsen Regentschaft muss sich Karl gewünscht haben, noch mehr Zeit in der Messe oder im Schlaf zu verbringen.

Andachtsräume

Vor einigen Jahren besuchte ich ein Chorkonzert in Chicago, bei dem ein Freund mitsang. Die Wirkung der Musik wurde verstärkt durch den Veranstaltungsort, eine erstaunlich karge, nüchterne katholische Kirche im neugotischen Stil – nur weiße Wände, Stühle, ein kleines Taufbecken, ein schlichter Altar. Als ich mich danach, ein wenig taktlos, mehr für das schöne Bauwerk begeisterte als für die Musik, erfuhr ich, dass die Kirche erst vor kurzem verändert worden war, so gründlich, dass die Gemeindemitglieder sie überhaupt nicht wiedererkannt hatten. Viele Jahre lang war sie berühmt gewesen für zwei großflächige Wandbehänge aus Makramee und Stoff, die Jesus mit seinen Jüngern als Menschenfischer zeigten und in den 1970er Jahren im oberen Teil der beiden Seitenwände des Kirchenschiffs angebracht worden waren, von wo aus sie den Innenraum beherrschten. Das weckte in mir alle möglichen finsteren Erinnerungen, denn ich habe eine katholische Grundschule besucht und bin jahrelang in einer Kirche zur Messe gegangen, die in den 1970er Jahren gebaut und mit einer übermäßigen Vorliebe für Makrameeknüpferei ausgestattet worden war. Mir fiel plötzlich auch wieder ein, wie wir Papiercollagen der «Menschenfischer» bastelten, ein Thema, das nicht des Inhalts wegen gewählt worden war, sondern weil sich, ein ziemlich alberner Grund, mit den Formen von Fischen und den Mustern der Netze leicht hübsche Effekte erzielen ließen. Im Rückblick scheint mir das Ganze recht gut in die Hippie-Atmosphäre jener Zeit zu passen.

Die enormen Wandbehänge in Chicago jedenfalls begannen bald zu verrotten, Feuchtigkeit blähte sie auf, und schließlich sanken sie in sich zusammen. Jesus und seine Gefährten waren wohl auch während ihrer besten Zeiten nicht sehr deutlich zu erkennen gewesen, doch verzog sich das Material derart, dass zuletzt nur mehr schüttere Bärte, eine segnende Hand und ein Durcheinander aus Fischergewändern zu sehen waren – dazu natürlich der leichter zu identifizierende Fischfang und die ausgeworfenen Netze. Die Gottesdienste wurden zu einem Albtraum, als die Dinger immer merkwürdiger rochen, sich weiter verzogen und aufwarfen und bei warmem Wetter unter den unappetitlichen, verkrusteten Oberflächen auch noch Massen von Tausendfüßlern, Silberfischchen und anderem Ungeziefer herumkrabbelten. Kann sein, dass mein Informant leicht übertrieben hat, aber er wollte auf etwas Bestimmtes hinaus: Die Gemeinde, die Priester und der Makrameekünstler hatten in diese monströsen Gebilde so viel investiert, dass sie hängen blieben, obwohl ihr abstoßender Anblick die Messe störte und sie letztendlich auch gefährlich waren. Schließlich wurden einige Feuerwehrmänner um Hilfe gebeten, sie kamen in ihrer Freizeit in voller Montur, bewaffnet mit Hakenstangen und Industriescheren, schnitten die Behänge in Stücke, brachten sie in den Hof und verbrannten sie. Was nun folgte, hat sich allen Beteiligten unauslöschlich eingeprägt: Zunächst sonderte der große glimmende Haufen einen unangenehmen Rauch ab, der nicht aufstieg, sondern zäh über dem Boden lag, sodass schon alle den Rückzug antraten, als plötzlich das Ganze unter infernalischem Zischen und Pfeifen hochging wie ein bombardiertes Treibstofflager und unheimliche karminrote und ockerfarbene Flammen in den Himmel schleuderte.

Ich erzähle diese bestenfalls am Rande interessierende Geschichte, weil sie mich stets anregt zu Überlegungen darüber, was geschieht, wenn sich religiöse Schauplätze ändern – es geht um die Spannung zwischen der Autorität eines Kirchengebäudes, dessen unveränderliche, unerschütterliche Heiligkeit spürbar ist, und der zu besonderen Zeiten, in bestimmten kulturellen Situationen stark empfundenen Notwendigkeit, solche Gebäude radikal zu überholen und zu erneuern. Dieses Problem besteht insbesondere für Katholiken, die viel in Bilder und Dekor investieren, während, am anderen Ende des Spektrums, die Protestanten einiger Richtungen Räumen gegenüber nahezu gleichgültig sind; Kirchen betrachten sie bloß als Dächer, unter denen man beten kann. So kam es im 16. Jahrhundert zu rabiaten Lösungen: zu ungebremster, rasender Bilderstürmerei, die in Ländern wie Schottland und der Schweiz zur Zerstörung oder Verbrennung fast aller bis dahin entstandener Kirchenkunst geführt hat. Sobald dieser Säuberungsprozess jedoch abgeschlossen war, blieb die Frage der Innenausstattung von Kirchenräumen per definitionem in der Schwebe. Für Katholiken steht ein Kirchenraum im Mittelpunkt des Kultus, und insofern ist es durchaus bedeutsam, wie er dekoriert ist, wann er zu ändern ist, wie er genutzt werden kann. Und wer in Österreich unterwegs ist, wird dieses Thema gar nicht mehr los.

Ein schönes, wenn auch grelles Beispiel ist die Piaristenkirche, die über Krems an der Donau thront. Die Piaristen – mit vollem Namen *Ordo Clericorum Regularium Pauperum Matris Dei Scholarum Piarum* – sind ein großer katholischer Schulorden, der unmittelbar aus der Gegenreformation hervorgegangen ist, als ein Element der Erneuerung, die bei jemandem, der in einem protestantischen Land aufgewachsen ist, auf wenig Resonanz stößt, aber weite Teile Europas geformt hat. Die Kirche in Krems quillt über von Lehrmitteln. Die Außenfassade ist naiven Skulpturen gewidmet, die sich auf zentrale Ereignisse im Leben Jesu beziehen. Die Figuren stehen vor gemalten Hintergründen – darunter eine Imagination des Stadtbilds von Jerusalem, die durchaus Charisma hat –, sodass jeder, der an der Kirche vorbeigeht, automatisch eine Lektion in wesentlichen Glaubensdingen bekommt. So richtig ins Staunen gerät man im Inneren. Jede Fläche – ob Wand, Sims, Spitze oder Fenster – zeigt biblische oder martyrologische Geschichten. Es muss eine reine Freude gewesen sein, hier zu predigen, mit dem Finger nachdrücklich auf eine der vielen außergewöhnlichen Darstellungen zu weisen und die Gemeinde mit Erzählungen von extremen moralischen Entscheidungen, von Heroismus, Verzicht und Mut zu fesseln.

Meine eigenen Kinder sind in eine freundliche anglikanische Sonntagsschule gegangen, wo sie meistens etwas übers «Teilen» und dergleichen lernten oder – zugegeben, ein uncharakteristischer Tiefpunkt – über die Bedeutung der Hochzeit zu Kanaan nachgrübelten und dazu dann auch trommelten und klimperten (weil bei Hochzeiten ja Partys veranstaltet werden). Wie anders waren die Erlebnisse eines Kindes, das sich im 17. Jahrhundert in der Obhut einer karitativen Kremser Stiftung befand! Das war eine Welt, in der die Schicksale des guten und des bösen Schächers, die neben Christus am Kreuz hingen, hochbedeutsam und zu persönlichen Herausforderungen wurden, in der die Standhaftigkeit eines Märtyrers unter der Folter zum Fokus persönlicher Meditation geriet, so intensiv wie die Versenkung eines Buddhisten in Leben und Person eines Bodhisattva. In Krems sind es der heilige Rochus mit seinem eitrigen Bein und seinem eigenartigen Hund, ein merkwürdig unbekümmerter heiliger Sebastian, der heilige Donatus, der ein erschreckend realistisches menschliches Herz in seiner Hand zerquetscht (oder vielleicht eine Weintraube – es ist etwas dunkel in dieser Kirche), die heilige Elisabeth von Thüringen, eine Königstochter, die sich um Kranke und Arme kümmerte und dabei zu Tode arbeitete. Hier begegnen wir auch den Säulen der Gegenreformation, die alles Gott widmeten und den Katholizismus veränderten: dem heiligen Ignatius von Loyola, dem heiligen Aloysius Gonzaga, dem heiligen Franz Xaver von den Jesuiten, deren beispielhaftes und qualvolles Leben Generationen von Kindern, die von den Piaristen geschult wurden, in- und auswendig kannten. Auch ein Ölbild von einem Mädchen mit einem Schwert in der Brust findet sich, das ich überhaupt nicht zuordnen kann, aber vermutlich hat es seinen Tod nach irgendeinem obskuren Maßstab als eine positive Erfahrung betrachtet.

Ein Seitenaltar ist dem heiligen Joseph von Calasanza, dem Gründer der Piaristen gewidmet, das Altarbild zeigt ihn umgeben von dankbaren Kindern, eine lächelnde Jungfrau Maria schaut auf sie herab. Joseph Haydn, Wolfgang Amadeus Mozart, Francisco Goya, Franz Schubert, Victor Hugo, Gregor Mendel und viele mehr sind in ihrer Kindheit von Piaristen erzogen worden, deren Lehren also auf eine Weise, die schwer aufzudecken ist, einen Platz mitten in der europäischen Kultur haben. Ich war verblüfft, als ich feststellte, wie viele Skulpturen und Gemälde der Kremser Kirche bedeutende Kunstwerke sind (obwohl sich auch einiger Ramsch darunter befindet), aber nach dem Willen der Kirche sollen sie nicht der ästhetischen Erbauung dienen, sondern sind als Anstoß zum Meditieren und Mittel der Belehrung gedacht – und wenn sie gut gemacht sind, umso besser, denn das erhöht ihre Wirkung. Als ich in Krems war, hat es mich oft in diese Kirche gezogen – sie schien mir ein besonders eindrucksvoller Beweis dafür, wie schwach und einseitig Max Webers Geschichte des Protestantismus ist, und das ärgerte mich. Hier war eine ganze Welt des Lehrens und Lernens, des Betens und einer Ideologie, die außerordentliche Wirkungen entfaltet hat, in einem Rahmen allerdings, der mir versagt blieb und der Formen des Glaubens verlangte, die ich nicht nachvollziehen kann.

Für die Wogen religiöser Überzeugung und Veränderung, die ihre Spuren an Sakralbauten in ganz Europa hinterlassen haben, gibt es kaum ein reicheres Beispiel als diese Piaristenkirche. Es müssen schon tiefgreifende Ereignisse gewesen sein, die dazu geführt haben, dass an einem mittelalterlichen Bauwerk wie diesem so drastisch herumgedoktert wurde: Es wurden ja nicht nur zahllose Seitenkapellen und Statuen hinzugefügt, auch das heikle östliche Ende des Kirchenschiffs mit seinen schmalen leuchtenden Fenstern wurde im 18. Jahrhundert durch einen überdimensionalen, grellbunten Altar in Rosa, Scharlachrot, Gold, mit Engeln und Kronen und Heiligen verbarrikadiert – mir kommt er vor wie ein hinduistischer Prozessionswagen, der die Räder verlor und hier zum Stehen kam. Nicht viel weniger interessant ist, dass auf die Erschütterung, die diese Verwandlung bewirkte, keine weiteren Veränderungen erfolgten – bis auf die Stromkabel, die irgendwann hinzukamen. Wir werden nie genau wissen, was zerstört wurde, um Platz zu schaffen für die Um- und Einbauten der Gegenreformation. Vermutlich wurde einiges für die Ausstattung anderer Kapellen und Kirchen gerettet, manches wird in Rauch aufgegangen sein wie das Makramee in Chicago. Kurz, was wir heute sehen, ist der Zustand, in dem jede Kirche verharren sollte, ohne jede weitere Wendung, ein Höchststand der Zuversicht, wie er seither nie wieder erreicht wurde.

Diese Frage spukt bei Wien die Donau hinauf und hinunter, durch diese sehr selbstbewusst geplante, sakrale Landschaft mit riesigen, grandiosen Abteien, die ihre endgültige Form während der hektischen Bautätigkeit unter Joseph I. und Karl VI. erhielten. Die Region muss einst widergehallt haben vom Getöse der Hämmer, dem Klappern der Pferdehufe, dem Knarren der Karren, die beladen waren mit vergoldeten Cherubim, mit Marmorsäulen und Freskoexperten aus der ganzen Monarchie. Wie üblich waren die Bauarbeiten in ein hochkomplexes Fadenspiel aus Geld, Geschichte, Glaube und Ästhetik verwoben, mit Verleumdungen, Politik und wahrer Inspiration, die jedem Bauplatz seine Form gaben. Der unmittelbare Anlass für alle diese Umbauten war die im Jahr 1683 endlich bezwungene osmanische Gefahr, aber auch die Notwendigkeit, Kriegsschäden zu beheben (wie bei dem von Tataren zerstörten Stift Melk), der Wunsch, für die Errettung zu danken, und eine Bereitschaft, Geldsummen für den Ruhm der Habsburgerherrschaft auszugeben, die einem das Wasser in die Augen treiben. Einige dieser Projekte erlitten Schiffbruch. Karls herkulische Pläne für Klosterneuburg etwa kamen mit seinem Tod zum Erliegen, zurück blieb der Torso, wie er heute noch da steht. Anderen Projekten ging peinlich schnell das Geld aus, die Arbeiten im Stift Göttweig beispielsweise begannen mit dem Bau der triumphalen Kaiserstiege – die Napoleon in einem Anfall von Übermut auf seinem Pferd hinaufritt –, anschließend aber entstanden zu ihren Seiten ganz gewöhnliche Räume, wie man sie aus Konferenzzentren kennt. In den erstaunlichen, alle nach dem gleichen Muster ausgeführten Anlagen von Sankt Florian, Kremsmünster, Altenburg und Melk ist gerade rechtzeitig eine besondere Ästhetik eingefroren, eine aberwitzig reiche und protzige Feier des Mönchswesens, während sich viele Menschen längst fragten, warum eigentlich gerade Mönche eine so prächtige Umgebung brauchten – und wozu brauchte man überhaupt Mönche?

Karl VI. mag eine düstere und unangenehme Person gewesen sein, unter kunsthistorischen Gesichtspunkten freilich ist er bei weitem der Interessanteste unter den Habsburgern. Wie kein anderer förderte er große Bauwerke, eine Form der Repräsentation, wie wir sie seither nicht mehr zu sehen bekamen. Später entstandene Bibliotheken, Kirchen, Paläste mögen praktikabler sein, aber sie alle sind nur Schrumpfformen dessen, was im frühen 18. Jahrhundert in den Habsburger Ländern geschaffen wurde. Wenn es vor allem darum geht, das Eigentum an Büchern, die Verfügungsgewalt über sie zur Schau zu stellen, dann sind die Hofbibliothek zu Wien und die Klosterbibliothek in Melk zwei der weltgrößten Bauwerke. Und in Hinblick auf die Herrschaft über Pferde und das Eigentum an ihnen hat die Spanische Hofreitschule in Wien den gleichen Status. Und schließlich: Wer die Herrschaft über Religion, das Eigentum an ihr repräsentieren will, hätte dies kuam besser bewerkstelligen können als mit den Abteien, den klösterlichen Kaiserhallen, den Kaiserstiegen aus Karls Regierungszeit und nicht zuletzt mit seiner wundervollen Wiener Karlskirche. Die Architekten, Bildhauer, Maurer, Stuckateure, Dekorateure, Maler, die den Hauptanteil an diesen Bauten hatten, schufen aufwendige und überwältigende Kunstwerke einer Art, die zu wiederholen nicht mehr im Interesse späterer Generationen lag. Die Projekte jener Zeit haben eine Glut, eine fast pantomimische Qualität, die an den späteren Habsburger Höfen nicht mehr anzutreffen sind (die eher, oft bis zum Mittelmaß, nüchtern waren). Spätere Herrscher mögen die verrückten Wellen von Blattgold, die das Stift Melk durchfluten, erheiternd gefunden haben, vielleicht auch abstoßend, jedenfalls erschienen sie ihnen nicht geeignet, wenn es tatsächlich um Gebete (Kirchen) oder das Studium (Bibliotheken) ging.

Fast alle diese Bauten wurden während eines einzigen langen Lebens ausgeführt, die Arbeiten in Sankt Florian und Kremsmünster in den 1680er Jahren begonnen, die in Göttweig in den 1730er Jahren eingestellt. Wie bei allen großen Neuerungsbewegungen ist auch hier verblüffend zu sehen, wie schnell sich der Übergang von einem glorreichen Höhepunkt zu Schwäche und Verfall vollziehen kann. In den 1710er Jahren bereits begann die Schaffenskraft zu erlahmen, die all diese Wolken voller Putten, die Balkone und Balustraden, die kunstvollen Orgeln, die dramatisch verkürzt in Wölbungen gemalten Heiligenleben hervorgebracht hatte. Die Abteikirche von Sankt Florian ist möglicherweise das magischste dieser Bauwerke – andachtsvoll und imperial, klösterlich und aristokratisch, mit Säulen und seltsam erotischen Engeln in einer Größe, die an Gullivers Land der Riesen denken lässt. Sie präsentieren die Embleme von Sankt Florians Martyrium: sein römisches Rutenbündel, das Schwert eines Soldaten, das Mühlrad, das man ihm um den Hals band, bevor er in den Inn geworfen wurde, weil er nicht zu heidnischen Göttern beten wollte. (Übrigens belebt der heilige Florian viele Kirchen landauf, landab als Schutzheiliger der Feuerwehrleute, mit Schwert oder Lanze in der einen Hand und in der anderen einem kleinen Eimer voll Wasser, den er über ein brennendes Gebäude kippt – ein Feld, auf dem die Bildhauer glückliche Interpretationsfreiheit genießen durften.) Sankt Florian verlangt unbedingten Respekt, es gelingt ihm, den völlig entwaffneten Besucher mit künstlerischen und religiösen Mitteln zu überwältigen – man ist etwa so fassungslos wie Saulus, nur nicht so dauerhaft.

Sobald man den Waldweg nach Göttweig schnaufend hinaufgeklettert ist, zeigt sich in einem krassen Gegenteil, dass der Verfall schon längst eingesetzt hatte. Die Stiftskirche wirkt nicht weniger grandios als Sankt Florian und ist ebenso bezaubernd, bis man bemerkt, dass die Maler ein fast unerträgliches Niveau der Albernheit erreicht haben: ein Bild von Babel, das aussieht wie ein erstklassiges Ferienlager, ein Letztes Abendmahl, das wirkt wie eine Dinnerparty unter Freunden. Der Gipfel ist ein Bild der anrührenden kleinen Szene im Evangelium, in der Maria Magdalena in ihrer Verzweiflung annimmt, die Gestalt, die sie an Christi leerem Grab entdeckt, müsse ein Gärtner sein, bis sie merkt, dass es sich tatsächlich um den auferstandenen Erlöser handelt. Hier stehen nun Maria Magdalena und Jesus, aber er trägt einen Schlapphut und einen Spaten, weder das eine noch das andere kommt in der Bibel vor. Christus ist hier tatsächlich zum Gärtner verkleidet – ein überraschender, exzentrischer Schritt, der vielleicht die geistige Verwirrung reflektiert, von der die Auferstehung begleitet ist. Ich gebe zu, auch andere Maler sind mit dieser selten dargestellten Szene nicht besser zurechtgekommen, aber für mich, der ich mich eine Woche lang mit diesem Stoff vollgesogen hatte, war das der Punkt, an dem der Traum zerplatzt ist. Die Malereien in Göttweig waren einfach albern (wenn auch natürlich sehr ergötzlich), die ganze Tradition war, kurz bevor Karl VI. starb, eingeknickt. Ein Kult der ständigen Verfeinerung, der dekorativen Kühnheit und des symbolischen Obskurantismus war an ein vielleicht gnädiges Ende gelangt, abgesehen vom überwältigenden (wenn auch nicht habsburgischen) Nachbeben bei Giovanni Battista Tiepolo.

Die schiere Größe, die Erhabenheit von Orten wie Melk, einem Kloster, das, so heißt es, dem privaten Gebet und der Lehrtätigkeit einer kleinen Gruppe von Zölibatären gewidmet sein soll, machen seine Bewohner zum bloßen Kollateralschaden, denn der Hauptzweck ist eindeutig: die Feier, der Triumph des Hauses Habsburg und Österreichs über die Kräfte des Protestantismus und des Islam. Jede Reise durch die alten österreichischen Kernlande war von nun an bestimmt durch umgebaute, häufig mit Zwiebeltürmen versehene Pfarrkirchen und die dazwischengestreuten, von Grund auf überholten Abteikomplexe. Weil dieser Abschnitt des Donautals noch immer ein ländliches, rückständiges Gebiet ist – seine einzige Einnahmequelle scheint der Marillenlikör zu sein –, hat sich wenig geändert. Nicht ein größerer Bau aus späterer Zeit ist zu sehen, und man kann getrost sagen, dass sich mit dem Ende dieser hektischen Umbauperiode Ehrgeiz und Zuversicht abgekühlt haben, sowohl im Haus Habsburg selbst als auch innerhalb des Katholizismus, der im Verlauf des 18. Jahrhunderts allerdings noch einmal unter Belagerung geriet.

Das zweite Testament

Die heute polnische Stadt Cieszyn (das alte Teschen), ein reizvoller Ort mit grässlicher Geschichte, war samt Umland einst ein Herzogtum in Schlesien, einem großen Gebiet nördlich von Böhmen, das überhaupt aus kleinen Herzogtümern bestand, regiert von verschiedenen Mitgliedern der Piastenfamilie. Manche dieser Herzöge hatten ihr Land von der böhmischen Krone erhalten und waren deshalb nach der katastrophalen Schlacht von Mohács 1526 den Habsburgern treuepflichtig. Im folgenden Jahrhundert starben die Familien der Herzöge aus, und nach und nach kamen ihre Gebiete durch Heimfall unter die unmittelbare Herrschaft der Habsburger. Nur wenige Landstriche fielen an andere Staaten – Crossen an Brandenburg (später Preußen), Zator und Auschwitz an die polnische Krone. Die Region war geschichtlich ein Durch- und Nebeneinander von Polen, Deutschen und Tschechen und ihr Schicksal im 20. Jahrhundert furchtbar.

1919 wurde Teschen zum Schauplatz eines kurzen, aber brutal geführten Krieges zwischen Polen und der Tschechoslowakei, in dessen Folge die Stadt entlang der Olsa geteilt wurde. Dies war eine der zahllosen Ungerechtigkeiten dieser Zeit, aber eine besonders harte, denn die Brücken wurden mit Stacheldraht gesperrt, und damit waren Verwandte, die nicht auf derselben Seite des Flusses lebten, eine Generation lang voneinander abgeschnitten; häufig durften sie noch nicht einmal Briefe austauschen. Heute ist in einem Laden im Stadtzentrum eine sehr schöne österreichisch-ungarische Landkarte von etwa 1910 ausgestellt, auf der die Stadt ungeteilt zu sehen ist, in ihrer Mitte über den Fluss hinweg verbunden durch eine Straßenbahnlinie, deren Kurs eine Acht bildete. Die Teilung der Stadt muss für ihre Einwohner so lähmend gewesen sein wie ein Schlaganfall. Ein wenig erinnerter Aspekt des Münchener Abkommens von 1938 war die polnische Besetzung von ganz Cieszyn (des Teschener Lands), die gleichzeitig mit der deutschen Invasion in die Tschechoslowakei stattfand, allerdings blieb Polen nur knapp ein Jahr im Genuss dieses Besitzes, denn 1939 wurde es seinerseits besetzt und diese Region Teil des Deutschen Reichs. 1945 schließlich wurde die Vorkriegsgrenze wiederhergestellt. Es ist ein sehr eigenartiges Gefühl, wenn man heute den Fluss zwischen der Tschechischen Republik und Polen überquert, die Grenze, die einst so viel Hass und Elend verursacht hat und inzwischen völlig harmlos ist. Dieser Zustand allerdings wurde durch ethnische Säuberung hergestellt: Cieszyn ist heute eine rein Polnisch, Český Těšín eine rein Tschechisch sprechende Stadt.

Es gäbe viel zu sagen über Cieszyn, ich muss mich hier jedoch auf das bemerkenswerte Museum beschränken, das heute Museum von Schlesisch-Cieszyn heißt; untergebracht ist es in der Stadtmitte, in einem Palais aus dem 18. Jahrhundert. Die Sammlung wurde 1802 von einem einheimischen Jesuiten begründet, das Museum ist eines der ältesten mitteleuropäischen Stadtmuseen. Schon das Gebäude ist faszinierend. In einigen Sälen sind die Dekorationen aus der Zeit erhalten, in der das Haus im Besitz eines Adligen war: schrullige, naive Fresken, die in sehr lockerer Verbindung zur «Welt der Antike» stehen, dazu gehört auch eine herrliche Verrücktheit, ein Ägyptischer Saal mit Sphinxen und Hieroglyphen. Ein Raum, der hoffentlich als Erinnerung an vergangenes Elend für immer in seinem gegenwärtigen Zustand erhalten wird, der römischen Themen gewidmete Ballsaal, ist stark beschädigt, große Teile der Dekoration fehlen – die Folge eines Festes der Hitlerjugend von 1942, bei dem ein Feuer außer Kontrolle geriet. Das ist nicht der einzige

Schrecken in diesem Museum. Teile der ursprünglichen Sammlung sind in einer Reihe schöner Kabinette ausgestellt, und sie vermitteln lebendiger als irgendwo sonst in den ehemaligen habsburgischen Ländern einen Eindruck der letzten nicht wissenschaftlichen Sammlerperiode, des absoluten Endes der rudolfinischen Tradition, bevor Museen systematischer und rationaler wurden. Hier finden sich zum Beispiel der Penis eines Wals (ein beängstigendes Objekt), der Kiefer eines jungen Mammuts, ein Ammonit, ein nicht sehr geglückter Versuch, ein Einhorn zu fabrizieren, indem das Horn eines Narwals an einem Pferdeschädel befestigt wurde, die Schuhe einer Geisha. Lauter vergnügliche Dinge, bis ich etwas sah, was wie ein sonderbares, umbrabraunes Rechteck aus Papier wirkte. Ich kämpfte einen Augenblick mit der polnischen Beschriftung – und las: «Ein Stück Haut eines Türken».

Der Prozess, in dem die Osmanen vom Schrecken der Christenheit zu etwas merkwürdig Abwesendem (oder auch nur zu einer kranken Kuriosität) wurden, zog sich lange hin. Nach den Schlachten, die sie aus Ungarn vertrieben, galten sie im Allgemeinen als niedergehende Macht, gleichwohl herrschten sie weitere zwei Jahrhunderte über einen großen Teil Europas. Zwar wurde Wien nie wieder bedroht, aber die Osmanen hatten ein großes Militärpotenzial und waren natürlich selbst Europäer. Viele Soldaten, die den orientalischen Despotismus verteidigten, waren Griechen oder Serben, Albaner oder Bulgaren und ethnisch betrachtet identisch mit vielen ihrer Gegner auf der Habsburger Seite. Ob sie von einem deutschen General aus dem Rheinland mit großer Perücke oder einem Beylerbey mit Turban kommandiert wurden, die kämpfenden Soldaten waren in vielen Fällen die gleichen. Die Türken konnten den Katholiken über die Straße von Otranto hinweg zuwinken, und die ethnische Vielfalt von Gebieten wie Bosnien gereicht der pluralistischen Kultur Europas ebenso zum Ruhm wie Siebenbürgen. Dennoch hatte es für das Habsburger Projekt insgesamt große Bedeutung, so zu tun, als seien die Osmanen unendlich weit weg und fremd (in keinem Museum würde man «ein Stück österreichische Haut» sehen). Das machte sich in den frühen 1990er Jahren bemerkbar, als Jugoslawien zerfiel und die EU sich verhielt, als brodelte der angeblich «alte Balkanhass» irgendwo auf dem Mars, dabei fanden die schweren Kämpfe nur eine kurze Schiffsfahrt von Italien, eine entspannte morgendliche Autofahrt von Österreich entfernt statt. Dieses Gefühl der Fremdheit gegenüber den Osmanen war immer sehr stark in Mitteleuropa, neu allerdings war nach der Schlacht von Wien, dass man den langjährigen Gegner endlich auch als bezwingbar, ja als jammervoll betrachten konnte. Auf seinem wunderschönen Grabmal in der Wawel-Kathedrale wird Jan III. Sobieski in seinem ganzen Ruhm dargestellt, über seiner Figur ein Haufen von Schusswaffen und Kriegsflaggen, während sich unter ihm furchtsame Türken in Ketten mit ohnmächtig herabhängenden Schnauzbärten und – ein recht merkwürdiger Einfall – ausgeschlagenen Zähnen ducken, als hätte Jan sie zusammengeschlagen.

In ähnlicher Tonart ist das um dieselbe Zeit entstandene großartige Deckengemälde in der Abtei von Sankt Florian gehalten, auf dem Kaiser Karl VI. in aller Herrlichkeit gezeigt wird und zu seinen Füßen angekettete, furchtsam blickende Türken. Wie so oft in seinem Leben wollte Karl unbedingt als Sieger gemalt werden, aber alle Gemälde, die ihn als neuen Caesaren, als schneidigen jungen Prinzen auf einem Kavalleriepferd und in ähnlichen Szenarien zeigen, fielen als Spott auf ihn zurück – wie in einem Albtraum, in dem man nichts anderes hört als rätselhaftes, kaltes, hämisches Gekicher.

Obwohl er nach dem Spanischen Erbfolgekrieg aus Spanien hinausgeworfen worden war, standen Karls Chancen nicht schlecht, als er sich, wieder in Wien, an seine überraschende neue Rolle als Kaiser gewöhnt hatte. Auf den ersten Blick hatte auch das Abkommen, das den Krieg beendet hatte, seine Vorzüge. Es bescherte den Habsburgern eine ganze Reihe neuer Gebiete, von den ehemals

Spanischen Niederlanden bis hin zu Mailand, Neapel und einigen kleineren italienischen Territorien. Auch all die neuen Länder, die Beute des Kriegs gegen die Osmanen, der in Sankt Florian sein Denkmal bekam, waren ein Triumph, darunter das eroberte Belgrad und die Gebiete bis hinunter ins heutige südwestliche Rumänien (die «Kleine Walachei») – eine Region, die sich heute im Dämmerschlaf befindet, die aber, wäre sie bei den Habsburgern geblieben, einen dramatischen Einfluss auf die Entwicklung der Nationalismen auf dem Balkan hätte nehmen können. Der Habsburger Kreuzzug gegen die empfindlich geschwächten Osmanen ließ, wenn auch flüchtig, Möglichkeiten zukünftigen Ruhms ahnen: ein enorm vergrößertes Reich, das sich bis zum Schwarzen Meer und zur Ägäis, vielleicht gar bis Konstantinopel selbst hätte erstrecken können. Bildhauer, die auf Statuen angeketteter Gefangener mit Turbanen spezialisiert waren, schärften ihre Meißel.

Dieser für Karl schon greifbare Triumph verlor sich leider in vielfältigen Demütigungen. Den neuerdings Österreichischen Niederlanden drohten neue Katastrophen, waren sie doch umgeben und geographisch verflochten mit dem unabhängigen Gebiet von Lüttich und wurden von mächtigen Nachbarn mit finsterer Miene beäugt. Schon die spanischen Habsburger hatte diese Region zur Verzweiflung und nahezu in den Bankrott getrieben, und dieses verfluchte Erbe ging nun an den österreichischen Zweig. Bitter für Karl war auch der Gedanke, dass die Briten seine Herrschaft dort nur darum begünstigten, weil sie wussten, auf wie schwachen Füßen sie stand, wie wenig erfolgreich sie sein würde – seit den Zeiten der Armada war das ihr einziges Anliegen für diese Region. Es war absurd, das Territorium – es entsprach ungefähr dem späteren Belgien – verteidigen zu wollen, möglich gewesen wäre dies nur im Bündnis entweder mit Großbritannien und Holland oder mit Frankreich, weswegen die Habsburger immer wieder versuchten, es gegen ein anderes Gebiet (meistens Bayern) einzutauschen; eine Haltung, die lokale Selbstachtung oder prohabsburgische Gefühle nur schwerlich befördern konnte. Diese neuen Territorien mit ordentlichen Küsten hatten zur Folge, dass sich Karl mit Flottenpolitik beschäftigen musste – eine echte Premiere für eine bis dahin fast reine Landmacht und keine glückliche. Eine größere Initiative, die Kaiserliche Ostindische Kompanie mit Sitz in Ostende, war der bedeutendste Versuch, die Österreichischen Niederlande zu einem gewinnbringenden Unternehmen zu machen. Die Geschäfte der Kompanie liefen gut an, es entwickelten sich Handelsbeziehungen mit Indien und China, und die Kompanie hatte sogar zwei kleine Stützpunkte im Golf von Bengalen. Auch gab es Pläne, die Inselgruppe der Nikobaren zu übernehmen, womit sich eine sehr merkwürdige Parallelwelt andeutet: der Golf von Bengalen als Tummelplatz einer noch unerfahrenen freibeuterischen Habsburger Kolonialmacht und ein Wien voller Nabobs und Currys. Dazu aber sollte es nicht kommen, denn die Briten machten der ganzen Sache ein Ende: Sie wollten in den asiatischen Tropen einfach keine flämischen Laute hören.

Auch der Zugewinn Neapels und des übrigen Süditalien erwies sich als nachteilig. In einem weiteren Kuhhandel hatte Karl Sardinien, eine Insel mit wenigen Bewohnern, die nur eine Art Fischsauce produzierten, gegen das viel lohnender erscheinende Sizilien eingetauscht. Diese Expansion in Süditalien hätte ein Segen sein können – verrückt genug, war Neapel nun die größte habsburgische Stadt. Weiterhin war der Einfluss Süditaliens auf das mitteleuropäische Kulturleben überwältigend, mit Blick auf die Musik wie auf die Bildenden Künste, aber sein Besitz war ein Albtraum. Die Menschen waren aufsässig und die Gebiete kaum zu verteidigen, die meisten Einnahmen, die sie generierten, gingen für die dort stationierten Truppen drauf, was ein bitteres Gefühl der Vergeblichkeit ausgelöst haben muss. Eine der vielen Demütigungen für Karl war, dass er diese Truppen nicht einmal hätte verstärken können, ohne die Royal Navy um Hilfe für den Transport zu bitten. Er ließ eine kleine Habsburger Flotte aufbauen, aber sie machte nur dadurch von sich reden, dass sie von stärkeren Verbänden versenkt wurde; schließlich verrottete sie im Hafen. Zuletzt musste Karl Süditalien im Polnischen Erbfolgekrieg abtreten und bekam das kleine Herzogtum Parma, das – vermutlich zu seiner Erleichterung – keinen Zugang zum Meer hatte. Überhaupt entwickelte sich der Polenkrieg zur Katastrophe für Karl, von allen Seiten fiel man über ihn her, während seine britischen und holländischen Verbündeten neutral blieben. Im Versuch, ein Stück Glaubwürdigkeit zurückzugewinnen, anzuknüpfen an das alte habsburgische «Wir sind ein Bund von Brüdern», brach er einen Krieg gegen das Osmanische Reich vom Zaun. Das erschien als günstige Option, denn die Osmanen lagen bereits im Krieg mit den Russen. Aber auch dieser Russisch-Österreichische Türkenkrieg wurde zu einem einzigen Debakel, die habsburgischen Truppen kassierten schwere Niederlagen, erst in der Schlacht von Banja Luka (1737), dann vernichtend in der Schlacht von Grocka kurz vor Belgrad (1739). Zumindest musste Prinz Eugen nicht miterleben, wie sein Lebenswerk derart vergeigt wurde: Er war im Jahr vor diesem Fiasko gestorben. Belgrad, die Kleine Walachei und andere von der vorherigen Generation hart erkämpfte Trophäen fielen wieder zurück an die Osmanen, und neue Wellen serbischer Flüchtlinge und erbitterter deutscher Bauernfamilien schwappten nach Norden; sie mussten nun bei der Wiederbesiedlung Südungarns mit anpacken.

Der Hof Karls VI. war also ein Ort, an dem in regelmäßigen Abständen schlechte Nachrichten eintrafen. Auf andere Weise nicht weniger schlimm war, was über all dem schwebte: der Geist von Karls älterem Bruder nämlich, dem früh verstorbenen Kaiser Joseph I. Der kurzzeitige Regent war eine erstaunliche, anregende Figur gewesen – ein schwerer Trinker und verwegener Bursche, der den Krieg liebte und ein ausschweifendes Liebesleben führte: Man kann sich kaum einen weniger habsburgischen Habsburger vorstellen, er hatte noch nicht einmal den mächtigen Unterkiefer. Während er ungeduldig darauf wartete, dass ihm sein Vater Leopold I. den Weg frei machte, hatte Joseph eine klare, sehr deutsche Ideologie entwickelt: Seine Rolle als Kaiser hatte Priorität. Sobald er Kaiser war – und wenn er nicht gerade begehrenswerten adligen Damen zu Leibe rückte oder «Feuer» befahl –, räumte er mit der düsteren und zwanghaften Leichtgläubigkeit des alten Hofes auf und schaffte den verstaubten und ermüdenden Kalender religiöser Pflichtveranstaltungen ab. Ein Jesuit, außer sich, weil Joseph ein bedeutendes Amt einem Protestanten gegeben hatte, verkleidete sich als Geist, schlich sich ins kaiserliche Schlafgemach und drängte ihn, den Ketzer zu entlassen. Joseph rief seine Diener und ließ den Jesuiten kurzerhand aus dem Fenster werfen. Diese Anekdote wirft ein bezeichnendes Licht auf die neue Atmosphäre am Hof, zeigt aber auch, wie schlimm es um die Jesuiten stand, dieses einstige intellektuelle Kraftwerk, nun mussten sie mit Betttüchern und Theaterschminke dick auftragen.

Joseph wurde gekrönt während des Spanischen Erbfolgekriegs und starb, bevor dieser zu Ende war, aber seine kurze Regierungszeit war kraftvoll, resolut und erfolgreich, wozu die glänzenden Siege, die sein Befehlshaber Prinz Eugen einfuhr, beträchtlich beitrugen, was wiederum die Aufstände in Ungarn mehr als wettmachte. Karl dagegen stampfte zurück nach Wien als peinlicher Versager; die sechs Jahre, in denen sein Bruder all die Reformen durchgeführt hatte, war er weit weg gewesen. Der schockierte und verwirrte Hof erwischte ihn auf dem falschen Fuß, und da er den anderen Fuß niemals auch nur ausprobierte, änderte sich der Ton während seiner Regentschaft kaum wirklich. Man kann gar nicht anders, der Kerl muss einem ein wenig leidtun. Seine größte und beständige Pein war, dass ihn so viele, oft gekränkte und im Privaten spöttische Frauen umgaben. Zu diesen zählten seine Gattin, zwei Kaiserwitwen (die Gattinnen von Leopold I. – das heißt, seine Mutter – und von Joseph I.), mehrere Schwestern und zwei Nichten. Natürlich waren diese nicht alle ständig bei Hof, aber den Ton dort gaben mit Sicherheit die Frauen an, und Karl war der einzige

Mann, reizlos noch dazu. Das allein hätte kein Problem sein müssen, aber es stellte sich ein anderes – die Habsburger Titel konnten nur auf der männlichen Linie weitergegeben werden. Der Kaiser wurde gewählt, das also war kein Problem, doch würden die Kurfürsten niemals eine Frau ohne Landbesitz wählen. So wurden die Habsburger von ihren eigenen Fälschungen aus dem 14. Jahrhundert eingeholt, den lächerlichen, angeblich von Julius Caesar unterzeichneten Dokumenten, mit denen die Nachfolge fast beiläufig auf die männliche Linie festgelegt wurde. Der Mangel an männlichen Erben hatte bereits Leopold I. Sorgen bereitet, und als Erster hatte er Vorsorge getroffen, dass, im Falle des Todes von Joseph und Karl, Josephs ältere Tochter die Nachfolge antreten sollte. Nur wie dieser Plan Zustimmung finden sollte, blieb offen.

So wurde es während Karls matter neunundzwanzig Jahre währender Regierungszeit zum Hauptziel der Habsburger Monarchie, die Herrscher Europas dazu zu bringen, ein Papier zu unterschreiben, das eine weibliche Nachfolge erlaubte. Diese sogenannte Pragmatische Sanktion war vielleicht das nutzloseste Dokument, auf das man jemals Hoffnungen setzte. Karls Vertreter schwärmten aus an alle denkbaren Höfe und erreichten mit Hilfe von Bestechungen, Drohungen, Konzessionen und Bitten, dass immerhin einige unterschrieben, gewiss mit starrem Blick und ausdruckslosen Mienen. Gesichert waren diese Vereinbarungen, wie jedermann wusste, aber nur, so lange Karl lebte. Sobald er das Zeitliche segnete, würden alle ihre Fingerknöchel knacken lassen, sich die Hände reiben und sehen, was aus den Trümmern sie sich am einfachsten aneignen konnten. Zweimal kam Stimmung auf, als Karl und seine Frau in schneller Folge zwei Kinder bekamen – aber es waren Töchter. Daraufhin, in einem idiotischen Schritt, der alles sagt, änderte Karl die Bestimmungen der Sanktion: Nun sollte die Nachfolge nicht mehr über Josephs Töchter laufen, sondern er übertrug sie auf seine ältere Tochter. Wie sich unschwer vorstellen lässt, brach in der kaiserlichen Familie eine Eiszeit an. Wenn Bittsteller etwas von Karl wollten, antwortete er nur noch mit kurzem, unzusammenhängendem Murmeln, und es ist leicht zu sehen, warum. Und er beging noch einen weiteren, völlig rätselhaften Fehler: Er versäumte es, seine heranwachsende Tochter Maria Theresia im Hinblick auf ihre künftigen Pflichten ausbilden zu lassen – er redete kaum mit ihr, beteiligte sie an keiner seiner Funktionen bei Hof, bereitete sie nicht auf ihre zukünftige Stellung vor. Seine fixe Idee der Sanktion wurde zur Rechtfertigung für seine eigene, ansonsten klägliche Bilanz, doch so, wie er sich zu Maria Theresia verhielt, zeigte er, dass auch er nicht wirklich glaubte, dass sie die Erbin werden könnte.

So taktlos und linkisch, wie er agierte, wurde Karl zum erfolglosesten Habsburger Herrscher aller Zeiten. Er brachte es sogar fertig, sich von den Reichsgeschäften zurückzuziehen – ein weiterer erstaunlicher Gegensatz zu seinem Vorgänger –, so sehr beschäftigten ihn die familiären Angelegenheiten der Habsburger. Und es sollte sich zeigen, dass die Regentschaft Josephs I. die letzte war, unter der das Reich wirklich gut funktionierte. Auch für den Rest des 18. Jahrhunderts war es – bevor es endgültig zerschlagen wurde – in vieler Hinsicht noch stabil, kulturell gesehen glänzend und bewundernswert, das aber war kein Verdienst der letzten Kaiser. Wäre Joseph nicht an Pocken erkrankt, Europa hätte bestimmt ganz anders ausgesehen – wenngleich nicht unbedingt besser. Ein beträchtlicher Teil Europas jedenfalls geriet unter dem letzten männlichen Habsburger ins Taumeln, und dieser fand ein wenig beklagtes Ende, nachdem er sich den Bauch mit Pilzen in Öl vollgeschlagen hatte.

Wie immer hatte, was politisch und dynastisch vor sich ging, wenig mit der Kraft zu tun, zu der die Kunst damals fand. Diese Jahre waren das Zeitalter großer Architekten – Jakob Prandtauer, Johann Lucas von Hildebrandt, Johann Bernhard Fischer von Erlach und sein Sohn Emmanuel –, großer Maler wie Johannes Michael Rottmayr, Daniel Gran und Paul Troger, die österreichische

Deckenfresken zu wahren Wunderländern machten, und großartiger Bildhauer, etwa Lorenzo Mattielli und Balthasar Ferdinand Moll. Letzterer, der Star unter diesen Künstlern, wurde zunächst als begabter Arrangeur öffentlicher Vergnügungen wie Festzugswagen oder skurriler Schlitten eingestellt, doch nutzte er seine Disneyland-Talente dann auch, um die Grablegen Karls VI. und seiner Frau Elisabeth Christine zu Hauptattraktionen der Kaisergruft zu machen. Posthumer Ruhm ist nicht ideal, aber alle Düsternis, das Scheitern dieser Regentschaft können angesichts dieser beiden großen, reich verzierten Bronzesarkophage durchaus in Vergessenheit geraten. Der Sarg Elisabeth Christines ist an allen vier Ecken mit den Häuptern trauernder, verschleierter Frauen geschmückt, und diese Bronzefiguren haben eine so ungestüme und zugleich erotische Anmutung, wie es die Besucher einer Krypta eher nicht erwarten. Diese Meisterwerke werden noch überboten von den Figuren auf Karls Sarkophag: Totenschädel aus Bronze, welche die Krone des Heiligen Römischen Reichs tragen. Die Skulpturen zeigen die unterschiedlichsten Texturen – Gold, Juwelen, Knochen, Haar, Damast, Haut –, allesamt dargestellt durch matte Bronze, und vielleicht ist es das, was sie außergewöhnlich erscheinen lässt: kräftige Sinnbilder dieser Leben, die dann aber zu kippen scheinen, eine Grenze überschreiten – eine durch und durch spätbarocke Stimmung.

Über der großen Kaiserstiege im Stift Göttweig hat Troger ein letztes großes Fresko von Karl gemalt, eine Apotheose just zum Ende seiner Regentschaft. Götter, Putti, die Musen lagern in den Wolken vor einem strahlenden Himmel, das Böse, der Irrtum, wird wie üblich verjagt, und Karl selbst, im goldenen Sonnenwagen, ist Helios-Apollo, lenkt sein weißes schäumendes Gespann über den Himmel, und hinter seinem Kopf brechen die Sonnenstrahlen hervor. Dies Fresko ist beides, Meisterwerk und trauriges Spektakel. Die missmutigen türkischen Gefangenen aus dem Deckenfresko von Sankt Florian wurden taktvoll ausgespart – wohl angesichts des geringen Erfolgs, den Karl an dieser Front hatte. Karl selbst wird in offenbar bewusst grotesker Aufmachung gezeigt: mit nacktem Oberkörper, ein Togatuch um die Hüften, unter dem Kniebundhosen hervorragen, die Füße wiederum in römische Sandalen geschnürt, und seinen Kopf zieren Perücke und Lorbeer. Er wirkt wie einer, der in einem sehr teuren, aber auch sehr merkwürdig geführten Pflegeheim lebt. Und dort sollten wir ihn wahrscheinlich lassen.

Zipser und Piasten

Die nördlichen Grenzgebiete der Habsburger Länder weisen eine Reihe politisch-geographischer Merkwürdigkeiten auf, die dieses Buch leicht ausufern lassen könnten; in einer Anwandlung von Selbstdisziplin sollten sie eingehegt werden. Im Vergleich zu weiten Teilen des übrigen Heiligen Römischen Reichs bestanden die Erblande der Monarchie zumeist aus einigermaßen kompakten Einheiten, doch es gibt kaum etwas Erbaulicheres als Kleinstaaten wie beispielsweise Wettin oder Reuss in Thüringen, wo jedes Tal seinen eigenen schillernden Herrscher hatte. Was ihnen bei den Habsburgern am nächsten kam, waren die Gebiete an jener nördlichen Grenze. Besonders eigenartig war die Region Zips (Szepes) – sie gehört heute zur Slowakei, war aber jahrhundertelang von zumeist deutschen Bergleuten besiedelt und stand unter ungarischer Herrschaft. Ich wollte mir die Gegend anschauen, war aber aus irgendwelchen nebensächlichen Gründen verhindert. Aber vielleicht war das gar nicht so schlecht, denn, so machte ich mir klar, der Besuch der Zipser Städte konnte nur prosaisch und traurig werden, und ich wäre bestimmt enttäuscht gewesen, hatte ich sie mir doch stets mit fröhlichen Schmieden und trällernden Waldvögeln als Märchenwelten à la *Schneewittchen* vorgestellt. Für einen sehr kurzsichtigen Gewinn hatte sie Kaiser Sigismund 1412, unter Missbrauch seines Titels als König von Ungarn, an den polnischen König verpfändet: für sieben Tonnen Silber (ein interessanter Hinweis auf die damaligen Ressourcen Polens), mit denen er einen nutzlosen Krieg gegen Venedig führen wollte. Das Geld war längst ausgegeben, und nie bestand Aussicht, dass diese erkleckliche Summe jemals zurückgezahlt würde. So gerieten die Zipser unbeabsichtigt für etwa dreihundertsechzig Jahre unter polnische Herrschaft – eine ganze Bevölkerung quasi als Äquivalent für eine nicht eingelöste alte Uhr ganz oben im Regal eines Pfandleihers. Schließlich ließ Maria Theresia ihre Truppen einmarschieren, ohne sich um Rückzahlungen zu kümmern, und ihre Herrschaft dort wurde drei Jahre später mit der Ersten Teilung Polens bestätigt. Die Zipser Städte kamen wieder zum Königreich Ungarn und behielten ungeachtet aller folgenden Veränderungen ihre verschlafene Eigenart – bis 1945: Nun mussten die Zipser als «Karpatendeutsche» fliehen oder wurden vertrieben.

Nicht weniger eigenartig das Gebiet westlich und nordwestlich der Zips: das alte Amalgam Schlesiens. Ich bilde mir durchaus etwas darauf ein, dass ich mich für diese Art von politischem Bruchgestein so grenzenlos begeistern kann, doch selbst ich erbleiche, angesichts des Rein und Raus der Piastenherzöge, des Hin und Hers um ihre winzigen Territorien. Das Ganze wurde zusammengefegt und vom polnischen König Kasimir dem Großen in einer klugen Bestechungsaktion dem böhmischen König Johann dem Blinden übereignet, damit dieser abließ von seinem Anspruch auf die polnische Krone. So kamen diese zersplitterten Teile durch den Vertrag von Trentschin 1335 an Böhmen, nur einer mit dem reizenden Namen Bolko der Kleine, Herzog von Schweidnitz, hielt durch bis zu seinem Tod im Jahr 1368 (ein kleiner Hinweis darauf, wie man hier unrettbar in Einzelheiten versinken kann). Für Kasimir war das keine große Entscheidung (Polen war damals riesig und hatte genug Land, um damit zu spielen – und tatsächlich eigneten sich seine Nachfolger die Zips an!), aber ein Stück polnischen Landes ging verloren, für sechshundert Jahre, erst 1945 kam es wieder ganz zurück zu Polen. Für Johann den Blinden und sein viel kleineres Land war, was er gewann, ein gehöriges Stück – ungefähr so groß wie Böhmen selbst und mit einer wohlhabenden Bevölkerung. Johann ging, trotz seiner Blindheit, aus ritterlichen Gründen an den französischen Hof, um zu kämpfen, und wurde in der Schlacht von Crécy, die mit einem glänzenden Sieg der Engländer endete, getötet, sein Wahlspruch «Ich dien» wurde vom Prinzen von Wales aufgegriffen, der ihn seither benutzt.

Jedenfalls wurde das schlesische Gebiet wie die übrigen böhmischen Kronländer nach dem Tod Ludwigs II. von den Habsburgern einkassiert und blieb für über zweihundert Jahre ein nützliches und produktives Element der Monarchie. Die Herrschaft der Habsburger war durch ihren sehr soliden Rechtsanspruch abgesichert, aber auch durch die Schwäche der Herrscher, deren Gebiete an Schlesien angrenzten – tatsächlich war diese Schwäche ein wesentlicher Grund für die Stärke der Habsburger, Verhältnisse, die sich häufiger einstellten, als es die Dynastie selbst wahrhaben wollte. Die polnischen Könige waren zu beschäftigt mit dem Osmanischen Reich und der wachsenden Bedrohung aus Russland, als dass sie sich ernsthaft um Schlesien kümmern konnten; und die brandenburgischen Hohenzollern im Norden waren eine für das Heilige Römische Reich typische Truppe von Witzfiguren: Herrscher des finanziell bei weitem schwächsten Kurfürstentums, das zugleich auch geographisch hoffnungslos zersplittert war. Gegen Ende des 17. Jahrhunderts begann sich die Lage Brandenburgs zu ändern, mit beachtlichem Tempo. Mochten die Kurfürsten ein merkwürdiger Haufen sein, ihre Gebiete wuchsen (mit Hilfe von List und Tücke, durch Glück und geschickte Heiraten; es war wie ein spätes Echo zu Habsburgs Glückssträhne viele Jahre zuvor). Der alte Leopold I. hatte ihnen den Titel «König in Preußen» zugeschanzt, und während Karl VI. herumzappelte, um die europäischen Herrscherhäuser zu bewegen, die Thronnachfolge seiner Tochter zu unterstützen, kam es zu einer dieser üblichen Debatten, in denen sich Gebildete im Dienste der Macht blamieren, in diesem Fall recht fragwürdige alte preußische Dokumente ausgruben, um die Unrechtmäßigkeit der Habsburger Herrschaft über Schlesien zu beweisen. Als er vom Tod Karls erfuhr, sah der noch junge preußische König Friedrich II. eine Chance, sich ein großes Stück Land anzueignen. Diese Entscheidung prägte die Geschicke einer Generation.

Kam Schlesien in die richtigen Hände, dann war es außerordentlich wertvoll – hatten es die Habsburger, konnten sie Brandenburg bedrohen; hatten es die Brandenburger, konnten sie die Habsburger Länder unter Druck setzen; in beiden Fällen wurde Sachsen von Polen getrennt und deren Verhältnis verhängnisvoll geschwächt. Zudem hatte Schlesien eine große und wirtschaftlich zweifellos lohnende Bevölkerung, aber in Anbetracht der abertausend Menschenleben, die in den Kämpfen um Schlesien und in den größeren Kriegen verlorengingen, in welche die Kontrahenten fast jedes europäische Land hineinzogen, wurde es immer mehr zu einer Abstraktion. Im 19. Jahrhundert hatte es beträchtlichen Wert als Industrieregion, wurde aber vom Ruhrgebiet rasch überrundet, und als Schlesien 1945 schließlich wieder an Polen fiel, war dieser Prozess zwar von viel Leid begleitet, stieß aber kaum auf internationales Interesse. Ein Blick auf die Landkarte zeigt, dass Schlesien, unter welcher Regierung auch immer, niemals zu einer eigenen Einheit hätte finden können: Es lag stets zwischen den Fronten und hat entsprechend gelitten. 1740 jedoch war es der eigentliche Mittelpunkt Europas und für den jungen Friedrich II. und die noch jüngere Maria Theresia Gegenstand eines Kampfs auf Leben und Tod.

VIII

Die große Krise

«Jetzt hat Österreich Hosen an»

Die Gloriette

Krieg um Weihnachtskrippen

Erlauchte Leichen

Wenn man die Welt teilt

The Polish Plumb-Cake.

J. Lodge sculp.

Thy Kingdom Stanislius, is now at stake.
To four such stomachs. 'tis a mere plumb-cake.

Die große Krise

Ich habe mal den haarsträubenden Bericht eines Meeresforschers gelesen, der den Angriff einer Schule von etwa dreißig Schwertwalen auf einen Blauwal beschreibt. Die Angreifer rammten ihr Opfer wiederholt von der Seite und rissen große Fetzen der Speckschicht ab, um an seine inneren Organe zu gelangen. Der Blauwal schwamm verbissen weiter, fiel dabei aber nach und nach auseinander wie ein billiges Schlafsofa. Überall hing das Zeug herunter, und hier und da ragten freiliegende Rippen hervor. Als ich das las, hatte ich das Gefühl, dass die Menschen, die doch dem Walfang abgeschworen haben, nun aktiv dazu beitragen sollten, dass die Ozeane zu einem freundlichen Lebensraum werden – vielleicht, indem sie den Schwertwalen als schmackhafte Alternative riesige, schwimmende Brocken nahrhaften Tofus ins Wasser werfen. Aber ich werde jetzt nicht irgendwelchen Blödsinn über Tofu schreiben, nur um eine unausweichliche, grausame Wahrheit hinauszuzögern, auch nicht mit der vielleicht befürchteten Analogie zwischen Habsburgermonarchie und Meeressäugern herausrücken: Maria Theresias Territorien als jener nach Krill verrückte, aber mehr und mehr auseinanderfallende Gigant und Leute wie Friedrich der Große und Kurfürst Karl Albrecht von Bayern als Zahnwale. Mir das

Linke Seite:
«The Polish Plumb Cake», um 1772, eine englische Karikatur von John Lodge – Russland, Frankreich, Preußen und Österreich sind dabei zuzulangen, der Teufel lauert unter dem Tisch, Polen bricht in Tränen aus, das Osmanische Reich zeigt sich empört.

zu unterstellen, wäre unfair – ich hatte eine andere, eher geopolitische Analogie im Sinn, eine etwas sorgfältiger durchdachte. Was mir am Leid des Blauwals so albtraumhaft vorkommt, ist, dass er nirgendwohin entfliehen kann: Er teilt das Element, in dem er lebt, mit seinen Angreifern. Wenn er erst verwundet ist, kann er weder abtauchen noch sich verstecken, sondern lediglich vorwärtsstieben und hoffen, dass seine Angreifer sich irgendwann satt gefressen haben und von ihm ablassen. In dieser Variante scheint mir die Meeressäuger-Analogie einigermaßen passend, zeigt sie doch, inwiefern auch die Habsburger eine andere Strategie als die Übrigen entwickeln mussten. Die gesamte Geschichte Großbritanniens und der Vereinigten Staaten ist geprägt durch ihre Möglichkeit, bei Konflikten entweder mitzumischen oder sich herauszuhalten – ihre Isolation macht sie so gut wie unverwundbar. Auch Frankreich und Spanien verfügen über Meeresküsten und Gebirge, die es teuflisch schwer machen, sie anzugreifen: Zwischen dem frühen Mittelalter und dem Ende des napoleonischen Reichs ist niemand erfolgreich in Frankreich eingefallen. Die Habsburger Territorien dagegen haben wie der Blauwal (jetzt höre ich aber auf damit) nur ein einziges Element, in dem sie operieren können – in ihrem Fall: Land. Für diesen zufällig zusammengesetzten Flickenteppich aus Erblanden, der sich quer über Europa erstreckt, ist die Zahl potenziell wunder Punkte fast endlos, und den Nachbarn ist schlicht nicht auszuweichen. Die einzigen Interessen, die Großbritannien kontinuierlich verfolgt hat, bestanden darin, die Kent und Essex gegenüberliegende Festlandküste schwachzuhalten, dort für freundliche Stimmung gegenüber England zu sorgen und niemandem zu erlauben, in Irland einzufallen – ansonsten konnte sich das Vereinigte Königreich nach Belieben in Konflikte einmischen und sich daraus wieder zurückziehen. Diese Möglichkeit, sich stets nur die Rosinen rauszupicken, stand den Habsburgern niemals offen.

Das Jahr 1740 brachte eine der größten Herausforderungen für die Habsburger, doch waren sie, stets von zahlreichen wetterwendischen Königen und Herzogen umringt, an solche Situationen gewohnt. Was Angelsachsen wie ein schwindelerregender Albtraum erscheinen mag, dem man schutzlos ausgeliefert ist, war für sie das Normale, es war ihr Element. Ich mühe mich wirklich, dieses Buch nicht mit allzu vielen Schlachten vollzupacken, und die Leser wissen vielleicht gar nicht, vor wie vielem ich sie bewahre. Auch ist den Kämpfen des 18. Jahrhunderts eine gewisse Eintönigkeit eigen, schon das macht es schwer, sich mit ihnen auseinanderzusetzen. Anders die britische Geschichtserzählung, die ziemlich euphorisch klingt, denn, von ein paar Dämpfern abgesehen, gewinnt stets Großbritannien, allerdings auf eine Weise, die für das europäische Festland weitgehend unerreichbar war. Und es hatte das zusätzliche Glück, dass es seinen Verbündeten, den Preußen wie den Russen, ziemlich schnurz war, wer Bengalen oder irgendeine karibische Insel regierte. Selbst Franzosen und Niederländer mussten, wenn sie unter Druck gerieten, die Sicherheit ihrer eigenen Grenzen über alles Exotische stellen. So leidenschaftlich wie die Briten kümmerten sich allein die Spanier um ihre kolonialen Belange – doch nur aus einem einzigen Grund: Die Kolonien lieferten einen Großteil der Einnahmen, die ihnen gestatteten, ihre ruinösen Strategien innerhalb Europas zu verfolgen; Strategien allerdings, die Spanien am Ende des 18. Jahrhunderts auf eine ausgebrannte Hülse reduziert hatten.

Insofern bedarf es aus einer engen britischen Sicht heraus einiger neugieriger Bemühungen, wenn man verstehen will, inwiefern Europas Belange andere waren. Die Habsburger waren anfällig für Invasionen aus fast jeder Himmelsrichtung. Und selbst die Vernichtung des einen Feindes machte bloß Raum frei für den nächsten, der dahinter lauerte: So wie bekanntlich die Russen umso näher rückten, je mehr die Habsburger die Polen und die Osmanen schwächten.

Häufig war Großbritannien für die Habsburger ein geschätzter Verbündeter und eine Geldquelle. Zugleich aber war es auch ein bösartiger Außenseiter, und seine Besessenheit von dem, was es als das «Gleichgewicht der Mächte» ansah, bedeutete stets auch, dass es seine temporären Alliierten nur manipulierte. Übergeordnet blieb stets das Ziel, für ein allseits geschwächtes Europa zu sorgen, um ungestört von irgendwelchen europäischen Möchtegern-Hegemonen seine imperialen Projekte zu betreiben. Darum scheint die ziemlich bewegte britische Geschichte im 18. Jahrhundert stets im Gegensatz zur bloß blamablen Unentschlossenheit der europäischen Kämpfe zu stehen – eine Unentschlossenheit, die Großbritannien durchaus zu fördern verstand. Die Habsburger blieben sich dessen stets bewusst, ihre Abhängigkeit von Großbritannien war ihnen alles andere als angenehm, denn sie wussten, dass es sie im Großen und Ganzen schlichtweg benutzte – wäre Maria Theresia mit ihren Kriegsanstrengungen gescheitert, die Briten wären fröhlich zum nächstbesten Verbündeten weitergezogen, der ihnen helfen konnte, Frankreich in Schach zu halten. Und tatsächlich machten sich die Briten, nach acht zermürbenden Jahren des Österreichischen Erbfolgekriegs, nicht mal die Mühe, Maria Theresia mitzuteilen, dass sie zu einer Einigung gelangt waren. Derweil lebten die Habsburger weiter in der ihnen natürlichen Umgebung mit ständig wechselnden Konstellationen von Feinden und Verbündeten, von Bedrohungen und Gelegenheiten, im immer gleichen Rhythmus, der ihnen vorgegeben wurde von Gebirgspässen und Festungen, von Winter und Sommer, von Geld, Nachschub und der Strecke, die eine Armee an einem Tag zurücklegen konnte.

Die militärischen Feinheiten des Österreichischen Erbfolgekriegs haben bekanntlich einschläfernde Wirkung. Ein kurzer Blick auf eines jener im 18. Jahrhundert so beliebten Denkmäler mit Allegorien von Zeit und Ruhm, die ungerührt auf einen Haufen militärischer Trophäen herabblicken, genügt, um uns in Kurzform zu zeigen, was wir erfahren, wenn wir uns durch Hunderte von Seiten quälen, die uns von verdrießlichen Belagerungen berichten und von Männern, die mit Perücken umherstolzieren. Während ich das schreibe, beschleicht mich doch ein leichtes Schamgefühl, denn ich besitze eine dunkle Seite und kann mich fasziniert in wahnwitzig detaillierte Berichte vertiefen, wie den über die Belagerung von Bergen op Zoom in Brabant zum Beispiel. Alle europäischen Städte waren damals noch eine große Ansammlung von Befestigungsanlagen, deren Mauern und Türme übervölkerte Handwerker- und Ladenviertel umschlossen, Anlagen, die ständig instand zu halten waren, mit gewaltigen Kosten immer wieder modernisiert und erweitert wurden, Anstrengungen, die mit hoher Wahrscheinlichkeit vergeblich waren. Nicht zuletzt die Genialität des französischen Feldherrn Moritz von Sachsen (eines unehelichen Sohns von August dem Starken) führte dazu, dass eine Stadt nach der anderen zusehen musste, wie ihre ausgeklügelten Verteidigungsanlagen durch Artillerie und Mineure zerstört wurden. Dieser direkte, ganz eigene Panikfaktor macht den Krieg spannend. Prag beispielsweise, nachdem es in Ruhe gelassen wurde und allmählich in provinzieller Bedeutungslosigkeit versank, dank derer so viele seiner großartigen Gebäude erhalten geblieben sind, fand sich erst von französischen und bayerischen Truppen besetzt, anschließend von Preußen. Natürlich drohte den Stadtbewohnern das Übliche: Gewalt, Schändung und Plünderung. Doch auch die tückische Frage drängte sich auf, ob man mit den Besatzern kooperieren solle oder nicht. Das französisch-bayerische Heer war vor Ort, weil sich der bayerische Regent zum König von Böhmen ernannt hatte. Wem gegenüber sollten sich die Prager loyal zeigen, Wien oder München? Maria Theresias Reaktion, nachdem ihr Heer alle Invasoren wieder vertrieben hatte, war grausam. Sie ließ die gesamte, uralte jüdische Gemeinde ausweisen, beschlagnahmte Grundbesitz, erniedrigte und vernichtete jeden, der ihr auch nur ansatzweise illoyal gewesen zu sein schien. Diese Art schrecklicher, aber typischer Leiden und Unruhen sollte stets im Sinn behalten, wer über die Kriegsführung des 18. Jahrhunderts nachdenkt, doch über solche Erwägungen legt sich unweigerlich, allein aus Gründen seiner Komplexität, das strategische Gesamtbild mit dem tristen Fokus auf marschierende und wieder zurückmarschierende Heere, die, mal das eine, mal das andere, ins Feuer gerieten, siegten, scheiterten.

Das Drama von 1740 entstand aus der rasch gewonnenen Erkenntnis, dass die endlosen Bemühungen Karls VI., Unterschriften für seine Pragmatische Sanktion zu sammeln, nicht gefruchtet hatten. Überall in Europa brüteten die Herrschenden über Plänen, wie sie Maria Theresia um ihr Erbe bringen konnten. 1740 fanden zudem bedeutende Neubesetzungen einiger Rollen auf der europäischen Bühne statt, als nämlich Friedrich Wilhelm I., König in Preußen, und die russische Kaiserin Anna starben. Plötzlich geriet alles in Bewegung, und alles schien möglich. Auch Frankreich trug zu diesem Zustand bei, das sich gerade in einer seiner vorübergehenden Phasen von Untätigkeit und nicht hegemonialer Stimmung zu befinden schien.

An fast jeder Grenze sah sich Maria Theresia albtraumhaften Bedrohungen gegenüber; die einzige gute Nachricht war, dass sich das Osmanische Reich ruhig verhielt. In Italien war sie mit den Machenschaften der besonders zielstrebigen, wenn nicht verbohrten Elisabetta Farnese konfrontiert, der spanischen Königin, die wild entschlossen war, ihren Söhnen italienischen Landbesitz zu ergattern. Einen hatte sie bereits in Neapel untergebracht, dank des Tauschgeschäfts mit Karl VI., der Parma erhalten hatte, das sie nun aber wieder zurückhaben wollte, für den zweiten Sohn. Diese Entschlossenheit führte zu verwirrenden, heroischen und rätselhaften Schlachten, und Maria Theresia – ein spannender Nebeneffekt – lief Gefahr, aus all ihren norditalienischen Territorien vertrieben zu werden. Mit der unschätzbaren Hilfe des aus heutiger Sicht unglaublich hartnäckigen Herzogtums Savoyen behielt Maria Theresia am Ende die zwischen Savoyen und Venedig gequetschten Teile Italiens, musste allerdings Parma an Elisabetta Farneses Sohn Philipp abtreten, der sich, kaum erquicklich, die meiste Zeit des Konflikts im Tross diverser Armeen hatte herumschleppen lassen, bevor er schließlich seinen dann doch recht kleinen Preis erhielt.

Man kann kaum übertreiben, wie wenig Maria Theresia ihre Situation anfangs begriff und wie sehr sie durch Schwächen und Falschheit derer, die sie umgaben, betrogen wurde. Aber sie lernte, aus dem Stand heraus und in unglaublichem Tempo, und das bedeutungslose Fähnchen im Wind von 1740 verschaffte sich schnell Respekt. Sie mag in ihrem späteren Leben auf ihren Porträts ein bisschen wie ein *mouton sublime* gewirkt haben, aber das ist absolut irreführend. Trotz gelegentlicher Anfälle von Verzweiflung in ihrem Kampf, das Erbe ihrer Familie zu verteidigen, muss sie doch außerordentliche Fähigkeiten besessen haben, immer wieder Kraft zu schöpfen aus ihrer Empörung über die Schurken, die mit ihren gewöhnlich gefälschten Dokumenten und Erklärungen ankamen, um ihr Land abzuluchsen. Friedrich II., der frisch gekrönte König in Preußen, machte sich nie die Mühe, den Blödsinn ernst zu nehmen, den sich seine Juristen ausgedacht hatten, um sein «älteres Anrecht» auf Schlesien zu rechtfertigen. In einer Blitzaktion schnappte er sich fast die ganze Provinz und hielt verbissen daran fest; drei Kriege führte er gegen Maria Theresia, und die Zwischenzeiten reichten ihr gerade aus, um ihre anderen Feinde zu verdreschen. Seine Fähigkeit, österreichische Heere in null Komma nichts zu demütigen, wurde legendär, und seine Risikofreude und Bravour ließen ihn in Wien als fast dämonische Figur erscheinen. Alle Bemühungen, Schlesien zurückzuerobern, erwiesen sich als fruchtlos (diese schlossen auch den Dritten Schlesischen Krieg von 1756 bis 1763 ein, einer der Schauplätze des wesentlich breiter gefächerten Siebenjährigen Kriegs), und schließlich erkannten die Wiener in Verträgen alle ihre Verluste an; nur ein paar im Süden Schlesiens gelegene Fragmente blieben ihnen, sie wurden zum winzigen Gebiet namens Österreichisch-Schlesien. Nur um diesen Teil der Geschichte abzurunden: Das Herzogtum Auschwitz, nördlich von Teschen, kam 1772 separat in den Besitz Maria Theresias, nachdem sie es der polnischen Krone weggeschnappt hatte. Es ist schwer zu sagen, welche Auswirkungen der Verlust Schlesiens auf die Habsburger hatte. Was aber wäre passiert – und dies ist die verrückteste kontrafaktische Überlegung –, hätte Maria Theresia gewonnen (nur Friedrichs besonderes strategisches Genie hat das verhindert; will sagen, eine glückliche Kugel oder ein Sturz vom Pferd hätte alles ändern können)? Diese Frage führt uns bis ins Jahr 1918. Als das Habsburgerreich am Ende des Ersten Weltkriegs zusammenbrach, hätte aus Schlesien-Mähren-Österreich ein ansehnlicher deutschsprachiger Staat gemacht werden können – die wichtigsten Städte Mährens, Brünn und Olmütz, heute Brno and Olomouc, waren im Wesentlichen immer noch deutsch – und die ganze folgende Geschichte der Menschheit wäre vielleicht anders verlaufen. Aber dann wären so viele Dinge ebenfalls anders gekommen, dass eine solche Spekulation vielleicht doch etwas Leidiges bekommt.

Die Habsburger konnten Schlesien und Teile Italiens ohne größeren Schaden verlieren (man könnte sogar sagen, dass Territorien in Italien zu verlieren für sie zu einem so regelmäßigen Ereignis wurde wie Weihnachten), die tödliche Bedrohung ging von Karl Albrecht aus, dem Kurfürsten von Bayern. Maria Theresia konnte nach den Reichsgesetzen nicht Kaiserin werden. Sie erkannte das an und versuchte nun, ihren Gatten Franz Stephan von Lothringen auf dem Posten unterzubringen. Als zwar in Wien erzogener, aber nur angeheirateter Habsburger verfügte der aber leider über keine ihrer Eigenschaften. Zwar hatte er, nach dem Tod seines Vaters und seines älteren Bruders, die Herrschaft über Lothringen übernommen, sich aber 1732, um dem französischen Druck auszuweichen, nach nur drei Jahren wieder nach Wien abgesetzt. Mit Blick auf die Kaiserwürde begann nun ein enttäuschender Wettbewerb der Mittelmäßigen. Karl Albrecht scheint jeden enttäuscht zu haben, dem er begegnet ist, Franz dagegen war zwar charmant (seine Porträts strahlen ein trotteliges Wohlwollen aus), doch zu gebrauchen war er lediglich als Sammler von Mineralien und erbaulichen *objets* sowie als Vater von Maria Theresias unzähligen Kindern, nicht aber als politischer Akteur aus eigener Kraft. Karl Albrecht, als

Mitglied des alten Hauses Wittelsbach, betrachtete die Habsburger nur als spätmittelalterliche Glücksritter und schaffte es dank beträchtlicher, intriganter Hilfe Frankreichs, als Karl VII. zum Kaiser gewählt zu werden, womit er die seit Friedrich III. währende Folge von Habsburgern unterbrach. Und noch katastrophaler: Er marschierte in Maria Theresias Lande ein und erhob Besitzansprüche. Das war das Resultat der Entscheidung Karls VI., die Töchter seines älteren Bruders Joseph I. zu übergehen und die Pragmatische Sanktion zugunsten seiner Tochter Maria Theresia abzufassen. Karl Albrecht konnte nun, da er mit einer Tochter von Joseph I. verheiratet war, zu Recht darauf pochen, dass sie den höheren Anspruch hatte. So trugen all das Gezänk und die Eiseskälte an Karls VI. Hof nun Früchte (wenn denn Eiseskälte Früchte tragen kann): Maria Amalia rächte sich im Namen der Schwestern.

Mit einer unschätzbar wertvollen französischen Armee an seiner Seite marschierte Karl Albrecht gen Osten, und Europa drohte plötzlich eine völlig andere Zukunft. Hätte er Erfolg gehabt, hätte er München, Prag, Wien und Buda zu seinen Hauptstädten machen können, und damit wäre eine unerhörte Machtkonstellation entstanden, zugleich eng mit den Franzosen verbündet: Das hätte ausgereicht, um den Verlauf aller folgenden Kriege, aller kulturellen Entwicklungen etc. zu verändern. Seine Armee stürmte durch Oberösterreich, eroberte Linz, marschierte weiter nach St. Pölten – bis zu jenem Tag eine von Mitteleuropas uninteressantesten Städten –, machte dort halt – und er geriet in Panik. Wäre er geradewegs nach Wien durchmarschiert, er hätte Maria Theresias Ansprüche womöglich zerschmettern können, denn dann hätten wahrscheinlich viele Schlüsselfiguren das Lager gewechselt, wären übergetreten zum anderen weiblichen Zweig der Familie. Aber er hatte Bedenken, Wien war zu gut verteidigt, das Jahr für einen Feldzug zu weit fortgeschritten, er selbst zu weit von seiner Basis entfernt – also wandte er sich nach Böhmen, nahm Prag ein und wurde dort zum König ausgerufen und gekrönt. Als König von Böhmen verfügte er über eine eigene Stimme bei der Kaiserwahl, aber das genügte ihm nicht, um den viel größeren Preis einzubringen, nämlich Mitteleuropa unter Bayerns Herrschaft zusammenzufassen. Doch nun lief nichts mehr nach Plan – Maria Theresia startete den Gegenangriff, warf ihn aus Prag heraus, fiel in Bayern ein und besetzte München. Der kleine Rest von Kurfürst Karl Albrechts Leben war eine Art Albtraum der Erniedrigung. Zum Kaiser gewählt, ließ er sich 1742 in Frankfurt, wohin er sich hatte zurückziehen müssen, zum Kaiser krönen, aber das hatte inzwischen, wie allgemein und auch ihm selbst klar war, nur mehr symbolischen Wert. Die Habsburger hatten ihrem Anspruch auf den Kaisertitel stets durch eigene Truppen und Geld Nachdruck verliehen und die Kurfürsten im Lauf der Jahre, wenn auch manchmal nur widerwillig, den Anspruch stets anerkannt. In den letzten glorreichen Tagen ihres Kaisertums konnten Leopold I. und Joseph I. ihre Doppelrollen als Kaiser und Habsburger Regenten auf vorteilhafte Weise nutzen und sich eine zeitweilig unterbrochene, aber dann doch wieder aufrichtige Gefolgschaft sichern. Karl Albrecht dagegen verfügte weder über die Ressourcen noch über das Prestige, und dass er den Posten übernahm, hatte den (vor allem für ihn) grässlichen Effekt, deutlich zu machen, wie wenig es bedeuten konnte, Kaiser zu sein. Er ließ ein paar hübsche Münzen prägen, kehrte 1744 noch mal kurz ins wiedereroberte München zurück und starb 1745 an Gicht. Die ein wenig kleinlaut gewordenen Kurfürsten ersetzten ihn durch Maria Theresias Gatten, der zu Kaiser Franz I. gekrönt wurde. Er war überglücklich, den Posten als reines Ehrenamt betrachten zu können, indem er in einem Pavillon in Schönbrunn herumsaß, an seiner heißen Schokolade nippte und seine Giraffen bewunderte. Europas höchster Titel war die längste Zeit beeindruckend gewesen.

Wenn in britischen Darstellungen der letzte Kriegsschauplatz (nämlich Nordwesteuropa) stets eine große Rolle spielt, hat dies mit der «Pragmatischen Armee» zu tun, einer Koalitionsstreitmacht, die in Marsch gesetzt worden war, um Hannover und die Österreichischen Niederlande zu beschützen, die sich mit Preußen und Franzosen herumzankten, und damit, dass man in der Schlacht von Dettingen (1743) zum letzten Mal einen britischen Monarchen sein eigenes Heer führen sah – obwohl Georg II. in seiner Eigenschaft als Kurfürst von Hannover mindestens ebenso präsent auf dem Schlachtfeld war. Auf diesem Schauplatz glänzte Moritz von Sachsen, letztendlich aber hatten die Kampfhandlungen wenig Auswirkung, außer deutlich zu machen, dass die Vereinigten Provinzen (die Niederlande) als die großartige und dynamische Militär- und Kulturmacht, die sie im vorherigen Jahrhundert gewesen waren, ausgedient hatten. Außerdem geriet nun der erniedrigende Prozess in Gang, in dem sich die Einwohner der Österreichischen Niederlande bewusst wurden, wie wenig sie Maria Theresia (und später deren Sohn Joseph II.) wert waren, die sie für so ziemlich jedes Tauschangebot hergegeben hätte. In Brüssel oder Gent ihren Geschäften im dumpfen Bewusstsein nachzugehen, dass ihr Herrscher sie mit Freude loswerden würde, kann nicht besonders angenehm sein, und schließlich, mit der Belgischen Revolution (1830), endete dieser erniedrigende Zustand, nachdem ihn noch einige Generationen zu erleiden hatten. Ihre Herrschaft in den Niederlanden übten die Habsburger unberechenbar aus und engstirnig, nur daran interessiert, den Reichtum der Provinz abzuschöpfen. Doch mit diesem Besitz war Österreich die einzige wahrhaft paneuropäische Macht, und dieser Besitz machte es auch zu Großbritanniens natürlichem Verbündeten, wenngleich das Verhältnis nie störungsfrei war.

Der Österreichische Erbfolgekrieg (1740–48) steckte voller überraschender Weggabelungen. Dass Maria Theresia schließlich, trotz ihrer schwachen Ausgangsposition und all der Drohungen, die meisten ihrer Territorien bewahren konnte, ist bemerkenswert. Sie wurde zu einer erfolgreichen, eindrucksvollen Herrscherin; und obwohl sie mit den größten Bedrohungen vor dem Ersten Weltkrieg konfrontiert war, hielt sie die Habsburger Länder zusammen. Doch es gibt auch hier ein «Was wäre wenn»: Denn was wäre gewesen, wenn Maria Theresia 1744 einen Vertrag mit Sachsens Kurfürst August III. geschlossen hätte (einer Art Marzipanfigur), in dem er ihr das Eigentumsrecht an den Österreichischen Ländern garantiert und Maria Theresia dafür zugesagt hätte, dass ihre Titel, sollten ihre Erben sterben, an Maria Josepha übergingen, eine weitere Tochter Josephs I., die mit August III. verheiratet war? Da August zugleich König von Polen war, hätte nach einer solchen Vereinbarung ein neuer Staat entstehen können, der möglicherweise die Habsburger Monarchie dauerhaft mit ganz Polen, zu jenem Zeitpunkt noch ein riesiges Staatsgebilde, und Sachsen verbunden hätte – auch das hätte Europas Zukunft komplett verändern können. Es kam anders, Maria Theresia regierte vierzig höchst erfolgreiche Jahre lang und bekam sechzehn Kinder.

«Jetzt hat Österreich Hosen an»

Als ich vor ein paar Jahren in der ungarischen Stadt Szekszárd über den alljährlichen Weinmarkt schlenderte, mit seinem winzigen Ponykarussell und Herzklappenverkalkung förderlichen Leckereien, konnte ich unmöglich übersehen, dass alle Kunsthandwerksbuden ein merkwürdig geformtes Etwas feilboten, das aussah wie ein Tintenklecks oder wie ein raffiniert aufgeschnittenes Stück Fleisch. Auf Taschen, Autoaufklebern, Jeansflicken, Glasuntersetzern, eigentlich auf allem, worauf es auch nur im Entferntesten denkbar war (sogar in eine Rasta-Wollmütze eingearbeitet habe ich es entdeckt), immer die gleiche rätselhafte Form. Einmal aufmerksam geworden, sah ich sie immer häufiger, heute (2013) ist sie allgegenwärtig. Diese Form ist eine Karte der «Länder der Ungarischen

Stephanskrone», und dass sie überall auftaucht, ein ohnmächtiger nationalistischer Aufschrei gegen das Zerstückeln des ungarischen Territoriums nach dem Ersten Weltkrieg (1919, in den Verträgen von Trianon): Das riesige, von Budapest aus regierte Territorium – eine ausladende Einheit, größer als Arizona – wurde auf einen traumatisierten Rumpf reduziert, nicht größer als South Carolina. Diese Wut ist mal an-, mal abgeschwollen, und die Kommunisten gingen, aus naheliegenden Gründen, scharf dagegen vor – aber verschwunden ist sie nie. Die vielen Ungarn, die auf den falschen Seiten der Grenzen festsaßen, erlebten fortan Diskriminierung, Gewalt und Verachtung durch ihre neuen Herrscher, und man muss gar nicht so fürchterlich rechts sein, um das Gefühl zu haben, dass irgendeine kleine territoriale Anpassung durchaus klug wäre. In einem nördlichen Vorort von Debrecen gibt es eine klassische Ansicht für dieses Gefühl des Betrogenseins: ein wahrhaft abscheuliches Standbild, das in den 1930ern errichtet wurde und eine schöne nackte Frau (Ungarn) darstellt: mit einem Arm und einem Bein, die blutende Stümpfe sind.

Wenn man diesem Jeansflicken etwas entnehmen kann, dann dies: Das symbolische Gewicht dieser Form manifestiert, wo immer sie auftaucht, den Wunsch der Ungarn nach einem klar definierten, ethnisch vollständigen Staat. Dabei sind die «Länder der Ungarischen Stephanskrone» eine Phantasie, die in einer Arena politischer Machtspiele im Sinne Budapests den Anschein eines uralten Schicksals geben sollte; bestanden hat dieses vereinigte Ungarn nur von 1867 (dem Österreichisch-Ungarischen Ausgleich) bis 1918, daher besitzt die Ära keine größere gottgegebene Legitimität als jede andere zufällig gewählte Zeitspanne. Es wäre eine etwas ungewöhnliche Geschichtsstunde, aber aus einer Jeans könnte man mit einer Schere so ziemlich alle nur denkbaren Formen zurechtschnippeln, um die Grenzen des wahren ungarischen Staates darzustellen: Ebendiese tragische Unsicherheit ist der wahre Motor für das Schicksal der Region gewesen.

Mit Maria Theresias Thronbesteigung 1740 bekamen die Ungarn eine überraschende Gelegenheit, ihr Schicksal zu verbessern, aber da hatten sie schon einen mindestens ein Jahrhundert währenden Albtraum hinter sich. Die Habsburger Geschichtsschreibung, soweit sie die Ungarn betraf, hatte immer von deren Verrat, ihrer Verlogenheit, von religiöser Spaltung und mangelnder Dankbarkeit gehandelt. Als die Armeen der Heiligen Liga die lange osmanische Besetzung eines großen Teils von Ungarn beendet hatten, wurden seine Einwohner in die christliche (und katholische) Herde zurückgeführt, zugleich unter die Herrschaft ihres Königs, Leopold I. (oder I. Lipót). Nur sehr wenige Ungarn fanden dies gut. Das Fürstentum Siebenbürgen hatte sich die wenn auch flackernde Flamme einer von Ungarn unterschiedenen, eigenen politischen Identität bewahrt, die eng mit dem Protestantismus verbunden war. Und als Truppen der Habsburger in Hermannstadt (Sibiu) einmarschierten und sich sofort daranmachten, die – ziemlich schöne, wenn auch reißbretthafte – katholische Kirche am großen Platz zu errichten, stand diese Identität unter akuter Bedrohung. Ein furchteinflößender Präzedenzfall war im Königlichen Ungarn gesetzt worden, den westlichen Gebieten (etwa die heutige Slowakei und Transdanubien), die während der ganzen osmanischen Zeit unter habsburgischer Herrschaft geblieben waren. So unterlagen sie seit den 1670er Jahren der gleichen von eiserner Faust durchgeführten Rekatholisierung, die Böhmen in den 1620ern erlebt hatte; in einem Prozess, der bisweilen Züge eines ethnischen Kriegs annahm, formten Generationen von Soldaten und Jesuiten das Königliche Ungarn und loyale, katholische, prohabsburgische ungarische Untertanen. Aber damit schufen sie, wie zuvor bei den Tschechischsprachigen, eine dauerhafte Bedrohung der ethnischen Identität. Es war schwer, loyal zu sein, wenn der Preis dieser Loyalität darin bestand, faktisch deutsch zu werden.

Um die 1690er Jahre, als die Habsburger ihre Herrschaft über Siebenbürgen verschärften, war das einst beeindruckende Fürstentum Bethlen Gábors nur noch eine entfernte Erinnerung: Katastrophale Entscheidungen seiner Herrscher hatten es der Vernichtung durch die Osmanen überlassen – die keine Geduld mehr hatten mit den Ansprüchen ihrer Vasallen –, ehe die Heilige Liga dann ihrerseits zur Zerstörung ausholte. Weil auch siebenbürgische Truppen mit dem osmanischen Heer vor Wien gestanden hatten, bestand keine Chance, dass Leopold auch nur das geringste Interesse daran haben würde, Nachsicht zu üben. Die neuen Machthaber errichteten ihr Hauptquartier in Sibiu, und die alte, einst glanzvolle Hauptstadt Alba Iulia wurde zu einer unbedeutenden Stadt degradiert.

Der dritte und letzte Teil der ungarischen Länder – der größte Teil des heutigen Staates, um genau zu sein – wurde, als er nach dem Rückzug der Osmanen unter habsburgische Kontrolle fiel, von Wien als bloßes Kolonialterritorium angesehen und nicht als stolzes ungarisches Erbe. Dieses Gebiet war während der Kämpfe fast vollständig zerstört worden, Orte wie Esztergom und Buda mussten praktisch neu gegründet werden. Marodierende Freischärler beider Seiten hatten auf ihren Wegen den Menschen allzu oft sämtliche Existenzgrundlagen genommen, viele alte Dörfer existierten nicht mehr, wenn sie durchgezogen waren. Und nach einer Weile, nachdem so viele Gebiete restlos niedergebrannt worden waren, stellte sich die Frage, woher frische ungarische Siedler kommen sollten.

Das 17. Jahrhundert erlebte eine Reihe ungarischer Aufstände und Verschwörungen, die sich gegen das überhebliche Schalten und Walten der Habsburger richteten, wobei deren Ziele und Themen im Großen und Ganzen bis zum Ersten Weltkrieg die gleichen blieben. Selbst für katholische Ungarn war die Lage miserabel. Wien befand sich im Herzen eines vornehmlich deutschsprechenden, kaiserlichen Machtzentrums. Sobald die Belagerung von 1683 aufgehoben war, erlebte es unter Leopolds Regentschaft seinen Wiederaufbau, damals entstanden viele der beeindruckenden Aristokratenpaläste, die heute noch immer dort stehen – zum ersten Mal begann Wien, sich zu einer großartigen Hauptstadt zu mausern. Es wimmelte von Deutschen*, ob aus den habsburgischen Erbländern oder aus dem Kaiserreich, dazu kamen italienische Handwerker, Militärberater und Söldner. Die Bedürfnisse der Habsburger Dynastie und der deutschsprechenden Aristokratie ergänzten sich nahezu perfekt, Letzteren fielen fast alle wichtigen Posten im Heer und in der Verwaltung zu, sie sorgten für einen beständigen Fluss von Befehlen, Proklamationen, Anweisungen, und sie dominierten Wissenschaft und Religion. Manches von diesem Anstoß wurde ins Ungarische übersetzt, das meiste aber nicht. Um überhaupt zu verstehen, was in den habsburgischen Ländern los war, hatten die Ungarn kaum eine andere Wahl, als Deutsch zu lernen und sich bei der Gelegenheit Gedanken zu machen, ob sie nicht besser dran wären, wenn sie vollständig germanisiert wären.

Seit jenem Urdesaster der Schlacht bei Mohács (1526) galten die ungarischen Länder vor allem als Pufferzonen, und ihre Einwohner zählten so gut wie gar nichts. Nun, nach einer Reihe großer Siege, fielen zum ersten Mal alle Ungarn in die Hand der Habsburger. Leopold betrachtete sie als natürliche Beute, aber es gab noch viele andere Sichtweisen. Die verheerende Revolte von Franz II. Rákóczi, die von 1703 bis 1711 dauerte, ließ die Zerstörungen schwindelerregende Ausmaße annehmen. Etwa 85 000 seiner Kuruzen kamen in den Kämpfen ums Leben, vielleicht 400 000 Zivilisten fielen der Pest und dem Hunger zum Opfer. Es ist schwer zu begreifen,

* Nur zur Klärung: Ich sage «deutsch» oder «ungarisch» und impliziere unausgesprochen ein «-sprachig» [wenn es um Regionen geht, «deutschsprechend», wenn es um Menschen geht], da der Begriff so schwerfällig wirkt. Natürlich gab es damals weder «Deutschland» noch «Ungarn» in einem modernen Sinn (auch keine «Deutschen», «Ungarn», «Tschechen» etc. im modernen Sinn von Staatsbürgern). Um hier nicht aufs nationalistische Glatteis zu geraten, braucht es ständige Selbstdisziplin. Menschen aus Kärnten oder Siebenbürgen hatten alle möglichen Loyalitäten, aber keine davon entsprach dem, was spätere Generationen nationalistischer Historiker daraus machten.

dass eine Ära, in der die Schlachten in Westeuropa nach einigermaßen formalisierten Regeln verliefen, gleichzeitig derartige Blutbäder erleben musste (oft durch dieselben Habsburger Soldaten). Rákóczis Versuch, einen unabhängigen Staat zu schaffen, scheiterte aus Gründen, die diese Auseinandersetzungen auch künftig immer wieder bestimmen sollten. Die anderen großen Mächte waren gewillt, die ungarische Unzufriedenheit zu nutzen, um Wien (oder wahlweise Russland, Frankreich, Polen und Schweden) Ärger zu machen, hatten sie die eigenen Ziele jedoch erreicht, verloren sie sofort das Interesse an jener Unzufriedenheit. Die Ungarn mussten schmerzhaft erfahren, dass sie zu wenige waren und zu weit weg, um viel Sympathie zu gewinnen. Hinzu kam, dass die nicht ungarischen Sprachgruppen in den «Ländern der Ungarischen Stephanskrone» gar nicht sicher waren, ob und warum sie für eine ungarische Herrschaft eintreten sollten. Es war, nachdem die Osmanen abgezogen waren, keine unumstößliche Wahrheit, dass unter ungarischen Herren unbedingt alles besser würde. Rákóczi stieß unter den Siebenbürger Sachsen auf eine weit verbreitete Gleichgültigkeit, bei Serben und Kroaten auf Feindseligkeit, auf Uneinigkeit selbst unter den Ungarn. Sobald die Habsburger unter Joseph I. die Kräfte erübrigen konnten, sich auf Rákóczis Aufstand zu konzentrieren, warfen sie ihn nieder.

Doch hätte Rákóczi eine andere Wahl gehabt? Wollte der ungarische Adel nicht bloß als Verein politisch kastrierter, kostümierter Bauerntölpel dastehen, dann musste man der deutschen Habsburger-Hegemonie schon einen ernsthaften Schlag versetzen. Die Ungarn klammerten sich an den einzigen erreichbaren Zipfel politischer Macht, mussten sie doch fürchten – durch Vorurteile, religiöse Schranken und die Sprache diskriminiert und ausgeschlossen –, zu einem Nichtvolk zu werden, ganz ähnlich wie die Rumänen, die sie ihrerseits kleinhielten. Der hysterische Beigeschmack, der das ungarische politische Leben durchzog, die pittoresken Kostüme und Uniformen, der Obskurantismus hatten ihren

Ursprung in diesem Gefühl der Gefahr. Und so kam es, dass bis ins spätere 19. Jahrhundert hinein jeder ungarische «Rebellenführer» im Exil landete, in Kämpfen umkam oder exekutiert wurde. Rákóczi verbrachte seine letzten Jahre in einer Stadt am Marmarameer. Die Ungarn erlebten eine erschütternde Reihe von Misserfolgen, aber das hatte immerhin zur Konsequenz, dass sie nie bedeutungslos gemacht wurden wie die Tschechen. Und der Aufstand unter Rákóczi brachte – wie gescheiterte Rebellionen häufig – einen Mythos hervor, der ihm eine nahezu religiöse Verehrung späterer ungarischer Nationalisten zuteilwerden ließ.

Mit dem Ende der Rebellion schwappten in weiteren Wellen Tausende Kolonisten in die entvölkerten Regionen. Das Epos über diese Ströme von Menschen ist ein verborgenes, über all diese Einwanderer, die deutsch, ungarisch, slowakisch, serbisch oder bulgarisch sprachen – selbst russischsprechende Kosaken waren unter ihnen – und die neuen Territorien bevölkerten, über Generationen hinweg urbar machten, Deiche bauten und auch Städte, eine nach der anderen, oft von Grund auf neu. Große Gruppen von Serbischsprechenden verließen osmanisches Territorium und ließen sich nördlich von Buda, in Szentendre, nieder, wo sie spezielle Privilegien genossen; vom 19. Jahrhundert an zogen viele wieder in ihre Heimat; zurück blieb eine besonders schöne barocke Stadt mit zahlreichen Ikonenwänden. Auch Kaufleute kamen, viele von ihnen Juden, Griechen und Armenier, und die befremdliche Neigung der Ungarn, alle Tätigkeiten, die nicht landwirtschaftlicher Art waren, abzulehnen, nahm ihren Anfang.

Die große Gelegenheit der Wiedergutmachung an den Ungarn kam mit den Katastrophen, die Maria Theresia nach dem Tod ihres Vaters fast überwältigten. Von allen Seiten betrogen, kam sie auf die brillante Idee, sich theatralisch, als scheinbar arme schwache Frau, der Gnade des Ungarischen Landtags zu unterwerfen. Bei zwei großen Besuchen in Bratislava 1741 wischte sie viele Dekaden des Hasses zwischen Deutschen und Ungarn fort. In Trauerkleidung, wegen ihres Vaters, hielt sie das Kruzifix, das Ferdinand II. zu Beginn des Dreißigjährigen Kriegs so getröstet hatte (eine, oberflächlich betrachtet, jämmerliche Symbolhandlung), und durch zähe Verhandlungen sicherte sich Maria Theresia Geld, Männer, Vorräte und zumindest eine loyale Ecke in den Habsburgerländern. Sie zog alle Register, reiste die Donau entlang, ließ sich auf einem mit ungarischen Farben geschmückten Kahn krönen, galoppierte auf einem Pferd (ein Muss für eine Monarchin von Ungarn!), setzte sich atemberaubend in Szene.

Auf einer vielleicht noch hysterischeren Reise später im Jahr hielt sie vor dem Landtag ihre Superwaffe in die Höhe: einen Sohn, den kleinen Joseph, dessen Existenz die Fortsetzung der habsburgischen Linie garantierte (wenn auch über die Mutter, was für manche nach wie vor umstritten war). Und so lautete der Spruch der Loyalen: «Der Feind hat keine Chance mehr, denn jetzt hat Österreich Hosen an» – oder zumindest eine Windel. Natürlich muss es bei diesen Gelegenheiten vor Misstrauen nur so gebrummt haben, doch zur Überraschung aller stellte sich heraus, dass Maria Theresia ein Genie war; sie hatte sich, trotz ihres unmäßigen Vaters, einen moralischen Kompass und die Fähigkeit erworben, den Menschen Vertrauen und Respekt einzuflößen. Die Ungarn kamen einem Großteil der Abmachungen nicht nach, hielten auch nur einen Bruchteil ihrer Versprechen, dennoch war plötzlich ein neues Modell prohabsburgischer Loyalität greifbar, und zum ersten Mal wurden ungarische Truppen nach Westeuropa geschickt, teilweise mit verheerenden Folgen.

Jeder Versuch, Geschichte anhand von Jeansflicken zu diskutieren, muss Verdruss hervorrufen, aber die Idee ist nicht völlig nutzlos. Der Flicken für das 18. Jahrhundert würde Ungarn drastisch anders zeigen – mit Siebenbürgen unter Wiener Herrschaft und einem großen Block im Süden, der eine neue ausgedehnte Militärgrenze gegen weitere osmanische Bedrohungen bildete, wiederum eine riesige Zone außerhalb ungarischer Kontrolle. Die Merkwürdigkeiten der Zipser Städte unter polnischer Herrschaft verstreuten sich über Nordungarn, und nur in einem kleinen Teil des heutigen Kroatien galt eine Art ungarischer Rechtsprechung. In einer freundlichen Geste übergab Maria Theresia den Hafen von Rijeka (Fiume) ungarischer Kontrolle, gewährte Ungarn damit zum ersten Mal seit dem Mittelalter Zugang zum Meer und verschaffte zumindest der kleinen Hakenform des Jeansflickens einen Sinn.

Diese Manöver zwischen Deutschen und Ungarn (während andere Minderheiten wegen gravierender rechtlicher Benachteiligungen, religiöser Isolation und Analphabetismus praktisch unsichtbar waren – eine Situation, die sich bald ändern sollte) verliehen den Habsburgerländern eine erkennbar modernere Gestalt. Erst im 19. Jahrhundert waren die ungarischen Gebiete wieder vollends besiedelt, und dieser enorme, in vielen kleinen Zellen tagtäglich realisierte Prozess lief ständig im Hintergrund mit. Eine Zone, die zwei Jahrhunderte lang in ganz Europa der wohl übelste Ort zum Leben gewesen war, nahm nach und nach die Gestalt an, die sie heute so attraktiv macht. Die Ungarn hatten überlebt, doch darüber, ob das dank der Habsburger oder trotz ihnen geschehen war und innerhalb welcher Grenzen, wird seit jeher heftig gestritten.

Die Gloriette

Ein Besuch im Schloss Schönbrunn in Wien ist eine in vielerlei Hinsicht enttäuschende und verwirrende Erfahrung. Hier schlägt das Herz der Habsburgerwelt – eine schwelgerische Sommerresidenz, die sowohl Erhabenheit als auch Muße ausstrahlt. Und doch kann nicht einmal ein Vollständigkeitsfanatiker wie ich über das Bauwerk in Begeisterungsstürme ausbrechen. Franz Joseph hat sich viel zu lange dort aufgehalten und vieles mit der ihm eigenen trostlosen Bahnhofshallenästhetik verdorben. Selbst die vorzeigbaren, von Maria Theresia ausgestatteten Flügel haben etwas Kaltes, Ödes an sich. Das Highlight ist wahrscheinlich die allerneueste Badezimmereinrichtung, die während der Endphase des Ersten Weltkriegs für Kaiserin Zita installiert wurde und in der das triviale Wesen ihrer und ihres Mannes kurzer Regentschaft zum Ausdruck kommt. Die heutigen Verwalter des Schlosses scheinen sich bewusst zu sein, dass ihr Prunkstück erbärmlich wenig hergibt, und so haben sie versucht, es mit alten Kutschen und ähnlichen Ausstellungsstücken aufzuhübschen. Am kuriosesten ist die Spezialausstellung der handgefertigten Sättel von Kaiserin Elisabeth, die eine seltsam direkte, derart sexuell-fetischistisch aufgeladene Beziehung zwischen der seligen Kaiserin und den gaffenden Besuchern entstehen lässt, dass es einem die Sprache verschlägt.

Bei einer Runde durch Maria Theresias Gemächer wird man das nagende Gefühl nicht los, dass bei den Habsburgern auf taube Ohren stieß, wer Künstler und Dekorateure beauftragen wollte – wie viel schöner wäre das alles geworden mit ein klein wenig mehr Cash und sehr viel mehr Geschmack. Tritt man dann aber wieder ins Freie, verflüchtigt sich der Verdruss angesichts der Schönheit des Schlossgebäudes, vor allem aber der wundervollen Außenanlagen. Ich habe mich in meinem letzten Buch schon etwas zu ausführlich über den mirakulösen Zoo mit seinem Frühstückshaus und den bezaubernden Pavillons voller Rokoko-Exotika ausgelassen. Das Allerwunderbarste in der Anlage aber ist die Gloriette – Ruhmestempel, Lusthaus, Blickfang und Aussichtsplattform, leicht erhöht über Garten und Schloss. Die Gloriette hat viele Funktionen, vor allem aber ist sie, 1775 erbaut, ein kolossaler Seufzer der Erleichterung, Stein geworden in Mauerwerk, Bögen und Säulen, ein Seufzer der Erleichterung über die Rettung der Habsburgermonarchie vor der Zerstörung durch die Hand der Preußen. Sie feiert die Schlacht von Kolin, in der Friedrich der Große 1757, während des Dritten Schlesischen Kriegs, endlich seinen Denkzettel verpasst bekam und gezwungen wurde, seinen Einmarsch nach Böhmen abzubrechen. Gewiss, es war dies einer der sehr seltenen österreichischen Siege, und hätte er gewollt, Friedrich hätte bei sich in Berlin ein ganzes Einkaufszentrum aus Glorietten bauen lassen können. Aber abgesehen von einem kurzen Einbruch, um Olomouc (Olmütz) zu belagern (dessen schroffe Felswand-Verteidigungen heute noch zu sehen sind und wo er ein paar Schüsse auf die Pestsäule abfeuern ließ), war die Bedrohung des habsburgischen Territoriums nun vorbei. Die Preußen sollten die Habsburger noch mehrfach demütigen, aber das fand in der Regel in Schlesien statt oder in Sachsen.

Die Gloriette ist ein in vielerlei Hinsicht hervorragendes Beispiel für habsburgische Knauserigkeit, nicht zuletzt durch die vielen architektonischen Details, darunter auch die charismatischen steinernen Stierköpfe, die aus Neugebäude, dem alten Schloss Maximilians II. im Vorort Simmering, herausgeschlagen und hier recycelt wurden. Aber ihre extravagante und charmante Sinnlosigkeit macht die Gloriette zu einem fast ebenso feinen Denkmal für Maria Theresias Regentschaft wie ihr Frühstückshaus im Zoo, und darin wiederum ist sie ein gelungener Kontrast zu den muffigen und banalen Innendekorationen von Schönbrunn.

Ein Bombenangriff der Alliierten auf Wien demolierte nicht nur die Gloriette, sondern tötete auch das Nashorn im Zoo nebenan. Es gibt ein pathetisches Foto vom Nashornpfleger, wie er mit seinem gepanzerten toten Schützling posiert, und ein fröhlicheres von Soldaten der Roten Armee bei den Giraffen in deren Gehege – vermutlich war niemand in der Lage, ihnen zu sagen, dass sie innerhalb der Umzäunung nichts zu suchen hatten. Die Gloriette wurde nach dem Krieg wieder aufgebaut, und mit ihrem pompösen Dekor steinerner römischer Waffen und dem massiven Adler ist sie heute ein etwas seltsames Café. Sie steht da als ein absolutes und fortdauerndes Glaubensbekenntnis an den österreichischen Sieg und die Zuversicht, gleich, wie vielen tatsächlichen Katastrophen und Niederlagen man sich gegenübersah. Nachdem sie genug mit den Giraffen rumgeblödelt hatten, haben die Sowjetsoldaten wahrscheinlich einen erquicklichen Spaziergang zu dem Trümmerhaufen gemacht, der einmal die Gloriette gewesen war. Schlesien wurde nie zurückgewonnen, aber der Rest von Maria Theresias Erbe hatte dem Angriff einer überwältigend großen Koalition seiner Feinde standgehalten.

Krieg um Weihnachtskrippen

Irgendwo inmitten des bildgewaltigen, bizarren Interieurs von Stift Melk sind zwei Besucher aus einer früheren Zeit versteckt: Clemens und Friedrich, die Katakombenheiligen. Es muss ein gefundenes Fressen für die katholische Gegenbewegung gewesen sein, als 1578 in Rom zahlreiche unterirdische Gänge gefunden wurden, gefüllt mit Gebeinen früher Christen. Man nahm damals an, dass man sie dort verscharrt hatte, weil sie verfolgt worden waren, und von den Jesuiten wurden diese «Katakombenheiligen» als erstklassige Beispiele für die Leiden der Urkirche in die ganze katholische Welt exportiert. Tatsächlich waren es die Skelette frommer, aber einfacher Römer, die nun, nachdem sie ein Jahrtausend lang arglos im Dunkeln herumgelegen hatten, willkürlich gewählte christliche Namen verpasst bekamen, kanonisiert und auf einen Maultierkarren gepackt wurden.

Clemens erreichte Melk während der großen Renovierung, Friedrich etwas später, beide eine Schenkung, die Maria Theresia dem Kloster 1762 gemacht hatte. Weil in den Katakomben so viele Skelette gefunden worden waren, konnten diese Heiligen verteilt werden wie Kekse, und noch heute, mit dem richtigen Wort ins richtige Ohr, könnte man sich wahrscheinlich einen sichern. Die

Jesuiten verloren ein bisschen den Überblick, da sie auch mit Teilen der heiligen Ursula, einer Märtyrerin, und ihren elftausend Jungfrauen handelten (ein spektakulärer Schwindel mit einem in Köln ausgebuddelten Skeletthaufen, für die katholische Kirche in etwa das, was die 1901 entdeckten Ölvorkommen von Spindletop für die texanische Ölindustrie waren). In Melk jedenfalls fläzen sich die beiden Skelette in ihren Glaskästen, ihre Schädel ruhen auf grellen Kopfkissen, und sie sind umhüllt von eigenartigen Bodystockings und Juwelen.

Maria Theresias Schenkung des heiligen Friedrich war bereits in den 1760ern Jahren eine ziemlich rückwärtsgewandte Geste, auch die geistige und emotionale Kultur des Katholizismus hatte sich weiterentwickelt. Im folgenden Jahrzehnt wurden die Jesuiten mit Billigung des Vatikans überall in Europa unterdrückt, außer (ziemlich verquer) in Preußen und in Russland, wo Katharina die Große antikatholisch sein mochte, sich aber von irgendeinem Typen, der in Italien lebte, ums Verplatzen nicht hätte sagen lassen, was sie zu tun hatte. Im Katholizismus jedenfalls herrschten eine neue Askese und Zurückgezogenheit im Gebet. Merkwürdigerweise vollzog sich diese Verschiebung fast im Gleichschritt mit der Verbreitung öffentlicher Musiktheater, fast so, als hätten die Impresarios der katholischen Kirche neue Posten in Oper und Oratorium gefunden. Jedenfalls ist es seltsam, dass die hysterische Emotionalität von, sagen wir, Mozarts *Don Giovanni* oder Joseph Haydns *Schöpfung* überwiegend die gleiche extreme Stimmung kanalisieren sollte wie in früheren Jahrzehnten Orte wie Melk, nur in einer neuen Form. Ich weiß nicht, ob es möglich wäre, eine wirkliche Verbindung herzustellen, aber es sieht aus, als sei die außer Kontrolle geratene Inbrunst lediglich umgezogen.

Joseph II. liefert ein Beispiel für diesen Wechsel zu einer intellektuelleren Kirche. Er wollte, was oft und fälschlich als antikatholisch interpretiert wurde, lediglich das Gerümpel des Aberglaubens entsorgen und abblätternde Vergoldung abkratzen, die Orte wie

Melk in der Zeit um Maria Theresias Tod 1780 so unglaublich altmodisch wirken ließen. Schon sie selbst hatte vielen dieser traditionellen Anachronismen skeptisch gegenübergestanden, Josephs Reaktion aber nahm skurrile Ausmaße an. In mancherlei Hinsicht schien Joseph, einer der talentiertesten Habsburger Herrscher, in allem, was er tat, zu schlingern und über sein Ziel hinauszuschießen. Seine Art zu regieren, war sehr merkwürdig. 1765, nach dem Tod von Franz I., wurde er römisch-deutscher Kaiser, und wie es aussah, würde er das Heft der Habsburger wieder fest in die Hand nehmen. Dann jedoch verbrachte er fünfzehn Jahre unter der Bevormundung seiner Mutter, ein Herrscher, der längst wusste, dass man die Sachen zum Laufen brachte, indem man nur mit dem Finger schnipste. Und als sei das nicht schon schlimm genug, musste er sich auch noch mit einem Zeitgenossen seiner Mutter, mit Friedrich dem Großen, herumschlagen, der wie ein Schreckgespenst über seinem Leben schwebte; mit dem Mann, der seine Familie gedemütigt hatte, der zugleich aber auch eine bewundernswerte Figur war und dessen Rationalismus und Strenge dem seltsamen jungen Mann auf ziemlich traurige Weise zum offensichtlichen Vorbild wurden. Wie anders die Zukunft ausgesehen hätte, wenn sich Joseph ein Beispiel an seinem Vater genommen und bloß herumgehangen, Süßigkeiten weggeputzt und mit einem Vergrößerungsglas aus Juwelen gefertigte Bouquets betrachtet hätte. Stattdessen plagte ihn eine fiebrige Besessenheit, die Habsburgischen Erblande, die in seinen Augen der Dynastie nicht gerecht wurden, zu modernisieren und zu überholen, und das jetzt und sofort.

Die katholische Kirche – eine Institution, die in jeder Hinsicht der ideologische Partner der Monarchie war – wurde von Joseph durch einen Haufen von Edikten in Verwirrung gestürzt. Er hatte zu allem seine Meinung: Es ging vom Verbot, in Tirol Weihnachtskrippen herzustellen, bis hin zur zwingenden Anweisung an die Priester, sich fortan praktischer und strapazierfähiger Lederbekleidung zu bedienen (ein trauriges, zugleich urkomisches

Beispiel dafür findet sich in Melk). Klöster, wenn sie sich nicht als der Gemeinschaft direkt dienlich erwiesen, mussten schließen, und eine ganze Tradition weltabgewandter Kontemplation und innerer Einkehr, die bis in die Ursprünge des Christentums zurückreichte, wurde fast vollständig ausgelöscht. Da auch die Jesuiten unterdrückt und vertrieben worden waren, stand eine enorme Zahl von Gebäuden leer, die nun als Schulen, Kasernen und Büros genutzt werden konnten – ein erster Schritt hin zu einem von Papier und Bürokraten angetriebenen Staat. Die Auswirkungen sind noch immer zu sehen, in ganz Mitteleuropa verstreut finden wir sakral wirkende Gebäude, deren Funktion sich als merkwürdig weltlich herausstellt. In Olomouc (Olmütz) gibt es einen Gedenkstein an der Seite des heutigen Regionalmuseums, der erklärt, wie Joseph II. dieses Kloster des Klarissenordens geschlossen hat, um daraus die örtliche Schule zu machen. Jesuitische Kirchen wurden neu zugewiesen – die Kirche in Linz etwa, deren Priester und Kanoniker jahrelang alle Hände voll damit zu tun hatten, sich um die Eingeweide Friedrichs III. zu kümmern, wurde umgewandelt zum Dom der Stadt. Die Kirche war Großgrundbesitzerin, ihr gehörte die Hälfte der Krain und mindestens ein Drittel von Mähren: Joseph war stinksauer über Kirchenland, das, wie er es sah, unnütz brachlag, und riss sich unter den Nagel, was er kriegen konnte – ein wahrlich revolutionärer Akt, der etwas später unerwartete und verheerende Auswirkungen auf den Rest des Heiligen Römischen Reichs haben sollte.

Nicht weniger anstößig fand Joseph all die Tage, die mit sinnlosen Prozessionen und Wallfahrten verplempert wurden, Tage, welche die Bevölkerung hätte nutzen können, um die Wirtschaft voranzutreiben, deshalb ging ein Großteil des komplexen religiösen Kalenders der Habsburger über Bord, Prozessionen und Wallfahrten wurden verboten oder streng reguliert. Viele Katholiken waren mit den meisten dieser Aktionen einverstanden. Atheisten blieben eine beinahe unsichtbare kleine Gruppe, und die Form der Erneuerung, die Joseph durchführte, hatte einen respektablen katholischen Stammbaum und hatte bereits unter Maria Theresia begonnen.

Als Nebeneffekt des Besitzes der Österreichischen Niederlande drang der Jansenismus, der dort seine Wurzeln hatte, rasch bis nach Wien vor. Die katholische Erneuerungsbewegung mit ihrer kalten Askese und der großen Bedeutung, die sie den Gemeindepfarrern gab, befremdlich für Fans goldbestickter Gewänder und fliegender Babys, weckte viel Misstrauen. Der Jansenismus, so lautete ein alter Witz, gleiche dem Verlauf der Donau – sie beginnt katholisch, wird dann protestantisch und endet im Unglauben. Aber Maria Theresia selbst war unter seinen Einfluss geraten: ein angemessener Lackmustest seiner Legitimität.

Der Aufstieg des Freimaurertums wurde bislang als weltliche Herausforderung selbst einer generalüberholten katholischen Kirche angesehen. Bedenkt man aber, wie viel großartige katholische Musik Mozart schrieb oder dass zwei Äbte des Stifts Melk mit ihrem Freimaurerschurz in den Sarg gelegt und begraben wurden, kann es mit dieser Herausforderung nicht weit her gewesen sein. Was die meisten seiner Unterstützer vergraulte, war Josephs auch hier unerbittliche, ungeduldige und humorlose Unfähigkeit, Prioritäten zu setzen. Grundbesitz der stets gierigen Kirche aufzulösen, hätte seine große Errungenschaft werden können, aber er verhedderte sich in dummen Zankereien über Weihnachtskrippen und der Belästigung von Priestern, die nicht in Leder rumlaufen mochten. So kam schließlich keine aufgeklärte Reform heraus, sondern er brachte seine Untertanen nur durcheinander, machte sie ohne Not unglücklich.

Auch jenseits der Kirche ging Joseph auf alle Privilegien und verknöcherten Gewohnheiten los, als könne er sein Herrschaftsgebiet durch schiere Willenskraft aus einem Gemenge partikularistischer, multilingualer Staaten in die kohärente Einheit verwandeln, die ihm vorschwebte, in einen richtigen Staat wie Großbritannien oder Frankreich. Das war lächerlich: Das Einzige, was die Habsburgerländer miteinander verband, war, dass sie durch Glück und List in den Schoß seiner Familie gefallen waren. Das aber, typisch für Joseph, kam ihm nie in den Sinn – er scheint sich nie gefragt zu haben, ob eine auf Rationalität gegründete Politik nicht eher zum größten Albtraum der Habsburger werden müsse. Ein gebildetes, aufstiegsorientiertes, nicht abergläubisches Volk hätte durchaus andere Interessen entwickeln können, als einfach nur Josephs neueste Grille zu unterstützen. Er scheiterte am unbeweglichen Durcheinander der Territorien, aber es ist interessant, dass er überhaupt aufräumen wollte, und er war, vom erfolglosen Franz Ferdinand abgesehen, der letzte Habsburger, der sich auf sein Erbe gestürzt und versucht hat, ihm eine richtige Form zu geben. Auf symbolischer Ebene tat er das, indem er sich weigerte, sich zum König von Ungarn krönen zu lassen, und die verschiedenen Staatskronen alle nach Wien bringen ließ; er bestand darauf, dass die Monarchie nun ein einziger, unitaristischer Staat sei. Deutsch würde die offizielle, die Amtssprache sein, und die Ungarn sollten gezwungen werden, in allen offiziellen Belangen deutsch zu sprechen oder zu schreiben. Die Leibeigenschaft sollte abgeschafft, der Klerus besteuert werden und der Adel seine rechtlichen Privilegien verlieren, Korsette wollte er verbieten, weil sie schädlich seien für die Gebärfähigkeit der Frauen, auch Nichtkatholiken sollten Kirchen bauen dürfen, die antiquierten «spanischen Gepflogenheiten» bei Hofe, das Verbeugen und der Kratzfuß, sollten verschwinden.

Diese Veränderungen wurden überlagert von der Französischen Revolution, zudem wurden viele seiner Edikte nach Josephs vorzeitigem Ableben wieder kassiert, zunächst aber waren ihre Auswirkungen frappierend. Wer Adeliger und Ungar war oder viele Leibeigene hatte, wer auf Korsetts und Tiroler Krippen stand, den musste immer wieder sprachloses Entsetzen packen. Es war, als lege sich Joseph allein kraft seines Willens mit jeder Splittergruppe des Landes an. Als er 1790 an Überarbeitung, persönlichem Elend und Tuberkulose starb, muss es unter den trauernden Untertanen auch viele gegeben haben, die sich aus diesem Anlass ein Gläschen genehmigten.

Die Aufhebung einer großen Zahl von rechtlichen Benachteiligungen für die Juden ist eine der Veränderungen, für die Joseph am meisten geehrt wurde; über Generationen hinweg betrachteten galizische Juden Joseph als eine der bedeutenden Gestalten ihrer Geschichte: Mitte des 19. Jahrhunderts wurde das jüdische Viertel in Prag im Gedenken an ihn in Josefstadt umbenannt. Einige dieser Benachteiligungen waren so grotesk, dass man sich nur schwer vorstellen kann, dass es sie je gegeben hatte. Juden konnten jetzt den gelben Stern von ihrer Kleidung entfernen, durften sich frei im Königreich bewegen, eigene Fabriken eröffnen, christliche Bedienstete einstellen, Universität und Theater besuchen. Es war ihnen nun auch erlaubt, sonntags und an christlichen Feiertagen ihre Häuser zu verlassen, was zuvor verboten war, mit der Begründung, es sei eine Beleidigung, wenn sie, die Mörder Christi, sich an diesen Tagen in der Öffentlichkeit zeigten. Diese Veränderungen leiteten eine neue und mächtige Beziehung zwischen den Habsburgern und Juden ein, die schließlich in der Großartigkeit mündete, zu der sich die Kultur Mitteleuropas im ausgehenden 19. Jahrhundert entwickelte. Josephs Motive folgten allerdings, wie immer, seinen Effizienzvorstellungen – er wollte aus Juden vollwertige produktive Bürger machen, und er wollte ihre Söhne für sein Heer. Daneben existierten natürlich weiterhin die üblichen abwegigen Vorstellungen, die alles habsburgische Nachdenken über Juden begleiteten. Als Katholik glaubte Joseph, dass die Juden nur darum an ihrem Glauben hingen, weil sie unter so vielen rechtlichen Beschränkungen leben mussten. Wenn sie erst am allgemeinen Leben teilnehmen würden, deutsche Namen annähmen und in der Schule Deutsch lernen könnten, würden sie aufhören, Juden zu sein. Die Ungarn kamen mit «ihren» Juden zu demselben Schluss – vollwertige Bürgerschaft würde letztendlich zur Bekehrung führen. In begrenztem Maß ist das über die folgenden Jahrhunderte hinweg tatsächlich so gekommen; auch viele ethnische Tschechen, Kroaten, Slowenen und andere germanisierten oder magyarisierten sich selbst. Dieser Irrglaube im Kern der Reformen – man müsse die Juden nur in eine imaginäre Hauptkultur aufnehmen, dann könne man darauf hoffen, dass sie sich irgendwann darin auflösten –, dieser abwegige Glaube sollte noch eine lange Geschichte haben, mit schrecklichem Ende. Die Juden selbst verstanden natürlich, was da vor sich ging, und unter ihnen begann eine Epoche großer Debatten: Was war die richtige Antwort auf diese Reformen? Wie viel Kompromissbereitschaft würde die Natur des Judentums untergraben? Auch die Germanisierung war eine Philosophie mit katastrophaler Zukunft, denn sie basierte auf der Annahme, dass es den anderen Sprachen bestimmt sei, ihre Unterlegenheit einzusehen und unterzugehen. In den 1780er Jahren waren das noch unverbundene Facetten in der Fülle der josephinischen Reformen und Edikte, die am laufenden Band aus der Hofburg kamen – Schloss Schönbrunn war als ineffizient und altmodisch eingemottet worden.

Joseph hat vermutlich Glück gehabt, dass er 1790 gestorben ist und nicht später, denn selbst ohne die Französische Revolution waren seine Aktionen bereits deutlich aus dem Ruder gelaufen. Als sich die Straßen mit obdachlosen Nonnen, Krippenschmugglern und wütenden Adligen füllten, war es unklar, ob Joseph nicht vielleicht sogar eine Revolution im eigenen Land provoziert haben könnte. Versuche, die Leibeigenschaft aufzuheben, eröffneten zum Beispiel ein weiteres Feld massiver Benachteiligungen, die auf Sprache beruhten. Die Ungarn aus Siebenbürgen hatten tagtäglich mit Rumänen zu tun, denn die meisten ihrer Leibeigenen waren Rumänen (oder Walachen, wie sie genannt wurden). Tatsächlich waren die Rumänen die größte Gruppe im unübersichtlichen Völkergemisch Siebenbürgens. Auch die Ungarn bildeten keineswegs eine kohärente Gruppe, waren, wie jede komplexe Gesellschaft, in konkurrierende Elemente gespalten, in adlige Grundbesitzer, einen häufig verarmten niederen Adel und viele kleine Bauern. Dazu gab es die sehr große, separate Gruppe der Szekler, die bis ins 18. Jahrhundert hinein als «Grenzwächter» gedient hatten. Sie sprachen zwar Ungarisch, hatten aber mit den ungarischen Adligen von Cluj wenig gemein. Die Ungarn wiederum taten so, als existierten die Rumänen gar nicht und Siebenbürgen sei ein durch und durch ungarisches Land. Diese Spannung (oder Phantasie) sollte sich fortsetzen bis zur Katastrophe von 1918 und hatte den gleichen Beigeschmack wie die Apartheidspolitik im Südafrika des 20. Jahrhunderts. 1784 brach eine abscheuliche Revolte unter den Anführern Horea, Cloşca und Crişan aus. 36 000 Walachen, getrieben vom Hass auf die ungarischen Grundherrn, aber auch ermutigt durch die Verwirrungen um die josephinischen Reformen, folgten ihnen quer durch das westliche Siebenbürgen. Tausende Ungarn wurden ermordet, kaiserliche Soldaten den Aufständischen entgegengeschickt, und wieder kam es zu den üblichen Massakern. Horea und Cloşca wurden schließlich gerädert und gevierteilt und, was von ihnen blieb, auf Stangen gespießt und die Straße entlang aufgestellt. Crişan gelang es, diesem Schicksal zu entgehen, indem er sich im Kerker selbst umbrachte. Diese Ereignisse legten nahe, dass Joseph womöglich dabei war, die Monarchie ins absolute Chaos zu führen. Zumindest war dies die Schlussfolgerung seiner Nachfolger, die durchgriffen und die Reformen entradikalisierten, als die Französische Revolution ausreichend Gründe lieferte, sich vor weiteren Reformen zu hüten. Die Revolte von Horea, Cloşca und Crişan sollte jedoch ein langes Nachspiel haben.

Erlauchte Leichen

Josephs Reformen waren immer eine seltsame Mixtur aus Gutgemeintem und einfach nur Eigentümlichem. Ein schönes (wenn auch furchtbares) Beispiel hat sich in der düsteren Festung Špilberk in Brno (Brünn) erhalten, die wirkt, als hätte Piranesi sie entworfen. Ihr hängt eine lange Geschichte der Schande an, und selbst wenn sie in der Gegend als Familienausflugsziel beworben wird, ihre erbärmliche Existenz als Kaserne und Gefängnis nicht nur der Habsburger, sondern auch der Nationalsozialisten wird sie nicht los. Einer ihrer schlimmsten Räume demonstriert die seltsamen Ergebnisse dessen, was Josephs Sternstunde hätte sein sollen – die Abschaffung der Todesstrafe.

Der Todesstrafe lag immer auch der Unwille der Autoritäten zugrunde, lange Gefängnisstrafen zu finanzieren. Die meisten Kriminellen wurden zu Geldstrafen verurteilt, oder ihr Eigentum wurde konfisziert; sie konnten verkauft, der Stadt oder gar des Landes verwiesen werden. Grausige Verstümmelungen standen ebenso im Katalog der Strafen wie öffentliche Demütigungen entweder am Schandstock oder indem man den Übeltäter zwang, eine merkwürdige Metallmaske zu tragen. Ein paar abschreckende Exemplare sind in der Salzburger Festung zu sehen – eine Woche lang als verstoßener Verwandter von Tin Man durch die Straßen zu geistern, gemieden und nach Luft ringend, muss eine ziemliche Tortur gewesen sein. Ketzer schließlich konnten bei lebendigem Leibe verbrannt werden, und Verbrechen gegen den Staat wurden bestraft, indem man die Delinquenten als Sklaven auf Galeeren schickte, wenn sie nicht auf die grauenhafte und abschreckende Weise hingerichtet wurden wie die rumänischen Rebellen. Der Staat hatte also viele Möglichkeiten der Bestrafung, lange Haft aber war nicht darunter. Zwar konnten Schuldner, potenziell nützliche politische Gefangene oder fehlgeleitete Familienmitglieder längere Zeit eingesperrt werden, doch Kerkerhaft mit jahrzehntelanger Verpflegung und Betreuung auf Staatskosten gehörte nicht zum Repertoire.

Das Gefühl, dass Hinrichtungen entwürdigend waren und den Ideen der Aufklärung widersprachen, war allerdings recht weit verbreitet. Ihr Zweck war das große öffentliche Spektakel, eine auf die Bühne gebrachte, lebensechte Version der Moralitäten, die als billige Drucke kursierten, als Bücher und Predigten über Pflicht, Gehorsam und die Notwendigkeit, den Stolz zu zügeln, doch solche Veranstaltungen gerieten häufig außer Kontrolle. Wir wissen nicht, mit welchen Gefühlen die Menge Cloşcas und Horeas endloses Leiden verfolgte, aber wir dürfen wohl annehmen, dass ihr Status als rumänische Volkshelden ebenso sehr durch die Hinrichtung etabliert wurde wie durch ihre Rebellion. Aber wenn es diese grausamen Schaustellungen nicht gab, was sollte sie ersetzen? Die Abschaffung der Todesstrafe durch Joseph war daher ein Problem, denn es musste eine Alternative gefunden werden, und eigentlich blieb nur die Langzeithaft.

Teile der Festung Špilberk wurden 1858 außer Betrieb genommen. Der Militärgouverneur öffnete sie als Touristenattraktion, ließ von Schmieden Folterinstrumente nachbilden, fabrizierte eine nicht wirklich interessante Legende über untreue Ehefrauen, die in einem der Räume eingemauert worden seien, und fügte, quasi als Readymade, eine gefolterte Puppe dazu. Ernsthafter war die Rekonstruktion von Josephs II. «Dunkelzellen» für jene Mörder, denen jetzt die Hinrichtung erspart blieb. Das neue aufgeklärte Regime verlangte, dass der Gefangene den Rest seines Lebens angekettet in einem Holzverschlag in völliger Dunkelheit und Stille (abgesehen vom fernen Geläut der Kirchenglocken) verbrachte und ihm Wasser und Brot von einem stummen Kerkermeister durch eine Klappe zugeschoben wurden. Schon nach wenigen Wochen drehten Gefangene komplett durch oder wünschten sich den eigenen Tod herbei.

Eine Alternative fand Joseph darin, tausend oder mehr Gefangene nützliche Arbeit verrichten zu lassen, indem sie Lastkähne die Donau hinaufzogen. Das war kaum besser als die Dunkelzellen, denn zwei Drittel der Verurteilten, die Frachtkähne an Seilen und Ketten, manchmal durch brusttiefes Wasser, treideln mussten, starben an Malaria, Unterernährung und Erschöpfung – eine ziemlich eigenartige Form des Reformismus, mehr lässt sich zu solchen Initiativen wohl nicht sagen. Aber sie bieten eine grobe Skizze für all den erschreckenden, pseudorationalen Eifer, der Europa von nun an in unregelmäßigen Abständen erschüttern sollte.

Ein attraktiveres Beispiel für die Gangart geistiger Veränderungen im 18. Jahrhundert findet sich, wenn wir noch einmal auf Clemens und Friedrich zurückkommen, die beiden Katakombenheiligen, die immer noch im Donautal zittern, weit entfernt von ihrer warmen römischen Heimat. Sechzehn Jahre nachdem seine Mutter den heiligen Friedrich gestiftet hatte, war Joseph in Florenz bei seinem jüngeren Bruder Leopold, dem Großherzog der Toskana. Er sah dort einige außergewöhnliche anatomische Modelle aus Wachs und beauftragte ihre Schöpfer, Paolo Mascagni und Felice Fontana, eine wesentlich größere, komplexere und detailreichere Gruppe von Wachskörpern für das Josephinum herzustellen, die von ihm 1784 gegründete militärmedizinische Akademie in Wien. Es waren wahrscheinlich jüngste Nachfahren der Maultiere, die den heiligen Friedrich über den Brennerpass geschleppt hatten, die nun die 1780er Jahre damit verbrachten, über tausend Wachsmodelle über dieselbe Route zu karren. Diese erstaunlichen Objekte, die heute im großen medizinischen Museum im Josephinum ausgestellt sind, können mit Recht beanspruchen, zu den großartigsten Kunstwerken des späteren 18. Jahrhunderts zu gehören, sowohl als reimaginierte italienische religiöse Skulpturen als auch in der revolutionär neuen Einstellung zum menschlichen Körper, die in ihnen zum Ausdruck kommt.

Natürlich sind sie als Elemente des Anatomiehörsaals brillant präsentiert. Es war mir nicht möglich zu sagen, ob das in einer medizinischen Fakultät seine Richtigkeit hatte oder ob es ein Streich des Kurators war, dass leichter Äthergeruch in den Räumen lag: bemerkenswert, wie er zur Frankenstein'schen Atmosphäre beitrug, zur Verquickung von Kunst und Wissenschaft. Schon viel schlichtere und gröbere Präparate des Nervensystems oder von Arterien, zum Beispiel im Medizinhistorischen Museum von Ingolstadt oder im Hunterian in London, sind gruselig genug, aber das Josephinum präsentiert eine endlos variierte Reihe solcher Memento mori. Auf der Seite liegend, ja, in der gleichen Position wie die Katakombenheiligen, das Wachs in so lebendigen Farben, als seien sie gerade erst angefertigt worden, kommen diese aufgeschnittenen, auseinandergeklappten Menschen der Realität verblüffend nah. In einem anderen Raum stehen männliche Figuren, die selbst mit weitgehend entfernter Haut und zur Schau gestellten inneren Organen, die Augen riesig in ihren enthäuteten Gesichtern, herausfordernd auf die Betrachter starren und deren Blick in eigentümlich edler Weise erwidern. Ihnen gegenüber wirken die vollendetsten Skulpturen derselben Epoche einfach nur träge und formelhaft. Sogar eine eher beiläufig aufgestellte Folge schauderhafter menschlicher Wachstorsi gibt es, die Militärchirurgen und Wundärzten helfen sollten, die unterschiedlichen Verwundungen anhand ihres äußeren Erscheinungsbildes zu identifizieren. Die Modelle zeigen Menschen als funktionierende (oder eben nicht funktionierende) Maschinen und nicht mehr als gottgeschaffene Behältnisse des Lebens. Es ist unmöglich, Fassung zu bewahren, wenn man darüber staunt, wie korrekt der Skulpteur die Muskeln sich dehnen lässt, wenn die Haut vom oberen Bein weggezogen ist, oder wenn man sich der großen Wachsprostata gegenübersieht. Die Wirkung auf den Betrachter hat etwas ebenso Sakrales wie Wissenschaftliches: Gleich schaffen diese zerstörten, doch so eindrucksvollen, bewegenden Menschen ihre eigene vollständige Welt, und tritt man schließlich auf die kalten Straßen Wiens hinaus, in die alltägliche Geschäftigkeit, mischt sich unter fröhliche Studenten in Dufflecoats, fühlt man sich wie ausgeschlossen aus etwas fast Übermächtigem.

Wenn man die Welt teilt

Monarch zu sein, war nach allen herkömmlichen Maßstäben gewiss nicht nur ein Spaß. Müsste man jedoch den absoluten Gipfel fröhlicher monarchischer Erfahrung bestimmen, wäre der zweifellos an einer Biegung des Dnjepr im Jahr 1787 zu finden. Dort begab sich Katharina die Große an Bord, um ihre großartige Reise in den Süden anzutreten, wo sie ihr neu erworbenes Territorium, die Krim, inspizieren wollte.

Katharina gehört zu jener Handvoll Herrscher, die ihre Rolle wirklich liebten. Als Deutsche aus dem Kleinststaat Anhalt-Zerbst kam sie nach Russland, um den Thronerben Peter zu heiraten, auch er ein Deutscher, aus dem nicht weniger kleinen Herzogtum Holstein-Gottorf, aber, was bedeutsamer war, auch ein Enkel von Peter dem Großen. Vielleicht lag es daran, dass sie eine Außenseiterin war, jedenfalls genoss sie es über die Maßen, zur Russin zu werden, in russischen Merkwürdigkeiten und russischer Größe zu schwelgen, der orthodoxen Kirche beizutreten, ihren Namen von Sophie in Katharina zu ändern – und ihren Gatten ermorden zu lassen. Ständig scheint diese Zarin auf einem gigantischen goldenen Prachtwagen zu sitzen und von Vertretern abhängiger Nationen durch die Gegend gezerrt zu werden, während Mädchen Blütenblätter über das gesamte Ensemble werfen und speziell dressierte Tauben in einer Formation darüber hinwegfliegen, seidene Banner in ihren Schnäbeln, auf die erbauliche lateinische Sprüche gestickt sind. Im Jahr 1787 lebte sie ihre allegorische Phantasie vollends aus. In Pelze gehüllt, mit Schmuck beladen, schaute sie hinüber zu den jubelnden Massen, die sich am Flussufer aufgereiht hatten, sah atemberaubende Feuerwerke und Tausende Kosaken, die Schlachten nachstellten, alles unter der Regie ihres ehemaligen Liebhabers Fürst Grigori Alexandrowitsch Potjomkin. Der Dnjepr, den man heute eher mit verrosteten Wasserkraftwerken in Verbindung bringt, wird niemals glamouröser gewirkt haben. Während sich Katharina und ihre Gäste damit verlustierten, Triumphbögen zu entwerfen, Potjomkins quietschvergnügte, nur aus Mädchen bestehende leichte «Amazonen»-Kavallerie bewunderten und darüber plauderten, welchen Nachbarstaat man sich als nächsten vornehmen solle, gab ein mürrischer Habsburger Besucher den einzigen Spielverderber.

Joseph II., schlicht gekleidet und inkognito reisend, war genau die Art Langweiler, auf die die kichernde Bande an Bord gut verzichten konnte. Hochnäsiges über «diese katharinisierte Prinzessin von Zerbst» vor sich hin grummelnd, tat er, was er konnte, um für schlechte Stimmung zu sorgen. Aber selbst mit einem Joseph an Bord, der alles vermaß, statistische Fragen stellte und versuchte, Fehler zu finden, muss es dann doch die beste Spritztour der Welt gewesen sein. Dass am Ufer gefakte Dörfer aufgebaut worden seien, um die Zarin zu täuschen, war selbst ein gehässiges Lügenmärchen – die «Potemkin'schen Dörfer» jedoch sind seither jedem im Bewusstsein. Aber Potjomkin hatte, selbst wenn manches noch in ziemlich embryonaler Form herumstand, echte Paläste, echte Bauernhöfe, echte Städte bauen lassen. Was Joseph, als sie die Krim erreichten, staunen ließ, war, dass er hier ein Gebiet vor sich sah, das den Osmanen gerade erst entrissen worden war, aber bereits strotzte vor Energie und Glanz, und das in einer Weise, die weit über das Vermögen der Habsburger hinausging. Sewastopol, vier Jahre zuvor gegründet, verfügte bereits über Befestigungen und eine Kriegsflotte. Wenn sie nicht gerade köstliche neue Getränke ausprobierten oder im ehemaligen Palast des Khans der Krim herumalberten – wo sich Joseph ein tscherkessisches Sklavenmädchen gekauft zu haben scheint, ein seltener, aber beinahe freudig aufgenommener Sturz in pure Scheinheiligkeit –, gab es Ernsthaftes zu besprechen.

Seit Joseph 1765 römisch-deutscher Kaiser geworden war, fand in der Welt östlich von Wien eine erstaunliche und enervierende Wandlung statt: Zwei Staatsgebilde, die über Jahrhunderte die europäische Geschichte bestimmt hatten, das Königreich Polen und das Osmanische Reich, erschienen plötzlich verwundbar. Das erste, das zusammenbrach, war Polen. Immer wieder im 18. Jahrhundert schmiedeten verschiedene europäische Staaten Teilungspläne. Katharinas Vorgängerin, die Zarin Elisabeth, hätte am liebsten Preußen von der Landkarte entfernt, indem sie es zwischen seinen Nachbarn aufteilte: nur durch ihren Tod blieb Friedrich und seinem Reich dieses Schicksal erspart; und noch mal drohte seinem Königreich die Teilung, und es entging ihr nur knapp, als nämlich Napoleon dort einfiel. Von Italien waren seit längerem immer wieder Teile abgetrennt oder getauscht worden. Das kontinentale Reich der Schweden war bereits zu Anfang des Jahrhunderts liquidiert worden. Mit Polen war es etwas anderes: ein großer, alter Staat, dessen Herrscher das Sumpfland des Ostens gegen die Angriffe der Tataren verteidigt und die Habsburger gerettet hatten, indem ihre Kavallerie unter Sobieski 1683 den Sturm auf die Osmanen vor Wien eingeleitet hatte. Seit jenem Höhepunkt aber war Polen immer schwächer geworden, nicht zuletzt durch die katastrophale, siebzigjährige Regentschaft der aufgeblasenen und unbeholfenen Kurfürsten von Sachsen, die seit 1697 mit kurzer Unterbrechung in Personalunion auch Könige von Polen waren.

Den Russen gelang es, die sächsischen Könige von Polen zu ihren Marionetten machen. Die Polen versuchten alles, um ihrer misslichen Lage zu entrinnen, aber weder die Preußen im Nordosten noch die Russen im Osten hatten ein Interesse, ihnen zu helfen. Als die Polen versuchten, einen Zollposten zu errichten, baute Friedrich der Große eine Festung an der Weichsel, um auf die Zollschiffe zu feuern. Friedrich vergnügte sich auch damit, das Land mit minderwertigen Falschmünzen zu überschwemmen, ein wenig aufwendiges Mittel, um Polens Wirtschaft zu ruinieren. Zur Zeit der Kriege Mitte des 18. Jahrhunderts marschierten russische und preußische Truppen, die Souveränität Polens ignorierend, durch dessen Territorien, beschlagnahmten und plünderten, ohne sich um die polnische Regierung zu kümmern.

1772 erreichten Chaos, Bitterkeit und Arglist ihren Höhepunkt. Polen, umgeben von stärkeren Staaten, mit einer Wirtschaft, die in Trümmern lag, und Städten, die faktisch schrumpften, und dies in einer Zeit, in der das übrige Europa großenteils boomte, dieses Polen wurde zwischen Preußen, Russland und Österreich aufgeteilt. Der Begriff «Erste Teilung» klingt rational und fast ein wenig chirurgisch, durchgesetzt jedoch wurde sie mit enormer Gewalttätigkeit und gegen schweren polnischen Widerstand. Hauptsächlich von Friedrich dem Großen vorangetrieben, sah die Teilung vor, dass Preußen sich einen Block Land im Nordwesten, entlang der Ostsee, herausschnitt und Russland ein wesentlich größeres, aber dünner besiedeltes Stück im Osten erhielt. Maria Theresia war nicht glücklich über die Idee (und zu Recht, angesichts dieser moralischen Gräueltat), letztendlich aber konnten weder sie noch Joseph und schon gar nicht ihr wichtigster Berater Wenzel Anton Graf Kaunitz einer solchen Bereicherung widerstehen und schnappten sich einen fetten Brocken Land im Südosten, Galizien und Lodomerien jenseits der Karpaten. Damit ging Polen über ein Drittel seines Territoriums verloren, und was verblieb, war wirtschaftlich nicht lebensfähig; zudem wurde dieses Rumpfpolen für alle praktischen Belange unter russisches Protektorat gestellt.

Wir kennen nicht die Einzelheiten der Diskussionen, die Joseph mit Katharina geführt hat, als sie über die Krim spazierten, aber da die erste Teilung ohne Zwischenfälle über die Bühne gegangen war (und keine andere europäische Macht Einspruch erhoben hatte), gab es wenig Grund, sich nicht auch den Rest noch zu nehmen. Sowohl Katharina als auch Joseph sahen die Möglichkeit einer weiteren reichen Ernte. Kitzlig war jedoch die Frage, ob sie erfolgreich kooperieren konnten oder über all dem Geschacher zuletzt zu Feinden würden. Auf kurze und mittlere Sicht aber sah es so aus, als gäbe es genug Kuchen für alle. Und als die Französische

Revolution und ihre Nachwehen alle anderen Ereignisse überlagerten, verschwand Restpolen durch zwei weitere Teilungen (1793 und 1795), von der übrigen Welt fast unbemerkt, von der Landkarte – wobei die Habsburger an der zweiten nicht beteiligt waren, sich dafür aber bei der dritten Teilung ein riesiges neues Gebiet (Westgalizien) sichern konnten, das sich fast bis Warschau erstreckte.

Was Katharina aber so richtig packte, war die Frage, was für sie nun noch vom Osmanischen Reich zu holen war; sie träumte von enormen Projekten. Der für Russland äußerst vorteilhafte Frieden von Küçük Kaynarca 1774 hatte ihr den Weg geebnet, sich die Krim zu schnappen. Jetzt erklärte sie Joseph ihre neuen Pläne: Sie wollte aus dem östlichen Balkan ein Königreich Dakien machen und in Konstantinopel ein byzantinisches Königreich errichten, das ihr Enkel, der vorsorglich bereits auf den Namen Konstantin getauft worden war, regieren sollte. Sie und Potjomkin hatten das griechische Erbe, das Russland für sich beanspruchte, bereits gefeiert, indem sie das Khanat Krim in Gouvernement Taurien umbenannt und dort Städte mit griechischen Namen gegründet oder entsprechend umbenannt hatten: Sewastopol (ehrwürdige Stadt), Simferopol (nützliche Stadt), Jewpatorija (ein Titel von Mithridates VI.) und so fort. Es war ein verrücktes Vorhaben, aber wenig schien ihm entgegenzustehen, und jede neue, große Erweiterung des russischen Territoriums machte den nächsten Sprung logisch. Erschüttert und beeindruckt kehrte Joseph nach Wien zurück, konfrontiert mit der Frage, welche die Albträume der Habsburger bis 1918 beherrschen sollte, als im Gegenzug ihre eigenen Länder aufgeteilt wurden. Ihm war natürlich sehr wohl bewusst, dass Habsburg die Preußen jahrzehntelang nicht hatte zügeln können; das war nicht mehr zu ändern und hinzunehmen, und insofern war Friedrich des Großen großer Griff nach Polen umso deprimierender. Wirklich erschreckend jedoch war die Erkenntnis, dass ein unabhängiges Polen, so schwach und gefährdet es war, doch eine wertvolle Barriere dargestellt hatte: Es war also ein großer Fehler gewesen, die Russen so weit nach Westen einzuladen. Auch die Pläne eines Königreichs Dakien klangen alles andere als verlockend, denn es würde die Mündung der Donau kontrollieren, die, war sie erst von ihren aktuell wenig hilfreichen osmanischen Eigentümern befreit, doch eigentlich zur Haupthandelsroute der Habsburger hätte werden sollen. Liefen die Habsburger also Gefahr, dauerhaft von einem Monster in die Zange genommen zu werden?

Gebunden durch die Allianz mit Russland war Joseph, kaum zurück in Wien, mit einem erneuten Türkischen Krieg konfrontiert. Konstantinopel hatte sich klugerweise dazu entschieden, die Initiative zu ergreifen und nicht darauf zu warten, dass sich die Russen erneut hineinfraßen. Joseph marschierte im Balkan ein, an der Spitze eines enormen Heers von rund 250 000 Mann, voller chiliastischer Träume davon, dass sich Katharinas Vision vielleicht doch noch übertrumpfen ließ. Unglücklicherweise brachen Seuchen aus, die Soldaten wurden krank und hungerten – mindestens 30 000 Männer starben im ersten Jahr einfach nur an Krankheiten. Die Erfolgsaussichten schrumpften. Auch Joseph wurde sehr krank und kehrte nach Wien zurück, wo er 1790 starb. Er hatte lange genug gelebt, um noch von einer sensationellen Folge russischer Siege zu hören, aber auch von einem Sieg der Habsburger, dem erfolgreichen Sturm auf Belgrad. Diese Ereignisse wurden durch nicht weniger als fünf feierliche Stücke von Mozart gerühmt, zuletzt auch mit einem *Te Deum* im Stephansdom, dem ein sehr kranker, gramgebeugter Joseph beiwohnte, der sich sein ganzes Leben lang darauf vorbereitet hatte, seine großartige, dynastische Armee zum Ruhm zu führen, und sich stattdessen hustend in Wien wiederfand.

Das Osmanische Reich war nun keine ernsthafte Gefahr mehr für Österreich, damit hatte sich aber auch die Rolle des wichtigsten Schutzschilds für Europa erledigt, die die Monarchie etwa dreihundert Jahre lang innegehabt hatte. Wie so häufig hätte man auch hier mit Wünschen vorsichtiger sein müssen, denn die Habsburger saßen nun auf einem neuen, verarmten, schwer zu verteidigenden

Brocken Balkanland. Das machte sie nicht anders als das zerlegte Polen abhängig von Gunst und Wohlwollen der Russen – und sie wollten doch nichts mehr, als die Russen von der Donau fernhalten. Auch für das Heilige Römische Reich hatte der Zusammenbruch des Osmanischen Reichs seltsame Folgen. Die Ansprüche, die die Habsburger auf die Ressourcen des Reichs erheben konnten, hatten sich aus ihrer Verteidigung der Christenheit abgeleitet, zahllose Deutsche hatten zudem an der Ostgrenze gekämpft. Es gab viele Gründe, dass das Heilige Römische Reich in dem Jahrzehnt zusammenbrach, in dem die alte Grenze endgültig fiel, gleichwohl ist es erstaunlich, wie rasch es dazu kam.

Eine ähnliche Dynamik lässt sich 1913 beobachten, als die letzten osmanischen Truppen den größten Teil des südlichen Balkans verließen, nur ein Jahr vor Beginn des Ersten Weltkriegs. Es ist, als hätte Konstantinopel Mitteleuropa eine Art Disziplin verliehen, ohne die es, weit davon entfernt, Früchte des Friedens zu ernten, in ein aberwitziges Durcheinander geriet.

Als Joseph auf dem Sterbebett lag, vernahm er mit Schrecken, dass seine jüngere Schwester Maria Antonia (Marie Antoinette) in Paris unter Hausarrest stand – aber sich darum zu kümmern, lag nun in der Verantwortung seiner Nachfahren.

IX

«Sonnenaufgang»

Ein Zwischenspiel rationaler Besonnenheit

Niederlage durch Napoleon, Teil eins

Niederlage durch Napoleon, Teil zwei

Irgendwie wird alles noch schlimmer

Eine Hochzeit im engsten Kreis

Zurück zur Natur

«Sonnenaufgang»

Während seiner gesamten Regierungszeit saß Joseph II. in einer pompösen, ermüdenden, von ihm selbst erfundenen Maschine, er musste all die Hebel ziehen, all die Griffe betätigen. Es war, als büße er persönlich für das sorglose Desinteresse seiner Vorfahren an Verwaltungsreformen. Die Anstrengung brachte ihn um, und seine Vorstellung hat in der Tat sowohl verrückte als auch deprimierende Züge. Er sah sich selbst als «ersten Bürger», wenn auch als einen Bürger, dem in allen Dingen fraglos zu gehorchen war, und diese Selbstwahrnehmung führte zu unzähligen Demütigungen. Am amüsantesten war vielleicht sein Bestehen auf schlichter militärischer Uniform, was einst dazu führte, dass sich, als er vor dem Stephansdom umherging, ein Priester an ihn heranmachte, um ihm pornographische Bilder zu verkaufen – was einen Sturm kaiserlicher Marotten über den Gottesmann hereinbrechen ließ.

Sieht man jedoch von allen Schikanen und Schrullen ab, ein paar glückliche Ergebnisse zogen diese Widersprüche schon nach sich. Josephs begeisterter Förderung der neuen deutschen Oper ist Mozarts *Entführung aus dem Serail* (1782) zu verdanken, deren verspieltes «à la Turca» ein Indikator dafür ist, dass die Türken allmählich an Bedrohlichkeit verloren. Ein weiterer Geisteswandel bewirkte eine Rückkehr zu traditionelleren Elementen der italienischen Oper und zu Josephs persönlicher Erlaubnis für *La*

Linke Seite:
Erzherzog Karl in der Schlacht von Aspern-Essling, ein Stich aus den 1830er Jahren.

nozze di Figaro (*Die Hochzeit des Figaro*, 1786), einer Geschichte, deren Subversivität kaum mehr spürbar ist, die zu jener Zeit jedoch einen ziemlichen Affront gegen den Adel darstellte und insofern mit Josephs eigener windungsreicher antiaristokratischer Politik im Einklang stand. Der Auftrag zu dieser Oper hätte der Habsburger Tradition gar nicht enger verhaftet sein können – er ging an zwei aufgeweckte Außenseiter der Art, wie sie Rudolf II. vertraut gewesen wären, an den Venezianer Lorenzo da Ponte und an Wolfgang Amadeus Mozart aus Salzburg. Diese wunderbare Zauberkiste bleibt Josephs großartiges Geschenk an die Welt – eine abgeschwächte Adaption eines bissigen französischen Stücks, das, wohlgemerkt, in Spanien (also «nicht in Frankreich») spielt und in eine italienische Oper umgemünzt wurde, die immer noch in Spanien (also «nicht in der Habsburger Monarchie») spielt, aber auf der Bühne fast immer in ein offenkundig wienerisches Milieu verlegt wird, in Josephs Welt der Zopfperücken und Schnallenschuhe. Dieses reizende, vorrevolutionäre Possenspiel ist lebendig bis heute, weil das Geschehen verbunden ist mit einer rasanten Folge der schönsten, abwechslungsreichsten Musik, der herzergreifendsten Arien, die je hervorgezaubert wurden.

Wiens Fähigkeit, einen überproportionalen Prozentsatz großartiger Komponisten anzuziehen, was vielleicht zehn Personen in ein paar Jahrhunderten bedeutet, ist erstaunlich. Bestimmte Kulturen sorgen zu bestimmten Zeiten für die richtigen Voraussetzungen – die nötige Kennerschaft, die geeigneten Musiker, Sänger, Notenschreiber, Veranstaltungsorte, Instrumentenbauer und, natürlich, das entsprechende Publikum. Diese Welt ist uns weitgehend fremd. Unser viel breiterer Zugang zu dieser Musik lässt uns vergessen, wie anders die Umstände waren, unter denen sie entstand und populär wurde. In vielen Fällen war sie exklusiv für ein aristokratisches Publikum gedacht, oft sogar für gar kein «Publikum», etwa ein Streichquartett, das allein für die persönlichen Bedürfnisse eines Mäzens geschrieben wurde, oder ein Stück, das für einen bestimmten Musiker geschaffen wurde, der es dann einem sehr kleinen Kreis vorführte.

Am deutlichsten zeigt sich das an der Karriere von Joseph Haydn, die sich weitgehend im Verborgenen entwickelte, während seiner Anstellung bei der mächtigen Familie Esterházy auf ihrem Anwesen südöstlich von Wien. Hier produzierte Haydn auf Bestellung und am laufenden Band eine schlichtweg verblüffende, fast schon beängstigende Menge an Musikstücken. Ein Freund hat mir einmal eine Box mit allen Haydn-Symphonien geschenkt, und selbst diese sind unüberschaubar – so als müsse man sich, wie in einem Albtraum, ein Sandwich von der Größe eines Esstischs in den Mund stopfen. Ich habe nun Jahre mit dem Versuch verbracht, diese einhundertacht Stücke in mich aufzunehmen, das sind um die vierhundert Sätze – aussichtslos. Dabei haben Leute ihr Bestes getan, um zu helfen – die Stücke durchnummeriert und geordnet, ihnen flotte Spitznamen wie «Die Uhr», «Die Henne», «Hornsignal» oder «La Chasse» verpasst, aber die schiere Zahl siegt selbst über diese wohlgemeinten Bemühungen. Manche Symphonien sind ziemlich langweilig, haben die Anmutung liebloser Hintergrundmusik für aristokratische Soireen von vorgestern, gespielt für in Brokat verpackte Menschen, die sich schon länger nicht gewaschen haben, Handküsse verteilen, mit Fächern wedeln und durch Lorgnons linsen. Für Kreise, in denen man in die Bredouille geriet, weil man schon wieder zu viel Lavendelkonfekt genascht hatte. Aber bei allen Stücken lohnt es sich dranzubleiben, denn irgendwann wird etwas auftauchen – ein Trio, das wie ein zufällig belauschtes, melancholisches Feldlied klingt (Symphonie Nr. 67), ein Aufflammen der Musik, das anders gar nicht sein könnte (Nr. 75), ein merkwürdiges Gebrumm, das an Sibelius erinnert (Nr. 88). Und so geht es immer weiter – es gibt ein Stück, das klingt wie der Auftakt zur *Walküre*, ein anderes wie französische Salonmusik aus dem 19. Jahrhundert –, und vieles klingt natürlich nach Haydn. Dessen Produktivität überflutet alles – spektakuläre Klaviertrios, eine großartige Folge von Streichquartetten, hundertfünfundsiebzig Werke für Baryton (eine ausgestorbene Art Kontrabass, die in Esterházy-Kreisen beliebt war), Opern, Messen, ein ganzer Haufen Konzerte, Klaviersonaten, Musik zur Begleitung eines Marionettentheaters – es wäre der sichere Weg in den Wahnsinn, wollte man versuchen, all das zu erfassen. Ich liebe Haydns Musik, aber es ist schon befremdlich zu erkennen, dass man in hohem Alter sterben könnte und dennoch erst mit einer Handvoll seiner Baryton-Trios vertraut wäre. In diesem Sinn wird sein Werk zu einer Meditation über die Hinfälligkeit der Menschen, die noch über Haydns tiefen Katholizismus hinausgeht.

Er wurde so alt (1732–1809), dass er hinüberkippte in die napoleonische Welt, die zwar sehr weit entfernt war von seinen Wurzeln im traditionellen Österreich, in der er jedoch berühmt wurde und äußerst reich. Aber das hatte er bloß seinem Glück zu verdanken, so lange zu leben. Eine Kuriosität ist sein außergewöhnliches Werk *Die sieben letzten Worte unseres Erlösers am Kreuze*, 1785 geschrieben für ein Orchester, aber auch als Streichquartett, als Oratorium und als nüchterne Klaviertranskription. In einer Woge traditioneller Frömmigkeit, auf die Joseph II. sehr gereizt reagiert hätte, versuchte Haydn, in der Musik jeden der letzten Ausrufe Jesu zu dramatisieren («Vater, vergib ihnen, denn sie wissen nicht, was sie tun» und so weiter), ein Auftrag für die hochernsten Karfreitagsmessen in der Kathedrale von Cadíz. Das Werk ist so bierernst, dass es schon wieder komisch ist, die vielleicht letzte Verbindung zu jenen beinahe privaten, geistlichen Werken wie Heinrich Ignaz Franz Bibers *Rosenkranzsonat*en (1670), die über ein Jahrhundert zuvor dazu dienten, die Meditationen des Fürstbischofs von Salzburg in die rechten Bahnen zu lenken. Einer von Beethovens Lehrern rief einen neuen Skeptizismus auf den Plan, indem er es wagte, darauf hinzuweisen, wie wenig Haydns Vertonung der Worte «Mich dürstet» damit zu tun habe, Jesu Bedürfnis, etwas zu trinken auszudrücken. Solcherart Bemerkungen, die als Anzeichen für das Ende traditionell katholischer Habsburg-Frömmigkeit gelten könnten, finden sich immer wieder – und dann kommen doch noch Anton Bruckner (1824–1896) oder Anton Webern (1883–1945).

Ohne Zweifel jedoch hat man sich zu Haydns Zeit von etwas verabschiedet, in dem, in relativer Isolation, noch immer Formen barocker Frömmigkeit bewahrt geblieben waren, auch wenn Joseph II. so heftig darauf herumgetrampelt hat. Es gibt kaum einen Ort, der besser geeignet wäre, das zu beobachten, als Eisenstadt, wo Haydn so viele Jahre seines Lebens verbrachte. Die verschlafene Stadt ist Teil eines alten, heute trockengelegten Sumpflandes in Richtung des riesigen, auf surreale Weise unbehaglichen Neusiedlersees. Hier ist die Sprachgrenze, an der Deutsche und Ungarn aneinandergeraten, wie es Franz Liszt/Liszt Ferenc, der in der Gegend geboren ist, so treffend zum Ausdruck brachte. In einem so umkämpften Teil der Welt läuft sich, wie man sich vorstellen kann, zuletzt alles tot – versickert in den Wäldern, im scheußlichen See, in öden winzigen Dörfern –, eine Wirkung, die im Kalten Krieg durch den hier verlaufenden ehemaligen antifaschistischen Schutzwall noch verschärft wurde. Es wird noch viele weitere Jahre dauern, bis der normale Verkehr der Menschen miteinander wiederhergestellt ist, vielleicht wird die erzwungene Schläfrigkeit auch zum Dauerzustand.

Über Eisenstadt erhebt sich die Bergkirche, in der Haydn schließlich seine Ruhestätte fand. Der Weg hinauf führt über die «Heilige Stiege» eines Kalvarienbergs, dessen Gewölbe aus Kalktuff lauter Nischen und Grotten hat, in denen Szenen der Passion dargestellt sind: ein Theatrum sacrum, wie von Jesuiten ersonnen. 1701 aufgebaut, wurden die Figuren schon oft geflickt und neu angemalt, sie haben Zeiten erlebt, in denen sie so aus der Mode waren, dass sie später gründlicher Reparaturen bedurften. Die Szenen richteten sich an die bäuerlichen Gläubigen der Gegend; die meisten Figuren tragen Gewänder der damaligen Zeit, Kartuschen erläutern das Geschehen in einfachen Worten. Die ganze Anlage gehört in die gleiche religiöse Welt wie Haydns *Die sieben letzten Worte unseres Erlösers am Kreuze*. Mein persönliches Highlight ist die Szene, in der Jesu Kleidung unter den Soldaten verteilt wird, wunderbar belebt durch die Spinnweben zwischen den Fingern der Soldaten.

Die Kirche, die der Familie Esterházy gehörte und in der sich eine der erhaltenen Orgeln befindet, die Haydn selbst gespielt hat, erscheint als guter Ort für dessen Grabstätte. Doch musste sein Leichnam viele Demütigungen erleiden, bis er hier seine letzte Ruhe fand. Nach seinem Tod entwendeten ein paar Knallköpfe seinen Schädel, um Franz Josef Galls phrenologische Theorien zu beweisen*, und er wurde mit einem Ersatzschädel begraben, damit die Bestattung in gebotener Würde über die Bühne gehen konnte. Irgendwann tauchte der verschollene Schädel wieder auf und wurde 1895 dem Wiener Musikverein gespendet. Paul V. Fürst Esterházy de Galantha konnte in den 1930er Jahren einen Bildhauer auftreiben, der in seinem Enthusiasmus so sensationell retro war (Oskar Thiede), dass er ein glaubwürdiges Grab im Stil des 19. Jahrhunderts schuf, in das Haydns Leichnam 1932 umgebettet wurde, allerdings immer noch ohne seinen eigenen Schädel. Esterházy musste 1949 in Budapest einen albtraumhaften Schauprozess über sich ergehen lassen und saß bis zum ungarischen Aufstand von 1956 im Gefängnis, dann endlich konnte er ins Ausland flüchten. Indes wurde 1954 der Schädel sichergestellt, das Grab wieder geöffnet und zum ersten Mal seit kurz nach seinem Tod war Haydn wieder vollständig. In einer letzten kuriosen Wendung dieser Geschichte wurde beschlossen, den «Original»-Kopf ebenfalls dort zu belassen, da er nun mal in das ursprüngliche Begräbnis geraten sei und einen so heiligen

* Tatsächlich zeigte sein Schädel in dem Bereich eine «Ausbuchtung», der der Musikalität zugeordnet wurde – der höhere Blödsinn der Phrenologie sollte uns schaudern lassen über die schrecklichen Dinge, die später in ihrem Namen geschehen sind.

Touch habe, dass man ihn nicht einfach entsorgen könne. So ruht Haydn nun in Frieden in Eisenstadt, in einem politischen Rahmen, der eine fast irrwitzige Distanz zu seinen eigenen Lebensumständen aufweist, aber die vertraute Heilige Stiege windet sich immer noch über seine Köpfe. Klatsch über die Gebeine eines Komponisten ist ein schändlicher Zeitvertreib, wo es doch eigentlich nur darauf ankommt, den Auftakt zum «Sonnenaufgang»-Quartett oder den zweiten Satz des Stücks mit dem griffigen Namen «Streichquartett in G-Dur, op. 64, Nr. 4, Hoboken-Nr. 66» aufzulegen – und vollkommen glücklich zu sein.

Ein Zwischenspiel rationaler Besonnenheit

Auf Josephs Tod folgte das kurze, merkwürdige Zwischenspiel der Regentschaft seines Bruders Leopold – eine zwei Jahre währende Phase fähiger, flexibler und besonnener Regierungsarbeit, die in der Geschichte dieser Familie nahezu beispiellos war. Es ist gewiss nicht übertrieben zu sagen, dass Leopold II., nach Ferdinand I. ein Vierteljahrtausend zuvor, der erste wahrhaft gescheite und erfindungsreiche Habsburgerherrscher war (ohne dabei für Unruhe zu sorgen). Und nach seinem vollkommen überflüssigen Tod (herbeigeführt durch Ärzte, die ihn aus Unwissen infizierten) blieb er auch der Letzte der gescheiten und erfindungsreichen Habsburger Regenten. Seine Nachfolger waren ein beschränkter Dollbohrer, ein Einfaltspinsel, noch ein beschränkter Dollbohrer und ein Niemand, und diese vier bringen uns bis ins Jahr 1918. Es ist ein Glück, dass das Interesse an Geschichte nicht von solchen Gestalten abhängt, sonst wäre der Rest dieses Buchs heillose Vergeudung.

Das Durcheinander der 1790er Jahre verleitet natürlich dazu, sich auf Frankreich und seine Revolution zu konzentrieren, aber ebenso starke Argumente sprechen dafür, in dieser Zeit ein europaweites Versagen zu sehen, das weitere Unverantwortlichkeiten und chaotische Aggression förderte. In der kurzen Zeit seit den glorreichen Tagen, in denen es den Vereinigten Staaten half, ihre Unabhängigkeit durchzusetzen, war Frankreich – demoralisiert, gedemütigt und finanziell ruiniert – als Großmacht kollabiert, und das hatte eine eigenartige und für Österreich und Preußen ungewohnte Lücke geschaffen, sodass sie für allerlei Unruhe sorgen konnten, ohne Frankreichs Vergeltung fürchten zu müssen. Tatsächlich war einer der Motoren der Französischen Revolution ein bislang unbekanntes Gespür für nationale Demütigungen. So wurden die Grenzen der Grande Nation von Ländern missachtet, die früher viel mehr Respekt gezeigt hätten – am ungeheuerlichsten in dieser Hinsicht waren der preußische Einfall in die Vereinigten Niederlande 1787 und die Habsburger Rückeroberung der Österreichischen Niederlande 1790, deren Provinzen sich kurz zuvor ihre Unabhängigkeit erkämpft hatten.

Die von Joseph II. endlos fortgesponnenen Pläne, Gebiete zu tauschen, und seine Gepflogenheit, sich des Heiligen Römischen Reichs wie einer Bonbontüte zu bedienen, hatte die politischen Systeme entlang des Rheins und Richtung Osten derart erschüttert, dass auch Frankreich vor den Kopf gestoßen und verwirrt war. Joseph war außerdem auf bestem Weg, den «magischen Kreis» zu zerstören, der bis dahin in der Regel die schmerzlich verwundbaren konfessionellen Staaten und deren winzige Verbündete geschützt hatte. Wollte der Heilige Römische Kaiser im Osten feudale Privilegien wegfegen und dem altmodischen Parasitentum des Klerus ein Ende setzen, dann favorisierte die Französische Revolution im Westen eine wesentlich extremere Version derselben Sache. Die kleinen Staaten zwischen Paris und Wien, die nun ohne Freunde dastanden, konnten potenziell jedem Raubtier zum Fraß vorgeworfen werden, das die richtigen Abkommen schloss. Früher konnte ein Miniherrscher auf Schutz zählen, weil er die hübsch zur

Schau gestellten Gebeine eines Heiligen besaß oder während der Krönungszeremonien, der Tradition folgend, ein uraltes stolzes Banner hochhielt; solche Gründe hatten nun an Überzeugungskraft verloren.

Die Erste Teilung Polens, an der sich Preußen und die Habsburger beteiligt hatten, war auch ein Angriff auf einen existierenden souveränen Staat; ein Übergriff, der Ludwig XIV. in seinem Grab wohl grün vor Neid werden ließ. War er doch durch ein Meer von Blut gewatet, nur um sich ein paar mickrige Stücke des Pas-de-Calais unter den Nagel zu reißen, während sich Wien nun fast mühelos ein neues Territorium angeeignet hatte, fast so groß wie Portugal. All diese Veränderungen, von denen viele ihren Ursprung in Wien hatten, bedeuteten, dass schon lange bevor das revolutionäre Frankreich den Schauplatz betrat und nach neuen Regeln eingriff, jedes Tabu gefallen war, das zuvor ein derart groß angelegtes Verschieben von Territorien verhindert hatte. Aus meiner britischen Perspektive kann ich mich nur schwer des Eindrucks erwehren, dass die Staaten, die in den nachfolgenden Drängeleien schließlich zu Verbündeten des revolutionären und napoleonischen Frankreich wurden, nichts anderes waren als gierige und korrupte Verräter. Die durch Landraub verursachten Wirren, in denen sich das Heilige Römische Reich auflöste, haben eine gewisse rückwärtsgewandte Logik.

Dieses Durcheinander hinterließ Joseph seinem Nachfolger Leopold. Dessen Regentschaft konnte kaum schwerer kompromittiert sein als durch die Aktionen seines Bruders. Bedroht und ungeliebt, als moralische Autorität am Ende, als Herrscher der Habsburger Erblande (von Februar 1790 an) wie auch als Heiliger Römischer Kaiser (ab September) von allen Seiten destabilisierenden Tendenzen ausgesetzt, in dieser Lage musste Leopold sein Amt erneuern. Zunächst hatten auch viele europäische Monarchen die Französische Revolution begrüßt, noch sahen sie nicht den schockierenden Angriff auf die Natur des Königtums, sondern mit großem Vergnügen nur ein weiteres Implodieren des einst hegemonischen Rivalen. Erst als klarwurde, dass dies eine höchst unglückliche Fehleinschätzung gewesen war, begann Leopold, sich über das Schicksal seiner Schwester Marie Antoinette Sorgen zu machen, doch daran, dieser Revolution entgegenzutreten, dachte er nicht. In der Tat war sich jede der Koalitionen gegen Frankreich unklar und uneins darüber, welches Endergebnis überhaupt wünschenswert war. Kein Staat war an einer Invasion Frankreichs interessiert, schon gar nicht daran, einen mächtigen französischen Superstaat, wie er noch in lebhafter Erinnerung war, erneuert wiederzuerrichten. Dabei war es von der Sache her unmöglich, sich auf irgendetwas zu einigen, was einerseits Hand und Fuß und Bestand gehabt hätte, andererseits nicht allzu stark und bedrohlich würde, ohne zunächst einmal direkte Macht über Paris zu erlangen; und die wurde erst 1814 durch die sechste und letzte Koalition erreicht, als ihre Truppen den Montmartre stürmten. Wie es aussah, wurde der verwirrende Staat, der aus der Revolution von 1789 hervorging, erst von Napoleon in Form geklopft, der Ungewissheit und Anarchie beendete – wenn auch nicht ganz im Sinn der Habsburger.

Vor seinem frühen Tod reorganisierte Leopold Wiens Position, kaufte sich von seinen vielen Feinden frei und bereitete sich auf den Krieg vor, übersah dabei allerdings einige sich abzeichnende unangenehme Entwicklungen. Seine Schlüsselrolle spielte er wohl im August 1791, als er den Krieg mit dem Osmanischen Reich durch den Frieden von Sistovo beendete. Damit aber, und das entging ihm, beendete er auch den letzten der Kriege, die seit Ferdinands I. noch wilder Improvisation der Militärgrenze Geschichte und Stellung seiner Dynastie bestimmt hatten. Es ist verrückt, dass der letzte talentierte Habsburger nur ein paar Monate später tot war. Ein kritisches Element der Verhandlungen in Sistovo, heute die bulgarische Donaustadt Swischtow, war die Entscheidung, den Osmanen Belgrad zurückzugeben. Diese Geste war großzügig genug, um die Kämpfe beenden und die habsburgischen Truppen

Richtung Frankreich ziehen zu lassen, aber sie hatte schwindelerregende, wohl kaum beabsichtigte Konsequenzen. Wäre Belgrad Teil des neuen Habsburgerreichs geworden, das während der folgenden Dekade entstand, hätte Wien nicht nur die einzige größere Drehscheibe des nördlichen Balkans kontrolliert, sondern die Serben wären, neben den Tschechen, zu einer zweiten wichtigen Gruppe im Kaiserreich geworden und eben nicht nur ein kleines, in Teilen Ungarns verstreutes Element gewesen. Damit hätte die Geschichte des 19. Jahrhunderts eine fulminant andere Wendung nehmen können. So aber revoltierten die Serben kurz darauf und vertrieben die Osmanen selbst aus Belgrad. Es bildete sich der Kern eines unabhängigen Staates, dessen Bildung Habsburg niemals zugelassen hätte, wäre das Territorium noch unter seiner Herrschaft gewesen. Aber hier stoßen wir wieder auf die Grenzen kontrafaktischer Geschichtsbetrachtung. Denn eine umstrittene, zu ihrem Zeitpunkt jedoch nicht welterschütternde Entscheidung im Jahr 1791, den Osmanen eine zertrümmerte Festung zurückzugeben, führte die Serben auf einen Kurs, der in der Ermordung von Franz Ferdinand 1914 und mit der Zerstörung von vier Reichen endete. Aber die Überlegung, welche Richtung ein von den Habsburgern regiertes Serbien genommen hätte – ein Zustand, der so schmerzlich wie grausam erst zwischen 1915 und 1918 erreicht wurde –, ist zu vage und zu komplex, um interessant zu sein.

Leopolds Tod führte dazu, dass sein unbedeutender und deprimierender Sohn zu Kaiser Franz II. wurde. Es wäre gewiss ungerecht und unüberlegt, ihm die ganze Schuld für die nun folgende Lawine von Niederlagen anzuhängen, doch was er tat, war alles andere als hilfreich. Die klugen, geschmeidigen Gesten, die es Leopold erlaubt hatten zu reparieren, was schon fast messianische preußische Feindseligkeit war, lagen ihm fern. In einem System, in dem der Kaiser eine so entscheidende Rolle spielte, gewann Franz' Unfähigkeit, sie überzeugend auszufüllen, ohne Zweifel einigen Einfluss auf die Folge fruchtloser, einseitiger Niederlagen, die so viele französische Schlachtengemälde schmücken und auch den hübschen Farbband *The West Point Atlas of the Wars of Napoleon*, den ich, während ich das hier tippe, auf dem Schreibtisch liegen habe.

Niederlage durch Napoleon, Teil eins

Es würde den Rahmen dieses Buchs sprengen, wollte ich versuchen, den Verlauf der nun folgenden Koalitionskriege nachzuzeichnen. Tatsächlich blätterte ich gerade in dem König aller Reiseführer, dem *Baedeker Österreich-Ungarn* von 1911 (ein möglicher Untertitel: «Die definitiv letzte Ausgabe»), schüttelte ungläubig den Kopf über den sinnlosen Versuch, so viel in nur ein Buch zu packen, und spürte plötzlich warnend die eisigen Finger der Hybris. Aber tapfer lächelnd und den Fingern keine Beachtung schenkend, muss ich fortfahren.

Die Kriegsanstrengungen der Koalitionen blieben über Jahre hinweg ohne Erfolg, nicht nur wegen der französischen Brillanz, sondern auch, wie erwähnt, weil es den Koalitionspartnern an einer neuen politischen Idee fehlte, die sie der Welt hätten geben können, falls sie so viel Glück gehabt hätten, Frankreich zu besiegen. Es gab einen guten Grund, warum sich Napoleon 1805, auf dem Weg, Wien zu besetzen, die Zeit damit vertreiben konnte, im Habsburger Stift Göttweig die Kaiserstiege hinaufzureiten, und nicht Kaiser Franz etwas Ähnliches im Louvre anstellen konnte – und sei es schwermütig und ohne jede *sprezzatura*, ohne Elan. Die Briten gingen diesem politischen Problem aus dem Weg, indem sie sich auf Marine- und Kolonialverwegenheit konzentrierten und an ihrem generellen, tief sitzenden Antagonismus zu Frankreich labten. Die Habsburger, und auch alle anderen Koalitionäre, deren Territorien in jener Zeit in Flammen aufgingen, konnten sich diesen Luxus nicht leisten. Frankreich war viele Jahrhunderte lang nicht erobert worden, und am 20. September 1792 wurde diese beachtliche Bilanz um ein Datum ergänzt, durch die Schlappe, die preußische und kaiserliche Truppen in der Kanonade von Valmy erlitten. Die Schlacht selbst war ein grauenvolles Gemetzel, aber so beklagenswert sie auch war für alle Strategen, die später das Geschehen studierten, Valmy und der anschließende Rückzug waren entscheidend. Die antifranzösische Koalition bekam keine weitere Chance mehr, die Flamme der Revolution auszutreten, und mit ihrer Zaghaftigkeit hob sich der Vorhang für zweiundzwanzig Jahre Krieg. Der kostete vielen hunderttausend Männern das Leben, und der größte Teil Europas sollte neu gestaltet werden, bevor Koalitionstruppen sich endlich durch die einhundertsechzig Kilometer beißen würden, die Valmy und Paris trennen.

Nach Valmy drangen französische Soldaten mehr oder weniger unbehelligt ins Heilige Römische Reich vor und sorgten dort für eine Reihe politischer Veränderungen, die nachdenklichere Habsburger Historiker und Militärführer vor Wut zum Heulen gebracht haben müssen. Allen gigantischen Kriegen, die Westeuropa seit der Zeit des Pfälzischen Erbfolgekriegs (1688–97) geformt hatten, sprachen nun die Treffen Hohn, in denen sich französische Armeen, trotz vereinzelter Dämpfer, den Weg durch die Niederlande und bis zum Rhein freikämpften. Wo war Prinz Eugen, wo der Herzog von Marlborough? Die Briten bekamen eine Chance, Dünkirchen einzunehmen, und im Herbst 1793 wurden, in einem seltenen Fall von direkter österreichisch-britischer Kooperation auf dem Schlachtfeld, beide von den Franzosen besiegt. Aber die Motive, aus denen die Briten Dünkirchen nehmen wollten, waren auf fast komische Weise politisch und trugen nichts zum erträumten Sieg über die Franzosen bei. Dass die Feinde Frankreich eingekreist hatten, förderte, so uneffektiv sie dies auch taten, nur eine weitere Radikalisierung in Paris, und die Frage nach Marie Antoinettes

Sicherheit wurde schließlich, kurz nach dem Desaster von Dünkirchen, durch ihre Hinrichtung unter der Guillotine erledigt. Im folgenden Sommer wurde die Koalition aus dem, was man heute nur sehr ungenau als die Österreichischen Niederlande beschreiben kann, rausgefegt, und zwar in der Schlacht bei Fleurus, in der die Franzosen eine vereinigte kaiserliche, niederländische und britische Streitmacht von 70 000 Mann vernichteten, deren Reste sich ausgerechnet über Waterloo zurückzogen. Die Vereinigten Niederlande wurden besetzt, und mit dem Frieden von Basel im April 1795 gelangte Frankreich sogar bis ans Westufer des Rheins – wovon die Bourbonen-Monarchie nur hatte träumen können. Ob sich einige der überlebenden Familienmitglieder nicht wenigstens klammheimlich darüber gefreut haben?

In dieser Situation bestimmten Zaudern, Treulosigkeit und Unfähigkeit der Koalitionäre das Spiel – und das war nicht weniger schwerwiegend als der französische Erfolg. Franz musste entsetzt zusehen, wie die Preußen rausgekauft wurden, wie die Franzosen ihnen erlaubten, eine Art neutrales Protektorat über Norddeutschland zu schaffen, und wie Preußen sich bereits ein weiteres Stück Polen genommen hatte. Preußens Bedeutung war nun, dank der Revolution, enorm gewachsen.

Nach dem Frieden von Basel arbeiteten Preußen, Österreich und Russland nur noch wenige Monate zusammen – bis sie sich nämlich auch die letzten Fetzen Polens einverleibt hatten. Selbst wenn man moralische Fragen außer Acht lässt – wenn man sagt, dass Polen vom russischen Einfluss derart gebeutelt war, dass nur zwei Optionen blieben, entweder Aufteilung zwischen den drei Mächten oder komplette Einverleibung durch Russland –, war mit dieser dritten Teilung klargeworden, dass jeder französische Zug, und sei er noch so frevelhaft, in einer Welt vergleichbar frevelhafter Züge geschah. Die Schlacht bei Fleurus (1794) sollte der letzte bejammernswerte Auftritt des kaiserlichen Heers sein, und das Heilige Römische Reich stand nun, selbst wenn es der Form nach noch eine Weile überlebte, zur freien Verfügung; sein Kaiser war bereits so gut wie überflüssig.

Franz kämpfte weiter, und im Mai 1795 spülte ein neuer Vertrag mit Großbritannien frisches Geld in Österreichs Kassen, aber nun ließ der unternehmungslustige junge Napoleon die Wiener jeden Morgen, wenn sie erwachten und zur Zeitung griffen, Schlimmes fürchten. Für die Österreicher waren die Alpen immer schon ein Problem gewesen, so auch jetzt. Ihre Armeen mussten sowohl durch Süddeutschland in nördlicher Richtung als auch durch Italien nach Süden geschickt werden, wenn sie die Franzosen ohne das Risiko angreifen wollten, den Weg nach Wien ungeschützt und weit offen zu lassen. Aber das bedeutete, die Streitkräfte aufzuteilen, und beide Flügel konnten sich, eben wegen der Alpen, niemals wechselseitig decken. Den Franzosen machte dies offenbar gar keine Probleme, denn sie ließen ihre Armeen über beide Routen den Österreichern entgegenmarschieren und besiegten sie. 1797/98 herrschte ein einziges Chaos, die Franzosen trauten sich Ungeheuerliches, schnitten neue Republiken aus Italien heraus, sperrten den Papst in einen französischen Knast, brachen die Herrschaft der Republik Venedig.

Mit dem Frieden von Campo Formio (1797) sah sich Österreich aus Westeuropa vertrieben, zugleich aber auch zu einer Partnerschaft, zumindest zu einem Handel mit Frankreich verführt. Indem Napoleon die Republik Venedig überrannte, beseitigte er eine weitere historische Konstante im Leben der Habsburger – den großen Block, der Wien von der Adria getrennt, aber auch einen nützlichen Keil zwischen Alpen und Meer dargestellt hatte. Als die südlichen Niederlande und die Schnipsel der Habsburger Erblande am Bodensee und im Schwarzwald für immer von der Karte verschwanden, konnten diese ersetzt werden durch neue Territorien mit einem neuen Fokus, weit entfernt von französischen Interessen: Istrien, Dalmatien und Venedig selbst samt seiner Flotte. Was kulturelle Traditionen betraf, war das ziemlich vernünftig: Venedig war für die Habsburger schon immer eine wichtige Quelle für Ideen, Künstler, Geld und Handel gewesen, und die neuen Gebiete entlang der Küsten Istriens und Dalmatiens gaben dem Hafen von Triest, der zuvor eher ein Witz gewesen war, Sinn; zudem bestanden ethnische Verbindungen mit Slawonien und dem restlichen Gebiet der Militärgrenze. Die Habsburger waren nun im Frieden mit Frankreich und herrschten immer noch über einen geographisch riesigen europäischen Staat, erkauft allerdings durch erniedrigende, beschämende Verhandlungen.

Niederlage durch Napoleon, Teil zwei

Zum unerschöpflichen Vergnügen, das das Heeresgeschichtliche Museum in Wien zu bieten vermag, trägt auch erstklassiges Material aus den Napoleonischen Kriegen bei. Kolossale Gipsstatuen, Flaggen und Schlachtengemälde tauchen drohend aus dem Dämmerlicht auf, und die Wände hängen voller unerklärlich munterer Stiche von Volksmassen, die ihrem Kaiser Franz zujubeln, der noch in den öligsten Propagandastücken kalt und widerwärtig aussieht. Ein beeindruckendes Überbleibsel ist ein französisches Plakat aus der Zeit nach dem gescheiterten Rastatter Kongress Ende 1799. Dieser Klassiker der Revolutionssprache verkündet das Attentat auf die französischen Gesandten Bonnier, Roberjot und Debry durch die österreichische Regierung: «IHR BLUT STINKT … VERLANGT NACH … RACHE … UND WIRD SIE *BEKOMMEN!*»

Vorbei die guten alten Zeiten, als auf Kongressen noch Heucheleien ausgetauscht wurden. Der Tod der Gesandten wurde nie wirklich aufgeklärt, aber Probleme wie diese gingen unter im Ausbruch des Zweiten Koalitionskriegs (1798/99–1801/02), mit dem Österreich und Russland Ernst machen und die Franzosen vernichten wollten. Die Gespräche in Rastatt setzten einen Prozess in Gang, der über mehrere Jahre hinweg immer deutlicher machte, dass das Heilige Römische Reich am Ende war und die Rolle der Habsburger auf dem Weg zur Auflösung. Anstatt eine vereinte Front gegen Frankreich zu bilden, begannen deutsche Herrscher (einschließlich der Habsburger) mit alten Territorien um sich zu schmeißen wie Konfetti, und insbesondere die Herrscher von Bayern und Württemberg benahmen sich wie kleine Kinder bei einem zuckerlastigen Picknick. Keine politische Grenze bot irgendeine Sicherheit, und jene scheinheilige Aggression war die einzig mögliche Alternative zur völligen Auslöschung. In ganz Europa versteckten die Herrscher entweder Schmuck an den abstrusesten Orten und verkleideten ihre Familien als Dienstboten, an denen nur die gepflegten Hände auffielen, oder sie dachten sich neue Entwürfe für Paläste und Krönungsroben aus, je nach der neuesten Nachrichtenlage.

Die Franzosen selbst hatten unzählige territoriale Optionen, und über die kommenden Jahre würde Napoleon das revolutionäre Vergnügen erben, mit Landkarten und Verfassungen herumzuspielen und sich solche Staatsgebilde wie die Parthenopäische Republik auszudenken, um sie dann – ebenso beiläufig – wieder fallenzulassen. Wie der fette Junge in Charles Dickens' Roman *Die Pickwicker* waren die Franzosen stets darauf bedacht, etwas Essen im Mund zu behalten, sodass sie, wenn sie aufwachen sollten, sofort anfangen konnten zu kauen. Ein Horrorszenario für Franz II. war die mühelose französische Invasion der Schweiz 1798. Das Land, das Maximilian I. so furchtbar gedemütigt hatte, wurde mit nur wenigen bedrohlichen Truppenbewegungen und schlau angelegten Bestechungsgeldern in den Dunstkreis von Paris gebracht. Noch schlimmer war der immer fester werdende Griff der Franzosen nach der «Batavischen Republik», zu der die Niederlande geworden waren – das Land, das die Nemesis der spanischen Habsburger gewesen war, Mittelpunkt eines über mehrere Generationen währenden Konflikts, für den der ganze Wohlstand der beiden Amerikas verschleudert worden war, dieses Land fiel nun sang- und klanglos an Frankreich.

Der Sommer 1799 war für Habsburger und Russen vorübergehend voller Aufregung, immerhin verwüsteten ihre Soldaten Norditalien und Süddeutschland und schienen Frankreich ernsthaft bedrohen zu können. Dies war der Beginn des Kults um Erzherzog Karl, Franz' jüngeren Bruder, um den Befehlshaber, dessen riesenhafte Statue neben der von Prinz Eugen auf dem nie fertiggestellten, als Symbol auch fadenscheinig gewordenen Wiener Heldenplatz steht. (Es gibt nur diese beiden Helden dort.) Auf Tausenden von Stichen ist Erzherzog Karl abgebildet, er war der Stolz des Kaiserreichs, aber das lag wohl eher daran, dass alle anderen noch schlimmer waren, als an nennenswertem Scharfsinn des Erzherzogs. Verglichen mit einigen seiner Rivalen – wie zum Beispiel dem erschreckend geistlosen General Karl Mack von Leiberich, der von Napoleon in Ulm gedemütigt wurde – war er eine Art Alexander der Große; stellt man ihn jedoch in eine Reihe mit Feldherren wie Barclay de Tolly, André Masséna oder dem Herzog von Wellington oder – vor allem – mit Napoleon Bonaparte selbst, ist er kaum eine Fußnote wert. Ganz gelegentlich konnte er sich brüsten, eine Schlacht gewonnen zu haben, aber seine Siege erwiesen sich stets als Vorspiel zum nächsten Fiasko. Es könnte sein, dass seine gewaltige, überladene Statue dort auf dem Heldenplatz als eine subtile, nachdenkliche Meditation über menschliche Grenzen steht, als Warnung für seine Nachfolger, die Macht der Habsburger nicht zu überschätzen – aber das ist ziemlich unwahrscheinlich.

Trotz der flüchtigen Erfolge im Sommer 1799, ein drohendes Problem blieb, das in Wien mächtige Kopfschmerzen bereitete, nämlich die Frage, was von den Koalitionspartnern zu halten war. Man könnte ein ganzes Buch schreiben über die sonderbare Natur der europäischen Geographie, die jeden Versuch eines Einzelstaats vereitelt hat, den Kontinent in ein Chinesisches oder Osmanisches

Reich zu verwandeln. Aber um in dieser Frage nicht auszuufern, ist hier festzuhalten, dass die Mischung der in Europa verstreuten Barrieren, egal, ob Gebirge oder Meere, wesentlich mehr Einfluss auf die Geschichte des Kontinents hatte als Religion, Ideologie, spezielle nationale Tugenden und dergleichen. Insofern stellte Frankreich potenzielle Invasoren auch im Jahr 1800 vor schier unüberwindliche Schwierigkeiten. Die meisten seiner Grenzen waren durch Meere oder Berge versiegelt, und es verfügte über den Luxus dynamischer Fronten, die an einen Wall schwacher kleiner Staaten grenzten, sowie über den Schutz durch Alpenpässe und Rheinfestungen. Jede österreichische oder russische Invasionsarmee würde diese irgendwie überwinden müssen, bevor eine Chance bestünde, sich mit 400 000 hochmotivierten und gut geführten französischen Soldaten anzulegen, die bei der letzten *levée en masse* zu den Waffen geeilt waren.

Auch bei den beiden Hauptgegnern Frankreichs, in Großbritannien und Russland, war es praktisch unmöglich einzufallen – Großbritanniens Insellage und sein Reichtum erlaubten, genügend Mittel in eine unbegrenzt zu erweiternde Kriegsflotte fließen zu lassen, während Russland sich auf seine endlos weiten Territorien verlassen konnte, in denen Invasoren schlichtweg verschwanden. Frankreich sollte diese beiden Verteidigungssysteme bis an ihre Grenzen testen, und sie hielten tapfer stand. Die Habsburger Länder dagegen – wie der gelegentliche Koalitionspartner Preußen – waren aus so ziemlich jeder Richtung verwundbar. Jahrelang war es Teil des Geschäfts französischer Armeen, durch österreichisches Gebiet zu marschieren und es im Vorbeigehen zu verwüsten. Jeder der Koalitionskriege folgte daher einem in etwa gleichen Muster: Großbritannien und/oder Russland konnten die Österreicher zu aggressiven militärischen Vorstößen zwingen, ohne selbst ein größeres Risiko einzugehen. Schon die zeitliche Länge der Kriege sowie das zunehmend manichäische Klima, in dem sie geführt wurden, machten die Realität der Koalitionen aus österreichischer

Sicht zu einer unerträglichen Nervenprobe. Stets hatten Briten und Russen genügend Luft, sich mit Fragen zu vergnügen, die für Österreich irrelevant waren, während es selbst zerquetscht wurde. Großbritannien weigerte sich strikt, seine eigenen Truppen zum Angriff auf Napoleon einzusetzen, war zugleich aber in der Lage, die Mittel zusammenzukratzen, um Dinge zu tun wie in Buenos Aires einzufallen, das Kap der Guten Hoffnung zu erobern oder gegen die Vereinigten Staaten zu kämpfen, während die Russen sich fröhlich in Richtung Kaukasus und Persien ausdehnten.

Die Österreicher mussten sich außerdem mit den ernsten Konsequenzen auseinandersetzen, die daraus erwachsen könnten. Was sollten sie mit einem russischen Alliierten tun, der, wenn er sich in Westeuropa engagierte, womöglich über Habsburger Interessengebiete hereinzubrechen drohte? Was, zum Beispiel, wäre davon zu halten, wenn russische Soldaten in so unrussische Teile Europas wie die Schweiz einmarschierten? Die Briten verfolgten weiterhin ihr traditionelles Anliegen, Frankreich weltweit zu lähmen und zu stoppen; und tatsächlich beendeten diese Kriege einen seit einem Jahrhundert andauernden, globalen Wettlauf zugunsten Großbritanniens. Wenn russische Unterstützung nur um den Preis zu haben war, dass die Russen Mitteleuropa beherrschten, ging das für Großbritannien in Ordnung – ein unheimlicher Ausblick auf 1944/45. Wien dagegen musste sich mit den Folgen auseinandersetzen, die dies für seine Belange haben würde, und diese Aussichten waren nicht gut. So hatte jeder Partner in dieser Koalition, Treueschwüre hin oder her, Gründe zu zögern oder sich auf eigene Geschäfte einzulassen.

Der recht merkwürdige (und 1801 ermordete) Zar Paul I. verwendete einen Großteil seiner Energie auf die kleine Insel Malta und die Besatzungspolitik der Franzosen dort. Aufgebracht über Napoleons Vertreibung des Johanniterordens, wurde Paul selbst dessen Großmeister, und als Großbritannien seinerseits die Franzosen auswies und sich weigerte, den Rittern die Insel wieder zu übergeben, zog Paul sich aus seinem ohnehin schon angeschlagenen Bündnis mit den Briten zurück. Dieses kindische Hin und Her trieb Wien in den Wahnsinn. Aber es war auch erschreckend zu sehen, wie sich Russland hinter der Maske der Allianz immer näher an Österreichs Grundinteressen herantastete. Wenn die Österreicher mit der Übernahme und der Plünderung von Venedig und seinen Territorien gerade mal ein Erfolgserlebnis hatten, so wurde dies gleich wieder gedämpft durch die Übernahme der Ionischen Inseln und Kotors (Cattaros) durch die Russen (in einem Bocksprung, der selbst Katharina die Große freudig überrascht hätte), denn damit drohte nun eine Zukunft, in der Russland die Adria kontrollieren würde. Die Frage, wie in aller Welt man sich Russland gegenüber verhalten sollte, wurde jetzt akut und tatsächlich zum Motor für das letzte Jahrhundert des Habsburger Kaiserreichs; das Interesse an der Zukunft Frankreichs hatte Wien längst verloren.

Über ein Jahr lang ging absolut alles schief. Nach der Zweiten Schlacht von Zürich (1799), die an die Franzosen verloren wurde, zogen sich die Russen aus der Schweiz (und aus der Zweiten Koalition) zurück; man war sie also los. Ein gemeinsamer britisch-russischer Angriff auf die Niederlande ging völlig daneben. In Frankreich brachte der Staatsstreich des 18. Brumaire Napoleon und das Konsulat an die Macht; in der Schlacht von Marengo (1800) holte sich Napoleon den entscheidenden Sieg über die Habsburger; in der Schlacht von Hohenlinden erlitt die bayerisch-österreichische Armee eine schwere Niederlage, Napoleon errang die Hoheit über Süddeutschland. Nur vierzig Meilen vor Wien knickte die Zweite Koalition vor der hübsch uniformierten französischen Kavallerie ein. Der daraus resultierende Friede von Lunéville (1801) gab Wien zumindest volle Herrschaft über die Südtiroler Gebiete Brixen und Trient, ein weiteres geopolitisches Irrlicht im desaströsen Ungeschick, das die Habsburger im 19. Jahrhundert in Italien verfolgte. Doch diese kleinen Stückchen Alpenidylle konnten die grundlegende Katastrophe nicht überdecken: Alle Länder westlich des

Rheins hatte sich Frankreich nun vollständig einverleibt, zudem schrieb dieser Vertrag die französische Vorrangstellung in Europa fest. Von nun an lag es in Napoleons Entscheidung, wie Europa geführt würde – nichts blieb mehr vom Heiligen Römischen Kaisertum, nicht einmal das Gefühl, dass Franz II. «oberster Herrscher» war.

Nun war dieser Kaiser zweifellos eine schwache Figur, aber es ist nicht ausgemacht, ob selbst der robusteste seiner Vorfahren in diesem Mahlstrom hätte intelligent handeln können. Eine offenkundige Demütigung des «obersten Herrschers» war Napoleons Entscheidung, sich im Mai 1804 selbst zum Kaiser zu ernennen. Das nährte alle möglichen Habsburger Neurosen. Was Franz genau dachte, ist unwiederbringlich verloren, aber er wird, wie man annehmen darf, gesehen haben, dass mit Napoleons Selbsterhöhung er sehr wohl zum Letzten seiner Linie werden könnte. Das Durcheinander im Heiligen Römischen Reich hatte dessen traditionelle Strukturen zerstört, geblieben war ein «Rette sich, wer kann», in dem Fürsten verschwanden (lebe wohl, Köln und Trier) und anderswo wieder auftauchten (Mainz – allerdings nicht mehr in Mainz –, Salzburg, Württemberg, Baden und Hessen-Kassel). Die traditionelle Ordnung der katholischen Kirche lag ebenfalls in Trümmern, und unheilvollerweise hatten die Habsburger, natürlich, selbst davon profitiert. Nicht zuletzt Salzburg war ihnen in die Hände gefallen, ein Territorium, das heute ein wichtiger Bestandteil des modernen österreichischen Staates zu sein scheint, damals aber ein ebenso illegitimer Raub war wie, sagen wir, Polen. Salzburg, das alte und mächtige geistliche Fürstentum, brachte aber neue Lasten mit sich: Jetzt, da es geschluckt worden war, verunglimpfte und verspottete der Fürstabt (so wie es die Franzosen beabsichtigt hatten) jedes spätere Gebot von Wien, die abgezehrten Überreste des Heiligen Römischen Reichs zu beschützen. Franz war sich dieses Problems nur allzu bewusst, deshalb versuchte er, die Vereinnahmung von Salzburg im Vertrag zu einer «Geheimklausel» zu machen –

löste mit diesem Ansinnen aber nur schallendes Gelächter aus: Wie sollte das seinen übrig gebliebenen katholischen Freunden, genauer Franz' früheren Freunden, verborgen bleiben?

Die Salzburg-Frage – neben einem Dutzend anderen – machte deutlich, dass sich eine beängstigende Kluft zwischen familiären und kaiserlichen Interessen aufgetan hatte. Wenn es Aufgabe des Kaisers war, einige hundert Reichsstädte und Reichsritter zu beschützen, dann machte er einen miserablen Job, denn diese wurden innerhalb weniger Wochen des Deliriums von Napoleons neuen deutschen Freunden geschluckt. Damit stellte sich die düstere Frage, wie denn, nach Franz' Tod, die nächste Kaiserwahl aussehen mochte. Jetzt, da nur mehr eine Minderheit der Kurfürsten katholisch war und Napoleon selbst eine persönliche, bislang ungekannte Gravitationskraft entwickelte, gab es überhaupt keinen Grund, dass ein Habsburger auch nur als ernsthafter Kandidat nominiert werden würde. Das brachte Franz auf eine ausgezeichnete Idee: Ohne jede Rechtsgrundlage und ohne jede Präzedenz erklärte er sich, noch im selben Sommer, in dem sich Napoleon zum Kaiser der Franzosen gemacht hatte, zum Kaiser von Österreich. Zwei weitere unruhige Jahre amtierte er noch parallel als Heiliger Römischer Kaiser, aber dieser Titel wurde rasch zu einer bloßen Hülle, die bald abgeworfen werden sollte. Nachdem sie eine Weile nach Luft geschnappt und betreten geschwiegen hatten, erkannten die übrigen Herrscher Europas einer nach dem anderen den neuen Titel an. Als überall im Reich das Land von Hunderten ehemaligen Habsburger Schutzbefohlenen verkauft und geplündert wurde, als alte kaiserliche Symbole von Rathäusern und Stadtmauern verschwanden, amtierte Franz zwei Jahre lang gleichzeitig als Franz I. und Franz II. Verwirrend und einzigartig in der Geschichte wird er in der Literatur als Franz II./I. oder als I. (II.) bezeichnet. Er tat schon gar nicht mehr so, als wolle er sich um das alte Kaiserreich kümmern, und der große Rückzug der Habsburger gen Osten war damit offiziell. Franz war nicht einfach ein verwundbarer Erzherzog in seinen Erblanden, sondern Kaiser aus eigenem Recht, und zwar auf erblicher Grundlage ohne das Brimborium mit Kurfürsten und Wahlkaisertum. Dass er dies politisch geltend machen konnte, bescherte der Familie den Machterhalt für weitere hundertvierzehn Jahre.

Irgendwie wird alles noch schlimmer

Napoleons Karriere wird in gewisser Weise stets ein Rätsel bleiben und ein ziemlich langweiliges dazu. Den Zeitgenossen am offensichtlichsten war seine außerordentliche Kraft der Improvisation. Doch für uns, die wir wissen, wie es ausging, wird diese Karriere unvermeidlich zu einer Geschichte von Übersteigerung, Hybris, Vergeblichkeit, verglühten Sternschnuppen und Ähnlichem. Auch zu einer Geschichte der Sieger – die fast unerbittliche Opposition der Habsburger und Briten gegen Napoleon erscheint dann beharrlich und heldenhaft, und eben nicht mehr als Bremse des Fortschritts; nicht als Bereitschaft, im vergeblichen Versuch, die Kräfte der Zukunft aufzuhalten, Hunderttausende Soldaten in den Tod zu schicken. Besonders problematisch ist Großbritanniens Rolle, weil das von britischen Führern verfolgte «Gleichgewicht der Kräfte», wie man es dreht und wendet, doch «Gleichgewicht der Kräfte zugunsten Großbritanniens» bedeutete, ebenso wie «freier Handel» den «freien Handel mit britischen Schiffen» meinte. Am Ende hielt die britisch-österreichische Allianz, aber mit Napoleons Sturz wurde deutlich, dass sich – in einem einschneidenden geopolitischen Wandel – die Belange der beiden Länder jetzt schlicht voneinander entfernten. Der europäische Hauptmotor der Achse London–Wien, die seit den Tagen von Wilhelm III. und Leopold I. stockfleckig überdauert hatte, geriet ins Stottern und blieb schließlich stehen. Die Interessen beider Länder überschnitten sich einfach nicht mehr, ausgenommen, was oft bitter war, in Bezug auf Russland, und sie blieben im Wesentlichen uneins, bis zur letzten und völligen Entfremdung im Ersten Weltkrieg.

Eines Sommers fand ich mich ziemlich zufällig mehrfach am Ort von Napoleons größtem Triumph wieder. Ich hatte für ein paar Tage in Olomouc (Olmütz) Quartier genommen, um festzustellen, dass mein Herz eigentlich Brno (Brünn) gehört. Das führte dazu, dass ich viel Zeit in Bussen verbrachte, die mich, auch das ein glücklicher Zufall, die Straße entlangfuhren, auf der das österreichisch-russische Heer im Dezember 1805 marschiert war, ehe es in der Schlacht bei Austerlitz von Napoleon aufgerieben wurde. Wie alle Schlachtfelder sagt einem natürlich auch dieses gar nichts. Man sieht die Felder, und sie geben einem nicht mehr Hinweise auf das Geschehen, als es das Meer bei Trafalgar tun würde, wo wenige Wochen zuvor eine ähnlich entscheidende Seeschlacht stattgefunden hatte. Austerlitz ist so schockierend unergründlich, dass ich Pläne verwarf, an Orte wie Breitenfeld, Blenheim und Königgrätz zu fahren. Es erschien mir plötzlich absurd, diverse Hügel auf und ab zu laufen, um zu rekonstruieren, welche Gruppe glückloser Rekruten wo gestanden hatte. Glücklicherweise sorgte der freie Markt der Tschechischen Republik in seiner eher bedenkenlosen Natur dafür, dass sich wenigstens werbende Unternehmen das Schlachtfeld zunutze gemacht haben. So wirkten die ohnehin schon kleinen Denkmäler noch kleiner, weil neben ihnen Plakatwände emporragten, auf denen für ein Mineralwasser geworben wurde, das zufällig einen napoleonesken Adler zum Markenzeichen hat, und – noch besser – für Batterien, weshalb sie als Motiv ein riesiges, aus diversen Batterien montiertes Geschütz zierte. Das mochte durchaus dazu beitragen, das Schicksalsfeld aufleben zu lassen, aber das Vorhaben, weitere Schlachtfelder zu besichtigen, erschien mir jämmerlich, wenn ich dabei nur hoffen konnte, dass ein Schelm von Werbefuzzi meiner Imagination auf die Sprünge helfen würde.

Austerlitz war eine schändliche Katastrophe und beendete die Dritte Koalition. Die Habsburger waren niedergeworfen, und Franz verlor nicht nur einen Brocken altes westösterreichisches Territorium an die verhassten Bayern, sondern auch seine so leicht gewonnenen nordostitalienischen und adriatischen Küstenländer an Frankreich. Am gravierendsten jedoch war, dass der resultierende Vertrag – der Friede von Pressburg (1805) – den letzten Atemzug des Heiligen Römischen Reichs markierte. Franz stimmte zu, dass seine Rolle im Rest der deutschen Territorien nun endgültig zu Ende gespielt war. Praktisch war das lediglich ein endgültiges Eingeständnis, da ein reichsständischer Ausschuss bereits 1803 den «Reichsdeputationshauptschluss» verabschiedet hatte, mit dem hundertzwölf unabhängige Ministaaten, sechsundsechzig kirchliche Territorien und einundvierzig freie Reichsstädte ausgewischt und dem jeweils benachbarten größeren Staat, der zugleich am meisten pronapoleonisch war, zugeschlagen wurden. Am 6. August 1806, in einem letzten Schritt, dankte Franz II. als Kaiser des Heiligen Römischen Reichs ab und entließ die deutschsprachigen Europäer in eine neue Welt.

Die Habsburger haben ihre Rolle in vielerlei Hinsicht missbraucht und sich als inkompetent erwiesen; spätestens seit Joseph II. war das Kaiserreich so vernachlässigt worden, dass es zu bröckeln begonnen hatte, aber der Wechsel von einer Schutzmacht in Wien zu einer in Paris trug wenig dazu bei, das grundlegende Problem deutscher Schwäche zu ändern. Über viele Generationen hatten die Habsburger die Deutschen vor den Franzosen im Westen und vor den Osmanen im Osten beschützt – ein allerdings fragwürdiges Glück, denn dieser «Schutz» bedeutete, dass viele Schlachten auf dem Kontinent in deutschen Ortschaften ausgetragen wurden, die auf Karten kaum zu finden sind. Die schiere Hilflosigkeit der Menschen, die in Städten wie Essen oder Bamberg lebten, setzte sich auch nach Auflösung des Reichs fort, mit der kleinen Änderung, dass viele ihrer jungen Männer nun nicht mehr gegen Frankreich ausrücken mussten, dafür aber beim Feldzug nach Russland umkamen, der im Namen Frankreichs geführt wurde. Es waren die unterschiedlichen Auffassungen, was mit diesen Menschen geschehen sollte, die nun zu einem Hauptthema in Europas Geschichte bis 1870 wurden – eigentlich sogar bis 1945. In diesem Geschehen jedoch blieb Österreichs Rolle marginal und behelfsmäßig.

In einer mörderischen Variante der «Reise nach Jerusalem», die nun folgte, verschwanden Hunderte alter Staaten quasi über Nacht. Viele Bischöfe, Ritter, Herzöge, Äbte und auch unbedeutendere Oligarchen waren die Verlierer, andere wiederum passten sich auf schlaue Weise an. Ein lustiges Porträt von Maximilian IV. Joseph zeigt den jungen Kurfürsten von Bayern, aufgetakelt mit Perücke und Schmuck – ein Prunkstück der Rokoko-Tändelei. Im Kontrast dazu steht ein überraschend anderes Porträt dieses Mannes, der nun, dank Napoleon, als frischgebackener König Maximilian I. von Bayern posiert (ab 1806): Nun zeigt er sein (eigenes) Haar, kurz geschoren und streng, ist in Dunkelblau gekleidet, in einer Uniform fast ohne jeden Schmuck, und imitiert die ernste Miene des einfachen Soldaten. Zu solch schamlosem Imagewechsel kam es zu dieser Zeit allenthalben.

Franz I. hockte derweil betäubt in Wien herum. Die Habsburger Länder, die ab jetzt das Habsburgerreich genannt werden können (oder, als akzeptable Abkürzung, «Österreich»), blieben ein gewaltiger Staat, aber er existierte nur von Napoleons Gnaden. Das schauderhafte Schicksal Preußens, seit seiner Niederlage in der Schlacht bei Jena und Auerstedt im Oktober 1806 eine zerrüttete, kleinere französische Kolonie, war eine entsetzliche Lektion; nun wusste man, wie weit Napoleon gehen konnte – das Äquivalent eines Jagdaufsehers, der eine tote Krähe an einen Zaun nagelt, um andere Krähen abzuschrecken. Es war natürlich auch in historischen Dimensionen betrachtet extrem unerfreulich: Frankreich hatte es geschafft, Preußen in wenigen Wochen auszulöschen – den Österreichern war dies seit 1740 nicht gelungen. Aber Franz' feiger

Vorsichtigkeitssinn stieß immer wieder auf das Problem der Hegemonie: Alle Versuche Wiens, mit Paris auf Augenhöhe zu verkehren, wurden zurückgewiesen oder ignoriert: Napoleon glaubte eben nicht für eine Sekunde, dass die Habsburger auf Augenhöhe waren. Die ramponierte Würde des neuen Kaiserreichs drohte mit jedem Jahr mehr dahinzuschmelzen. Eine letzte, riesige Anstrengung war daher nötig, und der katastrophale Krieg der Fünften Koalition machte Österreich und Großbritannien 1809 für ein paar Monate zu Verbündeten gegen das gesamte napoleonische Europa. Gefangen in fast paralytischer Schwermut und Visionen des Niedergangs versuchte Wien, es mit Napoleon aufzunehmen, gebot ihm bei Aspern und Essling kurz Einhalt und unterlag dann krachend bei Wagram – geschlagen nicht nur von den Franzosen, sondern auch der langen Reihe von Frankreichs neuen besten Freunden: den Bayern, den Sachsen und dem Rheinbund. Diese Schlachten waren die größten, die bislang ausgetragen worden waren, darin besorgniserregender Indikator zukünftiger Entwicklungen. Anders als die oft elegant errungenen Siege in Napoleons früheren Jahren waren Wagram und die nachfolgenden Schlachten von einem lähmenden Gigantismus befallen, mit fast unkontrollierbaren Horden schlecht ausgebildeter Männer, die sich gegenseitig entsetzliche, wahllose Wunden zufügten. Wagram läutete die Ära furchtbarer Gemetzel ein, welche die Kriege des 19. Jahrhunderts so deprimierend und undenkwürdig machten (bis die Preußen in den 1860er Jahren für eine neue Ästhetik sorgten).

Die Schlacht von Aspern war ein großer persönlicher Triumph für Erzherzog Karl und erfüllte, im Rückblick, alle Hoffnungen, die er auf das österreichische Heer gesetzt hatte; sie gab dem Kaiserreich zudem etwas, woran es sich in den trostlosen Zeiten, die vor ihm lagen, klammern konnte. Nur am Rande: Man muss die beneiden, die einen der wenigen wahrhaft wunderbaren Jobs im österreichischen Heer auszuüben hatten – das erfolgreiche Unternehmen, französische Truppen daran zu hindern, die Donau zu überqueren.

Das wurde durch die vergnügliche Aktion erreicht, stromaufwärts eine Riesenmenge sperriger Gegenstände in den Fluss zu werfen, sodass die Strömung sie gegen die französischen Pontons warf. Napoleons Ingenieure werden kaum Spaß daran gehabt haben, bei den Österreichern dagegen müssen sich Szenen von nahezu hysterischer Ausgelassenheit abgespielt haben, als in Flammen stehende Lastkähne, Fässer mit Sprengstoff, scharfkantiges selbstgebasteltes Treibgut und dergleichen den Fluss hinabtrieben. Das *pièce de résistance* muss gewesen sein, als eine riesige, hölzerne Donau-Schiffmühle in Brand gesteckt und ihre Vertäuung gekappt wurde. Ein paar dieser märchenhaften Objekte sind im großartigen ASTRA-Museum der traditionellen Volkskultur bei Sibiu (Hermannstadt) in Siebenbürgen erhalten. Bizarr und sperrig, wie sie waren, verrichteten diese schwimmenden Mühlen ihr Tagewerk an den Ufern zahlloser Flussgemeinden, verbreiteten sich allmählich nach Osten – wie auch hätten sie flussaufwärts gelangen sollen? Und eines dieser Riesendinger fand an jenem Morgen des 22. Mai 1809 ein glorreiches Ende, indem es als tosender Flammenberg mit Wahnsinnstempo unaufhaltsam einen erneuten Versuch der Franzosen vereitelte, eine Pontonbrücke über die Donau zu schlagen, ein Riesenteil herausrammte und es mit sich flussabwärts riss, samt einem französischen General und einigen *pontonniers*.

Eine Hochzeit im engsten Kreis

Solche Schiffmühlen-Initiativen mal beiseitegelassen, war das Endergebnis des Feldzugs ein traditionelles Desaster und die Abstrafung durch den Frieden von Schönbrunn. Dass ausgerechnet Schloss Schönbrunn als Ort gewählt wurde, muss für die Erben Maria Theresias besonders niederschmetternd gewesen sein. Mehr als ein Fünftel der Bevölkerung des Kaiserreichs wurde abgetreten, dazu kamen die Verluste Westgaliziens an einen neu errichteten polnischen Satellitenstaat, Salzburgs an ein immer dreisteres Bayern und alter südösterreichischer, italienischer und slowenischer Länder an Napoleons neue Illyrische Provinzen. Das Habsburger Kaiserreich lag ausgestreckt am Boden, und Franz' Beratern war klar, dass ihnen nicht viel anderes übrigblieb, als allem zuzustimmen, was Napoleon verlangen mochte, und zu hoffen, dass Österreich nicht das Schicksal Preußens erleiden müsse. Aber wie so oft in der Vergangenheit bewahrheitete sich, dass die Kernkompetenz der Dynastie im Überleben um jeden Preis lag, und nun – im erniedrigendsten Moment in einer an Demütigungen so reichen Zeit – richteten sich die Augen des Hofs auf die attraktive Marie Louise, die Tochter des Kaisers.

Die Augustinerkirche in Wien ist ein klassisches Beispiel für die Linie in der katholischen Hierarchie, der Ästhetik um ihrer selbst willen höchst verdächtig ist. Die sehr alte, stark mitgenommene, ziemlich muffige Kirche ist noch in Betrieb, und es gibt dort eine Handvoll bemerkenswerter Monumente, die aus der ansonsten allgegenwärtigen Strenge herausfallen: Diese Kirche ist ein Ort, an dem Mönche und Kongregationen in Verbindung zu ihrem Schöpfer treten. In seiner Weigerung, vom direkten Gebet und ernsten Fragen abzulenken, hat der Kirchenraum eine fast methodistische Anmutung. Dabei ist die Augustinerkirche eine der zentralen Kultstätten der Habsburger, denn sie ist die Grablege für die Herzen der Kaiser (was, genauer bedacht, keinen übermäßig methodistischen Beigeschmack hat), und sie ist, seit seiner Seligsprechung durch Johannes Paul II. 2004, zum Hauptort der Verehrung von Kaiser Karl I. geworden. Am 11. März 1810 aber wurde diese Kirche zum Ort der Hochzeit der Lieblingstochter von Kaiser Franz I., Marie Louise, mit Kaiser Napoleon I. Eigentümlich genug fungierte Franz' Bruder, Erzherzog Karl, erst kürzlich Sieger von Aspern-Essling, in der Trauungszeremonie als Vertreter

Napoleons. Die Implikationen eines solch exquisiten Stücks Niedertracht sprengen fast den Rahmen dieses Buchs. Napoleon war Erbe der Französischen Revolution, einem Ereignis, das dazu geführt hatte, dass der abgetrennte Kopf von Marie Antoinette, von Karls Tante also, der johlenden Menge auf eine Stange gespießt präsentiert worden war. Schon dass Marie Antoinette nach Paris geschickt worden war, galt als schmachvoller Fehler – es hatte dies seinen Grund in einer längst vergessenen profranzösischen Kehrtwende in der diplomatischen Geschichte des 18. Jahrhunderts. Nun wurde Marie Louise auf denselben Weg geschubst. Und fast ebenso schlimm war, dass die Augustinerkirche bereits berühmt war wegen des kürzlich fertiggestellten Grabmals für Maria Christina, die Gattin Albrechts von Sachsen-Teschen, auch sie eine Tochter Maria Theresias und damit Großtante von Marie Louise; Antonio Canova hatte dieses Grabmal kurz zuvor vollendet. Maria Christinas Ehrenmal ist vielleicht das großartigste Stück Neoklassizismus in Wien, eine wundervolle Pyramide mit ergriffen Trauernden und einem melancholischen Löwen. Ausgerechnet Maria Christina, die selbst kinderlos geblieben war, und ihr Mann Albrecht von Sachsen, der das Kunstmuseum Albertina gründete, hatten Erzherzog Karl aufgezogen.

Nun musste Erzherzog Karl mit seiner Nichte feierlich am Altar stehen, am selben Fleck, an dem so viele Habsburger verheiratet worden waren, als Stellvertreter für den Mann, der durch Ereignisse groß geworden war, die seine Tante das Leben gekostet hatten, der verschiedene Habsburger in Italien vom Thron gejagt, der zehn Jahre damit zugebracht hatte, viele tausend österreichische Soldaten in den Tod laufen zu lassen, das ganze Kaiserreich zu demütigen, der sich kürzlich große Teile der Territorien unter den Nagel gerissen hatte, die über vier Jahrhunderte im Besitz von Karls Familie gewesen waren – und die Zeremonie, bei der er diesen abwesenden Bräutigam zu vertreten hatte, fand statt vis-à-vis des Denkmals für seine Adoptivmutter. So schwärzlich und verschrumpelt sie in ihren Urnen gewesen sein müssen, die Herzen der früheren Kaiser haben sich mit Sicherheit ein bisschen weiter zusammengekrampft.

Wie sich zeigte, sollte Marie Louise das Kopf-am-Spieß-Schicksal ihrer Großtante nicht teilen, sie konnte sich in immer neuen französischen kaiserlichen Roben, Umhängen und Diademen zeigen, und sie sah blendend aus. Napoleon hatte sie geheiratet (nachdem er sich von Joséphine hatte scheiden lassen), weil sie fesch war und weil er unbedingt einen Erben brauchte. Kaiserin Marie Louise, die sie nun wurde, bekam einen Sohn mit Napoleon, der in einer uralten Prozedur (nach Habsburger Maßstäben eine Farce) zum König von Rom erklärt wurde. In gewisser Weise war es hilfreich, dass Franz I. so eine Schlaftablette war, denn jeden anderen mit etwas mehr Imaginationsvermögen hätte die Vorstellung in den Wahnsinn getrieben, dass ein korsischer Kauz, nach dem vor kurzem kein Hahn gekräht hatte, sich zum Kaiser machen und damit drohen konnte, die Habsburger aus dem gesamten System der Thronfolge herauszubefördern. Marie Louise fügte sich, führte ein merkwürdiges Leben, das einerseits recht angenehm war, in dem sie andererseits nur eine Schachfigur größerer Mächte war. Sie heiratete nach Napoleons Tod noch zweimal, zuletzt den Obersthofmeister Charles-René de Bombelles, und regierte das Herzogtum von Parma, das ihr vom Wiener Kongress zugesprochen worden war. Es war sicher nicht leicht, derart zwischen zwei Familien hin und her gerissen zu sein, wobei sie mit jeder Tat die eine oder die andere verriet. Ihr heißgeliebter Sohn (für sehr kurze Zeit als Napoleon II. bekannt) wurde zu einer traurigen Fußnote in der royalen Geschichte – eine Quelle der Peinlichkeit, aber auch eine potenzielle Gefahr für die Habsburger, bis er im Alter von einundzwanzig Jahren an Tuberkulose starb. Sein extravagantes goldenes Kinderbett in der Schatzkammer der Habsburger ist eine seltsame Erinnerung an eine Zukunft, zu der es nie kam: Napoleon als der Gründer einer Dynastie, die einen vereinten europäischen Superstaat regiert. In einem seltsamen Anflug von Ordnungssinn ließ Hitler, nach der

Niederlage Frankreichs, den Leichnam Napoleons II. von Wien in den Invalidendom verlegen, damit er neben seinem Vater beigesetzt werden konnte. Kein Versuch wurde unternommen, auch sein Herz umzubetten: Es liegt noch immer in der Augustinerkirche – ein permanenter Affront gegen alle anderen Herzen.

Marie Louises Opfer auf dem Altar politischer Opportunität erfolgte aus dem pathologischen Eifer von Franz und seinen Beratern, das, was nach dem Frieden von Schönbrunn vom Kaiserreich noch übrig war, vor der völligen Zerstückelung zu retten. Keine Demütigung war zu groß, und jedes Zeichen von Hass auf Napoleon war verboten. Das funktionierte sehr gut. Nichts, was die Briten tun konnten, schien Napoleons Herrschaft zu bedrohen, und so schien eine begrenzte Wachsamkeit auf unabsehbare Zeit der einzige Weg für die Habsburger. Es ist ein faszinierender und in einigen Punkten plausibler kontrafaktischer Gedanke, sich ein dauerhaft napoleonisches Europa vorzustellen, aber so viele echte Verbündete die Franzosen auf dem Kontinent auch gehabt haben mochten, Napoleon hatte etwas an sich, eine Art voreingestellten Kampfmodus, der die von ihm errichtete Staatenarchitektur zutiefst instabil machte. Seine zerstörerische Entscheidung, 1812 in Russland einzufallen, war völlig logisch, ebenso wie seine Unfähigkeit, sich mit Großbritannien zu einigen. Alle drei, Paris, London und St. Petersburg, hatten Überlegenheitskomplexe nahezu mongolischen Ausmaßes, die mit den jeweils anderen unvereinbar waren, und ein Großteil der Weltgeschichte bis in die 1940er Jahre rührte daher (später gesellte sich noch Berlin dazu). Stellt man sich die Palette von Ideen vor, auf die einer kommen kann, der an der Spitze eines Kaiserreichs steht, ahnt man schon, wie schwer es ist, mit anderen zu koexistieren, die durch ihr bloßes Dasein die eigenen absoluten Ansprüche verspotten und untergraben.

Die Invasion Russlands hätte, nach allen Anzeichen, der Triumph werden können, der Napoleons Größe besiegelt hätte, und auch die Möglichkeit eröffnen können, den ganzen, nun generationenlangen Krieg zu einem Ende zu bringen. Ein besiegtes Russland hätte Frankreich in die Lage versetzt, nach Lust und Laune Britisch-Indien zu zerstören und damit auch Großbritannien zu zwingen, um Frieden nachzusuchen. Die Habsburger schafften es, ihre Verpflichtung, zur Grande Armée beizusteuern, darauf zu beschränken, 30 000 Mann abzustellen, die Russland im Süden drohen sollten. Als klar war, dass die Invasion absolut und katastrophal schiefgegangen war, wurde eine neue Koalition möglich, und die Österreicher taten sich vorsichtig mit den Preußen und Russen zusammen. Diese außergewöhnliche Schicksalswendung führte dazu, dass Österreich diese Sechste Koalition dominieren konnte. Mit Preußen in einer wichtigen, aber relativ kleinen Rolle und einem fern von seiner Heimatbasis operierenden Russland – und den Briten, die, wie gewöhnlich, eine andere Agenda befolgten – fanden sich Franz und sein Ministerpräsident Metternich sehr zu ihrer Überraschung und sicher nicht allein durch eigene Anstrengung in einer Position wieder, die Zukunft Europas diktieren zu können. Die Friedensjahre hatte Österreich damit verbracht, kontinuierlich ein enormes, wenn auch nicht sehr schlagkräftiges Heer von gut über einer halben Million Männern aufzubauen, und es stellte locker das größte Kontingent der Koalition. All diese vielen Soldaten überrannten die Franzosen nun einfach – Napoleon konnte so brillant manövrieren, wie er wollte, mit dieser fundamentalen Umkehrung der Mathematik kam er nicht klar. In der Schlacht von Leipzig im Oktober 1813 krachten um die 600 000 Soldaten ineinander, das größte Treffen in der europäischen Geschichte vor 1914. Beide Seiten erlitten über die folgenden Monate hinweg in einer Reihe grausamer Schlachten aberwitzige Verluste, doch die Franzosen konnten sich diese nicht mehr leisten. Das seltsame Zwischenspiel von Napoleons Verbannung nach Elba, einer winzigen Insel, die einmal zum Erbe der toskanischen Habsburger gehört hatte, und seine verzweifelten «Hundert Tage», der Versuch, in Frankreich wieder Fuß zu fassen, waren 1815 mit der Schlacht bei Waterloo beendet; und selbst wenn Napoleon diese Schlacht gewonnen hätte, endlose Kolonnen österreichischer, preußischer und russischer Truppen, die allesamt Richtung Westen marschierten, hätten einen allerletzten Versuch, wieder an die Macht zu kommen, völlig aussichtslos gemacht.

Ich bitte um Nachsicht, wenn ich jetzt doch so viel über Kriegsführung und Diplomatie geschrieben habe; ich werde meinen Lesern, was das angeht, nun eine Pause gönnen. Das Habsburger Kaiserreich, das aus diesem Geschehen hervorging, unterschied sich stark von seinem Vorgänger, es war größer und kompakter, hatte eine formidable Gruppe von Verbündeten mit einer gemeinsamen konservativen Agenda; auch teilten sie den Wunsch, all die schrecklichen Dinge zu vergessen, die in jüngster Zeit schiefgegangen waren. Da viele der Kämpfe so demütigend verlaufen waren, hatten die Napoleonischen Kriege einen nur unsicheren Platz im Selbstverständnis der Habsburger. Es gibt ein paar verstreute, große Denkmäler für die Hauptfiguren, aber für die Zeit, die seiner Regentschaft noch blieb, bemühte sich Franz I. fortzufahren, als sei das alles nicht passiert. Zum bleibenden Monument wurde Haydns «Kaiserhymne», 1797 geschrieben und während der Krise, die, wie sich zeigen sollte, doch nur eine von vielen gewesen war, ins Hofrepertoire übernommen, als besonders schönes und aufbauendes Lied der Hoffnung:

Gott erhalte Franz, den Kaiser, unsern guten Kaiser Franz!
Lange lebe Franz, der Kaiser, in des Glückes hellstem Glanz!
Ihm erblühen Lorbeerreiser, wo er geht, zum Ehrenkranz!
Gott erhalte Franz, den Kaiser, unsern guten Kaiser Franz.

Wenn es jemanden gibt, der diese Hymne nicht verdient hat, dann der trübsinnige Polizist Franz, aber das Lied (auf zauberhafte Weise von Haydn in seinem «Kaiserquartett» wiederverwendet) entwickelte ein Eigenleben. Es wurde zur großartigen englischen Hymne

«Glorious things of thee are spoken», und nach dem, was man sich nur als eine Reihe von Nervenzusammenbrüchen vorstellen kann, wurde sie erfolgreich in jede Sprache des Habsburgerreichs übertragen. Schließlich wurde sie auch umgeschrieben zur deutschen Nationalhymne, deren Anfangszeilen sich als grauenvolle Verkündigung erweisen sollten:

> Deutschland, Deutschland über alles,
> Über alles in der Welt …

Nach den Weltkriegen den neuen Bedingungen angepasst, beginnt sie heute freundlicher:

> Einigkeit und Recht und Freiheit
> Für das deutsche Vaterland!

Zurück zur Natur

Am 24. Mai 1801, während einer willkommenen Pause im Verdroschenwerden durch Napoleon, genossen die Habsburger eines der großartigsten kulturellen Ereignisse des neuen Jahrhunderts: die erste vollständige Aufführung von Haydns Oratorium *Die Jahreszeiten* im Palais Schwarzenberg in Wien. Die Sopranpartie übernahm die Kaiserin selbst, nicht besonders gut, aber niemand war in der Position, vorzuschlagen, sie tunlichst durch eine andere Sängerin zu ersetzen. *Die Jahreszeiten* wurden zur paneuropäischen Sensation mit zahllosen Aufführungen an jedem nur erdenklichen Veranstaltungsort, manchmal mit den Mitteln, die dem 19. Jahrhundert als Äquivalent für Breitwand- oder 3-D-Filme zur Verfügung standen: ein sinnloses Verdoppeln, gar Verdreifachen der

Gesangs- und Orchesterensembles, was Hymnen wie das abschließende «Dann bricht der große Morgen an» zum vielleicht lautesten Getöse machte, das Menschen jenseits eines Schlachtfelds je zu hören bekamen.

Die Hysterie um dieses Ereignis wurde dadurch geschürt, dass es auf dümmlichste Weise eine Fortsetzung war. Schon Haydns *Schöpfung* war ein gewaltiger Erfolg gewesen, eine Gruppe von Visionären in Wien hatte ihn dazu gedrängt, weil sie die öffentliche Aufführung religiöser Werke «alter Musik» wiederbeleben wollte, womit sie Bach meinte und vor allem Händel. Zusammen mit seinen letzten Symphonien machten diese Stücke Haydn, im Vorgriff auf Ludwig van Beethoven, zur universalen Berühmtheit einer neuen Art und sorgten für die überschwängliche Krönung einer Karriere, die er doch zum größten Teil in der abgeschlossenen, privaten Welt der Familie Esterházy verbracht hatte. Das Obergenie hinter der *Schöpfung* war Gottfried van Swieten gewesen, ein vielseitig talentierter Diplomat, Präfekt der Kaiserlichen Hofbibliothek und großer Förderer der Musik; einer der Männer also, die Gewaltiges zur Förderung des kulturellen Lebens beitrugen, dennoch rasch vergessen wurden.

Van Swieten und seine wohlhabenden Weggefährten hatten sich das Hirn zermartert, wie Haydn *Die Schöpfung* noch übertreffen könne, eine schwierige Angelegenheit. Schließlich einigten sie sich auf James Thomsons pantheistisches Langgedicht *Die Jahreszeiten* (*The Seasons*, 1730), das van Swieten für Haydns Zwecke neu montierte und in Deutsche übertrug. Das zwei Stunden währende, kunstvolle und sehr vielseitige Musikstück sollte Haydns letztes größeres Werk sein, das er in einem Nebel aus Erschöpfung und geistigem Verfall beendete. Nach einer staunenswert langen, vielfältigen und phantastischen Karriere brach der Mann, der gute Chancen hatte, jeden Wettbewerb für das beste Habsburg-Thema zu gewinnen, schließlich zusammen.

Die Schöpfung und *Die Jahreszeiten* wurden für das Kaiserreich eine Art Erweiterung vertrauter religiöser Erfahrung (wie es Händels Oratorien für Großbritannien waren), quasi rituelle Elemente im Kalender, vergleichbar mit den höheren Feiertagen. *Die Jahreszeiten* sind, wie alle Fortsetzungen, nicht so gut wie das Original. Haydn selbst beschwerte sich, einiges davon sei schlicht «französischer Abfall». Besonders verhasst war es ihm, eine Musik schreiben zu müssen, die Frösche in einem Teich nachahmen sollte (eine Stelle, die tatsächlich bezaubernd ist). Die Partitur enthält viele Wunder – ein Gewitter, eine ausgelassene Jagdpartie –, aber sie ist wohl zu schematisch, als dass sich eine wirkliche Vorwärtsbewegung entwickeln könnte (ist denn endlich Herbst?), obgleich man genauso sagen kann, dass *Die Schöpfung* das schematischste Thema überhaupt hat, worüber sich aber niemand beschwert.

Es gibt sicherlich spätere Beispiele, aber *Die Jahreszeiten* sind eine Art nostalgische Zusammenfassung von Jahrhunderten habsburgischer Naturverehrung. Ihre Belange sind heillos altmodisch und konservativ: Sorgfältig abgehandelte Vertreter der ländlichen Gemeinschaft singen über ihre Stellung und Funktion – Säen und Ernten, Obst pflücken, Flachs spinnen. Wie Szenen aus mittelalterlichen Miniaturen sind die Landleute gefangen im monströsen Rad des Tierkreises, das endlos von Jahreszeit zu Jahreszeit rückt und immer wieder neue Aufgaben hervortreibt. Und tatsächlich stehen *Die Jahreszeiten* in der Gefahr, dass sich die Aufführung, hat sie erst einmal begonnen, bis in alle Ewigkeit fortspinnt und der Frühling unausweichlich in zweistündigen Intervallen immer wieder in Sicht rückt («Seht, wie der strenge Winter flieht»). Die Stimmung ist kaum anders als jene, aus der die großartigen Gemälde aus der Jahreszeiten-Folge Pieter Brueghels des Älteren leben (am berühmtesten wohl *Die Jäger im Schnee*), die in die Sammlung von Rudolfs II. jüngerem Bruder Ernst gelangten, als er in den 1590er Jahren Herrscher der Spanischen Niederlande war, und die heute alleine schon einen Besuch in Wien lohnenswert machen. Auch Rudolf selbst staffierte, wie zu erwarten, seine Sammlung mit solchen jahreszeitlichen Zeichnungen, Gemälden und Stichen aus, mit Arbeiten von Roeland Savery, Egidius Sadeler, Paul Bril und dem wunderbaren Pieter Stevens. Steht der Himmel im Zeichen des Skorpions, haben die Schweine im Wald Rauschzeit, dann weißt du, es ist Oktober. Als eine der frühesten Formen nicht religiöser und nicht höfischer Kunst vermögen diese Gemälde, den Betrachter in ihre Welt einzuladen – selbst mit den schlichtesten Elementen von ein paar Bäumen und einem Fluss, der den Anschein von Hexenwerk erweckt.

Die Darstellung der Jahreszeiten als ein Instrument sozialer Kontrolle anzusehen wäre etwas kurz gegriffen, denn auch hier gibt es etwas Befreiendes – so wie es auch die antiken Götter lieferten –, sie eröffnen den Künstlern die Möglichkeit, unbefangen dekorativ zu arbeiten, schlicht um die Sinne zu erfreuen – und mit jahreszeitlichen Motiven wurde im Habsburgerland und auch anderswo auf berauschend unpolitische Weise einfach alles dekoriert: vom Tafelservice bis zum Sommerhaus. Doch lassen sich die jahreszeitlichen Darstellungen auch anders begreifen: Sie repräsentieren eine Welt, in der die Menschen unaufhörlich bei der Arbeit sind. Alle die ineinandergreifenden Anforderungen der Jahreszeiten bilden die Grundlagen des Überlebens. Ihnen nicht gerecht zu werden oder nicht nachzukommen führte geradewegs zu Katastrophen. Es reichte das Auftauchen einer Schar von Soldaten, eine Seuche, eine Überschwemmung oder Märzwetter im Juni, und die gesamte Szene wäre ausgelöscht. Nur ein paar ausgemergelte Überlebende könnten, sarkastisch gesagt, noch den ein oder anderen Auszug aus den *Jahreszeiten* singen. Also steckte selbst im dekorativen Kontext eines Oratoriums für ein städtisches Publikum eine unerbittliche Botschaft über das Leben auf dem Land, gerade wenn und weil so viele Habsburger Länder unter ständigen dramatischen Unheilsdrohungen standen. Auch ein Großteil des Wiener Publikums lebte natürlich über längere Perioden des Jahres auf seinen Landsitzen, bezog einen Großteil des Einkommens von dort, also haben *Die*

Jahreszeiten ihre unterschwelligen Ängste wohl ziemlich direkt angesprochen.

Der *Winter*, der letzte Teil des Oratoriums, gerät ein wenig ins Unverbindliche, denn es gibt nicht viel zu tun, nur das Spinnrad, den Dorfklatsch (in einer besonders schwachen Szene), die Abwehr eines zudringlichen Edelmannes oder Klagen über die Kälte. Doch schafft dies Raum für die finale, gewaltige Lobeshymne, bei der jedem warm wird ums Herz: «Uns leite deine Hand, o Gott! / Verleih' uns Stärk' und Mut! Mit Jubelsang dann gehen wir ein / In deines Reiches Herrlichkeit. / Amen.» Obwohl in den *Jahreszeiten* sehr viele pantheistische Elemente zu finden sind, Anklänge wohl an die Empfindsamkeit des späten 18. Jahrhunderts, transportieren sie auch eine tief katholische Erfahrung – eine ländliche Gegend, bevölkert von hart arbeitenden, verwurzelten, gottesfürchtigen Männern und Frauen, vereinigt in ihrer Loyalität zu der Einen Kirche. Es überrascht nicht, dass in der Uraufführung auch ein Mitglied der kaiserlichen Familie mitgesungen hat und alle Elemente dieser Musik konform sind mit Franz' I. eisigem Enthusiasmus für eine Welt, in der alle tun, was ihnen gesagt wird.

Während meiner Recherchen für dieses Buch gehörte es zu einem meiner Hauptvergnügen, mich dadurch um eine etwas abwegige Interpretation der *Jahreszeiten* zu bemühen, dass ich zu verschiedenen Zeiten des Jahres auf dem Land umherwanderte, mich auch Wetterbedingungen aussetzte, die extremer sind als die in Südostengland. Natürlich stattet jedes Land seine musikalischen, literarischen und malerischen Hymnen mit Erfahrungen in den eigenen Landschaften aus, in Mitteleuropa aber ist das besonders gut gelungen. Ich habe mich oft dabei erwischt, wie ich Auszüge aus Franz Schuberts *Schöner Müllerin* summte, während ich an irgendeinem unbescholtenen Fluss entlanggewandert bin, und kaum wird es um mich her etwas alpiner und heroischer, drängen sich mir Bruchstücke und Motive aus Gustav Mahlers Dritter Symphonie in den Sinn. Ein ansonsten fast eigenschaftsloses böhmisches

Tal wird von Antonín Dvořák veredelt, kahle Regionen Siebenbürgens bekommen dank György Ligeti eine etwas geisterhafte, besondere Stimmung.

Der größte Meister dieses Habsburger *Jahreszeiten*-Pantheismus ist der österreichische Schriftsteller Adalbert Stifter, dessen Schaffen in den 1840er Jahren seinen Höhepunkt erlebte, als einige seiner Erzählungen und Romane ein Leuchten, eine Schönheit erreichten, die einem fast die Tränen in die Augen treiben – mit all den Figuren, die in den ländlichen Welten, die sie durchqueren (Gebirge, Wiesen, Wälder), sowohl begeistert als auch bedrängt werden. Freilich muss man bei Stifter aufpassen und gut auswählen aus seinem Werk – der späte Roman *Der Nachsommer* ist ein Buch erbarmungsloser Langeweile, mit einem nichtssagenden Erzähler, der wiederholt ein Haus besucht, das in einem vollendeten Verhältnis zu Gott und der Natur steht, in dem niemand etwas anderes im Sinn zu haben scheint, als Spaliere zu pflegen und Früchte zu trocknen, sodass man einfach nur weglaufen möchte. Darin bestärkte mich ein zeitgenössischer Kritiker, der schrieb, er werde demjenigen die Krone Polens anbieten, der die Lektüre dieses Buchs bis zum Ende durchhalten würde. Es geschieht darin so wenig, dass man meinen könnte, der ganze Roman sei (wie Georges Perecs *Das Leben. Gebrauchsanweisung*) eine erstaunliche Übung in schriftstellerischer Selbstbeherrschung, deren gesamte Struktur der letzten Seite zustrebt, auf der es zu einer grotesken, atemberaubenden Enthüllung kommt, die alle vorherigen fünfhundert Seiten der Langeweile verdirbt und vergiftet, denn plötzlich wird deutlich, was da alles rottet und brodelt. Dennoch, trotz zweimaligen Anlaufs, meine Hochwassermarke ist leider bei Seite 300 erreicht, und mir wird sich diese ferne Chance eines guten Ergebnisses wohl niemals öffnen.

Aber wenn man *Nachsommer* mal beiseitelässt, ist Stifter ein Autor, den man wieder und wieder lesen kann, nicht wegen der Erzählungen selbst (obwohl diese sehr vereinnahmend sind), sondern weil er alles durch fremde Augen sieht: «Bergkristall», «Kalkstein», «Brigitta» (enthält eine sensationelle Wolfsattacke!), «Abdias», «Der Waldsteig». Stifter war ein ebenso bemerkenswerter Landschaftsmaler wie Schriftsteller, dessen an Wahnsinn grenzende Präzision beim Versuch zu zeigen, wie sich, sagen wir, ein Felsabhang in einem Bergsee spiegelt, sich in seiner Fiktion wiederfindet, wo er es komischerweise mit wenigen Worten schafft, lebhafter zu sein als in seinen Bildern. Sein Wunderwerk ist wahrscheinlich die Novelle *Der Hagestolz*, in der ein junger Mann voller Elan, der sein ganzes Leben noch vor sich hat, ekstatisch durch eine Reihe von Bergtälern läuft, um einen mysteriösen Onkel zu besuchen, der, gebrochen von misanthropischer Bitterkeit, in einem verlassenen Kloster an einem See lebt. Leser, die es geschafft haben, mein Buch bis zu diesem Punkt zu lesen (denen also gelungen ist, was mir mit *Nachsommer* stets misslang), kann ich nur eindringlich bitten, es nun wegzulegen und zum *Hagestolz* zu wechseln.

Es gibt einen Augenblick in dieser Novelle, wenn Viktor, ebenjener junge Mann, über den Fluss (über dem in einer Szene fotorealistischer Halluzination ein Berg aufragt) zu der Klosterinsel gerudert wird und zugleich eine Kirchenglocke ertönt, der Ruderer seine Arbeit unterbricht und das Stundengebet spricht. Am aufregendsten an Stifter ist vielleicht die Bestimmtheit, mit der er emotional und geistig an seinem Ideal festhält, an dem Punkt, an dem sich Gott, Mensch und Natur im perfekten Einklang befinden, auch wenn diese Vision so extrem und schwer zu erreichen ist (wir sind zu faul, zu käuflich, zu abgelenkt), dass sie immer zu zerplatzen droht. Ich bin in einer fast pilgerhaften Geistesverfassung hinunter in den fernen Süden Böhmens gegangen, wo Stifter aufgewachsen ist, im entlegenen Örtchen Horní Planá, mit Blick auf die fast leeren Hügel und Berge, die das Gebiet von Österreich trennen. Dort gibt es ein kleines Stifter-Museum, und es überkommt einen das Gefühl, am Ende der Welt zu sein, hinter allen sieben Bergen, und selbst hier noch hat das 20. Jahrhundert mit seinen Krallen hingelangt, hier gibt es den demolierten Stumpf eines Erster-Weltkrieg-Denkmals und eine Bevölkerung, die fast vollständig ausgetauscht wurde, die Deutschsprechenden wurden vertrieben, und heute sprechen die Menschen dort Tschechisch. Stifters ursprüngliche visionäre Gemeinschaft ist daher komplett verschwunden; allerdings war seine Gott-Mensch-Natur-Idee, betrachtet man sie außerhalb des Rahmens seiner eigenen künstlerischen Brillanz, stets verstörend und intolerant. Viele Mitteleuropäer schloss sie aus, und sie machte das Landleben zu einer moralischen Kraft um ihrer selbst willen (eine Botschaft, die selbst ich dem Roman *Nachsommer* entnehmen konnte, obwohl ich doch zunehmend auf meine eigene geistige Gesundheit achten musste, während ich mich durch die Seiten quälte). So wie in den gleichwohl hektischeren *Jahreszeiten* war diese Vision sehr deutsch, sehr katholisch, mit einem Sinn für Ordnung und Hierarchie, die zu Stifters Zeiten schon unter akuter Bedrohung standen. Trotz all seiner Verehrung der Natur verbrachte Stifter einen großen Teil seines Lebens in Städten, nicht zuletzt in Linz, das ihm eine tolle Statue gewidmet hat. *Der Hagestolz* endet in einer Art rauschhafter, von Gott überwachter, multigenerationeller Ländlichkeit; doch hätte sich in den 1860er Jahren, in denen sein Autor starb, wohl auch der fröhliche Viktor gefragt, ob er sich nicht doch in eine dieser verlockenden und sündigen Städte davonschleichen sollte. Und praktisch alle Akteure der *Jahreszeiten* hätten als Erste im Zug nach Wien gesessen, Freudengesänge angestimmt über Fabriken, riesige Bierkeller, Konsumgüter und darüber, sich nun einen Dreck um die Jahreszeiten kümmern zu müssen.

Die Habsburger Monarchie war stets eine Art Flickenteppich aus fast leeren Ländern (aus Bergen, Sümpfen etc.) und grünen Landstrichen, mit Menschen wie in den *Jahreszeiten*, die für ihre adligen Herren arbeiteten, und mit (nach westeuropäischen Maßstäben) kleinen, im Allgemeinen deutschsprachigen Städten, die als Warenumschlagplätze und Festungen fungierten. Die großartige Geschichte des 19. Jahrhunderts ist die Transformation dieser Städte, als Hunderttausende Menschen nichts lieber wollten, als dem unerbittlichen ländlichen Kreislauf zu entrinnen, und in die Städte strömten.

X

Eine Warnung an Legitimisten
Probleme mit loyalen Untertanen
Un vero quarantotto
Bergvolk

Eine Warnung an Legitimisten

Als ich klein war, hatten wir einen Satz «Happy Families»-Spielkarten mit Helden, den wir aus einem Urlaub in Frankreich mitgebracht hatten. Während andere Kinder vernünftigerweise mit alten Lieblingen Quartett spielten, zum Beispiel Dickens-Figuren wie «Mrs. Bones the Butcher's Wife» und «Mr. Soot the Sweep», waren wir darin vertieft, Karten mit kleinen Gemälden historischer Persönlichkeiten zu tauschen. Wir boten also Maria de' Medici gegen Bertrand du Guesclin oder einen hübsch gekleideten Henri III. gegen Clemenceau. Über die Jahre müssen wir viel Zeit damit verbracht haben, dabei hatten wir keinen blassen Schimmer, wer diese Leute überhaupt waren (abgesehen von einer unrealistisch knabenhaft und zugänglich wirkenden Jeanne d'Arc), aber vielleicht lag gerade darin die Attraktion unseres Spiels. Wir haben uns jedenfalls strikt geweigert, irgendetwas über die Identität dieser Figuren herauszufinden, lernten also auch nichts über Geschichte, wenn wir König Chlodwig oder den ulkigen Marschall Ney tauschten, Kardinal Richelieu hätte genauso gut «Master Bun the Baker's Son» sein können.

Ich erwähne das, weil ich es diesem Quartett zu verdanken habe,

Linke Seite:
Habsburger Soldaten exekutieren ungarische Patrioten, ein Stich von 1849. Bilder wie diese waren weit verbreitet, und sie trugen, zusammen mit der unermüdlichen Tätigkeit der beiden großen, umherreisenden antihabsburgischen Redner Kossuth und Garibaldi, dazu bei, das Habsburgerreich in den Augen vieler Europäer und Amerikaner als rücksichtslos und unrettbar rückwärtsgewandt erscheinen zu lassen.

dass ich im Erwachsenenalter, als ich etwas über das postnapoleonische Frankreich las, begann, ein merkwürdiges Interesse an Karl X. von Frankreich zu entwickeln. Er war vielleicht der unflexibelste Idiot unter allen französischen Herrschern, aber seine Karte in «Happy Families» – welche Ironie, wenn man bedenkt, dass seine Familie mit all den Hinrichtungen alles andere als happy war – ließ ihn schneidig und klug aussehen in seiner reizenden blauen Kavallerieuniform. Deswegen war ich von ihm irgendwie bezaubert und fand seine Ära immer wesentlich interessanter als wohl angemessen.

Der Geist dieses Karl verfolgte seine Zeitgenossen wie ein Albtraum. Die neue Weltordnung von 1815, nach den Turbulenzen von Revolutions- und Napoleonischen Kriegen, gründete sich auf die Rückkehr zum Legitimismus, auf das dynastisch vererbte Gottesgnadentum. Karl X., der Bruder von Ludwig XVI., der Onkel des toten Kindes Ludwig XVII., der Bruder von Ludwig XVIII., war also ohne jeden Zweifel der Nächste in der Erbenreihe und damit der wahre König von Frankreich. Und doch schaffte er es in seiner nur sechsjährigen Regentschaft, fast jeden zu befremden. Denn er benahm sich, als hätte es die Revolution nie gegeben, beharrte auf Kniebundhosen, auf einer weihrauchgeschwängerten Krönung in der Kathedrale von Reims, erließ ein beknacktes Gesetz (dessen Bedarf gewiss nicht geprüft wurde), das es zum Kapitalverbrechen machte, Abendmahlswein und Hostien zu stehlen. (Der Übeltäter war zu exekutieren, zuvor aber musste ihm noch die rechte Hand abgehackt werden.) Das war nicht gerade der Ton für das Paris eines Eugène Delacroix oder Honoré de Balzac, und mit einer harmlosen, ziemlich inszenierten Version von 1789 wurde Karl X. 1830 ins Exil gezwungen.

Dass ein Mann, für den so vieles gesprochen hatte – er hätte vor einem Hintergrund von Kriegserschöpfung und echtem paneuropäischem Konservatismus regieren können –, alles derart vermasseln konnte, hatte abschreckende Wirkung auf andere Dynastien.

Der Habsburger Franz I. bot Karl Asyl an, und dieser ließ sich schließlich in Görz nieder, einem verschlafenen, dennoch reizvollen Habsburg-Ort nordöstlich von Venedig, starb jedoch wenige Tage nach seiner Ankunft an Cholera. Seine Familie blieb in Görz, eine wütende und ziemlich durchgedrehte Gesellschaft, die auf die Aufforderung wartete, nach Paris zurückzukehren, und bedrängt wurde von bedürftigen Speichelleckern und verkommenen Snobs, während das Leben in Frankreich gut ohne sie auskam.

Als ich ein paar Tage in Görz verbrachte (das jetzt geteilt ist in die alte Stadt Gorizia in Italien und Nova Gorica in Slowenien), war ich überglücklich zu entdecken, dass mein Freund aus alten «Happy Families»-Tagen im nahe gelegenen Franziskanerkloster von Kostanjeviča begraben liegt, auf der slowenischen Seite der Grenze. Nachdem ich den Hügel zum Kloster hinaufgeschnauft war, was einer mir auferlegten Buße gleichkam, denn es regnete derart heftig, dass es mich fast zu Boden drückte, stieg ich ein paar Stufen in die kühle Krypta hinab und stand auch schon vor den Gräbern des dynastischen Versagens mit all ihrer Süßlichkeit. Zu einem verrückten Paralleluniversum versammelt sind Vater Karl X., Sohn «Ludwig XIX.», Enkel «Heinrich V.». Angesichts dessen Treibens erschien dann selbst der Großvater als recht zwangloser Kerl. Denn nach dem unerwarteten Zusammensturz des Staates von Napoleon III. infolge des Deutsch-Französischen Kriegs hatte sich eine realistische Wendung zurück zur Wiederherstellung der Monarchie ergeben, die Verhandlungen scheiterten aber an Heinrichs fast surrealistischer Weigerung, über ein Land zu regieren, das die blutgetränkte Trikolore benutzte, und an seinem Beharren darauf, dass Frankreich wieder zu Karls X. reinweißer Flagge zurückkehren solle. Auf solchen Blödsinn hatte man in Görz seit etwa vierzig Jahren gewartet; Jahre, die schweigend vergangen waren, und zu gegebener Zeit gesellte sich Henri zu dem Teil seiner Familie, der in den kalten Gewölben von Kostanjeviča ruhte, anstatt zu dem in der alten königlichen Abteikirche St. Denis.

Diese trotz dogmatischer Ansprüche *(Roi de France et Navarre, par la grâce de Dieu)* und haltbarer Legitimistenkränze irgendwie hilflosen Gräber wirken unendlich traurig. Wo war der Mann, der im hellblauen Kavalleriemantel vom Pferderücken herab salutierte, den ich als Kind so gemocht hatte? Das weitere Schicksal der Familie verlief chaotisch. Das Kloster wurde bei Kämpfen während des Ersten Weltkriegs zerstört, und das auslaufende Habsburgerregime Karls I. ließ die Särge samt hochnäsigem Inhalt nach Wien schaffen. Als das Kloster wieder aufgebaut war, 1932, wurden sie nach Kostanjeviča zurückgebracht (damals für kurze Zeit unter italienischer Herrschaft) und noch mal begraben, den Fotos nach zu urteilen, unter ziemlich beeindruckender Beteiligung. Nach dem Zweiten Weltkrieg fanden sie sich als Flüchtlinge (etwa fünfhundert Meter von der Grenze) in der mitleidlosen Sozialistischen Föderativen Republik Jugoslawien wieder, überlebten dieses Zwischenspiel jedoch und landeten schließlich unter der Obhut der warmherzigen Republik Slowenien. Vertreter der Bourbonenfamilie haben versucht, die slowenische Regierung und die Franziskaner zu überreden, die Unglücklichen noch einmal bewegen zu dürfen, diesmal nach Paris, aber diese hirnrissige Anfrage wurde klugerweise abgelehnt.

Ich muss gestehen, dass ich eine Schwäche für Legitimistengräber habe und einmal einen ekstatischen Nachmittag in den luxuriösen Grabkammern der Familie Orléans in Dreux verbracht habe, einem Tummelplatz sondergleichen aus weißem Marmor, religiöser Eigenart und vereiteltem Stolz. Doch kann ich leider nicht so tun, als hätte diese Schwäche auch nur die geringste Relevanz für dieses Buch. Karl X. allerdings schon. Denn sein Schicksal sollte verheerende Auswirkungen auf andere legitimistische Herrscher haben: Franz I. beispielsweise und seinen Minister Fürst Metternich machte es krank vor Sorge. Auch Jahrzehnte von Kampf und Krieg hatten den revolutionären Populismus nicht zurück in seine Kiste drängen können. Als einzige Rechtfertigung für den Legitimismus war auf dessen Effizienz zu verweisen – ein Widerspruch in sich. Die düstere Folge war denn auch, dass der Monarch die Ehrerbietung seiner Untertanen nur erlangen konnte, wenn er sie von der Geheimpolizei infiltrieren und mit schlafloser Wachsamkeit beobachten ließ. In dieser Zeit, nach dem Wiener Kongress von 1815, erblühte Österreichs notorisches Zensursystem, das freilich wiederum von Einmaligkeit war: nämlich beides zu sein, repressiv und untauglich. Karl X., der mit seinen Ultra-Freunden umherstolzierte und so tat, als hätte es Robespierre und Napoleon nie gegeben, sollte nicht der Einzige bleiben. Görz winkte allen, die scheiterten.

Gemeinsam mit den anderen geistesverwandten Monarchen suchten Franz und Metternich den Horizont ab nach frischen Anzeichen für eine Revolution, veranstalteten überall in Mitteleuropa Kongresse, um sicherzustellen, dass eine geschlossene Front jegliches Aufkeimen prorevolutionärer Revanche verhindern würde. Den großen Platz, wo sie sich 1820 getroffen haben, gibt es – stark verändert – noch immer im Zentrum von Ljubljana (damals Laibach). Als sich diese Gestalten trafen, wird es recht ausgelassen zugegangen sein, Reihe um Reihe umwerfend herausgeputzter Kavalleristen, die aufwendig uniformierten Herrscher, die sich gegenseitig steif umarmten, mit klimpernden Medaillen und Sporen, über allem schwebten teure Herrendüfte. Franz mochte ein kalter, wenig intelligenter Mann gewesen sein, aber er war ein wirkungsvoller Kaiser, bis in die Fingerspitzen erfüllt vom Glauben an sein gottgegebenes Recht zu herrschen. Würde nur die konservative Wachsamkeit aufrechterhalten – würden Österreich, Preußen und Russland tatsächlich zusammenhalten –, dann würde ihm Gott erlauben, jede Bedrohung seiner Herrschaft niederzuschlagen. Die Katastrophe erwischte Franz aus einer anderen Ecke: aus seiner eigenen, so durch und durch legitimen DNA. In einem letzten Aufblühen der Habsburgergene und der ihnen eigenen Blödheit hatte er Maria Theresia (die Sopranistin aus den *Jahreszeiten*) geheiratet: nach zwei Linien betrachtet seine Cousine ersten Grades, Tochter von König Ferdinand I. beider Sizilien, seinerseits ein weiterer legitimistischer Schrecken. Und es kam, wie es kommen musste: Beider ältester Sohn Ferdinand litt an unzähligen körperlichen Behinderungen und schlimmen Anfällen und konnte selbst keine Kinder zeugen. Aber der Legitimismus kannte eben keine Ausnahmen. Karl X., dumm, rachsüchtig und inkompetent oder nicht, er war der rechtmäßige König von Frankreich. Für Franz I. kam es nicht in Frage, seinen Sohn Ferdinand zugunsten eines geeigneteren Erben zu überspringen, das wäre gefährlich und eigentlich doch republikanisch gewesen. So bestand der unflexible und gottesfürchtige Franz darauf, dass ein Mann seine Nachfolge antrat, der effektiv unfähig war zu regieren.

Für die Zeitspanne zwischen 1815 und 1848 bekommt die historische Rückschau ein besonderes Gewicht, denn diese Zeit erscheint als Periode von Zurückhaltung, Ruhe und Innerlichkeit. Spätere Nationalisten haben sie als eine Ära abgetan, in der die Menschen Klavierstunden nahmen und ihre Teetassensammlungen vervollständigten; doch es war, nach fast jedem Maßstab, eine wundervolle Zeit, denn die Pianisten konnten ungestört Schubert und Schumann spielen, und die Teetassen waren die Stoßtrupps einer neuen bürgerlichen Kultur. Die lange Periode von Revolution und Krieg war so vielschichtig und komplex, dass wir niemals mit Gewissheit irgendwelche Verhaltensänderungen in ihr verorten können. War die neue paneuropäische bürgerliche Kultur etwas, was mit der zunehmenden Massenproduktion preiswerter Gegenstände, mit der Verbreitung nicht adliger Professionen ohnehin gekommen wäre? Es ist erstaunlich, dass sich ausgerechnet jetzt überall in Europa Männer ohne Perücke zeigten, gekleidet in schlichte dunkle Stoffe, die Frauen im Post-Empire-Stil, erstaunlich deshalb, weil es doch antinapoleonische Kräfte gewesen waren, die diese Kriege gewonnen hatten. Wir befinden uns in einer Periode, in der vor allem Wien den Ton, die Mode für andere Städte angab (und Paris vorübergehend in die zweite Reihe trat), mit seiner öffentlichen Kultur von Konsum, Mehlspeisen, artiger Höflichkeit, Platzkonzerten und dem Prater (einem Geschenk von Joseph II. an sein Volk).

Diese Biedermeierzeit hat überall im Kaiserreich subtile Spuren hinterlassen; und was sie so ansprechend machte, war ihr privater Charakter. Für den Adel war diese apolitische Bürgerlichkeit kaum bedrohlich, und selbst die Adeligen, wie zahlreich ihre Privilegien noch immer waren, gaben sich und ihrem Leben nun einen informelleren Anstrich, auch dann, wenn sie noch immer mehrere Familiengüter ihr Eigen nannten und Hundertschaften von Lakaien, Zofen und Dienstmägden auf Trab hielten. Damals entwickelten sich auch ein bislang ungekannter Kult um Kinder und Kinderspielzeug sowie eine generelle Häuslichkeit – es ist schwer, Schumanns «Träumerei», «Ritter vom Steckenpferd» und «Hasche-Mann» aus den *Kinderszenen* nicht als Erkennungsmelodien für diese Epoche zu betrachten, auch Schuberts warmherzige *Militärmärsche*, die weniger militärisch nicht sein könnten. Ein Stück, dem ich ohne zu ermüden immer wieder zuhören kann, ist Schuberts kleine *Ungarische Melodie* für Klavier, komponiert 1824; es gehört zu einer Tendenz des Sich-Herantastens an einen folkloristisch-fröhlichen Nationalismus. Schubert, der in Wien geboren wurde, dessen Vater aus Mähren und dessen Mutter aus Schlesien stammte, war bei dieser Art von Musik stark vom böhmischen Komponisten Václav Tomášek beeinflusst, und im genannten Stück beschwört er vier Minuten der bezauberndsten, vage ungarischen Musik herauf – und tingelt höchstpersönlich durch das ganze Kaiserreich.

Diese Introvertiertheit, der mangelnde Ehrgeiz, das sich Zurücknehmen ins Private – das war es, was Franz I. und Metternich wollten: eine fügsame, fromme, still konsumierende Mittelschicht, flankiert von einer Aristokratie, die intelligente Führung bot, und von einer Masse von Bauern, die taten, was man ihnen sagte. Zweierlei ist dabei frappierend, zum einen wie erfolgreich sie darin waren, das zu erreichen (wenn es denn bewusster Politik entsprang) – allerdings hatten es die Aristokraten mit einer noch erschütterten und erschöpften Nachkriegsgeneration zu tun –, zum anderen wie kurz diese neue Epoche war. Denn zugleich zeichnete sich unaufhaltsam eine nie dagewesene, schwindelerregende gesellschaftliche Veränderung ab, überall entstanden Fabriken, neue Bahnlinien verbanden bislang getrennte Regionen, und all das hatte Auswirkungen, die das Habsburger Biedermeier rasch überholen sollten.

Probleme mit loyalen Untertanen

Der Vater seines Volkes zu sein, war immer die Schlüsselqualifikation des Habsburger Kaisers. Für die gewöhnlichen Untertanen zugänglich zu sein, sich gleichermaßen um große und kleine Probleme zu kümmern gehörten ebenso zur Staatsideologie wie Krone-und-Hermelin-Pomp, Höflinge und Claqueure. Die Logik des Absolutismus bedeutete letztendlich Bevormundung der Untertanen, stellte sie aber auch unter den besonderen Schutz des Kaisers. Joseph II. hatte das erkannt und infolgedessen die holprige Folge seiner wilden Improvisationen in Gang gesetzt. In seiner Wahrnehmung waren es die großen Magnaten, die die Effizienz des Staats hemmten, insofern musste die Energie der niederen Stände freigesetzt werden, indem Gilden, Zünfte, Leibeigenschaft und andere lokale Hindernisse abgeschafft gehörten. Franz I. perfektionierte, ja popularisierte die Idee des Familienvaters, der nirgends glücklicher war als zu Hause, entweder mit seiner Frau und seinen Kindern oder mit der größeren Familie, zu der dann auch die unteren Stände zählten. So gut er konnte, weckte auch sein Sohn Ferdinand I. Zuneigung im Volk, der Kult um Franz Joseph schließlich wurde glühend – er gab sich als der schlichte Jäger, dem keine Mühsal eines Untertanen zu gering war, um sich darum zu kümmern. Millionen von Häusern wurden ebenso oft mit den preiswerten Drucken des «guten Kaisers» geschmückt wie mit Bildern von Jesus und Maria.

Es war dies eine mächtige Waffe zur Kontrolle des Kaiserreichs, und das zeigte sich auch in Prozessionen, Standbildern, Treueeiden, in Gebeten jeder Glaubensrichtung, im Militärdienst und dergleichen. Und mit dieser Waffe ließ sich eine Aristokratie niederhalten, die ansonsten wesentlich widerspenstiger und schwieriger gewesen wäre. Der Kaiser mochte in allen Teilen des Reichs darauf angewiesen sein, dass aristokratische Stellvertreter vor Ort die Dinge am Laufen hielten, aber er hatte auch einen direkten Draht zu den einfachen Leuten, die, einmal losgelassen, zu äußerster Grausamkeit fähig waren. Freilich, selbst wenn sich der Kaiser als guter Vater gab, der gutes Betragen lobte und Ungehorsam sanft tadelte, in der Praxis führte Ungehorsam in der Regel zu eher rabenväterlichen Anfällen, die an psychopathische Zusammenbrüche grenzen konnten.

Das beste Beispiel hierfür war der Horea-Aufstand von 1784, der in Kapitel VIII erwähnt ist. Oberflächlich betrachtet, sah das aus wie ein üblicher Aufruhr mit brennenden Herrenhäusern und Menschen, die mit ihren Sensen in Orgien roher Gewalt schreckliche Dinge anstellen. Aber Horea war in Wien von Joseph II. empfangen worden, und während des ganzen Aufstandes glaubten die rumänischen Bauern, dass sie, indem sie in den Apusen ihre ungarischen Lehnsherren abschlachteten, den Kaiser unterstützten. Hatte Joseph während einer früheren Reise durch Siebenbürgen nicht erklärt, dass Rückwärtsgewandtheit und Ineffizienz der Leibeigenschaft enden müssten? Zudem hatten die Rumänen, die «Walachen», ihn mit ihren Denkschriften über die Grausamkeit ihres Schicksals regelrecht belagert (beachtliche 14000 davon kamen zusammen). Dies spätestens war, wie im Rückblick zu sehen ist, der Punkt, an dem das ungarische Herrschaftssystem in den östlichen Regionen bis zum Hals in Schwierigkeiten steckte. Alle Schlüsselelemente sozialer Kontrolle – Kirche, Gehorsam, Bildung und Frondienste – begannen zu bröckeln. In dieser Situation hatte Joseph solche symbolischen Dinge abgeschafft wie die Verpflichtung des Bauern, seinem Herrn die Hand zu küssen. Der große Aufstand aber endete in der Katastrophe, die Bauern wurden von kaiserlichen Truppen massakriert – wiederum wurden ganze Gebiete entvölkert und fast die gesamte soziale Struktur, von oben bis unten, war umgewühlt und zerstört. Im Zweifelsfall, so zeigte es sich, übertrumpfte Josephs Abneigung gegen Ungehorsam dann doch die väterliche Sorge um seine Untertanen.

Ein verblüffendes kleines Denkmal für diese Zeit findet sich in der alten ungarischen Stadt Nagyvárad (Großwardein, heute rumänisch Oradea). Nachdem der Aufstand niedergeschlagen war, machte sich Joseph rasch daran, dem Gebiet liberalere Gesetze zu geben (sehr zum Ärger der überlebenden Ungarn). Dazu gehörte unter anderem, den Rumänisch-Orthodoxen zu erlauben, in der Stadt eine Kirche zu bauen. Es entstand ein wunderbares Bauwerk, bekannt als die Kirche mit dem Mond, denn im Schmuckgiebel ihrer strengen Hauptfassade befindet sich die Monduhr: Eine große Kugel, die zur einen Hälfte schwarz und zur anderen gelb angemalt ist, dreht sich jeden Tag ein Stück weiter und zeigt so die korrekte Mondphase an, von Neumond bis Vollmond und wieder bis Neumond. Diese Apparatur außen an einer Kirche ist wohl einzigartig in Europa – wahrscheinlich aus dem einfachen Grund, dass man sich diese Information viel einfacher holen kann, indem man einfach zum Mond hinaufschaut. Doch selbst wenn die Monduhr überflüssig ist: Sie ist einfach schön und hat ihren Reiz – gerade im Zusammenspiel mit der schlichten Fassade. Im Übrigen ist der Bau ein perfektes Beispiel für orthodoxe Kirchen des späten 18. Jahrhunderts, die, den Habsburger Vorschriften entsprechend, von außen nicht von römisch-katholischen zu unterscheiden sein durften, auch ihr Bildprogramm im Inneren wirkt wie ein merkwürdig verrutschtes römisch-katholisches, es sind die gleichen reizvollen, religiösen Szenen, nur dass sie in verwirrender Vielzahl zu einer Ikonenwand übereinandergestapelt sind. Direkt darüber in der Decke, eingefasst in ein Goldmedaillon, sieht man das Bild eines bärtigen Gesichts, von dem die Autoritäten, ohne weiter nachzudenken, angenommen haben müssen, es handele sich um irgendeinen Propheten. Dabei ist es Horea höchstpersönlich, gemalt kurz nachdem er, gevierteilt und auf Stangen gespießt, in Oradea und andernorts ausgestellt worden war.

Es ist sehr verlockend, alles, was sich in Siebenbürgen entfaltet hat, als Widerspiegelung eines wachsenden Hasses zwischen den ungarisch- und den rumänischsprechenden Gruppen zu betrachten, wobei die Ungarn ihre Kontrolle nur mehr durch Gewalt und Einschüchterung aufrechterhielten. Wenn man über historische Ereignisse nachdenkt, drängen sich als Ausgangspunkte die Katastrophen und Brüche auf – aber selbst im Vorfeld des Ersten Weltkriegs gab es nicht nur Hass und Gegensätze, sondern auch viele Fälle von Loyalität, Freundschaft und Gerechtigkeit zwischen den beiden Gruppen. Auch Ungarn waren oft sehr arm, nicht nur die Szekler im östlichen Siebenbürgen, sondern auch Angehörige des niederen Adels lebten unter Bedingungen, die denen von Rumänen oder Walachen nicht unähnlich waren. Diese Ungarn sind die Vorfahren der spleenigen Provinzler, die später in der Literatur so beliebt wurden, jene «Zigeunerbarone» mit ihren «Zigeunermädchen», die sich nicht behelligen lassen wollten durch Briefe, geschweige denn durch Telegramme, die sie schon aus Prinzip nicht öffneten. Für eine quasi kolonial herrschende Klasse ist derartiger Provinzialismus nicht ohne Risiko, gefährdet er doch die Solidarität – zudem waren die Ungarn allermindestens in Prohabsburger, Antihabsburger und Unentschlossene gespalten, und innerhalb dieser Gruppen nochmals in Reaktionäre, Liberale und sogar Revolutionäre.

Dieses Verständnis der Ungarn als herrschende Klasse, definiert durch Sprache und Religion und durch den Gegensatz zu Rumänen, Slowaken, Serben und Kroaten, ist etwas Neues in dieser Periode. Als sich durch Josephs Reformen und den Einfluss des Napoleonismus die verschiedenen Formen des militärischen, paternalistischen Feudalismus auflösten, wurde deutlich, dass Männern wie Horea, Cloşca und Crişan und ihren Bestrebungen in der Tat die Zukunft gehören könnte. Mit jeder verstreichenden Dekade spielten sich neue Dramen um Rechte, Sprache und Glaubensbekenntnisse ab. Die verschlungenen Wege ungarischer Liberaler, die Ungarn zumindest so weit demokratisieren wollten, dass die Macht mit den Aristokraten geteilt würde, aber doch nicht so weit, dass die rumänische und slawische Mehrheit Gewicht und Stimme bekäme, sollten zu einem der großen, tragischen Themen des 19. Jahrhunderts werden.

Ähnliche Entwicklungen zeigten sich überall im Kaiserreich, bei den deutschen Adligen, die sich gegenüber tschechischen Bauern in Böhmen als Herren aufspielten, und auch bei den Polen in Ostgalizien, die die Ruthenen unterdrückten. Durchgängig und am leidvollsten geschah das wohl im Bildungswesen. Versuche, den «Unterklassen» – im Vorgriff auf die NS-Politik in den 1940er Jahren – den Zugang zu Bildung zu verweigern, ließen dann aber allmählich nach, bewirkt sowohl durch die Proteste der Beteiligten als auch durch einen im Kaiserreich gewissermaßen fortwirkenden Josephinismus. Unausweichlich wuchs nämlich die Einsicht, dass man sich in einem Europa, in dem inzwischen selbst gewöhnliche Soldaten eine gewisse Bildung brauchten, Millionen kaum des Lesens und Schreibens mächtige Untertanen nicht leisten konnte. Die neuen Schulen führten dann wieder zu Auseinandersetzungen um die Unterrichtssprache, und diese veranlassten 1870 den treffenden Kommentar des Dichters Mihai Eminescu: «Wir haben mehr Angst vor ungarischen Schulen als vor deren Parlament, ihren Ministern und ihren Soldaten.» Wenn Horden rumänischer Knirpse aus ungebildeten Familien in ungarischer Sprache unterrichtet werden konnten, würden sie effektiv zu Ungarn werden. Als jedoch immer mehr Serben, Tschechen, Slowaken, Kroaten, Ruthenen und Rumänen lernten, die eigene Sprache zu lesen und zu schreiben (oft durch Unterricht, den die Kirchen förderten), als mit der Leibeigenschaft auch die Beschränkung der Freizügigkeit fiel, Eisenbahnen zusätzliche Bewegungsfreiheit verschafften, Zeitungen ihren jeweiligen Lesern ermöglichten, Meldungen zu vergleichen, da wurden die «Kolonialmächte» immer weiter in die Defensive gedrängt.

Das Königreich Galizien und Lodomerien war unter den Habsburger Provinzen die womöglich am bewusstesten paternalistische. Uns heute erscheinen dieses Königreich und sein Name (latinisiert aus Halytsch und Wolhynien) als ein Ausbund an Zynismus, denn es war der Habsburger Anteil, als ein großer europäischer Staat ausgeweidet wurde, und es erhielt diesen Namen, damit jeder Anklang an «Polen» vermieden wurde. Joseph II. und seine Nachfolger freilich sahen darin ein reines Aufklärungsprojekt – die Rettung eines geistig finsteren Landes aus der feudalen Tölpelhaftigkeit polnischer Aristokraten. Seine Hauptstadt Lemberg (heute die ukrainische Stadt Lwiw) war bewusst als ein Fanal der Ordnung und Schicklichkeit errichtet worden, nach einer völlig anderen Ästhetik als dem falschen Mittelaltertum, das im größeren Rest des Kaiserreichs als Urrechtfertigung der Habsburger Herrschaft diente. Doch auch hier tauchte das benannte Problem auf. Zur Zeit der Teilung war sich niemand dessen bewusst, dass es die Volksgruppe der Ruthenen gab – und wie in Siebenbürgen war auch hier die Zusammensetzung der Landbevölkerung verwirrend, neben Siedlungen von Polen lagen solche von Ruthenen und Juden, und alle gleich arm litten sie unter demselben Joch reicher und mächtiger Polen. Als die josephischen Reformen zu greifen begannen, angetrieben vor allem durch das Bedürfnis nach Rekruten für das österreichische Heer, wurde es zum immer besessener verfolgten Bestreben des Staates, seine Untertanen in Schubladen zu stecken, seien es religiöse, rassische, sprachliche oder solche der Klassenzugehörigkeit.

Längerfristig sollten sich die Erhebung der Ruthenen und die gleichzeitige Entwicklung einer Ideologie des «Ukrainischen», die sie mit ihren Gefährten im angrenzenden Südwesten des russischen Reichs verband, für die Habsburger (und die Polen) als ebenso fatal erweisen wie das, was siebenbürgische Rumänen betrieben, die sich mit den zunehmend unabhängigen Fürstentümern Walachei und Moldau identifizierten. Die zunächst aber heiklen Fragen stellten sich rund um den Gehorsam und die bloße Existenz polnischer Eliten.

Wenn es ein Kernthema gab, auf das sich die reaktionären Regimes Mitteleuropas einigen konnten, dann war dies die Notwendigkeit, die Polen kleinzuhalten. Die Habsburger tüftelten eine immer komplexere Ideologie des Galizischen aus, die gedacht war, jeden Rest eines polnischen Gefühls zu übertrumpfen, und damit endete, die Ruthenen zu einer Politisierung anzustacheln, um die Polen loyal und ängstlich zu halten. In der ersten Hälfte des 19. Jahrhunderts war der offensichtlichste Spalt in den antipolnischen Heerlagern das Protektorat, das den verheißungsvollen Namen «Freie, unabhängige und streng neutrale Stadt Krakau» bekam – ein rund 1300 Quadratkilometer großer Stadtstaat, geschaffen vom Wiener Kongress und als Anomalie zwischen die drei Besatzungsmächte gequetscht. In Geheimverhandlungen während der 1830er Jahre wurde für den Fall eines Aufstands in Krakau den Österreichern das Recht zugesprochen, den Stadtstaat zu annektieren. Die Polen, darunter viele Mitglieder des Pariser Exils, hofften, Krakau könne sich zum Katalysator für eine vereinte, massive Anstrengung entwickeln, die umgebenden Mächte abzuschütteln – eine Anstrengung, die im Rückblick erschütternd aussichtslos erscheint. Tatsächlich kam es 1846 zum Krakauer Aufstand, der auch Westgalizien ergriff und den die Habsburger Truppen ohne Probleme, gleichwohl grausam niederschlugen.

In Galizien bedienten sie sich einer besonders perfiden Strategie. Als die Aufständischen in Krakau die polnische Flagge hissten und Polen die Menschen überall in Galizien zur Rebellion aufriefen, zogen ein paar Habsburger Statthalter neue Saiten auf. Im Geist der Aufklärung, mit dem sie sich die Region angeeignet hatten, bezichtigten sie die polnischen Aristokraten der Illoyalität: Sie repräsentierten eine überkommene, in Verruf geratene Vergangenheit. Die Bauern der Region wiederum drängten sie zur Loyalität mit Habsburg, sie sollten sich gegen ihre Herren wenden: mit schrecklichen Folgen. Der schöne Hauptplatz Tarnóws, der bedeutendsten Stadt der Region, wurde zum Sammelplatz unzähliger Bauernwagen, beladen mit ermordeten polnischen Aristokraten – mindestens tausend wurden umgebracht, die Herrenhäuser niedergebrannt. Irgendwie war das Gerücht aufgekommen, die Bauern könnten ihre Loyalität am besten unter Beweis stellen, indem sie die Leichen in die Stadt brachten. Die galizischen Behörden waren entsetzt, aber auch zufrieden. Man sprach Jakub Szela, dem Anführer der Bauern, offiziellen Dank aus und dekorierte ihn mit einem Orden, zudem bekam er einen Hof in der Bukowina, der Bauernaufstand freilich wurde niedergeschlagen. Krakau war fortan eine trübsinnige Habsburger Garnisonsstadt, erst gegen Ende des 19. Jahrhunderts erlebte es einen neuen Aufschwung.

Die Ereignisse von 1846 hatten heftige Auswirkungen auf die polnischen Adligen, die nunmehr nicht nur mit der ruthenischen Feindseligkeit im Osten fertig werden mussten, sondern, weitaus schlimmer, mit der Erkenntnis, dass ihre «eigenen» polnischen Bauern sie umbringen würden, sobald sie Gelegenheit dazu bekämen; so etwas wie nationale polnische Solidarität war von ihnen nicht zu erwarten. Für die letzte Zeit des Kaiserreichs agierten die polnischen Landbesitzer denn auch als zwar streitlustige, aber loyale Gruppe: Tarnów warf einen langen Schatten. Die spannende Frage galizischer Loyalität trat für die Habsburger allerdings in den Hintergrund, vor allem sahen sie ihr Aufklärungsprojekt in Gefahr, solange die Provinz verarmtes Hinterland blieb und sich ein Großteil ihrer Bevölkerung, ob polnisch, jüdisch oder ruthenisch, in der freien Zeit, die ihr blieb, auf die Auswanderung nach Amerika vorbereitete.

Dass dieses Buch nicht bis zum Rand mit interessanten Fällen ethnischer oder sprachbedingter Spannungen aus dem Kaiserreich des 19. Jahrhunderts gefüllt ist, liegt daran, dass deren pure Menge eher einschläfernde Wirkung hätte. Gleichwohl sollte präsent bleiben, dass die Gefahr extrem gewaltsamer Entladungen stets im Hintergrund lauerte, selbst wenn ein paar glückliche Generationen von solchen Kämpfen verschont blieben. Nur ein Beispiel: Erstaunlich viele Figuren in den nostalgischen Romanen über das Leben im habsburgischen Ungarn, die nach 1918 erschienen, sind mit einem Revolver bewaffnet – ohne dass dies irgendeine Bedeutung für den Fortgang der Handlung hätte, es ist nur ein beiläufiges Accessoire ihres Alltags. Trotz aller positiven, normalen Beziehungen zwischen Gruppen, auch trotz der zunehmend schwülstigen Präsentation des uralten ungarischen Adels und seines Festhaltens an Siebenbürgen, hat es wohl, überlagert von all den Banketten, Hasenjagden und Bällen, auch eine Grundströmung der Angst gegeben. In Siebenbürgen waren es Erinnerungen an Horea, Cloşca und Crişan, die in den aristokratischen Phantasien weiterspukten – doch wie sich im Unabhängigkeitskrieg von 1848/49 zeigen sollte, entwickelte sich unter den Bauern dort auch ein Sog weg von den Habsburgern, der Züge eines mörderischen Rassenkriegs annahm, über den jedoch kaum berichtet wird.

Die Erinnerungen an Tarnów leisteten den überlebenden polnischen Adelsfamilien in Galizien einen ähnlichen Dienst. Beide Gesellschaften teilten etwas von der brüchigen, sportbesessenen Fröhlichkeit der Briten in Indien – oder gar der Südstaatler in den Vereinigten Staaten vor 1861. Dies waren Gesellschaften, die auf jede Stufe von Gewalt zurückgreifen konnten, um ihrer rassisch begründeten Überlegenheit Nachdruck zu verschaffen. Tatsächlich könnte eine interessante Weltgeschichte über die Grausamkeit einer Zeitspanne geschrieben werden, die, oberflächlich betrachtet, so «zivilisiert» erscheint. Die Antwort der weißen Südstaatler auf Nat Turners Sklavenaufstand 1831 – sie ließen Turner auspeitschen, köpfen und vierteilen – lässt sich in Verbindung setzen mit der britischen Praxis, rebellische Inder 1857 von Kanonen in Stücke reißen zu lassen. Meist wird die immer wieder aufflammende Grausamkeit in den Beziehungen zwischen einigen Gruppen im Habsburgerreich isoliert gesehen, im Kontrast zu dem relativ gezähmten, friedlichen Landleben in, sagen wir, Großbritannien oder Frankreich – aber es gab vielleicht nur eine Handvoll europäischer Gesellschaften, die so homogen waren, dass es dort nicht zu derartigen Gewaltausbrüchen kam (wobei Irland wiederum durchaus einschlägige Erfahrungen mit Siebenbürgen auszutauschen hätte). Dieser Hass, Ungleichheit, Irredentismus und gegenseitige Verachtung sollten sich mit immer schrecklicheren Folgen austoben, und in den ganz wenigen Gebieten, in denen das Problem nicht vollständig verglüht ist, bestehen sie auf gedämpftere Weise noch immer.

Un vero quarantotto

Debrecen ist heute eine der östlichsten ungarischen Städte. Daran, dass es sich einst in der Mitte des Landes befand, lässt sich die Katastrophe ermessen, die im 20. Jahrhundert über Ungarn hereingebrochen ist. Es hätte noch schlimmer kommen können, denn ein Großteil des Landes war 1919 voller plündernder rumänischer Soldaten, und es gab einen Zeitpunkt, da es so aussah, als würde das alte Partium Bethlen Gábors von Bukarest verschlungen und aus der traumatisierten ungarischen Republik nicht viel mehr als ein winziges Reservat, nicht viel größer als die Slowakei. Doch selbst wenn viele vorwiegend ungarische Städte eingenommen wurden, Debrecen überlebte.

Die reformierte Großkirche von Debrecen spielt deswegen im Ungarn-Kult seit jeher eine große Rolle, die heute, wenn dies überhaupt möglich ist, aufsässiger und eigensinniger ist als je zuvor. Die Stadt, aus der kalvinistische (und häufig nationalistische wie antihabsburgische) Ideen in alle Himmelsrichtungen verbreitet wurden, ist nun zum letzten Außenposten geworden – es ist, als fände sich Kansas City plötzlich an der Grenze zu Mexiko wieder. Der Bau selbst ist eine gewisse Enttäuschung. Die alte, 1802 niedergebrannte St.-Andreas-Kirche muss ähnlich charismatisch gewesen sein wie die Schwarze Kirche von Braşov, sie hatte einen frei stehenden Glockenturm und einen sehr hohen Militärwachturm, von dem aus man die umliegenden Ebenen nach Staubwolken absuchen konnte, die eine osmanische Armee ankündigten. Dass diese Kirche zu Beginn des 19. Jahrhunderts abbrannte, ist zu bedauern, denn als sie einige Jahre später wieder aufgebaut wurde, herrschte im Bauwesen ein trostloser Regelbuch-Klassizismus. Der Hauptkirche von Szekszárd ist es nicht viel besser ergangen (auch sie wurde infolge eines ähnlichen Unglücks neu gebaut), aber wenigstens hat sie einige Details im napoleonischen Stil vorzuweisen, die das Gebäude interessanter machen.

Die Kalvinisten sind bekannt für ihre Aversion gegen figurative, religiöse Bilderwelten, und so entstand ein geräumiges, weiß getünchtes, fast völlig schmuckloses klassisches Interieur, das nicht sonderlich reizvoll ist. Ich spürte dort, wie sich meine unterschwellig katholischen Gene rührten – ein einziges kleines Bildchen von einem leidenden Jesus hätte doch nicht geschadet, oder? Jedenfalls empfand ich die unerbittliche Nüchternheit der Großkirche als enttäuschend, aber an jenem Punkt auf meinen Reisen durch das Kaiserreich hatte ich fast einen sechsten Sinn entwickelt. Ich erinnere mich an eine Situation in der oberösterreichischen Stadt Steyr, ich sah dort Schilder, die zum Schlosspark wiesen, und dachte sofort:

«Ich wette, da gibt es eine Orangerie, die in ein Restaurant umgewandelt wurde, wo ich zu Mittag essen kann.» Und genau so war es. Ähnlich ging es mir, als ich nun ein Schild sah, auf dem stand: «Wechselausstellung im Turm», und sofort dachte: «Ich wette, die wird ein bisschen durchgedreht sein.» Und ich hatte recht.

Wie als Sühne für die Monotonie des Kirchenraums beherbergte der Turm eine Ausstellung mit wahnsinnig präzisen Modellen von Gebäuden, die alle völlig hypothetisch waren. In der ersten Hälfte des 20. Jahrhunderts von Lajos Csia, einem kalvinistischen Prediger und Schriftsteller, erschaffen, waren sie gelungene Beispiele, welch merkwürdige Blüten selbst der nüchternste Glaube treiben kann. Die Räume steckten voller Wunderwerke: Visionen von Salomos Tempel, der beste Turm zu Babel überhaupt, der Tempelberg, alle auf eine fast klinisch-nüchterne, unromantische Weise gearbeitet, und doch – von ihrer bloßen Idee her – heillos romantisch. Am großartigsten fand ich die beiden Versuche, Hesekiels Vision des erneuerten Tempels in Jerusalem nachzubilden, die ihm durch den «Mann, der aussah wie Bronze», enthüllt worden war – ein Tumult aus Türmchen und Zinnen, der aber Elle um Elle den Erläuterungen des biblischen Bronzemannes folgte. Es gibt eine lange und ehrbare Tradition solcher Rekonstruktionen und Phantasien (nicht zuletzt im bereits erwähnten Werk von Athanasius Kircher), die Modelle von Debrecen aber gehören zweifellos zu den überzeugendsten und erfreulichsten, mit faszinierenden versteckten Hinweisen auf die tiefen, uralten Wurzeln der Science-Fiction.

In der Geschichte des Kaiserreichs ist Debrecen jedoch nicht einfach nur «der Gemüsegarten des ungarischen Kalvinismus», auch nicht nur die Heimat phantastischer Modelle von Hesekiels Vision, die Stadt ist auch die Heimat der tragisch fehlgeschlagenen ungarischen Staatsgründung, die Lajos Kossuth 1849 vollzog, indem er in der Großkirche die Unabhängigkeitserklärung verlas und im Oratorium des kalvinistischen Kollegiums das verängstigte kurzlebige Parlament zusammentreten ließ.

Die Ereignisse von 1848/49 haben einen schwierigen Platz in der europäischen Geschichte. Alle Beteiligten – auf beiden Seiten – scheinen sich schmerzlich bewusst gewesen zu sein, was sie sich zu erreichen oder zu verhindern vorgenommen hatten. Ich möchte das nicht herunterspielen, doch die Kräfte des «Liberalismus» und die der «Reaktion» (beides Konzepte, die in Anführungsstriche gesetzt werden müssen, weil beide in der Praxis allzu leicht mit vielen Hms und Ahs zu Tode bestaunt werden können) machten den Anschein, als folgten sie einem Skript – natürlich dem, das die Französische Revolution formuliert hatte. Ein Zusammentreffen von Missernten und technischem Wandel bildete den Hintergrund für die Ereignisse von 1848, aber vielleicht noch bedeutsamer war die Wahrnehmung, dass der Legitimismus im Niedergang begriffen war. Franz I. war, was die Sicherheit des Habsburger Throns betraf, so zuversichtlich gewesen, dass er auf seine alten Tage kein Problem darin sah, seinen unfähigen Sohn als Ferdinand I. zum Nachfolger zu machen. (Wie bei seinem Vater begann die Zählung von vorn, um das Neue des Kaiserreichs Österreich zu betonen, das auf den Niedergang des Heiligen Römischen Reichs gefolgt war, ansonsten hätte er Ferdinand IV. sein müssen; in Ungarn König Ferdinand V.) Unter Metternichs Bevormundung ignorierte die Regierung des Kaiserreichs Ferdinand in vielerlei Hinsicht, damit aber wurde im Grunde zu viel verlangt von einer Handvoll Bürokraten und Diplomaten, die keinerlei Legitimität besaßen; nicht zuletzt der ältliche, immer depressiver werdende Metternich selbst.

Die Revolutionen, die ganz Europa ergriffen, begannen in Paris, wo der alt gewordene Louis-Philippe, der achtzehn Jahre zuvor selbst durch einen Staatsstreich an die Macht gekommen war, hilflos herumeierte. Kaum waren die Barrikaden errichtet, kochte in Europa die Panik hoch. Gestalten wie Metternich und Louis-Philippe, die die Französische Revolution in ihrer Jugend erlebt hatten, wussten schon, wie so etwas läuft, und ergriffen die Flucht – nicht unklug, wenn sie das Aufspießen ihrer Köpfe vermeiden wollten. Überall im Habsburgerreich fielen die großen Städte, von Mailand bis Venedig, von Prag bis Wien. Kurzzeitig schien alles möglich.

Ein Faden zog sich mit erstaunlicher Deutlichkeit durch alle nationalen Revolutionen: Gründete sich die dynastische Herrschaft auf Landbesitz, dann musste ebendieser umgewandelt werden – in nationales Eigentum, wobei sich, was eine Nation war, an der gemeinsamen Sprache entschied. Wenn die Menschen nicht mehr glaubten, dass Ferdinand I. legitimer Herrscher über Mailand war, dann musste etwas anderes her. Besonders verwundbar waren die kleinen und Kleinststaaten in Italien, die Herzogtümer Modena und Parma etwa, die keinen Daseinsgrund hatten, außer, dass sie ein bestimmter einzelner Dynast geerbt hatte. Die Frage des Eigentums drängte sich in jeden Aspekt des Lebens. Wenn ein merkwürdig und kostbar gekleidetes Individuum kein Land mehr besaß, dann knickte auch das System ein, nach dem die Menschen auf jenem Land gelebt hatten – augenblicklich wurde also auch die Leibeigenschaft inakzeptabel und unlogisch.

1848 war ein Jahr wundersamer Befreiung und Erregung, kaum aber war die Anfangsphase vorüber, die Euphorie verflogen, wurde klar, dass das revolutionäre Geschehen unbeabsichtigt eine besonders unerfreuliche Büchse der Pandora geöffnet hatte. In Frankreich hatte man mit nationalen Strukturen relativ wenige Probleme, denn in diesem Land wurde, selbst wenn es nicht einsprachig war, doch vorherrschend eine einzige Sprache gesprochen; auch in Italien schien der neue Weg plausibel, für deutschsprachige Länder aber und noch mehr für das übrige Habsburgerreich war schon die Vorstellung einer «Nation» ein unlösbarer Albtraum. Bereits die ersten Debatten im neuen deutschen Parlament in Frankfurt am Main machten das deutlich – man nehme nur das Gebiet Böhmen: Was würde es für tschechischsprechende Böhmen bedeuten, an einer ansonsten deutschsprachigen Veranstaltung teilzunehmen? Manche Deutsche hatten ermutigende Vorstellungen, aber es gab unter den Parlamentariern auch eine große Verlockung, die Tschechischsprechenden lediglich als pittoreske Bauern anzusehen – so wie man in Frankreich die Bretonen sah –, unfähig jedenfalls zu politischem Handeln. Was einem Tschechen drohte, war im Grunde nichts anderes als das, was Bretonen erlebten: Sie durften Schokoladen-Crêpes in die Luft werfen und weiß-blaue Streifenpullis stricken. Das reichte, um einen tschechischen Nationalismus wachzurütteln, der alles vor sich hertreiben und letztendlich, nur ein Jahrhundert später, alle böhmischen Deutschen wegfegen oder umbringen sollte. Am anderen Ende des Kaiserreichs begannen die Polen, begeistert über den Zusammenbruch der zentralen Autorität, sich zusammenzurotten, sahen ihrerseits jedoch keinen Grund, die Ruthenen einzubeziehen. Die aber waren nun keine Leibeigenen mehr, hatten also ebenso das Recht wie alle anderen, sich zu überlegen, wie und von wem sie regiert werden wollten. Doch – nicht anders als im Verhältnis zwischen Deutschen und Tschechen – die Polen konnten die Ruthenen bestenfalls in einem folkloristischen Licht sehen, als farbenfrohe Menschentiere ohne Kultur. Weniger als ein Jahrhundert später wurde diese Spannung durch den Tod von Millionen Menschen aufgelöst.

Diese Veränderung war von enormer Bedeutung. Solange Menschen als – im alten Wortsinn – «Subjekte» angesehen wurden, also als Objekte und Eigentum, dann spielte es in vielen Zusammenhängen keine Rolle, welche Sprache sie sprachen, in welcher Kultur sie lebten, was und wie sie glaubten. Das Habsburgerreich hatte sich lange Zeit darauf spezialisiert, die «Völker des Kaiserreichs» in pittoresken Stichen darzustellen: in ihren verschiedenen Kitteln, Blusen und Gewändern, den Hüten und Mützen, den Stiefeln und Halstüchern. So mochte zu einem kleinen Gebiet Siebenbürgens etwa eine ungarische Aristokratenfamilie gehört haben, die in einem formidablen Schlösschen residierte und viele ungarische, rumänische, jüdische, deutsche, manchmal auch armenische Bewohner ihres Territoriums beschäftigte. Vielleicht hatte die Familie auch Experten importiert – deutsche Lehrer, englische Pferdezüchter oder französische Gouvernanten. In diesem Fall wäre der einheimische Aristokrat gegenüber den österreichischen Statthaltern in Siebenbürgen verantwortlich, die ihre Autorität von Ferdinand bezogen. Wahrscheinlich konnten sich die diversen Gruppen in diesem Gebiet gegenseitig nicht ausstehen – jedenfalls heirateten sie so gut wie nie untereinander, sie gingen in unterschiedliche Kirchen (Ungarn und Deutsche möglicherweise auch in dieselbe), feierten andere Feste, aßen anderes Essen und mussten sich Tag für Tag in einer Unzahl von Verboten, von Vorurteilen und Fragen des akzeptablen oder unakzeptablen Benehmens auskennen und zurechtfinden. Aber alle diese Unterschiede spielten bis 1848 im Wesentlichen keine große Rolle. Nach 1848 jedoch, sosehr die neuen Regime auch versuchten, den Menschen etwas anderes zu erzählen, drehte sich alles um die nationale Identität und darum, dass all diese Gruppen in, sagen wir, diesem kleinen Gebiet Siebenbürgens miteinander konkurrierende Ansprüche auf Autorität, Autonomie und wirtschaftlichen Einfluss hatten. Die Konsequenzen waren katastrophal. Es gibt keinen Zweifel, dass 1848 nach vielen Maßstäben einen wichtigen Wendepunkt in der europäischen Geschichte markiert – ich bin nicht sicher, ob es heute irgendwer besonders toll fände, in eine Welt zurückzukehren, in der die meisten von uns unfreie Arbeiter wären. Gleichwohl beschleicht mich unausweichlich auch ein gewisses Grauen, wenn ich den Abgrund betrachte, der zwischen der Aufregung, der Euphorie von 1848 und dem Ausmaß klafft, in dem diese Ereignisse zu vielen der schrecklichen Geschehnisse beigetragen haben, ja, wie wir heute wissen, den Startschuss gaben für manches, was Europa erlebt hat.

Als sich die Euphorie von 1848 gelegt hatte, wurde schmerzhaft deutlich, dass den Revolutionären ein breiteres, einheitliches Ziel gefehlt hatte, und allenthalben wurden die Revolutionen zweckentfremdet oder zerstört. Im Italienischen gibt es den wunderbaren Ausdruck *un vero quarantotto* – «ein richtiges 48» –, was so viel bedeutet wie ein totales Schlamassel. Und was nun folgte, war definitiv *un vero quarantotto*. Genauso wie schlotternde oder durchtriebene Herrscher ihre Rolle zu spielen wussten und entkommen waren, indem sie sich in Wäschekörben versteckten oder als einfache Soldaten verkleideten, so beherrschten auch die Militärführer ihren Part. Der erstaunlich betagte General Karl Graf Radetzky hatte während der ganzen Napoleonischen Kriege gekämpft, war absolut loyal gegenüber den Habsburgern und sah in den italienischen Revolutionären nicht mehr als dreisten Pöbel. Alfred Fürst zu Windisch-Graetz, Stadtkommandant in Prag, konnte es ebenso wenig fassen, dass Ladenbesitzer und anderer Abschaum in Prag und Wien überhaupt zu irgendwas eine Meinung hatten. Als der erste Schock der Revolutionen vorüber war, organisierten diese Männer ihre regulären Truppen und vernichteten systematisch die Aufständischen und nebenbei auch jeden anderen, den sie nicht leiden konnten oder der das Pech hatte, im Weg zu stehen. Das Bild von 1848 hat etwas Keckes und fast schon Unseriöses an sich – eine Menge Männer mit Zylindern und extravaganten Krawatten, die Stumpen rauchten, während sie mit Gewehren auf Barrikaden lümmelten und lauschten, wie jemand in einer Kneipe nebenan Chopin spielte. Besonders frivol erscheinen solche Szenen, wenn man sie mit dem Geschehen während der Französischen oder der späteren Russischen Revolution vergleicht. Gleichwohl ist kaum vorstellbar, dass die Unterdrückung der 1848er-Revolution hätte schlimmer ausfallen können. Die Revolutionäre waren untereinander hoffnungslos uneins, von ihrem anfänglichen Erfolg ebenso überrascht wie von der schieren Komplexität dessen, was als Nächstes hätte passieren müssen – dabei waren einige Sozialisten und Kommunisten unter ihnen. (*Das kommunistische Manifest* ist zwar im Februar/März 1848 veröffentlicht worden, seine Wirkung jedoch entfaltete es erst später.) Viele der Barrikadenkämpfer oder Aufständischen jedoch konnte man kaum als Revolutionäre bezeichnen. Sehr viele Menschen damals, aus allen Schichten, hätten hingegen der Feststellung zugestimmt: «Es ist abscheulich und peinlich, von König Ferdinand II. beider Sizilien regiert zu werden.» Aber wie schwierig war es zu entscheiden, was denn daraus folgte und was als Nächstes zu tun sei.

Und weil es nicht gelang, sich auf den nächsten Schritt zu einigen, bekam das Militär seine Chance. Die Folgen waren grausam. Die beiden Versuche des Königs von Piemont, in Norditalien einzumarschieren und Habsburger Gebiete zu befreien, wurden unerbittlich niedergeschlagen. Die herzzerreißenden Versuche des von Österreich regierten Venedig, seine alte Unabhängigkeit wiederherzustellen, die nur fünfzig Jahre zuvor durch Napoleon ausgelöscht worden war, endeten damit, dass die Stadt kapitulationsreif geschossen und besetzt wurde. Venedigs Revolution konnte nie Teil der heldenhaften Geschichte der italienischen Befreiung werden, da seine Führer – außer in höchster Not – kein Interesse an den restlichen Italienern hatten, mit denen Venedig nie eine gemeinsame politische Geschichte gehabt hatte. Der Stadtstaat blieb ein nordöstlicher, kroatisch angehauchter Ort an der Adria, unendlich weit von Mailand entfernt. Der venezianische Aufruhr führte zu einigen großartigen Äußerungen, zum Beispiel Antonio Morandis Worten: «Venedig erhob sich aus den Wellen, reingewaschen von österreichischer Fäulnis, stolz genug, nie wieder eine neue Knechtschaft zu tolerieren, und schön durch die Schönheit, die der Fortschritt der Zivilisation mit sich bringt.»

Diese Art ansteckender, wunderbarer Rhetorik konnte die tiefen Probleme der Stadt nicht vertuschen – mit der neuen, bürgerlichen Führung, die ebenso viel Angst davor hatte, die Arbeiter auszubilden und zu bewaffnen, wie vor dem nahenden österreichischen Heer.

In der mährischen Stadt Olmütz (Olomouc) jedoch nahm die Zukunft wirklich Form an. Hier organisierten loyalistische Verschwörer einen Putsch. Die kaiserliche Verwaltung, die im Namen Ferdinands I. regierte, hatte in einer allgemeinen Panik – und im

Namen des Kaisers – den Rebellen alle möglichen Zugeständnissen gemacht. Würde Ferdinand abgesetzt (oder vielmehr «zurücktreten»), dann wäre sein Nachfolger nicht an diese Zugeständnisse gebunden. Der Nächste in der Thronfolge war der jüngere Bruder des kinderlosen Ferdinands, Franz Karl, aber er und seine Frau wollten mit der Führung eines Kaiserreichs nichts zu tun haben, also verzichtete er zugunsten seines ältesten Sohns, des gerade achtzehnjährigen Franz Joseph. Die Revolutionen steckten bereits fast überall tief im Schlamassel, aber die entscheidenden Schritte wurden im hübschen Kirchenviertel von Olmütz, im Bischofspalast daselbst, unternommen. Dort wurde Franz Joseph zum neuen Kaiser gekrönt, und Ferdinand machte sich davon: in einen langen und angenehmen Ruhestand auf dem böhmischen Land. Eine der großen Merkwürdigkeiten von Franz Josephs langer Regentschaft war seine unerschütterliche Besessenheit von der Würde des Hauses Habsburg, dem steifen Hofprotokoll, den militärischen Kragenspiegeln, den Hierarchien und Choreographien – dabei war das Fundament seiner Regentschaft ein einziger illegitimer Schwindel. Denn nach den meisten Definitionen war Franz Joseph nicht «realer» als Louis Napoléon Bonaparte, der sich 1852 selbst zu Napoleon III. machte – und doch schaffte es der eine durch schiere Langlebigkeit und Trägheit als Quell der Rechtmäßigkeit zu erscheinen, während der andere stets der schlaue, gruselige Abenteurer blieb.*

Was die Geschichte wieder zurückbringt zur Großkirche in Debrecen. Die allgemeine Krise von 1848 war einigen Ungarn als die Gelegenheit erschienen, sich endlich aus der Habsburger Herrschaft zu befreien, aber da hatten sie sich getäuscht – wie so viele andere, welche die Ereignisse des Jahres missdeuteten und am

* Ferdinand I. konnte durchaus deutlich werden. Als Franz Joseph durch die Fiaskos von 1866 taumelte, sagte er: «Dieser Neue verliert Schlachten und Provinzen. Das hätte ich auch gekonnt.»

Ende tot waren oder im Gefängnis oder im Exil in London, New York oder Konstantinopel. Mit inspirierter Führung und einem brennenden Patriotismus schafften es die Ungarn, einen eigenen Staat zu erkämpfen, der aber konnte sich nur halten, weil sie mit den ungarischsprechenden Einheiten der kaiserlichen Streitkräfte über eine einsatzfähige Armee verfügten; zudem profitierten sie, zumindest für den Augenblick, vom totalen Versagen der Habsburger. Doch der Fluch, der sich schon anderswo bemerkbar machte, traf nun nicht weniger brutal auch Ungarn. Sobald die Habsburger Herrschaft für nichtig erklärt worden war und sich eine Gruppe akzeptabler, ungarischsprechender Politiker an deren Stelle gesetzt hatte, brachen die ethnischen Probleme auf, die das Ungarn, das es aufzubauen galt, über kurz oder lang zerstören würden. Als sich die Ungarn von Wien lossagten, fühlten sich einige große Gruppen innerhalb Ungarns autorisiert, sich ihrerseits von Buda loszureißen – sie hatten einfach keine Lust, von Ungarischsprechenden dominiert zu werden. Das führte zu einem ethnischen Krieg: Serben, Kroaten und Rumänen begannen, die Ungarn in ihrer Mitte zu massakrieren. Schadenfroh stachelten die Habsburger die Gegenrebellen an, aber Slawen und Rumänen hätten derartige Ermutigung gar nicht gebraucht – diese Gegensätze und Kämpfe waren den sich entwickelnden Ereignisse sozusagen immanent. Das Desaster wurde noch größer, als ein gewaltiges russisches Heer in Siebenbürgen einrückte, um die Habsburger zu unterstützen. Der Legitimismus wurde zu wilder Reaktion, zum Willen, jeden umzubringen oder in Fesseln zu legen, der sich weigerte zu tun, was ihm gesagt wurde. Was die Russen antrieb, war natürlich das Entsetzen über den Aufruhr; zudem entging ihnen nicht, wie viele Polen der ungarischen Armee beitraten. Ein liberales, republikanisches, unabhängiges Ungarn, das den Polen einen Unterschlupf bot, hätte ganz oben gestanden auf der langen Liste der Albträume, die dem Zaren die Vorstellung persönlicher Freiheiten bereitete. Wie weitgehend Franz Joseph seine Position schlicht der Reaktion zu verdanken hatte, sollte sich während seiner gesamten Regierungszeit in komplexesten Mustern immer wieder zeigen.

Lajos Kossuths feierliche Unabhängigkeitserklärung, verlesen in der Großkirche zu Debrecen am 14. April 1849, war einer der großen Momente in der ungarischen Geschichte, zugleich eine tragische Katastrophe. Es ist ein wunderbares Dokument, doch mit den Widersprüchen und Ausflüchten gespickt, die den Ungarn 1918 zum Verhängnis werden sollten. Viele Ungarn hielten Kossuths Erklärung für gefährlich und auch vergeblich, als dieser Schritt aber einmal getan war, bestand die klare patriotische Pflicht, die Unabhängigkeit zu verteidigen, bis General Artúr Görgey vier Monate später vor der russischen Armee kapitulieren musste. «Wir, die den Ungarischen Staat repräsentierende Nationalversammlung», so beginnt die Erklärung, versetzen Ungarn «in die Reihe der unabhängigen Staaten» und erklären «das treubrüchige Habsburg-Lothringische Haus vor Gott und vor der Welt für des Thrones verlustig». Dreihundert Jahre sei es her, dass die Ungarn «in freier Wahl» das österreichische Königshaus auf den ungarischen Thron erhoben hätten: «dreihundert Jahre fortwährenden Leidens». Fünfzehn Millionen Einwohner habe dieses Land, die «in sich die Kraft und Empfänglichkeit tragen, im Osten Europas Vermittler der Volksfreiheit und der Civilisation» zu sein. Habsburg aber habe «Zerstückelung … des Landes, die Abreißung Croatiens, Slavoniens und Fiumes … die Vertilgung des selbständigen Staatslebens mit bewaffneter Hand» betrieben, dazu auch «Kriegshülfe einer fremden Macht» in Anspruch genommen. So weit ist dem wohl zuzustimmen, dann aber verliert die Erklärung ihre Würde, denn nun musste sie sich damit auseinandersetzen, ein wie großer Teil jener fünfzehn Millionen Menschen seine Kraft und Empfänglichkeit leider gegen Kossuth und seine Genossen richtete.

Der Mexikanisch-Amerikanische Krieg (1846–48) weist tragische Parallelen auf zur Situation der Ungarn 1849. Die Amerikaner sahen sich einem schwachen Feind gegenüber, dessen Einfluss auf Kalifornien und den Südwesten gering war, der nur sehr wenige Siedler auf seiner Seite hatte, sich allein auf die Geschichte und seine Legitimität stützen konnte. Die Ungarn wollten in die Fußstapfen der Amerikaner treten, ihre eigene Republik ausrufen, dabei aber auch alle kroatischen und siebenbürgischen Länder wieder unter ihre direkte Herrschaft nehmen. Die Ungarn hätten sich schwerlich mehr Feinde machen können als mit solchen Verlautbarungen. Doch Kossuth konnte es nicht bewenden lassen bei der wohlklingenden Erklärung, er musste nun partout erbittert Stellung beziehen gegen kroatische Partisanenführer, gegen die Serben, «deren Hände noch nach den Massakern stinken, die sie angerichtet haben», zuletzt gegen die Rumänen, die «aufgewiegelt» worden seien. Das aber war hoffnungsloses Wunschdenken, denn die «Partisanen» unter dem Serben Jelačić hielten schlicht an ihrer Loyalität gegenüber den Habsburgern fest, und Jelačić war der legitime Ban von Kroatien. In der Region wimmelte es von antihabsburgischen Kräften. In den Monaten zuvor hatte Franz Joseph Ungarn tatsächlich in Stücke gebrochen, hatte Kroatien, Slawonien, Fiume (Rijeka), die Vojvodina und Siebenbürgen zu eigenständigen Provinzen erklärt, damit, nicht ungeschickt, alle nicht ungarischen Nationalitäten belohnt und die Niederwerfung der Aristokratie zumindest in Aussicht gestellt.

In den Geschichtsaufzeichnungen bleibt vieles von den Kämpfen von 1849 verborgen – zahllose Massaker, Gräueltaten, standrechtliche Erschießungen, während die weiterkämpfenden ungarischen Kräfte in einen immer kleineren Raum gedrängt wurden. Viele ihrer Anführer flohen ins benachbarte Osmanische Reich, wo sie, in verzweifelter Umkehrung früherer ungarischer Geschichte, türkische Namen und den islamischen Glauben annehmen mussten, um die Ausweisung zu vermeiden. Viele Aufständische, die nicht fliehen konnten, wurden hingerichtet. Der berühmteste dieser prononcierten Racheakte fand statt vor der gewaltigen Festung von Arad, heute im Besitz der rumänischen Armee. Wälle, Bastionen und Zufahrten sind in üppiger Vegetation versunken wie Dornröschens Schloss; in unmittelbarer Nähe findet sich heute der Sportpark Ştrandul Neptun. In der Festung wurden dreizehn ungarische Generale hingerichtet, die meisten als Rebellen gehängt, und nicht erschossen, wie es der Soldatenehre entsprochen hätte – dies geschah am 6. Oktober 1849 auf Befehl Franz Josephs, der mit ihnen auch alle Ungarn demütigen wollte. Kossuth konnte entkommen, wurde zum gefeierten Exilanten und weltweit zur Stimme des Liberalismus, obwohl seine Entscheidungen auf Schritt und Tritt Katastrophen heraufbeschworen hatten. Franz Joseph, noch immer nicht älter als neunzehn, hatte eine Unbarmherzigkeit an den Tag gelegt, die sich schwer mit seinem späteren Image als Vater der Nation vereinbaren lässt – ein Image, das er wohl eher seinem ansprechenden weißen Backenbart zu verdanken hatte als irgendwelchen tatsächlichen Handlungen oder Gedanken, die er gehabt haben mochte.

Der zweite Turm der Großkirche, der ohne Hesekiels Visionen, ist berühmt für seine gewaltige Glocke. Diese hatte György I. Rákóczi, Fürst von Siebenbürgen, 1636 gießen lassen – auch er ein ungarischer Rebell und Vorbild für ungarische Nationalisten, der sowohl gegen Ferdinand II. als auch gegen Ferdinand III. gekämpft hatte –, die Bronze dazu lieferten erbeutete kaiserliche Kanonen. Im Brand von 1802 teilte die Glocke das Schicksal der Großkirche, stürzte zu Boden und zerbrach. 1873 beschlossen die Behörden, dass sie komplett neu gegossen und wieder aufgehängt werden sollte. Schwer zu glauben, aber wahr: Der prachtvolle Rákóczi-Schild, der Teil der Gussmasse war, wurde herausgeschlagen und zu einer separaten kleinen Glocke geschmolzen, damit die Reinheit der neuen Glocke nicht befleckt würde durch den Geist der Rebellion. Manchmal ist es schwer, Verständnis für den Chauvinismus der Ungarn aufzubringen, aber die Behandlung der Rákóczi-Glocke und die geheimnisvollen Windungen der Habsburger, die sie verrät, zeigen, mit welcher Geisteshaltung sie es zu tun hatten.

Bergvolk

Irgendwann saß ich fröhlich im Gasthaus Zu den sieben Ferkeln in Lwiw, ließ mir eine Pilzsuppe nach Huzulenart schmecken – und hatte augenblicklich das Gefühl, auf dem Gipfel folkloristischer Glückseligkeit gelandet zu sein. Ringsum standen Bänke aus roh gezimmerten Balken, auf denen Schafsfelle verteilt waren, die Stube hatte eine niedrige Decke mit geschnitzten Holzsparren, jede Fläche war mit dekorativen ukrainischen Mustern bemalt; dazu spielte eine Geigen- und Quetschkommodenkapelle, allerdings *Bésame Mucho*, aber selbst das ging in Ordnung. Kellner in weiten bestickten weißen Hemden rannten herum, trugen Gerichte auf wie Spanferkel mit Walnüssen und Sauerkraut, zubereitet auf eine Art, die mir nicht gleich, irgendwann aber bestimmt ein Magengeschwür bescheren wird. Das ganze Gasthaus war so überladen, dass man meinen konnte, an einer Aversionstherapie teilzunehmen – ausgerichtet auf Patienten, die zu viel Zeit damit verbringen, Volksmusik zu hören, oder zu Hause ganze Zimmer mit handbemalten Ostereiern vollgehängt haben. Wie auch immer, bei mir schlug die Therapie nicht an, schon gar nicht, als zuletzt mit Waldfrüchten garnierte Pfannkuchen auf den Tisch kamen.

Besessenheit von Folklore kann viele Formen annehmen, das reicht von zurückhaltendem Interesse an Handgewebtem bis hin zu breitbrüstigem Gebrüll und Männerbündelei, die den einst berüchtigten Mädchenmarkt von Muntele Găina prägte. Folkloretourismus gewann an Bedeutung, seit die Eisenbahn erfunden wurde, und die Spannung zwischen «Ferne» und leichter Erreichbarkeit, zwischen der Feier einer unverwechselbaren Lebensart und deren touristischer Verwässerung gehörte von Anfang an dazu. Ein vorzügliches Beispiel dafür liefert das bemerkenswerte Huzulendorf Jaremtsche in der Westukraine, ein wundervoller Ort, der Fluss Pruth, in der Farbe von Serpentinit, donnert unter einer Brücke hindurch, finstere Karpatenwälder stehen ringsum (in denen es zweifellos von Bären wimmelt). Da sieht man Pferde mit bestickten Sätteln, darauf zwei Halbwüchsige mit Steinadlern von erschreckender Kraft, Größe und Struppigkeit auf den Schultern. Auch ein Lieblingsvergnügen der Ukrainer fehlt nicht, der Stand, an dem man in eine Uniform der Roten Armee schlüpfen und mit einer Auswahl erschreckend schwerer automatischer Waffen für Fotos posieren kann.

Natürlich ist das Ganze ein ausgeklügeltes Touristenkonstrukt, und das schon seit vielen Jahren, sonst hätte ich wohl nie hingefunden. Eine Bude neben der anderen, in der Auslage Schaffellmäntel in solchen Mengen, dass sie gewiss keine Handarbeit sind, Tücher mit traditioneller Stickerei, geschnitzte Holzuntersetzer, und in der kurzen Sommersaison bringt ein Bus nach dem anderen Leute hier hinauf, die all das Zeug kaufen sollen. Sie kommen auf einem Tagesausflug aus Iwano-Frankiwst oder sogar aus Lwiw nach Jaremtsche, seit es diese Möglichkeit gibt – wenn nicht gerade wieder politische und kriegerische Unruhen ausgebrochen sind.

Folklore spielte im Habsburgerreich eine besondere Rolle. Das hat unter anderem damit zu tun, dass so große Gebiete des Kaiserreichs aus unfruchtbaren und hinderlichen Bergen bestanden (manchmal allerdings sind diese Berge auch mit kostbaren Mineralien gefüllt). Diese Regionen, die sich von den Alpen und deren Ausläufern auf dem Balkan bis hinüber in die Karpaten ziehen, und das Leben dort waren vermutlich charakteristischer für das Kaiserreich als jede andere Umgebung. Ihre Bewohner waren teuflisch schwer zu kontrollieren – die Diskrepanz zwischen den verstreuten, eingeschneiten Häusern in abgelegenen Hochtälern und der hübsch regulierten Ordnung in einer von Mauern umgebenen Stadt muss die Verwalter und Bürokraten in den Wahnsinn getrieben haben. Warum aber sollte man sich um die tausend dünn besiedelten Täler kümmern? Noch heute, wenn man mit dem Zug die Pässe Tirols bergauf fährt, ist offensichtlich, dass es dort – zumindest bis vor kurzem – kein sonderlich hohes Steueraufkommen gegeben haben kann. Ganze Regionen waren für einen Großteil des Jahres abgeschnitten (der Schlüssel zu Adalbert Stifters großartiger Erzählung «Bergkristall»), nur selten wurde hier ein nennenswerter Überschuss erwirtschaftet. Was die Gegend hergab – Schinken, Stickereien, Felle und Wolle –, wurde auf Sommermärkten verkauft, mit dem Erlös kauften die Bergleute wiederum, was sie nicht selbst herstellen oder reparieren konnten, und in diesem Zusammenhang haben Roma und Sinti immer ein wichtige Rolle gespielt – in einer Symbiose der Sesshaftesten und der am wenigsten Sesshaften.

Das Leben in diesen Tälern war extrem hart. Kein Tourist, der noch alle Sinne beieinanderhat, würde Jaremtsche im Winter besuchen. In gewisser Weise hatten ihre Einwohner Glück, denn zumeist schützten sie ihre Abgeschiedenheit und Armut vor den historischen Ereignissen in den Ebenen – aber ein extremer Winter, schreckliche Hochwasser oder ein Feuer konnten ebenso viel Schaden anrichten wie ein osmanisches Heer, und die Pest konnte alle Bewohner eines Tals auslöschen. Darüber allerdings gibt es kaum Aufzeichnungen, gleichwohl müssen diese Gemeinschaften häufig neu gegründet worden sein, vermutlich von benachbarten Tälern aus. Auf jeden Fall konnten die meisten Menschen den Hochweiden und der Lebensart in diesen Regionen nicht viel abgewinnen. Als die Italiener 1918 Südtirol übernahmen, stellten sie sich vor, sie könnten die Region mit italienischsprechenden Bergbauern besiedeln und alle Deutschen loswerden, aber selbst der verarmteste, hohläugigste *contadino* hielt es für Irrsinn, sein kurzes Leben damit zu verbringen, in drei Meter hohen Schneewehen mit Mufflons zu ringen, und das Projekt scheiterte. Es war ein Leben, das man nur ertragen konnte, wenn man hineingeboren wurde.

Das berühmteste Beispiel eines Bergvolks, das sich zusammengeschlossen hat, ist die Schweizerische Eidgenossenschaft. Tatsächlich halfen die oft enormen Schwierigkeiten, innerhalb des Bündnisses regelmäßig Verbindung zu halten, die echt föderale Natur der Abmachungen zu bewahren. Das Labyrinth von Pässen in den Schweizer Alpen konnte entweder grünes Licht für Banditentum und unsichere Geschäftsmodelle geben oder eine Chance bieten für friedlichen Handel und Wohlstand, und die Eidgenossenschaft regulierte das für alle gewinnbringend, bot zugleich Schutz gegen Eindringlinge von außen. Die entschlossene Verachtung der Eidgenossen für die Habsburger, die doch selbst Schweizer Wurzeln hatten, fand ihren Höhepunkt im Schwabenkrieg von 1499, doch nach einer Reihe von Desastern musste Maximilian I. die Schweizer in Ruhe lassen. Die Unruhe, für die ein so kleines Land Ende des 15., Anfang des 16. Jahrhunderts gesorgt hat, ist schon erstaunlich – und dennoch, auch wenn das Gründungsprinzip der Schweizer antihabsburgisch gewesen war, bei der Überwindung von Karl dem Kühnen (1433–1477), dem Herzog von Burgund und Luxemburg aus dem Haus Valois, in der Schlacht von Nancy, in der jener den Tod fand, spielten eidgenössische Truppen eine entscheidende Rolle; dafür, dass sie auf diese Weise dazu beitrugen, die habsburgische Vorherrschaft zu sichern, hätten sie zumindest eine Weihnachtskarte vom Kaiser verdient.

Der Einfluss, den die Eidgenossen und ihre Heere auf das Geschehen in Europa nahmen, wechselte, mal wurden schweizerische Söldner in den italienischen Kriegen schwer malträtiert, mal verursachten die assoziierten Drei Bünde (der Zehngerichtebund, der Graue Bund und der mit dem prächtigen Namen Gotteshausbund) allerhand Unruhe im Osten der Eidgenossenschaft, bis ins 17. Jahrhundert hinein trieben sie, durch schiere Verstocktheit und Lokalpatriotismus, diverse Feldherren von einem Nervenzusammenbruch in den nächsten. Erst als Napoleon auf der Bildfläche erschien, endete ihre Unabhängigkeit, und sie wurden in die Schweiz gepfercht.

Den Habsburgern machte stets zu schaffen, dass Berge zwar hervorragende Verteidigungswälle, zugleich aber extrem schwer zu verteidigen sind. Auf der Landkarte wirken die Karpaten wie eine großartige natürliche Bastion, aber sie waren – wie Kriege bis ins 20. Jahrhundert hinein gezeigt haben – ein Hindernis mit Tücken: Die Pässe liegen doch so weit voneinander entfernt, dass sie schwer zu verstärken waren und sich daher in eine statische Festung der schlimmsten Art verwandeln, Truppen und Vorräte verschlingen konnten, während der Feind einfach um die nächste Ecke zog und etwas anderes anstellte. Eine der deprimierendsten Erfahrungen im Ersten Weltkrieg (von denen es mehr als genug gab) machte die österreichisch-ungarische Armee bei der Verteidigung der Karpaten 1915/16; auf der Karte hatte das vernünftig ausgesehen, erwies sich aber aus den üblichen Gründen als unmöglich – es lebten zu wenig Menschen dort, es gab also zu wenig Vorräte, zudem versanken die Berge das halbe Jahr lang im Schnee. So starben Tausende Soldaten durch Kälte, und die Moral der Überlebenden brach völlig zusammen.

Gleichwohl haben der Habsburger Kult ums Gebirge und die Gebirgsfolklore militärische Ursprünge. Da so wenige Menschen in und von den Bergen leben konnten, gab es jedes Jahr einen Bevölkerungsüberschuss, wenn nicht gerade Feuer, Hochwasser oder Sklavenraubzüge Opfer gefordert hatten. Normalerweise aber traten die Männer in die Armee ein, und die Frauen verdingten sich als Dienstmägde. Stefan Zweigs Novelle *Leporella* (1929) ist die großartige Darstellung eines solchen Frauenschicksals – die Tirolerin, die ihr Glück in Wien sucht, ins Haus eines adligen Lebemanns gerät, so sehr Anteil an dessen Liebeleien nimmt, dass sie, nun «Leporella» genannt, nicht nur Kuppeldienste übernimmt, sondern auch die lästige Dame des Hauses umbringt – was ihr nicht gelohnt wird. In so gut wie allen Erzählungen und Romanen wiederum, die sich um Habsburger Militärs ranken, tauchen kernige slowakische, ruthenische oder serbische Soldaten auf, denen ihre deutschen oder ungarischen Offiziere ähnliche «Kriegertugenden» andichten, wie sie die Briten auf Highland-Schotten, Sikhs oder Jats projiziert haben. Die Habsburger haben stets auch große Freischärlerverbände eingesetzt, die in vielen Fällen in den Dinarischen Alpen rekrutiert wurden und mit fremdartigen Hüten, Stiefeln und Jacken ausstaffiert waren. Dies verlieh dem Habsburger Militär ein völlig anderes Profil als westeuropäischen Truppenverbänden. Entlang der Militärgrenze, die das Kaiserreich vor den Osmanen schützte, standen viele reguläre Einheiten, berühmt jedoch wurden Truppen wie die kroatischen Panduren – als romantischer Kult, der den Realitäten der grausamen Kriegsführung an der Grenze ganz und gar nicht entsprach. Viele dieser pittoresken Freischärler waren an Schlüsselereignissen wie der Befreiung von Wien 1683 beteiligt. Angesichts dessen, dass für die antiosmanische Allianz auch eine Menge polnische Husaren entscheidend waren, die hohe, gefiederte Flügel an ihren Rüstungen trugen, und dass sie gegen osmanische Kamelreitertruppen mit bunten Turbanen kämpften, muss die Szenerie wie eine Faschingsparty oder eine Zirkusparade gewirkt haben, die gründlich aus dem Ruder gelaufen ist.

Als die Kleidung der Armeen einheitlicher und schlichter wurde, verschob sich die Begeisterung für exotische Volkstrachten zu einer allgemeineren Neugierde auf jene Regionen des Kaiserreichs, die noch immer an ihrer traditionellen Kleidung festhielten. Die gleichen Kräfte, die Mitte des 19. Jahrhunderts Eisenbahnen, zielgenaue weittragende Gewehre und den Massenfarbdruck schufen, brachten auch den politischen Nationalismus und den Zivilkult der Volkstrachten hervor: In einer Zeit, in der Millionen von Bauern in die Habsburger Städte strömten, in der mehrfarbige, leicht zu entdeckende Uniformen dem pragmatischen Feldgrau wichen und die Massen lesen und schreiben lernten, legten die meisten Menschen auch ihre authentischen Trachten ab; doch diese wurden auf andere Arten bewahrt.

Die Bedeutung der Folklore für den aufkommenden Nationalismus lässt sich kaum übertreiben. Man suchte nach neuen Helden und verfolgte dabei zwei Narrative, zum einen das des Militärs, zum anderen das der Gesetzlosen und Verbrecher. Letztere lieferten eine buntscheckige Auswahl von Gestalten, die sich gegen die Autoritäten gestellt hatten, wobei sie in zahllosen Reimen, Liedern, Erzählungen und Porträts in ihrer Volkstracht festgehalten wurden, die als Symbol der Integrität diente, als Gegensatz zu den uniformierten oder bürgerlich gekleideten deutschen oder ungarischen Unterdrückern. Die Tracht war natürlich oft blind geraten, die Herkunft dieser Gestalten selbst meist unsicher, und ihre Kleidung mochte tausend Gründe haben. Jede Region hatte ihren Verbrecherkönig – Juraj Jánošík, Freund der Slowaken und Goralen, oder Oleksa Dovbush, Landplage der Polen und Freund der Ruthenen und Huzulen, heute ein großer ukrainischer Held, durch dessen attraktives Felsversteck in den Karpaten ich kürzlich gewandert bin.

Die Ungarn selbst hatten sich über dieses Problem zerstritten – einerseits wollten sie sich vom germanisierenden Grau abgrenzen, zum anderen aber auch fortschrittlich und modern wirken. So verhedderten sich alle nationalistischen Fraktionen unrettbar in dieser Frage und konnten sich nie entscheiden, was denn die Zukunft war: Reihen von jungen Frauen, die mit blumengeschmückten Reifen winkten, oder Reihen von Männern in Stahlhelmen und Gamaschen. Am Ende entschieden sie sich für beides. Es gibt eine besonders schrille Karikatur des slowenischen Künstlers Hinko Smrekar aus dem Jahr 1918, die die Volkstrachtenfrage auf die Spitze treibt. Man sieht Woodrow Wilson, der neben einer Art Mahlwerk steht und ein groteskes altes Weib hineinsteckt, ein Skelett mit Vampirzähnen und einer schmutzigen Perücke, um den Hals ein Kruzifix, in der Hand Galgen und Peitsche, mit einer Kartusche als «Altes Europa» ausgewiesen. Sobald es in der Maschine verschwunden ist, springen unten sehr fit aussehende junge Frauen in Volkstracht heraus und tanzen davon – zur Verdeutlichung mit «Jugoslawien», «Tschechoslowakei» und «Polen» gekennzeichnet, dazu eine nicht identifizierte weitere Figur mit Ohrringen und dunklen Locken – sie könnte, denke ich, der Geist der von Rumänien zusätzlich angeeigneten Länder sein.

XI

Tempel der glorreichen Katastrophen

Neue Habsburger Reiche

Der dumme Riese

Spaßzeit der Nationen

Der Ausgleich

Ein teurer Schluck Wasser

Vier Habsburgerbrüder in dynastischer Zuversicht, ein berühmtes Foto aus den frühen 1860er Jahren, dessen Botschaft sich als unangebracht erwies. Von links: Karl Ludwig, der Vater von Franz Ferdinand und Großvater Karls; Franz Joseph, dessen Sohn und Erbe 1889 Selbstmord verübte; Maximilian, kurz vor der unheilvollen Entscheidung, die Krone von Mexiko anzunehmen, was 1867 zu seiner Hinrichtung führte; und Ludwig Viktor, ein homosexueller Transvestit, den Franz Joseph schließlich aus Wien verbannte und der den größten Teil seines Lebens, von Habsburger Agenten überwacht, in Salzburg verbrachte. Ludwig Viktor hat das Ende der Dynastie nur um wenige Tage überlebt, er starb im Januar 1919.

Tempel der glorreichen Katastrophen

Wiens Heeresgeschichtliches Museum war Franz Josephs Stolz und Freude. Es fasst die gesamte Habsburger Erfahrung zusammen, markiert durch zwei mächtige Trumme aus Metall: eine steiermärkische «Superkanone» von überwältigender Größe und Unhandlichkeit* aus dem 15. Jahrhundert und eine gepanzerte Kuppel aus einer belgischen Festung, 1914 von einer Superkanone des 20. Jahrhunderts zerstört, dem Škoda-Belagerungsmörser. Die Kuppel wurde über Hunderte Kilometer ins Museum transportiert, ein Tribut an das österreichisch-ungarische Ingenieurswesen und industrielle Können, aber auch Zeichen für Österreich-Ungarns Loyalität, ein Ausweis seines Werts für den deutschen Verbündeten; lange dauerte es nicht mehr, dann waren solche Verbeugungen belanglos.

Das Museum wurde als Teil des Arsenal-Komplexes im Südosten Wiens gebaut, es war einer jener kaiserlichen Stützpunkte, die in den Städten errichtet wurden: vollgepackt mit Waffen, mit denen ein neues 1848 im Keim erstickt werden sollte, eine Aufgabe allerdings, die ihnen nie abverlangt wurde. Dieses Museum, aus welchem Grund auch immer in einer Art maurischem Stil gehalten, den man eher mit einem Harem in Verbindung bringen würde als

* Die Begeisterung für solche Waffen hatte schon bald ein Ende, denn sie waren wertvoll, man konnte sie also nicht zurücklassen, aber sie waren auch ungeheuer schwer und bremsten den Abzug – einer von Maximilians I. plötzlichen und häufigen Rückzügen erlebte zusätzliche Aufregung, weil viele seiner Schweizer Söldner abkommandiert werden mussten, um eins dieser nutzlosen Monster zu schleppen.

mit Soldaten, ist eines der ersten Beispiele (und ein relativ reizvolles dazu) für jene Art Geist und Auge beleidigenden Eklektizismus, der ein bis zwei Generationen später Habsburger Intellektuelle und Designer so sehr kränkte, dass sie schließlich die Moderne in die Welt setzten. Bauherr Franz Joseph war an jedem Aspekt des Gebäudes innig beteiligt, wurde es doch angelegt als Tempel für die Großartigkeit Habsburger Militärtraditionen. Der Eingangsbereich ist vollgestellt mit lebensgroßen, weißen Marmorstatuen von Feldherren – viele davon Hauptfiguren im Habsburgerkult um Siege, denen Niederlagen folgten, womit diese «Feldherrenhalle» zu einer Art Weihestätte glorreicher Katastrophen wird. Bärte, Halskrausen und Dreispitze ändern sich, das Ergebnis aber ist im Grunde stets das Gleiche. Am Kopf der Haupttreppe steht eine Büste des jungen Franz Joseph, unter der «Kaisertreu» zu lesen ist – der übliche Ausdruck für die bedingungslose Loyalität und Vergötterung, welche die Soldaten für ihren obersten Befehlshaber verspürten. Da all diese ziemlich öde konzipierten Statuen während der 1850er und 1860er gehauen und an Ort und Stelle gekarrt wurden, muss dies Gefühl recht bald unter gehörigen Druck geraten sein, und gewiss nicht nur ein paar höhere Offiziere werden ein hämisches «Ha!» von sich gegeben haben, wenn sie an der Kaisertreu-Büste vorbeigingen.

Den Briten war stets daran gelegen, das 19. Jahrhundert, nachdem Napoleon endlich besiegt war, als überwiegend friedlich erscheinen zu lassen – mal abgesehen vom Krimkrieg und ein paar «Kabinettskriegen». Ein Hauch von Langeweile hängt über einem Großteil des Jahrhunderts, tatsächlich aber war es ebenso turbulent wie das 20. Jahrhundert, wenn auch mit einer ungleich niedrigeren Todesrate. Die Briten gehören zu den ungeheuerlichsten Phantasten, denn ihre viktorianische Beschaulichkeit konnten sie nur dadurch retten, dass sie Dutzende von Kolonialkriegen, in die sie damals verstrickt waren, behandelten, als gäbe es sie gar nicht. Dabei ist die beinahe durchgängige Gewohnheit, europäische und

Kolonialkriege zu betrachten, als hätten sie nichts miteinander zu tun, durchaus bedauerlich, da es für Herrscher in Europa nicht gefährlicher war, das Ziel von Zerstörung zu sein, als in Indien oder Afrika. Hätten sie einen passenden Treffpunkt finden können, so unterschiedliche Gestalten wie der König von Hannover, der letzte Mogul-Kaiser, der Herzog von Modena und der Nawab von Oudh hätten erbitterte Debatten über die Wechselhaftigkeit des mittleren 19. Jahrhunderts führen können.

Für Österreich Politik zu machen, war infernalisch kompliziert. Als die ungarische Rebellion niedergeschlagen war, schien Großes möglich, und tatsächlich hatte das Kaiserreich für kurze Zeiträume politisch eine ziemlich außergewöhnliche Reichweite, sowohl in eigener Sache als auch im Namen des Deutschen Bundes, des losen Zusammenschlusses deutscher Staaten, dessen hochrangigstes Mitglied Österreich war. Während des Zweiten Schleswig-Holsteinischen Kriegs (1864) war die Habsburger Kriegsflotte bei Helgoland in das Seegefecht mit der dänischen Marine verwickelt und suchte, nach ihrer Niederlage, Zuflucht in den Gewässern des britischen Marinestützpunktes auf Helgoland. Es sind vergessene Zustände: ein britischer Stützpunkt direkt vor der deutschen Küste, Habsburger Kriegsschiffe in der Nordsee, ein Krieg des Deutschen Bundes gegen das Königreich Dänemark unter Beteiligung habsburgischer Truppen – aber das war Teil der Krise, die Europa damals beherrschte. In einem ähnlich glorreichen Augenblick, bei Ausbruch des Krimkrieges (1853–56), hatten habsburgische Truppen die Mündungen der Donau besetzt und einen Puffer zwischen den Russen und dem Osmanischen Reich geschaffen. Für kurze Zeit sah es so aus, als sollte den Habsburgern nach über zweihundert Jahren ein Wunschtraum in Erfüllung gehen: die ganze Donau samt ihrer Nebenflüsse unter Wiens Herrschaft. Doch keine der anderen Mächte hielt das für eine gute Idee, und mit dem Ende des Krieges waren die habsburgischen Truppen gezwungen, sich wieder zurückzuziehen und Raum zu geben für ein 1861 vereinigtes

Königreich Rumänien; ein Albtraum für Wien, weit schlimmer als die verschlafene Osmanenherrschaft.

Am Ende ließ sich keine der Gelegenheiten nutzen, und die Zeitspanne von 1849 bis zur finalen Demütigung 1866 war katastrophal für die Habsburger – aber aus ziemlich ärgerlichen Gründen, denn viele der Probleme entstanden durch den Starrsinn von Franz Joseph und seinen Beratern, denen es nicht gelang, irgendwas richtig zu machen. Es wäre kompliziert und viel zu ermüdend, all die Kongresse, Verträge, Treffen zwischen Monarchen und Waffenruhen, die in diesen Zeitraum fallen, im Einzelnen wiederzugeben. Orte, die nie zuvor und auch danach nie mehr bedeutsam waren, spielten plötzlich eine weltgeschichtliche Rolle. Einer meiner Freunde musste einmal aus familiären Gründen Weihnachten an der Westküste von Schleswig verbringen und, obwohl er kein Deutsch, geschweige denn Plattdeutsch spricht, ein paar Tage lang, während der Seewind über die Dünen pfiff und die Dachziegel über der Küche des Bauernhauses klappern ließ, mit anhören, wie sich die Verwandten seiner Frau beim Essen fast totlachten und sich unverständliche, aber eindeutig immer abgefeimtere Beleidigungen für ihn ausdachten, während er sich durch die übliche Auswahl an verbranntem Schwein und Kartoffeln kaute. Über Schleswig redete vor oder nach den 1860er Jahren so gut wie niemand, aber zu diesem Zeitpunkt zückte man überall in Europa die Atlanten. Staatsmänner kniffen die Augen zusammen und starrten auf irgendeinen imaginären Horizont, blähten die Brust und bekundeten irgendein überwältigendes, vernichtendes nationales Interesse an Orten, an denen damals kaum Menschen lebten und auch nicht viele Tiere.

Die extreme Instabilität der Zeit ergab sich, weil Semisolidarität unter Europas Herrschern immer mehr schwand, eine Folge der 1848er-Revolutionen. Plötzlich erschien eine Politik bloßer Reaktion unhaltbar, nicht zuletzt, weil Kaiser Napoleon III. in Frankreich den Thron erobert hatte, zu seiner Zeit ein Meister der Missherrschaft, der auf kreative Weise alles, was ihm im Weg stand, kurz und klein schlug, nicht anders als Bismarck. Es war das Unglück der Habsburger, dass sie zu verschiedenen Zeiten und in unterschiedlichen Konstellationen plötzlich auftauchten: ein rückständiges und nutzloses Element im europäischen Machtsystem. Am deutlichsten zeigte sich das im Krimkrieg, als sich Großbritannien und Frankreich mit mulmigem Gefühl gegen Russland verbündeten, in einem Versuch, das Osmanische Reich vor weiterer Plünderung zu schützen. Die Österreicher hatten den Russen alles zu verdanken, was ihnen ermöglicht hatte, den Ungarnaufstand niederzuschlagen, aber jetzt, nur vier Jahre später, fanden sie sich Seite an Seite mit den Alliierten wieder, aus Angst vor der russischen Ambition, den Osmanen Moldau und die Walachei abzunehmen und dadurch die Donau zu blockieren. Franz Joseph befand sich in einer unmöglichen Situation – er ließ seine Soldaten als Drohgebärde nach Siebenbürgen marschieren, was die Russen zwang, eine Armee an der Grenze zu halten, die anderswo hätte von Nutzen sein können; zum Angriff allerdings konnte er sich dann doch nicht entschließen. Die Russen schäumten vor Wut über diesen Verrat, und ihre jüngste und nützliche Allianz mit den Österreichern war geplatzt. In glücklicheren Zeiten hatte ein dankbarer Franz Joseph seinem besten Freund Zar Nikolaus eine Statuette von sich geschenkt. Jetzt nahm Nikolaus die Statuette von seinem Schreibtisch und schenkte sie seinem Kammerdiener.

Aber Franz Joseph wusste, dass es für Großbritannien und Frankreich – zu einem gewissen Grad – ein ziemliches Vergnügen war, Russland anzugreifen, hatten die Russen doch keine Möglichkeit zurückzuschlagen, denn nach dem, was man über ihre Kriegsmarine wusste, wären Kosaken niemals so weit gekommen, dass sie, sagen wir, den königlichen Kurort Tunbridge Wells hätten niederbrennen können. Hätte indes Österreich den Russen den Krieg erklärt, dann hätten alle ernsthaften Kämpfe auf österreichischem Boden stattfinden können, angefangen mit Siebenbürgen, dessen Topographie der russischen Armee durch ihren allerjüngsten Besuch vollkommen vertraut war. Die Chancen standen ziemlich gut, dass der Krimkrieg (der tatsächlich zum Zermürbungskrieg wurde und letztlich zu keinem Ergebnis führte) mit einer russischen Belagerung Wiens enden könnte, also in einer dem Kriegsende 1945 nicht unähnlichen Situation. Preußen deichselte es so, dass es neutral bleiben konnte, ohne irgendwen zu verärgern; Österreich dagegen gelang es, absolut jeden der Beteiligten vor den Kopf zu stoßen (einschließlich Großbritannien und Frankreich), und dabei hätte schon die geringste Kenntnis der Habsburger Geschichte gezeigt, dass Bündnisse für die Habsburger lebensnotwendig waren.

Franz Josephs Regierung machte vage Anstalten, neue Verbündete zu gewinnen, doch kraftlos herumeiernd, so unbeständig und rückwärtsgerichtet, wie sie das anging, erreichte sie nichts. Ein überraschendes Ergebnis des Krimkrieges war, dass sich Russland eine Zeitlang als europäische Macht zurückzog, die Interessen des neuen Zaren richteten sich auf den Fernen Osten, offenbar wollte er überhaupt einem liberaleren Kurs folgen. Und beides zusammen ließ verschwinden, was bislang die verlässlich in alle Richtungen schielende rotgesichtige Kraft der Reaktion war. Selbst wenn Österreich sich mit seiner ehemaligen Schutzmacht hätte arrangieren können, Russland wäre nicht mehr in der Lage gewesen, irgendwem Schutz zu bieten. Preußen hätte eine Quelle des Trosts werden können, da sein schwankender Monarch Friedrich Wilhelm IV. von Hierarchien besessen war und sich gerne den Habsburgern als obersten Herrschern beugte. Doch selbst er sah seinen Spielraum eingeschränkt von deutschem Nationalismus, und jedes militärische Abkommen musste zum preußischen Kommando über das Heer führen, und dem hätte wiederum Franz Joseph nicht zustimmen können. Die Franzosen waren weit weg von Österreich, zudem von einem gefährlichen, revolutionären Irren regiert, dem Neffen der Nemesis der Habsburger. Die Briten hatten zuletzt genug von den Österreichern und ihrer chronischen Unentschlossenheit während des Krimkriegs, und das war dann wirklich das

Ende einer der großen Konstanten in Mitteleuropa: des britischen Einsatzes österreichischer Truppen, die die Franzosen beschäftigten und sich zuhauf umbringen ließen, während die Briten im Rest der Welt Kolonien in Besitz nahmen.

Diese plötzliche Verwundbarkeit war ernüchternd – keine Heilige Allianz mehr, kein automatisch wohlgesinnter Deutscher Bund. 1854, in einem visionären Augenblick, dachte Lord Palmerston über eine allgemeine Neuorganisation Europas nach: Preußen sollte Schleswig-Holstein erhalten, im Gegenzug Posen (ein Stück von Ostpreußen) einem wiedergegründeten Königreich Polen abtreten, Österreich im Tausch gegen seine italienischen Territorien die Donaufürstentümer bekommen. Wäre dies friedlich geschehen, hätte die europäische Geschichte einen anderen Verlauf genommen. Was allerdings, wie oft bei solchen kontrafaktischen Überlegungen, nicht unbedingt bedeutet hätte, dass es besser gekommen wäre. Wenn über Preußens schrittweise Übernahme der deutschen Länder und deren fatale Folgen gesprochen wird, dann meist mit der Annahme, dass, hätte Österreich Preußen besiegt und wäre Wien die Hauptstadt eines vereinigten Deutschland geworden, dies nicht nur ganz anders, sondern auch angenehmer geworden wäre: eine Vorstellung, die sich mit nichts wirklich begründen lässt.

Das Tempo, mit dem sich Italien veränderte, nachdem es durch eine Folge von Erhebungen und Invasionen vereint worden war, ist atemberaubend. Im Frühjahr 1859 noch waren die Habsburger die beherrschende Macht im größten Teil Norditaliens sowie – dank ihrer Herzogtümer Modena, Parma und Toskana – in der Mitte des Landes gewesen. Angesichts ihrer Herrschaft über die Lombardei und Venetien, ihrer großen Armee, die seit den Revolutionen von 1848 verstärkt worden war, schienen alle Vorstellungen eines unabhängigen Italien absurd. Doch schon im Frühjahr 1861 trat ein Parlament zusammen, das, Venetien und das Latium ausgenommen, ganz Italien repräsentierte. Italienische Irredentisten trieben die Österreicher – wie 1914 noch einmal – über das Erträgliche hinaus vor sich her; vor allem das militärisch starke Königreich Piemont-Sardinien tat sich hervor. Provokationen seines Königs Victor-Emmanuel und auch Napoleons III. führten dazu, dass die Österreicher die Abrüstung Piemont-Sardiniens verlangten. Weil sich auch Preußen und Großbritannien verärgert über Piemont geäußert hatten, glaubte Österreich – irrigerweise – an deren militärische Unterstützung; doch die Front am Rhein kam nicht zustande, Hauptkriegsschauplatz wurde Italien. Als Piemont das Ultimatum ignorierte, griffen die Österreicher an. Aber es gab einen Geheimvertrag, und nur allzu gern schickte Napoleon III. französische Truppen, um die Piemonteser zu unterstützen. Schon die erste Schlacht – bei Magenta – ging für Österreich verloren, dann auch die gewaltige Schlacht von Solferino (1859), an der etwa 300 000 schlecht geführte, schlecht versorgte, ratlose Soldaten beteiligt waren und sich gegenseitig umbrachten, bevor die Österreicher sich zurückzogen. Napoleon brachte Franz Joseph mit einem Trick zu einem Waffenstillstand und zu direkten Verhandlungen. Dabei ließ sich der schwerfällige und steife Franz Joseph komplett übers Ohr hauen, nämlich mit Napoleons vagen Versprechungen, den Habsburgern zu helfen, die aus Modena, Parma und der Toskana vertrieben worden waren. Es sei, so Napoleon, für Österreich wesentlich besser, sich nun aus der Lombardei zurückzuziehen und Venedig zu behalten, anstatt zu riskieren, dass sein Territorium auf irgendeinem internationalen Kongress noch weiter zerstückelt würde. Das öffnete den Weg zur Einigung Italiens, über die auch Napoleon die Kontrolle verlor; wie halb Europa sah er entgeistert und bewegungslos zu, als nun viele alte Städte, deren Höfe oft die Wiege der größten künstlerischen und intellektuellen Bewegungen der europäischen Geschichte gewesen waren und um die über die Jahrhunderte hinweg so viele Schlachten geführt worden waren, plötzlich im neuen italienischen Staat aufgingen und auf Provinzen reduziert wurden.

Franz Josephs Antwort auf die Schlacht von Solferino (deren Grauen zur Gründung des Roten Kreuzes führte) war, den Krieg zu beenden. Das zu tun, war extrem altmodisch, er aber wiederholte diesen Schritt 1866 noch einmal. Uns mag das merkwürdig erscheinen, denn wir wissen, wie sich Kriege seit dem Deutsch-Französischen Krieg entwickelt haben, nämlich zu Auseinandersetzungen, die ganze Gesellschaften lahmlegen, die mit allen Ressourcen geführt werden und erst enden, wenn eine Seite in völligem Chaos zusammenbricht. Die Österreicher verfügten, obwohl sie in ein paar Wochen bestimmt 35 000 Soldaten verloren hatten, noch immer über genügend Reserven, eine starke Verteidigungsposition und die Möglichkeit einer preußischen Intervention (wie Napoleon mit Unbehagen feststellen musste). Und doch zog es Franz Joseph vor abzurücken. Aus unserer Perspektive erscheint das angesichts der hohen Verluste fast frivol. Das Habsburger Heer war aufgebaut und gerüstet worden, um zu kämpfen, und wenn so viel auf dem Spiel stand, warum die Lombardei dann einfach aufgeben? In einem Anflug von Fatalismus mag Franz Joseph gedacht haben, es sei besser, ehrenhaft besiegt zu werden, als Familienterritorium abgeben und sich darauf verlassen zu müssen, dass der Beutegreifer, mit dem er es gerade zu tun hatte, damit besänftigt wäre. Diese Überlegung deckt sich mit dem Verhalten all seiner Vorfahren, und wenn ich sie hervorhebe, ist dies ein Kommentar zur immer merkwürdigeren und rückständigeren Präsenz der Habsburger in Europa und weniger eine Kritik an Franz Joseph. Die Einigung Italiens war, wie zweischneidig auch immer sie sich für viele Italiener dargestellt haben mag, wohl ebenso unvermeidlich wie die Einigung und Staatsgründung des Deutschen oder des Rumänischen Reichs. Und Franz Josephs langweilig korrekte Position – auch wenn sie ein Furzkissen unter das «Kaisertreu» schob – rettete mehr Menschen das Leben als irgendeine apokalyptischere Strategie. Als jedoch die weißen Marmorstatuen im Foyer des Heeresgeschichtlichen Museums immer mehr Raum einnahmen, wird es wohl wieder einige erbitterte Gespräche unter Offizieren gegeben haben, die mit dem Schock klarkommen mussten, dass die Habsburger ausgerechnet aus der Lombardei vertrieben worden waren, wohin doch seit dem 15. Jahrhundert enge Familienverbindungen bestanden. Aber das Museum – wo selbst Toilettentüren das Monogramm FJ tragen – sollte noch einige Schaustücke zu weiteren Demütigungen aufstellen müssen, bevor alles abgewickelt wurde.

Neue Habsburger Reiche

Wenn ich von Graz aus nach Süden reise, ist es jedes Mal aufregend, eine weitere Sprachgrenze zu überqueren. Der West-Ost-Keil deutscher und ungarischer Besiedlung quer durch Mitteleuropa wird plötzlich unterbrochen, und Orte mit Namen wie Kaindorf an der Sulm weichen solchen, die etwa Šentilj heißen. Die Websites der heutigen Steiermark und des Landes Slowenien übertrumpfen einander mit Angeboten harmloser Freiluftvergnügungen wie Pilzfesten, Trachtenmärkten und Wanderrouten. Doch muss dieser bewundernswerte Neutralismus eine Vergangenheit deutsch-slowenischen Hasses umschiffen, was vielleicht am brillantesten in Peter Handkes großartigem Roman *Die Wiederholung* dargestellt wird, in einem Tableau übler Diskriminierung und der Beschreibung einer gemeinsamen Landschaft, die durch zwei ziemlich unterschiedliche Augenpaare betrachtet wird.

Das moderne Slowenien ist zusammengesetzt aus Fragmenten, die das Kaiserreich hinterließ: Sein Kern besteht aus dem Herzogtum Krain und einem Fitzelchen Steiermark, Görz, Istrien und einem kleinen Stück des alten ungarischen Komitats Vas. Maribor im Norden Sloweniens war 1918 Schauplatz brutaler Kämpfe, als die deutschsprachige Stadt (Marburg an der Drau) inmitten slowenischsprechender ländlicher Gegenden vom Königreich Jugoslawien einverleibt wurde; allerdings nur für kurze Zeit, denn 1941 hat Hitler sie, in Habsburg-Manier, gezielt in die Steiermark eingegliedert und dabei die alte jüdische Gemeinde der Stadt enteignen und in die Lager schicken lassen. Es gibt einige abstoßende Fotos von Hitler, Bormann und anderen, die diese Hochburg des Deutschtums selbstgefällig von der wunderbaren Alten Brücke aus überblicken, die über die Drau (Drava) führt. 1945 wurden dann alle Deutschen vertrieben, und Maribor war, wenn auch traumatisiert, eine rein slowenische Stadt. Der Vertreibungen wird auf einer Tafel auf dem Grazer Schlossberg gedacht.

Es ist schwer, das harte Schicksal Maribors oder die abgerissene Habsburger Vergangenheit zu vergessen – doch dass mir diese Stadt so düster vorkommt, mag auch meiner überbewussten Projektion geschuldet sein. Während des späten Kaiserreichs war sie eine harmlose kleine Station auf dem Weg ins ungarisch regierte Königreich Kroatien und Slawonien und ins Durcheinander des weiterhin österreichischen Küstenlandes – Maribor war eine sprachliche Grenzstadt, keine politische. Das große Thema, das sich, während der Zug Richtung Ljubljana und Triest rattert, auf jedem Eisenbahnkilometer bemerkbar macht, ist das Schicksal der Habsburger im Süden, diese Geschichte der Vergeblichkeit.

Dass man so überdeutlich spürt, in eine kulturell und sprachlich andere Welt zu gelangen, liegt nicht zuletzt an den allgegenwärtigen Angeboten von Fisch und Meeresfrüchten. Das beste Restaurant in Maribor ist eine adriatische Phantasie, eine Art Füllhorn von Tintenfischhappen, Zitronen, kleinen gegrillten Fischchen, gewürzt mit Mengen mediterraner Kräuter. Spätestens ab Ljubljana scheinen alle völlig verrückt nach Fisch, und in dieser Vorliebe kaum zu toppen ist wohl das Restaurant, das sich unter die Bögen der wunderbaren Drei Brücken des Architekten Jože Plečniks schmiegt. Maribor liegt ziemlich weit im Landesinneren und hat nicht mehr Anspruch auf den Titel eines Meeresfrüchte-Mekkas als Birmingham, aber es ist ziemlich klar, dass all das einer slowenischen Sehnsucht entspringt, so mediterran wie möglich zu sein. Damit nämlich können die Slowenen die entscheidende Karte ausspielen, die sie nicht deutsch macht – mit Calamari, Oregano und Getränken in hübschen Farben; sie lassen in Graz eine traurige Welt hinter sich, in der die Menschen so tun müssen, als schmecke Flussfisch nicht modrig.

Die Verlockung, das Sauerkraut Sauerkraut sein zu lassen und ein bisschen Sonne abzubekommen, war für die Habsburger einfach zu groß. Nun war Venetien ihres, und das war etwas Neues, eine Belohnung für die Napoleonischen Kriege, und auch das sollte dann zum Fluch werden. Den Venezianern gab man, wie allen Einwohnern untergehender Staaten, die Schuld für ihr Schicksal – sie seien arbeitsscheu, genusssüchtig, verdorben, also selbst dran schuld, wenn es abwärtsging mit ihnen. Kein Sinn dafür, dass nicht die Venezianer das Problem waren, sondern Venedig selbst: Der Handel in der oberen Adria war aus geopolitischen Gründen ins Stocken geraten und hatte damit die ganze Region ins Abseits geschoben. Venedig, einst ein Brennpunkt des Seehandels, war in einem Zeitalter weltweiter Reisen, verlagerter Handelsrouten und der Kolonisierung ganzer Kontinente durch Europäer zu einem bloßen Anhängsel geworden. Wer auch immer Venedig erbte, erbte auch dieses Problem. Doch die Strategen in Wien glaubten, das Kaiserreich könne, wenn man den kleinen Habsburger Häfen Triest und Pola das venezianische Erbe hinzufügte, zu einer maritimen Handelsmacht werden.

Unglücklicherweise hatten die Venezianer jedoch kein Interesse an solchen Visionen. Venedigs Entwicklung, die stets losgelöst von der des übrigen Italien verlaufen war, verlieh seinen Bewohnern eine gewisse Resistenz gegenüber dem italienischen Nationalismus, was aber keine Sekunde lang etwas änderte an ihrer Verachtung der Österreicher. Die hätten das wissen können, nachdem sie die Stadt 1849 belagert, mit Artillerie und Brandbomben angegriffen hatten, aber sie hielten fest an ihrem Plan, das alte Venetien samt seinen istrischen Besitzungen zum unablösbaren Teil des Kaiserreichs zu machen, verteidigt von einer neuen Flotte und einem Quadrilatero, einem Festungsviereck – einem weiteren dieser scheinbar uneinnehmbaren Festungssysteme, die doch nur Truppen gebunden haben, welche ansonsten mobil und von Nutzen hätten sein können.

Einer der Hauptarchitekten dieser Habsburger Vision war Franz Josephs jüngerer Bruder Maximilian, dem die Verantwortung für die Strategie im Süden übertragen worden war. Zweiundzwanzig Jahre alt, war er kein unbedingt überzeugender Kommandeur, gleichwohl stand er nun an der Spitze der österreichischen Kriegsmarine und organisierte, fast wie in einer privaten Laune, eine kleine, aber ansehnlich Schlachtflotte und sandte eine größere wissenschaftliche Expedition um die Welt, wie dies auch andere Nationen mit Kriegsflotten taten. Sein Denkmal bleibt das außerordentlich trostlose Küstenschloss Miramare westlich von Triest. Baubeginn war in den 1850er Jahren, doch das disneyhafte Traumhaus für Maximilian und seine Frau Charlotte war noch immer Baustelle, als er die globalen Visionen der Habsburger viel zu ernst nahm und sich 1863 überreden ließ, nach Mexiko zu gehen, um dort Kaiser aus eigenen Rechten zu werden – nur um von politischen Kräften zerquetscht zu werden, die weit außerhalb seiner Kontrolle lagen: gedemütigt, eingesperrt, hingerichtet, schließlich unsterblich gemacht in den Gemälden Édouard Manets. Das Schloss vereint die Sinnlosigkeit allen politischen Strebens, denn wer ging dort nicht alles ein und aus, wer hat nicht alles in der Eingangshalle gestanden und sich über das postmittelalterliche Ambiente à la Walter Scott mit fließend Wasser gewundert: Habsburger, Nationalisten, Faschisten, Royalisten, Besatzungssoldaten, alle waren sie dort. Eine ungeheuerliche Suite, eingerichtet mit Schränken und Stühlen des Razionalismo, stammt aus den 1930er Jahren, als der Herzog von Aosta, Vizekönig von Italienisch-Ostafrika, in Miramare lebte. An den Wänden hängen zwei spektakuläre gemalte italienisch-faschistische Karten, eine zeigt Libyen samt Kamelkavallerie und riesiger SPQR-Standarte, die andere Somalia, wohl schon im Geist der Verzweiflung dekoriert mit einem großen Krokodil und einer Auswahl von Korallen und Seeanemonen, die dort die Küstengewässer schmücken. Ebenso wie Maximilian in Mexiko-Stadt starb auch der Herzog von Aosta in Übersee: an Malaria in einem britischen Kriegsgefangenenlager in Kenia – das sind schon zwei vom Fluch getroffene Eigentümer dieses Schlosses. Man ahnt schon, warum es keine weiteren Anwärter gab.

Miramare ist voller aufwendiger Objekte und Gemälde, im Grunde ein einziger Spott auf Maximilians Schicksal. Viele davon wurden erst dorthin gebracht, nachdem er sich für immer verabschiedet hatte. Ein seltsames Porträt zeigt den jungen Maximilian mit seinem jüngeren Bruder Karl Ludwig (dem zukünftigen Vater von Franz Ferdinand), wie er auf einem Markt in Smyrna Hintern und Brüste von Sklavenmädchen inspiziert. Ich wüsste wirklich nicht, wo mit der Recherche anfangen, um herauszufinden, wer das für eine gute Bildidee hielt – vielleicht war es einfach nur ein privates Erinnerungsstück. Die Erinnerung an Maximilians Zeit als Admiral der Kriegsmarine ist insofern bewahrt, als sein Arbeitszimmer erhalten blieb, das er als exakte Kopie seiner Dienstkajüte an Bord seines Flaggschiffs einrichten ließ, mit vielen nautisch wirkenden Stützbalken – ein wackerer Witz, der, bis dieser Raum fertig war, schon ziemlich schal geworden sein dürfte. Auch ein Gemälde der offenkundig wenig enthusiastischen Zeremonie in Venedig findet sich (ein kleines Freudenfeuer und eine Handvoll Boote – es ist eben kein Canaletto), veranstaltet aus Anlass seiner Ernennung zum Vizekönig von Lombardo-Venetien. Und hier steht der Tisch, an dem er seine Einwilligung unterzeichnet hat, Kaiser von Mexiko zu werden. Außerdem gibt es eine Reihe todschicker, unheimlicher Geschenke, die von erlauchten Gratulanten wie dem Papst nach Miramare gesandt worden waren, die er aber nie zu Gesicht bekam; ferner ein von ihm nie benutztes Rauchzimmer im japanischen Stil, eine Kapelle, die sinnigerweise noch immer mit einem mexikanischen Adler dekoriert ist. Das Beste aber ist ein Ölgemälde von Cesare dell'Acqua (dem vielleicht schlechtesten Maler des 19. Jahrhunderts, wenn auch auf einem heiß umkämpften Gebiet), das die Argonauten zeigt, wie sie in uralten Zeiten in die Bucht von Miramare rudern, begrüßt von winkenden Eingeborenen mit nackten Oberkörpern.

Am bittersten von allem ist der kaiserlich-mexikanische Thronsaal, dessen Wände Porträts der Habsburger Vorfahren und eine riesige Weltkarte zieren, auf der alle Orte, die einmal in Familienbesitz waren, farbig markiert sind; entworfen wurde sie, um Maximilians Erbe in Mexiko als Erneuerung des Erbes Karls V. auszuweisen, das Ganze ist daher dekoriert mit einem unangenehmen Mix aus Konquistadoren und dankbaren Indianern. Angesichts solch schöner Exempel zur Eitelkeit menschlicher Wünsche kann man entweder in Begeisterung ausbrechen oder trübsinnig werden. Es wäre interessant, zu erfahren, wie sich die Soldaten aus Neuseeland, die 1945 als Teil der Triester Schutztruppe in Miramare einquartiert wurden, in diesem Thronsaal fühlten. Kurz, dieses Schloss sprudelt über von Hinweisen auf den Verfall und die Selbsttäuschungen des Kaiserreichs.

Maximilian lebte lang genug, dass er noch von seiner Rechtfertigung als Visionär der kaiserlichen Kriegsmarine erfuhr (vielleicht trug er da gerade den kaiserlichen Sombrero, der im Heeresgeschichtlichen Museum verwahrt wird): nämlich vom denkwürdigen Sieg der österreichischen Kriegsmarine bei Lissa, wo es seine neue Flotte unter ihrem Kommandeur Wilhelm von Tegetthoff, obwohl zahlenmäßig unterlegen, schaffte, die Italiener an der Landung auf der dalmatinischen Insel Lissa (Vis) zu hindern; dies gehört in den Wirbel des ereignisreichen Jahrs 1866. Die Vernichtung der italienischen Flotte gelang, man glaubt es kaum, durch Einsatz eiserner Rammsporne, eine wirklich komische Reminiszenz auf das Römische Reich. Tegetthoff wurde zu einem habsburgischen

Helden. Außerdem verwirrte er eine ganze Generation europäischer Marine-Ingenieure, die Jahre damit vertrödelten, diese Rammsporne weiterzuentwickeln – eine Waffe, für die es nie wieder taktischen Bedarf gab. Anders als die sinnlosen Heldentaten auf dem Festland veränderten Tegetthoffs Manöver tatsächlich die geopolitische Geschichte. Die italienische Expedition war nach Vis gesandt worden, um die Ansprüche des neuen Italien auf den gesamten venezianischen Staat geltend zu machen, einschließlich der alten dalmatinischen Territorien. Ihre Niederlage verhinderte das, und obwohl Italien im 20. Jahrhundert für kurze Zwischenperioden die Herrschaft dort tatsächlich gewann, wurde die Ostküste der Adria (um den Preis von Massendeportationen italienischsprechender Familien) Teil Kroatiens. Admiral Tegetthoff trug den gleichen bizarren Backenbart wie Maximilian, der aussah, als würden seine Wangen von zwei synchronisierten Wühlmäusen heimgesucht. Da er aus Maribor stammte, wurde auf dem Hauptplatz der Stadt seines Sieges gedacht: mit einer massigen düsteren Büste, die später in einem Ausbruch antihabsburgischer Emotionen demontiert wurde; eigentlich traurig, denn immerhin hatte er, wenn auch unbeabsichtigt, zur Sache der Südslawen einiges beigetragen.

Die Habsburger Kriegsmarine wurde nie zum Erfolg. Das Kaiserreich war und blieb eine Landmacht, und jedes Umlenken von Ressourcen in den Adriaraum bedeutete für das Heer einen Verlust großer Mengen Stahl, also blieb die Flotte klein, zu klein, um wirklich etwas auszurichten. Im Ersten Weltkrieg mussten die britische und die italienische Kriegsflotte nur die Straße von Otranto sperren – dies geschah durch einen bunt gewürfelten Schwarm von Schiffen, mit Seilen und Netzen –, und schon war die Adria eine Art riesenhaftes Wassergefängnis für Wiens und Budapests kostspielige Flotte. Das einzige, sehr zweifelhafte Geschenk dieser Marine an die Welt war der stählerne Admiral Miklós Horthy, der mit dem Stolz der k. u. k. Kriegsmarine, dem Schlachtschiff *Viribus unibus*, vergeblich versuchte, den Kordon der Alliierten zu durchbrechen, und dessen Schneid ihm ausreichend öffentliche Anerkennung einbrachte, um seine lange Karriere als der Habsburger «Regent» dessen in Gang zu setzen, was dann ein rings von Land umschlossenes Ungarn werden sollte. Im Fahrwasser von Tegetthoffs frühem Tod wurde ein Schiff nach ihm benannt und, in einer letzten Geste weltumgreifender Ambition, hinauf in die Arktis geschickt. In einem Epos von Nutzlosigkeit und Eis entdeckte seine Crew ein wahrhaft sinnloses Archipel, das bis heute den stolzen Namen Franz-Joseph-Land trägt.

Vor rund hundert Jahren fand das Habsburgerreich sein Ende. Danach haben sich überall in Mitteleuropa, im ganzen ehemaligen Reichsgebiet, Handwerker eifrig darangemacht, auf unzähligen Statuen, Schildern und in Straßennamen den Namen Franz Joseph zu tilgen, und es ist zumindest seltsam, dass dieser Name weiterhin und weltweit ausgerechnet für ein Gebiet verwendet wird, das so weit abseits liegt, dass selbst seine sowjetischen Eigentümer sich nie die Mühe machten, das zu ändern. Erben von Habsburgs gewagter, imperialer, flottengestützter Zukunftsvision wurden so nicht die Venezianer und ganz sicher nicht die Mexikaner, sondern, als Saisongäste, ein paar verblüffte, doch insgeheim vielleicht sogar loyale Walrösser.

Der dumme Riese

In der Zwischenzeit, während der Folge kurzer, aber brutaler Kriege von den 1840er bis in die 1870er Jahre, arbeitete Richard Wagner zunächst am Libretto, dann an der Musik des *Siegfried*, einer Oper, die schließlich 1876 Premiere feiern sollte. Ich kann nicht wirklich sagen, warum ich diese Oper so sehr mag, während mich der Rest von Wagners enormer Produktion doch eher unberührt lässt. Vielleicht ist es die Art, in der so gewaltige Ressourcen – Zeit, Orchester, Gestaltung – eine so simple Handlung umrahmen: keine Chöre, überhaupt immer nur wenige Figuren auf der Bühne, und dann dieser bis dahin unerhörte Kniff ausschließlich männlicher Stimmen, Stunden um Stunden, sodass es, wenn der Waldvogel auftaucht, scheint, als würde ein Bann gebrochen. *Siegfried*, dritter Teil im *Ring des Nibelungen*, hat zum Kern eine Szene finsterster Intensität, in der die am Schicksal des Drachen Fafner interessierten Parteien im Wald verstreut sind und die Ereignisse abwarten. Die Musik hat beinahe außerirdische Qualität, und man ahnt, warum seit dem späteren 19. Jahrhundert so viele Menschen derart verrückt nach Wagner sind – dagegen klingt so vieles andere ephemer und wie bloße Salonmusik. Fafner ist der Letzte der Riesen, der einen magischen Helm, den Tarnhelm, benutzt hat, um sich in einen Drachen zu verwandeln und tief im Wald versteckt seinen Schatz zu hüten, zu dem auch ein magischer Ring gehört, der, geriete er in intelligentere Hände, seinem Besitzer die Herrschaft über die Welt verleihen würde. Für Fafner ist der Besitz sinnlos – der Ring liegt auf einem unermesslichen Haufen Gold, das in solch einsamen Wäldern keinerlei Wert hat. Fafner lebt nur, um etwas zu bewachen, von dem er gar nichts hat.

Ich fürchte, es ist leicht zu erkennen, wohin das führt. Für mich – der ich langsam psychiatrische Hilfe brauche, wenn es um Habsburg-Fragen geht – ist Fafner nationalistische Kritik an der Habsburger Monarchie. Die um seinen Schlupfwinkel herum postierten Beobachter sind, zugegebenermaßen, soziologisch eher Randfiguren: ein Gott, zwei böse Zwerge und ein blonder Einfaltspinsel – aber man könnte Wotan auch als den Aristokraten, Schwarz-Alberich als den Demagogen, Mime als den Arbeiter und Siegfried als den Helden des dämmernden Zeitalters betrachten, der durch seine großen Taten eine neue Realität schmieden wird. *Siegfried* lässt sich nicht in jedem Punkt auf die Epoche übertragen, gleichwohl ist der Versuch ziemlich interessant. Der Tarnhelm steht für die politisch gestaltverändernde Kraft dieser Zeit: von 1848 bis 1871 finden in ganz Europa erstaunliche Experimente statt. Vielerorts, von Rom über Venedig bis Paris, entstehen zum Scheitern verurteilte Republiken, in Deutschland und Italien werden Superstaaten geschaffen, die früheren Generationen als müßige Phantasien erschienen wären. Alles scheint erreichbar, und Gestalten wie Lajos Kossuth, Otto von Bismarck, Giuseppe Mazzini und Giuseppe Garibaldi bringen neue, widerstreitende Realitäten hervor.

Die Habsburger dagegen gelten als der dumme Riese, und ihre Herrschaft ist den Impulsen der Ereignisse in Deutschland und Italien ausgesetzt, die kaum zu parieren sind. Um fair zu bleiben: Franz Joseph benutzt den Tarnhelm, um seine Lage zu verbessern, wechselt vom Absolutismus schrittchenweise zur Demokratie, von Aktivismus zu Trägheit, vom Zentralismus zum Föderalismus, aber was er tut, tut er meist zu spät, es wirkt zynisch und inkompetent. Unter seinem Zauberhelm verändert er immer wieder seine Gestalt, nur der Backenbart bleibt der gleiche. Merkwürdigerweise ist es nicht so, als hätten die Habsburger keine Verbündeten, doch sobald diese auf die Probe gestellt werden, erweisen sie sich als schwach und unsicher, und die, die wirklich zählen, sind auf irgendeine Art entfremdet. Ganz wie in der wunderbaren Szene, in der Wotan vergeblich versucht, Fafner zu überzeugen, dass er in Lebensgefahr schwebt, gab es viele Leute (darunter sogar Bismarck), die gute Ratschläge für die Österreicher gehabt hätten, Ratschläge, die sie hätten retten können. Aber wie Fafner liegen die Habsburger bloß herum und warten verwirrt ihr Schicksal ab. Sobald der Drache ohne großen Aufwand umgebracht ist, finden die Beobachter in Europa heraus, wer am Ende den magischen Schatz bekommt – leider der blonde Einfaltspinsel.

Während der europaweiten Krise von 1866 sahen sich die Österreicher weiterhin als Granitpfeiler der Mäßigung und Konsistenz und waren erstaunt, als ihnen das niemand abnahm. Seit 1848 war Venedig unter der Herrschaft des Habsburger Heeres, doch trotz des brodelnden Grolls fanden die Besatzer zu nicht mehr als kleinen albernen Zugeständnissen. Versuche, das alles unter Blumengirlanden, Feuerwerken und einer fröhlichen Blaskapelle zu ersticken, waren auf absurde Weise wirklichkeitsfremd; so, als stellte sich Wien vor, es könnte seine Herrschaft als eine Art Tableau vivant loyaler und lachender Bauern darstellen, auf die das Porträt eines wohlwollenden Franz Joseph niederblickt: Kaiser, ja, aber auch Vater. Könnte man den Zoom auf dieses Tableau etwas zurückfahren, sähe man, dass die rustikale Szene von bewaffneten Wächtern, eifrigen Zensoren und eingekerkerten bürgerlichen Honoratioren umgeben wäre. In Wien (gefangen in endlos wiederkehrenden Vorstellungen) bestand die Befürchtung, jedes Zugeständnis an die Italiener beinhalte die Anerkennung eines Sonderstatus: So, als sei der italienische Nationalismus eine reale Kraft und nicht nur das kranke Hirngespinst einiger bleicher Intellektueller. Und umgekehrt fanden viele Venezianer die Vorstellung, von fremden Piemontesern regiert zu werden, zwar unerträglich, aber allemal besser, als dass Österreicher sie in scheintotem Zustand hielten.

Garibaldis triumphale Reisen durch Europa halfen, im liberalen öffentlichen Bewusstsein ein Bild zu fixieren (wozu allerdings nicht viel gehörte), das Bild nämlich des Habsburgerreichs als rückständiges Gefangenenlager, was vor allem die Briten sehr befremdlich fanden. Aber selbst mit der eigentlich verlässlichen, reaktionären Rechten hatte Franz Joseph Probleme. Die Russen hatten den Treubruch während des Krimkriegs nie verziehen und waren nicht länger bereit, den Ungarn Angst einzujagen. Unruhen in Rumänien Anfang 1866 ließen bei den Habsburgern kurzzeitig die Idee entstehen, Venedig fallen zu lassen und sich, als Ersatz, Rumänien anzueignen. Das brachte den russischen Staatskanzler Gortschakow auf den Plan, der wissen ließ: «Und wenn ich das Gemüt eines *Schafs* hätte, würde ich bei dieser Vorstellung revoltieren.» Das also würde zu nichts führen. Die Italiener hatten im Jahr zuvor sogar angeboten, Venedig zu kaufen, und Geld hätten die Habsburger gut gebrauchen können. Doch Franz Joseph war der Meinung, das Angebot könne man nur als schier unglaubliche Unverschämtheit betrachten. Ein weiteres Problem resultierte aus Wiens Weigerung, wenigstens die Existenz des Königreichs Italien anzuerkennen; damit waren Verhandlungen so gut wie ausgeschlossen, wenn man nicht zwielichtige Dritte wie Napoleon III. einschaltete. Der aber war gespalten, was Venedig anging. Seine Leitidee war der Nationalismus, zudem sah er die Geburt des Königreichs Italien als sein Lebenswerk an. Andererseits machte ihm das gewaltige Wachstum von Preußens Macht Kopfzerbrechen, auch sein Mangel an Freunden beunruhigte ihn. Sollte er sich also doch mit Österreich anfreunden?

Das finale Desaster für Franz Joseph drohte im Norden, wo er Napoleons Sorgen teilte, nur beschäftigten sie ihn viel mehr. Es war schon ein bitteres Schicksal, dass jemand, der so beschränkt war wie Franz Joseph, einen Bismarck zum Gegenspieler hatte. Doch selbst da noch waren seine Probleme selbst gemacht. Weil die kleinen und kleinsten deutschen Herrscher eher zur österreichischen Seite neigten, entstand der – unrealistische – Anschein, Habsburg habe noch immer Macht und Einfluss auf diese Region, ein Eindruck, der noch gesteigert wurde durch die merkwürdig unterwürfige Haltung der preußischen Könige, insbesondere Friedrich Wilhelms IV., der dem alten Bild des Kaisers als dem obersten deutschen Herrscher durchaus anhing, dem dazu die Niederlage und Beinahe-Auslöschung Preußens in den Napoleonischen Kriegen, die Verwundbarkeit seines Landes noch immer in den Knochen saßen. Solche Sorgen plagten Bismarck nicht, er sah den Widerspruch zwischen Preußens rasch aufstrebender Wirtschaft und der Unterwürfigkeit, die es im Deutschen Bund Österreich gegenüber an den Tag legte. Doch Bismarck war eben auch ein Konservativer, ein eigensinniger vielleicht, aber auch er wollte das Habsburgerreich nicht zerstören, sah er doch, dass es mit seinem multinationalen Durcheinander niemals mit einem deutschen Nationalstaat vereinbar wäre. Würden sich die Habsburger aus dem Deutschen Bund zurückziehen und sich auf andere Dinge konzentrieren – der Balkan wäre doch ein verlockendes Ziel –, gäbe es auch keinen Grund für einen Krieg. Doch, wie schon in Sachen Italien, Franz Josephs Ehrgefühl machte ihm einen solchen Rückzug ganz und gar unmöglich. Es ist nicht überraschend, dass Franz Joseph sich so intensiv, geradezu besessen, seiner Bilderbuchvorstellung der älteren Habsburger Geschichte widmete, sich mehr auf Pferderassen und Heraldik konzentrierte als auf aktuelle politische Ereignisse. Einer Vergangenheit hinterherzujagen, in der alles besser war, ist eine durchaus naheliegende Reaktion für jemanden, der jeden Morgen aufwacht und feststellt, dass er sich noch immer mit zwei Alligatoren wie Napoleon III. und Bismarck herumschlagen muss.

Geographisch wachsamen Lesern wird nicht entgangen sein, dass die vorigen Absätze in Europa umhergestreift sind, um nach möglichen Freunden für Franz Joseph Ausschau zu halten, und dass dieser Streifzug leer ausgegangen ist. Eigentlich war da nur noch eine Anzahl exilierter Herrscher, einschließlich des Exherzogs von Modena, dessen letzte Amtshandlung gewesen war, seinen gewaltigen Landbesitz dem jungen Franz Ferdinand zu überlassen – was diesen einige Jahre, bevor er sich als Franz Josephs Erbe wiederfand, außerordentlich reich machte. Solche Gefolgschaft aber war politisch von ziemlich begrenztem Wert, Männern wie dem Exherzog ging es im Grunde entweder darum, in ihre alten Territorien zurückzukehren, oder darum, neue zu finden. Sinnvoller wäre es also gewesen, sich um nicht preußische deutsche Herrscher zu bemühen, doch auch da gab es Probleme. Zum einen war deren Wirtschaft im Lauf der letzten Jahre immer mehr in Preußens Dunstkreis gezogen worden, zum anderen bildeten sie einen ziemlich bunten Haufen. Wir können Ludwig II. von Bayern dankbar sein, dass er mit seinem Geld Wagner gefördert, ihm damit ermöglicht hat, seine Oper *Siegfried* zu vollenden und sein Traumtheater in

Bayreuth zu bauen; aber dieser Ludwig verkleidete sich lieber als altgermanischer Held, denn als König seiner Zeit zu agieren. Georg V. von Hannover (der das Land geerbt hatte, weil Königin Victoria nach salischem Recht von der Erbfolge ausgeschlossen wurde) war ein schäumender Reaktionär, um den selbst Gleichgesinnte bei Empfängen einen Bogen machten. Friedrich, Großherzog von Baden, war im Wesentlichen propreußisch. Alles in allem also nicht gerade eine Truppe ohne Furcht und Tadel, und ihre Reaktionen auf das Geschehen von 1866 spotteten allen Hoffnungen Wiens.

In jenem Jahr überschlugen sich die Ereignisse in Europa. Weil es diese Mischung aus Verbündeten, Neutralen und Halbneutralen gab, dauerten die eigentlichen Kampfhandlungen nur sechs Wochen. Hier besteht ein merkwürdiger Kontrast zu 1914: Beide Kriege kamen für fast alle Beteiligten überraschend, aber die Konflikte von 1866 wurden in atemberaubendem Tempo militärisch gelöst, was nach 1914 gründlich misslang. In solch großen Krisen spielt stets der Zufall mit. Preußen hatte wenig militärische Erfahrung, Österreich jede Menge. Niemand wusste damals, wie wenig verlässlich Österreichs Verbündete unter den Deutschen waren. Frankreichs Haltung war unklar. Die Österreicher wurden durch Unstimmigkeiten im Deutschen Bund über Schleswig-Holstein dazu getrieben, Preußen anzugreifen. Daran gewöhnt, im Bund den starken Mann zu markieren, wobei sie bislang damit rechnen konnten, dass sich Preußen ruhig verhielt, wussten die Österreicher nicht, dass Bismarck inzwischen neue Pläne mit ihnen verfolgte.

Franz Joseph zog mit ebenso ausgefeilten wie unzeitgemäßen Zielen in den Krieg: die Italiener dem Erdboden gleichzumachen, die Preußen zu demütigen, Schlesien zurückzuholen (eine bescheuerte Verbeugung in Richtung Maria Theresia) und einem seiner exilierten Verwandten ein neues Herzogtum im Rheinland zu verschaffen. Entscheidend für diesen Plan war der Geheimvertrag mit Frankreich, in dem Napoleon Neutralität versprach und dafür Venedig erhalten sollte, das er dann den Italienern aushändigen konnte. Das Ganze ging völlig schief, denn große Kontingente des habsburgischen Heers mussten zunächst Venedig gegen das Königreich Italien verteidigen, obwohl diese Region so oder so verloren war. Zwar feierten sie einige Siege gegen die Italiener, aber die dort kämpfenden Soldaten fehlten im Norden, im Deutschen Krieg gegen die Preußen, was den Kriegsverlauf entschied: zugunsten Preußens.

Franz Josephs Strategie gründete auf der Unterstützung des Deutschen Bundes und der Bundesexekution gegen die Preußen, die den anderen deutschen Staaten erlaubte, ebenfalls gegen Preußen zu marschieren. Bismarck reagierte darauf mit dem Austritt Preußens aus dem Bund, und preußische Truppen gingen zum Angriff über. Achtundvierzig Stunden später lagen Sachsen, Hannover und Hessen-Kassel am Boden. Die Hannoveraner Soldaten mussten sich ergeben, die Preußen entwaffneten sie, gaben ihnen Zugfahrkarten nach Hause und bereiteten damit dem Königreich Hannover ein Ende, das für eineinhalb Jahrhunderte einer der Schlüsselfaktoren der europäischen und britischen Politik gewesen war.

Zu ihrem großen Unglück lagen die Kriegsanstrengungen der Österreicher im Norden in den Händen Ludwig von Benedeks, einer jener Habsburger Generäle, die an ihrer Unfähigkeit scheiterten. Wieder gab es anfängliche Erfolge, dann aber scheint Benedek in eine Schockstarre verfallen zu sein, denn er wartete ab, während sich gewaltige preußische Heere über diverse böhmische Pässe schoben (einzeln, vor einem Zusammenschluss, hätten sie erledigt werden können), sich vereinigten und die Truppen Benedeks aufrieben. Um die 420 000 Männer gingen bei Königgrätz aufeinander los, in der größten, aber auch dümmsten Schlacht der europäischen Geschichte. Benedeks Hilflosigkeit macht die Lektüre der Schlachtberichte grausig – nicht aus besonderen Sympathien für die Habsburger, sondern weil so viele Menschen gestorben sind und so viele Mühen ein so klägliches Ende fanden. Als einmal klar war, dass die

Österreicher vorhatten, einfach dort stehen zu bleiben, wo sie waren, wurde die Schlacht aus preußischer Sicht nur mehr eine Frage der Verkehrsregelung. Sobald die Preußen genügend Truppen herangeführt hatten und nach Zahlen überlegen waren, mussten sie die Österreicher nur endgültig niederwerfen.

Es ist sehr merkwürdig, dass sich ein Kaiserreich, das sich selbst, sieht man von Russland ab, mehr als jedes andere Reich über sein Militär definierte, im Kampf so zahnlos zeigte. Alle Träume, Schlesien zurückzuholen und ein Großherzogtum Rheinland zu gründen, zerplatzten in Windeseile. An die Stelle des alten Deutschen Bundes trat die unangefochtene Herrschaft Preußens über den Großteil der deutschen Territorien, und Wien hatte seine Rolle in Westeuropa ausgespielt; nur eine Handvoll süddeutscher Monarchen blieb unabhängig. Italien, trotz der Niederlage, übernahm Venedig nach einer demütigenden Vermittlung durch Frankreich und kam seiner Einigung einen weiteren großen Schritt näher. Napoleon realisierte viel zu spät, dass er nach alledem ziemlich allein zurückblieb, ein erschreckend gewachsenes Preußen stieß jetzt direkt an seine Grenze – eine Tatsache, die nur vier Jahre später zum Sturz seines eigenen Regimes und zu einer Erniedrigung Frankreichs führte.

Das Verschwinden Österreichs aus Westeuropa ist eine der wirklich großen Verschiebungen in der Geschichte des Kontinents. Selbst wenn es schon lange zuvor aus den ehemals Österreichischen Niederlanden vertrieben worden war (inzwischen das unabhängige Belgien), vor 1866 standen österreichische Truppen noch in Holstein und in den Festungen des Bundes entlang des Rheins. All das verpuffte in einer Rauchwolke, und nichts war geblieben von der Haltung und dem Denken, die Franz Joseph mit Maximilian I. und Karl V. verbunden hatten. Das war kaum zu bedauern, aber es war erstaunlich: Das Habsburgerreich war nur noch eine regionale Macht, und zudem eine eingeschüchterte.

Gleichwohl: Das Heeresgeschichtliche Museum fuhr mutig fort, seine Dekoration zu komplettieren, weitere marmorweiße Habsburger Helden wurden in der Feldherrnhalle aufgestellt, immer noblere Schaukästen dekoriert mit umwerfenden Uniformen der Vergangenheit – dazu Medaillen, Schärpen, elegante Waffen, erbeutete türkische Zelte, Schlachtengemälde, Porträts. Ab Spätsommer 1866 müssen die Gespräche vor dem Eintrittskartenschalter peinlich geworden sein, fast jeder Aspekt des Museums konnte mittlerweile nur noch mit Sarkasmus betrachtet werden.

Als ich das letzte Mal durch die Säle schlenderte, fand eine derart merkwürdige Wechselausstellung statt, dass sie mir wie ein Traum vorkommt. Ich sah darin den Videofilm einer Modenschau des Österreichischen Bundesheers, abgehalten 2006 im Großen Saal. Dort, unter Fresken finster dreinblickender Generäle des Dreißigjährigen Krieges und Wappen der Territorien des alten Kaiserreichs, war eine in Tarnnetze gehüllte Bühne errichtet worden. Zu desperatem Eurodance staksten Armeerekruten unsicher auf und ab und führten die neueste Kollektion militärischer Uniformen vor: Tarnanzüge, Kampfausrüstung, Skikleidung, Militär-BHs, spezielle Springerausrüstung und dann der atemberaubende Dienstanzug für formelle Anlässe. Die Wirkung war erstaunlich – vorübergehend wirkte alles wie der Frevel aller Frevel: das dümmstmögliche Spektakel, mit Mädchen und Jungen, die Schmollmünder ziehen, mit ihren Pos wackeln und aus dem Heeresgeschichtlichen Museum ein Schimpansenhaus machen. Dass nur der Geist Prinz Eugens nicht dazwischenfuhr! Als die Akteure schließlich davonstolzierten, wirkte es plötzlich wohlbedacht, ganz im lebendigen Geist der Schlacht von Königgrätz: Man sah eine Armee, deren Hauptzweck es war, als Abfolge von Körpern herzuhalten, an denen sich attraktive, aufeinander abgestimmte Uniformen präsentieren ließen, anstatt zu kämpfen. Einfach bewundernswert – denn nichts spricht für ein Land, das gut im Kämpfen ist, und der rasche Zusammenbruch bei Königgrätz, auf den eine zügige Kapitulation folgte, verhinderte viele weitere Schlachten und Tote. Die Modenschau vereinte auf heitere Weise die gegenwärtige österreichische Neutralität, dazu eine Vergangenheit beschwingter Inkompetenz.

Spaßzeit der Nationen

Das Aufkommen nationalistischer Musik ist eines der großen Geschenke des Habsburger Reichs an die Welt. Sein reiches musikalisches Leben, seine Konzerthallen und Konservatorien verbanden sich über ein riesiges Gebiet hinweg, um außergewöhnliche Musiker und ein empfängliches Publikum zu finden, alles für die Sache der Musik, die sich daranmachte, dieses Netzwerk zu zerstören. Die Musik sticht heute mehr hervor, als sie es damals getan hat, weil uns die anderen Zugänge zu den nationalen Kulturen – Zeitungen, Zeitschriften, Debatten, Heldengedichte – nicht zuletzt aus sprachlichen Gründen versperrt sind. So bleibt, neben Gemälden, Skulpturen und Volkstrachten, die Musik. Auch sie entsprang, wie so vieles im Leben des Kaiserreichs, einem von Hassliebe geprägten Verhältnis zur deutschen Sprache, zur deutschen Musik, zur deutschen Bürokratie, kurz dem Widerstand gegen die unaufhaltsame Flut des Mainstreams. Was als vorsichtiger oder auch nur verdrossener und rückwärtsgewandter Versuch begann, an eigenen Traditionen festzuhalten, endete damit, dass Nichtdeutsche bemerkenswerte Werke schufen. Es ist verblüffend, wie nah alles Deutsche zu Anfang des 19. Jahrhunderts daran war zu gewinnen. Menschen wie Bedřich Smetana mussten sich mühen, sich selbst Tschechisch beizubringen, und es gibt unzählige Fälle von national Denkenden, die sich privat in anderen Sprachen weiterhin wohler fühlten. Aber die Herausforderung einer deutschen Hegemonie, die nicht nur von Österreich ausging, sondern aus dem ganzen riesigen Gebiet Nordeuropas ins Kaiserreich schwappte, machte es fast zu einer

Frage von Leben und Tod, eigene, nationale Musiktraditionen zu schaffen.

Kurz nach Ende des Kalten Kriegs besuchte ich ein Kammerkonzert in der Prager Burg. Es war empfindlich kalt, gleichwohl stillzusitzen und der Musik zu lauschen, führte zu einer besonders intensiven Erfahrung. Der Saal hatte ein Fenster, das zur Altstadt hinausging, und während ich die wundervollen, klingenden, pathetischen Töne eines Klavierquintetts von Antonin Dvořák hörte, erschien mir die Musik für Augenblicke wie eine Geheimwaffe, die alle Invasoren vernichtet – natürlich eine Illusion, aber eine machtvolle.

In gewisser Weise passte die national betonte Explosion gut zu den Habsburger Prioritäten. Das Folkloristische war immer ein Aspekt der kaiserlichen Aufgaben gewesen, und Franz Joseph war geübt im Wechseln von Uniformen, Medaillen, Hüten und Kronen, je nachdem, welchen Teil des Kaiserreichs er gerade besuchte. Ungarische Adlige in ihrer Begeisterung für absonderliche Uniformen und Gewänder, für Pelze und Federn, Goldketten und Brustschnüre waren besonders erpicht darauf, sich dem anzuschließen, und so entstand ein geradezu surreales Durcheinander, das sich weder einer Epoche noch einem Ort oder einer Landschaft zuordnen ließ. Der Nationalstolz hat sich mühelos alter Stiche bedient, auf denen jedem Landstrich des Kaiserreichs bestimmte Trachten und Gewänder zugeordnet sind. Überall suchte man nach dem, was man für die authentischsten Elemente der eigenen Region hielt; will sagen, man suchte nach dem, was am wenigsten deutsch gefärbt war.

Als authentisch galt vor allem, was ländlich war oder aus dem Gebirge kam. Menschen wie Dvořák verwandten viel Kraft darauf, Klangbilder des böhmischen Landes zu erschaffen. Entstanden sind schöne und große Kunstwerke, sobald sie aber als Zeugnisse sprachlicher oder kultureller Reinheit genommen wurden, zeitigten sie durchaus haarsträubende Folgen. War denn nicht, was Böhmen am besten veranschaulichte, die aufstrebende tschechischjüdisch-deutsche Stadt Prag? Womit sich das Kaiserreich am ehesten charakterisieren ließ, war doch gerade das Gemisch seiner Nationalitäten, und wenn es auf etwas setzen konnte, dann auf die Ideologie des Miteinanders und Zusammenwirkens (die von den Habsburgern bereits geliefert wurde), schlimmstenfalls auf skeptische Wachsamkeit. Das Unheil Mitteleuropas lag in den Sprachkriegen, die von nun an jeden involvierten und die von so harmlosen Fragen wie der, welche Musik man hörte oder welche Stickerei man auf dem Hemd trug, zu ersten immer brutaler gehandhabten Ausgrenzungsmerkmalen führten.

Davon handelt der überwiegende Rest dieses Buchs. Wir wissen, in welcher Katastrophe das alles endete, damals aber waren solche Tendenzen natürlich noch aufregend, neu und sehr kreativ. Etwas pessimistischer formuliert könnte man auch sagen, dass der Liberalismus des 19. Jahrhunderts schon immer dazu verdammt war, in die Falle des Nationalismus zu tappen. So wie Joseph II. letztendlich überall Rebellion und Hass hervorrief, so führte das Bestehen auf Uniformität, Rationalisierung und freiem Ausdruck zum Rassenhass. Nicht für alle Menschen im Kaiserreich war es akzeptabel, deutsch zu sprechen und sich deutsch auszudrücken; das Problem war nur, dass jeder einzelne Gegenvorschlag eine Reihe anderer Sprachen ausschloss. So plädierten in Ungarn etwa die Kroaten dafür, Latein als Amtssprache beizubehalten, weil sie andernfalls Ungarisch hätten lernen müssen. Die besondere Rolle des Lateinischen in Ungarn hatte ihren Ursprung im Mittelalter, wie anderswo in Europa auch, es hatte sich aber als Lingua franca, die im gesamten ungarischen Königreich galt, gehalten und erleichterte es etwa Slowaken, Rumänisch zu sprechen. Der Vorschlag, jedem Latein aufzuzwingen, mochte ein verdrehter Obskurantismus gewesen sein, aber er hätte dieses Problem gelöst und zwar glaubwürdiger als eine jener phantastisch konstruierten Sprachen wie Volapük oder Esperanto (Letztere wird in einem unüberbietbaren Museum in Wien gefeiert). Aber der Zwang, in einer sprachlich derart kunterbunten Zone eine einzige Sprache für Kommandos, Schule und Verwaltung auszuwählen, hätte die Probleme für die jeweils Anderssprachigen, die dann zu wirklich Ausgeschlossenen geworden wären, um ein Vielfaches gesteigert, weit mehr als Volkstanz, Trachten oder Huzulen-Authentizität.

Überall im Kaiserreich kam es in der zweiten Hälfte des 19. Jahrhunderts zu Boykotten, Missbrauch, Protestmärschen und immer chauvinistischer gefeierten Festen. All das wirkte, verglichen mit der rassistischen Folterkammer ein halbes Jahrhundert später einigermaßen charmant, aber es waren solche Ausbrüche, die zu jener den Grundstein legten.

Die Schwäche Wiens nach der Niederlage von 1866 erlaubte jedem, über andere herzufallen, zum Beispiel mit dem ersten in Görz abgehaltenen slowenischen Kongress oder mit den Petitionen, die das italienischsprachige Südtirol einreichte, das sich vom deutschsprachigen Norden abspalten wollte. Besonders düster waren die Verhältnisse für die Tschechen. Böhmen war eine Mischung aus Tschechen, Deutschen und Juden, zugleich war Deutsch die vorherrschende Sprache in Handel und Verwaltung, und so hatten die Tschechen das Gefühl, es bleibe ihnen nichts anderes übrig, als sich Geltung zu verschaffen. 1848 war es so weit gewesen, dass tschechische und deutsche Liberale einander unvereinbar gegenüberstanden. Die Deutschen blickten naturgemäß in eine Zukunft, die von Deutschsprechenden in Wien oder Frankfurt regiert würde – aber die Tschechen fanden, ebenso verständlich, keine dieser Optionen auch nur im Geringsten verlockend. Und als das Jahrhundert fortschritt, polarisierte sich die Lage zusehends, es kam zu gegenseitigen Geschäftsboykotten, in deren Verlauf am Ende selbst Juden erfolgreich dazu genötigt wurden, ausschließlich Kunden der einen oder der anderen Sprachgruppe zu bedienen. Dieses erbärmliche, an Nordirland erinnernde Klima fand erst in den 1940er Jahren ein Ende, auf katastrophale Weise.

Bohumil Hrabals wunderbare Erzählung *Allzu laute Einsamkeit* von 1976 fasst zusammen, wohin all das führen sollte. Der Erzähler begegnet bei einer Tanzveranstaltung der reizenden Manča und verliebt sich in sie. Sie trägt Tracht, Zöpfe und schöne lange Schleifen im Haar. Bevor der Tanz beginnt, rennt sie noch schnell zur Latrine und merkt nicht, dass sie dabei ihre Schleifen in die «Pyramide aus Fäkalien» unter dem Balken tunkt. Als sie dann springt und herumwirbelt, schleudern ihre Schleifen den anderen Tänzern die Exkremente ins Gesicht.

Der Ausgleich

Diejenigen, die 1866 politisch am nachdrücklichsten zuschlugen, waren zweifellos die Ungarn. Franz Josephs Regime befand sich in einem Zustand der Auflösung – die Armee gedemütigt, seine Verbündeten entthront, das Urteilsvermögen seiner Minister auf fast schon komische Weise orientierungslos. Wien war aus den deutschen Territorien rausgeflogen, konnte man es vielleicht auch aus Ungarn rauswerfen? Doch die Argumente gegen einen absoluten Bruch waren gewichtig. Der Krieg von 1848/49 hatte gezeigt, dass selbst ein ernsthaft geschwächtes Österreich richtig fies werden konnte, indem es die unterdrückten Nationalitäten gegeneinander aufstachelte. Außerdem war auch jetzt nicht ausgeschlossen, dass Wien Hilfe von außen anfordern konnte – wenn nicht von den zutiefst verstimmten Russen, dann vielleicht von den neuerdings sehr nachsichtigen und versöhnlichen Preußen. Die Zuversicht, die Kossuth übereilt in Ungarns Fähigkeit gesetzt hatte, zum unabhängigen Staat zu werden, nährte eine allgemeinere Angst: Konnte ein unabhängiges Ungarn wirklich hoffen, in einer so rauen Umgebung zu überleben? Österreich mochte mit Furcht und Verachtung beäugt werden, doch die Habsburger waren noch immer besser als der einzige mögliche andere «Beschützer» Russland. Vom immer selbstbewussteren Rumänien gar nicht zu reden, denn was würde aus einem auf sich gestellten Ungarn, das irgendwann russisch-rumänische Invasionen Siebenbürgens abwehren müsste? All dies waren Gründe, an Wien festzuhalten – und zugleich die Schreckensvisionen, die den Ungarn in den folgenden Jahrzehnten in der Tat schlaflose Nächte bereiten würden.

Der geniale Kopf im Zentrum der Verhandlungen war Ferenc Deák, der sich 1848/49 gegen Kossuths Extremismus gestellt hatte und der sah, welchen Wert es für Ungarn hatte, mit dem Rest des Kaiserreichs verbunden zu sein, sowohl wirtschaftlich als auch militärisch. Die Verhandlungen zwischen Wien und Buda dümpelten schon ein paar Jahre vor sich hin, nun aber kam Bewegung in die Sache. Franz Josephs Regierung war hektisch dabei, einen Vergeltungskrieg gegen Preußen vorzubereiten, und der wiederum war nur zu führen, wenn Wien sich auf ungarische Hilfe stützen konnte, wie 1740 Maria Theresia. Das führte zu einer radikalen Revision der Ungarnpolitik (wenngleich die Kriegspläne schließlich in der Schublade landeten): ein neuer Staat, verbunden durch die Person des Kaisers und eine gemeinsame Verteidigungspolitik, gemeinsame Außenpolitik und (für gemeinsame Fragen) auch ein gemeinsames Finanzministerium. Über dem Verhandlungstisch waberte das Misstrauen beider Seiten, dafür sorgte vor allem eine mächtige österreichische Kamarilla, die alle Abmachungen mit den Ungarn nur als kurzfristige Angelegenheiten betrachtete, auf die schon bald eine Vergeltung folgen würde; so träumte auch Franz Ferdinand gegen Ende des Jahrhunderts davon, seine Regentschaft mit einer raschen militärischen Besetzung Budapests zu eröffnen. Stets gab es eine giftige Unterströmung gegenseitigen Hasses, die drohte, an die Oberfläche durchzubrechen. Doch zur allseitigen Überraschung überlebte das neue Staatsgebilde Österreich-Ungarn. Die Ungarn verfügten über ausreichend Unabhängigkeit, auf ihrem Gebiet weitgehend zu tun, was sie wollten, und sie bekamen, nicht unattraktiv, eine bedeutsame paneuropäische Bühne, auf der sie agieren konnten.

Territorial wurden die beiden Hälften jetzt Cisleithanien (im Westen) und Transleithanien (im Osten) genannt, denn ihre Grenze im Norden bildete die Leitha, ein Nebenfluss der Donau. Bis auf das, was fortan die «Länder der Ungarischen Stephanskrone» waren, blieben die meisten Territorien unter der Herrschaft Wiens. Siebenbürgen aber wurde nun endlich von Budapest regiert und die alte Militärgrenze in den folgenden Jahren demontiert. Gebiete wie Syrmien, in dem die riesige Festung Petrovaradin (Peterwardein) und der serbische Dreh- und Angelpunkt Sremski Karlovci liegen, gingen an Ungarn, zusammen mit dem Banat, um Timişoara (Temeschwar) herum, und der slawonischen und kroatischen Militärgrenze. Diese Regionen waren riesig, vielgestaltig und von unzähligen Sprachgruppen besiedelt, die nicht unbedingt in Begeisterungsstürme darüber ausbrachen, nun Teil von Ungarn zu werden.

Die Regionen entlang der slawonischen und kroatischen Militärgrenze vergrößerten das von Ungarn regierte Kroatien beträchtlich, das zuvor nur ein kleiner Block um das damals unbedeutende Zagreb herum gewesen war, eine Garnisonsstadt, die erst 1850 eine zivile Verwaltung mit Bürgermeister bekommen hatte. Damit bekam Kroatien im Wesentlichen die merkwürdige Form, die es noch heute hat – ein Stück Land wie hineingegossen in die Lücken zwischen dem noch osmanischen Bosnien und anderen Habsburger Besitzungen. Das an der Küste gelegene Dalmatien aber gehörte noch nicht dazu, sondern blieb, als Überbleibsel der alten Provinz Venetien, österreichischer Besitz. 1868 konnten die Kroaten der Regierung in Budapest spezielle Unterrechte abhandeln, womit das Königreich Kroatien-Slawonien einen eigenen Status bekam, abgegrenzt von Ungarn wie dieses von Österreich. Praktisch jedoch war Kroatien-Slawonien eingezwängt und hatte wenig eigenen Spielraum.

Die beiden Teile des Kaiserreichs wurden parallel weitergeführt und durch die Person des überraschend langlebigen Franz Josephs zusammengehalten. Beide Hälften prosperierten und waren bereits zur Jahrhundertwende unermesslich viel reicher geworden. Österreich war durch seine Niederlage gegenüber Preußen neutralisiert und bevormundet worden. Doch als 1871 das Deutsche Reich proklamiert wurde, das nach Bismarcks Plänen vereinte Deutschland, wurde es zu Franz Josephs zentralem Lebensziel, sich nie wieder von Berlin zu entfremden. Wie ein Axiom galt nun, dass das habsburgische Kaisertum nur gesichert werden konnte, indem man sich an Bismarck klammerte. Ungarn war sogar noch stärker neutralisiert und politisch bevormundet, insofern es in Wiens Schatten stand und die Sicherheitsgarantie, die ihm der Ausgleich von 1867 bot, nutzte, seine eigenen Streitkräfte zu vernachlässigen. Die Achse Berlin–Wien–Budapest festigte sich von nun an.

Ein teurer Schluck Wasser

Zweierlei, so könnte man argumentieren, hat Böhmen für Europa geleistet, beides hat mit der Verfeinerung von Wasser zu tun. Ich meine das böhmische Bier und die böhmischen Heilquellen. Natürlich gibt es in ganz Europa zahllose Heilbäder an den überraschendsten Orten, die prestigeträchtigsten und großartigsten aber lagen in Westböhmen: Franzensbad (benannt nach Kaiser Franz I.), Marienbad (nach der Jungfrau Maria) und Karlsbad (nach Kaiser Karl IV.). Außerdem gab es noch Teplitz (Teplice), ebenso prachtvoll wie die anderen, da jedoch ereignete sich 1879 ein furchtbares Grubenunglück, als nämlich Bergleute aus Versehen seine Urquelle anstachen und sich diese – in einer Art mächtigem unterirdischem Rülpser – mit Arsen, Leichen und Grubenholz füllte, sodass sich

Heilungsuchende über Nacht nach etwas anderem umsehen mussten.

Marienbad (Mariánské Lázně) füllt ein ganzes Tal mit Hotels, Sanatorien und Ladengeschäften von äußerster Grandezza. Eine schier endlose Esplanade aus weißem Stuck flankiert einen Park voller plätschernder Springbrunnen, uralter Bäume und kleiner Brücken, alles umrahmt von sanften, tannenbewachsenen Hügeln. In seiner Blütezeit, vor 1914, strömten berühmte Gäste hierher, von Nikolai Gogol bis Mark Twain, von Gustav Mahler bis Jan Paderewski. Noch etwas früher kam Chopin zur Kur, und der alte Rat Goethe erlebte hier seine letzte sentimentale Romanze. Der prominenteste ausländische Gast war wohl Eduard VII. (der letzte Monarch, der in den Genuss kam, Großbritannien aktiv zu regieren). Er stieg im Hotel Weimar ab und plauderte mit Franz Joseph.

Seitdem ist alles ein bisschen durchwachsen – nach 1914 blieben, aus bekannten Gründen, die aristokratischen Gäste aus; während des Zweiten Weltkriegs machten die Nationalsozialisten Marienbad zur Lazarettstadt (Günter Grass erholte sich hier); anschließend wurde fast die gesamte Bevölkerung (die deutschsprachig war) vertrieben; dann, unter kommunistischer Herrschaft, erlebte es eine ramponierte Wiederauferstehung als Volkskurort. Das alles versucht man heute zu verdrängen durch den Versuch, die Atmosphäre der Zeit vor 1914 wiederherzustellen, als Marienbad Treffpunkt der europäischen Elite war. Wieder spazieren die Menschen die alte Kaiserstraße auf und ab, bewundern die Hotels, kaufen Schmuck und Bernstein und kehren zwischendurch ein zu Eis oder Kuchen. Wieder zischen sich Sterbenskranke und Simulanten in den Speisesälen an, werden beim Roulette Vermögen verspielt, beleben Damen und Kindermädchen die Parks. Im Bad selbst geht es fröhlich zu, mit Kurenden, die sich spezieller Porzellantassen bedienen, um die verschiedenen Quellen zu probieren, deren Wässer aus diversen Hähnen sprudeln. Ich bin in einem Kurort aufgewachsen, medizinisch angepriesenes Wasser schreckt mich also nicht, aber selbst mir war die Kreuzquelle zu viel, dieses grässliche metallisch-schweflige Gemisch; wer von diesem Wasser nippt, weiß, wie es schmeckt, vergiftet zu werden.

Wie in seiner goldenen Ära hat Marienbad auch heute eine Aura attraktiver Vergänglichkeit, die wohl daher rührt, dass die meisten seiner Anwendungen nutzloser Schwindel sind. Doch die Fassaden wirken entschlossen, Blicke skeptischer Besucher weisen sie einfach ab und nötigen stattdessen zum Griff nach der Kreditkarte. Marienbader Ärzte waren berühmt für ihre Fähigkeit, sich wie die Vampire über reiche empfindsame Hypochonder herzumachen, und die Karrieren mancher Doktoren basierten nicht zuletzt auf dem Zauber von Heilschlamm, heißen Bädern und Rechnungsblöcken. Als die Medizin des 20. Jahrhunderts auf neuen Wegen Orte wie diese umging, bekamen das, zum Glück für Marienbad, viele Zeitgenossen gar nicht mit, und Mitteleuropäer schwören bis heute auf Behandlungen von erstaunlicher Unwirksamkeit.

Der Kampf zwischen Eleganz und Scharlatanerie ist so alt wie die Idee des Kurortes selbst, und schon immer hat sich dort eine unterhaltsam gemischte Menge versammelt. Als ich gemächlich durch den Park schlenderte, fiel mir eine attraktive, junge russische Familie in teurer Freizeitkleidung auf, der Anblick war allerdings ein klein wenig getrübt durch das gewaltige Skorpion-Tattoo am Fußgelenk des Mannes. Vielleicht, so dachte ich mir, traten bei dieser Klientel, sobald sie sich zu den Anwendungen entkleidete, quadratmeterweise russische Gefängnistätowierungen zutage, jedenfalls schien vorstellbar, dass sich fast alle hier in den aufregenden Randzonen der freien Marktwirtschaft betätigen.

Natürlich ist Marienbad stinklangweilig. Man kann nur einen gewissen Teil des Tages ekliges Wasser schlürfen, Schokoladenkuchen mampfen oder Bernsteinarmbänder kaufen. Auch einen Unterweltboss mit einer schallgedämpften Maschinenpistole im Schlammbad zu erledigen – wobei die Kugeln unterschiedliche Geräusche machen, je nachdem, ob sie von Fliesen abprallen oder im Schlamm stecken bleiben –, ist kein tagfüllender Zeitvertreib. Selbst die russisch-orthodoxe Kirche in Marienbad, für Mitglieder der Zarenfamilie gebaut, wirkt seltsam lustlos und ohne jede Beziehung zu ihrer Umgebung. Ich habe versucht, diesem Gefühl von Sinnlosigkeit zu entkommen, indem ich Spaziergänge über die Hügel rundherum unternommen habe, wo sich, obwohl sie sehr reizvoll sind, keinerlei Kurgäste fanden, als könnte sich niemand dazu durchringen, es aktiv mit seiner Konditionsschwäche, ob nun echt oder eingebildet, aufzunehmen. Wie meist wurde mein Umherstreifen belohnt, diesmal durch einen riesigen Friedhof mit verfallenen Denkmalen der alten deutschen Gemeinschaft, die von Hunderten neueren tschechischen Gräbern weggeschubst worden waren – ein perfektes Sinnbild des Prozesses, in dem sich ethnische Veränderung auch in den Gefilden des Todes niederschlägt.

Die einzige wirkliche Enttäuschung war die Entdeckung, dass der Film *Letztes Jahr in Marienbad* nicht hier gedreht worden ist. Dieses seltsame Meisterwerk spukt seit so vielen Jahren in meinem Kopf herum, dass es tatsächlich verstörend war herauszufinden, dass mein Enthusiasmus, nach Marienbad zu reisen, einem Irrtum aufgesessen war: Der Film ist in Schlössern rund um München gedreht worden und, natürlich, auf dem Höhepunkt des Kalten Kriegs, nicht in der Tschechoslowakei!

Seine Atmosphäre jedoch hängt auch über dem wirklichen Marienbad, ein Gefühl, als stehe die Zeit still, eine eigenartige Lethargie. Wenn Orte und Städte die Mittelpunkte sind, die wir brauchen, um unser tägliches Leben zu leben, dann bieten Kurorte etwas anderes: zum einen Raum, in dem Kranke gesund werden sollen, zum anderen einen Ort, an dem sich Gesunde unpassenderweise, auf zurückhaltende, wohlerzogene Art vergnügen sollen. Man findet dort ruhige Plätze, weil es ja vulgär wäre, laut zu sein, aber es bleibt unbehaglich, weil man ja von wirklich Kranken umgeben ist. Diese Atmosphäre überlagert Aharon Appelfelds Kurzgeschichte *Badenheim*. Appelfeld wuchs in der Bukowina auf, in den Karpaten.

Die Nationalsozialisten brachten seine Mutter um, und er musste in einem Arbeitslager schuften, bis ihm die Flucht in die Wälder gelang, wo er, noch keine zwanzig, drei Jahre lebte und überlebte, bis er von der Roten Armee gefunden wurde. Er kam 1946 in Palästina an und wurde israelischer Staatsbürger. Dieser Hintergrund ist wesentlich, um die schiere Wut von *Badenheim* zu begreifen. Ein Marienbad ähnlicher Kurort erwacht mit Saisonbeginn allmählich zum Leben, das Orchester trifft ein, die Konditorei öffnet wieder, Varietékünstler richten sich im Hotel ein, Gäste strömen herbei. Als sich die Alltagsroutine des Kurbetriebs einstellt, wird klar, dass Vornehmheit und Ruhe eine Illusion sind und die Behörden scharf darauf herauszufinden, wer von den Gästen Jude ist.

Das Geniale an *Badenheim* ist die Art, wie es der Idee des Kurorts nachgibt, diesem Ort, der notwendigerweise harmlos und bezaubernd ist, während immer wieder kleine flüchtige Streifblicke auf den Horror aufblitzen, die aber bis zum Schluss niemand wirklich wahrhaben will. Das Buch ist viel subtiler, als dass es einfach eine jüdische Passivität attackieren würde – Appelfeld sieht die ganze Idee des großartigen mitteleuropäischen Kurortes als Flucht, als monströsen Trick. Dieser Rahmen für höfliche, leere Konversation, eine regulierte, in sich geschlossene Umgebung für die passenden Menschen mag heute für eine verlorene und beneidenswerte Zeit vor 1914 stehen, in Wahrheit aber hätte er vergifteter und befremdender nicht sein können.

XII

Kartierung der Zukunft

Verlockung des Orients

Verweigerungen

Dorf der Verdammten

Alles in Bewegung

Der Führer

Kartierung der Zukunft

Der verbissene Konservatismus des Kaiserreichs unter Franz Joseph hatte viele Quellen, sein Hauptantrieb aber war wohl seine unglückliche Verstrickung mit dem Balkan. Die letzten größeren Landraube unter Joseph II. hatten (in Kollaboration mit den Russen) die Kampfkraft der Osmanen schließlich zerrüttet. Aus Wiens Sicht konnte die Zukunft des Balkans nur in einer Art pittoreskem, unbedrohlichem Verfall liegen – Türken, die in der Karawanserei abhingen, Kaffee schlürften und in Erinnerungen an vergangene Größe schwelgten. Jedes andere Ergebnis wäre schlicht eine Bedrohung gewesen. Für die Ungarn stand fest, dass jede weitere Ausdehnung des Kaiserreichs eine Katastrophe wäre – würde es sich einen größeren Happen einverleiben, dann gäbe es noch mehr Slawen oder Rumänen im Reich, und die ohnehin sehr ausgedünnte ungarische Präsenz würde noch weiter verwässert. Zu dieser Sichtweise gab es auch ein Gegenbild: Für alle, die südlich der Grenzen des Kaiserreichs noch immer unter osmanischer Herrschaft lebten, gab es zwei klare Ziele – zuerst die Osmanen loswerden und dann ihre Freunde befreien, die im Habsburgerreich gefangen waren. Für die Habsburger stand aber auch fest, dass eine russische Präsenz in der Region unakzeptabel war. Der fortwährende Verfall des Osmanenreichs war daher nicht mehr nur pittoresk, sondern auch gefährlich, denn das Vakuum konnte eigentlich nur gefüllt werden,

Linke Seite:
Halle in den Škoda-Werken in Plzeň (Pilsen) 1890, in der die wenigen Arbeiter fast verschwinden.

indem es zwischen Habsburgern und Russen aufgeteilt würde, ähnlich wie ehedem Polen. Die geringe Neigung der Habsburger zu territorialen Erweiterungen wie auch ihr Argwohn bei jedem Anzeichen, dass die Russen sich anschickten, das Mündungsgebiet der Donau zu übernehmen, führten zu einem bemerkenswerten Ergebnis. Nachdem sie die Osmanen jahrhundertelang bekämpft hatten, sorgten sich die Habsburger nun plötzlich um deren Wohlergehen und verschworen sich mit den Briten, um sie zu stützen und die Russen fernzuhalten. Eingedenk der Entwürdigung, die Wien in früheren Zeiten häufig empfunden hatte, wenn es mal wieder von London an der Nase herumgeführt worden war, lässt sich ausmalen, wie es den Osmanen nun erging: Konstantinopel wimmelte von listigen falschen Freunden aus Europa, die der Hohen Pforte ewige Freundschaft schworen, nur um St. Petersburg ins Handwerk zu pfuschen. Es war diese Pattsituation, die um den Balkan herum ein eigenartiges Kraftfeld entstehen ließ, in dem nationale Bestrebungen, die ansonsten niedergehalten worden wären, erst richtig aufblühten. Für das Kaiserreich bahnte sich, in Zeitlupe, eine Katastrophe an, die im Lauf des Jahrhunderts zunächst drohte, dann das Reich zerstörte.

Die vierhundert Jahre osmanischer Herrschaft auf dem Balkan hatten dort ganz eigene Gesellschaften entstehen lassen. Die herrschende Klasse war von der großen Mehrheit der Bevölkerung vollkommen isoliert, was Sprache, Religion und Kultur anbelangte. In den Gebieten, die an Habsburger Territorien grenzten, lebten Serben, die von Muslimen, und Rumänen, die bis in die 1820er Jahre im Namen Konstantinopels von Griechen (den Phanarioten) regiert worden waren. In den slawischen Gebieten (Serbien und südlicher – in den rumänischen Fürstentümern gab es nie eine muslimische Präsenz) lebten Christen unter allen möglichen Einschränkungen, ausgetüftelte Vorgaben regelten, wo sie sich ansiedeln, welche Kleidung sie tragen und welchen Beschäftigungen sie nachgehen durften. Ein berittener Christ musste in Gegenwart eines Muslims von seinem Pferd absteigen, kein Christ durfte die Farbe Grün tragen, christliche Kirchen durften nicht neu gebaut werden (weshalb man den Kirchenbauten, die seit der ersten osmanischen Invasion genutzt wurden, eine immer tiefere kultische Verehrung entgegenbrachte). All dies begann im 18. Jahrhundert zu bröckeln, als das osmanische Regime immer kraftloser wurde. Militärische Niederlagen, Krankheiten, wirtschaftliches Scheitern und Räuberbanden (sowohl aus abtrünnigen Türken wie aus störrischen Serben) dezimierten die Bevölkerung und lieferten den Muslimen gute Gründe, zusammenzupacken und näher an die Hauptstadt zu ziehen, Entscheidungen, die das Wirtschaftsleben fast zum Stillstand brachten.

Die Serben waren die Ersten, die eigenen Widerstand gegen die osmanischen Herren entwickelten, zu Beginn des 19. Jahrhunderts erkämpften sie sich eine autonome Zone und eigneten sich in mehreren Schüben weiteres Land an, damit auch größere Unabhängigkeit. Westeuropa empfand den Balkan immer als fremd, und tatsächlich war das Leben dort auch ganz anders. Ein paar Beispiele dafür finden sich in der Musik und in der Küche. Die Hofkulturen Westeuropas, bis hin zu den östlichen Rändern des Kaiserreichs, waren übersättigt mit guter Musik und gehobener Tafelkultur. Die gesamte Habsburger Landschaft war überzogen mit einer dicken gleichmäßigen Schicht musikalischer Interpretation, ob durch Smetana und Dvořák in Böhmen, durch Haydn und Schubert in Österreich oder durch Bela Bartók und Zoltán Kodály in Ungarn. Sobald man sich von Ungarn oder den Karpaten aus nach Süden bewegt, ist von dieser Musik nichts mehr zu hören. Und was Küche und Essgewohnheiten angeht, endet dort die verfressene, komplexe und extravagante Welt geschichteter Torten, irrer Mengen von Schokolade, feiner Suppen und Weine. Das ist ein weites Thema, das hier lächerlich komprimiert ist, aber gerade die Idee einer vielseitigen Küche sickerte im Westen von den Höfen nach unten in die Welt der Bürgerlichen. Berühmt ist die Entwicklung des französischen Restaurants in der Zeit nach der Revolution. Tatsächlich hauen wir uns gerne mit allerlei höfischen Spezialitäten den Bauch voll – auch viele indische und chinesische Restaurants im Westen servieren im Wesentlichen Speisen der höfischen Tafeln von Mogulen und der Qing-Dynastie, wenn auch in vereinfachter Form. Auf dem Balkan lebten die alten muslimischen Eliten derart isoliert von ihren Untertanen, dass nur wenige Spuren ihrer Lebensweise zurückblieben, nachdem sie gegangen waren. All die Pilaws, Sorbets und Baklavas, die man einst in Pécs oder Belgrad genossen hatte, zogen sich nach Konstantinopel zurück, gemeinsam mit der großartigen osmanischen Musik, der Kleidung und den Ritualen, die das Hofleben begleitet hatten.

Nach dem Zusammenbruch der osmanischen Herrschaft blieben bäuerliche Gesellschaften zurück, extrem arm, mit sehr geringer Bildung und einer einfachen derben Küche, die sie mit Zwetschgenwasser runterspülten. Das galt für die gesamte Region, für Albanien wie für Griechenland, Mazedonien und Bulgarien. Ein sehr flaches soziales System schuf eine Gesellschaft, die wenig gemein hatte mit der in, beispielsweise, Hampshire oder Sachsen. In den beiden rumänischsprachigen Fürstentümern Walachei (dem Gebiet südlich von Siebenbürgen) und Moldau (im Osten) war das anders, denn den Gesellschaften dort war es gelungen, sich genügend Unabhängigkeit zu bewahren, hier gab es in Ansätzen eine rumänische Grundbesitzerklasse, wenngleich unter der Kontrolle von Griechen. Aber selbst Rumänien hatte mit schlechter Bildung zu kämpfen, mit einem fremdartigen Hofleben und dem wesentlich größeren Problem, genau auf der Invasionsroute zu liegen, wenn es zu Kämpfen zwischen Russen und Osmanen kam.

Im 19. Jahrhundert entbrannte eine hochkomplexe Schlacht um Unabhängigkeit und Herrschaft, die die Habsburger völlig kirre machte. Schlicht formuliert, boten die Habsburger den Serben Bevormundung und Unterstützung, die Russen das Gleiche den Rumänen. Als beide Nationalitäten besser ausgebildet waren und wirtschaftlich komplexer wurden (vom regionalen Tauschhandel zum Geldverkehr wechselten), kamen erste Spannungen in die Beziehungen. Im habsburgischen Süden Ungarns, in der Gegend um das heutige Novi Sad, lebten viele Serben, die mit den Migrantenströmen des 17. und 18. Jahrhunderts, auf der Flucht vor osmanischer Herrschaft, hierhergekommen waren. Diese Serben stellten Bürokraten, Intellektuelle und Soldaten für den neuen halbautonomen serbischen Staat im Süden, aber sie lebten auch in Gegenden, die, in logischer Konsequenz, Zielgebiete weiterer Ausdehnung der Serben werden sollten. Bis 1867 hatten die letzten osmanischen Truppen Serbien verlassen, und ab 1878 war Serbien vollends unabhängig. Die Habsburger nutzten ihren Einfluss (kauften dort alle Schweine und Pflaumen), um sich das Regime dort gewogen zu machen, aber die Ressentiments waren übergroß, und die noch immer betont katholische Ideologie des Kaiserreichs stieß die Serben vor den Kopf. Serbische Versuche, sich ins osmanische Bosnien hinein auszubreiten und Zugang zum Meer zu erlangen, blockierten die Habsburger 1878 mit einer «vorübergehenden» Besetzung des Gebiets; 1913 schufen sie Albanien – vielleicht der einzige Staat, der aus bloßer Boshaftigkeit gegründet wurde.

Die rumänische Story entwickelte sich nicht viel anders. Die im Habsburgerreich (in Siebenbürgen, dem Banat und dem Partium) lebenden Rumänen lieferten den geistigen Treibstoff für den rumänischen Nationalismus, und obwohl sie durch die Karpaten von den anderen Rumänen, die in den Fürstentümern Moldau und Walachei lebten, getrennt waren, begannen sie allmählich, über eine auf der gemeinsamen Sprache gegründeten Einheit nachzudenken. Ab den 1840er Jahren arbeiteten beide Fürstentümer, von den Russen animiert, auf eine noch unbestimmte Form der Union hin, und als die letzten osmanischen Privilegien bröckelten, schien die Gründung eines eigenen Staats immer wahrscheinlicher. Russland, als Beschützer, hatte nicht die exquisiten Skrupel der Habsburger, wenn es darum ging, sich durch fremdes Territorium hindurchzufressen. Während der Napoleonischen Kriege hatte Russland die Gelegenheit genutzt und Ostmoldau geschluckt, das nun Bessarabien genannt wurde – der Kern dessen, was heute das verbitterte Moldau ist. Wie es aussieht, war der Absorption des Rests von Moldau durch Russland kaum etwas entgegenzusetzen, auch weitergehenden Expansionsgelüsten nicht. Und die Russen wälzten schon Pläne, Bulgarien in einen gewaltigen Satelliten zu verwandeln, dem dann Konstantinopel folgen sollte. Dazu kam es nie, doch die Grenzen in diesem Gebiet blieben ziemlich fließend. Die einander entgegenstehenden Absichten und Ängste der drei die Region umgebenden Reiche schufen ein kompliziertes Magnetfeld ausreichender, wenn auch wechselhafter, abstoßender Kraft, das es den relativ kleinen Nationalitäten immerhin erlaubte, weiterhin einigen Einfluss auf ihre eigenen Schicksale zu nehmen. Die Abneigung und das Misstrauen, das Großbritannien und Russland gegeneinander hegten, ob im Mittelmeerraum oder im Himalaya, machte Großbritannien zu einem natürlichen Verbündeten für die Habsburger, doch damit war das Problem nicht gelöst, dass die britische Flotte gegen Russland nicht viel bewirken konnte, während die Habsburger in jedem Landkrieg die Hauptlast tragen mussten. Während des Krimkriegs erlebte beider Kooperation ihren Höhepunkt, doch die Briten verursachten mit ihrer Flotte nur in einem kleinen Gebiet entlang des Schwarzen Meeres ernsthaften Schaden, und die Habsburger realisierten, dass sie einfach nicht stark genug waren, um an Land mit irgendeiner Aussicht auf Erfolg allein gegen die Russen zu kämpfen. Obwohl Habsburger Armeen das Schwarze Meer erreichten, bewahrten sie Russland gegenüber Neutralität. Doch die monarchische Solidarität zwischen Sankt Petersburg und Wien, wenn es denn so etwas gab, war nun definitiv zu Ende, die Zurückhaltung Wiens bedeutete aber, dass beide Mächte zumindest bis 1914 nicht gegeneinander kämpften.

Gegen Ende des 19. Jahrhunderts, als Belgrad und Bukarest sich immer weiter zu überzeugenden und kultivierten Hauptstädten mauserten, kamen einige ihrer führenden Köpfe zu der Einschätzung, dass ihre nationalen Revolutionen unvollständig waren und die im Habsburgerreich gefangenen Brüder nach Erlösung schrien. Angesichts des Missverhältnisses der militärischen Kräfte zwischen diesen kleinen Ländern und dem Kaiserreich mochte dieser Ehrgeiz etwas komisch wirken, aber Sremski Karlovci, die wichtigste serbische Stadt in Südungarn, und Sibiu, das eine ähnliche Rolle für die Rumänen in Siebenbürgen spielte, trugen so viel zur nationalen Legende beider Territorien bei, dass derartige Ambitionen durchaus mächtig wurden und keineswegs lächerlich waren oder marginal. Mit der serbischen Revolution von 1903 endete jede Kooperation zwischen Serben und Habsburgern – das Vorspiel zu den Kriegen, in denen die den Osmanen in Europa noch verbliebenen Territorien aufgeteilt wurden. Die Habsburger wandten jeden diplomatischen Trick an, um die Serben in Schach zu halten und von Albanien abzuschirmen, und so fanden sich jene nun dauerhaft eingesperrt im Landesinneren. In diesem brodelnden Dampfkessel mutierte schlichter serbischer Nationalismus zum Jugoslawismus. Wenn die Serben allein nicht stark genug waren, um es mit dem Kaiserreich aufzunehmen, warum sollten sie sich nicht mit anderen slawischen Völkern zusammentun? Das würde es legitim machen, das von Habsburg regierte, hauptsächlich noch immer muslimische Bosnien (die «vorübergehende» Besetzung von 1887 wurde 1908 zur dauerhaften gemacht), dazu Kroatien und Slowenien zu beanspruchen, obwohl keines dieser Länder irgendwelche historischen Verbindungen zu Belgrad hatte, abgesehen von dem bekannten Mittelalter-Unsinn ums Amselfeld. Wie bei fast allen Problemen auf dem Balkan galt auch hier: Wenn sich etwas bewegen sollte, musste dem eine fatale Schwächung der kaiserlichen Macht vorausgehen, und das erschien unwahrscheinlich, bis zur serbisch gesponserten Ermordung von Franz Ferdinand 1914 in Bosnien, vielleicht der atemberaubendste aller erfolgreichen Terrorakte der modernen Geschichte, der – nach schrecklichen Leiden – sämtliche serbischen und auch rumänischen Nationalphantasien erfüllte, mochten sie noch so weit hergeholt sein.

Das ist eine arg kurze Zusammenfassung – das ganze Thema ist so faszinierend, dass es viel mehr Raum verdient. Doch sollte der merkwürdige Umstand deutlich werden, dass die Habsburger in den 1850er Jahren ihre italienischen Besitzungen verloren und auf deutschem Territorium 1866 ihre Niederlage erlitten, ohne dass dies ernsthafte Fragen über ihre Zukunft aufwarf; ihr Verderben lauerte in ihrem alten, verarmten und wenig belebten Hinterhof.

Verlockung des Orients

Mag sein, dass ich darum in so ungewöhnlich guter Stimmung war, weil das Gregor-Mendel-Museum (dem Vater der Vererbungslehre gewidmet) unerwartet geschlossen hatte und mir dieser freie Nachmittag in Brno wie ein Geschenk vorkam, als ich in der Altstadt in einen Hof spazierte, eine Treppe hinaufstieg und die Tür zum vielleicht nettesten Ort der Welt aufstieß: Ich war in der Guten Teestube (Dobrá čajovna). Brno ist eine schöne kultivierte Stadt, und die Gute Teestube verleiht ihr das i-Tüpfelchen. Diese Folge von Räumen, die Wandbehänge, die persischen Teppiche, Berge von Kissen, viele kleine Tische: Die Teestube mag sich am Rande einer Parodie bewegen, aber sie ist eine bemerkenswert vollkommene Orientphantasie. Mährische Studenten rauchen Shisha und schlürfen Tee, den man bestellt, indem man mit dem kleinen Glöckchen läutet, das sich an jedem Tisch befindet. Es gibt in Mitteleuropa selten genug einladende Gelegenheiten abzuhängen, aber dieser Ort ist der Inbegriff des Abhängens.

Der Orientalismus mit seiner beunruhigenden Mischung aus Trägheit, Sex und Grausamkeit ist eines der großen Ordnungsprinzipien im westlichen Leben. Natürlich steht er in keiner Beziehung zu irgendeinem wirklichen Teil der Welt, sondern ist aus vagen Vorstellungen über das Leben von Osmanen, Arabern, Persern, Mogulen, sogar Chinesen zusammenkonstruiert (aus dem größten Teil der Welt, um genau zu sein), die aus diversen Texten, Objekten und Gemälden herausgefiltert wurden. Was den Orientalismus so schön macht, liegt in seiner enormen Bandbreite – in jedem Land, ja, sogar in jedem Einzelnen gibt es einen eigenen, ganz speziellen Orientalismus, das reicht vom Pistazienknabbern inmitten eines Kreises schöner Mädchen bis hin zur Eroberung ganzer Völker in einem Epos der Grausamkeit – und all das lässt sich erreichen, indem man einfach die Phantasie ein bisschen auf Reisen schickt, während man im Bus sitzt. Vieles in meinem persönlichen Orientalismus stammt aus der vergleichsweise realen Erfahrung mehrerer Monate, in denen ich im heutigen Nahen Osten Bücher verkaufte. Ich verbinde die glücklichsten Erinnerungen mit dieser Zeit, als ich in Dschidda oder Riad mit Buchhändlern herumsaß (um nicht zu sagen, abhing), vom vorzüglichsten Minztee nippte und mit meinem eleganten Gastgeber artige und fesselnde Geschichten austauschte (während im Hintergrund sudanesische Diener und indische Buchhalter umherhuschten), bevor wir endlich auf das Geschäftliche zu sprechen kamen. Um ehrlich zu sein, bin ich nicht sicher, ob ich selbst viel zu diesen Geschichten beigetragen habe, aber die Erfahrung hatte einen tiefen Einfluss auf mich – das, verbunden mit einer Begeisterung für Mary Wortley Montagus *Briefe aus dem Orient* (1763), die Gemälde von John Frederick Lewis und Eugène Delacroix und einer unendlichen Offenheit für *Tausendundeine Nacht*, und mein Paket ist komplett.

Die mitteleuropäische Faszination vom Orient hat ihre ganz eigene Würze – obwohl noch einmal betont werden muss, dass der Orientalismus so facettenreich ist, dass es schrecklich und traurig wäre zu behaupten, es gebe einfach eine österreichisch-ungarische Form dieser Imaginationen. Ganz offensichtlich basierte er hier auf einer besonderen, ganz direkten Angst vor den Türken. Es gibt einen hübschen Stich vom südungarischen Pécs, das die Stadt als komplett osmanischen Ort zeigt – eine kleine, von Mauern umgebene Stadt voller Kuppeln und Minarette, das Bild ist geschmückt mit Kamelen, damals auf dem ganzen Balkan übliche Lasttiere, und Türken in Pantoffeln, die Kaffee zubereiten. Der «kulturelle Austausch» zwischen Christen und Osmanen in Mitteleuropa war lebhaft (in der Hauptsache verzweifelte, fanatische Kämpfe plus Menschenraub im großen Stil). Ein sehr seltsamer Aspekt dessen ist immer noch in den Kirchen entlang der alten Grenze zu sehen, im Karpatenbogen im südöstlichen Siebenbürgen. Hier wurde die ganze Landschaft umgestaltet, damit sie der Verteidigung gegen türkische Überfälle diente. Aber wegen des strengen Protestantismus, dem viele Siebenbürger anhingen, und der davon bestimmten Feindseligkeit gegenüber allen Bildern (die freilich vom Islam überwiegend geteilt wird) weisen viele Kirchen dort einen sehr überraschenden Schmuck auf. Das berühmteste Beispiel ist die große Schwarze Kirche von Braşov (Kronstadt), der letzten mächtigen, massiven abendländisch-christlichen Kirche vor den Gebirgspässen, die die Grenze zur östlichen Welt von Orthodoxie und Islam darstellen. Trotz der fast beklemmenden symbolischen Bedeutung der Schwarzen Kirche ist das Innere geschmückt mit türkischen Teppichen, die an den Wänden hängen oder festgenagelt sind – und ihre Schönheit, aber auch ihre ungegenständlichen Muster machen sie, trotz ihrer offensichtlichen islamischen Symbolik, zu einem zulässigen Zierrat.

Die Beziehungen Mitteleuropas zum Osten basierten auf Kämpfen und Handel; mit der Zeit bildete sich (neben Venedig) einer der wichtigsten Kanäle heraus für den Transfer von schönen Stoffen, Kaffee, türkischen Tabak, Schmuck und all den anderen Objekten, die eher beunruhigend darauf hinwiesen, dass das Osmanische Reich eine großartige – und für lange, lange Jahre unübertreffliche – Kultur war. Über den aktiv militärischen Aspekt dieser

Beziehung habe ich schon geschrieben, aber die Kämpfe waren mit dem 19. Jahrhundert in eine Art Schwebezustand gelangt. Die Sorgen, die Wien wegen des Osmanischen Reichs plagten, wurden jetzt zu einer unangenehmen Mischung aus dem Wunsch, es zu unterstützen, um Russland in Schach zu halten, und dem gegenläufigen, neue Territorien zu gewinnen und das Reich zu zerstückeln (Pläne, gegen die die Ungarn stets ihr Veto einlegten): ein Dilemma, das bis zum Zusammenbruch des Habsburger, des Russischen und des Osmanischen Reichs innerhalb weniger Monate nicht aufgelöst wurde.

Die Ungarn hatten eine besonders merkwürdige Beziehung zum Osten, weil sie sich in den 1840er Jahren an so vielen Fronten unter Druck fühlten. Die sehr einflussreichen Ideen deutscher Intellektueller, die aus verschiedensten Perspektiven argumentierten, gingen davon aus, dass die Ungarn in Kürze aussterben würden, als sprachliche Absonderlichkeit dazu verdammt, in einem Meer aus Deutschen und Slawen unterzugehen. Diese Vorstellung verlieh dem ungarischen Nationalismus verständlicherweise eine nervenaufreibende, zusätzliche Schärfe. Die Osmanen teilten einige dieser Vorstellungen einer ungarischen Endzeit. Und nachdem die russische Invasion 1849 die letzte Glut der ungarischen Unabhängigkeitsbestrebungen ausgetreten hatte, war die Hoffnung in Konstantinopel und unter den großen muslimischen Gemeinschaften entlang der östlichen Donau groß, dass die Ungarn nur eine Wahl hätten: nämlich massenhaft zum Islam überzutreten.

Zu einer Zeit, in der alle Völker Mitteleuropas nach fingierten Geschichten ihres nationalen Ursprungs suchten, war es ziemlich peinlich, wie mager all diese Wurzeln waren, verglichen mit den tief in der Antike verankerten, komplexen Welten der östlichen Reiche. Die Ungarn hatten daran ein besonderes Interesse, denn sie glaubten, die Slawen dadurch übertrumpfen zu können, dass sie aus ihren eigenen, in Zentralasien vermuteten Ursprüngen eine Tugend machten. Das hatte viele faszinierende Nebeneffekte – tatsächlich könnte man allein daraus ein dickes Buch machen –, und bei diesem Thema ist meine Empfänglichkeit für die Anziehungskraft aller östlichen Dinge nicht gerade hilfreich.

Sándor Kőrösi Csoma, 1784 in Siebenbürgen geboren, ein Theologe und Philologe, der mehrere orientalische Sprachen beherrschte, war von der noch lange wirksamen Idee besessen, dass die Magyaren von den Hunnen abstammten. Um Hinweise dafür zu sammeln, reiste er nach Zentralasien. Am Ende war er gefangen in einem düsteren Gedankengebäude, das er selbst geschaffen hatte und aus dem er nicht mehr freikam. In abgelegenen Klöstern schlug er sich mit tibetischen Texten herum, eingehüllt in Wollsachen, lebte er von kargen Reisportionen und entfaltete die Mysterien des Vajrayana-Buddhismus. Wie sich zeigen sollte, bekam er auf diese Weise aber nur wenig in die Hand, um magyarische Ursprünge im Hohen Pamir zu beweisen. Zwischenzeitlich lebte er als Stipendiat der englischen Regierung in Ladakh und revolutionierte das Verständnis der tibetischen Kultur. Er erstellte eine Grammatik sowie ein tibetisch-englisches Wörterbuch und widmete sich darüber hinaus der ziemlich undankbaren Aufgabe, unendlich viele Schriften über die Riten des Vajrayana-Buddhismus zu übersetzen – der französische Reisende Victor Jacquemont empfand dieses Werk als «unaussprechlich langweilig», etwa zwanzig Kapitel gebe es, die sich mit der Frage beschäftigten, welche Art Schuhwerk für einen Lama angemessen sei. Dieser engagierte, bescheidene Ungar, unglaublich weit entfernt von seiner Heimat, Tausende Kilometer von anderen Magyaren getrennt, ist einer der großen Helden der Orientstudien, und ihm sollte in der Guten Teestube ein kleiner Schrein gewidmet werden: als Urheber des Hippietraums von Kathmandu. Am Ende starb er auf einer letzten, aufreibenden Expedition im Terai-Dschungel an Fieber.

Ein ähnlich bescheidener Mann war Hermann (Armin) Vámbéry. In Nordungarn in bitterer Armut und Not aufgewachsen, zeigte er eine außergewöhnliche Sprachbegabung. Inspiriert von

Tausendundeiner Nacht und auch von der Leidenschaft, mit der die Ungarn nach ihrem immer nebulöseren Ursprungsland suchten, arbeitete er zunächst in Konstantinopel als Lehrer, entschloss sich dort, als bettelnder, sunnitischer Derwisch verkleidet und gestützt auf seine Fähigkeit, fremde Sprachen aufzunehmen, die weitgehend unbekannten Emirate und Khanate Zentralasiens zu besuchen. So machte er sich 1861 auf seine außergewöhnliche Reise, die er später in *The Life and Adventures of Arminius Vámbéry* festhielt, einer der großartigsten aller Reisebeschreibungen des 19. Jahrhunderts. Dieses unerschöpfliche, brillante und geistreiche Buch führt uns in eine Art Großreich des Orientalismus mit allem, was dazugehört: Erdbeben, Skorpione, tödliche Salzseen, grausame Khane und Türkisminen. Irgendwann, als er in Xiva auf eine Bande turkmenischer Räuber stößt, die Säcke mit menschlichen Köpfen ausleeren und sich vom Buchhalter des Khans ihre Laufzettel aushändigen lassen, die sie dann gegen besonders prachtvolle Seidengewänder eintauschen können (das Acht-Köpfe-Gewand, das Zwölf-Köpfe-Gewand etc.), wird ihm das alles zu viel. Als er per Kamel das Tigerland-Plateau durchquert, wirbeln tausendköpfige Herden wilder Esel riesige Staubwolken auf, in den endlosen Wüsten Zentralasiens, erklärt er, sei Reisen nur mit Hilfe des Polarsterns möglich, der dort als «Eiserner Pflock» bezeichnet werde. Vámbéry ist nie wieder nach Zentralasien zurückgekehrt, sondern hat den Rest seines langen Lebens in Budapest verbracht, wo er für die Idee warb, dass das Ungarische und die Turksprachen einen gemeinsamen Ursprung haben – eine Idee, die bei den meisten Philologen nicht auf Zustimmung stieß. Sie war jedoch attraktiv genug, um die Selbstidentifikation der Magyaren mit Zentralasien zu stärken und der aufkeimenden Beziehung zwischen Budapest und der zunächst osmanischen, dann kemalistischen Türkei frischen Boden zu bereiten, einer Beziehung, die Jahrhunderte des gegenseitigen Hasses beiseiteschob, zugunsten eines nützlicheren gemeinsamen Hasses auf die Russen. Dieser Kult um Zentralasien, der «Turanismus», fand Resonanz bei den Rumänen, die sich daraus ein spitzes Argument gegen die Ungarn schmiedeten, seien die doch nichts anderes als «Asiens vertriebene Magnaten», während sie, die Rumänen, doch den Lenden der Centurionen Traians entsprungen seien, damit also die wahren Torwächter europäischer Zivilisation. Unnütze Debatten, die nie zu einem Ende kamen.

So, wie Vámbéry die Welt der Khanate beschreibt, bekommt sie eine durchaus magyarische Tönung – er vergleicht den Oxus (heute Amurdurja) mit der Donau, die flache, von Fata Morganen verzauberte Landschaft bei Isfahan mit der Großen Ungarischen Tiefebene, und die für ihn neue Erfahrung des Meeres erregt ihn natürlich mehr als irgendeinen britischen Autor. Vor allem können wir sein Buch heute als Beschreibung einer sowohl in Mitteleuropa als auch in Zentralasien rasch verschwindenden Welt lesen, einer Welt, in der menschliche Gemeinschaften abhängig waren von dem, was ihre Tiere leisten konnten – von der Entfernung etwa, die ein Tier ohne Futter oder Wasser zurücklegen kann; einer Welt abgelegener Gasthäuser, einer Welt von Banditen, chronischem Mangel und rein lokalem Wissen. Als sich Telegramme, Eisenbahnschienen, Reiseführer und Landkarten über die Erde verbreiteten, verschwanden diese ursprünglichen, nur halb erforschten Landschaften, ob im Königreich Galizien und Lodomerien oder im Emirat Buchara. Vámbéry kam gerade noch rechtzeitig nach Zentralasien. Nur zehn Jahre, nachdem er abgereist war, wurde die usbekische Oasenstadt Xiva von russischen Truppen besetzt, womit eine lange und elende Verbindung mit zaristischen und kommunistischen Kräften begann, die Usbekistan entwürdigt und in ökologisch katastrophalem Zustand zurückließ.

Es gibt eine wundervolle Stelle in Vámbérys Buch, wo er davon berichtet, wie ihm, der sich in gewohnter Weise als Derwisch verkleidet hatte und Suren des Korans vor sich hin murmelte, in einem nordpersischen Dorf plötzlich klarwird, dass sich zwei Einheimische über ihn unterhalten: Offensichtlich sei er nur ein Fremder,

der sich verkleidet habe. Später, in Herat, sieht er sich von Angesicht zu Angesicht dem sechzehnjährigen afghanischen Regenten der Stadt gegenüber, der um ihn herumschleicht und schwört, dass er Engländer sei. Vámbéry hatte Glück, dass er so früh in dieser Gegend aufgetaucht war und über so abenteuerliche Verstellungskünste verfügte: Noch gelang es ihm, den Fürsten durch seinen Blick und islamische Sentenzen zum Schweigen zu bringen. Eine Generation später schon wimmelte es in dieser Gegend von britischen Spionen, sodass sich – wie in einer ins Wüstenmilieu versetzten Version von G. K. Chestertons Politsatire *Der Mann, der Donnerstag war* – falsche, aus den verschiedensten Abteilungen von Armee und Geheimdienst rekrutierte, mit Walnusssaft eingeriebene, bettelnde Derwische in den Karawansereien auf die Füße traten, sich gegenseitig mit frommen Segenswünschen bedachten und endlose rituelle Waschungen vornahmen – wobei die Kerle in Wahrheit zu Hause in Surrey hätten Nachbarn sein können.

Orte wie Herat wurden zur Frontlinie in einem kalten Krieg zwischen Russland und Großbritannien, in dem Ungarn freilich nicht vorkam. Das verleiht Vámbérys Orientalismus eine relativ unpolitische, kulturelle Reinheit (obwohl er von den Briten bezahlt wurde, um ihre Position zu unterstützen, eine Tatsache, die erst 2005 ans Licht kam) und zerstreut das Argument, der Orientalismus sei doch nur ein Mittel imperialistischer Manipulation und Kontrolle über den Osten gewesen. Weniger als am Oxus konnte für Österreich-Ungarn gar nicht auf dem Spiel stehen, gleichwohl war dieser rein kulturelle Orient für Mitteleuropa von einiger Bedeutung. Natürlich konnten das immer nur kleinere Vorschlagsnoten sein, Verzierung, ein Auftakt, so wie Franz Ferdinands türkisch dekoriertes «Harem»-Zimmer im Schloss Konopiště (Konopischt), wohin er sich mit guten Freunden wie Admiral von Tirpitz und Kaiser Wilhelm zum Rauchen zurückzog, also den Raum nicht für den Zweck nutzte, den der Name eigentlich nahelegt (was angesichts seiner streng kirchlichen Erziehung sowieso unwahrscheinlich gewesen wäre). Für späthabsburgische Komponisten allerdings wurde der Orientalismus zu einer Art Sturm der Sinnlichkeit und des Fatalismus, vor allem durch die persischen und chinesischen Verse, die Hans Bethge ins Deutsche übertragen hat und damit die Texte lieferte für Gustav Mahlers *Das Lied von der Erde*, Karol Szymanowskis *Symphonie Nr. 3* und *Des Hafis Liebeslieder*,* Arnold Schönbergs *Vier Stücke für gemischten Chor*, Anton von Weberns *In der Fremde* – die Liste ließe sich endlos fortführen. Sodann gibt es noch Béla Balázs' *Der Mantel der Träume*, eine bewundernswerte Sammlung erfundener chinesischer Märchen, voller magischer Sonnenschirme, schreiender Totenköpfe und Fische aus Silber, die wie kleine Glöckchen klingen, wenn sie in ihrem Teich aneinander entlangstreifen. Doch damit nun wirklich genug!

Allerdings sollte ich dieses Thema nicht auf sich beruhen lassen, ohne zuvor noch den Orientalisten und Archäologen Márc Aurél Stein zu erwähnen. Er arbeitete zumeist für das britische Empire, leistete aber mehr als jeder andere Mitteleuropäer in der Beschäftigung mit Zentralasien. Der zierliche Junggeselle und ungarisch-jüdische Konvertit aus Budapest ließ sich von Kőrösi Csomas und Vámbérys Berichten dazu inspirieren, ins Zentrum dessen zu reisen, was er bestechend Cathay-Wüste nannte. Ein wunderbares Foto im Besitz des British Museum zeigt seine Reisegruppe, die sich gerade aufmacht in die mörderische Wüste Taklamakan: Sanddünen, unheimliche Schatten, verhaltenes Heldentum und Kamele, beladen mit dubioser antiker Beute. Während seines langen und rastlosen Lebens zog er über 40 000 Kilometer durch diese Gebiete, kämpfte mit opiumsüchtigen Ausgräbern, den schrecklichen Spinnen der Turpan-Senke und fror sich im Kunlun-Gebirge ein paar Zehen ab (gerettet wurde er nur, weil in Leh zufällig ein mährischer Missi-

* Streng genommen ist Szymanowski ein russischer Pole, aber seine Art und seine Werte sind so habsburgfreundlich, dass es ihn zu einem Untertan ehrenhalber macht. Und ich mag ihn zu gern, um ihn auszulassen.

onsarzt auftauchte, der ihm allerdings das Bein abnehmen musste). Auf diesen Expeditionen entdeckte er alle möglichen antiken chinesischen Wunder, die viele Jahrhunderte zuvor, nach Kämpfen mit nomadischen Räubern, verlassen worden waren. Márc Aurél Stein starb im Alter von zweiundachtzig Jahren in Kabul, während er gerade eine neue Expedition zur Seidenstraße plante. Er war vielleicht der großartigste all der Ungarn, die daran scheiterten, irgendeinen Beweis für ihre nationalen Ursprünge vorzulegen, für uns aber trotz alledem Atemberaubendes geleistet haben.

Verweigerungen

Stets mussten sich die Habsburger innerhalb ihres Reichs mit einer mächtigen Strömung weniger der Abneigung als vielmehr der entschlossenen Gleichgültigkeit gegen ihre Herrschaft herumschlagen. Da war die alltägliche Weigerung vieler Bauern, in einem kaiserlichen Beamten etwas anderes zu sehen als eine lästige Bedrohung; ein Fremder, so dachten sie, könne nur schlechte Nachrichten bringen. Das ist bis heute nicht anders. Ein siebenbürgischer Székely hat mir einmal erzählt, dass man in ihrer komplett ungarischsprachigen Stadt von jedem, den man Rumänisch sprechen höre, annehme, er sei lediglich gekommen, um Ungarn übers Ohr zu hauen oder ihnen sonst wie das Leben schwerzumachen. Das muss immer und überall im Kaiserreich so gewesen sein, als Deutsch oder Ungarisch sprechende Beamte ausschwärmten und Ermittlungen in Sachen Rekrutierung, Steuern oder landwirtschaftlicher Methoden anstellten und stets eine Spur der Erbitterung hinter sich ließen.

Eine extreme Variante des Wunsches, in Ruhe gelassen zu werden, praktizierten die strengeren kontemplativen Mönchsorden wie Trappisten und Kamaldulenser. Für Erstere habe ich eine

Schwäche, seit ich einige Jahre hintereinander auf einer Konferenz für Mittelalterstudien in Michigan Bücher verkauft habe und der Nachbarstand stets von einigen fröhlichen Gestalten aus dem Kloster Gethsemani in Kentucky besetzt war, die Bourbon-Buttertoffees verkauften, auf deren Herstellung sich diese Trappisten spezialisiert hatten – ein hübsch lokalisiertes Zugeständnis sowohl an den Staat, in dem sie ihren Sitz haben (der Bourbon), als auch an das Gelübde wahren Schweigens (das Buttertoffee). Diese Idee einer großen, ununterbrochenen Folge von Gebeten, die sich über Jahrhunderte erstreckt, und das ziemlich unabhängig von weltlichen Eitelkeiten, war eine Herausforderung für jeden Herrscher und einer der Gründe, aus denen Joseph II. solche Gruppen als «unproduktiv» auflösen ließ: Wenn in einem bestimmten geographischen Raum der Zweck des Lebens darin bestand, Ressourcen für größeren Ruhm und die Sicherheit des Staates in dessen Zentrum zu liefern, dann konnte es keinen Platz für schweigende Trappisten geben. Das prächtige Kamaldulenserkloster bei Krakau hat nur darum bis heute überlebt, weil die Habsburger die Region erst 1846 schluckten und Josephs II. strikte Ansichten nicht mehr teilten.

Eine größere Gruppe bildeten auch die Hutterer, deren Glaubensgemeinschaft während der Reformation entstanden war und deren Gemeindegründer Jakob Hutter man 1536 in Innsbruck auf dem Scheiterhaufen verbrannt hatte. Sie wurden wegen ihrer wiedertäuferischen Lehren von allen Kirchen als Ketzer betrachtet; den weltlichen Autoritäten wiederum waren sie ein Dorn im Auge, weil sie sich weigerten, Befehle entgegenzunehmen, Uniformen oder gar eine Waffe zu tragen. Wegen ihres gemeinschaftlichen, für die Habsburger Verwaltung undurchdringlichen Lebens mussten sie zunächst aus Tirol nach Mähren und weiter nach Siebenbürgen ziehen, gelegentlich beschützt, überwiegend jedoch verfolgt, bis sie sich Mitte des 19. Jahrhunderts in der Nogaier-Steppe wiederfanden, wo sie vernünftigerweise noch mal in sich gingen und entschieden auszuwandern, in die amerikanischen und kanadischen

Prärien. Dort gedeihen ihre Gemeinden seither prächtig, und sie sprechen noch immer ihr altes Tirolerdeutsch.

Einen mächtigeren Affront gegen die Habsburger erlaubte sich der ungarische Kleinadel, der stur auf seinem Recht bestand zu jagen, zu trinken, sich freizuhalten von weiteren Verpflichtungen und sich über gewaltige Gebiete zu vermehren. Diese lokalen Grundbesitzer stützten sich auf eine schlüssige, ansprechende Ideologie, in der Widerstand gegen die Habsburger Herrschaft eine zentrale Rolle spielte, dazu die entsprechende Glorifizierung früherer Revolten; sie betrachteten die Herrschaft Franz Josephs (oft «der Henker» genannt, wegen der Methode, mit der er 1849 die ungarischen Generäle in Arad hinrichten ließ) als illegitim und taten auf bewunderungswürdige Weise alles, um als widerspenstig, langweilig und faul in Erscheinung zu treten. Dafür gibt es viele tolle Beispiele. Ein sehr schönes führt György Faludy in seinen Memoiren *Meine glückliche Zeit in der Hölle* an, wenn er von dem kleinen ungarischen Feudalherrn in der Vorkriegszeit erzählt, der beim ersten Schneefall seine Kutsche ins Dorf schickte, um seine drei Lieblingskartenspieler zu holen, und sie nicht mehr gehen ließ, bis es im Frühjahr zu tauen begann. Es lässt sich leicht erkennen, warum die zentrale Regierung über der Weigerung dieser Leute, sich auch nur im Entferntesten um den Rest der Welt zu scheren, schier verrückt wurde, aber es gibt keinen bestimmten Grund, warum wir diesen Ärger teilen oder uns persönlich über die schäbige Natur der Habsburger Steuergesetze aufregen sollten.

Die mit Abstand mächtigste Kritik an den Habsburgern kam von den Juden. Die meiste Zeit der Existenz des Reichs bildeten die Haltung der Habsburger zu den Juden und deren Einstellung zu dem Reich, in dem sie lebten, eine Art Möbiusband, weil nämlich beide Seiten der jeweils anderen Ansichten und Vorstellungen zuschrieben, die wiederum die eigene Weltauffassung verstärkten. Moses Sofer (1762–1839), auch Mosche Schreiber genannt, Rabbiner in Bratislava (Pressburg), legte Anfang des 19. Jahrhunderts die Lage der Juden mit erschütternder Klarheit dar: die «Laster des Landes» beherrschten auch die Juden, «Gefangene des Zerstörungskrieges» seien sie und insofern verbiete sich jede Veränderung der Traditionen und Regeln des jüdischen Lebens, denn wer damit anfange, sei zuletzt kein Jude mehr, sondern Ungläubiger und Gottesleugner. Die strikte Orthodoxie bestimmt den Chassidismus noch immer – dass nämlich Leiden von Sünden reinwasche und schon eine harmlose Veränderung der Kleidungsvorschriften alles aus den Fugen bringen könne.

Alle Habsburger Gesetze zur Emanzipation der Juden wurden ohne Rücksicht auf deren Bedürfnisse und ohne Kenntnis, gar Verständnis ihrer religiösen Vorstellungen formuliert und durchgesetzt. Maria Theresia konnte selbst da noch antisemitisch bleiben, wo sie einige rechtliche Benachteiligungen aufhob, und sie war besessen von Fragen wie der nach dem angemessenen Verhalten von Juden, denen auf der Straße eine Hostienprozession begegnete. Mit solchem Kram hielt sich der ungeduldige Joseph II. nicht auf, ihm ging es darum, die Juden – wie auch die kontemplativen Ordensbrüder, deren Klöster er auflöste – zu «guten Bürgern» zu machen. Selbst wo er die Lage der Juden verbesserte: um deren Wohlergehen ging es ihm nicht. Jede Stufe der Judenemanzipation wurde nach Gesichtspunkten bürokratischer Effizienz forciert und nicht vom Gedanken der Liberalität.

Die traditionell orthodoxe Sicht der Juden war, dass Gott sie, als Sühne für vergangene Sünden, auf dem barbarischen, prahlerischen und scheinheiligen Schlachtfeld Mitteleuropas im Stich gelassen habe. Insofern war es kein Fehler, die Herrscher zu achten, die sie beschützten, aber das bedeutete auch nicht die leiseste Befürwortung ihrer lachhaften Werte. Für die jüdische Orthodoxie waren darum einige von Josephs II. Gesetzesvorhaben zutiefst bedrohlich. Wenn Juden bislang überlebt hatten, weil sie ihre religiösen Vorschriften und Verhaltensweisen über viele Generationen strikt eingehalten hatten, dann musste des Kaisers «rationalistisches» Beharren darauf, dass Buchhaltung und Rechnungsstellung auf Deutsch und nicht auf Jiddisch oder Hebräisch zu erfolgen hätten, schreckliche Fragen aufwerfen. Jedes Aufheben von Beschränkungen dessen, was Juden tun durften und was nicht, konnte nur ein Fallstrick sein: Wenn jüdischen Kindern erlaubt wurde, die staatlichen Schulen zu besuchen, war das, auf den ersten Blick, eine Verbesserung; da diese Schulen jedoch in ihrer ideologischen Ausrichtung demonstrativ christlich waren, waren sie eben auch nur ein Mittel, um den jüdischen Zusammenhalt zu zerstören.

Die Teilungen Polens bedeuteten, dass der Großteil der jüdischen Bevölkerung Europas nun nicht mehr unter polnischer, sondern unter preußischer, habsburgischer oder russischer Herrschaft lebte. Russland, in dessen neuem westlichem Staatsgebiet die meisten Juden lebten, verfügte 1791 die Errichtung des «Ansiedlungsrayons», nur dort durften Juden leben und arbeiten, was diese in eine unerträgliche Situation brachte. Berlin und Wien hatten schon lange Erfahrungen mit jüdischer Bevölkerung und erweiterten einfach ihre bestehenden, mehr oder weniger schändlichen Methoden, mit Juden umzugehen. Preußische Juden hatten Pech, insofern sie es mit dem lächerlichen Friedrich Wilhelm III. zu tun bekamen, einem mystischen und kindischen Christen, der einmal eine fortschrittliche neue Synagoge in Berlin (die Männern und Frauen erlaubte, im selben Bereich zu sitzen) mit der Begründung geschlossen hatte, das Judentum könnte als Glaube attraktiv werden, wenn es seine Aura irrationalen Obskurantismus verliere. Angesichts dieser Pole – hier der Druck auf preußische Juden, deutschsprechende Preußen zu werden, dort die russische Ansicht, dass Juden unaufhebbar fremdartig seien – erscheint die Habsburger Judenpolitik vergleichsweise vernünftig.

Mit Fortschreiten des 19. Jahrhunderts erschienen vielen Juden im größten Teil des Reichs die strikt orthodoxen Ansichten eines Moses Sofer immer weniger plausibel. Wegen ihrer Armut und

Abgeschiedenheit blieben die jüdischen Gemeinden in den Orten östlich der Karpaten ziemlich traditionell, als jedoch die letzten ernsthaften Einschränkungen fielen, wurde die Welt der Mehrheit unwiderstehlich. In den 1880er Jahren sprach bereits ein Viertel der von Wien regierten Juden Deutsch, über die Hälfte der von Budapest regierten Juden beherrschte auch Ungarisch. Mit der Bevölkerungsexplosion wuchsen auch die jüdischen Gemeinden, und in den letzten Dekaden des Jahrhunderts drängten immer mehr Juden in die Städte. Natürlich waren es vor allem Nichtjuden, die die Städte wachsen ließen, doch da Juden nun keinen Berufsbeschränkungen mehr unterlagen, konnten sie vom Aufschwung der Berufe profitieren, die zuvor einer kleinen Elite vorbehalten gewesen waren, etwa in der Medizin, im Journalismus oder im Bankwesen, und das machte sie verdächtig. Die Anhänger des Moses Sofer betrachteten diese Männer und Frauen nicht mehr als Juden. Manche stimmten dieser Ansicht fröhlich zu, insbesondere jene, die sich dem Sozialismus zuwandten, aber die Mehrheit sah sich selbst als nicht weniger jüdisch als all die, die immer noch in der Jeschiwa hockten.

Habsburger Juden als Teil eines multinationalen Staats waren per definitionem besser geschützt als Juden in Deutschland und Russland, da es keine Staatsideologie geben konnte, die sie auf glaubhafte Weise nachdrücklicher hätte diskriminieren können als andere Gruppen. In den anderen Reichen war es für Juden undenkbar, Armeeoffiziere zu werden, aber im österreichisch-ungarischen Heer gab es Tausende jüdischer Offiziere. Der letzte Abschnitt des Habsburgerreichs wurde bekanntermaßen von außergewöhnlichen Leistungen seiner jüdischen Untertanen geprägt – es mag langweilig wirken, mit der üblichen Liste aufzuwarten, aber das, was die europäische Kultur bedeutsam oder schätzenswert macht, gäbe es ohne Juden nicht. Der Umzug von Sigmund Freuds Eltern von Galizien nach Mähren, dann nach Leipzig und schließlich Wien, steht für viele andere. In der Geschichte der Moderne gefällt mir die Vorstellung besonders, dass James Joyce einen Gauner aus Szombathely zu Leopold Blooms Vater gemacht hat.

Selbst im relativ freundlichen Kaiserreich gab es zu keinem Zeitpunkt so etwas wie Stabilität, und der Geist Maria Theresias, die darauf beharrte, dass Juden sonntags aus Scham, die Mörder Christi zu sein, im Haus bleiben sollten, wurde nie vertrieben. Die gewaltigen erhalten gebliebenen Synagogen des Habsburgerreichs aus dem späten 19. Jahrhundert, am berühmtesten die Große Synagoge in Plzeň (Pilsen) und die Synagoge in der Budapester Dohány utca, wecken so viele mächtige und verstörende Gedanken, dass man kaum auf die Ästhetik dieser Bauten achten kann. Davon gelöst, erkennt man jedoch, dass sie Opfer desselben beklagenswerten, gigantischen Eklektizismus sind, der all die gleichzeitig entstandenen Museen und Opernhäuser im Reich beherrscht. Die zweitausend Juden von Plzeň mussten die Herabwürdigung ertragen, dass ständig in die Planung ihrer Synagoge reingepfuscht wurde: Sie sollte so «orientalisch» wie möglich aussehen, damit sichergestellt war, dass sie unter keinen Umständen mit einer christlichen Kultstätte verwechselt würde; ein früher Entwurf wurde abgelehnt, weil er nicht genügend exotische Türme aufwies.

Dieses Beharren auf Unterschieden kochte in beängstigender Weise immer wieder hoch. Ein berüchtigter Fall war die Wiederbelebung der Blutanklage im Jahr 1882 im ungarischen Dorf Tiszaeszlár, wo einheimische Juden beschuldigt wurden, sie hätten ein christliches Bauernmädchen namens Eszter Solymosi entführt, es von einem koscheren Schlachter umbringen lassen und sein Blut in einer Schale aufgefangen, um es für Pessah-Mazzot zu verwenden. Man ließ die Angeklagten schließlich laufen, weil es schlicht keine Beweise gab (das Mädchen wurde letztendlich ertrunken im Fluss gefunden), aber die Zeitungen, unterstützt von verstörend vielen katholischen Priestern, hatten eine antisemitische Raserei entfacht, und überall in Ungarn kam es zu antijüdischen Übergriffen. Es ist kaum zu glauben, aber während ich dies schreibe, hat die rechtsextreme Jobbik-Partei einen Kult um Eszter Solymosis Grab gefördert und das ungarische Parlament mit der Frage beschäftigt, was wirklich mit ihr passiert sei. Je mehr wir uns brüsten, intelligent und überlegt zu sein, desto mehr ähneln wir H. G. Wells' Morlocks.

Unsicherheit und Unbehagen der Juden wurden durch Ereignisse wie den Tiszaeszlár-Skandal geschürt, zugleich aber war die Anklage derart abstoßend und hirnrissig, dass man offiziell doch zurückruderte. Aber das bedeutete nicht, dass die Juden nun einen gesicherten Stand gehabt hätten. Wer sich assimilieren wollte, konnte dies nur tun, indem er Deutsch oder Ungarisch, die Herrschaftssprachen, lernte, und dies wiederum führte in einer Welt immer schärferer Nationalismen dazu, dass Juden für jene Politiker und Demagogen zu besonderen Hassobjekten wurden, die eine slowakische, rumänische etc. Agenda vorantrieben, während gleichzeitig der deutsche oder ungarische, der christliche Antisemitismus nicht weniger wurde. Die Zeitungen meldeten Beängstigendes aus den Ländern jenseits der österreichisch-ungarischen Grenzen. So etwa legte die rumänische Regierung fest, dass Juden, ebenso wie Sinti oder Roma, per definitionem keine Rumänen seien. Nach 1878, nach Ablauf der internationalen Kontrolle, nahm die Politik der Gewalt, des Betrugs und der Einschüchterung in Rumänien ein solches Ausmaß an, dass es zum massenhaften Exodus kam: Um die 67 000 Juden wanderten in die USA aus. Auch die viel zahlreichere jüdische Bevölkerung in Russland sah sich wiederholter, grausamer Gewalt ausgesetzt, die Tausenden Juden das Leben kostete. Damit verglichen wurde Österreich-Ungarn zu einer Insel relativer Anständigkeit, auch wenn Armut ebenso wie Antisemitismus Juden in großer Zahl aus Galizien in die USA und anderswohin trieben. Vielen verschaffte die Assimilation Verbesserung und Wohlstand, doch jede Dekade brachte den Juden überall im Reich auch eigene Ängste und Herausforderungen, niemand konnte von wirklicher, dauerhafter Stabilität ausgehen.

Dorf der Verdammten

Ich habe schon oft mit dem Gedanken gespielt, ein Buch über die Architektur zoologischer Gärten zu schreiben. So reich und eigenartig diese Abteilung des Bauwesens ist, sie wurde stets vernachlässigt und nie gebührend beachtet. Zoos sind eine Mischung aus Schaufensterdekoration, Aufbewahrungsstätte und Gefängnis, und ihre direkten Kunden (die Tiere) sind unfähig, das zu bemerken, für ihre Laufkunden aber (die Besucher) scheinen die Anlagen eines Tierparks ein nahezu unsichtbarer Rahmen zu sein. Die Gebäude sind sehr solide gebaut, damit ihre Bewohner nicht entwischen und irgendwen umbringen können. Diese solide Bauweise schützt die Zoos aber auch; einen solchen Schutz genießen andere Einrichtungen der Unterhaltung, Zirkusse zum Beispiel oder Jahrmärkte, nicht. So sind es die Zoos, die ihren heutigen Besuchern auch die Möglichkeit geben, überraschende Verbindungen zu den Volksvergnügungen der Vergangenheit herzustellen – der Zeit vom späten 19. Jahrhundert bis in die 1920er Jahre, als Zoos das erste Ziel für einen «freien Tag» waren; eigentlich waren sie die volkstümlichen, direkten Nachfahren der Kuriositätenkabinette. Einen der ältesten und phantastischsten zoologischen Gärten hat Budapest. Wie oft habe ich mich, wenn ich eigentlich zu irgendeinem exklusiveren kulturellen Highlight unterwegs war, dabei ertappt, einen Umweg zu machen zu seinem verrückten Eingangstor, geschmückt mit Mandrills, Bären und Elefanten in schönstem Jugendstil; es war dies der vielleicht vergnüglichste bildhauerische Auftrag, der je ausgeschrieben wurde. Ein Großteil des Zoos erhielt in den Jahren urbaner Freuden vor 1914 seine heutige Form, als mehrere jener ungarischen Eklektiker, die Heldenhaftes geleistet haben, um Gebäude in der ganzen Hauptstadt zu dekorieren, losgelassen wurden und so ziemlich tun konnten, was sie wollten. Hauptheld ist wahrscheinlich Kornél Neuschloss-Knüsli, der nicht nur das prachtvolle Eingangstor schuf, sondern auch das unglaubliche Elefantenhaus – eine Phantasie zentralasiatischer Moscheen-Architektur mit blau gekachelten Kuppeldächern und einem Minarett, dazu, wohl kaum korantreu, entlang der Regenrinne ein dekorativer umlaufender Fries aus plastischen Köpfen: Nilpferd – Nashorn – Nilpferd – Nashorn. Die Elefanten selbst kauen vor sich hin, ungerührt von ihrer doppelten Verpflanzung – erst nach Ungarn und dann in eine falsche Tamerlan-Kulisse, die von ihrer wahren Heimat nicht weniger weit entfernt ist als Budapest. Man könnte das Elefantenhaus als die verrückteste aller «turanischen» Phantasien betrachten, der ungarischen Besessenheit von ihren nationalen Wurzeln in irgendeinem vagen, aber großartigen Teil Zentralasiens, an der sie, in einer einzigartigen Verschiebung, auch die Elefanten der Nation teilhaben ließen. Während der Zeit des Ersten Weltkriegs, als sich die Ungarn, gegen alle Vorgeschichte, in einem Bündnis mit den Osmanen wiederfanden, erregte das schicke neue Elefantenhaus gehörigen Anstoß, denn es sah ja aus wie eine Moschee, in der Tiere beherbergt wurden, daher musste das Minarett für eine Weile demontiert werden.

Man kommt im Budapester Zoo tatsächlich aus dem Staunen nicht heraus, nicht zuletzt angesichts des Aquariums unter dem Palmenhaus. Die Insassen – Papagei- und Feuerfische, Wolken von Doktorfischen – hat man offensichtlich passend zum wunderschönen Mosaik ausgewählt, und selbst eine so schauerliche Kreatur wie die Muräne wird geadelt, wenn ihre Flanken golden schimmern, und sie wirkt, als sei sie einem Klimt-Gemälde entkommen. Tatsächlich ist dies von allen derartigen Orten auf der Welt (und ich war an vielen) der einzige, wo man mit Kopf und Sinnen eintaucht in Saint-Saëns' «Aquarium» und sein Glasharmonika-Universum. Eingehüllt von schwebenden Farben, schwebend auf dem Geist des Fin de Siècle, ist es ein Schock, wieder hinauszutreten ins schnöde Tageslicht und den Lärm der Gegenwart.

Alle Zoos sind Palimpseste, geschaffen durch Schübe von Aktionismus ihrer Direktoren, sich verändernder Stile, von plötzlich fließenden Geldmitteln. Der Budapester Zoo erlebte während der Stadtbelagerung von 1944/45 ein trauriges Zwischenspiel; er wurde zum Kollateralschaden, die meisten Tiere verendet, die Gebäude zerstört – und so ist, was wir heute sehen, das Ergebnis vieler Jahre engagierter Wiederaufbauarbeit, wie an vielen anderen Stellen Budapests auch. In den Schrecken jener Monate hatten die Menschen anderes im Kopf als den Zoo. Irgendwann entkam ein Löwe in die U-Bahn-Röhren und konnte sich für eine Weile von toten Pferden ernähren, bevor ein Trupp sowjetischer Soldaten losgeschickt wurde, um ihn auszuschalten. Zu den wenigen Überlebenden gehörten ein paar Nilpferde, die, als der Strom ausfiel und die meisten anderen Tiere erfroren, fröhlich in ihrem Warmwasserbecken planschten, gespeist aus artesischen Quellen, von denen es in Budapest viele gibt. Während des 1866er-Kriegs saßen im Hafen von Triest zwei Nilpferde fest – der delikate Vorgang, sie aus den Spezialbecken ihrer Schiffe zu entladen, musste hinter lästigen militärischen Prioritäten zurückstehen. Leider war ich nicht in der Lage herauszufinden, ob diese Kriegsgefangenen in irgendeiner verwandtschaftlichen Beziehung zu den Tieren von 1945 standen – frustrierend, denn das wäre eine Möglichkeit gewesen, eine Parallelgeschichte zum Leiden Mitteleuropas zu erzählen, gesehen durch die Augen einer tapferen Paarhuferfamilie aus Afrika.

Die ganze Anlage ist ein Geniestreich, aber wie bei allem gibt es natürlich auch hier einen Stachel. Was ich in jedem zoologischen Garten tunlichst meide, sind die Streichelzoos für Kinder, wo ein paar dämonische weiße Ziegen mit leerem Blick vor sich hin kauen und in einer Ecke ein elendes Schaf schlottert, getätschelt, bis ihm die Wolle ausging. Aber auch da hat der Budapester Zoo etwas Besonderes auf Lager. Mittendrin steht ein Werk äußerst satirischer Bissigkeit: das Meerschweinchen-Dorf. Diese schlechthin beängstigende, darin brillante Anlage ist ein Gehege voller kleiner vereinfachter Holzmodelle der Gebäude, die eine typische mitteleuropäische Provinzstadt ausmachen: Rathaus, Schule, prunkvolle Bürgerhäuser (für den Arzt, den Rechtsanwalt), eine Kirche und Reihen schlichterer Häuser. Nur ist diese Miniaturstadt nicht von Menschen bevölkert, sondern von Meerschweinchen. Seit inzwischen vier Jahren habe ich auf meinem Handy ein kurzes Video des Dorfs in Aktion, und wenn ich mich bislang geweigert habe, dieses Telefon durch ein neues zu ersetzen, dann aus Angst, dieses Video zu verlieren. Um die fiebrige Atmosphäre noch zu verstärken, ertönt – ein glücklicher Zufall –, während der Clip läuft, im Hintergrund eine Polizeisirene; sie überlagert die Szene, denn nun rennen Dutzende von Meerschweinchen über den Hauptplatz, um sich über einen Haufen Möhren herzumachen, der in ihre Gemeinde geworfen wurde. Das Meerschweinchen-Dorf ist Konzeptkunst, hat etwas Spöttisch-Grausames, die Kraft, stets von neuem zu schockieren. Denn wenn die Tiere aus allen Teilen des Geheges gerannt kommen, wirken sie tatsächlich wie kastenförmige, drahthaarige Ministadträte, Miniladenbesitzer, Miniangestellte, alle auf der sinnlosen Jagd nach der Mohrrübe. Mit keiner anderen Kleintierart würde dies Spiel funktionieren, doch Meerschweinchen haben ebenjene spießige Selbstgefälligkeit an sich, die sie sowieso aussehen lässt, als rennten sie zu einem trostlosen, patriotischen Galadinner; es brauchte das Holzrathaus gar nicht, um den Effekt zu verstärken. Es gibt sogar kleine Holzautos, und in einem davon war ein Meerschweinchen sitzen geblieben, unempfänglich für die Verlockung der Möhren, weil es offensichtlich gerade sein Leben aushauchte – ohne dass es einer seiner Freunde bemerkte oder sich darum scherte. Glücklicherweise müssen wir keine Entscheidung treffen, aber riskieren wir den Vergleich mit hoher Kunst: Wie viele Geschichten von Kafka, wie viele Texte von Karl Kraus müsste man in die Waagschale werfen, um die Wucht dieses Meerschweinchen-Dorfs zu erreichen?

Alles in Bewegung

Die urbane Verachtung für das Leben in Kleinstädten, das man in Budapests Streichelzoo eingefangen sieht, ist ein etwas schiefer Übergang in die Erörterung der riesigen Veränderungen, die das Kaiserreich in seinen letzten Jahrzehnten beutelten. Überall strömten die Menschen damals aus ihren Meerschweinchen-Dörfern in die großen Städte. Es war wie ein Taumel. Noch zu Beginn des 19. Jahrhunderts wurde in vielen Gebieten des Reichs nur gelegentlich Geld benutzt. Die Gemeinden wirtschafteten autark, betrieben Tauschhandel mit regelmäßig auftauchenden fahrenden Händlern, insbesondere Roma, die sie mit fehlenden Artikeln aus der Außenwelt versorgen konnten; dann aber kam die Eisenbahn, und wo immer Schienen gelegt wurden, da entstanden neue unwiderstehliche Brückenköpfe für die Geldwirtschaft. Eine Fabrik an der Ruhr konnte an einem Tag alle kleinen Metallteile, die für eine ganze Region gebraucht wurden, besser und billiger produzieren. Zucker, Tabak und, noch interessanter, Alkohol wurden quasi zum Muss, und sie ergossen sich in einer chaotischen Flut über den ganzen Kontinent. Keine Gegend war jemals vollständig abgeschnitten, höchstens saisonal, aber der schiere Aufwand des Pferdetransports hatte Gegenstände aus der Außenwelt relativ rar und teuer gemacht. Jetzt wurden die Menschen mit lockenden Dingen überschüttet, die zwar bescheiden sein mochten, deren Verbreitung und Handel dennoch tiefgreifende Folgen haben konnten: Haarspangen, Spiegel, Schrauben, Nadeln, Make-up, Speiseöl – Dinge, die sich teils durch Massenfertigung, teils durch ihre Verfügbarkeit veränderten. Die Flut maschinell gefertigter Kleidung hatte auf Mitteleuropa eine nicht weniger nachhaltige Wirkung als auf Indien.

So, wie die Eisenbahnen bislang nicht alltägliche Dinge in Gemeinschaften einspeisten, die zuvor durch ihre Lage, das Klima oder das Gebirge weit abseits gewesen waren, so sorgten sie auch dafür, dass in den rasch wachsenden Städten immer mehr Menschen verlässlich Nahrung und Unterkunft fanden. Etwa zwischen 1870 und 1910 verdoppelten Orte wie Lwiw (Lemberg), Graz, Brno (Brünn) und Triest ihre Größe, Prag wuchs um 400 000 Einwohner, Budapest um 500 000, Wien um 1 200 000. Eine solche Menschenflut hatte es bislang nicht gegeben. Die Menge der Stadtbewohner verdrängte alle bislang existierenden sozialen Strukturen, formte Landschaften um und schuf ein neues Gefühl der Erregung oder des Grauens, je nach Geschmack.

Übrigens ist das im Allgemeinen die Stelle, an der jeder, der über das Habsburgerreich schreibt, sich verpflichtet fühlt, einen Abschnitt über Menschen wie die Kaiserin Elisabeth und ihren Sohn, den Kronprinzen Rudolf, zu liefern – aber ganz ehrlich, wenn sich Leser für diese Menschen interessieren, dann sollten sie vielleicht einfach bei Wikipedia nachlesen, wo sie entsprechende, hervorragende Einträge finden können. In Großbritannien gibt es ein gnadenloses, aber unterhaltsames Klassifizierungssystem für Filme, in dem jedes Werk eine Altersempfehlung erhält, meist mit kleinem Zusatz, so hilfreich wie: «Enthält heftige Sexszenen und derbe Sprache.» Ich erinnere mich an ein Poster für einen französischen Film, auf dem sich ein Mann und eine Frau, beide mit Hut, im Freien über einen Tisch hinweg anlächeln, und der eindeutig gelangweilte Filmzensor hatte ihm eine Einstufung gegeben, gefolgt von: «Enthält Szenen leichter emotionaler Verstrickung.» Ich finde es wirklich schwer, auch nur einen Moment über Elisabeth und Rudolf nachzudenken, ohne dass mir diese Phrase in den Sinn kommt. Ich sehe die beiden vor mir: Sie treibt es in Europa umher, sie reitet bedrückt auf ihrem Pferd, eine wehmütige Seelenverwandte des hoffnungslosen Ludwig II., und dann der Sohn, mäßig liberal, ein Komasäufer, elend und unfähig, mit sich klarzukommen. Sie, von einem Anarchisten erstochen, findet ein schändliches Ende, wollte der Mann doch eigentlich jemand anderen umbringen, verfiel aber, enttäuscht, dass dies Opfer nicht auftauchte, dann auf sie. Rudolf beschließt sein Leben in einem Doppelselbstmord mit einer jungen, noch nicht zwanzigjährigen Frau – oder wurden sie vielleicht ermordet? Nix Genaues weiß man. Diese Skandale von vorgestern enthalten definitiv Szenen leichter emotionaler Verstrickung. Insofern passt es, dass Elisabeth und Rudolf schließlich als die Stars des Hofmobiliendepots in Wien enden, das Rudolfs Schreibtisch und eine heitere Ausstellung präsentiert mit all dem alten Krimskrams aus dem Schloss, der in der *Sissi*-Trilogie mit Romy Schneider aus den 1950er Jahren als Dekoration verwendet wurde (Teil 3: *Sissi – Schicksalsjahre einer Kaiserin* – «Enthält Szenen vernichtenden Mangels an Interesse»). Das Leben der beiden passt perfekt zu den Räumen des Museums, das vollgestopft ist mit alten Hutständern, spiddeligen piekfeinen Stühlen, Kaminschirmen und so weiter. Franz Joseph erweckt oft den Anschein, als sei er selbst aus diesen Gegenständen gebaut, so wie er jahrzehntelang hin und her trudelte, fast immun gegen die Frage, warum sein Reich interessant war, eifrig Sachen unterschrieb, zur Jagd ging und, auf dem eigens dafür angelegten Pfad, zwischen seiner kaiserlichen Villa in Bad Ischl und dem Haus seiner Geliebten pendelte. Ich glaube, man muss politisch nicht unbedingt sehr weit links orientiert sein, um der Meinung zu sein, dass das interessante Leben in dieser Periode anderswo stattfand.

Der eine große Wert, den Franz Joseph doch in die außerordentlich aufgewühlte Landschaft seines Reichs brachte, war etwas, das einer Blindheit für Nationalismen nahekommt. Wenn das Kaiserreich irgendeine Daseinsberechtigung vorweisen wollte, dann musste es gegen offenen Rassismus ankämpfen. Eine politische Einheit, einst eine Pluralität von Erblanden der Familie, die, durch Zufall zusammengefügt, im Lauf der Zeit zu einer Militärmaschinerie und zur Bastion des Katholizismus geworden war, wurde in ihren letzten Dekaden in gewisser Weise automatisch zu einer Insel, wenn nicht der Toleranz, so doch der relativen Zurückhaltung – sehr zum wachsenden Ärger vieler ihrer Einwohner.

Die Identität der Hunderttausenden, die in die Städte strömten, war dörflich geprägt, durch Tradition und religiöse Praxis. Die Dörfler Galiziens zum Beispiel sahen sich schlicht als jüdisch, katholisch, uniert oder orthodox. Viele hatten keine Ahnung, welche Sprache sie sprachen – es war einfach der Dorfdialekt. Der Ausbau der Eisenbahn, bessere Schulbildung für die Massen, die Verbreitung von Büchern und Zeitungen veränderten das und definierten neu, was die Menschen über sich dachten, und dies bereits bevor sie in die Städte zogen und eine «Wahl» treffen mussten. Diese Wahl konnte (genau wie in den USA) innerhalb zweier Generationen einen ganzen Sprung bedeuten; im Kontext des Kaiserreichs konnte ein, sagen wir, Slowake, Rumäne oder Jude ungarisch werden, indem er seine Sprache, seine Kleidung, Ernährung und Beruf änderte. Das Paar aus einem Dorf im Banat, das in den 1870er Jahren in Budapest angekommen war, konnte also in den 1890ern bereits magyarisierte erwachsene Kinder und den eigenen Geschmack, das eigene Verhalten bis zur Unkenntlichkeit geändert haben. Massenkundgebungen, religiöse Zugehörigkeit und Beschäftigung schufen einen Nationalismus für Leute, die sich, bevor sie eine bestimmte und endgültige Tracht anlegten, als wunderbar flexibel und anpassungsfähig gezeigt hatten.

Es gibt berühmte Beispiele jüdischer Menschen: Gustav Mahlers Vater war ein Gastwirt aus Mittelböhmen, seine Großmutter eine Hausiererin; Kafkas Großvater war ein Schächter aus Südböhmen. So war alles in Bewegung geraten, doch diese Bewegung führte nicht zu einem habsburgischen Ziel. Ich bewege mich hier mitten unter meinen persönlichen Helden, und wenn ich das alles niederschreibe, bin ich so tief bewegt, als hörte ich die Eröffnung von Mahlers *Zweiter Symphonie* im Hintergrund (was hin und wieder tatsächlich der Fall war). Doch kann ich noch zwei weitere nennen: Billy Wilder, dessen gewaltige (damals allerdings nicht ungewöhnliche) Reise ihn von Galizien nach Deutschland und weiter nach Amerika führte, wo er sein Ziel erreichte und einige der großartigsten Hollywoodstreifen drehte, und Philip Roth, dessen Großeltern Galizien verließen und so meinen Lieblingsschriftsteller möglich machten – der im Gegenzug so viel getan hat, um einer englischsprechenden Leserschaft die mitteleuropäische Literatur näherzubringen.

Das Beispiel der Juden ist besonders deutlich. Denn nach den traditionellen Normen des Judentums wäre allein schon der Vorgang des Reisens inakzeptabel gewesen – das Verlassen der Gemeinde konnte nur in katastrophalem Verhalten, im Mitwirken am «Laster des Landes» enden. Aber nach allen erdenklichen Maßstäben galt das auch für zahllose Nichtjuden, die eine Unzahl von Glaubenssätzen ihrer Vorfahren ausrangieren und in den angeschwollenen Städten völlig neue Verhaltensweisen lernen mussten. Vom Gipfel des Petřín-Hügels in Prag aus kann man die groben Umrisse der Altstadt erkennen, verwinkelt den Fluss entlanggeknorzt, aber dann gibt es auch das gegen Ende des 19. Jahrhunderts völlig umgebaute Josefov mit seinen extravaganten, sehr eigenwilligen Mietshäusern, die in der Neustadt entstanden als großartige Monumente des tschechischen Nationalismus dieser Epoche – und schließlich, jenseits davon, ein Meer aus Behausungen, das sich in alle Richtungen erstreckt, gebaut für die zahllosen neuen Arbeiter vom Land.

Als die Dörfler in den Städten ankamen, war es ihnen überhaupt nicht klar, wer eigentlich ihre neuen Herren waren. Die Aristokratie mochte bei den Grundstücksgeschäften für die neuen Unterkünfte Geld verdient haben, für das Leben der meisten neuen Einwohner aber spielte sie keine Rolle. Jedes noch lebendige Gefühl von schuldigem Gehorsam und Ehrerbietigkeit war mit dem Umzug abgeschüttelt worden. Konfrontiert mit dem städtischen Getriebe aus Straßenbahnen, Zeitungen, Predigten, politischen Parteien, Schulen, mussten die Neuankömmlinge wichtige Entscheidungen treffen, was Anpassung, Ernährung, akzeptable Gewohnheiten anging.

Eines unter vielen guten Beispielen kann die böhmische Stadt

Plzeň liefern. Bis ins spätere 19. Jahrhundert war sie ganz eindeutig ein deutscher Ort namens Pilsen, Teil eines weiten Gefüges von Orten, in denen Deutsch gesprochen wurde, deren Einwohner Tschechisch als die Sprache der Landbevölkerung oder die ihres Gesindes ansahen. Pilsens berühmtes Bier hat zuerst der Bayer Joseph Groll gebraut, und «Lager» galt als durch und durch deutsches Getränk (nicht anders als in der überwiegend deutschen Stadt Budweis, heute České Budějovice). Die Pilsener Brauerei, das Stammhaus, gibt es immer noch, heute ist sie aber eine gewaltige computergesteuerte Halle, in der grüne Flaschen vorbeirasen, überwacht von der Handvoll verbliebener Arbeiter, deren Hauptjob es ist, gelegentlich zerbrochenes Glas wegzufegen. Das Gebäude riecht unangenehm seifig und ist weit entfernt von der Welt zwinkernder alter Männer mit Lederschürzen und lustigen Schnurrbärten, auf die sich ohne Zweifel jeder Teilnehmer der Betriebsbesichtigung gefreut hatte. Als eine unter vielen Beteiligungen der deprimierenden, multinationalen SABMiller-Holding ist Pilsner Urquell nur noch eine Marke, die ein vages Gefühl mitteleuropäischer Kneipengeselligkeit vermitteln soll – gute Kameradschaft, der diese Fabrik ebenso Hohn spricht wie ihre Eigentümer, die betrüblich weit entfernt sind, auch von den Idealen der Samtenen Revolution.

Die deutschen Oligarchen, die in Pilsen immer das Sagen hatten, sahen sich innerhalb weniger Jahre, nachdem die Gleise gelegt, der Bahnhof gebaut und die Züge in Bewegung waren, völlig ins Abseits gedrängt. Pilsen wurde zum Dreh- und Angelpunkt, eine enorme Reparaturwerkstatt schoss aus dem Boden, Tausende Arbeiter wurden eingestellt, hauptsächlich tschechischsprechende. Noch schlimmer kam es 1866, als Emil Škoda zum Chefingenieur von Graf von Waldsteins Waffenfabrik in der Stadt wurde. Innerhalb von drei Jahren kaufte Škoda Waldstein auf und wurde bald zu einem Mitglied jener herausragenden Gruppe kapitalistischer Erfinder, die die gewaltige Explosion von Dingen lenkten, die mit Metall und Elektrizität zu tun hatten. Es ist gut, dass das Buch, das ich hier schreibe, rein passiv ist, sonst würde ich jetzt aufgeregt rausrennen und eines meiner Lieblingsstücke holen, *150 Jahre Škoda in Fotos und Dokumenten.* Die Fotos bieten ausdrucksvolle, auch haarsträubende Einblicke in das späthabsburgische Leben, zwergenhaft wirken die Männer neben all den Schiffsturbinen, Marinegeschützen und einem riesigen stählernen Zahnrad, auf dem erläuternd «30 000 kg» steht. Škoda war ein Tempel für die Präzisionsbearbeitung von Metallteilen monströser Dimension: lange Hallen, vollgestopft mit halb montierten Waffen, Behältern mit Nieten, Eimern mit Schmierfett, Ketten, die von Portalkranen herabbaumelten. Was ist das richtige politische System für ein solch transformatives Pandämonium: für seine Eigentümer, für die tschechischen Bauern, die hier zu Arbeitern wurden, für seine Produkte? Österreich-Ungarn war niemals im Entferntesten eine Industriemacht von der Größenordnung Deutschlands oder Großbritanniens, dennoch stellte seine Industrie erstaunliche Dinge her, die frühere Generationen an schwarze Magie hätten glauben lassen. Es entspricht dem Geist der Epoche, dass Männer wie Bruckner und Mahler damit anfingen, eine Musik zu schreiben, die zu den Bemühungen der Škoda-Werke passte: Welten entfernt von Haydns «Sonnenaufgangsquartett».

So wurde aus Pilsen innerhalb weniger Jahre Plzeň. Tschechen strömten vom Land in die Stadt, und die Frage, wer wem gegenüber Treuepflichten hatte und warum, wurde bedeutsam. Politische Massenparteien entstanden, Alphabetisierung und Geld schufen einen neuen öffentlichen Raum, der schnell ein Eigenleben entwickelte. Für Außenseiter sind Nationalismen jeder Art leicht zu belächeln. Sie vergiften das Leben, sind deprimierend und enden für alle in der Katastrophe. Stets standen die Habsburger auf dem Standpunkt, dass sich Nationalgefühle auf Formen des Pittoresken beschränken ließen (auf Trachten, Speisen, Paraden – ähnlich wie in den Vereinigten Staaten). Sozialisten argumentierten, jeglicher Nationalismus sei demagogischer Schwindel, eine Falle für die Arbeiter. Auch Liberale fanden es gefährlich, jemanden zu hassen, bloß weil er sich einer anderen Sprache bediente oder einer anderen Kirche angehörte.

Aber diese unterschiedlichen Argumente gegen den Nationalismus konnten, aus naheliegenden Gründen, keine gemeinsame Grundlage finden. Darüber hinaus war es tatsächlich sehr schwer, sich nicht infizieren zu lassen. Was hätte man tun müssen, damit ein ungarischer Liberaler zugestimmt hätte, dass die mehrheitlich rumänischsprachigen Gebiete Siebenbürgens an Rumänien abgetreten wurden, dass sich Serben das serbischsprachige Südungarn nehmen konnten? Wer so dachte, galt sofort als Außenseiter und Spinner. Je länger ich über dieses Buch nachgedacht habe, umso größer mein Entsetzen, mein Abscheu vor dem Nationalismus, der sich zu einer wahren Pest entwickelte, doch weit kommt man auch mit solchen Einschätzungen nicht. Selbst die intelligentesten und artikuliertesten Köpfe in Europa begrüßten das Nationalgefühl auf diese oder jene Weise, konnten den eigenen Nationalismus genauso wenig abstreifen wie die eigene Haut. Waren erst die Sprache, die man benutzte (die Zeitungen, die Bücher, die man las), und die Religion, mit der man aufgewachsen war, Teile einer weiten Öffentlichkeit geworden und keine rein lokalen Phänomene mehr, gab es auch kein Zurück. Plzeň liefert das beste Beispiel. Nach jahrelangen, immer lauter erhobenen Forderungen, Tschechisch zur Amtssprache zu machen, setzten die Badeni'schen Sprachverordnungen von 1897 fest, dass alle Beamten in Böhmen beide Sprachen, Tschechisch und Deutsch, beherrschen mussten und dass alle Amtsgeschäfte in der Sprache dessen zu erledigen seien, der die Angelegenheit vorgebracht hatte. Dies war ein intelligenter Rückzug von der bisherigen Praxis, in der Deutsch die einzige Amtssprache war, machte jedoch Deutsche (die im Allgemeinen kein Tschechisch in der Schule gelernt hatten) über Nacht zu Bürgern zweiter Klasse und Tschechen (die verpflichtet gewesen waren, Deutsch zu lernen) zu den neuen Herren. In Böhmen kam es zu den Badeni-Krawallen; Ministerpräsident Badeni, der Autor des Entwurfs, musste zurücktreten, und die Sprachverordnungen wurden aufgehoben. Aber was hätte eine Lösung sein können, wenn Plzeňs reichster und größter Arbeitgeber und seine Angestellten Tschechen waren? Und was bedeutete das für böhmische Deutsche, die sich jetzt vor den Kopf gestoßen und unter Druck gesetzt fühlten, die ihr Schicksal mit dem anderer Deutschsprechenden verglichen, die nur wenige Kilometer entfernt im deutschen Kaiserreich lebten?

Es war nicht schwer zu erkennen, dass der brudermörderische Hass ohne den Habsburger Schutzschirm, ohne die Disziplin im Kaiserreich zu wilden Ausbrüchen führen würde. Viele träumten von einem national reinen, unabhängigen Heimatland, viele sahen aber auch, wie gefährlich solche Ideen angesichts der ethnischen Vielfalt in der Region waren. Selbst eine so zentrale Gestalt wie Tomáš Masaryk, der von den 1890er Jahren an im Wiener Parlament wirkte, erkannte, wie unrealistisch die Forderung tschechischer Unabhängigkeit war: Prag mochte eine überwiegend tschechische Stadt sein, aber die Inseln Deutschsprechender an Orten wie České Budějovice (Budweis), Brno (Brünn) und Český Krumlov (Krumau) verlangten auch dann nach einem Kompromiss mit den verbleibenden Deutschen, wenn die überwiegend von Deutschsprechenden bevölkerten Gebiete entlang der westlichen und nördlichen Grenzen (im Sudetenland) irgendwie aus einem neuen Böhmen ferngehalten würden. Erst die gewaltsamen Umwälzungen des Ersten Weltkriegs änderten Masaryks Denken.

Ein Großteil der nationalistischen Unruhen innerhalb des Kaiserreichs ging auf das Konto von Gruppen, die den dominierenden deutschen und ungarischen Nationalitäten «Ärger» machten und Unterstützung jenseits der Reichsgrenzen fanden. Serbien und Rumänien konnten sich an die Serbisch- und Rumänischsprechenden im Habsburgerreich wenden, die bislang freilich jeweils ganz eigene Geschichten gehabt hatten, ohne irgendeinen «nationalen» Zusammenhag, die sich nun aber, wie vorgeschlagen wurde, mit all denen zusammentun sollten, die zufällig dieselbe Sprache sprachen. Letztendlich sollten viele im Habsburgerreich lebende Serben und Rumänen dieser Einschätzung zustimmen – aber die meisten taten dies bis zu den Katastrophen von 1917/18 nicht. Die brutale Art, mit der Belgrad oder Bukarest ihre Geschäfte führten, hatte wenig Verlockendes, warum sollte man unter diesen Regierungen leben wollen? So veranlasste zum Beispiel der rumänische Bauernaufstand von 1907, der in einem Blutbad endete, das fast 10 000 Menschen das Leben kostete, eine ernsthafte Denkpause und trug zu dem Eindruck bei (den auch die Serben im Habsburgerreich teilten), dass, bei allen Demütigungen, die nationale Flamme innerhalb des Reichs doch in kompetenteren Händen lag als bei den ruppigen Nationalstaaten.

Wien, so wird oft behauptet, sei stets geschickt darin gewesen, die verschiedenen Nationalitäten gegeneinander auszuspielen und sie wie Zirkustiere mit einer Kombination aus Zuckerbrot und Peitsche zu manipulieren. In der Praxis aber verhielt sich Wien die meiste Zeit einfach nur inkompetent, ergriff blindlings eine Initiative (wie im Fall der Badeni-Verordnungen), die das Chaos nur vergrößerte. Die Situation in Böhmen allerdings war auf eine Weise schwierig, die Wien entgegenkam. Außer einem über den Sprachenstreit ausbrechenden Bürgerkrieg, der die Provinz ethnisch säubern würde (was 1938–45 schließlich geschah), gab es wahrlich keine Antwort auf dies Problem. In Galizien machte man sich den Spaß, alles Ruthenische zu fördern, um die Polen zu beunruhigen, aber die einzige «Lösung» für die Probleme auch dieser Region wäre die Erklärung eines totalen ethnischen Kriegs gewesen, der auch zum Klassenkrieg geworden wäre – und auch hier sollte es schon bald dazu kommen. Die Frage, ob das nicht doch zu vermeiden gewesen wäre, führt zu so beängstigenden, verworrenen und kontrafaktischen Überlegungen, dass sie nicht weiterführt. Auf beiden Seiten, in Österreich wie in Ungarn, verbrachte man übermäßig viel Zeit damit, irgendwelche Bierdeckelrechnungen darüber anzustellen, wie denn die ethnischen Kräfteverhältnisse wirklich aussahen. Die ersten ethnisch deutschen politischen Parteien in der Wiener Reichshälfte machten den geistreichen Vorschlag, man solle Dalmatien den Ungarn übergeben und Galizien zu einem Königreich mit separater Verwaltung machen, damit würde man die meisten Slawen los, und die deutsche Mehrheit könnte auf Tschechen und Slowenen losgehen und sie überwältigen. Die Ungarn wiederum, die natürlich auch rechneten, waren verständlicherweise nicht erpicht darauf, Dalmatien zu übernehmen. Es war für Franz Joseph sehr nützlich zu sehen, wie viele der slawischen Gruppen ihm eine natürliche Achtung entgegenbrachten, aus Angst vor dem, was sie unter deutschen oder ungarischen Herren zu erwarten hätten, würden diese nicht vom übernationalen Element in der Hofburg in Zaum gehalten. Aber selbst diese Achtung war schwankend. Die Polen mochten durch die Umstände in die Falle geraten sein, aber was, wenn die Millionen anderer Slawen – Tschechen, Slowaken, Ruthenen, Slowenen, Kroaten, Serben – auf den Gedanken kämen, dass ihre Unterdrückung durch die «Herrennationalitäten» durch einen anderen, außenstehenden Unterstützer beendet werden könnte, warum nicht durch Russland?

Der Führer

Auch die deutschsprechenden Menschen zogen natürlich in die Städte, Orte wie Linz, Graz, Wiener Neustadt und Steyr wuchsen ebenso rasch wie Wien. Steyr bietet eine hervorragende Parallele zum tschechischen Plzeň: ein gleich starker, aber ethnisch deutscher militärisch-industrieller Komplex. In Steyr waren das riesige Waffenfabriken. Waffen wurden dort aufgrund lokaler Eisenvorkommen seit dem Mittelalter produziert, doch wie überall im 19. Jahrhundert setzte jetzt auch hier ein rasantes Wachstum ein, viele tausend Arbeiter stellten die von Ferdinand Ritter von Mannlicher entworfenen Gewehre und automatischen Waffen her. Im örtlichen Museum gibt es – abgesehen von unzähligen Waffenentwürfen Mannlichers und seiner Nachfolger – ein sehr bemerkenswertes Exponat, nämlich eine Fotografie, die eine Delegation von Abessiniern zeigt, die um 1910 die Steyrer Mannlicher-Werke besuchen. Die Aufnahme entstand während einer Demonstration von Maschinengewehren. Die Waffe sollte wohl jeden Augenblick losrattern, und die versammelten Herren in Zylinder und Frack, mit Kneifern und raffiniert getrimmter Gesichtsbehaarung stecken sich die Finger in die Ohren. Die Mitglieder der Delegation sind auf eigene Art pittoresk, wirken wie aus einer doppelt fernen Welt, nur einer der Abessinier, ein junger Mann mit Patronengurt und erstaunlich kurzem Haar, starrt einfach in die Kamera. Er ist ziemlich anders als die anderen: mit seinem starren kalten Blick wirkt er wie ein Besucher aus der Zukunft, wie ein afrikanischer Marxist von 1960, umgeben von einer Menge scheintoter Vogelscheuchen. Ein Foto wie dieses sollte in jedem Klassenzimmer an der Wand hängen, in dem Geschichte unterrichtet wird. Nicht aus antikolonialen Gründen, sondern wegen der vielen gegenläufigen Assoziationen, die dies Bild aufwirbelt: die Demonstration der schrecklichen Automatikwaffe, die wie irgendeine Handelsware behandelt wird; die Erfahrung, dass die österreichischen Industriellen heute exotischer wirken als die Abessinier; die Vorstellung, dass die Abessinier von ihren Gastgebern bevormundet, sogar verspottet worden sein müssen, dass es aber diese Gastgeber waren, von denen eine Dekade später nicht mehr viel übrig war: Steyr Mannlicher wurde durch den Vertrag von Versailles geschlossen. Auch die Frage, warum das Foto überhaupt aufgenommen wurde, führt zu interessanten Überlegungen.

Dass sich unter der deutschsprechenden Bevölkerung eine politische Entfremdung von den Habsburgern breitmachte, hatte zum einen, wie in Böhmen, seinen Grund im ständigen Auskeilen gegen andere Minderheiten, zum anderen im neuen Selbstbewusstsein in den österreichischen Industriezentren. Ein machtvolles Narrativ deutscher Kümmernisse entfaltete sich ab den 1870er Jahren. Solange die deutschsprechende Bevölkerung in zahlreiche europäische Kleinstaaten aufgesplittert war, konnte man stolz darauf sein, ein Deutscher im Habsburgerreich zu sein. Schon der Aufstieg Preußens hatte diesen Stolz erschüttert, nun aber zog ihn die Gründung des Deutschen Reichs ins Lächerliche. Sollten die österreichischen Deutschen zu alpin-pittoresken Randfiguren werden wie die Schweizer?* In Böhmen, einem uralten Teil des Heiligen Römischen Reiches, wurden deutsche Städte von Tschechen überrannt, die ihre Rechte einforderten; in Kärnten geschah das Gleiche durch Slowenen. Wütend starrten die Deutschen auf die ungarische Hälfte des Reichs, die sie als parasitische Last für deutschsprechende Steuerzahler ansahen; wütend auch auf die Juden, die neuerdings ein Selbstbewusstsein zeigten, das den Deutschen immer mehr abhandenkam. Als Franz Josephs Regierung immer verzweifeltere Versuche unternahm, Nationalität gegen Nationalität aufzuwiegen, stellte sie zu ihrem Entsetzen fest, dass sie dabei war, ihren deutschen Kern loszurütteln.

Ein abschreckendes Beispiel dieses neuen Anflugs von deutscher Paranoia lieferte Georg Ritter von Schönerer (1842–1921), ein österreichischer Gutsherr, der, wie so viele durch die Schlacht bei Königgrätz traumatisiert, nun begann, Bismarck zu verehren, mit dem Gefühl, dass Deutsche, die im Habsburgerreich festsaßen, sich von Franz Josephs toter Hand losreißen und mit den Deutschen jenseits der Grenze vereinigen sollten. Schönerer war eine furchteinflößende Gestalt: erfüllt von Hass gegen die Habsburger, gegen die katholische Kirche, die sie unterstützte, gegen die Tschechen, die ihren Platz doch kennen sollten, gegen Liberale, Sozialisten – und

* Nach dem großen Schrecken und Blutvergießen müsste die Antwort Ja lauten.

vor allem gegen die Juden. Als Kopf der Alldeutschen Vereinigung und Parlamentsabgeordneter in Wien war er eine Schlüsselfigur, als das Schüren des gewaltsamen Hasses begann, der das Parlament in Wien zu einem dysfunktionalen Haufen werden ließ, dem jeder Sinn für rationale Debatten, für notwendiges Geben und Nehmen verlorenging. Er erfand den «Heil»-Gruß, und ihm wurde von seinen Anhängern der Titel «Führer» verliehen. Er betrachtete sich als Beschützer aller Deutschen, dem es gelungen war, einen Ministerpräsidenten aus dem Amt zu treiben, er schuf für die Deutschsprechenden eigene Giftzähne und Paranoia, so ziemlich vom gleichen Kaliber wie das, was andere Sprachgruppen zu bieten hatten.

Schönerer war Aristokrat, zu hochnäsig, um eine Figur für die Massen zu sein, aber das brauchte er auch nicht, denn darin wurde er vom «Schönen Karl», dem Wiener Bürgermeister Karl Lueger (1844–1910), übertrumpft. Diesem fehlte Schönerers Exzentrik, und er war demonstrativer Prohabsburger und ein begabter Populist. Mehr als jeder andere in der Vorkriegswelt ergriff er die Gelegenheiten, die sich durch die neuen Großstädte boten, arbeitete daran, Wien durch Wasserwerke und Straßenbahnnetze zu einem erträglichen Ort für die viele Hunderttausende zählenden, neuen Einwohner zu machen. Vieles von dem, was Wien bis heute zu einer funktionierenden Stadt macht, ist Lueger zu verdanken. Von 1897 bis zu seinem Tod 1910 gab er in der Stadt den Ton an. Er war gottesfürchtig, ein Organisationstalent, wurde von den Deutschen verehrt und war fast so antisemitisch wie Schönerer – dessen Kampagne gegen den weiteren Zuzug von Juden nach Wien er in den 1880ern unterstützt hatte.

Während ich dies schreibe, gibt es in Wien eine Kampagne, den Dr.-Karl-Lueger-Ring umzubenennen. Der Mann hatte die Juden einmal als «Raubtiere in Menschengestalt» bezeichnet, Wölfe, Leoparden und Tiger seien den Menschen näher als Juden, und er hielt es für eine gute Lösung der «Judenfrage», alle Juden auf ein großes Schiff zu verfrachten und im Meer zu versenken. Zu sagen, dass gegenüber solchen Äußerungen und den sie tragenden Ideologien seine Rolle bei der Verbesserung von Wiens Wasserwirtschaft weit in den Hintergrund tritt, wird wohl kaum größere Kontroversen auslösen. Geht man «seinen» Abschnitt des Wiener Rings entlang oder schaut zu seiner prächtigen Statue auf, die über den Stadtpark blickt, wird man geradezu gezwungen, diesen Mann zu billigen.

Schönerer und Lueger waren sich in vielen Fragen uneins, aber zwischen ihnen entwickelte sich ein bestimmtes Grundmuster für österreichisch-deutsche Politik und ein auf Separation drängendes ethnisches Bewusstsein, das es so zuvor nicht gegeben hatte. Bis dahin war es ein unbelastetes, nichtssagendes Etikett gewesen, deutscher Bewohner des Habsburgerreichs zu sein. Wer als Deutscher irgendwo im Kaiserreich lebte, hatte gewisse, scheinbar naturgegebene Privilegien genossen, und es beinhaltete ebenso gewisse organisatorische Momente. Andere «Rassen» litten unter religiösen Beschränkungen, Analphabetismus oder Armut, sie wurden kleingehalten und ausgegrenzt. Mit Fortschreiten des 19. Jahrhunderts gelang das immer weniger, und Gruppen, die zuvor bloße Arbeitskräfte oder Diener oder von den meisten Berufen ausgeschlossen gewesen waren, fühlten sich plötzlich ebenso maßgebend und zur Mitsprache berechtigt, waren ebenso gut angezogen und kulturell auf der Höhe wie ihre früheren Herren. 1908 kam der junge Adolf Hitler nach Wien, einer von vielen Tausenden Deutschsprechenden aus Oberösterreich, denen es schlechtging und die in der großen Stadt ihr Glück suchten.

XIII

Die Schafe und die Melonen
Elfen, Karyatiden, viele allegorische Mädels
Denkmale einer entschwundenen Vergangenheit
Junges Polen

Die Schafe und die Melonen

Beim Schreiben dieses Buchs konnte ich an verschiedenen Stellen mein Glück kaum fassen. Trotz haarsträubender Rückschläge, Gefühlen des Scheiterns und des Fluchs meiner fehlenden Sprachkenntnisse hatte ich ein Motiv und Gründe, viele phantastische Orte zu besuchen. Am allerstärksten habe ich das in der mittelrumänischen Stadt Sibiu (Hermannstadt) empfunden.

Sibiu war eine klassische «sächsische» Gründung unter dem Schutz der ungarischen Könige, wurde nach einem deutschen Gesetzbuch regiert, dem «Iglauer Recht», in dem die Pflichten und Privilegien der Siedler festgelegt sind. Als Hermannstadt wurde es zu einer größeren deutschen Siedlung, weiter östlich lag nur noch Braşov (Kronstadt). An wenigen Orten nur scheint die Vergangenheit derart lebendig: Da ist diese kolossale, finstere sächsische Stadtpfarrkirche, die Oberstadt auf einem großen Felsblock, die Unterstadt mit gewundenen sonnenlosen Gassen, wo ich in einem kleinen Gästehaus genächtigt habe und mir jeder Morgen als ein neues Geschenk erschien – ich fühlte mich in eine der expressionistischen Kulissen aus Paul Wegeners Film *Der Golem* versetzt.

Linke Seite:
Erdődys Sprung, von Karlo Drašković, 1895. Ich habe diese Aufnahme ausgewählt, weil ich sie immer schon geliebt habe. Drašković, Angehöriger einer kroatischen Adelsfamilie, hat in seinem kurzen Leben eine Menge experimenteller Fotografien gemacht, mit denen er Bewegung einfangen wollte. Istvan Erdődy, dessen Artistik hier für immer bewahrt ist, war der Spross einer ungarischen Grundbesitzerfamilie, deren Güter im Norden der heutigen Republik Kroatien lagen.

Verwitterte Wachtürme – sie wirken wie aus Backstein und Holz gefertigte Prototypen der marsianischen Tripoden aus H. G. Wells' *Krieg der Welten* – blicken noch immer hinaus aufs Gebirge und halten Ausschau nach längst verschwundenen Feinden, und in jeder Straße drängen sich architektonisch verwirrende, doch irgendwie beseelte Gebäude.

Dass Sibiu in der ersten Hälfte des 20. Jahrhunderts von einer Stadt an der südostungarischen Grenze zu einer mittelrumänischen wurde, ist nur ein kleines Beispiel der furchtbaren Verrenkungen, die die Einwohner des Kaiserreichs mitmachen mussten. Die Sachsen, als dominante Gruppe in Hermannstadt, beanspruchten, wie alle dominanten Gruppen, eine gewisse uralte, unverrückbare soziale Ordnung, und nutzten die Geschichte, um ihr einzigartiges, seit dem 15. Jahrhundert oder noch länger bestehendes Eigentum an der Stadt zu legitimieren. Das entsprach nicht der Wahrheit, denn Sibius Vergangenheit war, wie man sich aufgrund seiner Lage denken kann, so eindeutig nicht, vielmehr eine lange Abfolge an Revolten, Schlachten, Naturkatastrophen, Seuchen und religiösen Spannungen. Aber bis Mitte des 19. Jahrhunderts etwa konnte Sibiu oder Hermannstadt immer noch als eine deutschsprachige Stadt gelten, die ihre alte Funktion als von Zünften geprägtes Zolllager erfüllte, wo Dinge und Dienste geschaffen und in Umlauf gebracht wurden, noch immer auf der Hut gegen die Walachei, dann unter einer unbehaglichen Mischung aus osmanischer und russischer Herrschaft und, nachdem 1853 der Krimkrieg ausgebrochen war, noch einmal als Militärgrenze.

Was im späteren 19. Jahrhundert in Sibiu, ebenso in vielen hundert anderen Orten im Kaiserreich, in Gang kam, war eine demographische Revolution. Es muss für Europäer irgendwie wichtig sein, sich als behäbig, sesshaft und zeitenthoben zu betrachten – und doch waren die Menschen fast überall in Bewegung. So ist immer schon viel Aufhebens darum gemacht worden, dass die europäischen Landbewohner in Millionenzahl schnurstracks in die Hafenstädte eilten und sich in die überseeischen Kolonien aufmachten, aber man stellt sich blind gegenüber dem gleichen Vorgang, wenn er sich auf dem Kontinent selbst abspielte. Es käme eine erstaunliche (und gigantische) Geschichte Europas von 1850 bis etwa 1950 heraus, würde man die Könige und Königinnen einfach einmal komplett ignorieren und stattdessen davon erzählen, wie Iren das moderne London bauten, wie Neapolitaner in die lombardischen Fabriken, wie slawische und rumänische Bauern in die habsburgischen Städte strömten. Armut trieb die Menschen, Träume zogen sie nach Übersee, und das gleiche Ineinander, das Millionen Menschen den Aufbruch nach Amerika als gangbaren Weg erscheinen ließ, war auch Antrieb der innerkontinentalen Migrationen. Sibiu war immer eine kleine Stadt gewesen, aber es wuchs zwischen 1850 und 1900 von etwa 13 000 auf fast 30 000 Einwohner. Damit änderte sich auch die ethnische Zusammensetzung, die sächsische Bevölkerung verdoppelte sich fast, die rumänischsprechende aber wuchs um mehr als das Dreifache. Im gleichen Zeitraum wuchs auch die kleine Gruppe der Ungarischsprechenden, von weniger als eintausend auf fast sechstausend. Im Kleinen zeigt Sibiu somit die fast unlösbaren Probleme, vor denen sich die Regierungen des Kaiserreichs sahen. Zu seinem Glück wurde Sibiu, als Teil von Siebenbürgen, bis in die 1860er Jahre direkt von Wien regiert, 1861 wurden demokratische (oder zumindest halbwegs demokratische) Wahlen angekündigt, die 1863 stattfinden sollten.

1861 wurde zum entscheidenden Jahr für die Rumänen. Mit dem Österreichisch-Ungarischen Ausgleich von 1867, dem Gründungsdokument des Kaiserlichen und Königlichen Österreich-Ungarn, fiel Siebenbürgen den Ungarn zu. Aber 1867 kam dieser Plan bereits zu spät – die rumänischsprechenden Bürger des Reichs hatten eine politische Stimme gefunden und erhoben heftigen Widerspruch dagegen, an ihre neuen ungarischen Oberherren übergeben zu werden. 1861 war in Sibiu der bemerkenswerte Transsilvanische Verbund für Rumänische Literatur und Volkskultur (ASTRA) gegründet worden. Er begann seine Arbeit auf der untersten Ebene mit den einfachsten (und daher aufregenden) Aufgaben: Unterricht auf Rumänisch, die Etablierung einer rumänischen Literatur, Aufbau eines separaten, von deutschen oder ungarischen Belangen getrennten rumänischen Wirtschaftsraums. Der bewundernswerte Universalgelehrte George Bariţ war ein typischer Vertreter dieser Generation von Rumänen, er arbeitete an der ersten rumänischen Enzyklopädie, unterrichtete, schrieb, trieb die Dinge voran, ging als Abgeordneter seines Wahlkreises nach Wien, bis dieses Recht 1867, mit dem Ausgleich, erlosch. Dieser Mann war zunächst Schriftführer, dann Vorsitzender des ASTRA.

Bariţ, die Schlüsselfigur bei allen Bestrebungen, Siebenbürgen von ungarischer Herrschaft freizuhalten, war in Budapest verhasst, aber er war nicht allein, seine Mitstreiter vervielfachten sich, ohne dass Budapest etwas dagegen unternehmen konnte. 1892 wurde das großartige Siebenbürgische Memorandum an Franz Joseph formuliert und nach Wien gebracht. Es forderte für die Rumänen gleiche Rechte, was auf eine rumänische «Nation» innerhalb der ungarischen hinausgelaufen wäre. Der Kaiser weigerte sich, das an ihn adressierte Dokument auch nur zu lesen – kurz, die Bewegung um das Manifest scheiterte, seine Urheber wurden durch die erbosten Ungarn verhaftet und zu teils drakonischen Gefängnisstrafen verurteilt. Darin zeigte sich das unlösbare Problem ethnischer Verstrickung, das sich jetzt entfaltete. Uns, die wir in wohlfeiler Rückschau schlauer sein können, ist es offensichtlich, dass die Eingliederung des alten Fürstentums Siebenbürgen in den ungarischen Staat, wie sie der Ausgleich von 1867 vorsah, Landraub und ein schrecklicher Fehler war. Ihrerseits hypnotisiert von Visionen eines uralten, mittelalterlichen Staats und von apokalyptischen Ängsten des eigenen Untergangs als Sprachgruppe und Nation, versuchten die Ungarn vergeblich, einen Staat zu schaffen, der noch größer war als Italien. Zwar lebten in Siebenbürgen viele Ungarn, doch sie waren verstreut, und ihre Gemeinden ließen sich nicht zu vertretbaren Einheiten zusammenfügen. Schlimmer noch, sie waren in jedem Fall daran gewöhnt, unter diversen Regime und mit starken Nachbarn zu leben, sodass in der Praxis selbst ungarische Landsleute die Budapester Herrschaft nicht unbedingt als Fortschritt ansahen.

Die Rückschau auf diese verworrene Lage bringt nicht viel, und selbst 1867 kann nicht klar gewesen sein, wie die fortschreitende Veränderung allen Beteiligten schaden würde. Heute können wir sehen, dass ASTRA und seine Mitglieder zu einer bedeutsamen Bewegung geworden sind, aber es hätte schon außergewöhnlicher Geisteskraft bedurft, das zu jener Zeit zu begreifen – ein paar rumänische Schulen, eine kleine Papiermühle in rumänischem Besitz waren nichts, was die Reichskanzleien in Europa in Unruhe versetzt hätte. Aber die Ereignisse schritten voran. Um 1900 war das benachbarte Königreich Rumänien bereits ein gefestigter, unabhängiger Staat, dessen Grenzen offenstanden für alle siebenbürgischen Rumänen, die vor ihren ungarischen Oberherren flohen. Auch in Sibiu selbst hatten es die Rumänen weit gebracht, sie waren nicht mehr die kleine, halbgebildete und verarmte Gruppe, die von Sachsen und Ungarn gleichermaßen verachtet oder ausgebeutet wurde. Tatsächlich hatte ASTRA Millionen von Rumänen, sowohl innerhalb wie außerhalb des Kaiserreichs, begeistert und mobilisiert. Dies war das Ergebnis von Barițs Einsatz, aber auch der Aktionen seines bedeutenden ASTRA-Mitstreiters Andrei Şaguna, ein Mönch und Bischof, der (auch motiviert durch heftigen Hass auf die Ungarn, der ebenso heiß erwidert wurde) durch unnachgiebiges Petitionieren und Planen 1864 offizielle Anerkennung durch die unabhängige rumänisch-orthodoxe Kirche erlangte. Nur drei Jahre blieben noch bis zum Wechsel unter die Budapester Oberherrschaft. 1900 waren diese Erfolge auch in Sibiu sichtbar, im Neubau eines ASTRA-Museums und einer spektakulär schönen rumänisch-orthodoxen Kathedrale, die heute zu einer Art «sakraler Meile» gehört, denn in einem Umkreis von rund fünf Minuten Fußweg findet man hier die großen Kirchen aller erdenklichen Konfessionen.

Dieser Triumph des «Rumänentums» hatte einschneidende Folgen für das Kaiserreich – denn nun war klar, dass das gesamte ungarische Staatsgebiet im Osten, sollte Ungarn politisch oder militärisch stolpern, für empfindliche Subversionen von Bukarest offenstand. Trotz der atemberaubenden politischen Fehler der rumänischen Regierung während beider Weltkriege nahm Rumänien sich Siebenbürgen und behielt es, abgesehen von einem kurzen Zwischenspiel im Zweiten Weltkrieg, als es geteilt war. Und die Massenemigration von Sachsen und Ungarn hat eine erneute Herrschaft durch Budapest inzwischen unmöglich gemacht, obwohl besonders unverantwortliche Politiker dergleichen Pläne noch immer hegen.

Für die Ungarn war 1867 ein Jahr ungeheurer Erregung, denn nun sollten sie ein ernstzunehmendes, eigenes Königreich bekommen. Als 1873 die Städte Buda, Pest und Óbuda zur Stadt Budapest vereinigt wurden, steigerte sich diese Erregung zur Ekstase. Aber es war unmöglich zu übersehen, dass sich die Ungarn einer durchaus beachtlichen Zahl neuer «Untertanen» gegenübersahen. Innerhalb von fünf Jahren waren Proteste nicht nur von Seiten der ASTRA-Rumänen angeschwollen, sondern auch Protestbewegungen der Serben in Nagybecskerek, der Slowaken in Turócszentmárton und der Kroaten in Zágráb (heute bezeichnenderweise die Städte Zrenjanin in Serbien, Martin in der Slowakei und Zagreb in Kroatien). Weitere Schärfe erhielten diese real- und sprachpolitischen Bewegungen – beides lässt sich nicht voneinander trennen – dadurch, dass viele dieser Gruppen in Gebirgsgegenden oder anderen armen Gebieten lebten. Vielerorts, insbesondere im slowakischen Nordungarn und in Siebenbürgen, standen sie unter der Herrschaft einer ungarischen Gutsherrenklasse, deren Rückständigkeit immer bizarrere Formen annahm, womit die ethnische Frage auch zu einer nach dem Zugang zu Ressourcen wurde. Die großen Landgüter waren kein adäquater Wirtschaftsmotor mehr, bewahrten hergebrachte Weisen des Lebens und Wirtschaftens und schlossen andere aus. Vor diesem Hintergrund wurde der Prozess der «Magyarisierung» unerbittlich – ein Slowake konnte in seiner Volkstracht in seinem Gebirgsdorf sitzen bleiben oder nach Budapest oder Transdanubien ziehen, Ungarisch lernen und sich einen Job in einer Fabrik besorgen. Dazwischen gab es nichts. Damals, wie heute, ließen die vernichtende Öde des Landlebens, die niedrige Lebenserwartung, die Launen von Hunger und Krankheiten selbst den schlechtestbezahlten Job in den Städten glamourös wirken. Auf eine wesentlich spätere Generation traf das immer noch zu – die rumänisch-deutsche Nobelpreisträgerin Herta Müller beschreibt in ihrem Roman *Herztier*, dass man im Banat nichts anderes tun konnte, als Melonen anzubauen oder Schafe zu hüten; Bewegung kam in dieses Leben nur dann, wenn die Schafe in die Melonenfelder entwischten und sie zertrampelten. Im Banat des 19. Jahrhunderts war das nicht anders, und ein Ort wie Budapest bot schwindelerregende Verlockungen. Allerdings musste man, das war der Eintrittspreis, Lesen und Schreiben sowie eine neue Sprache lernen, und dieser Vorgang generierte zwischen 1850 und 1910 um die zwei Millionen weitere, «neue» Ungarn. Die größte Gruppe innerhalb dieser umgewandelten Bürger waren Juden, etwa 700 000, gefolgt von 500 000 Deutschen, Slowaken, Rumänen und Südslawen. Die Folgen waren frappierend. Die Fixierung der Ungarn auf Landbesitz und Gutshöfe, zudem die vielen verheerenden historischen Umschwünge hatten dafür gesorgt, dass die Ungarn nie eine eigene städtische Kultur entwickelten, die Verwaltungstätigkeiten etwa erledigten, in verschiedenen Zeiten und Orten, Deutsche, Juden, Serben und Armenier. Erst um 1900 änderte sich das. 1848 noch waren Buda und Pest deutschsprachige Städte, um 1900 war das nun deutlich gewachsene Budapest zu achtzig Prozent ungarisch. In großen Teilen Mittelungarns hatten sich die Ungarn urbanisiert, traditionell ans Land gebundene Interessen waren immer weniger repräsentativ. Im selben Zeitraum verschob sich das Gewicht zugunsten der Ungarn auch dadurch, dass andere «Nationalitäten» Ungarn in großer Zahl einfach verließen – fast eine Million Slowaken zum Beispiel, die sich mit guten Gründen in die Vereinigten Staaten aufmachten, wo einige von ihnen eine Schlüsselrolle haben sollten, sowohl ideologisch wie auch in den Verhandlungen, die während des Ersten Weltkriegs dazu führten, dass die Slowakei zum Teil des neuen Staates Tschechoslowakei wurde.

Je näher der Erste Weltkrieg rückte, desto schwieriger wurde es, ungarische Politik zu machen – nicht nur, weil viele Politiker an einer pathologischen Aversion gegen die Österreicher und ihre unerbittlichen Versuche litten, den Ausgleich zu untergraben oder zumindest seine Bedingungen zu ändern, sondern auch, weil es überall im Königreich zu Unruhen kam. Das Land mochte noch so «magyarisiert» sein, es war nie genug. Man hoffte, dass die Slowaken zuletzt einfach alle zusammen verschwinden würden, aber das geschah nicht, und wie bei der Germanisierung in Österreich fraß sich der Prozess auch hier fest, als immer mehr Menschen lesen und schreiben konnten und lokale Politiker und Geistliche die örtlichen Sprachschulen schützten. Erst als das Kaiserreich zusammengebrochen war, 1918, erwiesen sich die Slowaken als ernsthafte Bedrohung, die Rumänen jedoch wehrten sich immer verbissener gegen die ungarische Herrschaft und hatten einen klaren Plan – die Vereinigung mit Rumänien. Die Serben wiederum waren gespalten, aber viele hatten eben ihre ausländischen Unterstützer, die in Belgrad saßen. Die Kroaten schließlich hassten die Magyarisierung aus Prinzip, doch wurden sie von der Angst zurückgehalten, ihrerseits von den Serben oder gar den Italienern geschluckt zu werden. Auch waren sie abgelenkt vom Wunsch, mit Dalmatien vereint zu werden, das weiterhin direkt unter österreichischer Herrschaft stand. Alle waren besessen von Prozentsätzen, von minutiösen Volkszählungen in jeder Region, um hoffnungsvolle proungarischen Trends aufspüren zu können. Das hing auch mit einer geradezu panischen Anspannung zusammen, mit jedem Schritt Österreich-Ungarns weiter hinein in den Balkan wurden die Ungarn immer neurotischer, einfach weil dadurch der Anteil an Slawen wieder steigen würde, zu ihren Ungunsten. Budapest bekam Zustände, sowohl wegen der Annexion Bosnien-Herzegowinas 1908 (noch mehr Slawen!) als auch wegen Franz Ferdinands Plänen eines neuerlichen Ausgleichs, der die Südslawen auf eine Stufe mit Deutschen und Ungarn gestellt hätte. Und sie hatten nicht einmal nur Unrecht, denn ein Hauptmotiv für Franz Ferdinands Vision war dessen schon fast krankhafter Hass auf die Ungarn, gleichwohl: die Ersetzung des «Dualismus» durch einen «Trialismus» war ein logischer nächster Schritt, selbst wenn sich viele im Kaiserreich mit Händen und Füßen dagegen sträubten.

Ich weiß nicht, ob es eine Grenze gibt, ab der diese Fragen der Bevölkerungsstatistik uninteressant werden (ich fürchte, für mich nie), doch sollte ich nun damit aufhören. 1848 war der Nationalismus in vielerlei Hinsicht gescheitert; mit Fortschreiten des Jahrhunderts wurde er, in Gestalt vieler Nationalismen, für immer mehr Menschen unwiderstehlich. Keiner dieser Nationalismen hat zu einer Frage auf Leben und Tod werden müssen, solange das Kaiserreich den Ring besaß, was es 1914 effektiv noch tat, vielleicht sogar bis 1918. Aber immer mehr Ereignisse fanden ein vorrangig nationales Publikum, das des Gesamtreichs schien abgemeldet. Leoš Janáčeks Klaviersonate *1.X.1905* trägt ihren ungewöhnlichen Titel, weil sie zur Erinnerung an den Tag geschrieben wurde, an dem die kaiserliche Polizei in Brno einen Mann getötet hatte, dessen Vergehen gewesen war, für eine tschechische Universität zu demonstrieren. Grauenvolle Vorahnungen durchziehen dieses unvergleichliche Musikstück – Visionen rennender Männer auf plötzlich feindlichen Boulevards, die Panik der Massen, die Elias Canetti später seziert hat und die ab 1914 zu einer der verstörendsten Eigenheiten Europas wurde. Janáčeks Wut über diesen einzelnen Tod wurde von späteren Ereignissen, die das Habsburgerreich heute sehr milde erscheinen lassen, komplett überschwemmt – aber damals wirkte es alles andere als milde. Als die Nationalismen immer fester einrasteten, gab es einen Kommentator, der vielen zu jener Zeit einfach exzentrisch erschien, dessen kurze Abhandlung *Der Judenstaat* 1896 jedoch unter allen nationalistischen Dokumenten vielleicht das einzige wirklich effektive war. So wie Tschechen oder Kroaten auf geheimnisvollen, philologisch erkundeten Wegen auf irgendwelche mittelalterlichen Königreiche verwiesen oder Rumänen sich verrückterweise auf das römische Dakien beriefen, so blickte Theodor Herzl zurück auf den jüdischen Staat vor der Zerstörung des Tempels und vor der Zerstreuung der Juden im Nahen Osten und in ganz Europa. Herzls Familie stammte ganz aus dem Süden der Militärgrenze, aus dem Flussstädtchen Zemun (heute ein Vorort von Belgrad), war aber nach Pest gezogen, wo der Sohn Theodor 1860 geboren wurde. Seine Eltern waren vollständig germanisierte Juden, die 1878, vielleicht getrieben durch die immer fieberhaftere antideutsche Atmosphäre in Budapest, weiterzogen nach Wien. Herzl war ein typischer Vertreter jener vielen Menschen, die sich überall im Reich nachhaltig verändert hatten. Die Schlussfolgerung, zu der er kam und die dann sein Buch *Der Judenstaat* bestimmte, war, dass das Kaiserreich in einer Weise zusammenwachsen werde, die Juden ausschließen und dann töten würde. Ihm erschien es so, dass alle eine Art nationalistisches «Bäumchen, wechsle dich» spielten, bei dem zuletzt jede Gruppe ihren Platz finden würde, nur die Juden nicht. Der Antisemitismus im Reich war unversöhnlich – kein Versuch der Assimilation, kein Verrat am Judentum würde die neuen mitteleuropäischen Nationalisten jemals überzeugen, dass Juden nach Europa gehörten, selbst wenn sie seit den Zeiten des Römischen Reichs dort lebten. Nur eine Lösung gebe es darum: nämlich eine jüdische Heimat in Palästina zu schaffen; die Juden müssten Europa verlassen, bevor es zu spät sei.

Herzls revolutionäre Ideen stießen auf Spott, weckten auch

Neugierde. Palästina hatte eine Handvoll jüdischer Besucher aufgenommen, war weit entfernt, es war teuer, dorthin zu gelangen, und es galt, was am schwersten wog, den meisten Juden nicht gerade als Traumziel. Als Idee, als Fokus religiöser Identität war es verlockend, aber angesichts der aktuellen Realität des verstaubten osmanischen Eyalet fanden viele Juden Herzls Vorschlag einfach nur lächerlich – es war nicht weniger staubig dort, nur noch heißer als in Galizien und in vielen anderen Gebieten des Ansiedlungsrayons. Irgendwann jedoch begann die zionistische Bewegung zu wachsen, und man konnte sie unmöglich anders betrachten denn als einen logischen Nebeneffekt der zunehmenden ausschließenden nationalistischen Hysterie, die das Kaiserreich packte – so wie auch Herzl es sah. Theodor Herzl war eine außerordentlich charismatische Gestalt, und er reiste quer durch Europa auf der – erfolgreichen – Suche nach Unterstützung. Die Motive jener Offiziellen, mit denen er sprach, variierten auf widerwärtige Weise. Besonders russische Minister begeisterten sich für eine Lösung, die ihnen gestattete, «ihre» Juden auszuweisen. Wilhelm II. zeigte sich, während eines Besuchs des Osmanischen Reichs, der Idee eines jüdischen Staates gegenüber schon ganz aufgeschlossen; aber aus traditionellen Motiven heraus, denn, so meinte er, «das Volk des Sem» werde so zu höheren Zielen geführt als zur Ausbeutung von Christen. Angesichts des osmanischen Widerstandes aber gab er klein bei. Herzl und seine Unterstützer suchten immer verzweifelter nach einer Lösung, angetrieben auch von Nachrichten über ein schreckliches Pogrom in Russland. Dies führte zu den seltsamen, von Anfang an zum Scheitern verurteilten Gesprächen mit der britischen Regierung. Die Briten hatten jede Menge koloniales Land zu ihrer Verfügung, und man dachte ernsthaft darüber nach, die jüdische Heimstatt auf Zypern zu errichten, dann an der Mittelmeerküste des Sinai, westlich von Gaza (ein Plan, in den der junge Lloyd George involviert war), schließlich in Britisch-Ostafrika. Letzteres wurde zu einem förmlichen Angebot: eine jüdische Heimstatt im kenianischen Hochland. Rückblickend scheint es erstaunlich, dass Herzl, ein zunächst nicht besonders bekannter Wiener Journalist, mit seinen quasi aus der Luft gegriffenen Ideen Tausende von Unterstützern gewinnen, eine machtvolle zionistische Bewegung ins Leben rufen und dann die Briten überzeugen konnte, eine Heimstatt zu finden – und das alles in nicht einmal acht Jahren. Das Problem mit Kenia (oder dem «Uganda-Programm», als das es ungenau bekannt wurde) war offensichtlich: Es wäre nur ein neuer Ort des Exils, inklusive Affen und Elefanten, und weitab von allem, was mit dem Land Israel zu tun hatte. Mit Herzls frühem Tod 1904 verlor der Zionismus seinen Helden, und die kenianische Option löste sich in Wohlgefallen auf.

Herzls Buch ist voller ungewöhnlicher Feststellungen: «Ist das, was ich sage, heute noch nicht richtig? Bin ich meiner Zeit voraus?» Das war er wohl, und er irrte sich auch. Der Zionismus war eine im Wesentlichen von Habsburg geprägte Bewegung, und Israel ist in vielerlei Hinsicht der perfekte Ausdruck des Prinzips des gegenseitigen Ausschlusses; ein Prinzip, das dabei war, das Kaiserreich zugrunde zu richten,* aber die historische Konstellation, in der Israel dann tatsächlich gegründet wurde, war zur Zeit von Herzls Tod noch nicht zu erkennen. Der Spott und die Ungläubigkeit, mit denen *Der Judenstaat* von vielen Juden bedacht wurde, waren absolut ehrenhaft und intelligent, zeugten sie doch auch, neben anderem, von ihrer Bindung an ein schon lange bestehendes Kaiserreich, das sie erfolgreich beschützt hatte. Juden sollten sowohl das großartigste Element in der Kultur dieses Reiches als auch seine größten Geschichtsschreiber werden. Selbst zwischen Lueger und Hitler bestand noch eine Riesenkluft. Dennoch: Herzl lag richtig, als er im Leben Europas um die Jahrhundertwende eine zutiefst böse

* Israel ist heute gewiss eines der weltweit wenigen Länder, die noch immer mit ernsthaften Mehrheits-Minderheits-Problemen sehr vertrauter Habsburger Art zu kämpfen haben.

Spannung sah, aber es brauchte noch eine Reihe weiterer Katastrophen – Katastrophen, die seit den ersten osmanischen Überfällen kein Beispiel hatten –, um für ein Klima zu sorgen, in dem sich seine Ideen entwickeln konnten.

Elfen, Karyatiden, viele allegorische Mädels

Wenn man über bestimmte Zeiten oder Orte schreibt, besteht immer die Gefahr, dass die überlieferten Brocken und Schnipsel verfälscht, verwirrend und historisch belastet und damit unbrauchbar sind. Historische und technische Veränderungen verwandeln und ironisieren kulturelle Überbleibsel derart gründlich, dass Zuhörer, Zuschauer oder Leser sich so in die Ecke gedrängt fühlen, dass sie entweder nur rein ästhetisch (wobei diese Reaktion, wie bei Hugo Wolf, auf den Flügeln eines Lieds transportiert wird) oder aber aufdeckend reagieren können (Bergs Musik ist der Hinweis, dass der Erste Weltkrieg jeden Moment ausbrechen konnte), doch darum hat die Musik beider Komponisten auch etwas auf je eigene Art Langweiliges und Reduktives.

Hugo Wolfs (1860–1903) Werk gehört zu den außergewöhnlichsten Produktionen der 1880er und 1890er Jahre des Habsburger Reichs; ich denke an Lieder wie «An eine Äolsharfe» und «Die Bekehrte», die auf eine fast schon erschreckende, allzu strahlende Weise schön sind. Doch hat die Art, in der wir sie heute hören, ganz und gar nicht mit ihrem ursprünglichen Kontext zu tun. Ich zum Beispiel höre sie gerne in unserer Küche mit einer Schale Nüsse und einem Bier, normalerweise vermischt mit Hintergrundgeräuschen, die entweder unser jüngerer Sohn im Wohnzimmer mit Computerspielen wie «Afghan Rough-House» oder «KrimінalKrew» produziert oder eines der großen Passagierflugzeuge, die alle fünf Minuten übers Haus dröhnen. Das lässt sich schwerlich mit dem Salon einer Gastgeberin der Wiener Gesellschaft in Verbindung bringen, wo alles voller Rüschen, Intarsien und Satin war (und dabei ist nur die Gastgeberin bedacht) und eine Handvoll vornehmer, bleichgesichtiger Neurastheniker dem Vortrag lauschte. Noch frappierender als die Notwendigkeit, das Geräusch einer Glock-Pistole auszublenden, die im Wohnzimmer Taliban aus dem Weg räumt, ist der simple Akt der Wiederholung. Selbst der penetranteste Gast konnte Sängerin und Begleiter nicht dazu bringen, «An eine Äolsharfe» an diesem Abend noch einige Dutzend Male darzubieten, bloß weil es ihm so gut gefiel. Unsere Vertrautheit mit bestimmten Musikstücken in einer bestimmten Interpretation hat nichts mit dem Geist zu tun, in dem sie zunächst komponiert und dann auch gewürdigt wurden.

Einmal, während eines Wolf-Konzerts, plagte mich die ängstliche Vorstellung, dass dort eine Sopranistin und ein Pianist aus Fleisch und Blut aus dem Stand den Drahtseilakt vollbringen mussten, durch wenigstens eines dieser Lieder ohne einen der lauernden Fehler, Verhaspler, Blackouts zu kommen, die sie jede Sekunde an der Kehle packen könnten. So betrachtet kann eine Studioaufnahme nicht in Wolfs Sinn sein. Natürlich geht es ihm nicht nur um Freude – es ist schwer, sich vorzustellen, dass seine gefälligeren Stücke wie *Elfenlied* je viele Abnehmer gefunden haben, ebenso wenig seine traurigen Lieder, die über fünf Minuten die Tonleiter einfach nur hoch und runter zu gehen scheinen wie Stimm- oder Fingerübungen am Klavier. Doch auch hier ist ein großer Unterschied zu bedenken – nicht nur, dass wir Musikstücke exponentiell häufiger hören können als die Menschen zu ihrer Entstehungszeit, sondern dass wir auch schreckliche Vollständigkeitsfanatiker sind. Um bei Wolf zu bleiben, ich bin sicher, dass Liebhaber, Sänger, Besucher, selbst der Komponist das «Elfenlied» als ziemlich entwürdigend angesehen haben müssen und auf den Vorschlag, diese Stücke zu spielen, nur im Sinn einer komischen Drohung gekommen sein können. Wir aber müssen uns jetzt die ganze Skala von Liedern anhören, ob gut oder schlecht, hören sie akribisch bearbeitet, komplett und in einer endgültigen Liste fixiert. Selbst diese immer gleiche Abfolge ist ein absoluter Affront gegen den Geist der Lieder – zum Glück gibt es die digitale Zufallswiedergabe, die noch verbessert werden könnte, indem sie vorlaufen, Lieder intelligent bewerten und tilgen würde, bevor sie überhaupt abgespielt werden.

Der Abgrund, der zwischen unserem Erleben dieser Lieder und den Intentionen des Komponisten klafft, ist nichts im Vergleich zu anderen Problemen, die uns von der Geschichte aufgezwängt werden. Wir wissen, dass Wolf jung an Syphilis gestorben ist, ausgezehrt von Selbstverachtung, weil er seine Stücke zuletzt für minderwertig hielt. Wir wissen außerdem, dass sein Tod 1903 in gewisser Weise das Ende der Lieder-Tradition markierte, und die großen Komponisten, die nach ihm folgten, erreichten für ihr Liedschaffen nie mehr eine solche öffentliche Begeisterung. Selbst Wolfs Hintergrund als Deutsch-Slowene ist problematisch, da das Verschwinden von Deutsch-Slowenen eine der kleineren Tragödien des 20. Jahrhunderts ist. Und natürlich – die ganz große – unser Bewusstsein, dass all dieses so zuversichtlich wirkende Kulturschaffen des späten 19. Jahrhunderts mit seiner Schwermut und Pracht schon bald im großen Zusammenbruch untergehen wird. Dieser ist ohne Zweifel der ärgerlichste und langweiligste Kampf von allen. Ich halte es kaum aus, wie er alles mit einem traurigen Firnis überzieht, der so gar nicht der erlebten Erfahrung entspricht, aber was kann man tun? Die gesamte Struktur dieses Buchs, selbst die erreichte Zahl von Seiten, läuft schließlich unausweichlich auf eine Auflösung zu, bei der alles über die Klippe stürzt; für die Protagonisten war dies nicht zu erkennen, und es war auf keinen Fall unvermeidlich.

Wolf fand zu einer Form eines Hyperästhetizismus, der in vielerlei Hinsicht ein Hauptstrang in der Empfindsamkeit des «Späten Kaiserreichs» war, einer Empfindsamkeit, die sich aus einer seltsamen Verstrickung des L'art pour l'art mit Exerzierplatz-Philisterei entwickelt hat. Das viel beschworene Aufeinanderprallen von Kulturen im Reich vor 1914 – das Verbot von Richard Strauss' *Salome*, der Aufschrei über Gustav Klimts Deckengemälde für den Großen Festsaal der Universität Wien, der Schock über Adolf Loos' Goldman & Salatsch-Gebäude (das «Looshaus») oder über Sigmund Freuds *Drei Abhandlungen zur Sexualtheorie* –, alles erscheint uns als eine Schlacht zwischen eigensinniger Borniertheit und Modernität. Aber dies Narrativ einer Schlacht zwischen Modernität und Reaktion, zwischen Vorahnung und Kleinmut (das wir alle so genießen und das doch so selektiv angelegt ist und auf Gefälligkeit aus), ist unwahr, das wirkliche Geschehen war viel weniger eindeutig. Wie wohl andere auch, kann ich mir nichts Spaßigeres vorstellen, als einen dünnbeinigen Höfling in Kniebundhosen, Gehrock und mit Monokel, umgeben von Bildnissen der Jungfrau Maria und St. Leopold, der irgendein Werk der Moderne als animalische und schlüpfrige Verspottung alles Schicklichen verurteilt. Es gab am Hof in der Tat Fraktionen dieser Art, aber sie waren nie sehr bedeutsam. Charakteristischer war die gradlinige Dumpfheit von Franz Joseph, dessen Mangel an Neugierde (außer, wenn es um Jagdgewehre, Kragenspiegel oder Ähnliches ging), die seinen Einfluss auf alle kulturellen Dinge so einschläfernd machten. Nachdem er jedes einzelne der größeren kulturellen Foren entlang des Wiener Rings eröffnet hatte, wurde ein weiteres deprimierendes offizielles Gemälde produziert, das ihn im Kreis verschiedener Gestalten in Uniform oder Hofkleidung zeigt, vor dem Hintergrund eines weiteren pharaonischen Komplexes aus rotem Marmor und Goldstuck, der nun mit Musik oder ausgestopften Tieren oder Gemälden gefüllt werden konnte. Er wird einen Ausspruch getan haben, der dann in aller Munde war, zum Kunsthistorischen Museum etwa: «Das ist ganz gut geworden.» Solche Sätze waren gedacht, ihn schlicht und direkt erscheinen zu lassen, spiegelten aber seine haarsträubende Unempfänglichkeit umso genauer wider.

Diese atemberaubenden Museen sind die Abwicklung der großen Sammlungen – eine finale öffentliche Präsentation der Manien seiner Vorfahren, von den Heldenrüstungen des Ferdinand von Tirol bis zu den Steinen und Ammoniten von Franz I. Dieses unerbittliche Katalogisieren und Ausstellen, dieses An-die-Wand-Hängen bestimmter Gemäldesequenzen von Rubens oder von Totenkopfschwärmern war im 19. Jahrhundert eine paneuropäische Obsession. Schon die ermüdende Länge der Flure und der bombastische marmorne Rahmen lassen einen Eindruck muffiger Rückständigkeit aufkommen, und doch hatte diese Präsentation auch etwas Revolutionäres. Alles, was einst privat oder unzugänglich gewesen war, wurde nun für alle zur Schau gestellt. Rudolfs II. Manie für Bartholomäus Sprangers laszive römische Göttinnen, Ferdinands II. Vorliebe für große Altarbilder, seine Begeisterung für Oologie, das aus Edelsteinen gefertigte Blumenbouquet, das Franz I. von Maria Theresia erhalten hatte – all das wurde nun Teil der öffentlichen Empfindsamkeit. Dies war eine Zeitenwende, verwoben mit einer schwindelerregenden Anpassung an die bahnbrechenden Veränderungen des späteren 19. Jahrhunderts, mit dem Verlust des Glaubens, mit der nun weit verbreiteten Fähigkeit des Lesens und Schreibens, der Elektrifizierung etc., die, nimmt man sie als Ganzes, jeden Wandel, den wir nun zu Beginn des 21. Jahrhunderts durchleben, lächerlich trivial erscheinen lassen.

Das Überladene dieser Gebäude ist schon immer als Beweisstück Nummer eins dafür benutzt worden, dass hier Vergangenheit auf eine verlogene und anwidernde Art beschworen worden sei, von der sich die großen Experimentatoren des Fin de Siècle losreißen wollten. Der Höhepunkt des Ganzen ist vielleicht das neue, 1870 eingeweihte Gebäude des Wiener Musikvereins, dessen Großer Saal eine wunderbare Akustik haben mag, das aber auch ein Tempel des schlechten Geschmacks jener Zeit ist. Vor kurzem habe ich dort ein Schubert-Konzert gehört, wurde aber immer wieder abgelenkt durch den Versuch, mir vorzustellen, wie es zu den nackten Karyatiden gekommen war, die den ersten Rang tragen.

Diese goldenen Merkwürdigkeiten sind nicht direkt erotisch, zumal sie von der Taille abwärts in konische Säulen übergehen; zudem haben sie alle das gleiche Gesicht. Es sind ihre Brüste, die als Erstes ins Auge fallen, und ich hätte zu gerne Zugang zu den Protokollen der Baukommission des Musikvereins, in der diese Brüste diskutiert worden sein müssen. Als die gewagte Entscheidung, einen öffentlichen Saal von nackten weiblichen Figuren säumen zu lassen, grundsätzlich gefällt, aber noch heftig umstritten war, muss es eine Reihe peinlicher Debatten über die Brüste gegeben haben, mit diversen Meinungen über Realismus, Gewicht und Erfreulichkeit, mit eifernden Bedenken, wie sehr sie das Publikum beim nächsten Brahms-Konzert ablenken würden. Heraus kam ein fataler Kompromiss: die Brüste blieben nackt, aber nur als seltsam konische Formen. So wird die angenehm steife Atmosphäre von Wiens Musiktempel durch aufgereihte goldene Brüste, die das Interieur dominieren, zweifellos verstärkt. Würde dort ein Konzert im Geist eines surrealistischen Experiments der 1920er Jahre gefilmt – ein bärtiger Mann mit weißer Krawatte hämmert wie besessen auf einem Klavier herum, während Reihe um Reihe unbeweglicher Großbürger gaffen und gähnen, umringt von über ihnen aufragenden sexpuppenartigen Karyatiden –, all das würde zweifellos avantgardistisch wirken, und doch könnte der ganze Ort nicht viktorianischer sein.

Der Doppelsinn im Wort Motiv – Leitmotiv und Trieb – wurde im Musikverein Architektur, und das repräsentiert eine Art Dammbruch für den Geschmack im Kaiserreich, der in dessen letztem delirierendem halbem Jahrhundert wirksam wurde: Das ganze Reich wurde überflutet von nackten, allegorischen Frauenstatuen, die Überfluss, Ernte, Drama, Gerechtigkeit, Flüsse und dergleichen darstellten. Spaziert man heute durch die Straßen von Lwiw, ist die vielleicht größte Gefahr, dass man getroffen wird von einem Steinbrocken, der sich von einer der allegorischen Frauengestalten in den Fassaden löst. Fast jeden Giebel, jedes Türmchen schmückt ein Tribut an die gelenkigen Modelle und Geliebten der Bildhauer des späten 19. Jahrhunderts, die in industriellen Dimensionen gearbeitet haben müssen. Kommunale Budgets, die in Krankenhäuser oder Straßen fließen sollten, wurden vermutlich umgeleitet in die so gut wie hoffnungslose Aufgabe, die komplexen Steinfrisuren und strengen Zeigefinger der «Galizia» oder der «Industria» zu erhalten. Schon merkwürdig, dass ein Jahrhundert, das mit Repression, Scheinheiligkeit und zugeknöpfter Reserviertheit verbunden wird, eine so erotische Spur hinterlassen hat. Diese Atmosphäre von (buchstäblich) dünn verschleiertem, allegorisch aufgeladenem Sex fand ihren Weg überallhin, mit dem stets gleichen, schwach beharrlichen, klassischen Glanz. Maler wie Hans Makart schufen eine endlose Reihe von degoutant überladenen Leinwänden, die alle Kunsttraditionen der Vergangenheit zu verspotten scheinen, das farbige Äquivalent der gewaltigen Ringarchitektur, das man heute kaum mehr erträgt. Man kann ihn leicht als Dinosaurier der schönen Künste abtun, damals aber war er äußerst populär, und der Bruch zwischen Makart und den späteren Helden der Moderne ist viel weniger eindeutig, als man hoffen möchte.

Nicht ganz im Ernst hat man behauptet – mir scheint es durchaus plausibel –, dass es eine hochgeheime Verschwörung gegeben haben muss, die dafür sorgte, dass ab etwa 1860 alle öffentlichen Aufträge im Habsburgerreich ausschließlich für unglaublich verschwenderische, wie in einem Treibhaus wuchernde, überladene Gebäude, Statuen und Fresken vergeben werden sollten. Denn das würde schließlich dazu führen, einen so überwältigenden intellektuellen und ästhetischen Druck aufzubauen, dass wahrhaft kreative Künstler gar nicht anders könnten, als die Moderne ins Leben zu rufen; man müsse nur und zwar tonnenweise, so hofften diese in geradezu kosmischen Dimensionen denkenden Kunstkämpfer, Malachit aufhäufen, müsse auf die Leute nur massenhaft allegorische Mädels loslassen, die, sagen wir, die Weichsel darstellen, dann würde plötzlich auf der anderen Seite die Kunst sich Bahn schaffen.

Diese geheime Truppe hat ihr Bestehen nie zugegeben; aber wenn das Kaiserreich zur eigentlichen Heimat der schnörkellosen modernen Linie, des Flachdachs, des puristischen Stuhls wurde, dann muss man heute nur durch seine Städte spazieren, und man weiß, warum es so kam. Ableger der Verschwörer entfalteten ihre wertvolle Hilfe auch anderswo, an Orten wie Berlin oder Brüssel, wo es einen ähnlichen Sinn für riesige, aufgetürmte, jämmerlich leblose Bauwerke gab (der Berliner Dom!), im Habsburgerreich aber saß zweifellos der Zentralrat dieser Verschwörung.

Und hier zeigt sich, wie besessen wir sind von den Dämonen dessen, was wir heute wissen. Es ist möglich, eine schwere und in Verruf geratene, offizielle imperiale Kultur zu sehen, die Ende des Jahrhunderts von Unruhestiftern unterminiert wurde; es gibt, glauben wir, eine klare Demarkationslinie zwischen «viktorianisch» und «modern». Aber indem wir so verfahren, zeigen wir uns lediglich als Erben der selbst schmeichelnden Rhetorik jener Epoche. Wir sehen diese Artefakte, weil sie alles sind, was in Städten von dieser Kultur sichtbar bleibt; doch «Kultur», das sind auch Konversationen, Zeitungen, Familienbesuche, öffentliche Prozessionen, das Kochen, der Kirchgang, der Besuch anderer Tempel. Wir haben so gut wie keinen Zugang zu den Empfindungen, die vielleicht durch ein Lied von Hugo Wolf, ein Gedicht von Rainer Maria Rilke unwiderstehlich angerührt wurden, aber sicher auch vom Spiel eines bestimmten Schauspielers, der Ostermesse oder den Nachrichten über die österreich-ungarische Annexion Bosniens. Es waren diese unergründlichen Empfindungen, die diese ganze Epoche schattieren und für alle möglichen Kontinuitäten sorgten, sowohl unter den Mäzenen als auch unter den Künstlern. In gewisser Weise sind viele der großartigen Werke der letzten Epoche des Kaiserreichs direkte und eindeutige Nachfahren von Makarts Bacchanalien und den Dekorationen des Musikvereins. Klimt hat bei Makart studiert, und obwohl seine Kunst unverwechselbar ist, viele seiner Sujets, auch seine Maltechnik und Bildauffassung könnten altmodischer nicht sein. Mahlers Symphonien sind ein musikalisches Äquivalent der Ringarchitektur, sie forderten wahrhaft imperiale Ressourcen (und Mahler selbst verbrachte natürlich den größten Teil seines Lebens in Anstellung bei Hofe). Und hätte Makart lange genug gelebt, er wäre absolut gegen die Zensur gewesen, die Mahler untersagte, Richard Strauss' *Salome* an der Hofoper aufzuführen; bot diese Oper doch genau die Art von Sex-und-Tod-Spektakel, die den Liebhabern Makarts lange vertraut war. Selbst Freuds revolutionierende Arbeit hat ihre Wurzeln tief in der habsburgischen Kultur; nur dort ließ sich das menschliche Bewusstsein als ungeahnte Masse reich dekorierter Oberflächen, verborgener Requisiten und Übermalungen entlarven.

Ich will nicht auf eine Art Hyperkonservatismus hinaus, demzufolge jede größere Veränderung zuletzt doch nur eine kleinere Anpassung wäre – aber selbst Männer wie Anton Webern oder Arnold Schönberg, deren Werke daraus leben, dass sie absolut modern sind, können in ihrer jeweiligen Fixierung auf so etwas wie eine Kunstreligion, auch in dem, was sie den Musikern und ihrem Publikum abverlangen, als Bewahrer einer Art elaborierter Verfeinerung gesehen werden, die schon fast manieriert rückwärtsgewandt ist. So vieles im großartigen künstlerischen Leben von Wien, Budapest und Prag war im Grunde ein «luxurierender Modernismus», der abhängig war von einer kleinen Gruppe von Mäzenen, die gewiss nicht weniger launisch und schräg waren als ihre aristokratischen Vorgänger. Heute betrachten wir die Bruchstücke, die aufgrund des Materials, aus dem sie gemacht sind, überleben (das endlos reproduzierbare Buch oder die Partitur, die Möglichkeit, Klimts Bilder in Poster, Getränkeuntersetzer, Schlüsseltäschchen und Papierservietten umzuwandeln) in Verbindung mit dem Überleben bestimmter Räume und Fertigkeiten – Museen, Verlage, Buchdrucker oder Musiker, deren Wirken überall im ehemaligen Kaiserreich zu verschiedenen Zeiten des 20. Jahrhunderts akut eingeschränkt, verzerrt und zensiert wurde. Die Welt des ursprünglichen Publikums dieser Kultur – komplex, mehrsprachig, religiös vielfältig, experimentierfreudig und selbstbewusst – ist unter vernichtenden Hammerschlägen verschwunden. Diese Welt war dümmer, in sich widersprüchlicher, gelegentlich mittelmäßig und in vielerlei Hinsicht provinziell (für jedes Auge, das auf Wien ruhte, waren gewiss tausend auf Paris gerichtet), und die klare künstlerische Form, die wir heute erkennen, muss damals völlig unklar gewesen sein. Der Ruhm Gustav Klimts und Egon Schieles war posthum, sogar post-1945. Zu Mahlers Lebzeiten verehrten ihn viele Musikliebhaber weit mehr als Dirigenten und Impresario denn als Komponisten, aber er wurde auch von vielen gehasst, wegen seiner Arroganz und seines Bombasts und als Jude – ein Jude, der die deutsche Musik zerstöre. Mahler und Wolf sind zwei der letzten und großartigsten Darsteller der Liebesaffäre zwischen dem äußeren Rand Deutschsprechender und dem deutschen Kernland – als Magier, die es verstanden, Gedichte des Franken Rückert, des Frankfurters Goethe, des Schlesiers Eichendorff und des Schwaben Mörike in Töne zu setzen. Allein die Vertonungen dieser Poeten machen Mahler und Wolf zu Gestalten, die in meinem eigenen, etwas schrägen Götterhimmel ganz oben besondere Plätze haben. Aber die Bedeutung, die es für Wolf hatte, Deutscher und Slowene, für Mahler ein Deutscher, Mähre und Jude zu sein, wurde immer problematischer; davor allerdings schützte beide ihr früher Tod.

Denkmale einer entschwundenen Vergangenheit

Die Habsburger wandten eine Reihe sehr erfolgreicher Strategien an, um das Ganze zu bewahren. Sie hielten die Nationalismen durch eine Art «drohende Nettigkeit» in Schach – Zugeständnisse, Kooptionen, Investitionen, gelegentliche Verhaftungen und sehr viele Kasernen. Das traditionsverhaftete, glotzäugige, schwer uniformierte Spießertum, das die Hofburg, ihre Dependancen und die Regierungen prägte, trat immer deutlicher hervor. Dies schuf eine merkwürdige Art Schutz für alle möglichen bemerkenswerten künstlerischen und intellektuellen Experimente, mit denen sich all die aufeinanderprallenden, einander überlappenden nationalen Gruppen gegenseitig eins auswischten, sich dabei aber auch stets gegenseitig in Schach hielten. Die Behörden agierten wie jene australischen Wissenschaftler, die immer wieder neue Tiere importierten, die Plagegeister auffressen sollten, dann aber ihrerseits zu Plagen wurden – jede listige Manipulation, jede hintersinnige Förderung einer ethnischen oder religiösen Gruppe erstickte deren unmittelbare Bedrohlichkeit und schuf dann ein neues Problem. 1914 lag, das lässt sich mit Fug und Recht behaupten, Irrationalität schwer in der Luft, aber es gab nicht vieles, was darauf hindeutete, dass die Habsburger ausgespielt hätten. Bösartige oder aggressive öffentliche Symbolpolitik konnte bedrohlich sein, war aber weit entfernt von einer echten Krise wie der von 1848, und ohne den Krieg hätte das noch viele Jahre so weitergehen können. Zu keinem Zeitpunkt waren die habsburgischen Sicherheitskräfte überfordert, und, wenn man bedenkt, welche Ungeheuer schon bald aus ihren Löchern kriechen sollten, ist es nicht überraschend, dass diese Jahrzehnte heute als eine Art Arkadien erscheinen.

In der kurzen Zeitspanne des Triumphes, von 1867 bis 1914, liefen die Ungarn wirklich Amok. Diese Atmosphäre ist in Budapest noch immer in der wunderbaren Gruppe von Gebäuden aus den 1890er Jahren bewahrt, errichtet für die freudentaumelnden Feierlichkeiten, mit denen das Millennium magyarischer Präsenz in Europa begangen wurde. Zu dem gewaltigen Millenniumsdenkmal gehört eine Gruppe charismatischer Statuen struppiger Stammeshäuptlinge zu Pferde, ein Aufruhr barbarischer und doch nobler Pracht. Die Ankunft der Magyaren wird als glückliche Fügung dargestellt, sie werden inszeniert als zentralasiatische Kämpfer, die ebenso inbrünstig Europäer sind, aber auch als eine Art bärtiger Indianer, die das gelobte Land erreichen. Das ist eine ebenso chiliastische, abwegige Vision wie die Theodor Herzls und hat eindeutig wenig mit habsburgischen Vorstellungen des freundlichen Teilens zu tun. Franz Joseph verstand es, solche Verrücktheiten auszuschlachten, das zeigt sich darin, wie er sich ins Zentrum der Feierlichkeiten pflanzte, die per definitionem einen starken Sog antihabsburgischer Sentiments hatten, auch wenn sie nur ein Vorrecht und eine separate magyarische Entwicklungsbahn etablierten. Dies mag an Franz Josephs schierem Mangel an Vorstellungskraft gelegen haben, zugleich war es politisch ziemlich ausgefuchst, dass er potenzielle Beleidigungen ignorierte und all den Fell-und-Geweih-Humbug der ungarischen Aristokraten als zahnlosen Pomp auffasste – und eben nicht als glühenden nationalistischen Vorwurf. Um das Millenniumsdenkmal gab es viel Gezänk, wie bei einem politisch derart aufgeladenen Schauplatz nicht anders zu erwarten. Früher standen dort auch ein paar habsburgische Standbilder, aber die wurden demontiert und durch eine Reihe großer ungarischer Führer ersetzt, die ihren Höhepunkt mit Kossuth erreicht – alles Figuren, die einem Habsburger nicht mal erlaubt hätten, ihre Hunde zu füttern. Die neben dem Denkmal gelegene Burg Vajdahunyad führt das Thema fort: eine Gruppe von Repliken berühmter ungarischer Gebäude, aus dem ganzen Territorium zusammengetragen und nachgebaut. Es war eine vorübergehende, in Holz ausgeführte Ausstellung, die aber so viel Anklang fand, dass sie in Stein neu errichtet wurde, durchaus mit einem gewissen Proto-Disneyland-Flair. Das Herzstück ist ein Nachbau der romanischen Kirche in Ják – wesentlich zweckdienlicher und lauschiger als das Original und mit der eindeutigen Botschaft, Ungarn als Leuchtfeuer und Schild des Christentums zu betrachten; dem gleichen Zweck dienten die Reproduktionen siebenbürgischer Burgen. Heute erfüllt es einen mit schmerzlichen Gefühlen, wenn man sich diese Denkmäler ansieht, denn seit jener Zeit des Überschwangs haben die

Ungarn harte Zeiten durchlebt. Immerhin jedoch müssen wir sie nicht mehr als Artefakte eines heftigen Chauvinismus betrachten, sondern können sie als ebenso witzige wie idiotische Kunstwerke genießen.

Auch in der österreichischen «Hälfte» des Habsburgerreichs lassen sich in dessen letzten Dekaden keine Symptome von Zurückhaltung oder Rückzug ausmachen. Die kleine, entlegene Provinz Bukowina, 1775 als Verhandlungs-Dankeschön von den Osmanen übernommen, war ein heilloses Konglomerat einander feindlicher Minderheiten, die zusammengehalten wurden von einer aus Wien gestützten Hierarchie. Intelligente Zugeständnisse und das Prinzip «Teile und herrsche» hielten die Bukowina am Leben und schufen proösterreichische Gruppen, die zusammengeschweißt wurden durch die Angst vor denen, die jenseits der Grenze drohten, das Land zu übernehmen, nämlich Russland und Rumänien. Die Hauptstadt Tschernowitz erhielt die Standard-Vollausstattung: elektrische Straßenbahnen, ein Opernhaus, jede Menge Jugendstil, eine Schiller-Büste und ein auf komische Weise trostloses Österreich-Denkmal, 1875 errichtet, um das Jahrhundert zu markieren, das vergangen war, seit die Türken das Territorium aufgegeben hatten – es zeigt die Statue einer pummeligen Frau, ausgestattet mit einem von Efeu umschlungenen Schwert und einem Palmwedel. Als die Rumänen 1918 einfielen, wurde das Österreich-Denkmal gestürzt – aber sein Rumpf wurde 2003 wiederentdeckt und Kopien davon durch ganz Europa verschickt, als Symbol für die (mittlerweile eher spärlichen) Verbindungen der Bukowina mit dem Westen. Es war wohl unvermeidlich, dass sich ein Künstler über eine dieser Rumpfkopien hermachte und ihr einen burkaverschleierten Kopf aufsetzte, vielleicht das bleiernste und erbärmlichste Stück Konzeptkunst, das je entstand; vielleicht aber auch eine geistreiche Reverenz an die Nichtigkeit des Originaldenkmals.

Es ist schwierig, unbeschwert durch Tschernowitz (heute die ukrainische Stadt Chernivitsi) zu streifen, da es im 20. Jahrhundert so Schreckliches erlitten hat. Viele attraktive Gebäude und Plätze sind erhalten, ein Großteil der Bevölkerung dagegen, für die sie gebaut worden waren, hat nicht überlebt. Gregor von Rezzori (schon sein Name ein perfektes Habsburg-Amalgam) hat in seinen großartigen, lebhaften Memoiren *Blumen im Schnee. Porträtstudien* die komplexe Welt, in der er aufwuchs und die in den 1920er Jahren in Tschernowitz noch existierte, in der Person seiner Amme beschrieben: «Mag es immerhin fraglich sein, dass ich mit ihrer Milch genährt worden war, mit ihrer Sprache bin ich's zweifellos. … Der Hauptteil dieses Idioms war ein niemals richtig und zur Gänze erlerntes Deutsch, dessen Lücken ausgefüllt waren mit Wörtern und Redewendungen aus sämtlichen anderen Zungen, die in der Bukowina gesprochen wurden. So war jedes zweite oder dritte Wort entweder ruthenisch, rumänisch, polnisch, russisch, armenisch oder jiddisch; auch ungarische und türkische habe ich gefunden.»

Fast alle diese Sprachen sind heute aus der Bukowina verschwunden, und schon die Lebensweise einer Familie wie der Rezzoris ist kaum mehr vorstellbar. Nach der russischen Invasion 1914 waren sie in der Lage, die geographische Reichweite des Reichs in Anspruch zu nehmen, über einen Karpatenpass zu fliehen und sich zunächst in Triest und dann in Niederösterreich niederzulassen, ehe sie in die nun rumänisch regierte Bukowina zurückkehrten und der Autor in einer Schule in Siebenbürgen landete. Dieser unglaublich weit spannende Habsburger Rahmen sollte bis 1989 von unzähligen feindlichen Grenzen versperrt sein.

Die Traumata vieler westlicher Teile des Habsburgerreichs sind unter dem Wohlstand jüngster Zeit verborgen, aber in zahlreichen ausgezehrten galizischen und bukowinischen Städte tritt rau und unvermittelt zutage, dass in diesen Orten einfach alles schiefgelaufen ist. Das heutige Chernivtsi verdient sein Geld als gewaltiger Umschlagplatz am Rande der Europäischen Union, wo Produkte aus Südostasien herangeschafft werden, um sie dann über die wilden Grenzen nach Rumänien durchsickern zu lassen. Das macht die Stadt zu einem geschäftigen, umtriebigen Ort mit einem praktischen, wenn auch halb kriminellen Zweck. Ramponierte Gehsteige, Verkehrschaos, liegengebliebene Lastwagen, Kistenstapel, riesige Werbeplakate am Straßenrand – Chernivtsi hat eine nahezu indische Anmutung, und so findet man hier den interessanten Beweis, dass Stadtbilder nicht nur ein Nebeneffekt von Kulturen sind («indisches Durcheinander»), sondern von bestimmten Mustern, die mit lokalem Bruttoinlandsprodukt, Steueraufkommen und Einflussmöglichkeiten der Regierung zu tun haben.

In Chernivtsi steht ein erstaunliches Gebäude, das all die zahlreichen Regime,* die über die Stadt gefegt sind, irgendwie überlebt hat: der Metropolitenpalast. Dieser surreale Wunderbau ist die Quintessenz dessen, wie Wien seine Rolle verstanden hat; er demonstriert seinen Hang zu pharaonischem Übers-Ziel-Hinausschießen, was seine Bauten angeht, nicht ganz unähnlich dem von den Briten gebauten New Delhi, das entstand, als ihre Herrschaft über Indien bereits so gut wie vorüber war. Nach manchen Maßstäben war der Metropolitenpalast das teuerste Bauprojekt im gesamten Kaiserreich, und doch wurde er an einem Ort errichtet, der nie mehr sein sollte als ein – wenn auch charismatisches – Provinznest; den Anstoß zum Bau gab der Österreichisch-Ungarische Ausgleich von 1867. Die orthodoxen Untertanen des Reichs waren zuvor den Kirchenbehörden in der serbischen Stadt Sremski Karlovci zugeordnet gewesen, die ab 1867 jedoch von Budapest regiert wurde. Nun musste für den österreichischen Teil der Doppelmonarchie eine neue Lösung her. Tschernowitz, damals schon ein bedeutsamer religiöser Brennpunkt, wurde aufgewertet, damit es als

* Im 20. Jahrhundert sind es mindestens zehn, wovon jedes eine akute Bedrohung für eine oder mehrere Gemeinschaften der Stadt darstellte, mal wegen der Klasse, mal wegen der Religionszugehörigkeit, mal wegen der Sprache – die große politische Wende von 1991 ist dabei noch nicht mitgerechnet.

das von Wien regierte Äquivalent gelten konnte. Die eigenartige Geographie des neuen Staatsgebildes erreichte hier ihre eigenartigste Form. Da Wien im Ausgleichsvertrag an Galizien und der Bukowina festhielt, entstand ein gut sechshundert Kilometer langer Landstreifen, der sich sichelförmig zwischen das Ungarische Königreich und Russland legte; Tschernowitz lag an der östlichsten Spitze dieser Sichel. In einem astreinen Akt von Verwaltungsirrsinn war das Metropolitanbistum verantwortlich für die orthodoxen Bevölkerungen der Bukowina und Galiziens sowie – durch einige tausend Quadratkilometer Ungarn davon getrennt – Dalmatiens. Verdutzte adriatische Serben schuldeten nun plötzlich einem Mann Loyalität, der im ukrainischen Grenzgebiet lebte.

Der Palastbau für den Metropoliten, wie er in den 1870er Jahren allmählich Form annahm, scheint komplett aus dem Ruder gelaufen zu sein; das Bauwerk ähnelt dem Werk eines Zauberlehrlings, der nicht weiß, wie er den Zauber beenden kann, den er entfesselt hat. Das Ergebnis ist ein burgundisch-hanseatisch-grenadisch-huzulisch-byzantinisches Potpourri der heroischen Art und darin ein klassisches Stück habsburgischer Zusammenarbeit. Geplant hat das Bauwerk Josef Hlávka, ein offenbar durchgeknallter tschechischer Architekt, daran gebaut haben Heerscharen mittelalterlich inspirierter deutscher und einheimischer Handwerker, Maurer, Stuckateure, Maler, Schreiner und andere Spezialisten, um das Budget hat sich offenbar niemand gekümmert. Gregor von Rezzoris Vater hatte dort für einige Jahre ein Büro, was wohl gut zu seiner historistisch-reaktionären Begeisterung gepasst haben wird. Der Gebäudekomplex hat schlimme Zeiten durchgemacht, ist heute aber eines der weltweit attraktivsten Universitätsgebäude. Mit seinen kleinen Innenhöfen, einem zauberhaften Garten, seinem wilden Eklektizismus weckte dieser Ort in mir den spontanen Wunsch, als ukrainischer Student wiedergeboren zu werden. In der Tat hat Hlávkas Vision eine so gewaltige, zugleich angenehme Ausstrahlung, dass ich mich frage, warum Architekten heute noch nach neuen Lösungen für institutionelle Bedürfnisse suchen und warum sie nichts annähernd so Gelungenes zustande bringen – statt in der Bukowina ein Schattendasein zu fristen, sollte dieses Bauwerk in jeder Stadt, die sich dafür interessiert, exakt nachgebaut werden.

Der Metropolitenpalast zeigt die merkwürdige Balance, die Wien Tag für Tag aufrechterhalten musste, zwischen verschiedenen Interessengruppen, verärgerten Parteien, Kollaborateuren und Feinden, die anzuschubsen, zu kaufen, einzusperren oder zu ignorieren waren. Er wirft auch sehr schwierige Fragen der Distanz auf, sowohl physisch als auch zeitlich verstanden. Herumzugehen und sich, wie an einem raffinierten Buffet, die verschiedenen Angebote, Optionen und Verhaltensweisen anzusehen, ist eben etwas ganz anderes, als sich eine davon fürs Leben auszusuchen. Wer sich solche Entscheidungsfragen vom Leib halten kann, der lebt im Grunde unsichtbar und fällt nicht weiter auf. Die letzte Generation habsburgischer Amtsträger, zum Beispiel von Rezzori senior, brüstete sich, dies sei eben ihr Standpunkt gewesen; wir freilich sehen allenthalben, dass sie sich damit etwas vorgemacht haben, ihr wissenschaftlicher Rationalismus war ein Irrglaube. Aber es gab tatsächlich eine Form imperialer Farbenblindheit der Art, wie sie später von Schriftstellern wie Stefan Zweig und Joseph Roth (beide sind nicht zufällig Juden) gefeiert wurde und die wirklich etwas wert war. In der Bukowina war das am ausgeprägtesten, vielleicht Europas großartigstes *macedonia di frutta*, eine Kultur jedenfalls, die einzigartig war (die auch einen Paul Celan und einen Aharon Appelfeld hervorbrachte) und nun lange verweht.

Junges Polen

Auch wenn sie sich gegenseitig die Zähne zeigten, im Allgemeinen kooperierten Russland, Deutschland und Österreich-Ungarn miteinander, um sicherzustellen, dass «ihre» Polen mit ihrem Schicksal als Bewohner eines Nichtstaates versöhnt wurden. Das österreichisch regierte Galizien war nach imperialen Maßstäben ein großer Erfolg, wenn auch nicht von alleine: Die Polen, die dort lebten, waren sich zutiefst bewusst, wie viel schlimmer ihr Leben in der deutschen Provinz Posen wäre oder in Warschau, der drittgrößten Stadt in Russland. Die Präsenz einer immer besser ausgebildeten, zunehmend lautstarken und beharrlichen ruthenischen Volksgruppe in Galizien – in manchen Regionen hatte sie die absolute Mehrheit – gab den Polen einen weiteren Grund, sich den Habsburgern gegenüber loyal zu verhalten. Doch gedeckt von dieser generellen Loyalität reichten die Haltungen der Polen von aufrichtiger Treue bis hin zu verächtlichem Zynismus. So wurde die galizische Loyalität anderen Provinzen als Beispiel vorgehalten; sie hatte allerdings einen hohen Preis. Im überwiegenden Rest Europas galt Galizien als Synonym für Verarmung und Elend, denn mindestens eine Million Galizier (viele davon Juden) wanderten aus, und außerhalb einer Handvoll aufgeputzter Stadtzentren herrschten Dreck und Trübsal vor. Ökonomisch gesehen war, was die Polen hätten gewinnen können, vielleicht zu gering, als dass es sich gelohnt hätte, allzu widerspenstig zu sein. Trotz großen bürokratischen Einfallsreichtums: Mit dieser Region war offenbar nichts anzufangen. Die einzige Ausnahme bildeten die Ölvorkommen um Drohobych herum, die dort eine seltsame, kleine, halb amerikanisierte Enklave des Wohlstands schufen, die der jüdische Schriftsteller Bruno Schulz (1892–1942) später in Erzählungen wie *Die Zimtläden* (verfilmt als *Die Straße der Krokodile*) in eine Art Wunderland verwandelte.

Krakau, eine ziemlich ramponierte Provinzstadt, war 1846, als es nach der gescheiterten Rebellion unter österreichische Herrschaft fiel, an Galizien angefügt worden. Lemberg (Lwów, heute Lwiw), ganz im Osten, blieb die Hauptstadt Galiziens, und Krakau schien zunächst unter dem Fluch seiner früheren Größe zu leiden, der Wawel, das Schloss über der Stadt, war zur trostlosen Habsburger Kaserne reduziert, seine hübschen Renaissancesäulen verdeckt. Später aber, wie von selbst, wurde die Provinzstadt Krakau, immerhin die größte in dieser Region, die nicht in die brutalen Hände der Preußen oder der Russen gefallen war, zu einem offenen Raum für den Wiederaufbau der polnischen Kultur.

Zu seltsamen Verwicklungen kam es 1873, als die Deutschen den vierhundertsten Geburtstag von Nikolaus Kopernikus feierten, eines Mannes, der für die Polen Mikołaj Kopernik war, ein Krakauer Student, ein Held und natürlich Pole. Eindeutig war dieser Kopernikus sprachlich und ethnisch gesehen eine vielschichtige Gestalt, wie sie in der Zeit, in der er lebte, recht verbreitet war. Aber mit ihrem lauten Getön machten die Deutschen plötzlich beängstigend sichtbar, dass wie zuvor das Land selbst so auch die polnische Kultur vor den Augen der überlebenden polnischen Intelligenzija demontiert werden konnte. Dabei gab es in Krakau den Kontext, in dem eine solche Zukunft vielleicht abgewendet werden konnte.

Zunächst profitierte die Stadt von der gleichen rasanten Industrialisierung, dem gleichen Wachstum, die ganz Europa veränderten, und es wurde zu einer im Wesentlichen neuen, polnisch-christlichen und polnisch-jüdischen Stadt; die Angst vor ewiger provinzieller Stagnation war überwunden. Es war die Heimat des Malers Jan Matejko (1838–1893), der praktisch jedes größere Ereignis aus Polens Geschichte in einem grellen, fieberhaften, erfreulich an Verdi-Opern erinnernden Stil gemalt hat – ich wünschte mir, die britische Geschichte hätte solches Glück gehabt. Es war ein vielleicht verzweifelter Akt der Wiederbelebung, aber bis zu seinem Tod 1893 hatte Matejko dafür gesorgt, dass jedes polnische Schulkind ein lebhaftes Gefühl für die Vergangenheit seiner begrabenen

Nation entwickelte, über die gepiesackten Türken lachte, darüber spöttelte, wie die stolzen Preußen sich 1569 grummelnd dem polnischen König unterwerfen und die Lubliner Union anerkennen mussten, zu der auch das Königliche Preußen gehörte. Mit seinen Schaustücken hievte Matejko die polnische Identität vielleicht mehr als jeder andere aus der Gefahrenzone, denn mit den Gemälden verbreitete sich auch ein neuer Stolz; und das beförderten sie effektiver als jedes Geschichtsbuch.

Das «Junge Polen», getragen von der Generation, die seit den 1890er Jahren aufwuchs, ist eine jener künstlerischen Bewegungen, die im Rest der Welt leider viel zu wenig bekannt sind. Das liegt zum Teil daran, dass so viele ihrer Produktionen in Formaten vorliegen, die kaum übersetzt werden (Theaterstücke, Gedichte) oder ortsgebunden sind (Gebäude, Buntglasfenster). Ich hatte selbst keine Ahnung, aber man kann gar nicht anders als ehrfurchtsvoll vor solchen Figuren zu stehen (wenn man sie erst entdeckt hat) wie Stanisław Wyspiański (1869–1907), der aus allem, was er in die Hand nahm, etwas Wunderbares machte (Glasfenster, Bühnendekorationen, Theaterstücke, Lyrik, Möbel), oder Feliks «Manggha» Jasieński (1861–1929), einem Kunstkritiker und charismatischen Orientalisten, der die japanische Kultur nach Krakau brachte und dessen Einfühlungsvermögen zu Recht eine Art Schrein im Krakauer Wyspiański-Museum gewidmet ist. Vieles vom «Jungen Polen» war politisch harmlos, indes musste schon die Idee einer lebhaften polnischen Kultur unweigerlich etwas Politisches bekommen. Zu Wyspiańskis schönsten Werken gehören Gemälde von Kindern und häuslichem Leben, völlig unbedrohliche Sujets, dennoch konnten sie sich dem immer heftigeren Nationalismus, der überall im Europa der Jahrhundertwende aufkam, nur schwer entziehen. Eine bezwingende Eigentümlichkeit, zugleich ein schönes Beispiel für Wyspiańskis Fähigkeit, so ziemlich alles in die Hand zu nehmen, ist die Vision einer vollständigen architektonischen Erneuerung des Wawel-Bergs, die er zusammen mit Władysław

Ekielski schuf. Dieser schäbige Habsburger Militärkomplex und Exerzierplatz wurde 1905 schließlich von österreichischen Truppen geräumt, was erstaunliche Möglichkeiten für eine Neugestaltung dieses bedeutenden Schauplatzes nationaler Geschichte eröffnete. Wyspiański und Ekielski imaginierten eine Art Akropolis der polnischen Nation, ein Märchenschloss mit Türmchen und Kuppeln, Museen und neuen Regierungsgebäuden, das von einer gewaltigen Reitbahn flankiert werden sollte. Es ist eine bezaubernde Vision, bewahrt in einem unglaublich reizvollen Modell, aber überall in Europa wurden ähnliche Ideen unbegrenzten Prunks geboren, von denen ein paar tatsächlich gebaut wurden (wie zum Beispiel die elend schwermütige Neue Burg in Wien). Als Modell jedoch ist Wyspiańskis und Ekielskis Vision nicht zu übertreffen. Als sie daran arbeiteten, hatte die Vorstellung wirklicher nationaler Unabhängigkeit für Polen etwas surreal Unwahrscheinliches, doch die kulturelle Grundlage hatte das «Junge Polen» geschaffen, und, wie sich herausstellte, mussten die Polen auch nicht mehr lange warten.

Mir ist klar, dass hier alles ein wenig durcheinanderläuft, aber wir können nicht fortfahren, ohne noch kurz das Multitalent Stanisław Witkiewicz (1885–1939) zu erwähnen. Er verdient die Dankbarkeit der Welt für die Erfindung des Zakopane-Stils in der Architektur, einer modernen Version der Holzgebäude und Schnitzereien der Goralen, einem Bergvolk im äußersten Süden Polens. Ich bin selten glücklicher, als wenn ich in Zakopane, der Heimat des Künstlers, herumwandere, das – trotz der fast unkontrollierbaren Besuchermassen aus Krakau – immer noch ein aufregend angenehmer Ort ist. Hier lebte auch einer meiner Lieblingskomponisten, der zeitweise großartige Karol Szymanowski (1882–1937), Schöpfer unter anderem des wundervollen Pantomimeballetts *Harnasie* (1923–31). Und hier saß auch Joseph Conrad fest, der als Konrad Korzeniowski in Krakau und Lwów aufgewachsen war, Polen 1874 verlassen hatte und seine alte Heimat 1914 besuchte, als ihn der Ausbruch des Ersten Weltkriegs überraschte. Schließlich konnte ein mitfühlender amerikanischer Konsul dafür sorgen, dass er aus Österreich-Ungarn geschleust wurde. Da ich Szymanowski und Conrad zu meinen geistigen Paten zähle (eine Rolle, die sie sich nicht freiwillig ausgesucht hätten), wirkte in ihrem Bergort alles schöner und bedeutsamer auf mich, als es vielleicht wirklich ist. Witkiewiczs Vision einer Stadt authentischer, strenger und doch extravaganter Holzhäuser prägt Zakopane in einigen Ecken immer noch. Hier würde ich gerne leben; von Butterformen und Melkschemeln im Zakopane-Stil umgeben, würde ich mit einer Trachtenbluse bekleidet durchs Tatra-Gebirge wandern. Seit mindestens einem Jahrhundert ist Zakopane eine Touristenfalle, aber wenn man am Tisch hockt, einen riesigen Teller Fleisch nach Goralen-Art vor sich, goralischen Musikern lauscht, hat man überhaupt nichts dagegen, in dieser Falle zu sitzen.

XIV

«Der dicke Fromme»

Nachtmusik

Siebenbürgische Raketentechnik

Psychopathologien des Alltagslebens

Der Anfang vom Ende

«Der dicke Fromme»

Erzherzog Franz Ferdinand ist einer der gruseligen Geister der modernen Ära, dazu verdammt, Jahr für Jahr seine quälenden letzten Stunden nachzuspielen, Straußenfedern überall, ein Körper, der eine absurde Uniform ausbeult. Auf immer und ewig ist er unterwegs und nimmt zuletzt jenen falschen Abzweig, der ihn einem deprimierten jungen Mann zuführt. Der hockt, über das erbärmliche Scheitern seines Attentatsplans grübelnd, in einem Café in Sarajevo, und plötzlich bietet sich ihm diese unglaubliche zweite Chance: Betrogen von seinen nutzlosen Sicherheitsvorkehrungen, verraten von seinem bescheuert schnauzbärtigen Aussehen, scheint Franz Ferdinand geradezu danach zu rufen, getötet zu werden und eine neue schreckliche Welt einzuläuten.

Fast sein ganzes Erwachsenenleben hatte Franz Ferdinand damit verbracht, die ihm bevorstehende Rolle als Habsburger Kaiser zu proben und Krieg zu spielen. Von seinem sechsundzwanzigsten Lebensjahr bis zu seiner Ermordung ein Vierteljahrhundert später wartete er ungeduldig auf den Tod seines verhassten Onkels Franz Joseph. Natürlich werden wir nie erfahren, ob er ein «guter» Kaiser geworden wäre. Vielleicht hat er einfach zu lange gewartet, und alle Qualitäten, die er besessen haben mochte, waren längst verronnen,

Linke Seite:
Franz Ferdinand und Wilhelm II. auf der Jagd bei Springe, 1912. Ich denke, die Leser können sich selbst einen Reim machen auf dieses Foto, das so etwas wie die Unerschütterlichkeit europäischer Herrscher dieser Zeit demonstrieren soll.

unterwegs verloren in einem Labyrinth von Ritualen, Uniformen, Massen und – vor allem – der Jagd. Seine Schießkünste machten ihn legendär, und er war ein Produkt jener widerwärtigen, deprimierenden Ära, in der aristokratische Jagdausflüge mit moderner Militärtechnologie vermählt wurden und die gesamte Beziehung von Jäger und Gejagtem derart aus dem Gleichgewicht geriet, dass das Schießen von Rebhühnern zu einer Art Protoversion des Computerspiels «Space Invaders» wurde: Franz Ferdinand kam auf die verstörende Strecke von 300 000 erschossenen Tieren. Die kleinen Waldviecher seines böhmischen Grundbesitzes müssen begeistert gewesen sein, als ihnen die Nachricht aus Sarajevo zu Ohren kam.

Franz Ferdinands Ruf ist doppelt ruiniert – nicht nur durch die dumme, unheilvolle Art seines Todes, sondern auch durch seine komische Rolle am Anfang von Jaroslav Hašeks *Der brave Soldat Schwejk*. Der vernichtende Anfangsdialog zwischen Schwejk und seiner Bedienerin – in dem Schwejk annimmt, dass der Ferdinand, dessen Ermordung verkündet wurde, entweder ein Ferdinand sein müsse, der als Diener beim Drogisten arbeite, oder ein Ferdinand, der ein örtlicher Hundedrecksammler sei («Um beide is kein Schad») – hat den Erzherzog für viele tausend Leser für immer begraben. Und die niederschmetternde Berichtigung der Hauswirtin setzt noch eins drauf: «Aber gnä' Herr, den Herrn Erzherzog Ferdinand … den dicken frommen.»

In der heutigen Tschechischen Republik ist Franz Ferdinands Wohnsitz Schloss Konopiště ein höchst populärer Touristenort: Mittelpunkt des neuerlichen Kults um die Habsburger als glückliche Herrscher besserer Zeiten. Ich kann, nachdem ich eine Menge Zeit in mitteleuropäischen Schlössern vertrödelt habe, doch mit einiger Autorität behaupten, dass dieses das interessanteste von allen ist. Trotz Zerstörungen, trotz plündernder Nationalsozialisten zeigt das Innere von Konopiště noch exakt den Zustand, in dem es Franz Ferdinand und seine Familie zum letzten Mal verließen, zu ihrer Reise nach Bosnien. Es ist Abbild eines besonderen Geistes, darin vielleicht nur mit Freuds Haus in London vergleichbar. Zudem erinnert es an Béla Bartóks Oper *Herzog Blaubarts Burg*, denn mit jeder Tür öffnet sich ein neuer Blick auf die Psyche des Thronfolgers. Franz Ferdinand war ein großer Katalogisierer, in geistiger wie physischer Hinsicht – ein Mann, der glaubte, er könne alles wissen, wenn er es nur gescheit systematisierte. So machte er Konopiště zur Erweiterung seines Gedächtnisses.

Auf der ganzen Welt hat er Tiere geschossen (von Nashörnern über Spießböcke bis hin zu Emus) und zu jedem Beutestück genaue Notizen gemacht; er hinterließ also eine vollständige und schauerliche Bilanz. Einige hundert dieser Tiere wurden ausgestopft und aufgestellt oder aufgehängt, ganze Korridore des Schlosses starren vor Geweihen, Hauern, Schnäbeln, Schnauzen, Glasaugen, Federn und Borsten. Wandert man an diesen Trophäen entlang, genügte schon ein kurzer Moment der Unaufmerksamkeit, und irgendetwas hätte einen aufgespießt, in eine Wolke aus Sägemehl oder muffigen Haaren gehüllt. Weil sich Franz Ferdinand, wo immer er hinreiste, auch fotografieren ließ, sind die Flure auch voller Fotos seiner weltweiten Jagdzüge, durch Ägypten und Australien, durch Kanada und die Vereinigten Staaten (wo er, zu seiner Verblüffung, tatsächlich seine Pistole abgeben musste, bevor er den Yellowstone-Nationalpark besuchte). Auch ein Waffennarr war er, viele edle Stücke seiner Sammlung stammten von seinem Cousin, dem Herzog von Modena, der ihm nicht nur jede Menge Radschlossgewehre, ziselierte Hellebarden und Turnierrüstungen vermachte, sondern auch so viel Geld, dass er zu einem der reichsten Männer Europas wurde – und damit unabhängig war von jeder kaiserlichen Apanage, sehr zum ohnmächtigen Ärger seines Onkels Franz Joseph. Ganze Räume sind vollgestopft mit raffinierten Metallgerätschaften, die dazu dienten, Menschen umzubringen, untergebracht in Glaskästen, dekorativ an den Wänden arrangiert oder von der Decke hängend. Ein weiteres Objekt seiner Sammelleidenschaft war der heilige Georg (obwohl sein Lieblingsheiliger Hubertus war – der Schutzpatron der Jäger), und so sieht man auch in jeder Ecke und jedem Winkel mal schöne, mal fremdartige, mal belanglose Skulpturen von Georg, mit oder ohne Drachen. Diese monströse Anhäufung von Zeug hat etwas Unheimliches und Exzessives. Ein Flügel des Schlosses wurde eigens für seinen Cousin und Freund, den Kronprinzen Rudolf, gebaut, und hier ließ der junge Franz Ferdinand Objekte zusammentragen, von denen er dachte, sie würden Rudolf gefallen. Doch als der sich umbrachte, hatte er das Schloss nicht einmal besucht. An der Einrichtung des Flügels wurde nichts verändert, und wie die Holzvertäfelung blieb auch die Aura eines maskulinen, konservativen, frischluftfanatischen Allerweltsverstands bewahrt, ein perverser Schrein mit einem Hauch Eau de Cologne in der Luft.

Spätestens, wenn man das alles aufgenommen, dazu noch Franz Ferdinands obsessives Tagebuch gewürdigt hat, in dem für jeden Tag seines Lebens der jeweilige geographische Standort vermerkt ist (aufgeschlagen ist die Seite mit dem Jagdbesuch in Welbeck Abbey, wo es einem Waffenmeister um ein Haar gelungen wäre, den Erzherzog umzubringen, was den Verlauf der Geschichte ziemlich verändert hätte), vielleicht auch die sinnreich unterteilten ledernen Schrankkoffer bestaunte, spätestens dann ist klar, dass dieser Schlossherr sehr eigentümlich war. Zweifellos sehr schlau, gewissenhaft, konzentriert, hungrig nach Informationen, aber ebenso humorlos, engstirnig, habgierig und eben ein unersättlicher Katalogisierer der schauerlichen Art. Ob in Konopiště oder im Oberen Belvedere, seinem Wiener Sitz, Franz Ferdinand verbrachte Jahr um Jahr damit, sich zu fragen, wie er das Reich reformieren könne, welche Ungarn er als Erstes einlochen müsse, brütete über Karten und Büchern, nahm ganze Heerscharen von Experten ins Kreuzverhör, alles zur Vorbereitung auf den Augenblick, in dem er endlich das Ruder übernehmen würde. Er entwarf eine endgültige Neuorganisation des Reiches, wollte aufräumen, es rationalisieren und seine Geschäfte in Übereinstimmung bringen mit seinem

Jagdkalender, den Statuen des heiligen Georg und den langen Reihen seiner Steinschlossgewehre. Wir werden nie erfahren, ob sein Plan für die Vereinigten Staaten von Großösterreich aufgegangen wäre (es gibt viele Varianten), und es bleibt unklar, wie ernst er seine Planungen nahm, auf dem Papier allerdings wirkt der Plan verlockend: fünfzehn ethnisch kohärente Staaten mit Wien als (sehr mächtiger) Bundeshauptstadt. Wirft man einen Blick auf diese Karte (entworfen vom rumänisch-siebenbürgischen Aurel Popovici), blickt man zugleich in eine Zukunft, die nie eintrat – oder nur teilweise und kurzzeitig unter der schamlosen Bevormundung durch die Nationalsozialisten. Hätte es aber Staaten gegeben wie Szeklerland, Trient und Deutsch-Böhmen, dann hätte das viel Leid ersparen können, und die Karte wird so zu einem beklemmenden Kommentar dessen, was in dem Jahrhundert seit ihrem Entwurf geschehen ist.

Franz Ferdinand war ein insofern ungewöhnlicher Habsburger, als er sich schwertat, Sprachen zu lernen; sein Ungarisch war eine Katastrophe, und dies Scheitern ist vielleicht einer der Gründe, warum er Ungarn so hasste. Wenn seine Karte Wirklichkeit hätte werden sollen, hätte – als erstes Hindernis – das ungarische Königreich zerschlagen werden müssen. Die jahrelangen Täuschungsmanöver, juristischen Spitzfindigkeiten und Heucheleien der ungarischen Aristokratie regten Franz Ferdinand dermaßen auf, dass er – der alles Demokratische sein Leben lang hasste – zu einem gütigen Unterstützer eines breiten Wahlrechts wurde, freilich nur in Ungarn (nicht etwa in Österreich), bloß um die ungarische Aristokratie zu erregen und dann zu zerstören. Er wollte die Atmosphäre der Unterwerfung wiederherstellen, die 1849 geherrscht hatte, um aufzuräumen mit dem inzwischen entstandenen Pfusch und einen Habsburger Superstaat zu schaffen. Diesen faszinierenden Möglichkeiten standen allerdings akute Probleme entgegen, sollte er mit der Umsetzung beginnen. So wenig Freunde die Ungarn hatten, eine derart drastische Neuordnung hätte die missgünstigen

Russen auf den Plan gerufen, den Zorn der Italiener, Serben und Rumänen geweckt, also sehr wohl zu einem ähnlichen Flächenbrand führen können wie dem, den Franz Ferdinand mit seiner Ermordung provoziert hat. Die Neuordnung ging außerdem davon aus, dass jede Nationalität, sobald die Ungarn irgendwie entwaffnet worden wären, glücklich und nach Volkstum sortiert innerhalb der Grenzen des Habsburger Föderalismus verblieben wäre. Warum aber sollten die Deutsch-Böhmen weiter in ihrer kleinen waldigen Provinz leben wollen und sich nicht mit dem Zweiten Reich vereinen? Der Plan (und wenn Franz Ferdinand so viele Varianten entwarf, wird er diesen Makel irgendwann selbst entdeckt haben) übersah vollkommen, dass es ja gerade die Ungarn waren, die den Gendarmen spielten, sie waren die eifrigsten und hemmungslosen Vollstrecker einer antinationalistischen Politik. Hätte man sie neutralisiert, hätten sich die Habsburger ihre mächtigste Waffe selbst aus der Hand geschlagen. Wie auch immer, einige der auf Popovicis Karte festgehaltenen Varianten wurden schließlich ausprobiert, mit erschütternden Ergebnissen – aber sowohl das rücksichtslose Neuziehen von Grenzen als auch die Gewaltsamkeit der späteren Entwicklungen hatte wichtige Ursprünge in Franz Ferdinands Gehirn.

Viele seiner politischen Überlegungen wirken wie die eines Mannes, der davon träumt, eines Tages all seine Diener zu verprügeln, in der Hoffnung, dass dies den Gehorsam stärken wird. Aber das hatte wohl vor allem mit seiner unangenehmen Persönlichkeit zu tun, ein Kriegstreiber war er sicherlich nicht. Eine der schlimmsten kontrafaktischen Überlegungen, die man um seinen Tod anstellen kann, betrifft die Frage, wie er sich in der Julikrise verhalten hätte, wäre sie nicht durch seine Ermordung ausgelöst worden. Er war kein Titan, aber hätte er nicht eine intelligentere österreichisch-ungarische Strategie formen können als die Bande von Fatalisten und zitternden Spinnern, die sich um den alten Franz Joseph scharten? Wenn die Julikrise vor allem durch das moralische Versagen von Europas ziviler Führerschaft verursacht wurde, dann lässt sich einigermaßen plausibel annehmen, dass Franz Ferdinand mit seiner enormen Autorität andere Denkmuster hätte durchsetzen können. Er war stets davon überzeugt, dass ein deutsch-habsburgisch-russisches Bündnis Triebkraft für ein stabiles und erfolgreiches Europa sei, ein Bündnis, das letztendlich über lange Perioden des 19. Jahrhunderts hoch erfolgreich gewesen war. Diese Wahrnehmung, dass sich die drei Kaiserreiche aus dynastischen, antidemokratischen und antipolnischen Gründen gegenseitig unterstützen sollten, war sehr plausibel – und in der Tat erwies sich die vielleicht überflüssige Entfremdung Russlands als ebenso große Katastrophe für Europa wie das Zerwürfnis zwischen Großbritannien und Deutschland.

Diese verschiedenen Kombinationen, Optionen und Möglichkeiten gingen ihm vorwärts und rückwärts durch den Kopf, während die Jahre in Konopiště verstrichen. Das jedoch geschah vor einem sehr reizvollen Hintergrund. Er mochte unhöflich, engstirnig, missgünstig und ein Feind pelziger Freunde in aller Welt gewesen sein, aber er war ein sehr guter Ehemann und Vater. Mögen Historiker oft verzweifeln, weil sich das Privatleben ihrer Figuren normalerweise so schwer fassen und einschätzen lässt, in diesem Punkt war Franz Ferdinand ohne Tadel. Trotz eisiger Missbilligung durch Franz Joseph bestand er darauf, Sophie Chotek zu ehelichen, eine böhmische Gräfin, die nach Habsburger Standards als nicht ebenbürtig galt. Beide waren, nach allem, was man weiß, einander sehr zugetan, Sophie allerdings musste für den Rest ihres Lebens damit zurechtkommen, dass sie vom gruseligen Wiener Hof verächtlich behandelt und gedemütigt wurde. Da sie auf der Rangliste ganz weit unten rangierte, musste sie bei Banketten an irgendeinem beengten Nebentisch sitzen, während ihr Ehemann oben am Kaisertisch Platz nahm. All das verstärkte die Entscheidung der beiden, so viel Zeit wie möglich in Konopiště zu verbringen, mit ihren drei Kindern, Sophie, Maximilian und Ernst. Eine Bedingung, dass die Ehe überhaupt zustande kommen konnte, war, dass keines der Kinder je auf den Thron gelangen konnte – ein Stück rachsüchtigen Wahnsinns, was das Kaiserreich allerdings zumindest davor bewahrte, mitten im Ersten Weltkrieg von einem vierzehnjährigen Maximilian regiert zu werden.

Die Familie liefert den anderen, tatsächlich überraschenden und bewegenden Aspekt des Schlosses. Die Kinderstuben und die Familienzimmer bewahren die Spuren eines sehr privilegierten, dennoch charmanten, bescheidenen und umsorgten Lebens, weit entfernt von der Spießigkeit und der Brüllerei auf dem Exerzierplatz, die Franz Ferdinand in anderen Zusammenhängen so unbeliebt machten. Die Gemälde und Fotos der Familie, die Spielsachen und Zeichnungen der Kinder mögen etwas Sentimentales haben, zugleich verweisen sie auf ein erschütterndes Schicksal – vor allem jene letzte Fotografie der ganzen Familie, ein fröhliches Urlaubsbild aus Kroatien, aufgenommen, kurz bevor Franz Ferdinand und Sophie nach Sarajevo aufbrechen, und dann das allerletzte Foto der Kinder in Schwarz, trauernd, auf eine gestellte und veraltete Art nach der Nachricht von der Ermordung ihrer Eltern. Die beiden Söhne wehrten sich gegen den «Anschluss» Österreichs von 1938 und hatten Glück, dass sie überlebten. Aber sie wurden, sobald die Nationalsozialisten die Macht in Österreich übernommen hatten, für einige Zeit in Dachau interniert; zwei Kinder der Tochter verloren ihr Leben im Kampf für das Dritte Reich.

Als wäre diese dichte, beinahe erstickende Abfolge von Assoziationen, Schrecken und Querverweisen, die Konopiště füllen, nicht schon genug, stößt man dort noch auf einen letzten Schatz: An der finsteren kleinen Bahnstation des Ortes Benešov ist auf welche Weise auch immer der dekorative Rahmen der Tür erhalten geblieben, die einst in den besonderen Warteraum führte, der Gästen vorbehalten war, die auf dem Weg zum Wohnsitz des Thronfolgers waren oder von dort kamen. Dieser Türrahmen ist nicht viel, aber er hat allerlei Drangsal überlebt, und was für kuriose, prachtvolle Gestalten dort einst hindurchgingen! Im Sommer 1914 kamen Kaiser Wilhelm II. und Großadmiral Alfred von Tirpitz zu Besuch.

Dies war eines der Schlüsseltreffen vor dem Ersten Weltkrieg, und ärgerlicherweise gibt es keinerlei Hinweise darauf, was dort besprochen wurde. Franz Ferdinand war gegen einen Präventivkrieg jeder Art – er war sich der Habsburger Schwäche sehr wohl bewusst und ungeduldig (zu jener Zeit bereits mehr als ungeduldig), seine Reformen durchzuführen und das Reich als Großmacht nach den modernen Beispielen Deutschlands und der USA zu regenerieren. Die drei Männer, die mit ihren Zigarren in Franz Ferdinands «Haremszimmer» saßen, hatten wahrscheinlich die offenste und interessanteste Unterhaltung, die man sich nur vorstellen kann, angereichert mit antibritischen, antirussischen und antifranzösischen Schimpftiraden, mit gelegentlichen höflichen Pausen, um Franz Ferdinand zu gestatten, sich antiungarisch und antiserbisch auszulassen. Wir wüssten so viel mehr über die wahren Parameter der deutsch-habsburgischen Beziehung, aus der sich die tödliche Dynamik des Sommers entwickeln sollte, wenn es denn irgendeine Art von Aufzeichnung gäbe. Die Schlafzimmer sowohl des Großadmirals als auch des Kaisers blieben erhalten. So wie das von Tirpitz'sche ausgestattet wurde, hatte man dabei wohl einen Militaristen im Sinn gehabt, der klare Worte liebte und seinen Vollbart zu einem Zweispitz kämmte – heutige Besucher sehen das Zimmer eines echten Kerls, ohne Firlefanz, aber mit einem Porträt von Wallenstein. In ulkigem Kontrast dazu das Zimmer des Kaisers: eine Tapete mit rosa Rosenmuster, jede Menge böhmisches Glas und zierliche Möbel. Es ist schwer vorstellbar, dass Franz Ferdinand diese Ausstattung in Auftrag gegeben hat, die den obersten Nibelungen-Kriegsherrn doch nur beleidigen konnte; irgendjemand, der im Schloss herumschlich, hat sich wohl einen Spaß erlaubt.

Nachtmusik

Das hier ist wahrscheinlich eine ebenso gute Stelle wie jede andere, um in Sachen Béla Bartók Farbe zu bekennen. Zu all den Reisen und all der Lektüre, die hinter diesem Buch stehen, hat mir eine Reihe von Komponisten den Soundtrack geliefert, und keiner davon war für mich bedeutsamer als Bartók. Kurz nachdem ich meine erste richtige Stelle antrat, traf ich mich mit einem Freund, der Bartóks Musik gerade entdeckt hatte und darauf bestand, dass ich mich hinsetzte und mir die Eröffnungstakte von *Herzog Blaubarts Burg* anhörte. Und endlich hatte mein Leben die beschattete, mystische, düstere und morbide Begleitung, die ihm einen Sinn verlieh. Mochte ich auf einem Klappbett in der Abstellkammer eines überfüllten Mietsdoppelhauses am Rande eines Industriegebiets in Basingstoke nächtigen, mir Hühnerpastete und Zuckermais in der Mikrowelle wärmen, in meinem Kopf spielten sich kolossale Dramen ab.

Wie so oft können völlig zufällige Begegnungen, erfolgen sie im richtigen Alter, einschneidende Auswirkungen haben. Ich kann mir mein Erwachsenenleben ohne Bartók ebenso wenig vorstellen wie ohne meine Familie – und ich weiß nicht, wie ich dieses Buch ohne Bartók hätte schreiben sollen. Diverse Schriftsteller, Musiker und Maler haben mir den Kopf so verdreht, dass ich den Blick schließlich nicht mehr von Mitteleuropa wenden konnte, aber es war Bartók, der es im Lauf von etwa fünfundzwanzig Jahren in ein bleibendes Rätsel verwandelt hat, und sein Gesicht auf zahllosen Fotos wurde zu einer Art enigmatischer Vaterfigur für mich. So gerne ich Szymanowski, Janáček, Ligeti, Dvořák, Zemlinsky, Berg, Mahler, Wolf und Schönberg höre, sie alle sind Komponisten, die für mich der Spur folgen, die Bartók durch meinen Kopf gebrannt hat.

In einem Buch, in dem ich mir sicher einiges durchgehen lasse, besteht natürlich auch die Verlockung, mich nun endlos mit Bartók zu beschäftigen; ich versuche, mich zu beherrschen. Zu meinem großen Glück habe ich *Herzog Blaubarts Burg* erst dann auf der Bühne gesehen, als sich die gesamte Oper bereits in meiner Vorstellung eingenistet hatte, denn im kalten Licht des Opernhauses ist sie eine ziemlich peinliche Merkwürdigkeit. Das Drama beginnt damit, dass der Herzog seine Braut Judith in seine dunkle und finstere Burg bringt. Das Paar liebt sich, aber Judith besteht (verständlich genug) darauf, dass die sieben gewaltigen Türen im Burginneren geöffnet werden, um etwas Licht in das Gebäude einzulassen, aber auch weil es keine Geheimnisse zwischen ihnen geben darf. Der Herzog gibt widerwillig nach, eine nach der anderen werden die Türen aufgeschlossen, und es enthüllen sich nacheinander eine Folterkammer, eine Waffenkammer, eine Schatzkammer, ein Zaubergarten, ein toller Ausblick auf Wälder und Wiesen, ein Tränensee und schließlich Judiths eigenes furchtbares Schicksal.

Selbst wenn ich dies niederschreibe, fühle ich mich ein wenig unbehaglich wegen der bleiernen Schwere dieses knirschenden Symbolismus, wegen Pseudopsychiatrie und so weiter. Schuld daran ist Béla Balázs, der das Libretto schrieb und mit dem Szenario für Bartóks Ballett *Der holzgeschnitzte Prinz* einen ähnlich miesen Job ablieferte, obwohl Balázs eine faszinierende Gestalt ist – auch ein typisches Beispiel für Magyarisierung, denn er, Kind deutsch-jüdischer Eltern, war als Herbert Bauer auf die Welt gekommen. Mochte er als Librettist versagt haben, ein vollkommeneres Vergnügen als mit seinen chinesischen Geschichten in *Der Mantel der Träume* hätte er Lesern kaum bereiten können. Doch Bartók muss auch seine Blaubartgeschichte gemocht haben, und solcherart Geschichten schwirrten wohl viele herum im damaligen Budapest: Wahrscheinlich sollten wir *Blaubart* in eine Reihe stellen mit dem Zoologischen Garten, Ignác Alpárs Burg Vajdahunyad und den Skulpturen des *Turul**, sie alle sind aus dem gleichen wundervollen

* Ein adlerartiges Geschöpf, dem ein zentraler Platz in der ungarischen Mythologie zukommt. Es gibt eine riesige Skulptur des Vogeltiers auf Budapests Burg-

Material geschnitzt. Zu Bartóks Unglück hängt die Wirkung dieser Dinge aber nicht davon ab, dass sie auf einer Guckkastenbühne aufgeführt werden, vor gut betuchten Leuten, die ordentlich in Reihen sitzen. Balász und Bartók haben etwas geschaffen, das auf der Bühne nur lächerlich wirken kann (zwei Menschen, die, umgeben von Türen, vor sich hin trällern), das sich aber, beabsichtigt oder nicht, brillant anhört, wenn man es mit Kopfhörern oder großen Lautsprechern verfolgt. Kein Bühnenbildner kann hoffen, auch nur heranzureichen an diese Musik, die Visionen körperlosen Entsetzens und Ekstase heraufbeschwört, eine mental unabschließbare Regression in Giovanni Battista Piranesis «Carceri d'invenzione». Wie so häufig, wenn ich Bartóks Musik höre, bedaure ich, dass ich nie viel mit bewusstseinsverändernden Drogen im Sinn hatte.

Herzog Blaubarts Burg war meine Einführung in die unergründlichen Freuden des Ungarischen. Wenn Blaubart zu Kékszakállú (viel besser!) wird und Dinge gesagt werden wie

> Aranypénz és drága gyémánt,
> Bélagyönggyel fényes ékszer,
> Koronák és dús palástok!

dann weiß man, dass man verloren ist. Ich habe so viel Zeit mit Versuchen verbracht, Ungarisch richtig auszusprechen, und es ist die Sprache, die nun im Zentrum meiner persönlichen Wut und Trauer darüber sitzt, dass ich ein solcher Sprachenmuffel bin – ich weiß, dass ich sterben werde, ohne den Zugang zu diesen fremdartigen, wohlklingenden Lauten gefunden zu haben.

Blaubart (oder, ähem, *A Kékszakállú Herceg Vára*) war der Beginn einer langen Reise, mit der ich meine Leser nicht schrecken sollte. Doch Bartók ist das unvergängliche Versprechen, es könne

hügel, aber das größte (mit der bornierten Prahlerei, es sei Mitteleuropas größte freistehende Vogelskulptur) steht auf einem Hügel vor dem Ort Tatabánya.

ein Buch für die Ohren geben, von nie endendem Interesse und mit unendlich vielen Seiten zum Umblättern. Die meisten von Bartóks orchestralen Paradestücken, ausgenommen *Blaubart*, die Klavierkonzerte und die *Musik für Saiteninstrumente, Schlagzeug und Celesta* haben mir nie so viel bedeutet. Hypnotisch wird er in den Werken, in denen er seine innerste Fremdartigkeit am vollständigsten entfaltet – in der Kammermusik, den Stücken für Klavier. Mit schmerzlich wachen, nach innen gerichteten Sinnen habe ich einmal Musils *Der Mann ohne Eigenschaften* gelesen, während ich wieder und wieder *Mikrokosmos* hörte, und diese beiden ergreifenden und heroisch ambitionierten Werke sind für mich miteinander verschweißt, auch wenn sie für ein kühleres Auge oder Ohr nichts gemein haben sollten. *Mikrokosmos* (1926–39) ist eine gewaltige Sammlung von einhundertdreiundfünfzig Klavierstücken, die ursprünglich als leichte, kleine Lehrstücke für Bartóks Sohn gedacht waren («Punktierte Noten», Nr. 7, «Synkopen», Nr. 9), aber mit den «Sechs Tänzen in bulgarischem Rhythmus» (Nr. 148–153) zuletzt davontollen Richtung Irrenanstalt der Virtuosität. Ich habe nie zu ergründen gewagt, nach wie vielen Stücken aus diesen sechs Büchern der kleine bedauernswerte Péter Bartók plärrend rausgerannt ist. Schon die ersten Etüden, die sogar ich spielen könnte, klingen absolut bartókisch und haben Spekulationen darüber angeregt, dass seine Musik so eigenartig sei, weil er die Dinge einfach anders (oder «falsch») höre oder sich vorstelle – aber das wird man natürlich nie beweisen können. Manche Stücke aus *Mikrokosmos* sind lediglich technisch und farblos, aber so außergewöhnliche Stücke wie «Spiegelung» (Nr. 141) und «Märchen von der kleinen Fliege» (Nr. 142) sind für mich der Ausdruck des Nachdenkens über Ungarn, sausen in meinem Kopf hin und her, können selbst eine Busfahrt durch Transdanubien beleben.

Bartóks Existenz (wie die so vieler österreichisch-ungarischer Künstler) steht in fürchterlichem Widerspruch zu den späteren politischen und rassischen Erschütterungen. Fast kein Ort, der mit seiner Kindheit oder seinen Interessen in Verbindung steht, liegt heute im ungarischen Staat. Er wurde in Nagyszentmiklós geboren, heute der rumänische Ort Sânnicolau Mare, zog dann nach Nagyszőllős (wo er als Wunderkind herumklimperte), heute der ukrainische Ort Vynohradiv, dann nach Nagyvárad (Großwardein), heute die rumänische Stadt Oradea, und dann nach Pozsony, der slowakischen Hauptstadt Bratislava (Pressburg). Erst im späten Teenageralter ging er nach Budapest. Die Recherche für die Volkslieder, die für Bartóks Musik so bedeutsam waren, fand hauptsächlich in der heutigen Slowakei und in Rumänien statt, und der Komponist kleidete sich in die Tracht eines schmerzlich ernsthaften Wanderers. Es ist, als sei er gerade noch rechtzeitig geboren, um als Komponist existieren und von Quellen zehren zu können, die schon bald versiegen sollten.

Er durchlebte die gesamte historische Abfolge, beginnend mit der Habsburgerverachtung seiner frühen Tondichtung *Kossuth*, die ein spöttisches Stück auf die «Kaiserhymne» enthält, was den Behörden Angst machte – eine unbegründete Angst, bedenkt man die trostlose Steifheit des Stücks; dann die Schrecken des Ersten Weltkriegs, gefolgt von seinem Engagement für die Ungarische Räterepublik, und zuletzt baute er wieder ein paar Brücken zu der traumatisierten, grauen Horthy-Zeit, hörte jedoch nie auf, für das einzutreten, was er sehr schön «die Bruderschaft der Menschen» nannte. Der gegenseitige Hass, der Mitteleuropa in die Zerstörung trieb, ließ natürlich auch das Musikleben nicht unberührt, so privat auch vieles von Bartóks Musik wurde. Eine Initiative, nicht mehr als der Vorschlag, eine Tafel an seinem Geburtshaus in Rumänien anzubringen, endete im Gezänk darüber, in welcher Sprache sie denn verfasst werden sollte. Ebenso düster die Tatsache, dass eines seiner größten Werke, die *Cantata profana – Die Zauberhirsche*, das auf einem rumänischen *colindă* (einer Form von Weihnachtslied) basiert, ins Ungarische übersetzt werden musste, um es für Aufführungen in Ungarn akzeptabel zu machen. Sein ausgemachter Hass auf den Faschismus brachte ihn schließlich dazu, nach New York auszuwandern, wo er in Krankheit und Elend gerade lang genug lebte, um noch von der Zerstörung seines Landes zu hören. Zehn Personen kamen zu seiner Beerdigung.

Normalerweise vermeide ich Besuche in musealen Geburts- oder Wohnhäusern berühmter Schriftsteller oder Komponisten, denn die Verbindung zwischen dem, was sie enthalten, und dem, was wir schätzen, ist zumeist arg gering – Schreibpulte, Klaviere oder Nippes stehen doch sehr weit unten auf der Liste der Gründe, aus denen wir uns für jemanden interessieren; und wenn dann noch Café, Souvenirshop und Eintrittskartenhäuschen hingepflanzt wurden, ist es ganz aus. Für Bartóks Haus in den Budahügeln, in dem er einen großen Teil der 1930er Jahre gelebt hat, glaubte ich aber eine Ausnahme machen zu müssen. Eine Ausnahme machte ich auch für das Haus von Szymanowski in Zakopane, das wirklich faszinierend war – und das zeigte, dass ich jahrelang total falschgelegen hatte, was die Häuser von Schriftstellern und Komponisten angeht, und damit für ein dummes Loch in einem großen Teil meines Schreibens gesorgt hatte, das nun wohl irreparabel ist.

Bartóks Haus konnte nicht gründlicher umgemodelt sein, aber es sind immer noch diese Straße, die er entlangging, der Garten, in den er blickte, die Räume, durch die er sich bewegte. Ich war dort an einem angemessen dunklen Wintertag mit kahlen Bäumen, und alles schien nach *Blaubarts* «Tränensee»-Musik zu schreien. Im Haus wird ein Sammelsurium von Bartók-Dingen präsentiert, die fast nebenbei sein Dasein als Protohippie erkennen lassen. Auf den meisten Fotografien ist er gekleidet wie ein düsterer Bankangestellter, im Wohnhaus aber gibt es eine, die ihn in einer bunten Bluse und mit Sandalen zeigt, vor einem folkloristisch bemalten Kleiderschrank sitzend; und ebendieser Schrank steht direkt neben dem Foto. Ganz wunderbar sind die kleinen Gegenstände, die er liebte und sammelte – Tabletts mit Käfern, Blumen, Münzen, Mineralien, Muscheln, mit Krimskrams gefüllte Zigarrenschachteln, ein Schachspiel, ein Taschenlabyrinth, ein Edelweiß. Die größten Schätze des Museums waren das, was man erwartet (Diplome, Partituren, Gemälde), aber diese winzigen Gegenstände waren bewegend – hier war der Mann, der *Mikrokosmos* geschrieben hatte, Erfinder der zirpenden «Nachtmusik», die durch sein ganzes Werk gestreut ist, deren Sensibilität durch ein faltbares Schachspiel oder eine gepresste Blume ebenso perfekt ausgedrückt scheint wie durch seine Musik.

Siebenbürgische Raketentechnik

Seit einigen Jahren hege ich eine etwas unbedarfte Phantasie über Westrumäniens Museumsdirektoren: Ich sehe sie vor mir, wie sie bei ihrem jährlichen Weihnachtsessen – zwischen einigen den Gaumen versengenden Obstwässern – ungeduldig auf das Highlight warten, nämlich auf die Bekanntgabe des Preisträgers für den langweiligsten Ausstellungskasten. Als eines jener Handvoll Individuen, die durch so ziemlich alle Museen in Siebenbürgen, dem Partium und dem nordöstlichen Banat getingelt sind, könnte ich, würde ich darum gebeten, gewiss hilfreiche Vorschläge machen. Das Feld ist dicht besetzt, in den meisten Jahren jedoch müsste der Preis an den unvergleichlichen Schaukasten im Sighişoara-Museum gehen, der nicht mehr enthält als zwei Bücher, die aufgeschlagen sind, um Illustrationen eines Mannes zu zeigen, der ein Gerät zur Rückenstärkung demonstriert. Andere mögen ihre Ausstellungen von Schieblehren, bemalten Blasebälgen oder Trinkgefäßen haben – aber vor dem Pfiff der Bewunderung, der einem vor jener Vitrine unwillkürlich entfährt, besteht kein anderes Argument. Und so verschwindet der Direktor des Sighişoara-Museums – der sich in stillem Stolz mit seiner Serviette die Brille putzt – auch dieses Jahr wieder im Kreis seiner schulterklopfenden Kollegen.

Schon wenn ich das tippe, fühle ich mich wie der letzte Schuft. Wie können Museen, die von jeder erdenklichen ideologischen Welle getroffen worden sind, etwas anderes sein als ängstlich? Wie könnte eine Welt, die von mehreren Generationen plündernder Soldaten, korrupter Bürgermeister und habgieriger Politiker aus den Hauptstädten beherrscht wurde, diese Museen nicht ausgelaugt, aufgezehrt haben? Post-1989 – mit der Absage an die letzten Zuckungen des nationalistisch-kommunistischen Narrativs –, welche Geschichte soll ein Museum denn nun erzählen? Geldmangel, vielleicht noch bedeutsamer, mangelndes Interesse haben vielen Museen die komplette Schließung beschert, zumindest aber die größerer Abteilungen (leider einschließlich der angeblich faszinierenden Abschnitte im Museum von Arad zum grausigen Ende des Ungarischen Kriegs von 1848/49).

Die Aufsicht über Museen, ebenso wie die über Schulen und Unterricht, war überall im Reich stets ein entscheidendes Ziel von Nationalisten, und die Ausstellungen hatten den Auftrag, bestimmte alte Ansprüche auf das Land zu demonstrieren, schreckliche Taten der Vergangenheit zu bewahren und aktuelle Erfolge zu feiern. Das ist bis heute so, etwa in den Nationalmuseen von Prag und Budapest; in Prag werden derzeit Relikte der Hussitenzeit gezeigt, eine andere trägt den schlichten Titel «Große Tschechen». In den Teilen des Habsburgerreichs, die heute von Rumänien regiert werden, herrscht ein Gefühl ideologischer Erschöpfung, die selbst solche Schauen unakzeptabel macht. Jeder, der überlebt hat, hat so viel durchgemacht, dass die Vergangenheit einfach zu schrecklich ist, um bewahrt zu werden. Womit wir beim tieferen Sinn der erwähnten Vitrine sind: Die Abbildungen patentierter Geradehalter sollen jene Vergangenheit exorzieren. Vielleicht ist das auch der Grund, warum einige der wahrhaft außergewöhnlichen siebenbürgischen Museen, wie das Ethnographische Museum in Cluj oder

der ASTRA-Park bei Sibiu, so gut funktionieren. Indem sie sich auf das beschränken, wovon schon das 19. Jahrhundert besessen war, auf Volkstrachten oder Architektur, umgehen sie schwierigere Fragen und gestatten eine wie immer leidenschaftliche ästhetische Rezeption; alles Politische bleibt außen vor.

Wenn man die endlosen Schaukästen Siebenbürgens abschreitet, vorbei an Dreizacken der Flussfischer, Einlaufpumpen und Messingzaumzeug, dann wird man sagen müssen, dass darunter stets irgendwas Interessantes ist. Selbst das Sighişoara-Museum hat seinen Moment der Großartigkeit. Ganz oben im mitgenommenen, dennoch prächtigen großen Wachturm nämlich findet man eine Ausstellung von Zeitungsausschnitten über den siebenbürgischen Visionär Hermann Oberth (1894–1989). Als Teenager, der er vor dem Ersten Weltkrieg war, begeisterte sich Oberth für die Idee der Raumfahrt, kritzelte viele Zettel voll und erfand die Mehrstufenrakete; als Fünfzehnjähriger baute er eine Rakete, die mit Schießbaumwolle angetrieben wurde. Während des Kriegs experimentierte er mit Ideen über Schwerelosigkeit und erfand eine kleine Flüssigkeitsrakete; Anfang der 1920 Jahre dann skizzierte er Raumstationen, Mondlandefahrzeuge und Raumanzüge und die Physik hinter einem gigantischen Spiegel, der, in eine Umlaufbahn gebracht, die Temperatur auf der Erde regulieren sollte. Oberth war eine in vielerlei Hinsicht schreckliche Figur, aber seinem Kopf sind die grundlegendsten Prinzipien der Raumfahrt entsprungen. Er war Wernher von Brauns Lehrer und in den Raketenbau zuerst der Nationalsozialisten, dann der Amerikaner verwickelt. Nun könnte man sich wundern, dass das meiste theoretische und praktische Denken, das hinter der wesentlichen, allerdings zweischneidigen Errungenschaft des 20. Jahrhunderts steht, seinen Ursprung hatte in einem so verschlafenen und abgelegenen Teil der Welt wie Siebenbürgen. Ich hoffe allerdings, dass ich bis zu diesem Punkt meines Buchs klargemacht habe, dass selbst Orte wie Sighişoara tatsächlich mitten im Herzen Europas liegen. Ich habe aufgehört zu zählen, wie oft ich mich an gehörig «abgelegenen» Orten befunden habe, nur um festzustellen, dass sie durch das Dortsein recht nahe rückten. Wenn wesentliche Ursprünge von V2- und Interkontinentalraketen in Südsiebenbürgen liegen, müssen wir womöglich unsere Geschichtsbücher überdenken.

Mit gewissem Erschrecken wird mir klar, dass dieser Abschnitt fast endlos so weitergehen könnte, tatsächlich könnte ich meine Leser zuschütten mit all den Stichworten aus meinen Notizen, die ich vielleicht besser heimlich, still und leise entsorgen sollte. Zum Beispiel sehe ich hier eine Notiz, die ich in Sibiu gemacht habe: «Bild einer von Pferden betriebenen Münzprägestätte des 18. Jahrhunderts: vier Pferde nötig, um Münzprägemaschine zu betreiben! Als Aufhänger für Abschnitt über Münzen benutzen?» Irgendwann muss Schluss sein.

Nur weil ich gerade dabei bin – angesichts der Spannungen und Schrecken, die diesem Teil der Welt aufgebürdet wurden, sollte ich doch betonen, dass unverhältnismäßig viele Gegenstände, die überlebt haben und darum in rumänischen Museen gezeigt werden können, sehr schwer und robust sind. Das verweist darauf, wie rücksichtslos die Dinge hier sortiert worden sind, was blieb, war eben zumeist zu schwer zum Plündern oder taugte nicht zum Feuermachen. Nicht nur Schwerter, Krüge und Metallteller, sondern derart Überraschendes wie ein schwerer Stein, den verurteilte Übeltäter um den Hals tragen mussten samt Aufschrift «Führe ein christliches Leben und hüte dich vor dem Bösen – dann wird der Stein nicht an *deinem* Hals hängen». Oder das vielleicht Beständigste überhaupt – die enormen Statuen, die während des Ersten Weltkriegs geschaffen wurden, um Geld für Kriegsanleihen zusammenzubekommen. Für eine gewisse zugesagte Summe konnte jeder Spender einen Nagel in eine Holzstatue schlagen, für gewöhnlich in die eines mittelalterlichen Ritters, manchmal mit in den Nagelkopf geritztem Familiennamen. Da Tausende von Nägeln zusammenkamen, wurde solch eine Statue zu einer Art Eisenmonster. Dieses Verfahren war eine österreichisch-ungarische Erfindung, von den Deutschen kopiert. Ein schlichtweg spektakuläres Exemplar steht im Museum Altemberger Haus in Sibiu, eine unerbittliche Art von Kreuzritter-Roboter, über drei Meter hoch, mit ausdruckslos finsterem, gepanzertem Gesicht. Diese Kreaturen haben etwas seltsam Fesselndes – durch ihre Materialien blieben sie, bis auf etwas Rost, genau was sie waren, Ausdruck von freiwilligem oder erzwungenem Lokalpatriotismus, der dem Reich das Geld für den Krieg gegen die Russen beschaffen sollte. Ihre Ikonographie zielte darauf, ein Gefühl des Kreuzritterabendlandes zu wecken, das den barbarischen Osten bekämpft, ein Gefühl christlicher Moral gegen heidnische Verderbtheit. Das ist ganz eindeutig geschichtlicher Ramsch, und doch nicht uninteressant, da sich, auf beiden Seiten, so viele Kämpfer als mittelalterliche Ritter betrachtet haben. In Londons Hyde Park etwa steht eine phantastische Skulptur, die die Briten als St. Georg und die Mittelmächte als Drachen zeigt, als toten Haufen prachtvoll ausgeführter Metallschuppen – ein universelles Klischee. Die Geldbeschaffungsroboter sind eine sehr scharf umrissene Erinnerung daran, dass die Mittelmächte sich auf der Seite des Rechts sahen, im Kampf für bestimmte edle Werte, im Kampf gegen die Barbaren, die sie umgaben. Die Nägel sind ein letztes Denkmal, sowohl an ein Reich, das schon bald nicht mehr existieren sollte, als auch an eine Gemeinschaft (die in Sibius Fall halb deutschsprechend und zu je einem Viertel rumänisch- und ungarischsprechend war), die buchstäblich in dieses Reich investiert hat – und kurz darauf ebenfalls nicht mehr existierte.

Psychopathologien des Alltagslebens

Über die letzten Jahrzehnte des Habsburgerreichs zu schreiben, ist ein nützlicher Weg, den Punkt hinauszuzögern, an dem es in sich zusammenfällt. Es hat keinen Sinn, noch einmal die Kräfte und Wunder jener Epoche vor 1914 herunterzubeten, als Freud aus einer Straßenbahn fröhlich dem Maler Schiele zuwinkte und die Zweite Wiener Schule vor erfreuten Cafébesuchern a cappella sang. Angetrieben von Walzern, Nikotin und sexueller Zügellosigkeit braust das Habsburgerreich in sein Verderben und hinterlässt einen erstaunlichen Meteorenschweif am Firmament.

Es wäre absurd abzustreiten, dass dies eine äußerst bemerkenswerte Kultur war, und in der Tat ist sie, wie für alle anderen so auch für mich, der Grund, aus dem ich mich überhaupt für das Habsburgerreich zu interessieren begann. Doch machte mich zunehmend sprachlos, dass dieses Narrativ fast vollständig nach dem Krieg geschaffen und in vielen Fällen, insbesondere in Großbritannien, bis in die 1990er Jahre immer wieder rekonstruiert wurde. Von Großbritannien aus betrachtet, ließe sich Österreich-Ungarn wahrscheinlich so zusammenfassen: eine mit Kasernen gepflasterte, aristokratische und lebhaft spießige Welt. Man schätzte die Wiener Musik, aber diese wurde im Allgemeinen als bestenfalls museal gesehen – das Land von Johann Strauss (Sohn) und Brahms. Budapest und Prag, die wir heute als so irrsinnig wunderbar erachten, fielen kaum ins Gewicht. Selbst die eine große musikalische Sensation aus Österreich-Ungarn, *Der Rosenkavalier* von Richard Strauss und Hugo von Hofmannsthal, 1913 sowohl in Covent Garden als auch in der Met ekstatisch aufgenommen, trug zum Gefühl des Verfalls bei, schließlich spielt das Stück in der Ära Maria Theresias, und, so ironisch und schön es ist, das Gefühl, dass da eine Kultur einbalsamiert wurde, ließ sich nicht vertreiben, auch weil sich die Österreicher einen deutschen Komponisten holen mussten, um ihre Musik zu liefern.

Es ist wirklich alarmierend, wie wenig man über Österreich-Ungarn wusste, wie wenig man sich dafür interessierte. Eine Titanengestalt wie Gustav Mahler (der 1911 gestorben ist) wurde als Dirigent geschätzt (der Grund, warum er nach New York ging), einige seiner Werke waren bekannt, aber die meisten Symphonien erlebten ihre britischen oder amerikanischen Uraufführungen erst viele Jahre später – die Zweite Symphonie in Großbritannien erst 1931, die Dritte gar 1961. Das *Adagietto* aus der Fünften war herausgelöst als «Leckerli» bei den Proms vor dem Krieg gespielt worden – was nur recht erscheint –, aber die ganze Symphonie wurde erst 1945 gespielt. Die USA waren ähnlich langsam damit, dieser Musik auf die Spur zu kommen. Und das, was wir heute als großen Taumel außergewöhnlicher Musik ansehen, Schönberg, Berg, Zemlinsky, Webern und andere, existiert in angelsächsischen Konzerthäusern so gut wie gar nicht. Auch das, was mir stets als schrecklicher Soundtrack zum Ende des Habsburgerreichs erschien, Bergs *Drei Orchesterstücke* oder Zemlinskys verblüffendes *Zweites Streichquartett*, blieb ungespielt. Bartóks *Herzog Blaubarts Burg* wurde 1911 geschrieben, hatte aber erst 1918 Premiere, in Budapest, was es im Kontext der Zeit nicht gerade zu einem heißen Tipp für alliierte Musikfreunde machte. In den Vereinigten Staaten und in Großbritannien erlebte die Oper ihre Bühnenpremiere schließlich in den 1950er Jahren.

Auch die Literatur aus dieser Periode wurde eher missachtet. Franz Kafka hatte eine Handvoll Geschichten veröffentlicht (*Beschreibung eines Kampfes* und *Das Urteil*), aber es sollte noch viele Jahre dauern, bis diese dem Westen vertraut waren. Sigmund Freud, der Ende fünfzig war, als der Krieg ausbrach, war außerhalb seiner sehr engen Kreise mehr oder weniger unbekannt – *Die Traumdeutung* und *Zur Psychopathologie des Alltagslebens* wurden gerade erst in New York veröffentlicht. Um Malerei und Architektur stand es nicht viel besser. Heute mögen wir alle Klimt lieben, aber damals stand er komplett im Schatten der überwältigenden, alles versengenden Präsenz der Pariser Kunstszene. Adolf Loos hatte außerhalb des Habsburgerreichs noch nichts gebaut, und die vielleicht reizvollsten Gestalten der ganzen Epoche, Josef Hoffmann und Koloman Moser, wurden vom Rest der Welt mehr oder weniger ignoriert, als sie in der Wiener Werkstätte eifrig ihre Wunder austüftelten.

Die Gesellschaft, die uns heute als vorauseilend vielfältig, tolerant und erfinderisch erscheint, brachte also ihre Werke hervor, ohne dass diese in London oder New York bemerkt wurden. Das soll nicht mehr besagen, als dass diese Gesellschaft erst im Rückblick wirklich geschätzt wurde. Die Schrecken des Ersten Weltkriegs und die darauf folgenden Bürgerkriege, Massaker und Annexionen versiegelten etwas, das in der Folge verloren und kostbar erschien, ein Prozess, der aufbaute auf den Erfahrungen zahlloser Exile, an dem die beiden großen Nachkriegsautoren Stefan Zweig und Joseph Roth mitwirkten, wobei wiederum auch Letzterer bei uns bis in die 1990er Jahre noch nicht viele Leser gefunden hatte. Das stetige Wachsen des Interesses am Habsburgerreich wurde natürlich lange verzögert durch Hass oder Abneigung gegen eine Region, die zwischen 1918 und 1939 von sich reden machte. Während dieser Zeit wurden Männer wie Bartók und Schönberg allmählich verehrt, nicht zuletzt weil sie die Regimes ihrer Länder selbst verabscheuten. Und durch alles, was zwischen 1939 und 1949 geschah, wurden Distanz und Abneigung gewiss nicht geringer. Nach 1945 blieb Mitteleuropa heruntergekommen und ohne Freunde zurück (wieder einmal, von Emigranten abgesehen), und das blieb so bis zum Ende des Kalten Krieges. 1914 setzte der Prozess ein, der aus Mitteleuropa Osteuropa machte, der Städte wie Lwiw, Debrecen oder Cluj, die Teil einer Kultur waren, die ihre Wurzeln in den Werten des Abendlandes hatte, Städte im Dunkeln versinken ließ, die bis zu den Karpaten nicht viel anders aussahen als die Städte Norditaliens.

Nicht weniger verblüffend mag allerdings sein, dass die Einwohner von Österreich-Ungarn selbst nicht zu wissen schienen, was ihnen fehlen würde. Viele der kreativen Köpfe, die wir heute am meisten verehren, waren zu jener Zeit Teil sehr kleiner Zirkel, und es stimmt wahrscheinlich, dass auch der im Habsburgerreich vorherrschende Ton viel mehr von Exerzierplätzen und Kasernen bestimmt wurde, vielleicht gehörte noch ein Heilbad dazu. Aber es war eben auch ein Reich, das von nationalistischen Fragen absolut dominiert wurde, denen alles andere untergeordnet schien. Die Parlamente, in Budapest nicht anders als in Wien, wurden quasi lahmgelegt durch Wellen der Wut über Unterrichtssprache, militärische Befehlssprache und so weiter; Abgeordnete hämmerten auf ihre Pulte, warfen mit Tintenfässern, fochten Duelle aus, mussten regelmäßig von Soldaten gezähmt werden. Vielleicht sind es ja nicht viel mehr als ein paar Handvoll Individuen, die das Habsburgerreich hervorgebracht hat und die wir verehren, ihnen gemeinsam ist eine Fremdheit ihrer Zeit gegenüber (häufig verbunden mit ihrem Judentum), und das zeigt den Druck, der von einem Europa ausging, das hart, unwissend, gefühllos und militärbesessen war und in dem sie leben mussten. Dass diese Kultur in unseren Köpfen überlebt hat, dass wir Gestalten wie Kraus, Freud, Hašek, Kafka, Schiele und Webern verehren, schmeichelt unserem Denken und verzerrt, was wir vom Habsburgerreich sehen. Es wäre auf groteske Weise beschämend, so etwas auszurichten, und würde vielleicht auch niemanden hinterm Ofen vorlocken, aber vielleicht sollte eine größere Ausstellung zusammengetragen werden, die all jene präsentiert, die zu ihrer Zeit oft sehr erfolgreich waren, heute aber in Vergessenheit geraten sind – die heroisch realistischen Bildhauer, die antisemitischen Cartoonisten, die abgeschmackten Gesellschaftsporträtisten, die Autoren bündiger Bestseller darüber, dass Deutsch-Österreicher dem Deutschen Reich beitreten sollten, dass Juden, Rumänen, Ruthenen und so weiter von Natur aus unzuverlässig seien etc. Was diese Epoche tatsächlich bewegt hat, zeigt sich in Leoš Janáčeks geisterhaftem Chorstück von 1909 *Die Siebzigtausend.* Auch Janáček ist einer von den großartigen Komponisten, die im Westen erst in den 1980er Jahren wirklich entdeckt wurden und deren Werk uns heute, rückblickend, das frühe 20. Jahrhundert zu färben scheint, ihm einen Soundtrack verleiht. *Die Siebzigtausend* bedient sich einer verblüffenden Verschmelzung männlicher Stimmen, die flüsternd und rufend eine Atmosphäre verzweifelter Hysterie erzeugen. Janáček wirkt harmlos, vielleicht darum, weil er im Alter aussah wie ein Kinderspielzeug, tatsächlich aber war er ein zutiefst unangenehmer slawischer Nationalist der kauzigen Art.* *Siebzigtausend* ist ein sehr merkwürdiges Stück, eine Vertonung von Liedern aus Petr Bezručs Bestseller *Schlesische Lieder* über das Schicksal Tschechischsprechender im Herzogtum Teschen/Těšín/Cieszyn: Die Tschechen, so der Tenor, werden zwischen den beiden Mühlsteinen Deutsch und Polnisch zerquetscht und sind zum Verschwinden verdammt:

> Siebzigtausend Brüder liegen
> wir vor Teschen, hart vor Teschen.
> Polnisch wurden hunderttausend,
> deutsch die andern hunderttausend,
> …
> Siebzigtausend Gräber gräbt man
> übereifrig uns vor Teschen.
> …
> und wir staunen dumpf, verachtet,
> dass man uns wie Ochsen schlachtet.

Wie viele Menschen mussten es also sein, die eine bestimmte Sprache sprachen? Überall im Reich verfolgte man solche Obsessionen – im Allgemeinen dadurch angefeuert, dass ein bestimmtes Gebiet isoliert betrachtet wurde, wie zum Beispiel Teschen, und man dann eine Nervenkrise bekam, angesichts der demographi-

* Beweisstück Nr. 1: Er war wohl der einzige Mensch der Geschichte, der je, als sein Zug die Grenze ins zaristische Russland überquerte, ausgerufen hat: «Jetzt sind wir im Land der Freiheit!»

schen Zahlen und Verschiebungen. Niemand vertonte Gedichte für Chor und Orchester, die darauf hinwiesen, dass es eine Ecke weiter doch noch sehr viele Tschechen gab, dass die tschechische Kultur blühte wie nie zuvor (nicht zuletzt auch in den Werken von Bezruč und Janáček). Dieses verrückte Spiel «Ethnizität trifft Mathematik» ist ein Abfallprodukt, zusammengerührt aus Werken so unterschiedlicher Denker wie Friedrich List und Charles Darwin; auch das fand nun Verbreitung, weil inzwischen so viele Menschen lesen konnten und mitreden wollten. Es war ein definitives Problem, dass das Parlament des Habsburgerreichs die Sprache, die eine Gruppe sprach, zu einer Straße zur Macht machte. Alle glaubten nun, es gehe um ein unendliches Ringen um einen Platz an der Sonne, einen Platz, den man nur erreichen könne, indem man auf den Köpfen anderer herumtrampelt – darin lag der Kern der europäischen Katastrophe, die sich nun entfaltete. Rückblickend scheint die Habsburger Version ein wenig kindisch harmlos, aber sie war zu jener Zeit bitter und brutal genug, und das Reich wurde zum Labor für den Nationalsozialismus ebenso wie für den Zionismus. Schulen, Zeitungen, Wahlen, Cafés, Regierungsposten wurden zu Schlachtfeldern für den Konkurrenzkampf der Sprachen und Sprachgruppen. Die Regierungen wechselten zwischen Repression und Wahlzugeständnissen hin und her. Im Februar 1914 kam es in Galizien zu einer typisch habsburgischen Geste, als das Parlament in Lwiw endlich ein paar ruthenischsprechende Abgeordnete zuließ, wenn auch nicht so viele, dass es deren Bevölkerungsanteil entsprochen hätte; die Polen behielten die Oberhand. Doch da es nur mehr Monate dauerte, bis die russische Invasion Galizien zerstörte, konnte dieser letzte Versuch, die Minderheiten zu besänftigen, niemanden zufriedenstellen: Die Polen sahen darin ein beängstigendes Zugeständnis, die Ruthenen lediglich erfolglosen Zynismus, mit dem man sie hatte kaufen wollen. Ähnlich überdrehte und ärgerliche Spielchen lieferten sich Deutsche und Tschechen in Wien, Ungarn und Rumänen in Budapest.

Was konnte aus einer solchen Situation folgen? Wenn das Reich nicht zerbrach, dann konnte nur ein intergalaktischer Herrscher, nach einem intergalaktischen Krieg, den irdischen Überlebenden eine Welt diktieren, in der entweder jeder Ungarisch sprach oder jeder Deutsch, in der Fragen von Demokratie und Repräsentation gelöst würden, indem man alle, die nicht zu den nibelungischen Rassen gehörten (also weder Nachfahren der Hunnen noch der Burgunder waren) wieder in analphabetische Sklaven zurückverwandelte. Denn sosehr jede Sprachgruppe wachsen würde, stets würde sie auf anderssprachige Menschen treffen, die dann zur Bedrohung erklärt werden konnten. Jede Gruppe würde sich an der nächsten aufreiben und zersplittern, nach Art der *Siebzigtausend*. Noch konnten die Habsburger und ihre Loyalisten die Lage unter Kontrolle halten, die Konfliktzonen, die sich, mal größer, mal kleiner, über das ganze Reich verteilt fanden. Und in jeder dieser Zonen sah man aus je eigenen Gründen die potenzielle Katastrophe vor sich. Viele Menschen fühlten sich dem Reich und der Habsburgerdynastie verbunden, viele hatten in der Armee gedient, die aus diesen Werten lebte. Andere hielten still, weil sie mögliche Alternativen für noch schlimmer hielten: Bosnische Muslime fürchteten sich vor serbischer Herrschaft, Westkroaten vor italienischer und galizische Polen vor deutscher oder russischer. Andere Gruppen – Italiener, Serben und Rumänen – waren in sich gespalten zwischen denen, die sich nach dem Anschluss an Rom, Belgrad und Bukarest sehnten, und denen, die auf diese korrupten, schlecht geführten neuen Staaten herabblickten und fürchteten, von ihnen durchgekaut, geschluckt und dann vergessen zu werden.*

* Eine nicht unberechtigte Angst, denn alle diese Regionen wurden, war die Vereinigungsbegeisterung erst verflogen, zur absoluten Provinz, und so unterschiedliche Städte wie Triest, Cluj, Novi Sad und Braşov verfielen in absolute Schläfrigkeit.

Die Notwendigkeit, all diese Gruppen im Spiel zu halten, hatte die unerwartete Wirkung, die Habsburger Behörden (die dynastischen wie die militärischen) auch nach modernen Maßstäben recht liberal werden zu lassen, während viele Gruppen, denen man eine gewisse Liberalität zutrauen würde (Städter, die Mittelklasse, Bürgertum), zu schäumenden Nationalisten wurden. Die Tschechen saßen still zu Hause und begeisterten sich an Büchern über Hussiten, die deutsche Invasoren abschlachteten, Ruthenen schwelgten in Erinnerungen an Massaker, denen polnische Landbesitzer zum Opfer gefallen waren, Rumänen und Serben lauschten epischen Gedichten über ihre so wilden wie aristokratischen Vorfahren. All diese Phantasien sollten einem Test unterzogen werden. Aber zu jener Zeit hätte sich niemand vorstellen können, dass man in den Händen der Deutschen landen würde – in vielerlei Hinsicht die Minderheit, an die man im Habsburgerreich am wenigsten gedacht hatte: eine Herrscherelite aus Europas Westen, die aber auch jede andere Rolle, vom Ladenbesitzer und gewöhnlichen Soldaten bis hin zum Landarbeiter ausfüllte, von Tirol bis in die Karpaten überall verstreut lebte.

Die größte immune Gruppe waren die Juden, sieht man von denen ab, die bereits schon so weit assimiliert waren, dass sie deutsche oder ungarische Ansichten teilten. Keiner der nationalistischen Politiker, die mit zitternden Fingern auf eine mittelalterliche Karte zeigten, die Flagge ihres Volkes am Revers, Hymnen aus dem 19. Jahrhundert schmetterten, keiner von ihnen sah die Juden nicht als Hindernis an. Selbst die am weitesten assimilierten jüdischen Ungarn fanden sich plötzlich von den protestantischen Ungarn der Mittelklasse ausgegrenzt, die sich in jammervollen Phantasien über die reine Abstammung von uralten Reitern ergingen. Herzl hat verstanden, was das bedeuten könnte, aber in einem gewissen Sinn verstanden dies auch alle nationalistischen Politiker – nach der Logik ihrer Ansichten mussten all jene verschwinden, die nicht zu ihrer «Rasse» gehörten. Das ließe sich erreichen, indem alle in abgetrennte Grenzen gepfercht wurden (die Lösung seit 1945 mit den Sowjets als neohabsburgischen Gendarmen), zuvor aber wurden schreckliche Alternativen erprobt.

Der Anfang vom Ende

Österreich-Ungarns Denkmäler zum Gedenken an die Toten des Ersten Weltkriegs sind zumeist klein und persönlich: das Werk von Verwandten oder Gruppen überlebender Mitglieder bestimmter Regimenter. Das ist verständlich – ein Krieg, der aus dynastischen und imperialen Gründen ausgetragen wurde und mit der totalen Niederlage, mit der Vernichtung sowohl der Dynastie als auch des kaiserlichen und königlichen Doppelreichs endete, gefolgt von einem Mahlstrom sozialer und ökonomischer Katastrophen, hakt keins der Kästchen ab, die zu einem durchdachten öffentlichen Erinnerungsprogramm führen. Keines der nachfolgenden Regimes hatte irgendein Interesse daran, eine solche Katastrophe in einem Schrein zu verwahren, und Worte, mit denen sich hätte anerkennen lassen, was geschehen war (um die 1100000 Tote), und eine auch nur annähernd tröstliche Begründung hätte formuliert werden können, standen nicht zur Verfügung. Einige kleine Orte (Szekszárd und Rust zum Beispiel) haben schlichte Denkmäler, «Der stehende Soldat», im gleichen Stil, wie man sie auch in Großbritannien und Frankreich sieht; in größeren Städten sind sie im Allgemeinen versteckt, in Seitenkapellen oder Schulaulen, viele wurden auch von dem einen oder anderen Regime zerstört. Die einzige wirklich bewegende Ausnahme, die ich gesehen habe, steht in Most na Soči, einem winzigen slowenischen Dorf an der Eisenbahnlinie zwischen Gorizia (Görz) und Ljubljana, von wo aus ich eigentlich nach Kobarid weiterreisen wollte, dem Schauplatz einer größeren Schlacht im Herbst 1917. Die Atmosphäre des Bahnhofs mit ramponierten Niederbordwaggons, still tropfenden Gebirgsbäumen und dem Geruch von Baumharz und Sägemehl war so wunderbar, dass es mich fatalerweise zu einer Pause verleitete und ich gerade noch rechtzeitig auf dem Vorplatz auftauchte, um den einzigen Bus zu sehen, der an diesem Tag über eine Brücke über den spektakulären, kobaltblauen Fluss Richtung Kobarid davonfuhr. Um die Zeit auszufüllen, bis der nächste Zug zurückging und weil ich dem Fiasko doch noch etwas abgewinnen wollte, wanderte ich dort umher, bis ich mich plötzlich vor einem gewaltigen flachen vertikalen Stein wiederfand, in dessen Fläche in kolossalen Buchstaben eingemeißelt war:

Hier kämpfte das XV. Korps, Mai 1915 – Oktober 1917

Zum Sockel des Denkmals führen Stufen, es bildet eine Art Altar mit steinernen Fackeln. Letztere wurden früher angezündet, um die angemessene kriegsheidnische Stimmung zu erzeugen. Natürlich war alles überzogen von durchnässtem Moos, Schimmel und Rost, aber das verstärkte die seltsame Würde des Denkmals nur. Ich muss eine Rechercheniederlage eingestehen, denn ich bin einfach nicht dahintergekommen, wie dieses Denkmal überlebt hat, wo doch seine beiden posthabsburgischen Eigentümer, Italien und Jugoslawien, dem Reich nicht gerade wohlgesinnt waren. Vielleicht war seine dürftige Botschaft einfach abstrakt genug, um respektiert zu werden. Sie fasst sicherlich alles zusammen, was über die Habsburger Heere gesagt werden kann – sie kämpften, aber letztendlich stießen sie überall auf Unheil und Niederlage. Wie solches Unheil ein Kaiserreich überkam und ausweidete, das viele Jahrhunderte so erfolgreich überdauert hatte, ist ein großes und komplexes Thema, das ganze Bücher erfordert und nicht nur ein paar oberflächliche Absätze; zudem ist dies nicht nur eine habsburgische, sondern auch eine europäische Geschichte.

Der einzig frappierende Aspekt der letzten Jahrzehnte des Kaiserreichs ist vielleicht die Rasanz, mit der seine Belange für den Rest Europas auf fatale Weise irrelevant wurden. Nach seiner Vernichtung durch die Preußen 1866 verhielt sich das Habsburgerreich weiterhin wie ein großes Raubtier, ohne zu bemerken, dass es zu einem Beutetier geworden war – der Löwe war in Wahrheit zum Gnu geworden. In den Nachwehen dieser Niederlage marschierten Habsburger Streitkräfte aus den Bundesfestungen am Rhein ab, rückten aus Holstein aus, beendeten so die lange Bindung an Westeuropa und verwischten die letzten Spuren eines möglichen gemeinsamen Interesses mit Großbritannien.

An einer Ära, die ihre Kontur erhalten hat durch die dramatische Ausdehnung Europas in den Rest der Welt, hat das Habsburgerreich nur als Lieferant verarmter Emigranten nach Nordamerika teilgenommen. Zu zwei seltsamen Ausnahmen kam es 1878. Eine war die sonderbare, in Kapitel XII erwähnte Expedition in die Arktis, bemannt mit in der Kälte zitternden Dalmatiern. Aber selbst das war eine private Expedition, also proklamierte sie – dem Himmel sei Dank – keine Habsburger Souveränität über Franz-Joseph-Land und bewahrte das Kaiserreich sowohl vor idiotischen Investitionen in die Ernte von zähem Moos für die Weltmärkte und einer halb ernsten, halb komischen weiteren Front im Ersten Weltkrieg.

Die andere Ausnahme war Bismarcks Drängen zu verdanken, der nach 1866 wollte, dass die Habsburger ihre Ziele in Südosteuropa verfolgten. Dies war eine Region, um die sich die Deutschen wenig scherten, die aber, das stimmte, seit den Tagen Ferdinands I. im Zentrum der Habsburger Ideologie gestanden hatte. 1878 resultierte der Verfallsprozess des Osmanischen Reichs darin, dass für Habsburg unter dem Druck russischer Aggression weitere Brocken des türkischen Europa abfielen. Aber hier zeigt sich auch in erschreckender Form, wie eng der Spielraum für Habsburger Belange tatsächlich war. Russlands Interessen waren jetzt transkontinental – die Russen räumten Regionen wie Taschkent und Samarkand ab, bewegten sich entlang der Flüsse Ussuri und Amur in den Fernen Osten und schnappten sich im gleichen Krieg von 1878 weitere Teile des Kaukasus. Im Kontrast dazu hatte Österreich-Ungarn nur Augen für Bosnien-Herzegowina, das es zusammen mit dem Gebiet besetzte, das den wundervollen Namen Sandschak Novi Pazar trug, augenscheinlich, um die Ordnung wiederherzustellen und ganz im Interesse des Osmanischen Reichs, das bereits alle Hände voll zu tun hatte.* Diese schwache Heuchelei wurde mit heftigem muslimischem Widerstand und mit um die fünftausend Habsburger Todesopfern quittiert. Befremdlich genug markiert eines der berühmtesten Kriegsdenkmäler in Graz – an der Straße, die zum Arnold-Schwarzenegger-Stadion führt – die Invasion Bosniens.

Die Übernahme dieser kleinen, verbitterten und verarmten Region (aus der nun viele Muslime flohen) war im Grunde sinnlos, eine Parodie auf Prinz Eugens durchschlagende Triumphe. Sie hatte drei Ziele: die beiden Mikrostaaten Montenegro und Serbien getrennt zu halten; zu verhindern, dass Serbien selbst das Territorium besetzte; und einen Ausgangspunkt zu schaffen, um sich zu gegebener Zeit den Hafen von Thessaloniki zu schnappen. Die ersten beiden Ziele waren einigermaßen vernünftig und begründeten eine Allianz, die sich dann aber als außerordentlich gefährlich erweisen sollte; ziemlich peinlich, wenn man das Missverhältnis zwischen dem Kaiserreich und seinen klitzekleinen Balkanfeinden bedachte. Der Thessaloniki-Plan aber verschwand diskret in der Schublade, obwohl die Vorstellung der Habsburger als ägäische Macht, die den ganzen Balkan dominiert, faszinierend ist – und sie deutet in Richtung einer anderen Geschichte, in der dann nicht die Rede davon wäre, dass zuletzt, nach vielen weiteren Drehungen und erbärmlichen Wendungen, die Griechen diese Stadt übernahmen.

* Bosnien-Herzegowina wurde 1908 komplett absorbiert, der Sandschak fiel wieder an die Osmanen.

Jeglicher Gedanke an eine weitere Ausdehnung des Kaiserreichs in den Balkan wurde durch die unmögliche Haltung der Ungarn torpediert. Da nun alle Ungarn innerhalb des Reiches lebten, würde jede territoriale Ausbreitung zu einem größeren Prozentsatz von Nichtungarn führen – das heißt: zu einem weiteren Zuwachs der Slawen. Diese pathologische ethnographische Nullsummen-Besessenheit trieb Wien in den Wahnsinn und führte zu Franz Ferdinands geheimen Träumen, seine künftige Krönung mit einer Invasion Ungarns zu begehen. Aber wieder hatten die Ungarn ein gewisses Argument – jede weitere Ausdehnung Richtung Süden, die weitere Serben umfasste, konnte nur die Schaffung eines internen Jugoslawien mit sich bringen. Der Zweite Balkankrieg 1913 hatte tatsächlich solche Folgen: Die Osmanen verließen den Balkan, die Serben bekamen ein größeres Territorium, was Bosnien-Herzegowina nun wieder auf die serbische Agenda setzte. Die Ermordung Franz Ferdinands in Bosnien im Jahr darauf lag auf ebendieser Linie, als Element eines viel weiteren Musters, an dem das Habsburgerreich dann tatsächlich scheitern würde.

Das Verschwinden der Osmanen wirkte auf merkwürdige Weise wie ein Auslöser. 1878 noch standen türkische Truppen in der Belgrader Festung – sie zogen ab, als die vollständige serbische Unabhängigkeit erklärt wurde; bis 1912 standen sie auch an der Adria. Obwohl die Osmanen eine Katastrophe nach der anderen erlebten, sie zogen sich erst 1912–14 in das kleine Territorium um Edirne zurück, das heute noch immer von der Türkischen Republik gehalten wird, als letzte türkische Grenzprovinz in Europa. Es ist, als sei mit dem osmanischen Rückzug das letzte bisschen Disziplin verschwunden, das die anderen größeren Spieler der Region davor bewahrt hatte, übereinander herzufallen.

Erstarrt sahen die Habsburger zu, wie rumänische, bulgarische, montenegrinische, griechische und serbische Armeen sich in den Balkankriegen den Kuchen teilten und die Zukunft der Region festlegten, fast ohne irgendeinen Bezug zu Habsburg, eine verzweifelte und demütigende Lage. Wie konnten diese kleinen Länder eine so aggressive und folgenreiche Politik durchsetzen und dabei ihren kolossalen Nachbarn komplett ignorieren? Die Antwort: Sie alle waren sich der Habsburger Zurückhaltung und Zögerlichkeit sicher. Trotz aller Kriegsspiele, Paraden und Trompeten, die Habsburger waren von der paneuropäischen Macht, die sie in den 1850er Jahren noch dargestellt hatten, zu einer lokalen Macht geworden, die sich vor ihren Nachbarn fürchtete. Auch wenn dies Bild nicht sogleich einleuchtend scheint: In einer globalen Perspektive waren beide, Österreich-Ungarn und Deutschland, während einer Generation zu hilflosen Lämmchen geworden, die sich aneinanderklammerten, umgeben von kolossalen Mächten, die in einem globalen, nicht nur europäischen Rahmen agierten. In einer Welt, in der sich sowohl die USA wie auch Russland fieberhaft ausdehnten, in der Kolonien als die Währung wirtschaftlicher, maskuliner Behauptung angesehen wurden, zählten Österreich-Ungarn und Deutschland kaum; selbst das kleine Belgien war eine überzeugendere imperialistische Macht. Natürlich waren es Lämmchen, hinter denen Škoda und Krupp standen, aber sowohl in Wien als auch in Berlin gab es akute Ängste, dass ihre Selbstbezeichnung als «Imperien» etwas zunehmend Ironisches bekam, wenn man ihre nun relativ kleinen, eingekästelten Landmassen bedenkt. Es ist seltsam, dass der Begriff «Weltkrieg» 1914 auf die Mittelmächte nicht wirklich zutraf, die Krieg lediglich um den Rand ihrer europäischen Grenzen herum führten. Dieses Gefühl des Eingekreistseins, des Niedergangs, eines Plans, der sich zu ihren Ungunsten verschob, hatte einen mächtigen Einfluss auf die zunehmend irrationale Weltsicht Wiens, Budapests und Berlins.

Ein Großteil der Diskussionen über die Schuld an der Katastrophe sind Streitgespräche darüber, welche dieser drei Hauptstädte sie herbeigeführt hat, doch kann diese Frage so nicht gelöst werden. Und mit jedem Jahr, das vergeht, wird klarer, dass es sinnvoller wäre, die Schuld an alle größeren europäischen Länder zu verteilen, die offenbar gleichsam von einer Art desaströser, fiebriger Sprunghaftigkeit geplagt waren. Für die, die sich aus der Katastrophe von 1914 bis 1945 (oder sogar 1914 bis 1989) herauswanden, war es entscheidend, für das, was geschehen war, Gründe von angemessen kosmischer Größe zu liefern – entweder ein monströser deutscher Plan oder ein systemisches Versagen des Kapitalismus. Die Vorstellung, dass dieser Krieg und seine Ausweitung einfach das Ergebnis eines Pfuschs waren, Ergebnis wahrhaft verachtenswerter, ziviler Entscheidungsprozesse im Zusammenwirken mit einem Kräftegleichgewicht, das den Krieg eher zufällig für jede Seite ungewinnbar machte, scheint heute viel plausibler. Diese alten, weltumspannenden Erklärungen erlaubten es politischen Führern, die Verantwortung für die Geschehnisse abzulehnen – während natürlich jede Hauptstadt im ganzen Konflikt voller Zivilisten war, die sich gerne schmeicheln und hypnotisieren ließen von dem, was sie glaubten erreichen zu können, wenn sie die Militärmaschinerie von der Leine ließen.

Ein letzter Willensakt der Habsburger führte zur Entstehung Albaniens. Die Albaner, die sich noch 1909 nicht darüber einigen konnten, nach welchem Alphabet sie schreiben wollten, hatten sich bis 1914 zur vollen Unabhängigkeit bewegt. Sie waren ein außergewöhnlich kosmopolitisches Volk, Albaner waren viel herumgekommen und hatten einen machtvollen Einfluss auf die mediterrane Geschichte, indem sie für das Osmanische Reich gekämpft und es zugleich auch unterminiert hatten – Albaner hatten Ägypten regiert, überall zwischen Rotem Meer und Kaukasus gekämpft, Regionen dort auch verwaltet. Ein großer Teil der Welt hatte ihnen offengestanden, insofern war der Zusammenbruch des Osmanischen Reichs eine Katastrophe für sie. Zum ersten Mal sahen sie sich in ein winziges verwundbares nationales Territorium gesperrt; ihre Unabhängigkeit proklamierten sie erst dann, als klar war, dass es kein türkisches Europa mehr geben würde. Serbien wiederum sah endlich eine Möglichkeit, zur Meeresküste vorzustoßen, und marschierte in albanisches Territorium ein. Das wiederum war der absolute Albtraum für die Habsburger: ein Serbien mit Häfen, welches die Flotte seines russischen Verbündeten nutzen konnte, um erst die Adria abzusperren und den Habsburgern den Zugang zum Welthandel zu verlegen und dann als Basis für ein unaufhaltsames Expeditionskorps. Glücklicherweise erkannten andere europäische Mächte ebenfalls, dass dies auch für sie nicht gerade ideal wäre, und kooperierten, um einen albanischen Pufferstaat zu schaffen, wobei Serbien trotzdem das Kosovo-Vilâyet behielt, eine Entscheidung, die in den 1990er Jahren fatale Konsequenzen haben sollte. Die alte Region Sandschak wurde zwischen Serbien und Montenegro aufgeteilt. Es war ein frappierendes Zeichen habsburgischer Schwäche, dass es nicht mehr zustande brachte als eine geographische Störaktion, und das auch nur in Kooperation mit den Italienern, denen an einem schwachen neuen Staat im Adriaraum gelegen war – die dem Habsburgerreich ansonsten und obwohl es doch ihr Verbündeter war, nicht feindlicher gesinnt sein konnten. Aus der Perspektive des 17. oder 18. Jahrhunderts hätte der Balkan der letzte Horizont der großen Habsburger Mission sein sollen, habsburgische Truppen hätten sich mühelos bis hinunter zum Peloponnes durchschlagen können, aber ebendieser Horizont versank nun in einem Nebel aus Schwanken und Zurückhaltung. Rumänien und Serbien konnten mit wachsender Zuversicht auf die Rumänen und Serben blicken, die noch immer als Geiseln im Reich «festsaßen», aber eines Tages ausgelöst werden konnten. Nicht anders dachten die Serben über Bosnien-Herzegowina. Gavrilo Princip, 1894 als osmanischer Untertan in Westbosnien geboren, war ein typischer Vertreter der verbitterten christlichen Slawen, die sich – von der Habsburger Polizei belästigt – nach Belgrad durchschlugen und auf Rache sannen.

XV

Der Fluch des militärischen Ernstfalls

Sarajevo

Die Katastrophe von Przemyśl

Letzter Zug nach Wilsonville

Wie Pastetenteig

Der Preis der Niederlage

Triumphe der Gleichgültigkeit

Der Fluch des militärischen Ernstfalls

Ebenso wie der große Rest Europas war auch Österreich-Ungarn von einer kriegerischen Ethik durchdrungen, ohne darum wirklich Krieg gegen andere führen zu müssen. Nach der Demütigung von 1866 zog die habsburgische Armee, die im Zentrum des Staates stand, nur einmal in den Kampf, als sie nämlich Bosnien besetzte. Einmal lief auch die kleine, im Grunde sinnlose Habsburger Kriegsflotte aus, merkwürdig genug, denn vier Schiffe und rund dreihundert Marinesoldaten waren ein beinahe unbemerktes Element in der internationalen Strafexpedition zur «Wiederherstellung der Ordnung» in China nach dem Boxeraufstand (1900). Diese Fahrt um die halbe Welt ist eigentlich nur bemerkenswert, insofern Baron Georg Ludwig von Trapp an der Expedition teilnahm und an Bord des Panzerkreuzers SMS *Kaiserin und Königin Maria Theresia* den Jangtsekiang hinauffuhr. Das war freilich viele, viele Jahre bevor er, gespielt von Christopher Plummer, im US-Musical *Sound of Music* (1959; «Meine Lieder, meine Träume», 1965) das angebliche

Linke Seite:
Antonio Marchisios Gemälde *Der Epilog*, das später in Form einer Postkarte herausgebracht wurde. Ein schönes Beispiel für die völlige Hirnrissigkeit eines Nationalismus in Reinkultur: Der angezählte, heimtückische und heruntergekommene Adler Österreich Ungarns stürzt von seinem Tiroler Felsen, um ersetzt zu werden von … einem identischen Adler, nur dass dessen Federkleid in besserer Verfassung ist und er eine schöne Fahne im Rücken hat. Die neuen nationalistischen Regime, die 1918/19 in die Ruinen des Reiches marschierten, brachten kaum etwas außer Elend – Südtirol ist dafür nur ein kleines, trauriges Beispiel.

Volkslied «Edelweiß» sang, damit das Herz meiner zehnjährigen Tochter gewann und unsere Familie dazu verdonnerte, die DVD so oft zu spielen, dass sich der digitale Code fast abnutzte.

Dieser Auftritt im Pazifik änderte nichts daran, dass in Flotte und Heer niemand wirkliche Kriegserfahrung hatte, trotz zahlloser Manöver, Sandkastenspiele, immer neuer Wellen von Uniform- und Waffenreformen. Das war im Deutschen Reich nicht viel anders, auch dort war das Heer zu einem bloßen Initiationsritual geworden – jahrelang in einer todschicken Uniform herumhängen, Freundschaften schließen, Stammtische gründen, Wiedersehensbankette veranstalten, nach dem Motto «Eine Hand wäscht die andere» Geschäfte anbahnen – das sollte das zukünftige Leben von Millionen «Gedienten» bestimmen, aber nicht Kampf und Krieg. Wogegen einerseits nichts einzuwenden wäre. Franz Joseph liebte es, Truppen zu inspizieren, und einige Künstler verwendeten ihre gesamte Karriere darauf, Gemälde zu schaffen, auf denen er adrette Kavallerieregimente besichtigt. Diese harmlose Tätigkeit hätte ein komplett rosiges Glühen über seine Regentschaft legen können, wäre er vor 1914 gestorben (nach allem, was man wissen konnte, wäre das auch normal gewesen), aber die Kontinuität seiner Werte bis 1916 zeigt, dass Jahr um Jahr ein Geist der Gewalt als vergiftende Konstante lauerte. Dem Militär galt das Hauptaugenmerk des Staates, und die Gemeinsame Armee war der Faktor, der die habsburgischen Landschaften am nachdrücklichsten bestimmte. Beherrschende Gebäude in den Städten waren, wie der Wawel in Krakau oder das Castello del Buonconsiglio in Trient, gewaltige, reizlose Kasernen (die Fresken des Letzteren wurden komplett übertüncht), und die Welt, die in Joseph Roths *Radetzkymarsch* (1932) oder in Stefan Zweigs *Ungeduld des Herzens* (1939) schwermütig rekonstruiert wird, war – zwischen den Zeilen gelesen – eine engstirnige trostlose Macho-Welt. In welchem Maß die habsburgische Gesellschaft das Militär zu ihrer Sache machte, zeigt sich wohl am deutlichsten daran, dass Ende 1914 dreieinhalb Millionen seiner ausgebildeten Bürger für den Dienst aktiviert waren. All diese Jahre des Stiefelpolierens, des Drills, der Kleinstadtbordelle und Saufwettbewerbe, bevor man ins Zivilleben übertrat, hatten also zur Folge, dass sich die Wehrpflichtigen Jahre danach plötzlich mobilisiert und unter Waffen wiederfanden, dass sie sterben oder auf irgendeine grässliche Weise verwundet werden konnten.

Das galt für ganz Europa. Dass hinter dieser Besessenheit vom militärischen Ernstfall, diesem «Allzeit bereit!», kein ideologisches Element stand, ist heute schwer verständlich. Generäle ersannen ständig neue Pläne, wie sie mit neuen Feinden fertig werden wollten, und stets schien das kalkulierte Risiko seltsam gering. Das vielleicht einzige ideologisch motivierte Land Europas war Frankreich – das, gemessen an der Gesamtbevölkerung, bei weitem die meisten Männer militarisierte; die Franzosen wurden beherrscht vom Gedanken an einen Vergeltungskrieg gegen Deutschland, um Elsass-Lothringen wiederzugewinnen. Ansonsten waren alle Staaten einander abwechselnd Verbündete oder Feinde, ohne dass dies viel bedeutete. Alle fürchteten sie, isoliert, ohne Bundesgenossen dazustehen (mit Ausnahme Großbritanniens, das wenig Interesse am Kontinent hatte und nicht viel mehr wollte, als dass Ruhe herrschte im Westen), so lösten immer neue öffentliche und geheime Vereinbarungen einander ab, sollten auf diese oder jene Weise Sicherheit bieten, riefen dadurch aber stets auch Gegenreaktionen hervor. Das Bündnissystem, das 1914 bestand, wirkt heute wie ein bloßer Zufall; es hätte, wäre der Krieg ein paar Jahre früher ausgebrochen, ganz andere Optionen gegeben, zumindest hätte dann Italien an der Seite von Deutschland und Österreich-Ungarn gekämpft; und wäre es ein paar Jahre später dazu gekommen, wären Russland und Großbritannien mit ziemlicher Sicherheit wieder erbitterte Gegner gewesen.

Im 19. Jahrhundert mussten Deutsche, Österreicher und Russen immer wieder kooperieren, um die Polen kleinzuhalten, aber auch, damit ihre Herrscher sich gegenseitig besuchen, Uniformen tauschen, Bankette veranstalten, sich im Rauchzimmer lautstark über die Pest der Liberalen auslassen konnten. Dies war eine große Quelle der Stabilität. Eine Konstante war Franz Josephs wilde Entschlossenheit, unter allen Umständen zu Deutschland zu halten. Die erste Zeit seiner Regentschaft stand unter dem Zeichen von Isolation und militärischer Erniedrigung. Darum verlieh ihm der Gleichschritt mit Berlin, den Franz Joseph suchte, einen magischen Schutzschild. Russland allerdings blieb ein Problem. Bismarck hatte das Zarenreich mit dem streng geheimen Rückversicherungsvertrag ruhiggestellt, der in seinem geheimsten Allerheiligsten Russland sogar gestattete, ungestraft Konstantinopel anzugreifen. Bismarcks Kalkül war einfach. Bauchgrimmen machte ihm die Erkenntnis, dass Frankreich seine fieberhaften Rachephantasien nur gedeckt durch einen Vertrag mit Russland realisieren konnte, und um den zu verhindern, musste man Russlands Expansionspläne hinnehmen und die Augen zusammenkneifen, alles andere schien schlimmer. Bismarcks Entlassung im Jahr 1890 legte die Außenpolitik in die glücklosen Hände Kaiser Wilhelms, der sich weigerte, den Rückversicherungsvertrag zu erneuern, weil er glaubte, er könne sich auf seinen sprühenden persönlichen Magnetismus verlassen, könne die Beziehungen zu Russland inszenieren, indem er einfach mit dem Zaren sprach, von Mann zu Mann. Doch dies versetzte die jetzt isolierten Russen in totale Panik, und erwartungsgemäß unterzeichneten sie 1892 einen Vertrag mit Frankreich. Dass weitere zweiundzwanzig Jahre vergingen, bis ein Krieg ausbrach, zeigt, dass die Konstellation nicht an sich fatal war. Aber sie barg das Potenzial, ein lokales Problem in ein paneuropäisches zu verwandeln.

Für die Deutschen wurde Osteuropa immer mehr zum Hinterland. Ihre Interessen lagen im Handel – insbesondere über Hamburg und Bremen –, und ihre dynamischsten Industriezweige ballten sich im Westen, hatten dort auch ihre besten Kunden. Mit Ausnahme Schlesiens zählten die deutschen Ostgebiete, die den alten Staat Preußen so sehr geprägt hatten, nicht mehr viel, und doch war es der Osten, in dem die Katastrophen des 20. Jahrhunderts stattfanden. Von den frühen 1890er Jahren an initiierten Wien und Berlin immer ausgeklügeltere Kriegsspiele, fieberhaft suchten sie auszutüfteln, wie man mit der russischen Bedrohung umgehen könne. Deutschland war in einer merkwürdigen Position, weil es kein Interesse daran hatte, russisches Territorium zu erobern, und Russland hatte kein Interesse, sich deutsches Territorium anzueignen. In diesem Sinne waren beide Reiche über weite Phasen des 19. Jahrhunderts noch Verbündete, nur Russlands Bündnis mit Frankreich hatte einen Keil dareingetrieben. Nach Westen befand sich das Deutsche Reich in Abwehrhaltung, bis 1914 hatte es seinen absurden Plan auch wieder aufgegeben, es mit Großbritanniens Kriegsflotte aufzunehmen, und wollte einfach nur, dass Frankreich weiterhin deutsche Produkte kaufte. Dann aber kam dieses Bündnis zwischen Frankreich und Russland, und aus dem saturierten Deutschland wurde eine paranoide Macht, seine Strategen waren besessen von der Notwendigkeit, falls es zum Krieg kommen sollte, erst Frankreich auszuschalten und dann Russland – eine gewaltige militärische Operation, von Anfang an mehr oder weniger undurchführbar. Alfred von Schlieffen, der Hauptautor dieses Plans, ist 1913 in hohem Alter gestorben, ohne dass irgendein «Ernstfall» sich gezeigt hätte und in Gang gesetzt worden wäre, was er wie besessen bis ins Detail, mit Zugfahrzeiten, gekritzelten Pfeilen und Marschbefehlen, skizziert hatte.

Dagegen war die Situation Österreich-Ungarns ziemlich anders, da es mit der aktiven Einmischung Russlands rechnen musste. Wie Österreich-Ungarn konnte auch Russland nicht einfach wie ein gigantisches Gefängnis geführt werden (was auch immer ihre Herrscher sich erträumen mochten), noch lag es in der Art seiner Eliten, wie kalte leidenschaftslose Technokraten zu funktionieren, die gegen alles andere immun waren. Für Russland, insbesondere für das durch den Krieg gegen Japan 1905 total gedemütigte Russland, bekam ein weinerlich-überspanntes, stolzes Interesse an den slawischen «kleinen Brüdern», an Serben und Montenegrinern, neue Bedeutung: sowohl als eine wirksame mystische Phantasmagorie wie auch als Ideologie, und man blickte nun auf die überraschend harten Kämpfe des späten 19. Jahrhunderts, die Russland in seinen Kriegen gegen das Osmanische Reich näher an den östlichen Balkan geführt hatten. Wenn die Habsburger gelegentlich, aber schnell wieder unterdrückt, mit dem Gedanken spielten, Thessaloniki einzunehmen, hatten die Romanows konkretere Pläne, die seit der Zeit Katharinas der Großen am Köcheln gehalten wurden: Sie wollten Konstantinopel erobern. Voraussetzung dafür aber war ein ruhiger, ihnen wohlgesinnter Balkan. Bismarck erschien es lohnend, sich die Freundschaft mit den Russen dadurch zu erkaufen, sie nach Konstantinopel zu lassen, und Briten und Franzosen haben in ihrer Vereinbarung während des Ersten Weltkriegs eine ähnliche Geheimklausel aufgenommen; merkwürdig genug, dass daraus nichts folgte.

Der sich entwickelnde Panslawismus war eine Variante anderer Standard-Nationalismen, die fast überall in Europa virulent waren, und setzte sich in verstörender Weise über lokale Grenzen hinweg. Der Panslawismus war natürlich eine hochselektive Angelegenheit – so wurden die Tschechen in St. Petersburg herzlich empfangen, als sie Delegationen dorthin schickten, um ihre Habsburger Herren zu ärgern, während es wohl nie zu Trinksprüchen auf die russisch-polnische Freundschaft kam. Eine bezeichnende Frucht, die von diesem Baum fiel, war die vielleicht nutzloseste aller Kriegserklärungen: diejenige nämlich, die Montenegro während des Russisch-Japanischen Kriegs aus Solidarität mit seinem «großen Bruder» an Japan richtete.

Generationen von Habsburgs Generalstäblern entwarfen einen Plan nach dem anderen, wie man auf irgendeinen inakzeptablen russischen Übergriff, sei es zur Unterstützung Frankreichs, sei es zugunsten Serbiens, reagieren solle, die Generalstabsakademien wurden bestürmt mit konkurrierenden Szenarios, erbitterte Diskussionen wurden lebenslang geführt – und kein Krieg fand statt. So lange herrschte Frieden, dass Franz Conrad von Hötzendorf, der böse Geist des Habsburger Generalstabs, obwohl er schon über sechzig war, selbst über keine wirkliche Kampferfahrung verfügte, ebenso wenig Oskar Potiorek, der habsburgische Landeschef von Bosnien-Herzegowina, der 1914 den törichten Einmarsch in Serbien leitete, eine totale Fehlplanung. Ganze Karrieren waren vergangen, die ein nur theoretisches Verständnis der Kriegsführung gebracht hatten, und das in einer Zeit, in der die technischen Veränderungen auf fast jedem denkbaren Gebiet dazu führten, dass sich innerhalb nur weniger Monate eine immense Kluft zwischen der damals aktuellen Militärtheorie und der tatsächlichen Kriegspraxis auftun konnte.

Vielleicht haben Österreicher und Ungarn instinktiv begriffen, dass alles andere als ein sehr begrenzter Krieg zur Katastrophe geraten würde. Vor allem die Ungarn werden das so gesehen haben, die alles hatten, was sie wollten (ihr eigenes Reich, Autonomie, eine florierende Hauptstadt), und die daran arbeiteten, alles ernsthaft Militärische auf Schritt und Tritt zu sabotieren. Ihre Gründe mochten eigennützig sein, aber als Gruppe waren sie, vielleicht am aufrichtigsten unter allen kriegsbeteiligten Europäern, nicht an einem Krieg interessiert. Das bedeutete, dass die Österreich-Ungarische, die Gemeinsame Armee unterbesetzt und unterfinanziert war, und es ist Routine in jedem Buch über den Ersten Weltkrieg, dafür den Ungarn die Schuld zu geben; bedenkt man jedoch, welchen Glanz das Kriegführen in den Jahren bis 1914 für so viele hatte, auch welche Erregung die Kriegserklärungen auslösten, ist es reizvoll, solchen Pazifismus aus nationaler Eigennützigkeit in Aktion zu sehen. Sobald die Kampfhandlungen aber begannen, erkannten die Ungarn, dass es ihre Privilegien waren, die auf dem Spiel standen, und ihr Land, in das fremde Truppen einmarschieren würden, sobald die Front der Mittelmächte durchbrochen wäre, und die Ungarn, die das Militärbudget jahrelang hatten verkümmern lassen, kämpften nun mit großem Elan und Verbissenheit, aber aufholen ließ sich da nichts mehr.

Conrad von Hötzendorf – ein sehr merkwürdiger Mann – war vor allem für sein Selbstvertrauen berühmt und auch, weil er bei zahlreichen Gelegenheiten erklärt hatte, dass Krieg die richtige Antwort auf jede politische Frage sei. Zumindest im Sommer 1914 glaubte man ihm – und doch stellte sich heraus, wie inkompetent all seine besessene Planung gewesen war. Jahre hatte der Generalstab darauf verwendet, das Kräftegleichgewicht für den Kriegsfall mit Serbien und mit Russland auszuarbeiten; viel in hoffnungsvolles Wunschdenken investiert, nahm man doch an, dass Serbien effektiv isoliert sein werde, weil die Russen Angst vor Deutschland hätten. Diese Hoffnung aber bezog sich auf das zerrüttete und gedemütigte Russland von 1905/06, das den Russisch-Japanischen Krieg verloren hatte und von einer – allerdings fehlgeschlagenen – Revolution erschüttert worden war; bis 1914 jedoch war die russische Armee neu ausgerüstet worden, und Russland stand fest zu seinem Bündnis mit Frankreich. Von Hötzendorf jonglierte endlos, um der Zwickmühle zu entrinnen, dass er nicht genug Soldaten hatte, wenn er seine Truppen denn an zwei Fronten schicken musste.

Als zugespitztes, aber interessantes Argument könnte vorgebracht werden, dass man 1914 sowohl in Deutschland als auch in Österreich-Ungarn nur ein paar Zahlen auf einen Bierdeckel hätte kritzeln müssen, um feststellen zu können, dass der Krieg nicht zu gewinnen war. Gegen die Stabilität des französisch-russischen Bündnisses entwickelte Deutschland die Vision, der Großteil seines Heeres könnte in Frankreich einmarschieren und es in wenigen Wochen besiegen, und danach könnte man ebendiese Truppen nach Osten verlegen, um die Russen zu besiegen. Die österreichisch-ungarische Variante war, erst Serbien rasch zu besiegen, die auf dem Balkan siegreichen Truppen dann ans andere Ende des Reichs zu verlegen, den Russen entgegen. Weder Österreicher noch Deutsche hatten irgendeinen ernsthaften Plan, wie sie damit fertig werden wollten, wenn sich der erste Sieg auch nur um weniges verzögern, wenn der zunächst ausgesuchte Gegner standhaften Widerstand leisten würde – und weil beide diesen blinden Fleck hatten, hatten bereits diese ersten Verzögerungen unüberwindlich schwere Folgen und stellten einen endgültigen Sieg schon früh in Frage. Aber daran, dass wohl niemand diese logische Schlussfolgerung gezogen hat, lässt sich erkennen, von welchen Voraussetzungen diese oft hochintelligenten Militärs ausgingen, wenn sie ihre Operationen planten. Conrad von Hötzendorf sah, als sich die Julikrise entfaltete, nur eine mögliche Reaktion: Österreich-Ungarn sollte ein absolutes Minimum an Soldaten in Verteidigungsstellungen im Süden bringen, um die kleine serbische Armee fernzuhalten, alle anderen Kräfte sollten den Russen entgegengeworfen werden, die tatsächlich das gesamte Kaiserreich auslöschen konnten, was schon 1849 bei ihrer Intervention in Ungarn ohne weiteres hätte geschehen können, wären sie nicht so milde gestimmt gewesen. Von Hötzendorf ging davon aus, dass seine Truppen an der Ostfront Schulter an Schulter mit den Deutschen stehen würden, und hat sich vermutlich nicht einmal selbst eingestanden, dass tatsächlich, wenn die meisten deutschen Truppen in Frankreich kämpften, die russische Armee mit ihrem ganzen Gewicht gegen seine eigene, sehr viel kleinere Streitmacht anrennen würde.

Ich gehe darauf so detailliert ein, weil das ganze Kriegsgeschehen von dieser Lage bestimmt wurde und weil deren bittere Logik nur durch die taktische Brillanz der Deutschen abgefedert wurde. Ein in sich schon fragwürdiger Kriegsplan wurde noch fragwürdiger, weil sich Großbritannien angriffslustig zeigte und nicht neutral blieb, und dafür hatten die Deutschen einfach keinen Plan in der Tasche. Nun stand ihnen ein Land gegenüber, das sie in der Tat nicht besiegen konnten (es sei denn, sie reduzierten ihre Armeen zugunsten einer surreal hohen Zahl an U-Booten). Der Schlieffen-Plan wurde also weiterverfolgt, trotz des plötzlichen Auftauchens eines weiteren Feindes, der etwa über die gleiche Wirtschaftsmacht verfügte wie das Deutsche Reich. Und es kam noch schlimmer, denn Italien, die vermeintlich dritte Säule der Mittelmächte, entschied sich zunächst, neutral zu bleiben, griff dann aber, im Mai 1915, auf Seiten der Alliierten in die Kämpfe ein. Zu verantworten hatte das vor allem Österreich-Ungarn. Deutschland hatte kein Interesse am Balkan, noch weniger wollte es mit der überhitzt nationalistischen Atmosphäre südlich der Alpen zu tun haben. In der Berliner Heeresleitung wuchs die Wut darüber, dass Österreich-Ungarn nicht in der Lage war, ernsthaft mit den Italienern zu verhandeln, die als Preis für ihren Kriegseintritt an der Seite der Mittelmächte Dalmatien, Görz und die anderen italienischsprachigen Stücke des Habsburgerreichs beanspruchten. Aus Sicht der Habsburger aber wäre dies Verrat gewesen an allem, wofür das Reich gestanden hatte; dabei hätte Franz Joseph nur Bildbände über seine Vorfahren durchblättern müssen und dort viele Häppchen gefunden, die jene, Verrat hin oder her, ihren Gegnern im Tausch gegen ein höheres strategisches Gut hingeworfen hatten. Die Deutschen argumentierten subtiler: Den Italienern müsse jetzt gegeben werden, was sie wollten, später, wenn Deutschland und Österreich-Ungarn den Krieg gewonnen hätten, könnten sie sich immer noch, als europaweite Hegemonen, um die Italiener kümmern, sie vernichten und sich so viel von ihrem Territorium zurückholen, wie sie wollten. Aber die stolze Tradition Habsburger Uneinsichtigkeit obsiegte, und eine ziemlich nutzlose weitere Kriegsfront wurde eröffnet, zusätzlich zu all den anderen, die auch schon nicht angemessen besetzt werden konnten.

Sarajevo

Im Juni 1914 kam Franz Ferdinand zu einem Inspektionsbesuch nach Bosnien-Herzegowina, mitten in ein Krisengebiet mit einander überlappenden Bruchlinien. Einige davon bestanden schon lange und waren typisch für die seltsame Lage im Kaiserreich. Dazu kam Franz Ferdinands nicht geringer Ärger über seine endlos hinausgeschobene Thronnachfolge und die Tatenlosigkeit, zu der er verdammt war. Doch sein verhasster Vorgänger verharrte in einer unabänderlichen Folge öder Routine und wurde dabei älter und älter. Nicht der geringste Grund für diesen Hass war, dass Franz Joseph stur darauf beharrte, Franz Ferdinands Ehefrau sei von zu geringem Stand und habe darum in der Hofhierarchie keinen Platz. Nach Sarajevo reiste Franz Ferdinand jedoch nicht als Thronfolger, sondern in militärischer Funktion, also blieb die gruselige Welt der Hofburg zurück, und seiner Frau war es gestattet, an seiner Seite zu gehen, bei Banketten sowie in ihrem Reisewagen neben ihm zu sitzen.

Alle möglichen irredentistischen und separatistischen Probleme bedrohten das Reich, keines davon aber hätte für sich genommen auch nur annähernd fatale Folgen gehabt. Viele nationale Gruppen waren mehr als unzufrieden mit ihrem Status unter der Herrschaft des Habsburgerreichs, doch fast niemand hatte eine Vorstellung, wie eine Loslösung vom Reich bewerkstelligt werden könnte. Als Sicherheitsventil bewährte sich auch die massenhafte Emigration. Wer die Habsburger Herrschaft oder seinen ungarischen Grundherrn wirklich verabscheute, konnte in die Vereinigten Staaten gehen. Manche taten dies aus nationalistischen Gründen, die meisten aber einfach aus Armut, gerade Galizien versank immer mehr in seiner katastrophalen Rückständigkeit. Während des Krieges bereitete den Habsburgern vor allem Kopfschmerzen, dass es im Reich so viele Sprachen gab (Conrad von Hötzendorf sprach sieben);

und weil gleich zu Beginn des Krieges schon so viele Tote und Verwundete zu beklagen waren, konnten nachrückende Offiziere und Mannschaften nicht mehr lernen, einander zu verstehen. So kam es fast unvermeidlich dazu, dass eine slowakische Militäreinheit gebildet wurde mit Offizieren, die in der höheren Schule Englisch gelernt hatten und die ihren Mannschaften englische Befehle geben konnten, denn auch diese hatten Englisch gelernt – zur Vorbereitung ihrer Emigration in die USA. Diese englischsprachige Einheit war eine geniale Habsburger Lösung, aber die Gründe, die sie möglich machten, sprachen nicht gerade für großes Vertrauen in die Zukunft des Reiches.

Das Kaiserreich verfügte zwar über beträchtliche Kraftreserven, aber deren Entfaltung war, wie sich zeigte, doch abhängig davon, dass Frieden herrschte, was einige seiner Regenten und Beamten gespürt zu haben scheinen. Franz Ferdinand selbst war, auch wenn er Conrad von Hötzendorf sehr nahestand, merklich vorsichtig. Sein Bestreben, auch Slawen in den Regierungs- und Verwaltungsapparat zu bringen und eine Art «gebilligten Jugoslawismus» zu entwickeln, verschaffte seinem Besuch im südlichen Reich besondere Aufmerksamkeit. Seine Vorstellungen waren so gut bekannt, dass er bei seiner Ankunft in Bosnien-Herzegowina für eine Gruppe serbischer Nationalisten genau der richtige Kandidat für ein Attentat war. Das lag nicht nur daran, dass er von einem auf den anderen Tag zu einem schroffen, kalten und durchsetzungsstarken Kaiser werden konnte; vielmehr fürchteten militante serbische Nationalisten, dass der von Ferdinand propagierte Trialismus, die Erweiterung des österreichisch-ungarischen Dualismus um eine serbische Nation, unter den im Reich lebenden Slawen zu einer Solidarität und Loyalität führen konnte, die nicht mehr dem Königreich Serbien gelten würde.

Das Ausmaß des Komplotts – nicht weniger als sechs Attentäter waren auf den Thronfolger und seine Frau angesetzt – war beispiellos, insofern der genaue Ausdruck der Kräfte, die die massiven Veränderungen der letzten Zeit hervorgetrieben hatten und die über den Balkan geschwappt waren. Einige Zeit waren die Habsburger Gefahr gelaufen, nur noch als überlebt zu gelten, das jedoch traf 1914 nicht mehr zu, denn sowohl Wien als auch Budapest hatten ausreichend radikale konstitutionelle Drehungen und Wendungen mitmachen müssen. Wollte sie bestehen, musste die Doppelmonarchie – auch wenn der pittoreske Überbau aus Erzherzögen und anderem Personal bestehen blieb – modern und zeitgemäß sein; darin war Österreich-Ungarn durchaus auf etwa gleicher Höhe mit Deutschland, Russland oder selbst Großbritannien. Vielleicht war es das Attentat selbst, das dem Reich den Anschein rettungsloser Schwäche gab. Es war erstaunlich, dass das Paar überhaupt so lange unbeschadet durch Sarajevo fahren konnte, doch hatten die aufgereihten Möchtegernattentäter die Nerven verloren oder sich beim Bombenwerfen vertan, fanatische Teenager, aufgehetzt gegen jemanden, der zu fett für seine Uniform war und Straußenfedern trug.

Die heiligen Relikte des Attentats – das Auto, die blutbefleckte Jacke, Princips Pistole, die Chaiselongue, auf der der Erzherzog starb – haben einen Ehrenplatz im Heeresgeschichtlichen Museum in Wien erhalten. Als den wahren Übeltäter muss man aber wohl das Auto betrachten, einen spektakulären Doppelphaeton der Firma Gräf und Stift. Wäre das Paar in einer Kutsche von mehreren Pferden durch die Stadt gezogen worden, hätten die beiden sehr viel höher gesessen, man hätte schneller fahren können, zudem wäre hinter ihnen hinreichend Platz gewesen für Sicherheitsleute und um die Kutsche herum für Berittene. Dann hätten die schnauzbärtigen Aufrührer mit ihrer Pistole größere Probleme gehabt. Als der Gräf und Stift aber erst einmal angehalten hatte, waren Erzherzog und Herzogin ohne jeden Schutz. Princip brauchte, aus dem Kaffeehaus tretend, bloß noch auf sie zuzugehen, so als säßen sie, unsinnigerweise, mitten auf der Straße. Also wurde der letzte ernstzunehmende Habsburger ein Opfer der neuen Technik.

Aus Sicht der jungen Männer und ihrer politischen Drahtzieher in Belgrad – und vielleicht nach allen Maßstäben – war es das erfolgreichste Attentat der modernen Weltgeschichte. Es tötete Serbiens entschlossensten Gegner, es zerstörte das gesamte Habsburgerreich, und es schuf einen gewaltig vergrößerten serbischen Staat, der erst in den 1990ern endgültig aufgelöst wurde. Auch was heute «Kollateralschaden» genannt würde, hebt es auf eine besondere Stufe, denn niemand in Europa, der am nächsten Morgen die schwerwiegende, schockierende Nachricht der Ermordung las, hatte eine auch nur annähernde Vorstellung dessen, was nun geschehen würde.

Die Katastrophe von Przemyśl

In den Anfangsphasen des Kriegs erlebten alle seine Parteien groteske, schockierende Überraschungen. Wie die Ereignisse zeigten, waren die Jahre militärischer Manöver, geheimer Codes und technischer Fortschritte wohl doch nur ein Witz gewesen. Der französische Einmarsch ins Elsass (der nicht gerade vertrauensbildend benannte «Plan XVII») schlug fehl; die russische Invasion Ostpreußens endete mit einem Armageddon; der formidable Schlieffen-Plan des deutschen Heers fuhr sich innerhalb von Wochen fest im Desaster des Grabenkriegs. So erlebte nicht nur Österreich-Ungarn einen Albtraum, die gesamte Militärkaste Europas hatte sich unverantwortlich und inkompetent gezeigt. Ihre angeblichen politischen Chefs erwiesen sich als unfähig, intelligent zu handeln und einen Konflikt zu beenden, von dem schnell klar war, dass er die europäische Gesellschaft zu zerstören drohte. Der Schrecken bekam beispiellose Ausmaße. Alle Generäle träumten von Aktionen wie im 19. Jahrhundert, als man eine Schlacht noch mit Mut, taktischer Raffinesse und Kühnheit für sich entscheiden konnte. Die Schlachten bei Königgrätz 1866 (23 000 Tote und Verwundete) und bei Sedan 1870 (25 000 Tote und Verwundete) waren Siege einer Größenordnung, die ausreichte, um das komplette politische System des Unterlegenen zu zerstören. Nun aber begann die erste Schlacht an der Marne mit rund 500 000 Toten und Verwundeten, und sie ergab keinerlei Hinweis darauf, wie der Krieg enden mochte. Das Ausmaß des gegenseitigen Massakers war so gewaltig, dass keiner der Mächtigen die Niederlage eingestehen konnte – dabei wäre es gerade in diesen Wochen vielleicht noch möglich gewesen. Es ist erschütternd, wie unbedeutend und schwach die wichtigen politischen Machthaber waren, wie widerstandslos sie es zuließen, dass die Ereignisse sie mitrissen – kein Bismarck oder Salisbury weit und breit.

Zumindest bis Ende 1916 blieb die Kampfkraft aller größeren Kriegsmächte unerschüttert, jede mit eigenem Siegesplan, jede mit ausreichend wirtschaftlicher und personeller Stärke, um weiterzumachen. Zum ersten Mal in der europäischen Geschichte wurden Menschen nicht anders betrachtet als Nutzpflanzen, mit grausigen Berechnungen, wann jede männliche «Jahrgangsgruppe» alt genug wurde, um eingezogen, ausgebildet und ausgerüstet zu werden, um ihre vernichteten Vorgänger zu ersetzen. Dies war eine fundamental andere Art, über das Volk nachzudenken und über es zu verfügen, und dies wurde zum bitteren Vermächtnis für das ganze Jahrhundert: Hatten Herrscher ihre Untertanen vor 1914 einfach nur beeinflusst, verwirklichten sie nun Träume von absoluter Kontrolle über Leben und Tod. Ganze Bürokratien arbeiteten daran festzustellen, wie man die regulären, 1914 ausgelöschten Heere ersetzen konnte, und diese Kalkulationen führten auf direktem Wege zum «Hungerplan» der Nationalsozialisten und zum Großen Sprung nach vorn in China.

Die Ausnahme von dieser militärischen Widerstandsfähigkeit bildete Österreich-Ungarn. Es war, unter den größeren Mächten, die einzige, bei der sich schnell eine gefährliche Kluft auftat zwischen ihren Prätentionen und dem, was sie zustande brachte. Nach dem anfänglichen Schock wappnete sich jede der größeren Kriegsnationen, so groß die Verluste auch waren, für die Kämpfe des nächsten Jahres mit frischen Männern, neuen Plänen und noch größeren militärischen Ressourcen, nur die österreichisch-ungarische Basis erwies sich als unzureichend.

Als ein Großteil der Gemeinsamen Armee sinnloserweise gen Süden zog, um Serbien anzugreifen (weil das der Casus Belli war), wurde klar, dass die russische Armee im Osten eine unmittelbare und überwältigende Bedrohung für die Doppelmonarchie darstellte. Das erforderte ein demütigendes und chaotisches Umdirigieren der Truppentransporte, die auf dem Weg Richtung Süden waren, sie rollten nun nach Osten. Mit typischer Hilflosigkeit wurde entschieden, dass der Weg, der zunächst als der einfachste erschien, die Truppen nämlich zu ihren Ausgangspunkten zurückfahren zu lassen und von dort aus erneut loszuschicken, für die Moral der Truppe inakzeptabel war: Es war ja erst wenige Tage her, dass die Soldaten von jauchzenden Mengen, sicher auch von heulenden Familienmitgliedern, mit Blaskapellen, heiserem Jubel und Tausenden von Blumen verabschiedet worden waren. Welche Verwirrung musste es auslösen, wenn dieselben Züge wieder in die Bahnhöfe einliefen! Vielleicht wäre eine solche Verwirrung heilsam gewesen, weil das Manöver in der Tat auf einen gehörigen Schildbürgerstreich hindeutete – trotz all des Geldes, der Planungen, des Prestiges verlor Österreich-Ungarns Militärführung ihren Krieg in einer Handvoll rascher Entscheidungen, nach denen Soldaten Nebenstrecken entlangbummelten, auf abgelegenen Bahnhöfen vor sich hin dösten und das Bahnpersonal nicht wusste, wo ihm der Kopf stand. Was stets zu befürchten stand, trat ein: ein Scheitern an beiden Fronten. Zu wenig Truppen für den Feldzug gegen Serbien, zu wenig, um die Russen aufzuhalten. In einer Folge von Katastrophen sondergleichen verlor das österreichisch-ungarische Heer Hunderttausende Soldaten an beiden Fronten, und noch vor Jahresende hatten die Serben das Invasionsheer aus ihrem Land geworfen, die Invasion also vereitelt, die als das einzige irgendwie rationale Element der Kämpfe gedacht war – Rache für den Mord an Franz Ferdinand. Im Osten löschten die Russen Habsburger Streitkräfte aus und besetzten innerhalb von Wochen den größten Teil Galiziens und der Bukowina. Schlachten bekamen Namen, um ihnen eine Form und einen geographischen Fokus zu geben, die ihnen völlig abgingen, da gewaltige und verwirrte bewaffnete Gruppen in einer Weise aufeinanderprallten, die jeder napoleonischen Prägnanz spottete. Berichte aus dieser Zeit beschreiben Szenen des totalen Chaos, ein Großteil der Bevölkerung war auf der Flucht, ganze Städte standen in Flammen, und – wie sich herausstellte – gab es gar keinen habsburgischen Plan, wie man es mit den Russen aufnehmen wollte. Elite-Kavallerieeinheiten wurden ins verwüstete Land geschickt und tauchten nie wieder auf, verschluckt vom Gelände und von feindlichen Maschinengewehreinheiten.

Während im zerstörten Stadtzentrum von Lwiw Kosaken für Fotos posierten, ruhte Österreich-Ungarns letzte Hoffnung, die totale Katastrophe zu verhindern, auf der galizischen Stadt Przemyśl. Mit dem Zug etwa fünf Stunden von Krakau entfernt, galt sie schon lange als Kern der Verteidigung Galiziens, diesem weiten flachen, darum wenig hilfreichen Land, nur der San, ein Fluss bescheidener Größe, und ein paar Hügel ebenfalls bescheidener Größe boten natürlichen Schutz. Seit den 1870er Jahren war Przemyśl mit dem üblichen Hickhack und üblicher Unterfinanzierung Ring um Ring zu einer Festung mit einem Durchmesser von fünfundvierzig Kilometern ausgebaut worden. Noch heute ist die Gegend von ihren Relikten übersät, einige von einer Größe, die sie erscheinen lässt, als wäre ein (merkwürdigerweise aus Backsteinen gebautes) Raumschiff über den Festungsanlagen explodiert. An der Straße zur ukrainischen Grenze neben einem gigantischen Tesco-Markt befindet sich ein Hotel, und als ich dort übernachtete, tat ich dies in einem von Hunderten Relikten der alten Festung, aus denen das Hotel errichtet worden war. Ganz fertig wurde diese Festung nie, vielleicht war sie auch einfach zu groß angelegt, als dass irgendwer sie je hätte für fertig erklären können – selbst mit zehnmal so vielen Stellungen und Bunkern und einer Garnison von vielen hunderttausend Soldaten hätte sie noch immer Schwachpunkte gehabt. Auf jeden Fall hatten sich die Russen vor dem Krieg über Oberst Redl, ihren Spion im habsburgischen Heer, alle Details der Festung Przemyśl sichern können (ebenso Details der Habsburger Pläne für die Invasion Serbiens – die sie umsichtig an Belgrad weitergeleitet hatten).

Für kurze Zeit, ab September 1914, bewährte sich Przemyśls Festung, weil die Russen sie nicht umgehen konnten, sondern gezwungen waren, Stadt und Festung zu erobern und zu besetzen. Ohne Przemyśl hätte es wenig gegeben, was die Russen hätte daran hindern können, sofort weiter nach Südpolen oder Nordostungarn vorzustoßen – womit der Krieg eine ganz andere Wendung hätte nehmen können. Ein geradezu episches Hin und Her entwickelte sich nun, beide Seiten, mal als Belagerer, mal als Belagerte, schafften immer größere Ressourcen heran, um den Belagerungsring zu verstärken beziehungsweise zu brechen. In Oktober konnte eine Habsburger Heeresgruppe kurzzeitig in die Stadt eindringen, und die Russen zogen sich zurück.

Ein beeindruckendes Foto des Stadtzentrums zeigt eine ungeheure Menschenmenge; wo immer sie Platz fanden, stehen Przemyśls Einwohner, Zivilisten und Militärs, in einer unvorstellbaren Vielfalt, die sich am besten in den Hüten und (es regnete gerade) Schirmen der Männer und Frauen ausdrückt; ein letztes Mal posieren die Untertanen des Habsburgerreichs für einen Fotografen, der auf einem hoch gelegenen Balkon stand: Polen, Juden, Ungarn, Österreicher, Ruthenen. Dies war allerdings nur eine kurze Atempause, denn drei Wochen später wurde Przemyśl durch Katastrophen anderswo entlang der Front wieder isoliert. Habsburger Entsatzheere versuchten, die russische Front zu durchbrechen, indem sie sich bei minus fünfzehn Grad Celsius durch die Karpaten schlugen, unglaubliche Verluste erlitten, erschöpfte Truppen, die verzweifelt versuchten, nicht einzuschlafen, weil sie wussten, dass sie dann entweder erfrieren oder von Wölfen gefressen würden. Anfang 1915 hatten die Habsburger an der Ostfront insgesamt um die 800 000 Opfer zu beklagen. Ein letzter Versuch, Przemyśl zu befreien, sorgte für weitere 50 000 Opfer. Im März 1915 musste sich die halb verhungerte Garnison schließlich ergeben, nachdem die Soldaten alle ihre Pferde getötet, alles verfeuert, ihre schwere Artillerie und die größeren Befestigungen gesprengt hatten, in der wahrscheinlich größten Verwendung von Sprengstoffen in der Geschichte der Menschheit bis dahin. Acht Generäle, zweitausendfünfhundert Offiziere und um die 117 000 Soldaten ergaben sich, die Russen marschierten ein. Przemyśl wurde zu Peremyshl, zu einer von vielen weiteren russischen Städten, die unter Militärrecht standen. Wie üblich wurde den Polen verboten, Schulen zu besuchen oder öffentliche Ämter zu bekleiden. Auf ihrem Weg nach Sibirien wurden die Habsburger Kriegsgefangenen in einer großen Parade durch Moskau getrieben, die auf unheimliche Weise diejenige ankündigte, bei der weniger als dreißig Jahre später die Moskowiter die zerschlagenen Reste der Heeresgruppe Mitte betrachten konnten.

Diese Katastrophen beendeten das habsburgische Europa. Die letzte Szene von Miklós Bánffys brillanter *Siebenbürgischer Trilogie*, geschrieben in den 1930er Jahren, beschäftigt sich nicht direkt mit dem Krieg selbst, sondern lässt die Leser das Leben vieler junger Männer verfolgen, bis sie im Juli 1914 ihre umwerfend schicken Kavallerieuniformen anlegen und zu ihren Einheiten aufbrechen. Für Bánffys Leserschaft war es leicht zu begreifen, dass sie alle kurz darauf in Galizien sterben würden. Schon Anfang 1915 liefen slawische Soldaten in großer Zahl zu den Russen über. Das ist der Kriegsabschnitt, den Hašek in *Der brave Soldat Schweijk* verewigt hat, die Zeit, in der verbitterte ungarische Soldaten zum Spott die Hände hochnehmen und sich ergeben, wenn sie tschechische Truppen sehen. Mit dem Fall von Przemyśl wurde die verbleibende Gemeinsame Armee zu einer «Miliz», immer unzuverlässiger und gerade noch fähig, die Italiener zu besiegen.

Im Sommer 1915 vertrieb eine erneute, deutsch-habsburgische Offensive die Russen aus den Ruinen von Przemyśl, und es gibt ein seltsames Genre von Postkarten, auf denen habsburgische Soldaten zu sehen sind, die ziemlich dämlich inmitten von Betontrümmern, gespenstischen gigantischen Metallreifen und Rohren demolierter Festungsgeschütze posieren. Ein noch merkwürdigeres Foto zeigt Offiziere, die vor dem Rathaus salutieren, während ein paar erstaunlich stattliche, brutal wirkende Soldaten vorbeimarschieren. Aber diese Soldaten sehen anders aus: Sie tragen eine riesige bayerische Flagge und Pickelhauben. Es sind Deutsche, weit weg von der Heimat. Ihre Präsenz bedeutete die Götterdämmerung von Österreich-Ungarn: Die Habsburger wurden zu bloßen Anhängseln ihres bei weitem mächtigeren Verbündeten; sie waren unfähig, Serbien und Rumänien ohne das deutsche Heer zu besiegen. In Deutschland erhoben sich Stimmen, die aus dem imperialen Leichnam ihr eigenes Reich schnitzen wollten. Was Przemyśl anging, so haben die Ereignisse seit 1914 ein multiethnisches Hinterland in eine Hauptbühne verwandelt, auf der sich die Katastrophen der neuen Ära abspielten. Die Deutschen zogen 1918 ab, kehrten 1939 aber zurück, als die Stadt und der Fluss San, der die Stadt teilt, zur Frontlinie zwischen dem von NS-Deutschland und der Sowjetunion besetzten Polen wurden. In den folgenden Jahren kam ein großer Teil der Bevölkerung in Konflikte mit den wechselnden Beherrschern: aus rassischen, sprachpolitischen, politischen und aus Gründen ihrer Klassenzugehörigkeit.

Letzter Zug nach Wilsonville

Der schwerste Schaden entstand Österreich-Ungarn vielleicht gar nicht durch die vernichtenden Schlachten, die sie durchkämpfen mussten, sondern durch die seltsamen Banden von Intellektuellen und Künstlern, die zu besiegen das Reich nicht einmal hoffen konnte, für die der Erste Weltkrieg aber so etwas wie ein Traum war, der endlich wahr wurde. Europa war zu jener Zeit wirklich kein normaler Lebensraum. Ein kleines Beispiel liefert Gabriele d'Annunzio (1863–1938), der italienische *Grotesco*-Dichter, Propagandist und Kampfpilot, der den ersten Tag von Italiens Angriff auf Österreich-Ungarn mit folgenden Worten feierte: «Unsere Wache ist vorüber. Unser Jubel bricht aus. … Blut sprudelt aus Italiens Adern! … Das Schlachten beginnt, die Zerstörung beginnt … All diese Menschen, die sich gestern noch in den Straßen und auf den Plätzen drängten und laut den Krieg forderten, sind voller Adern, voller Blut; und dies Blut beginnt zu fließen.»

Proklamationen wie diese zogen riesige applaudierende Mengen an, niemand gebot solchen Irren vorerst Einhalt. Ihr Reden war durchaus typisch für die völlig ungehemmten Widerwärtigkeiten, die ein aus den Fugen geratenes Europa nun heimsuchten.

Kaum war Franz Ferdinand ermordet, da begann es an den Rändern der Doppelmonarchie zu brodeln, ließen sich solche Gestalten wie d'Annunzio vernehmen, die völlig mystische Gründe, diesen oder jenen Zweck und Ausgang des Krieges zusammenbrauten. Am direktesten taten dies Rumänen. Die Ursprünge des rumänischen Nationalismus lagen in Städten wie Sibiu, ihre «Erlösung» war unstreitig, keine Rede von den Deutschen und Ungarn, die bei einer solchen Annexion in gewaltigen Zahlen mit weggefegt würden. Die Polen wiederum suchten, entweder im Lager der Mittelmächte oder im Russischen Reich, nach Auflösungserscheinungen, die ihnen den Raum geben würden, ihren eigenen Staat wieder zu errichten. Dass alle Seiten letztendlich in sich zusammenstürzten und Platz machten für ein wirklich unabhängiges, neues Polen, zeigte sich überraschend erst 1918.

Noch extremer gerierten sich Serben, Italiener und Tschechen. Die serbische Regierung sah sich im Sommer 1914 bedroht durch eine Invasion von Österreich-Ungarn, aber auch – zu ihrer Verwunderung – als Verbündete Russlands, Großbritanniens und Frankreichs, eindeutig also auf der Gewinnerseite. Schwärme von Ethnographen, Sprachforschern, Geographen und Historikern tauchten in Belgrad auf und demonstrierten die nahezu unbegrenzten Möglichkeiten, die sich nun für einen zukünftigen serbischen Megastaat boten. Bereits vor dem Krieg hatte Serbien mit Montenegro Gespräche darüber geführt, beider Streitkräfte zu vereinigen, Oberhand jedoch gewann ein fast schon kosmischer «Jugoslawismus», und auch, was nördlich des damaligen Serbien lag, eingeschlossen Städte wie Klagenfurt, Timişoara und Szeged, wurde als reif für die Eingliederung ins Königreich Serbien betrachtet. Mit Bulgarien gab es eingehende Diskussionen über einen den ganzen Balkan umgreifenden Bund, über einen Staatsverband von der Adria bis zum Schwarzen Meer mit einem ähnlich großen Territorium wie Deutschland. Überall brachten ernsthafte Brillenträger Gründe vor, warum die Slowenen (die doch jahrhundertelang eine eigene Geschichte hatten) tatsächlich «kleine Brüder» seien; warum Kroaten (die seit 1102 von Ungarn regiert worden waren, zudem katholisch und mit lateinischen und nicht mit kyrillischen Buchstaben schrieben) eine so tiefe, jetzt offenkundige Affinität zum Belgrader Regime hätten. Niemand machte sich wirklich Gedanken darüber, wie muslimische Bosnier oder Albaner in einen solchen jugoslawischen Bund passen sollten, aber eine neue, nach Süden verschobene Version des Habsburger Reichs, natürlich ohne das der Habsburger, nahm klarere Formen an. Insofern ist es eigentlich kein Wunder, dass es einer der wenigen überlebenden Möchtegernattentäter von Sarajevo schaffte, Dozent an der Universität von Belgrad zu werden, ein anderer zum Leiter der ethnographischen Abteilung im Museum von Sarajevo. Im Grunde war dieser «Jugoslawismus» nicht mehr als eine Reihe rein akademischer, abstruser Behauptungen – aber sie erwiesen sich, wie viele abstruse Behauptungen, als erstaunlich haltbar.

Der italienische Staat war eh seit Generationen vom Hass auf Österreich-Ungarn befeuert. Schon Giuseppe Garibaldi (1807–1882) hatte davon gesprochen, dass Italien in die «Jauchegrube der Demütigung» gestürzt sei, weil es Venedig nur auf so schleichende, verzweifelte Art erhalten habe, als Gabe anderer europäischer Mächte, nachdem seine eigenen Streitkräfte von den Habsburgern weggewischt worden waren. Die Entscheidungsprozesse der italienischen Regierung waren bestürzend zusammenhangslos (wobei 1914 kein europäischer Staat mit konsistenten Entscheidungen glänzte). Obwohl Italien seit 1882 Teil des Dreibundes mit Österreich-Ungarn und Deutschland war, erlitt es regelmäßig Anfälle nationalistischer Demenz, wenn es um die wirklich recht kleinen, unbedeutenden Gebiete ging, in denen auch Italienischsprechende lebten, die aber doch von Wien regiert wurden – die Täler Südtirols, die Region im Norden und Nordosten von Venedig, deren dominante Stadt Triest war. Italien hatte viele Häfen (und es hatte bekanntlich immer schon jede Menge Küsten), warum also sollte ein weiterer Hafen wirklich von Interesse sein, insbesondere, wenn Triests Bedeutung, wie sich herausstellte, nur daher rührte, dass es das Habsburgerreich versorgte – einmal in italienischen Händen ging es ein wie eine Primel. Viele italienische Politiker lehnten den Blödsinn des Irredentismus ab – die Befreiung aller Italienischsprechenden –, für andere aber war er fast eine Religion. Und ziemlich rasch wurde daraus handfester Landraub, die entlang der dalmatinischen Küste verstreut lebenden Italiener wurden zum Vorwand, auch dies Gebiet zu übernehmen – und den albanischen Hafen Vlorë, den sich Italien bereits 1914 aneignete. Das eröffnete die Aussicht, dass die Adria zu einem «italienischen Meer» werden könne, obwohl ein Großteil der Küsten so gar nicht «italienisch» war. Auch die Südtirol-Frage begann mit irredentistischen Kampagnen und endete als Landraub, obwohl die Italienischsprechenden zwischen Gardasee, Trient und Brenner immer weniger, Deutschsprechende immer mehr wurden. Gleichwohl, die Italiener erklärten den Brenner zur «natürlichen Grenze». Italiens Ansprüche also – und bei den anderen Ländern, die am Rande des Habsburgerreichs auf ihre Chance lauerten, war dies nicht anders – waren mystisch, nicht weniger und nicht mehr als die der Habsburger. Und so gerieten sie in die Fußstapfen einer großen, alten Tradition des Unsinns, angefacht durch Akademiker einer Art, wie sie Maximilian I. einigermaßen vertraut gewesen wäre. Doch die Sache wurde ernst, als die Schwäche und militärische Unfähigkeit der Habsburger in den ersten Kriegsmonaten ein goldenes Zeitalter für feindselige Kartographen und Philologen einläutete.

Am akademischsten von allen waren vermutlich die Tschechen. Als sich das Kriegsglück gegen die Mittelmächte kehrte, wurde immer wahrscheinlicher, dass das Reich komplett zusammenbrechen würde, in welchem Fall die Tschechen entweder von einem vergrößerten deutschsprachigen Staat absorbiert werden, vielleicht aber auch den Hauch einer Chance hatten konnten, ein eigenes Reich zu schaffen. Und so mussten die philologisch-ethnischen Obskuranten eine plausible Verbindung zwischen Tschechen, Slowaken und Ruthenen zusammenpanschen, mit der sich ein neuer multiethnischer Staat begründen ließe (der natürlich auch Millionen von Deutsch-, Ungarisch- und Polnischsprechenden einschließen würde, die man aber schlicht «vergaß»), ein Staat also, der sich von Westen nach Osten in die schmale Lücke zwischen anderen Deutsch- und Ungarischsprechenden und vielen Polen schlängeln würde. Auch das war, wie anders, erneut ein purer Willensakt. Slowaken und Tschechen hatten vieles gemeinsam, aber an wirklichen historischen Wurzeln für einen gemeinsamen neuen Staat fehlte es, die Berufung auf eine imaginäre Auswahl slawischer

Werte hätte einen Großteil der Bevölkerung dieses Staats wiederum ausgeschlossen. Den Gipfel der Absurdität erreichte dieser Mystizismus wohl im Oktober 1918, als der tschechische Ideologe Tomáš Garrique Masaryk (1850–1937) und seine Kollegen vor der Freiheitsglocke in Philadelphia posierten und mit dem Pittsburgher Abkommen (1918) die unabhängige Tschechoslowakische Republik ausriefen. Das bei dieser Gelegenheit geschossene Foto hält die außerordentlich schulmeisterlichen, braven Gestalten fest, die – angetrieben von Volkstrachten, Heldendichtung, grammatischen Spitzfindigkeiten und hübsch kolorierten Karten – nun das Erbe der Habsburger antreten wollten. Dass sie ausgerechnet vor der Freiheitsglocke posierten, sollte zeigen, dass man es mit demokratischen Werten hielt; der eigentliche Grund aber, aus dem sich die Delegierten nach Pennsylvania aufgemacht hatten, war, dass sie dort ein paar auf fast komische Weise unrepräsentative amerikanische Slowaken treffen wollten, mit denen sie das Staatsgründungsabkommen schließen konnten. Die Apostel der Moderne, als welche sie weithin gelten, kamen als Monumente reinsten Muffs über den Großen Teich. Der neue Staat machte sich ein hussitisches Motto (*Pravda vítězí*: «Möge die Wahrheit obsiegen») zu eigen und förderte den Stolz auf eine angeblich authentisch böhmische Vergangenheit, obwohl die meisten Tschechen doch katholisch waren. Um noch eins draufzusetzen, bejubelte Masaryk (der deutsch sprach und schrieb) die große deutsche Bevölkerung als «kolonisierende Avantgarde» im Kontrast zu den «niedergelassenen» Tschechischsprechenden, als wären die Deutschen, die seit dem Mittelalter in Böhmen und Mähren lebten, Eindringlinge. Diesem schamlosen Foto vor der Glocke folgte eine weitere atemberaubende Anbiederung: Die zweite Stadt des neuen Staates sollte, so die Delegation, Wilsonovo («Wilsonville») genannt werden. Die fragliche Stadt hatte aber einen deutschen und einen ungarischen Namen – Pressburg und Pzsony, die auch noch ihr deutsch-ungarisches Erbe widerspiegelten. Vielleicht war es ganz gut, dass Wilsonovo zugunsten des plausibleren Namens Bratislava verworfen wurde, der sich wiederum aus einer alten Fehltranskription ableitete, nämlich von Braslav, dem Namen eines mittelalterlichen Fürsten.

Auffällig an allen diesen Gruppen ist, dass sie jede Variante Habsburger Verschrobenheit geerbt haben. Nichts an ihren Statements, Visionen, Behauptungen, Gewaltakten ist schlimmer als jene, alle improvisieren sie über Varianten des alten Habsburger Wunschdenkens. Was dabei herauskam freilich, scheint hohler und eher lächerlich, denn es fehlt die Tradition; Bratislava ist nur ein sehr junges Beispiel für die vermutlich unzähligen Missverständnisse und Albernheiten, die hinter vielen älteren Ortsnamen stecken müssen. Der Krieg brachte ein ganzes Bündel neuer multiethnischer Staaten hervor, die sich als lediglich kleinere Versionen des Ganzen erwiesen, das sie ersetzt haben. Jedenfalls sind sie um keinen Deut rationaler als beispielsweise Ferdinands I. magischer Narwalzahn.

Ihre Visionen historischer Größe überlappten sich, widersprachen einander auch auf fatale Weise. Die folgenden Jahrzehnte zeigten, in welchem Maß die Legitimität der Habsburger darauf basiert hatte, dass sie in der Lage waren, ihr Sammelsurium von Staat zu verteidigen – auf tragische Weise waren ihre Nachfolger eben dazu nicht fähig.

Wie Pastetenteig

Die ersten Kriegsjahre brachten für Österreich-Ungarn nichts als Unheil und Demütigung, dagegen erschien der große Rest als außerordentlicher Triumph. Allerdings war auch das, wie sich zeigen sollte, eine Illusion, genügte aber, um dem Regime bis kurz vor Kriegsende ein desaströses Selbstvertrauen zu geben.

Tiefpunkt war der Sommer 1916, als ein kolossaler russischer Angriff – die Brussilow-Offensive – Galizien und die Bukowina noch weiter verwüstete. Die Inkompetenz, die die Habsburger Kriegsführung bestimmte, wurde in gewisser Weise aufgewogen durch entsprechende fatale Fehler auf russischer Seite. Beide, die russische wie die habsburgische Armee, litten an fehlender Flexibilität, merkwürdig genug brachte aber nur die russische Armee mit Aleksei Brussilow einen General hervor, der brillant genug war, um die Zauderei zu beenden und das strategische Gleichgewicht zu verschieben. Den Habsburgern wurde solches Glück nie zuteil – wie auch? Conrad von Hötzendorf und seine Kommandeure hatten sich behaglich eingerichtet im entlegenen Hauptquartier in Teschen (fast sechshundert Kilometer hinter der Front, dagegen wirkten die Château-Generäle hinter der Westfront geradezu tatkräftig) und sahen keinen Grund, ein «Gala-Diner» zu unterbrechen, als die Nachricht von Brussilows Angriff eintraf; von Hötzendorf war zuversichtlich, dass die Russen nicht weit kommen würden. Doch die Habsburger Front, so heißt es in einem Bericht, zerbröselte «wie Pastetenteig», und in nur drei Tagen nahmen die Russen 200 000 Gefangene, eine unglaubliche Zahl (fast die Hälfte der Habsburger Streitmacht, die sich ihnen entgegenstellte). Als die russische Offensive durch deutsche Gegenangriffe und allgemeine Erschöpfung schließlich zum Stillstand kam, hatte das Habsburger Heer mehr oder weniger aufgehört, als unabhängige Kraft zu existieren – seine Verluste lagen bei 750 000 Mann, mehr als die Hälfte von ihnen war in Gefangenschaft geraten.

Wie bei jedem Sieg an der Ostfront bestand der Gewinn lediglich aus einer Ansammlung unfruchtbarer Sumpfgebiete, von Wäldern und brennenden Dörfern, und die Russen gewannen nichts durch ihr neues Territorium (das meiste davon war seit ihrem früheren Rückzug sowieso verbrannte Erde). Doch wer auch immer die Relikte Galiziens besetzt hielt, es war absolut klar, dass die Zukunft des Habsburgerreichs folgenschwer von Deutschland abhängen würde. Es waren große Pläne gemacht worden für eine Neuordnung des Reichs, ein Habsburger sollte in der Hauptstadt Lublin (nun auf der Habsburger Seite der Front) auf den wiederbelebten polnischen Thron gesetzt werden, aber inzwischen sahen die Deutschen mit viel größerer Kälte auf ihre Verbündeten herab, und es kam zu ersten ernsthaften Diskussionen über die Einverleibung der deutschsprachigen Gebiete ins Deutsche Reich – wozu es dann 1938 kam. Die folgenden Offensiven wurden alle von den Deutschen geplant und geführt, im Allgemeinen waren Habsburger Truppen bloße Mitwirkende.

Die Frontverschiebungen durch die Brussilow-Offensive legten den Rumänen nahe, dass die Zeit gekommen war, den Mittelmächten den Krieg zu erklären: Sie wollten einfach nicht verpassen, was im Sommer 1916 als das strategische Endspiel erschien. Rumänische Einheiten marschierten in Siebenbürgen ein, hatten leichtes Spiel bei der Eroberung Braşovs, es kam zu einer Massenpanik, und nichts schien die Invasoren daran hindern zu können, bis nach Budapest vorzustoßen. Damit war die Zeit ihrer Prüfung gekommen. Die Karpaten waren nur auf der Karte ein größeres Hindernis, und Generationen von Planern, die lang und breit von Schutzwällen des Ostens geschwafelt hatten, waren widerlegt. Allerdings hatten die Rumänen den falschen Zeitpunkt gewählt, fatalerweise, wie sich zeigte. Denn die russische Offensive verlief im Sande, und die vereinten habsburgischen, deutschen, bulgarischen und türkischen Streitkräfte wandten sich gegen das rumänische Heer und rieben es in wenigen Wochen auf. Anfang August noch bedrohten die Rumänen den Südosten Siebenbürgens, doch bereits Anfang Dezember, nach einigen Blitzkampagnen, von denen die Generäle schon im Sommer 1914 geträumt hatten, war Bukarest in der Hand der Mittelmächte. Das Braşov-Museum besitzt eine der seltenen Fotografien von Gräueltaten des Ersten Weltkriegs. Es zeigt einen grinsenden ungarischen Soldaten, der neben einer Grube posiert, die voller kalkbedeckter Leichen rumänischer Soldaten ist:

Das Foto wird zuerst rachedurstigen Ungarn angesprochen haben, dann aber die ihrerseits rachedurstigen Rumänen, die 1918 schließlich einmarschierten, um das Gebiet einzunehmen.

Als Franz Joseph im November 1916 starb, ließ er, zumindest auf den ersten Blick, das Habsburgerreich in einer Position des Triumphs zurück, von der Conrad von Hötzendorf an vielen Punkten seiner Karriere geträumt haben muss. Die strategischen Dilemmata, die bislang jede Front bestimmt und die vorherigen Jahrzehnte so unattraktiv gemacht hatten, waren aufgelöst. Habsburger Truppen besetzten Belgrad und Bukarest, dazu eine eigene Zone im zuvor russischen Polen, und im Südwesten demütigten sie die italienische Armee in regelmäßigen Abständen. Und 1917, als die russische Front zusammenbrach, entfalteten sich noch unglaublichere Aussichten. Bereits in den Anfangstagen des Krieges war den Habsburgern die Peinlichkeit unterlaufen, dass sie bei Zakopane einen russischen Bürger festgenommen hatten, ihm dann aber erlaubten, in sein Schweizer Exil weiterzureisen: Wladimir Iljitsch Lenin. Jetzt arrangierten die Deutschen seine Rückführung in das am Boden liegende Russische Reich, um weiteres Durcheinander zu schüren. Ein letztes Vergnügen für die Mittelmächte war die Schlacht von Caporetto im November 1917, ein deutsch-habsburgischer Feldzug, der Italien große Territorien im Nordosten entriss, Venedig bedrohte und durch den Italien 300 000 Soldaten verlor, vor allem durch Kriegsgefangenschaft. Nun fehlte, um den Krieg zu beenden, nur eines: eine durchschlagende deutsche Kampagne im Westen, ein Durchbruch durch die von Briten, Amerikanern und Franzosen gehaltene Front.

Das Bild trog, wie heute jeder weiß, aber bis zum Scheitern der letzten deutschen Offensiven im Sommer 1918 schien der Sieg glaubhaft. Die Stärke der Deutschen gab auch Österreich-Ungarn den Anschein einer großen Macht, aber auf jedem Schauplatz des Konflikts war die Doppelmonarchie nur mehr ein ausgemergeltes Anhängsel, und auf dem Kriegsschauplatz, der zählte – an der

Westfront –, kaum noch vorhanden. Dennoch, für die letzten Reste der Österreichisch-Ungarischen Armee erschien die Situation fabelhaft: Russland lag in Fetzen, und an keiner Front drohte noch irgendein ernstzunehmender Feind. Doch es zeigten sich Probleme, sobald man nur anfing, darüber nachzudenken, was sich aus dieser Lage machen ließe. Karl, der neue Kaiser, war ein unfähiger Niemand. Seit dem frühen 21. Jahrhundert gibt es in Kirchen Schreine, die Karl gewidmet sind, der 2004 seliggesprochen wurde und sich auf dem Weg zur Heiligkeit befindet. Nutzlos zu sein scheint ein merkwürdiger Weg zu religiöser Größe, und ziemlich ungläubig starre ich auf mein Lesezeichen und das Medaillon, die dem seligen Karl gewidmet sind. Durch Franz Ferdinands Tod plötzlich auf Rang eins der Thronfolge geschoben, verbunden mit dem unbehaglichen Gedanken, dass Franz Joseph jeden Moment sterben konnte. Immerhin hatte Karl zwei Jahre Zeit gehabt, sich zu überlegen, wie man zum Regenten eines multinationalen Reichs wird. Vernichtend hat einer seiner Generäle seinen Eindruck vom neuen Kaiser beschrieben: «Man hofft, einen Dreißigjährigen zu treffen … findet aber einen Mann, der wirkt wie ein Zwanzigjähriger … der denkt, redet und sich verhält wie ein Zehnjähriger.»

Franz Josephs Tod, der auf den Tod der Armee folgte, auf der seine dynastische Herrschaft ruhte, schwächte die Loyalität zum Kaiser, höhlte das Kaisertum aus. Karl mochte selbst schwach und hohl gewesen sein, aber er verstand sehr wohl, dass die anscheinend so triumphale Lage der Habsburger nicht zu halten war – das Heer würde auseinanderfallen und das Kaiserreich durch die Blockade der Alliierten ausgehungert werden. Jede Woche, die der Krieg noch andauerte, brachte den völligen Zusammenbruch näher. Im Frühjahr 1917 machte er ein geheimes Angebot, um Österreich-Ungarn durch Verhandlungen mit Frankreich in einen Separatfrieden zu führen. Die Verhandlungen scheiterten, da die Punkte, die Frankreich interessierten, allein durch Deutschland zurechtgerückt werden konnten. In der Tat war Karls Gebaren als «Mann des Friedens» lediglich ein Reflex des Habsburger Provinzialismus im Endstadium – er hatte kein Interesse an der Westfront, wo der Krieg entschieden werden würde. Im Frühling 1918 enthüllten die Franzosen freudestrahlend die geheime Korrespondenz, und Karls ohnehin schwache Regentschaft wurde von den erbosten Deutschen komplett eingeschränkt. Vermutlich von diesem Punkt an hatte das Habsburgerreich keine Zukunft mehr – selbst ein (immer unwahrscheinlicherer) Sieg Deutschlands hätte zu seiner drastischen Neuorganisation geführt. Das Deutsche Reich hatte sich bereits aberwitzig weit nach Osten ausgebeult. Dies war Hindenburgs Ober Ost, Eroberungen von Wallenstein'schen Dimensionen, über 100 000 Quadratkilometer von Weißrussland bis nach Kurland standen unter deutscher Militärverwaltung, seit 1915 herausgearbeitet durch Zerstörung immer weiterer Städte, unter Einsatz gigantischer Suchscheinwerfer, massierter Geschütze und von Zeppelinen, in einer heute (über dem Geschehen an der Westfront) in Vergessenheit geratenen Folge von Siegen, die auf abscheuliche Weise dem ähnelten, was 1941 über diese Region hereinbrach. Wie hoch beide Seiten einschätzten, was dort auf dem Spiel stand, lässt sich daran erkennen, dass die Russen, vor ihrem erzwungenen Rückzug, in Vilnius zerstörten, was sie konnten. Die damaligen Kämpfe in Galizien werden in unseren Köpfen auch von dem überdeckt, was sich später dort ereignete, aber schon die Invasionen des Ersten Weltkriegs waren begleitet von Pogromen, Plünderungen und Massenerschießungen durch russische Truppen.* 1918 jonglierten die Deutschen mit Klientenstaaten vom Bottnischen Meerbusen bis zur Wolga – aber dies war nicht die Habsburger Erfahrung, die bestimmt war von hilfloser Erschöpfung; das alte Reich

* 1919 hatte das alte Habsburger Galizien definitiv aufgehört zu existieren, das zeigen die Massaker, die, nach dem offiziellen Kriegsende, von Ukrainern und Polen verübt wurden, die sich nicht nur gegenseitig umbrachten, sondern auch Juden.

war ein Sterbender, der von seinem überwältigenden Verbündeten gestützt wurde.

Die Art, wie man innerhalb des Habsburgerreichs darüber debattierte, was man mit den neuen Provinzen machen sollte, zeigte, dass selbst ein totaler Sieg nur neue Probleme schaffen würde. Hätte man nämlich die eroberten serbischen Territorien ins Reich eingegliedert, hätte man sie zugleich eben auch vereinigt. Und das war gewiss nicht das ursprüngliche Ziel gewesen. 1914 ging es um eine «Strafexpedition», sie sollte das Königreich Serbien einschüchtern, erniedrigen und entwaffnen. Stattdessen waren überlebende Serben von Briten und Franzosen nach Korfu evakuiert worden, verfügten nun über eine neu ausgerüstete und kampfwillige Armee, die hauptsächlich an der Thessaloniki-Front kämpfte – im Süden von Bulgarien, von wo aus die Alliierten direkt ins Reich marschieren wollten; doch bis Ende 1918 blieb es dort bei einem unauflösbaren Patt. Woher aber hätte habsburgischer Kampfwille kommen sollen, wenn den Möchtegernhegemon die Aussicht auf jedes neue Territorium mit Schrecken erfüllte? Die Deutschen mussten sich mit immer neuen, immer größeren und komplizierteren Klientenstaaten abmühen, die Habsburger kümmerten sich so gut wie nicht darum. Die Ungarn wiederum konnten sich glücklich schätzen, dass Belgrad derart verwüstet war, dass so viele seiner Bewohner getötet worden oder geflohen waren, denn sie konnten es nun als «ungarische Provinzstadt» betrachten, doch nicht einmal mittelfristig bestand Hoffnung, dass sie mit Millionen überlebender, aufgebrachter Serben zurechtkommen könnten, genauso wenig gab es irgendeinen Weg, auf dem das Hunger leidende Habsburgerreich seine Hunderttausende italienischen Gefangenen hätte ernähren können. Die ideologische Basis für weiteren Landraub war verschwunden, und diese Einsicht machte es den überlebenden Eliten überall im Habsburgerreich schwer, die Kräfte zu bekämpfen, die im Winter 1918 dafür sorgen würden, dass es auseinanderfiel. Vielleicht hatte bereits 1878 eine Art Überdruss an

Kolonialpolitik eingesetzt, was die halbherzige Besetzung Bosniens und des Sandschak erklären könnte – gleichwohl, selbst wenn die flüchtigen Triumphe von 1916 bis 1918 letztendlich die Realisierung jener Phantasien bedeuteten, denen einst Leopold I., Karl VI. und andere Vorfahren Karls in ungezählten Stunden hingebungsvollen Betens nachhingen, es kam dies viel zu spät.

Der Preis der Niederlage

Der Prozess, in dem die Habsburger Kultur zusammenzubrechen begann, setzte fast augenblicklich ein, als 1914 der Krieg erklärt wurde und die ersten von zuletzt etwa acht Millionen junger uniformierter Männer sich auf den Weg machten. Über eine Million von ihnen wurde getötet, fast zwei Millionen verwundet; über eineinhalb Millionen gerieten in Gefangenschaft, in der wiederum fast ein Drittel der Internierten starb. Innerhalb eines Jahres wird es kaum noch eine Straße gegeben haben, die nicht voller ängstlicher oder verzweifelter Familien war. Zu diesem offenkundigen Desaster kam die wirtschaftliche Katastrophe. Österreich-Ungarn war schmerzlich anfällig für Blockaden. Als Italien in den Krieg eingetreten war, konnten die Briten den Adriaraum abriegeln, womit die einzigen Häfen des Reichs allesamt geschlossen waren – der große Umschlaghafen von Triest ebenso wie der nun nutzlose, neutralisierte Flottenstützpunkt in Pula. Nachschub konnte nur noch, geliefert von einer Handvoll neutraler Staaten, über Deutschland kommen (wo natürlich viel hängenblieb) oder, nachdem der Balkan Ende 1915 an die Mittelmächte gefallen war, auf noch gewundeneren Wegen, über das Osmanische Reich.

Europa war reich geworden durch seinen internationalen Handel, und viele Wirtschaftssysteme hatten sich immer weiter spezialisiert, hatten überlegt, welche Produkte sie selbst herstellen sollten, welche sie importieren konnten. Dieser Handelsverkehr brach 1914 zusammen und hat sich eigentlich erst Jahre nach 1989 wieder erholt. Alle Binnenstädte des Habsburgerreiches lebten wirtschaftlich vor allem als Orte des Gütertauschs. Und von jedem Gut, das in diesem Zirkulationssystem den Besitzer wechselte, ließ sich ein weiteres Stück Profit abschneiden, was eine komplette, unglaublich komplexe Welt von Kaufleuten, Bankiers, Rechtsanwälten und allen, die diesen wieder zuarbeiteten, am Leben erhielt. Dieses System brach zusammen, sobald es von außen nicht mehr gefüttert wurde. Dinge, die man mit dem Habsburgerreich und der Doppelmonarchie verband, triviale wie essenzielle, verschwanden – am offensichtlichsten zeigten das die berühmten Kaffeehäuser: Ihnen fehlten schlicht der Kaffee und die Schokolade. Selbst wenn man die unermesslich vielen Familien für den Augenblick unberücksichtigt lässt, die durch Tod und Verstümmelung auf dem Schlachtfeld ruiniert wurden, nicht weniger ruinös war die Inflation für die Mittelklasse, diese aber hatte die Hauptstädte und Provinzzentren so wohlhabend gemacht. Das war womöglich für den Niedergang des Reichs ein noch größerer Zerstörungsfaktor als das massenhafte Sterben an der Front. Millionen, die im Sommer 1914 noch vergnügte selbstzufriedene Bourgeois gewesen waren, waren Ende 1918 verzweifelt, verarmt, verängstigt und wütend. Überall kann man die Zeichen dafür sehen – Oradea (Großwardein), die hübsche Stadt in Partium, muss von den 1890er Jahren bis 1914 eine permanente Baustelle gewesen sein, hier tobte sich der ungarische Eklektizismus aus, brachte zum Beispiel den unglaublichen Schwarzen Adler hervor, Hotel und glasgedeckte gewundene Passage, die, geschmückt mit Buntglasfenstern, Blumen und fröhlichen Pompons, drei Straßen miteinander verbindet. Doch 1918 war all das zu Ende, fand auch keinen neuen Anfang mehr, wie eingefroren scheint heute die Architektur des Stadtzentrums, präsentiert sich noch immer so wie 1914, als dort die Nachricht des Attentats eintraf. Noch bevor der Krieg zu Ende war, begann Wien zu schrumpfen, die Folge von Hunger und Krankheit, aber auch weil seine Funktionen für das Kaiserreich erstarben.

Das Heer monopolisierte Vorräte jeglicher Art. Fieberhaft wurde nach jedem noch so kleinen Brocken Metall gesucht, um Waffen herzustellen – allein 1917 wurden Kirchenglocken mit einem Gesamtgewicht von 10 000 Tonnen eingeschmolzen, um an ihr Kupfer zu gelangen, aber auch alltägliche Gegenstände, Türklinken oder die Metallrahmen von Schaufensterscheiben, wurden eingezogen. Der Mangel an Gummi führte dazu, dass sich die Heeresbeschaffungsämter alles griffen, selbst die Gummibanden von Billardtischen, alles im zuletzt doch vergeblichen Versuch, Militärfahrzeuge mit Reifen auszustatten. Der Mangel an Baumwolle (einst munter aus den Vereinigten Staaten oder dem britisch kontrollierten Ägypten importiert) bedeutete, dass sich die Kleidung allmählich abnutzte, man griff auf Hanf zurück, der auf Äckern angebaut wurde, die vorher der Produktion von Lebensmitteln gewidmet waren. Als letzte Fanfare fiel die Spanische Grippe über das Habsburgerreich her, eine Epidemie, der weltweit rund fünfundzwanzig Millionen Menschen zum Opfer fielen und die im Habsburgerreich besonders vernichtend wütete, ganze Städte endgültig verheerte, die zuvor schon kaum noch funktionierten, so als wollte sie auch noch die letzten Reste der Habsburger Kultur auslöschen; im Februar 1918 tötete sie Klimt, im Oktober Schiele und seine schwangere Frau. Doch sind all das Ereignisse, an die man sich verständlicherweise nicht gerne erinnert. Eines, das mir immer im Gedächtnis blieb, ist Zemlinskys ungeheures *Drittes Streichquartett* mit seiner neurasthenischen, grauen, pulslosen Atmosphäre; die Musik sei, wie jemand sagte, «als würde man eine kalte, schmutzige Fensterscheibe ablecken».

Es ist schwer zu verstehen, wie Gesellschaften unter solchen Umständen zusammenhalten können. Damals dachte man, das Kaiserreich sei wegen der militärischen Niederlage und nationalistischer Unruhen zusammengebrochen. Das waren natürlich bedeutsame

Faktoren, aber schon seit 1915 war das Reich nicht viel mehr als eine Art Hülse. Diejenigen, die am intensivsten an die Idee des Reichs geglaubt hatten, waren seine junge Militärelite, die Aristokratie, die viele Sprachen beherrschte, ihnen lag die Struktur, das vom Kaiser geschaffene Rahmenwerk am Herzen, schließlich lebten sie davon; doch die meisten dieser Männer hatten innerhalb von Monaten nach Kriegsbeginn ihr Leben verloren. Dann waren es wirtschaftliche Faktoren, die die Legitimität des Ganzen zusammenbrechen ließen – völlige Verarmung, verwoben mit dem Sterben, das einfach kein Ende nahm, weder an der Front noch im alltäglichen Leben der Heimatfront. Die Russische Revolution vom Februar 1917 setzte Zeichen, auch Kaiser Karl konnte, nur Wochen nach seiner Krönung, erkennen, dass er keine Funktion mehr hatte. Ende 1917 lähmten Streiks und Meutereien das gesamte Reich. Am 16. Januar 1918 standen 25 000 Frauen auf Wiens Hauptfleischmarkt Schlange und warteten auf Lebensmittel.

Es war der völlige Kollaps der Legitimität, der (wie in Russland) Raum schuf für neue Ideen. Ganz Mitteleuropa begann ein Experiment, das einen Großteil des Jahrhunderts in Anspruch nehmen sollte und die Menschen in Europa einem zuvor undenkbaren Maß an Gewalt aussetzte. Die Kräfte, die durch sanftmütige, pompöse, aber zivilisierte Provinzstädte tobten, waren dort nur, weil alles schiefgegangen war. In Oradea zum Beispiel marschierten nach dem Waffenstillstand rumänische Truppen ein, und seine ungarischen Bürger wurden brutaler Diskriminierung ausgesetzt, die mit Unterbrechungen bis heute anhält, da Ungarn weniger als ein Viertel der Einwohner Oradeas ausmachen. 1927 fand in Oradea ein Treffen der Legion des Erzengels Michael statt, mit dem Ergebnis, dass die Hälfte der Synagogen der Stadt bis auf die Grundmauern niedergebrannt wurde. Es gab fortan nie einen Punkt, an dem die Menschen ein normales Leben mit einer gewissen Stabilität hätten führen können.

Triumphe der Gleichgültigkeit

Eine Merkwürdigkeit des Kriegs ist, dass es nur ganz kurz, zumeist auch nur zu kleineren, direkten Gefechten zwischen Briten und Habsburgern kam. Die britische Blockade war die Hauptursache für die Hungersnot in großen Teilen Mitteleuropas, aber dies war eine Art von Kriegsführung aus der Ferne, ermöglicht, weil die britische Kriegsflotte Nordsee und Mittelmeer kontrollierte; die Blockade war effektiv, mit schrecklichen Folgen, aber dazu brauchte es keine direkte Aggressivität. Nach der Zwölften Isonzoschlacht wurden ein paar britische Einheiten in die Alpen verlegt, um die italienische Front zu stabilisieren; außerdem begegneten österreichische Spezialisten und Beobachter britischen Soldaten an der Palästinafront und im Kampf um Thessaloniki, aber die Habsburger Streitkräfte führten einen eigenen Krieg.

Auch die Amerikaner standen den Österreichern nirgendwo direkt gegenüber; zudem begriffen die Yankees diese Österreicher nicht, sahen in ihnen, vermittelt durch die Erzählungen zahlloser galizischer Immigranten wie auch durch Besuche und Delegationen tschechischer Intellektueller, ein Symbol für die erdrückende Rückwärtsgewandtheit Europas, das Reich als altertümliches Gefängnis der Nationen. Dass es so wenige direkte Konfrontationen gab, hätte für Karl ein Vorteil sein können; jedenfalls wurden die Leidenschaften der Alliierten kaum von der fortgesetzten Existenz des Habsburgerreiches geschürt. Später freilich erwies sich das als fatal; weil man wenig wusste, verließ man sich auf den Rat einer Handvoll Experten, dass da ein großes Reich zusammenbrach, ließ die westlichen Alliierten ziemlich kalt, und dieser sorglosen Gleichgültigkeit fiel es zum Opfer, als Ganzes und in seinen vielen Nationen.

Kaiser Karl hat offenbar auf niemanden, dem er begegnet ist, einen nachhaltigen Eindruck gemacht – er war eine banale, mürrische, übellaunige Person und hatte nichts Besseres zu tun, als seinen Audienzsaal mit Porträts beliebig vieler, meist ebenso wenig einnehmender Vorfahren zu dekorieren und auf diese Weise zu demonstrieren, dass das dynastische Prinzip in regelmäßigen Abständen noch hilflosere Lückenbüßer als ihn emporgespült hatte. Leider jedoch übersah er, dass sich seine uneffektiven Vorgänger noch auf ein intaktes Gerüst royaler Erhabenheit stützen konnten, das noch dem Würdelosesten Würde verlieh. In seiner Hofburg umherwandernd, erdrückt von Franz Josephs altem Mobiliar, das die Eleganz eines Seniorenheims ausstrahlte, während sich gleich um die Ecke der Glanz der Russischen Revolution entfaltete, machte Karl eine in jeder Hinsicht enttäuschende Figur. Es ist ein Jammer, dass der letzte Kaiser nicht verwegen, mit Glanz und Gloria und einem mittelalterlichen Schlachtruf, umringt von seiner bunt gekleideten Leibgarde, auszog über den Heldenplatz, zum letzten Gefecht mit den Revolutionären oder auf dem Weg zum Richtplatz oder vor ein Erschießungskommando. Aber seit Maria Theresias Jugend hatte es für solche Großgesten kein Beispiel mehr gegeben. Viele Optionen hatte Karl ohnehin nicht, und wozu er sich entschloss, er machte es schlecht. Wenn ihm derart viel Wut und Erbitterung entgegenschlugen – insbesondere, als im März 1918 der Frieden mit Russland geschlossen worden war –, dann entsprangen diese dem Gefühl, dass das Kaiserreich seine schrecklichen Verluste nicht mehr lange würde leugnen können. Alle Nationalitätenprobleme, alle strategischen Fragen, die einem Habsburger Bürger je Kopfschmerzen bereitet hatten, schienen gelöst, nicht nur die Grenzen waren sicher, auch alle Länder jenseits davon lagen am Boden. Keine russische Armee würde je wieder in Ungarn einfallen, keine serbische Armee in Kroatien, keine rumänische in Siebenbürgen. Man konnte nur dabeistehen und darauf warten, dass die Deutschen die Briten, Franzosen und Amerikaner besiegten, und alles würde gut. Im Frühling 1918 sahen sie jedes denkbare Ziel erreicht. Und selbst im Fall einer Niederlage – an die man noch nicht glaubte – schien es nichts sonderlich Bedrohliches zu geben, denn die Alliierten hatten sich nicht dazu verpflichtet, das Kaiserreich aufzulösen; ein Waffenstillstand würde an der offenkundigen Implosion und Herabwürdigung der Feinde Habsburgs nichts ändern.

Natürlich wissen wir, dass diese Sicht falsch war – aber die Alliierten, selbst erschöpft, wurden 1918 immer ärgerlicher darüber, wie wenig Einfluss sie auf die Mittelmächte hatten. Durch das Ende des Krieges mit Russland war das deutsche Heer enorm entlastet, und die Deutschen konnten eine kampferprobte Division nach der anderen an die Westfront werfen, und so lag die Initiative noch immer beim Deutschen Reich, wenn auch nicht bei Österreich-Ungarn, das immer mehr zum militärischen Beobachter wurde. Tatsächlich waren Kaiser Karl die Armeen ausgegangen. Trotz des groß angelegten Rückzugs von Soldaten aus den größeren Festungen und der Auflösung der Verteidigungsstellungen in den Karpaten, Habsburg hatte einfach nicht mehr viele Soldaten zur Verfügung, und, vor allem, es fehlte der Nachschub. Auf ein paar zündende Ideen verfiel man noch, beschlagnahmte Rennpferde, ordnete an, dass neue Rekruten ihre Unterwäsche von zu Hause mitbringen sollten, aber was sollte dies bewirken, wenn den Fabriken Rohstoffe fehlten, wenn das Transportwesen zusammenbrach, das Leben in Mitteleuropa in jeder Hinsicht an chronischer Anämie litt?

Eine der 1918 vorherrschenden Fragen war die Rückkehr von Habsburger Kriegsgefangenen nach der russischen Kapitulation. Eineinhalb Millionen Soldaten waren in Gefangenschaft geraten, davon war etwa ein Drittel gestorben. Überall im ehemaligen Russischen Reich verteilt, machten sie sich, so gut sie konnten, auf den Rückweg, eine der ersten jener schlimmen Massenmigrationen, die bis in die späten 1940er Jahre eine Region Europas nach der anderen prägen sollten. Die zurückströmenden Gefangenen, die oft schwer krank waren, aber, verständlicherweise, auch voller Hass auf ein Kaiserreich, das sie gedemütigt hatte, häufig zu Kommunisten geworden, auch brutalisiert durch ihre Erfahrungen, manchmal beides, drohten alles zu unterminieren, was in der Armee noch an Werten existierte. Es gibt keine verlässlichen Zahlen, doch Schätzungen sagen, dass vielleicht 200 000 von der Fahne gelaufene Soldaten im Reich umherstreunten; die Armeeführung griff zu Strafen, die Gestalten wie Radetzky oder Windisch-Graetz ein glückseliges Lächeln auf die Lippen gezaubert hätte: Man band aufgegriffene Meuterer an Pfähle oder legte sie in Eisen. Versuche, diese ausgemergelten Überlebenden wieder in die Armee einzugliedern, schlugen fehl, denn ein überwältigender Prozentsatz der Kriegsgefangenen war nach jedem physischen oder politischen Maßstab untauglich.

Die Widerstandsfähigkeit des Habsburgerreichs war in vielerlei Hinsicht bemerkenswert gewesen, aber am Ende stand es vor einer solchen Vielfalt von Problemen, dass in den größeren Machtzentren innerhalb und außerhalb des Reichs neue Pläne entstanden. Die Strohhalme, an die man sich klammerte, waren so zahlreich, dass man eine Hütte damit hätte decken können. Der beste hätte das Schlachtschiff SMS *Szent István* sein können, das in einem Flottenverband letzten Aufgebots die Seeblockade in der Straße von Otranto brechen sollte. Die *Szent István* war das einzige Schlachtschiff, dass Ungarn je gebaut hat, Frucht eines verzweifelten Wunsches, Macht zu demonstrieren, und der Stolz des nutzlosen Flottenstützpunktes Pula. Das Schiff hatte während des Kriegs nicht viel zu tun, zu verwundbar war es durch die italienischen, französischen und britischen Flottenverbände, die nur darauf warteten, dass es auslief Richtung Mittelmeer. Als es im Juni 1918 endlich so weit war, hatten Offiziere und Mannschaft kaum Erfahrung auf See, und das Schiff wurde, noch bevor es in die Nähe der Blockadelinie kam, leichte Beute italienischer Torpedoboote. Das Schiff sank, der größte Teil der Besatzung fand den Tod; die Träume ungarischer Marineherrlichkeit fanden ein jähes Ende.

Der für die Mittelmächte vernichtende Schlag erfolgte, überraschenderweise, an der bulgarischen Front. Jahrelang hatten die

Mittelmächte große alliierte Truppenverbände an der Saloniki-Front gebunden – zum Spott der Mittelmächte: «unser größtes Internierungslager», hieß es, und zum Ärger der Alliierten, die diese Truppen gerne an die Westfront geworfen hätten. Doch im September 1918, in einer französisch-serbischen Offensive, gelang der Durchbruch, und plötzlich war der ganze Balkan bedroht. Weder das Deutsche Reich noch Österreich-Ungarn hatten eine Antwort darauf, und Erich Ludendorff, zuständiger Chef der Obersten Heeresleitung, warf das Handtuch. Er hatte einfach keine Entsatztruppen mehr zur Verfügung, sie waren gebunden durch Besatzungsaufgaben in dem riesigen, aber wirtschaftlich morbiden östlichen Reich, oder dazu verdonnert, sich der überwältigenden Überlegenheit im Westen zu erwehren (bis 1919 wollten die USA dort eine Armee von rund viereinhalb Millionen Männern einsetzen).

In den folgenden Monaten entfaltete sich ein komplexes, ebenso rauschhaftes wie beängstigendes Geschehen. Plötzlich war es wieder, wie seit den osmanischen Invasionen nicht mehr, von entscheidender Bedeutung, an welchem Ort sich die Vorfahren niedergelassen hatten oder man selbst. Eine Entscheidung, die aus romantischen, wirtschaftlichen, willkürlichen oder verzweifelten Gründen vielleicht Generationen zuvor gefällt worden war, sollte nun darüber entscheiden, in welcher Lage, unter welchen Bedingungen man künftig leben würde – und in den kommenden dreißig Jahren hieß das für Millionen Menschen Verelendung, Vertreibung, Ermordung.

Als klarwurde, dass sich der Krieg dem Ende zuneigte, begannen sich die verschiedenen Nationalitäten gegen die Habsburger zu erheben. Viele Kommentatoren haben dies als eine tragische Folge von Ereignissen gesehen, aber man kann kaum übertreiben, wie wenig Ansehen dem Reich noch geblieben war – da war nicht nur Verachtung für Karl und die Mächtigen des Kaiserreiches, sondern, und schlimmer, da waren Gleichgültigkeit und das Gefühl, dass diese in jedem Fall, was immer im Einzelnen die Zukunft bringen würde, irrelevant würden. Das Reich war eine Ruine, in der und um die herum Räuber lauerten. Das Reich war überhaupt nicht mehr als die Einheit erkennbar, die im Sommer 1914 so selbstsicher den Krieg erklärt hatte. Militärisch war die Schlacht von Vittorio Veneto Ende Oktober ein letzter Stoß – der italienische Durchbruch durch die habsburgischen Linien im Süden, nach so vielen Jahrzehnten der Kränkung. Als die letzten rund 30 000 habsburgischen Untertanen, die für ihr Reich sterben sollten, dies pflichtschuldig taten, war eindeutig alles verloren.

Die etwas wirren Protokolle vom letzten Treffen des «Ministerrats für Gemeinsame Angelegenheiten der Österreich-Ungarischen Monarchie» existieren noch, am 24. Oktober 1918 saßen österreichische Deutsche, Tschechen und Ungarn zum letzten Mal mit Kaiser Karl zusammen, in hoffnungsloser Unentschlossenheit und mit völligem Mangel an Realismus. Am 16. Oktober hatte Karl das Manifest «An Meine getreuen österreichischen Völker» erlassen, das einen Bund aus sechs neuen Staaten unter seiner Herrschaft verlautbarte: österreichisch, ukrainisch, tschechisch, polnisch, ungarisch und jugoslawisch. Aber dafür war es viel zu spät, und überall wurden nun Proklamationen verfasst, die an den Wünschen von Wien oder Budapest vollkommen vorbeigingen. Der Ministerrat machte gewichtige Bemerkungen über die Rechte der Stephanskrone, schüttelte den Kopf über «die Sphinx Wilson» und vermittelte generell den Eindruck einer Versammlung verwirrter, in einem Seniorenheim aufgestörter Gestalten. Draußen begann die neue Ära mit Straßen voller rennender, drohender Massen, einer Polizei in Panik und wütenden Veteranen. Am 11. November, in einem letzten Akt mürrischer Differenzierung, weigerte sich Karl abzudanken, er «verzichtete» stattdessen auf «jeden Anteil an den Staatsgeschäften».

Das Reich endete, und seine Untertanen blickten auf eine neue und – wie sich herausstellen sollte – schreckliche Welt.

Schluss

Wenn ich darüber nachdenke, wie ich während der Recherchen für dieses Buch meine Zeit aufgeteilt habe, bin ich verblüfft, wie viele Stunden ich einfach nur gelaufen bin. In welcher Stadt auch immer, das Umherlaufen in Wohngebieten war die typische Form meiner Erkundungen, mehr als alles andere. Es wurde zu einer Art Krankheit. Ich wählte einfach eine grobe Himmelsrichtung, und los ging's in die Viertel, in denen die Leute wohnen – vorbei an Hochhaussiedlungen der kommunistischen Ära, an Reihen winziger Handwerkerhäuser aus dem 19. Jahrhundert, durch Straßen mit verfallenen, grau gewordenen Villen der alten Haute Bourgeoisie. Kurz nach Ende des Kalten Kriegs habe ich ein paar Tage als Gast eines älteren Ehepaars in einem Vorort von Dresden verbracht. Ihr Haus war extrem klein und schmucklos, sie hatten kein Telefon und keinen Fernseher und waren freundlich, sanft und baff über den völlig unerwarteten Regimewechsel, eine Veränderung, auf die sie kaum reagieren konnten. Ihr Leben kreiste um einen kleinen Schrebergarten, einen Block von ihrem Haus entfernt. Dieser Schrebergarten war in eine verrückte Technicolor-Laube verwandelt worden, überfüllt mit Blumen, die an diversen Gittern emporwuchsen, in so grellen Farben, dass man kaum hinsehen konnte. Im Sommer holte das Paar Klappstühle aus einem winzigen Schuppen und setzte sich unter die Blumen.

Ich erwähne das, weil es mir über dreizehn Jahre in Erinnerung geblieben ist, aber auch, weil es eine so vernünftige Reaktion auf eine unmögliche Situation zu sein scheint. Überall in Mitteleuropa gibt es unzählige solcher kleinen Parzellen. Auf vielen

Straßen wurden die Gehsteige breit genug gebaut, dass sich Blumenbeete pflanzen ließen, und überall gibt es winzige Gartenstücke, die verschwenderischste Pflege und Fürsorge erfahren und auffällig mit den vielen, oft recht kargen öffentlichen Plätzen kontrastieren.

Beim Umherwandern in diesen Straßen erwischte ich mich dabei, wie ich immer wieder die gleichen, ziemlich simplen Fragen im Kopf wälzte, ausgelöst von der üblichen Mischung aus Geklirre und Geklapper vom Geschirrspülen, Hundegebell, Kinderstimmen, Radiomusik. Jede dieser Städte ist ein Ort voller normalem Leben, wonach fast jeder strebt – der tägliche Trott von Familie und Arbeit, Essen und Sex, Gesprächen und Schlaf. Aber es sind auch Orte, die Wellen ungeheurer Katastrophen ausgesetzt waren, Katastrophen, wie sie sich Fremde wie ich nicht annähernd vorstellen können. Geschirrgeklapper, Kindergeschrei, Hundegebell, Musik, die Geräusche waren das ganze letzte Jahrhundert in etwa die gleichen, die Leute jedoch, deren Leben sie begleiteten, waren andere. Es wird kaum ein Haus im ehemaligen Habsburgerreich gegeben haben, nach dem nicht die schrecklichsten Kräfte – ideologische, politische und militärische – die Hand ausgestreckt hätten. Dies begann 1914 mit dem ersten einer ganzen Flut von Telegrammen, die den Tod oder die Verstümmelung von Familienmitgliedern meldeten, doch was diesen Häusern zugemutet wurde, das setzte sich nun für Generationen ihrer Bewohner fort. Das gilt natürlich am offensichtlichsten für die großen, ehemals jüdischen Viertel in Städten wie Prag, Wien, Budapest und Krakau – hier war innerhalb von fünfundzwanzig Jahren nach dem Ende des Habsburgerreichs eine vielfältige, florierende, kraftvolle Kultur vernichtet und Millionen Menschen aus mysteriösen und ideologischen Gründen ermordet worden; aus Gründen, die so pervers waren, dass sie Fragen nach der wahren Natur von Europas Kultur aufwerfen, die kaum zu überschauen sind. Ein Gang durch den Krakauer Stadtteil Kazimierz ist unerträglich – die Geräusche des Familienlebens sind die gleichen, aber sie werden von anderen Menschen erzeugt. Und das gilt für die ganze Region. In Städten wie Lwiw oder Ivano-Frankivsk wurde fast die gesamte Bevölkerung getötet oder vertrieben – weil sie jüdisch war, weil sie polnisch war, weil sie deutsch war, weil sie wohlhabend, weil sie für die Nationalsozialisten, für die Kommunisten war. Die galizische jüdische Stadt Kolomyya ist heute eine geschäftige, schmuddelige ukrainische Stadt, aber ganz ohne Juden. Nach dem Ende des Kalten Krieges wurde die Lenin-Statue dort niedergerissen, und man entdeckte, dass der Sockel mit alten jüdischen Grabsteinen gefüllt war.

Fast jeder im alten Habsburgerreich ist wohl irgendwann ausgetauscht, von dem einen oder anderen Aspekt des 20. Jahrhunderts vernichtet worden. In diesem Sinn ist der Lychakiv-Friedhof in Lwiw einer der bemerkenswertesten der überladenen Gedenkplätze der Welt – eine außergewöhnliche Anlage, denn hier ist es möglich, den vielen Gruppen zu begegnen, Gruppen unterschieden nach Rasse, Sprache, gesellschaftlichem Status; Gruppen, die in ihrer Vielfalt die einzigartig vielschichtige und merkwürdige Kultur Galiziens geschaffen haben; Gruppen jedoch, die es alle nicht mehr gibt. Die ramponierten, mit Moos überzogenen, pompösen Familienmausoleen der großen polnischen Familien der Stadt erheben sich direkt neben Gräbern von Unierten und Orthodoxen. Das riesige Denkmal, in den 1920ern errichtet, um die erfolgreiche Verteidigung Lwiws (oder vielmehr Lwóws) durch seine polnischen Bürger gegen die Invasion ukrainischer Truppen zu würdigen, wurde (erstaunlicherweise) vor kurzem wiederaufgebaut. Jahrzehntelang war dies ein Ground Zero nationalistischen, politischen Terrors, abwechselnd in Stücke zerschmettert von rachedurstigen Nationalsozialisten, Sowjets und Ukrainern, zuletzt in ein Lkw-Depot umgewandelt. Es ist ein Maß für die heutige, postideologische Erschöpfung, dass die ukrainische und die polnische Regierung in der Lage waren, dem Neubau des grandiosen Monuments zuzustimmen (es wurde 2005 wieder enthüllt) – aber auch ein Hinweis darauf, dass das Fragen um das Denkmal ein Ende gefunden hat: In Lwiw gibt es schließlich keine polnische Bevölkerung mehr.

Unter dem Titel «Zwei Städte» hat der Dichter Adam Zagajewski 1991 einen Essay geschrieben, ausgehend von seinen Erinnerungen an die Zeit nach dem Zweiten Weltkrieg, als er noch ein ganz kleines Kind war und die überlebenden Polen in Massen aus Lwiw vertrieben wurden. Stalin hat viele Akte erdrückender Brutalität angeordnet, einer der erdrückendsten war seine Entscheidung, das Problem der gemischten polnisch-ukrainischen Gebiete des alten Galiziens zu lösen, indem er den gesamten polnischen Staat nach Westen verlegte auf ehemals deutsches Territorium – darunter auch Schlesien, Habsburger Gebiet also, das Friedrich der Große an sich gerissen hatte. Die Deutschen, die in diesen schlesischen Orten, die zumeist nicht mehr waren als Trümmerhaufen, überlebt hatten, wurden von dort vertrieben, angesiedelt wurden Polen, die ihrerseits aus Galizien vertrieben worden waren. Viele Polen kamen an Orte wie Gleiwitz, das jetzt polnisch ist und Gliwice heißt, etwa sechshundert Kilometer von Lwiw entfernt. Zagajewskis Essay, der von diesen Extremen menschlicher Erfahrung in Europa handelt, ist in jeder Weise bemerkenswert, aber was haften bleibt, ist die Erzählung von jenen neuen Bewohnern Gliwices, die ihre Umsiedlung verleugneten. Sie unterhielten sich mit ihren Nachbarn, als sei nichts geschehen, waren gekleidet wie immer, redeten sich gegenseitig mit bedeutungslos gewordenen Ehrentiteln an: Nichts sollte die Habsburger Idylle stören, in der sie aufgewachsen waren. Sie liefen durch Gliwice und stellten sich vor, dass dessen Geographie die von Lwów sei. Und alle versuchten sie natürlich, so gut sie konnten, den Einzug der Volksrepublik nicht zu registrieren, eines neuen Systems, das die Schrecken des Nationalsozialismus beenden sollte und selbst repräsentierte, was Zagajewski mit folgenden Worten beschrieben hat: «Angst, Blut, das aus dem Gesicht weicht, zitternde Hände, Flüstern, Schweigen, Apathie, das Versiegeln von

Fenstern, Misstrauen gegenüber den Nachbarn, der Eintritt in die verhasste Partei.»

Das Tempo dieser Katastrophe, die sich zwischen 1914 und etwa 1950 vollzog, erfasste so gut wie jeden innerhalb des Habsburgerreichs, aus unterschiedlichen Gründen. Hunderte von Beispielen wirbeln mir durch den Kopf und könnten durchaus alles in einen wirren Katalog des Schreckens ohne Sinn und Zweck verwandeln: deutsche Städte ohne Deutsche, polnische Städte ohne Polen, ungarische Städte ohne Ungarn. Das Gleiche auf dem Land: zahllose, überall in Galizien und Böhmen verstreute winzige jüdische Dörfer. Ein Museum in der Londoner Westminster-Synagoge bewahrt mehr als eintausendfünfhundert Thora-Rollen, hauptsächlich aus jüdischen Dörfern in Böhmen – in den meisten Fällen sind sie alles, was von Orten geblieben ist, die bis zur Errichtung des NS-Protektorats ein wesentliches Element des europäischen Lebens waren.

Seit Ende des Ersten Weltkriegs hat der Westen darüber gerätselt, warum die neuen posthabsburgischen Politiker so unvernünftig wirkten – warum die eine oder andere angenehme Figur, meist Aristokraten, Menschen «guten Willens», so rasch von anderen beiseitegefegt wurde, die nicht viel mehr zu sein schienen als wilde Tiere: Roter Terror und weißer Terror, Massenmobilisierungen, ethnische, rassistische Gewalt, Rechte wie Linke, die besessen waren von militärischem Gebaren, all das versetzte einen Großteil des früheren Habsburgerreichs in einen Albtraum, der, mit immer einfallsreicheren Drehungen und Wendungen, über Generationen andauerte. Und alle kämpften sie um einen schwindenden, verrottenden Rest. Dies kann man am nüchternsten anhand von Bevölkerungszahlen sehen. Wien, die großartige, kaiserliche Hauptstadt, war entleert, seine Bevölkerung sank in der Zwischenkriegszeit um etwa 300 000 Menschen, seine gewaltigen Verwaltungsgebäude waren verwaist, die Wirtschaft lag in Trümmern. Budapest, die zweite Hauptstadt der Doppelmonarchie, dagegen verzeichnete eine rasch wachsende Bevölkerung, aber nur, weil einige hunderttausend Ungarn vor serbischen und rumänischen Terrorregime in den Gebieten, die gerade aufgehört hatten, Süd- oder Ostungarn zu sein, in die Stadt flüchteten.

Diese Traumata schufen sogleich Nostalgie, das Gefühl, dass etwas extrem Kostbares verlorengegangen war. In den 1930er Jahren sind viele bemerkenswerte Romane entstanden, und es ist verblüffend, wie viele von ihnen fast obsessiv die Bandbreite der Möglichkeiten feiern, die mit dem Habsburgerreich untergegangen waren, dessen Weite und Vielfalt den kleinen schmutzigen Gehegen der neuen Nationalstaaten gewichen waren. In einem der großartigsten ungarischen Romane, in Desző Kosztolányis bezauberndem *Esti Kornél (Ein Held seiner Zeit. Bekenntnisse des Kornél Esti)*, verabschiedet sich der Protagonist von Budapester Kneipen, die so amüsante Namen tragen wie Torpedo, Vitriol – «eine schäbige Absteige» –, und macht sich auf Richtung Küste. In einer Szene magischer Sehnsucht reist er durch das Vorkriegsreich, wird von einem freundlichen, kroatischen Posten durchgewinkt, erreicht den ungarischen Adriahafen Fiume, wo eine ungarische Flagge fröhlich flattert über tiefblauem Meer. Für die ersten Leser des Romans dürfte das eine ziemlich schwermütige Lektüre gewesen sein, denn inzwischen war diese Route verlegt von unversöhnlich feindlichen, triumphalistischen neuen jugoslawischen und faschistisch-italienischen Besitzern. Ein anderer von Kosztolányis Romanen, das wundervolle Buch *Pacsirta (Lerche)*, spielt, wie auch der größere Rest seines Werks, in einem fiktionalen südungarischen Ort der Vorkriegszeit, angelehnt an seinen Geburtsort Subotica, nun ebenfalls unter jugoslawischer Herrschaft. Joseph Roth, dessen Romane so viel wie möglich vom alten Habsburgerreich zu fassen suchen, teilte diese paneuropäische Sehnsucht. In der *Kapuzinergruft* tut sich der in Wien lebende Erzähler mit seinem Cousin, einem Maroniröster aus Slowenien zusammen, um einen jüdischen Kutscher in Galizien zu besuchen (in Zlotogrod, Roths liebster, fiktionaler

Grenzstadt am Ende der Welt). Auch Autoren wie Stefan Zweig, Alexander Lernet-Holenia und Miklós Bánffy schenken den 1930er Jahren Figuren, die kreuz und quer durchs untergegangene Habsburgerreich reisen. Sie feiern die freundlichen Beziehungen zwischen verschiedenen Nationalitäten, ein Gefühl der Toleranz oder zumindest der Gleichgültigkeit, von denen nichts geblieben war, überall nur Nationalismus mit schlimmen Reißzähnen. Szenen, wie sie Bánffy aus dem Kolozsvár der Vorkriegszeit beschreibt – junge Adlige, die mit einer Zigeunerkapelle unter den Fenstern der Mädels, die sie lieben, auftauchen und singen, nachdem ein freundlicher Polizist zuvor den Gehsteig gesperrt hat –, solche Szenen waren in der Zeit, in der er tatsächlich schrieb, in der nun rumänisch regierten Stadt Cluj, völlig undenkbar.

Aber natürlich sollte auch vieles dieser fiktionalen Welt schon bald selbst unter einer frischen, noch größeren Welle des Schreckens begraben werden: was den Büchern einen – für uns – schmerzlichen Charme verleiht, der weit über das hinausgeht, was ihre Autoren beabsichtigten. Vielleicht waren es gerade die Aristokraten aus Bánffys *Siebenbürgischer Trilogie*, die mich am meisten irritierten, als ich bedrückt durch die endlosen Straßen dieser bestenfalls verhärmten Städte wanderte. Worauf ich immer wieder zurückkam, wenn ich all diese Häuser sah, deren Bewohner vielleicht seit 1914 mehrmals auf die Straße gesetzt, durch andere ersetzt worden waren, war, dass die Kritik am Habsburgerreich zu großen Teilen aufrichtig liberal war – aber der Liberalismus selbst änderte sich, wurde zutiefst intolerant. Die große Mühe, die knarrenden Feudalstrukturen des Reichs abzuschütteln, führte zum Durchbruch in eine neue Welt, keine Welt jedoch der Toleranz und der Gleichheit, sondern in eine Welt voller Bosheit, die noch viel größer war als alles, was die alten deutsch-ungarischen Herren sich hätten träumen lassen.

Der Liberalismus österreichisch-ungarischer Prägung zersplitterte mit dem Ende des Reichs rasch in gegeneinander wütende

Ausschließungsnationalismen oder in den Kommunismus. Immer weniger wurden diejenigen, die dem verpflichtet blieben, was auch nur leicht inklusiv war; ihre Zahl fiel rasch auf fast null, und zurück blieb lediglich eine Handvoll Aristokraten wie Bánffy. Kaum war die Herrschaft von Kaiser Karl zusammengebrochen, gab es auch kein Modell für eine ernsthaft demokratische Neuordnung mehr – bestenfalls wurde die Demokratie zu einer gelegentlich genutzten Waffe, nach der eine Mehrheit griff, um sich kleineren Gruppen aufzwingen zu können. Selbst die Tschechoslowakei kam mit ihren Minderheiten nicht zurecht. Wie in anderen Nachfolgestaaten so setzte sich auch dort der Drang durch, jede Spur der Habsburger zu tilgen. In der deutschsprachigen Stadt Eger (heute Cheb) ganz im Westen führte dies zum Plan, die Statue auf dem Hauptplatz zu demontieren, die den aufklärerischen Modernisierer, den prodeutschen Joseph II., zeigte. Und als man sich daran machte, kam es zu Unruhen, und tschechische Truppen mussten wie Besatzer den Platz umstellen; die einzige tschechischsprachige Schule ging in Flammen auf. Als man das ramponierte Standbild dann doch entsorgt hatte, wurde Eger zu einer Brutstätte deutscher Verbitterung, sogar tschechische Straßenschilder wurden niedergerissen, und die deutsche Bevölkerung wollte alles, nur nicht zum tschechoslowakischen Staat gehören. Das war nun der Weg, Erzherzog Franz Ferdinands Vision von Deutsch-Böhmen zu realisieren.

Während der 1930er Jahre feierte sich die Stadt mit allem Pomp als der Ort, an dem der deutsche Held Wallenstein von Habsburger Feiglingen getötet worden war, die nun stellvertretend standen für die Neohabsburger in Prag. Zu den absurden Wallenstein-Festivals und Festzügen verkleideten sich die Menschen aus Eger als Landsknechte des Dreißigjährigen Kriegs, und von dort war es nicht mehr weit bis zur Begeisterung der Sudetendeutschen für Hitler und seine marschierenden Horden. Für diese Menschen gab es keine Versöhnung mit dem tschechoslowakischen Staat. Cheb ist heute eine Stadt mit einer neuen Bevölkerung, eine weitere Katastrophe, bei der die Deutschen entweder getötet oder vertrieben wurden.

Die Frage, die mich während der Jahre, in denen ich dieses Buch schrieb, umtrieb, drängt sich unabweisbar auf. Musste auf die Zerstörung des Habsburgerreichs notwendig der Nationalsozialismus folgen? Musste diesem riesigen, endlos verworrenen Labor der Nationalismen, in dem es in den letzten Dekaden des Habsburgerreichs derart kochte und brodelte, quasi als dessen Produkt, ein Hitler entspringen? So viele seiner Obsessionen, fixen Ideen und Visionen scheinen hier ihre Wurzeln zu haben, nicht in Deutschland selbst. Waren es seine Habsburger Obsessionen, die Deutschland injiziert wurden, so wie der Deutsche Generalstab, um das Russische Reich zu schwächen, diesem Lenin injizierte? Auch das gehört wohl zu den Fragen, die letztendlich nicht zu beantworten sind.

Ein verlässliches Gefühl tiefer Schwermut befällt einen immer dann, wenn man in Wien auf dem Heldenplatz steht, inmitten dieses architektonischen, halb fertigen Durcheinanders. Hier hat Hitler seinen vielleicht größten Triumph gefeiert, im Frühling 1938. Deutsch-Österreicher in Massen haben die einmarschierenden NS-Truppen in einem Freudentaumel empfangen, ihre Demütigung in der schmuddeligen, kleinen Republik Österreich am Ende. Als Hitler auf dem Balkon der Hofburg erschien und auf den Platz hinausblickte, hinunter auf eine ihn bewundernde, rund 200 000-köpfige Menge, waren viele tausend andere (Linke, Monarchisten, österreichische Patrioten, Habsburger) verhaftet worden, und es war zu ersten antijüdischen Exzessen gekommen. Nachdem Hitler mit seiner Wagenkolonne die österreichische Grenze passiert hatte, ließ er sich als Erstes zu den Gräbern seiner Eltern in Oberösterreich fahren, dann nach Linz, wo er als Schüler gelebt hatte. Aber es war Wien, wo er, von 1907 an, als Untertan des Kaisers Franz Joseph und gedemütigter Möchtegernstudent und Halbvagabund seine frühen Zwanziger verbracht hatte. Als er auf dem protzigen, abscheulich geschmückten Balkon der Hofburg stand, wurde er gewissermaßen zu Franz Joseph, aber zu einem Franz Joseph, der ein wiederhergestelltes Reich regieren wollte, nun allein im Namen seines deutschen Elements, in widerwilliger Kooperation mit den Ungarn – der anderen «Nibelungen»-Rasse –, und damit die Politik beenden sollte, die in Wien vor 1914 dominiert hatte: Nun sollten Juden und Slawen einmal mehr zurück auf ihre Plätze.

Der Heldenplatz war schon immer ein elender Ort. Eine alte Kaserne und ein Exerzierplatz, freigeräumt für eine Arena imperialer Pracht, halb vollendet, als das Reich endete und zwei abgedroschene Standbilder zurückließ, eines von Prinz Eugen, das andere von Erzherzog Karl. Heute ist dort ein zugiger Parkplatz, Windböen wirbeln Staub und weggeworfene Plastikbecher umher. Am meisten hat mich immer der Anblick des riesigen Flakturms aus der NS-Zeit gestört, der wie ein Spuk aus dem *Krieg der Welten* hinter den Museen lauert. Die meisten dieser Türme sind zerstört worden, dieser hat merkwürdigerweise überlebt – eine riesige Betonkonstruktion, die als Hochplattform für Fliegerabwehrkanonen, als Waffenlager und Luftschutzraum benutzt wurde. Er wurde zu diesen praktischen Zwecken errichtet, war aber auch gedacht, sich dort für immer zu erheben als Symbol Wiener Stärke, Gegenstand der Bewunderung für künftige Generationen im NS-Reich – so wie sie die beiden Standbilder auf dem Heldenplatz bewunderten, den beiden größten Verteidigern Wiens aus glorreichen Tagen gewidmet, oder wie die Stelle auf dem Kahlenberg, an der sich die Fürsten trafen, ehe sie ihre Truppen den Hang hinunterstürmen ließen, um die osmanischen Armeen zu vernichten, die die Stadt belagerten. Der Flakturm sollte eigentlich mit Marmor verkleidet werden, aber der Marmor blieb – eines der kleineren Opfer des D-Day, der alliierten Landung in der Normandie – in seinem französischen Steinbruch liegen und wurde, aus naheliegenden Gründen, nie ausgeliefert. Schlendert man auf dem Platz umher, ist der Flakturm eine beharrliche, hässliche Präsenz am Horizont. Ich erinnere mich, wie ich mit meiner Frau in unseren Flitterwochen auf den Stufen der Hofburg saß und darauf starrte – ein romantischer Augenblick. Bei jedem Besuch, seit nun schon zwanzig Jahren, ertappe ich mich dabei, dass ich aufblicke, um nachzusehen, ob die Österreicher das Ding endlich abgeräumt haben. Aber er steht immer noch.

Karten

DIE AUFTEILUNG DES ERBES KARLS V.

NEMARK
POMMERN
PREUSSEN
Elbe
BRANDENBURG
Berlin
Weichsel
Magdeburg
POLEN
Leipzig
Breslau
Dresden
BÖHMEN
Prag
Olmütz
Nürnberg
MÄHREN
TRANSSILVANIEN
Donau
ßburg
ÖSTERREICH
Pressburg
Augsburg
Freiburg
Linz
Wien
München
Salzburg
Buda
asel
Innsbruck
Graz
Szeged
ern
SCHWEIZER
ENOSSENSCHAFT
Pécs
Temesvár
Trient
Triest
VENEDIG
KROATIEN
Save
OSMANISCHES
REICH
land
Venedig
KIRCHENSTAAT
Florenz
KORSIKA
NEAPEL
Rom
Benevento
Neapel
ARDINIEN
Palermo
SIZILIEN
Bizerta
Tunis
Territorien Philipps II.
Territorien Ferdinands I.
Grenzen des Heiligen Römischen Reichs, dessen Kaiser Ferdinand I. ist

ANHALT
HESSEN
THÜRINGEN
Leipzig
Dresden
SACHSEN
Kalisz
Breslau
PREUSSEN
ÖSTERR. SCHLESIEN
Prag
BÖHMEN
Nürnberg
BAYERN
WÜRTTEMBERG
Olomouc (Olmütz)
MÄHREN
Český Krumlov (Krumau)
Brno (Brünn)
Donau
München
Bratislava (Pressburg)
Linz
Wien
OBER-ÖSTERR.
NIEDER-ÖSTERR.
VORARLBERG
SCHWEIZ
Innsbruck
SALZBURG
STEIERMARK
Buda
Graz
Brixen
TIROL
KÄRNTEN
Trient
KRAIN
Pécs
Zagreb
LOMBARDEI-VENETIEN
Triest
GÖRZ
Venedig
ISTRIEN
KROATIEN-SLAWONIEN
Novi Sad
PARMA
MODENA
SAN MARINO
Sarajevo (Bosna-Saray)
BOSNIEN
TOSKANA
KIRCHEN-STAAT
N
DALMATIEN
ADRIA
Dubrovnik
Kotor
KÖNIGREICH BEIDER SIZILIEN
Rom
Neapel
Militärgrenze

DAS HABSBURGERREICH, 1815
rschau
Lublin
Kiew
RUSSISCHES
REICH
now
Przemyśl
Lwiw
(Lemberg)
Ternopil
(Tarnopol)
GALIZIEN
Košice
(Kassa)
R N
BUKOWINA
BESSARABIEN
CHERSON
Debrecen
Iași
(Jassy)
Odessa
Oradea
Cluj
(Klausenburg)
MOLDAU
TRANSSILVANIEN
Arad
Sibiu
(Nagyszeben)
Brașov
(Kronstadt)
lgrad
WALACHEI
Bukarest
IEN
Silistra
Widin
Donau
Varna
SCHWARZES
MEER
Niš
SCHES REICH
Sofia
Plovdiv
Thessaloniki
(Selanik)
0
50
100 Meilen
0
50
100
150 km

DEUTSCHES REICH
ANHALT
THÜRINGEN
SACHSEN
Dresden
SCHLESIEN
Wroclaw
(Breslau)
Kalisz
Prag
BÖHMEN
Krakau
SCHLESIEN
Olomouc
(Olmütz)
MÄHREN
Český
Krumlov
(Krumau)
Brno
(Brünn)
BAYERN
WÜRTTEMBERG
München
Linz
NIEDER-
ÖSTERREICH
Wien
OBER-
ÖSTERR.
VORARLBERG
SCHWEIZ
Innsbruck
SALZBURG
STEIERMARK
Graz
TIROL
KÄRNTEN
UNG
Budape
LOMBARDEI
VENETIEN
GÖRZ
KRAIN
Triest
Zagreb
Venedig
ÖSTERR. LITORAL
KROATIEN-SLAWONIEN
EMILIA
BOSNIEN-
HERZEGOWINA
Sarajevo
SAN
MARINO
Zadar
ADRIA
DALMATIEN
MARKEN
TOSKANA
KÖNIGREICH
ITALIEN
MONTENEGRO
Cetinje
LATIUM
ABRUZZEN-
MOLISE
Rom
Shkodra
Cisleithanien – regiert von Wien
Transleithanien – regiert von Budapest
Bosnien-Herzegowina
0
50
100 Meil
0
50
100
150 km

DIE DOPPELMONARCHIE
rschau
CHOLM
Lublin
ce
WOLHYNIEN
Kiew
RUSSISCHES
REICH
GALIZIEN
Lwiw
(Lemberg)
PODOLIEN
BESSARABIEN
BUKOWINA
CHERSON
Iași
Chișinău
(Kischinau)
Odessa
N
Cluj
(Klausenburg)
Brașov
(Kronstadt)
N
RUMÄNIEN
grad
Bukarest
BIEN
SCHWARZES
MEER
BULGARIEN
Sofia
OSMANISCHES REICH
OVO
Edirne
(Adrianopel)
EDIRNE
SALONIKI
Istanbul
Thessaloniki
(Selanik)
Bursa

DIE VEREINIGTEN STAATEN VON ÖSTERREICH

RUSSISCHES REICH
WESTGALIZIEN
OSTGALIZIEN
OWAKEI
UNGARN
SZEKLERLAND
TRANSSILVANIEN
VOJVODINA
RUMÄNIEN
ERBIEN
N
OSMANISCHES REICH
Staaten
autonome Enklaven
(meistens deutschsprachig)

DEUTSCHLAND
Bautzen
Litoměřice
Karlovy Vary
Prag
Kutná Hora
Mariánské Lázně
Plzeň
TSCHECHIEN
Brno
České Budějovice
Český Krumlov
Linz
Krems
St. Pölten
Wien
Salzburg
Sopron
Bregenz
Innsbruck
ÖSTERREICH
Ják
Graz
Klagenfurt
Maribor
Bozen
Ljubljana
Trient
Görz
SLOWENIEN
Zagreb
Triest
Venedig
Rijeka
Split
ITALIEN
ADRIA
0
50
100 Meilen
0
50
100
150 km

MITTELEUROPA HEUTE
POLEN
UKRAINE
Kraków
Przemyśl
Tarnów
Lwiw
Zakopane
Drohobych
Ivano-Frankivsk
OWAKEI
Yaremche
Kolomyya
Chernivtsi
Eger
zentendre
Debrecen
udapest
Oradea
UNGARN
Cluj-Napoca
kszárd
Szeged
Arad
Sighişoara
Alba Iulia
Viscri
Subotica
Sibiu
Braşov
Novi Sad
Sremski Karlovci
RUMÄNIEN
Belgrad
N
SERBIEN
arajevo
Ehemals habsburgische Territorien, 1914

Bibliographie

Zwei Bücher sind in dieser Bibliographie nicht aufgeführt. Rebecca Wests *Schwarzes Lamm und grauer Falke. Eine Reise durch Jugoslawien* (Berlin 2002) und Claudio Magris' *Donau. Biographie eines Flusses* (München 1988). Beide Bücher habe ich bewundert, als ich sie vor vielen Jahren las, und ein Gutteil meines Interesses für diese Region wurde von ihnen geweckt, dennoch war ich nicht in der Lage, sie noch einmal zu lesen. Denn beide geben mir das Gefühl, als navigierte ich wie ein Raumfahrer zwischen Jupiter und Saturn, und das mit einer Rakete, die nicht mehr ist als eine von Wunderkerzen getriebene Abfalltonne. Die Anziehungskraft dieser Bücher ist einfach zu groß. Schon als ich Geoff Dyers Essay über Rebecca Wests Buch gelesen habe, hatte ich den Eindruck, als würde mein Projekt hilflos auf ihre Umlaufbahn gezogen. Darum sollten sie nicht in der Bibliographie auftauchen, auch wenn ihr Einfluss überall im Buch spürbar sein wird und sei es auf der Ebene durcheinandergebrachter Erinnerungen.

Andere Titel habe ich aufgenommen, weil ich sie hochinteressant finde, auch wenn sie nicht direkt zu diesem Buch beigetragen haben. Nicht aufgenommen wiederum habe ich vollständige Listen der Romane von Thomas Bernhard, Joseph Roth und Stefan Zweig, das hätte Seiten gefüllt, aber nicht wirklich etwas gebracht. Ich hoffe, dass die wenigen wunderbaren Titel, die ich anführe, den ein oder anderen Leser dazu bringen, einfach weiterzusuchen und weiterzulesen. Erscheinungsjahre englischer Bücher folgen den Ausgaben in meinem Besitz, sind also nicht notwendig die der Erstveröffentlichung.

Das eigentliche Rückgrat dieses Buchs bilden zahllose touristische Informationsbroschüren, Aushänge in Kirchen, Begleitbooklets in CDs, Gespräche mit Leuten, die weitaus besser informiert waren als ich, Museumsbroschüren und ganze Stapel inspirierender, erstaunlicher und bezaubernder Karten – es gibt wenige Objekte, die gefühlsbeladener sind als eine gute mehrsprachige Karte von Siebenbürgen. Meinc beiden Bibeln (wenn dieser Ausdruck statthaft ist) während des Schreibens waren Baedekers *Austria-Hungary* in der englischen Ausgabe von 1911, die mir John Seaton großzügig zur Verfügung gestellt hat, dessen Freundschaft und Ermutigung mir über viele Jahre so wichtig war, und Magocsis und Matthews' hervorragender *Historical Atlas of East Central Europe*, der mir tausend Fragen beantwortet und noch viel mehr aufgeworfen hat.

Charles Allen, *The Buddha and the Sahibs* (London 2002)

Aharon Appelfeld, *Badenheim 1939*, übers. v. Martin Kluger (Reinbek 2013)

Ronald G. Asch, *The Thirty Years War. The Holy Roman Empire and Europe 1618–48* (Basingstoke 1997)

Karl Baedeker, *Guide to Austria-Hungary with Excursions to Cetinje, Belgrade and Bucharest* (London und New York 1911)

–, *Österreich-Ungarn. Nebst Cetinje Belgrad Bukarest. Handbuch für Reisende* (Leipzig 1907, 1910 und 1913)

Béla Balázs, *Der Mantel der Träume. 6 chinesische Märchen* (Berlin 1988)

Philip Ball, *The Devil's Doctor. Paracelsus and the World of Renaissance Magic and Science* (London 2006)

Miklós Bánffy, *They Were Counted*, übers. v. Patrick Thursfield und Katalin Bánffy-Jelen (London 2000)

–, *They Were Divided*, übers. v. Patrick Thursfield und Katalin Bánffy-Jelen (London 2001)

–, *They Were Found Wanting*, übers. v. Patrick Thursfield und Katalin Bánffy-Jelen (London 2000)
–, *Die Schrift in Flammen*, übers. v. Andreas Oplatka (Wien 2012)
–, *Verschwundene Schätze*, übers. v. Andreas Oplatka (Wien 2013)
Robert Bartlett, *Die Geburt Europas aus dem Geist der Gewalt. Eroberung, Kolonisierung und kultureller Wandel von 950 bis 1350*, übers. v. Henning Thies (München 1998)
Antony Beaumont, *Zemlinsky. Biographie* (Wien 2005)
Steven Beller, *Geschichte Österreichs*, übers. v. Susi Schneider (Wien und Köln 2007)
David Bellos, *Was macht der Fisch in meinem Ohr? Sprache, Übersetzen und die Bedeutung von allem*, übers. v. Silvia Morawetz (Köln 2013)
Marina Belozerskaya, *The Medici Giraffe and Other Tales of Exotic Animals and Power* (New York 2006)
Thomas Bernhard, *Auslöschung* (Frankfurt am Main 1988)
–, *Alte Meister. Komödie* (Berlin 2011)
Robert Bireley SJ, *The Refashioning of Catholicism 1450–1700* (Basingstoke 1999)
William Blacker, *Along the Enchanted Way. A Story of Love and Life in Romania* (London 2009)
T.C.W. Blanning, *Das alte Europa, 1660–1789. Kultur der Macht und Macht der Kultur*, übers. v. Monika Carbe (Darmstadt 2006)
–, *Joseph II* (Harlow 1994)
–, *The Pursuit of Glory. Europe 1648–1815* (London 2007)
– (Hg.), *The Eighteenth Century* (Oxford 2000)
Richard Bonney, *The European Dynastic States* 1494–1660 (Oxford 1991)
Catherine Wendy Bracewell, *The Uskoks of Senj. Piracy, Banditry, and Holy War in the Sixteenth-Century Adriatic* (Ithaca 1992)
Vladmir Brnardic, *Imperial Armies of the Thirty Years War. Cavalry* (Botley and Long Island City 2010)

–, *Imperial Armies of the Thirty Years War. Infantry and Artillery* (Botley and Long Island City 2009)

Reed Browning, *The War of the Austrian Succession* (New York 1994)

Rogers Brubaker, Margit Feinschmidt, Jon Fox und Liana Grancea, *Nationalist Politics and Everyday Ethnicity in a Transylvanian Town* (Princeton and Oxford 2006)

Bernd Brunner, *Eine kurze Geschichte des Bären* (Berlin 2005)

Malcolm Bull, *The Mirror of the Gods. Classical Mythology in Renaissance Art* (London 2005)

Elias Canetti, *Masse und Macht* (Düsseldorf 1978)

–, *Die Provinz des Menschen* (München 1973)

–, *Der andere Prozess. Kafkas Briefe an Felice* (1969)

Bryan Cartledge, *Mihály Károlyi and István Bethlen* (London 2009)

–, *The Will to Survive. A History of Hungary* (London 2006)

Holly Case, *Between States. The Transylvanian Question and the European Idea during World War II* (Stanford 2009)

Kenneth Chalmers, *Béla Bartók* (London 1995)

Mark Cornwall (Hg.), *The Last Years of Austria-Hungary. A Multi-National Experiment in Early Twentieth-Century Europe* (Exeter 1990)

Gerald R. Cragg, *The Church and the Age of Reason 1648–1789* (Harmondsworth 1960)

Gordon A. Craig, *Königgrätz* (Wien 1966)

Kevin Cramer, *The Thirty Years' War and German Memory in the Nineteenth Century* (Lincoln und London 2007)

Roger Crowley, *Entscheidung im Mittelmeer. Europas Seekrieg gegen das Osmanische Reich 1521–1580*, übers. v. Hans Freudl und Norbert Juraschitz (Stuttgart 2009)

Norman Davies, *God's Playground. A History of Poland*, Volume I. The Origins to 1795 (Oxford 2005)

–, *Volume II. 1795 to the Present* (Oxford 2005)

–, *Verschwundene Reiche. Die Geschichte des vergessenen Europa*, übers. v. Karin Schuler u. a. (Stuttgart 2013)

Istvan Deák, *Die rechtmäßige Revolution. Lajos Kossuth und die Ungarn. 1848–1849*, übers. v. Geza Engl (Budapest 1989)

Peter Demetz, *Prag in Schwarz und Gold. Sieben Momente im Leben einer europäischen Stadt* (München und Zürich 1998)

Jeroen Duindam, *Vienna and Versailles. The Courts of Europe's Dynastic Rivals 1550–1780* (Cambridge 2003)

Mark Edmundson, *Sigmund Freud. Das Vermächtnis der letzten Jahre*, übers. v. Erich Ammeler (München 2009)

Erich Egg, *Das Grabmal Kaiser Maximilians I.* (Innsbruck 1993)

R. J. W. Evans, *Austria, Hungary, and the Habsburgs. Central Europe c. 1683–1867* (Oxford 2006)

–, *Das Werden der Habsburger Monarchie 1550–1700* (Wien und Köln 1986)

György Faludy, *Heitere Tage in der Hölle. Fluchtwege eines Lebens*, übers. v. Hans B. Wagenseil (München 1964)

Niall Ferguson, *Krieg der Welt. Was ging schief im 20. Jahrhundert*, übers. v. Klaus-Dieter Schmidt und Klaus Binder (Berlin 2006)

David Freedberg, *The Eye of the Lynx. Galileo, His Friends, and the Beginnings of Modern Natural History* (Chicago und London 2002)

Saul Friedländer, *Das Dritte Reich und die Juden. Die Jahre der Verfolgung 1933–1939; Die Jahre der Vernichtung 1939–1945*, übers. von Martin Pfeiffer (München 2008)

Horst Fuhrmann, *Deutsche Geschichte im hohen Mittelalter. Von der Mitte des 11. bis zum Ende des 12. Jahrhunderts* (Göttingen 1993)

David Gates, *The Napoleonic Wars 1803–1815* (London 1997)

Misha Glenny, *The Balkans. National, War and the Great Powers* (London 1999)

Joscelyn Godwin, *Athanasius Kircher's Theatre of the World* (London und New York 2009)
Thomas E. Greiss (Hg.), *The West Point Atlas for the Wars of Napoleon* (New York 2003)

[Karl von Habsburg] *The Autobiography of the Emperor Charles V*, übers. v. Leonard Francis Simpson (London 1862 – Kessinger Publishing digital reprint)
Peter Handke, *Die Wiederholung* (Frankfurt am Main 1989)
–, *Wunschloses Unglück* (Frankfurt am Main 2007)
Jaroslav Hašek, *Der brave Soldat Schwejk*, übers. v. Grete Reiner (Reinbek 1969)
Peter Heather, *Invasion der Barbaren. Die Entstehung Europas im ersten Jahrtausend nach Christus*, übers. v. Bernhard Jendricke, Rita Seuß, Thomas Wollermann (Stuttgart 2011)
Mary Heimann, *Czechoslovakia. The State that Failed* (New Haven und London 2009)
Holger H. Herwig, *The First World War. Germany and Austria-Hungary 1914–1918* (London und New York 1997)
Theodor Herzl, *Der Judenstaat. Versuch einer modernen Lösung der Judenfrage* (Zürich 2006)
Michael Hochedlinger, *Austria's Wars of Emergence 1683–1797* (Harlow 2003)
Amanda Holden mit Nicholas Kenyon und Stephen Walsh, *The Viking Opera Guide* (London 1993)
Peter Hopkirk, *Die Seidenstraße. Auf der Suche nach verlorenen Schätzen in Chinesisch-Zentralasien*, übers. v. Jürgen von Koskull (Reinbek 1990)
Bohumil Hrabal, *Reise nach Sondervorschrift, Zuglauf überwacht. Erzählung*, übers. v. Franz Peter Künzel (Frankfurt am Main 1994)
–, *Der Tod des Herrn Baltisberger*, übers. v. Karl-Heinz Jähn (Berlin 1970)

–, *Allzulaute Einsamkeit*, übers. v. Peter Sacher (Frankfurt am Main 1997)
Rob Humphreys, *The Rough Guide to Austria* (London 2005)
–, *The Rough Guide to the Czech Republic* (London 2009)
–, *The Real Guide to Czechoslovakia* (New York 1991)
Agnes Husslein-Arco (Hg.), *Anton Romako. Tegetthoff in der Seeschlacht bei Lissa*, Katalog (München 2010)
– und Marie-Louise von Plessen (Hg.), *Prinz Eugen. Feldherr, Philosoph und Kunstfreund* (München 2010)

Charles Ingrao, *The Habsburg Monarchy 1618–1815*, (2. Aufl., Cambridge 2000)

Charles und Barbara Jelavich, *The Establishment of the Balkan National States 1804–1920* (Seattle 1977)
Tony Judt, *Geschichte Europas von 1945 bis zur Gegenwart*, übers. v. Matthias Fienbork und Hainer Kober (München 2006)

Jonathan Keates, *The Siege of Venice* (London 2005)
Ian Kershaw, *Hitler 1889–1936. Hybris*, übers. v. Klaus Kochmann (München 2000)
–, *Hitler 1936–1945. Nemesis*, übers. v. Klaus Kochmann (München 2000)
Danilo Kiš, *Enzyklopädie der Toten*, übers. v. Ivan Ivanji (Frankfurt am Main 1988)
–, *Garten, Asche*, übers. v. Anton Hamm (Frankfurt am Main 1990)
Dezső Kosztolányi, *Ein Held seiner Zeit. Bekenntnisse des Kornél Esti*, übers. v. Christina Viragh (Berlin 2004)
–, *Lerche* (Frankfurt am Main 2007)
Paul Koudounaris, *Im Reich der Toten. Eine Kulturgeschichte der Beinhäuser und Ossuarien* (Potsdam 2014)
Milan Kundera, *Verratene Vermächtnisse*, übers. v. Susanna Roth (Frankfurt am Main 2014)

Chris Lavers, *The Natural History of Unicorns* (London 2009)
Norman Lebrecht, *Why Mahler? How One Man and Ten Symphonies Changed the World* (London 2010)
Paul Lendvai, *Mein Österreich. 50 Jahre hinter den Kulissen der Macht* (Wien 2010)
Alexander Lernet-Holenia, *Der Graf Luna* (Wien und Hamburg 1981)
–, *Der Baron Bagge* (Wien 1998)
Dominic Lieven, *Empire. The Russian Empire and Its Rivals from the Sixteenth Century to the Present* (London 2002)
Vejas Gabriel Liulevicius, *Kriegsland im Osten. Eroberung, Kolonisierung und Militärherrschaft im Ersten Weltkrieg* (Hamburg 2002)
Norm Longley, *The Rough Guide to Slovenia* (London 2007)
John Lukacs, *Budapest um 1900. Ungarn in Europa*, übers. v. Renate Schein und Gerwin Zohlen (Wien 1990)

C. A. Macartney, *The Habsburg Empire 1790–1918* (London 2010)
Diarmaid MacCulloch, *A History of Christianity. The First Three Thousand Years* (London 2009)
–, *Reformation. 1490–1700*, übers. v. Helke Voß-Becher, Klaus Binder, Bernd Leineweber (München 2008)
Richard Mackenney, *Sixteenth Century Europe. Expansion and Conflict* (Basingstoke 1993)
Paul Robert Magocsi und Geoffrey J. Matthews, *Historical Atlas of East Central Europe* (Seattle 1993)
Noel Malcolm, *Geschichte Bosniens*, übers. v. Ilse Strasmann (London 1994)
William Maltby, *The Reign of Charles V* (Basingstoke 2002)
Sandor Márai, *Glut*, übers. v. Christina Viragh (München und Zürich 2007)
Peter Marshall, *The Magic Circle of Rudolf II. Alchemy and Astrology in Renaissance Prague* (New York 2006)

Mark Mazower, *Der Balkan*, übers. v. Elvra Willems (Berlin 2002)
William O. McCagg, Jr., *A History of the Habsburg Jews 1670–1918* (Bloomington und Indianapolis 1992)
Gordon McLachlan, *The Rough Guide to Germany* (London 2004)
Simon Millar, *Vienna 1683. Christian Europe Repels the Ottomans* (Botley 2008)
Lieutenant-Colonel J. Mitchell, *The Life of Wallenstein, Duke of Friedland* (London 1837 – BiblioLife digital reprint)
Laurence Mitchell, *The Bradt Guide to Serbia* (Chalfont St. Peter 2010)
Andrej Mitrović, *Serbia's Great War 1914–1918* (London 2007)
Mary Wortley Montagu, *Reisebriefe 1716–1718 (Mr. Wortleys Gesandtschaft bei der Hohen Pforte)*, übers. v. Heinrich Blumenthal (Wien 1931)
Simon Sebag Montefiore, *Katharina die Große und Fürst Potemkin. Eine kaiserliche Affäre*, übers. v. Bernd Rullkötter und Sabine Baumann (Frankfurt am Main 2009)
Eduard Mörike, *Mozart auf der Reise nach Prag* (Frankfurt am Main 2005)
Geoff Mortimer, *Wallenstein. Rätselhaftes Genie des Dreißigjährigen Krieges*, übers. v. Geoff Mortimer und Claus Cartellieri (Darmstadt 2012)
Herta Müller, *Herztier. Roman* (Reinbek 1994)
Robert Musil, *Der Mann ohne Eigenschaften* (Reinbek 1978)
–, *Nachlass zu Lebzeiten* (Reinbek 2004)
Ménie Muriel Norman, *A Girl in the Karpathians* (London 1891 – British Library Reprint)

Richard Overy, *Der Bombenkrieg. Europa 1939–1945*, übers. v. Hainer Kober (Berlin 2014)

Geoffrey Parker, *Europe in Crisis 1598–1648* (2. Aufl., Oxford 2001)

Ota Pavel, *Wie ich den Fischen begegnete*, übers. v. Elisabeth Borchardt (Berlin 2005)

Martyn Rady, *The Emperor Charles V* (Harlow 1988)
Timothy Reuter, *Germany in the Early Middle Ages 800–1056* (Harlow 1991)
Gregor von Rezzori, *Blumen im Schnee. Portraitstudien zu einer Autobiographie, die ich nie schreiben werde; auch: Versuch der Erzählweise eines gleicherweise nie geschriebenen Bildungsromans* (München 1989)
Barnaby Rogerson, *The Last Crusaders. The Hundred-Year Battle for the Centre of the World* (London 2009)
Joseph Roth, *Die Kapuzinergruft* (Köln 1972)
–, *Die Flucht ohne Ende* (München 1978)
–, *Das falsche Gewicht* (Frankfurt am Main 1965)
Ulinka Rublack, *Die Reformation in Europa* (Frankfurt am Main 2003)

Paul W. Schroeder, *The Transformation of European Politics 1763–1848* (Oxford 1994)
H. M. Scott, *The Birth of the Great Power System 1740–1815* (Harlow 2006)
James J. Sheehan, *German History 1770–1866* (Oxford 1989)
Larry Silver, *Marketing Maximilian. The Visual Ideology of a Holy Roman Emperor* (Princeton 2008)
Brendan Simms, *Kampf um Vorherrschaft. Eine deutsche Geschichte Europas 1453 bis heute*, übers. v. Klaus-Dieter Schmidt (München 2014)
–, *The Struggle for Mastery in Germany 1779–1850* (London 1998)
Alan Sked, *Der Fall des Hauses Habsburg. Der unzeitige Tod eines Kaiserreichs*, übers. v. Stephen Tree (Köln 2006)
–, *The Survival of the Habsburg Empire. Radetzky, the Imperial Army and the Class War 1848* (London 1979)

Yuri Slezkine, *Das jüdische Jahrhundert*, übers. v. Michael Adrian (Göttingen 2006)

Pamela H. Smith, *The Business of Alchemy. Science and Culture in the Holy Roman Empire* (Princeton 1994)

Timothy Snyder, *The Reconstruction of Nations. Poland, Ukraine, Lithuania, Belarus 1569–1999* (New Haven und London 2003)

Martin Sonnabend und Jon Whiteley mit Christian Rümelin, *Claude Lorrain. Die verzauberte Landschaft*, Katalog (Ostfildern 2011)

Jonathan Sperber, *The European Revolutions 1848–1851* (Cambridge 1994)

Sybille Steinbacher, *Auschwitz. Geschichte und Nachgeschichte* (München 2007)

Zara Steiner, *The Lights That Failed. European International History 1919–1933* (Oxford 2005)

Rolf Steininger, *Südtirol. Vom Ersten Weltkrieg bis zur Gegenwart* (Innsbruck, Wien 2012)

David Stevenson, *1914–1918. The History of the First World War* (London 2004)

Adalbert Stifter, *Der Hagestolz* (Stuttgart 1960)

–, *Brigitta* (Frankfurt am Main 2008)

–, *Der Nachsommer* (Frankfurt am Main 2005)

–, *Bergkristall* (Frankfurt am Main 2004)

Richard Stokes (Hg.), *The Book of Lieder* (London 2005)

William Stolzenburg, *Where the Wild Things Were. Life, Death, and Ecological Wreckage in a Land of Vanishing Predators* (New York 2008)

Norman Stone, *The Eastern Front 1914–1917* (London 1975)

Hew Strachan, *The First World War, Volume I. To Arms* (Oxford 2001)

Peter F. Sugar, *South-Eastern Europe under Ottoman Rule 1354–1804* (Seattle 1977)

Italo Svevo, *Der alte Herr und das schöne Mädchen*, übers. v. Barbara Kleiner (Berlin 2013)

Franz A. J. Szabo, *The Seven Years War in Europe 1756–1763* (Harlow 2008)

Marcus Tanner, *The Raven King. Matthias Corvinus and the Fate of His Lost Library* (New Haven und London 2009)
A. J. P. Taylor, *The Struggle for Mastery in Europe 1848–1918* (Oxford 1954)
Keith Thomas, *Religion and the Decline of Magic. Studies in Popular Beliefs in Sixteenth- and Seventeenth-Century England* (London 1971)
Mark Thompson, *The White War. Life and Death on the Italian Front. 1915–1919* (London 2008)
John Tincey, *Blenheim 1704. The Duke of Marlborough's Masterpiece* (Oxford 2004)
H. R. Trevor-Roper, *The European Witch-Craze of the Sixteenth and Seventeenth Centuries* (Harmondsworth 1969)

Walter Ullmann, *Medieval Political Thought* (Harmondsworth 1975)

Arminius Vambéry, *The Life and Adventures of Arminius Vambéry* (London und Leipzig 1883 – Elibron Digital Reprint)
–, *Reise in Mittelasien* (Leipzig 1865; Reprint Nomad Press o. O., o. J.)
David Vital, *A People Apart. The Jews in Europe 1789–1939* (Oxford 1999)

John Watts, *The Making of Politics 1300–1500* (Cambridge 2009)
Geoffrey Wawro, *The Austro-Prussian War. Austria's War with Prussia and Italy in 1866* (Cambridge 1996)
C. V. Wedgwood, *Der Dreißigjährige Krieg*, übers. v. A. G. Girschick (Hamburg 2011)
Joachim Whaley, *Germany and the Holy Roman Empire*, 2 Bde. (Oxford 2012)

Andrew Wheatcroft, *The Enemy at the Gate. Habsburgs, Ottomans and the Battle for Europe* (London 2008)
Carolinne White (Übers.), *The Rule of Benedict* (London 2008)
Christopher Wickham, *The Inheritance of Rome. A History of Europe from 400 to 1000* (London 2009)
Peter H. Wilson, *Europe's Tragedy. A New History of the Thirty Years War* (London 2009)
–, German Armies. *War and German Politics 1648–1806* (London 1998)
–, *The Holy Roman Empire 1495–1806* (Basingstoke 1999)
Simon Winder, *Germany, oh Germany. Ein eigensinniges Geschichtsbuch*, übers. v. Sigrid Ruschmeier (Reinbek 2010)
Larry Wolff, *The Idea of Galicia. History and Fantasy in Habsburg Political Culture* (Stanford 2010)
–, *Inventing Eastern Europe. The Map of Civilization on the Mind of the Enlightenment* (Stanford 1994)

Adam Zagajewski, *Two Cities. On Exile, History, and the Imagination*, übers. v. Lillian Vallee (New York 1995)
Stefan Zweig, *Amok* (Frankfurt am Main 1956)
–, *Ungeduld des Herzens* (Berlin 2013)
–, *Unsichtbare Sammlung* (Hamburg 2013)

Dank

Zahllose Hoteliers, Mitreisende im Zug, Museumsführer, Passanten, Kellner, Kartenverkäufer und unglaubliche Busfahrer haben mir ermöglicht, dieses Buch zu schreiben. Wann immer ich das Gefühl hatte, mich endgültig verirrt zu haben, tauchte, wie von Zauberhand, ein freundlicher Zeitgenosse auf und wies mir den Weg. Ich beende dieses Buch im tieftraurigen Gefühl, dass ich nicht hoffen kann, noch einmal an die Orte zurückzukehren, von denen ich nun weiß, wie ungewöhnlich sie sind und oft auch wahnsinnig interessant. Ich kann mich darüber nicht noch mal ausbreiten, ohne meine Leser zu langweilen, doch immer wieder, als ich in Mitteleuropa unterwegs war, fand ich mich fröhlich und ausgelassen vor Freude über Dinge, die eigentlich gar nichts Besonderes waren, und ich kann nur jeden Leser auffordern, sich aufzumachen und ebendas zu erleben.

Für unschätzbare, manchmal auch harsche Kommentare zu einzelnen Passagen oder zum ganzen Text möchte ich mich bedanken bei Nicholas Blake, Tim Blanning, Christopher Clark, R. J. W. Evans, Christine Jones, Marina Kemp, Tony Lacey, Thomas Penn, Adam Phillips, Norman Stone und Barnaby Winder. Auch für wesentliche Hilfen, gestohlene Ideen, Ermutigung und Nachsicht habe ich zu danken, namentlich Paul Baggaley, Tracy Bohan, Emma Bravo, Malcolm Bull, dem verstorbenen Peter Carson, Sarah Chalfant, Penny und David Edgar, Niall Ferguson, Helen Fraser, Jonathan Galassi, Eleo Gordon, Jim und Sandy Jones, Barry Langford, Diarmaid MacCulloch, Stefan McGrath, Cecilia Mackay, Mark Mazower, Stuart Proffitt, John Seaton, Brendan Simms, Carole Tonkinson, Adam Tooze, Tom Weldon, Peter Wilson, Stephanie Winder, Elizabeth und Christopher Winder sowie Andrew Wylie.

Meine Begeisterung für Mitteleuropa nahm ihren Anfang 1992, auf der Hochzeitsreise, die Christine Jones und mich in die damals bitterkalten Städte Wien und Prag führte. Den Abschluss fanden meine Erkundungen für dieses Buch in Krakau und Przemyśl, in Begleitung unseres inzwischen neunzehnjährigen Sohns, und wir hätten, wie sich angesichts der Grabskulpturen von Jan III. Sobieski oder der in Ketten geschlagenen Überreste eines Drachens im Wawel-Dom zeigte, keinen kongenialeren Reisegefährten finden können. Solange wir eine Familie sind, waren alle von uns irgendwie verheddert in die Angelegenheiten der Habsburger, doch die Kinder – Barnaby, Felix und Martha – sind so geduldig, unterhaltsam und überraschend wie eh und je. Christine Jones ist nun seit gut dreiundzwanzig Jahren der einzige Mensch, den ich beeindrucken möchte. Dazu habe ich mir recht merkwürdige Wege gesucht – nicht zuletzt, indem ich immer wieder Richtung Cluj-Napoca verschwunden bin oder, schlimmer noch, in der Küche hockte, Volksmusik für Bauernflöten hörte und nur hoffen konnte, dass sie mir das nachsehen würde. Für all das, was ich ihr verdanke, gibt es im Englischen kein hinreichend glühendes oder allumfassendes Wort – die Ungarn, da bin ich mir sicher, haben gewiss eines, doch wie üblich kenne ich es nicht.

Simon Winder
Sequim, Wandsworth Town, 2009–13

Register